WESTEND

KERSTEN REICH

Der entgrenzte Mensch und die Grenzen der Erde

Wie Ökonomie und Politik die Nachhaltigkeit verhindern

WESTEND

Prof. Dr. Kersten Reich ist als Lernforscher und Kulturtheoretiker im deutschen und englischen Sprachraum durch viele Veröffentlichungen bekannt. Mehr als 40 Jahre lang hat er sich an der Universität Köln umfassend mit Fragen zu Demokratie und Erziehung, sozialer Gerechtigkeit und Nachhaltigkeit beschäftigt. Zudem hat er mit seinen Büchern zum Lernen und zur Didaktik den Grundstein für die Eröffnung der *Inklusiven Universitätsschule der Stadt Köln* gelegt und so auf praktische Weise an einer Veränderung der Lernkultur mitgewirkt.

Außerdem für die Ohren: Die Podcast-Reihe *reich & nachhaltig: Gespräche mit Kersten Reich* – überall da, wo es Podcasts gibt!

Mehr über unsere Autoren/Autorinnen und Bücher:
www.westendverlag.de

Die Deutsche Nationalbibliothek verzeichnet diese Publikation in der Deutschen Nationalbibliografie; detaillierte bibliografische Daten sind im Internet über http://dnb.d-nb.de abrufbar.

FSC www.fsc.org MIX Papier aus verantwortungsvollen Quellen FSC® C083411

1. Auflage 2021
ISBN: 978-3-86489-319-3

Umschlaggestaltung: Buchgut, Berlin
Satz: Publikations Atelier, Dreieich
Druck und Bindung: CPI – Clausen & Bosse, Leck
Lektorat: Lea Mara Eßer
Printed in Germany

Inhalt

Vorwort

Im ersten Band[1] ging es vor allem darum, die wichtigsten Herausforderungen der Nachhaltigkeit in einer Übersicht und Zusammenfassung darzustellen und sie mit Vorstellungen und Denkweisen zu kontrastieren, die in der Geschichte entstanden sind und bis heute fortwirken. Dies sollte helfen, genauer ausloten zu können, inwieweit Menschen heute in der Lage sind, ihr Verhalten an die Erfordernisse der Nachhaltigkeit anzupassen. Dabei hatte ich mich auf den Verhaltens- und Erziehungsbereich konzentriert, um Chancen und Hindernisse zu analysieren, die bezüglich der Nachhaltigkeit bestehen. Im vorliegenden zweiten Band wende ich mich der Frage zu, warum Ökonomie und Politik es als Rahmenbedingungen des Handelns sogar verhindern können, dass die Menschheit national oder international die notwendigen Ziele – etwa im Klimawandel bei den Treibhausgasen, in der Müllvermeidung und Verseuchung des Wassers und der Meere, bei der Vernichtung von Ressourcen – erreichen kann, die ihr eine umfassende Forschung über die globalen Grenzen als notwendige Handlungsbereiche aufgegeben hat.

Dieser Band beschäftigt sich insbesondere mit den Bedingungen, die durch ökonomische Strukturen und Prozesse auf die Gesellschaft und die Individuen wirken und die zugleich auch stark das Handeln und den Spielraum der Politik bestimmen. Mir scheint es besonders wichtig, dabei *erstens* die ökonomischen Grundlagen insoweit zu analysieren, wie sie bestimmend auch auf die Nachhaltigkeit Einfluss nehmen, und zu erörtern, inwieweit hier überhaupt Veränderungsspielräume gegeben sind. *Zweitens* will ich die politischen Bedingungen zum Ausgangspunkt nehmen, um kritisch einschätzen zu können, wie weitreichend die Nachhaltigkeitsfallen das politische Handeln gegenwärtig überhaupt erreichen und eine neue Politik auslösen können. Als Konsequenz aus diesen Analysen will ich sowohl auf zukünftige Grenzen des wirtschaftlichen Wachstums als auch auf Grenzen der bisherigen demokratisch-institutionellen Vorgehensweisen verweisen, die ein radikales Umdenken und Umsteuern erfordern, wenn Nachhaltigkeit hinreichend gelingen soll. Abschließend will ich im Schlussteil des Buches erörtern, welche Wege aus den Nachhaltigkeitsfallen möglich sind und zu welchen Regeln dies in der Nachhaltigkeit führen müsste.

»Besonders die ökonomischen Grundlagen und politischen Bedingungen müssen als Ausgangspunkte genommen werden, um kritisch einschätzen zu können, wie weitreichend die Nachhaltigkeitsfallen wirken«

Nachhaltigkeitsfallen, das sind, so hatte ich schon im ersten Band ausgeführt, Fallen, die dadurch entstehen, dass wir als Menschen in einen Konflikt mit unseren Vorstellungen und Theorien, unseren Wünschen und unserem Begehren in Bezug zu den nicht erkannten Folgen unserer Handlungen geraten, oft dadurch, dass wir das, was wir wünschen, bereits für die Wirklichkeit halten. Die meisten Menschen befürworten heute Nachhaltigkeit, weil und insofern sie informiert sind, dass beispielsweise der Klimawandel auch ihr Wohlbefinden in Zukunft stark gefährden wird. Sie wären sogar bereit, sich für begrenzte Aspekte der Nachhaltigkeit einzusetzen, aber im praktischen Leben gibt es eben auch andere Erwartungen, Wünsche und Gewohnheiten, die solchem Einsatz im Wege stehen. Das sind Konsumerwartungen, die nicht aufgeschoben werden sollen, Reisewünsche, die Freiheit ausdrücken, und viele andere mehr. Wenn diese mit der Nachhaltigkeit im Konflikt stehen, der vielfach dann noch nicht einmal offensichtlich und für alle erkennbar ist, dann entsteht eine Falle, das alte Verhalten zu bevorzugen und Veränderungen nach hinten zu schieben, wodurch aber letztlich das Überleben in Zukunft gefährdet wird.

Ein Beispiel, das ich schon im letzten Band herangezogen habe: Ich weiß, dass mein Auto CO_2 ausstößt und dass dies für das Klima schädlich ist. Aber das Auto ist mir wichtig, es repräsentiert für mich Freiheit, Mobilität, sozialen Status, ich benötige es, um zur Arbeit zu kommen, weil alle anderen auch Auto fahren und der Nahverkehr eingeschränkt wurde. Und schwieriger noch: Ich lebe in einem Land, das sehr viele Autos produziert, in dem viele Arbeitsplätze und die Wirtschaftskraft von dieser Produktion abhängen, sodass ich sogar meinen Wohlstand riskiere, wenn ich auf das Auto verzichten würde. Hier wird die Falle konkret sichtbar.

Eine große, vielleicht die größte Nachhaltigkeitsfalle, besteht für mich heute darin, dass wir es ökonomisch und politisch schaffen, uns bereits glücklich und zufrieden zu wähnen, und deshalb meinen, uns nicht wirklich umfassend ändern zu müssen. Die Zufriedenheitsstudien, die dies messen, orientieren sich am erreichten Stand, so wie wir es auch in den meisten Selbstbeschreibungen tun, aber es fehlt dabei meist der kritische Blick auf das, was der Überfluss, in dem wir leben, für die Zukunft bedeuten wird. Wir können bei genauerem Hinsehen aber sehr genau wissen, dass wir uns in einer Umweltkrise befinden, dass wir trotzdem Ressourcen verschwenden und nachlässig gegenüber den Überlebenschancen in der Zukunft operieren, aber sehr viele Menschen glauben zugleich, dass es nie so schlimm kommen wird, wie es uns wissenschaftliche Forschungen vorhersagen.

Teil I dieses Bandes beschäftigt sich damit, warum und wie die Ökonomie bisher die Nachhaltigkeit verhindert. Dabei geht es darum, wie aus der Vergangenheit heraus Nachhaltigkeitsfallen entstanden sind und warum es kaum Auswege aus diesen gibt. Die kapitalistische Ökonomie, in der wir alle arbeiten und leben, setzt auf Gewinne, die aus allen Beschäftigungen und Handlungen entspringen sollen, aber sie scheut bisher überwiegend die Kosten der Nachhaltigkeit, weil sie Gewinne schmälern. Die Menschheit hat sich in diesem System in einem Spannungsfeld von Wohlstand und Luxus oder Hunger und Ausbeutung schon lange eingerichtet, aber je mehr Mehrheiten diesem Weg weiter ungebremst in allen Ekstasen des Konsums und der Mobilität folgen, je mehr sie dabei weiter auf Gewinnmaximierung und nicht Fürsorge für Menschen und die Umwelt setzen, desto stärker wachsen die Kosten und Nachteile für jene an, die nach uns kommen. Wahrscheinlicher ist es sogar, dass bereits wir die negativen Folgen eines gedankenlosen Handelns massiv spüren werden. Ich will möglichst umfassend an der Breite der kapitalistischen Entwicklung von der Moderne bis in die Gegenwart zeigen, in welche Nachhaltigkeitsfallen wir uns begeben haben und warum die Ökonomie eine so zentrale Dimension darstellt.

Zunächst wird in einem ersten Schritt verdeutlicht, dass die Nachhaltigkeit noch nie im Fokus der kapitalistischen Arbeits- und Produktionswelt stand. Im Gegenteil, die soziale Seite der Nachhaltigkeit musste in unendlichen Arbeitskämpfen immer erst erstritten werden, um das Überleben der Arbeitenden im kapitalistischen System zu sichern. Aus diesen Kämpfen erst sind Wohlstand und ein gewisser Überfluss bei breiten Massen entstanden, aber das Problem der sozialen Gerechtigkeit und einer steten Umverteilung des Reichtums auf wenige Reiche ist geblieben. Für die planetare Nachhaltigkeit sind dies denkbar ungünstige Voraussetzungen, denn der Kampf für mehr soziale Gerechtigkeit, der in einem zweiten Schritt diskutiert wird, beherrscht immer noch den Kapitalismus, der Platz der Nachhaltigkeit geht dabei schnell verloren.

Im Folgenden wird erörtert, wie sich die schwere Moderne, der solide Kapitalismus mit seiner Industrialisierung, bis heute verflüssigt hat. Die Verflüssigung hat das ökonomische Leben flexibler, dynamischer und mobiler, aber auch unsicherer im Blick auf die eigenen Erwartungen gemacht. Der Konsum beherrscht das Zeitalter, und er ist zugleich Ausdruck dafür, die planetaren Grenzen in jeder Hinsicht zu überschreiten. Dies geht soweit, dass auch die Nachhaltigkeit selbst kapitalisiert wird, die Urheber von Schäden unsichtbar gemacht werden oder sich unsichtbar machen, die Gewinne ständig steigen und die Ausgaben für die Nachhaltigkeit im Verhältnis bescheiden bleiben. Nachhaltigkeit soll konform mit der weiteren wirtschaftlichen Entwicklung gehen, dies ist Wunsch und Programm der Nationen und auch der Nachhaltigkeitsagenda der UN und der *global goals*. Immer mehr wird erkennbar, dass dies ein Widerspruch ist, weil jedes Wachstum im steigenden Wohlstand und Überfluss eine neue Herausforderung für die planetaren Grenzen setzt.

Teil II widmet sich der Politik, die meist im Einklang mit der Ökonomie die Nachhaltigkeit verhindert. Hierbei analysiere ich vor allem drei thematische Bereiche:

Zu Beginn diskutiere ich kurz das politische Erbe fehlender Nachhaltigkeit. Der Politik fehlt in Fragen der Nachhaltigkeit ein umfassender Wille zur Wahrheit, um den

Wahrscheinlichkeitsaussagen der Wissenschaft hinreichend Glauben zu schenken. Parteien in repräsentativen Demokratien wollen ihre Wählerinnen nicht verschrecken und ihre Wähler[2] nicht verlieren, sie belügen sich und andere um der kurzfristigen Wahlgewinne willen und verschweigen notwendige Einschnitte und Verzicht im Verhalten. Aber die Wahrheit in der Anerkennung der Wahrscheinlichkeit der vorliegenden Forschungsergebnisse kommt auch dann an ihre Grenzen, wenn die Masse der Wahlberechtigten nicht auf einen Lebensstil mit großem Fußabdruck verzichten will.

Daraufhin wende ich mich dem politischen Kampf um Wahrheit in der Nachhaltigkeit zu. Dies ist eine Bestandsaufnahme der gegenwärtigen politischen Verhältnisse, soweit sie insbesondere für die Nachhaltigkeit relevant sind. Dabei will ich sowohl politische Faktoren fehlender Nachhaltigkeit herausstellen, aber auch das Zusammenwirken von Ökonomie, Politik und Lebensweise zwischen nationalen und globalen Herausforderungen diskutieren. In der Politik mischen sich die Kämpfe um mehr soziale Gerechtigkeit und Nachhaltigkeit ständig, aber eine nachhaltige Politik wird sich entscheiden müssen, wird Prioritäten setzen müssen. Hierbei ist die Globalisierung Antreiber etwa des Klimawandels, aber auch ein Krisenantreiber für die zunehmende Zahl an Menschen, die als Verlierer aus der fehlenden Nachhaltigkeit hervorgehen. Zunehmende soziale Ungerechtigkeit, Vertreibung, Flucht und Migration sind Ausdrücke hiervon, die zugleich mit politischen Folgewirklungen wie dem Populismus oder der Leugnung der Notwendigkeit von Nachhaltigkeit verbunden sind.

Abschließend diskutiere ich das Spannungsverhältnis der Sehnsüchte vieler Menschen nach immer mehr Wohlstand gegenüber den Verpflichtungen, die Menschen untereinander und in den planetaren Grenzen des Wachstums haben. Bei zunehmender Sehnsucht nach Freiheit und Individualismus im gegenwärtigen Kapitalismus entsteht die Frage, welche Autorität den Menschen überhaupt die Notwendigkeit der Nachhaltigkeit klarmachen und dann auch noch durchsetzen soll. Zwar mögen viele Menschen aus Einsicht nachhaltig handeln wollen, aber wie viele werden es am Ende sein? Wer kontrolliert dann jene, die auf Kosten aller schädliche Wirkungen erzeugen und daraus sogar Gewinne auf den Märkten ziehen? Bisher haben Gesellschaftsverträge aus Einsicht und Vernunft nur gewirkt, wenn sie mit Herrschaftsformen verbunden wurden. Aber welche Art der Herrschaft, der Autorität oder der Rechtsstaatlichkeit kann und will man sich bei notwendigem Verzicht noch leisten? Ich will deutlich machen, warum und inwieweit der autoritäre Charakter der Vergangenheit heute immer noch eine Relevanz hat. Dabei will ich erörtern, inwieweit im heutigen Kapitalismus dieser selbst zu einer Autorität, zu einer sachlichen und institutionellen Bedingung geworden ist, die für Menschen sehr intransparent wirkt und damit zu allerlei Verschwörungstheorien herausfordert.

Hier ist es einerseits schon interessant, dass der gegenwärtige Populismus in all seinen Facetten sowohl einen autoritären Charakter favorisiert als auch Nachhaltigkeit ablehnt. Populisten und menschliche Ignoranz sind wichtige Kräfte geworden, die die Wahrscheinlichkeit nachhaltiger Fakten vergessen machen. Die Populisten bedienen ihre eigene Macht und Großartigkeit, sie nehmen es weder mit der Wahrheit noch den Fakten genau, betonen aber die Wünsche und das Vergessen. Die breite Ignoranz gegenüber der Nachhaltigkeit besteht darin, dass es keine Verpflichtungen zum Handeln, aber viele Wünsche zum Mitreden gibt. Wenn alle mitreden, ganz gleich wie ahnungslos sie sein mögen, und dann auch noch von ebenso ahnungslosen Populisten angetrieben werden, dann wird die Kurzsichtigkeit im Wissen und die Dummheit im Handeln zum Beschleunigungsfaktor in jeder Krise.

»Dass der Kapitalismus in seinen meist unsichtbaren autoritären und institutionellen Formen einfach hingenommen wird, ist eine Vorbedingung für das Misslingen von nachhaltigem Handeln«

Aber andererseits ist die Naivität, mit der der gegenwärtige Kapitalismus in seinen meist unsichtbaren autoritären und institutionellen Formen hingenommen wird, auch eine Vorbedingung dafür, dass Nachhaltigkeit wenig gelingt, denn je weniger die Menschen das autoritäre System durchschauen, desto weniger werden sie auch Handlungschancen erkennen, wie sich die Dinge ändern lassen.

In den politischen Einstellungen vieler Menschen gibt es heute viele Widersprüche, die von einem Wunsch nach mehr Freiheit, Individualisierung und Konsum auf der einen Seite, aber zugleich von einem Wunsch nach Zugehörigkeit und Anerkennung der persönlichen Lebenslage auf der anderen Seite getragen sind. Wie kann bei einer gleichzeitigen Abnahme der Bereitwilligkeit, Verpflichtungen zu übernehmen, die Freiheitsansprüche einschränken, Nachhaltigkeit überhaupt gelingen? Es kommt für mich darauf an, diese und weitere Fragen zu einer Politik der Nachhaltigkeit vor den größeren Problemlagen eines unsichtbar gewordenen autoritären Kapitalismus, vor einer stets wirkenden institutionalisierten Autorität zu erörtern. Der entgrenzte Mensch lebt dabei in den Entgrenzungen des Kapitalismus, aber die Grundpfeiler des kapitalistischen Systems mit seiner ständigen Suche nach Gewinnmaximierung kollidieren mit den Grenzen der Erde.

Teil III fokussiert auf zwei Grenzen, die sich im menschlichen Handeln als Konsequenz aus der vorliegenden Analyse ergeben:

Erstens gibt es sehr klare Grenzen des Wachstums. Allen müsste klar sein, dass die Menschheit nicht immer einfach so weitermachen kann wie bisher. Handlungen, die nicht nachhaltig oder gar für die Nachhaltigkeit schädlich sind, müssten bestraft werden. Insbesondere eine Bepreisung solcher Handlungen erscheint notwendig. Entweder ein Abbau des Wachstums (*degrowth*) oder eine ökologische Transformation bei Produktion und Konsumtion, dies wären notwendige und sinnvolle Wege.

Zweitens aber werden sowohl Begrenzungen des Wachstums als auch Transformationen die Demokratie an ihre Grenzen bringen. Eine Demokratie mit Mehrheits- und Verhältniswahlrechten ist solange gut, wie es darum geht, einen ständigen Fortschritt zum Wohl möglichst vieler, wenn auch nicht gleichermaßen aller, zu verwalten; sie wird sofort problematisch, wenn es um Abbau bestehenden Überflusses, um Begrenzung und Verzicht geht. Bisher ist die Wohlstandszunahme in den Demokratien der größte Garant dafür, dass diese Systeme nicht durch einen Aufstand der Bevölkerung überwunden werden. In allen Nationalstaaten wird der Wechsel in die Nachhaltigkeit für große Verstörungen sorgen, weil im Verzicht die bisher ungelösten sozialen Ungerechtigkeiten deutlicher hervortreten werden. Der ständig auf solche Verstörungen lauernde Populismus kann schnell allen Nachhaltigkeitsbemühungen den nationalen Todesstoß versetzen. Begleitet wird diese Verstörung und Unfähigkeit, sich der Nachhaltigkeit zu stellen, vor allem auch durch den Kampf der Nationen gegeneinander, den viele schon für überwunden gehalten haben. Auch wenn die Nachhaltigkeit in internationalen Gremien der UN anerkannt ist und verfolgt wird, so zeigt die Praxis und Wirkung dieser Institutionen das ganze Ausmaß des bisherigen Scheiterns. Die internationale Politik, wie sie sich national rückspiegelt, ist ein entscheidender Risikofaktor für die Nachhaltigkeit, weil im Vergleich untereinander jeder selbst noch im Verzicht gewinnen will. Aber in der Nachhaltigkeit geht es nicht mehr ums Gewinnen, sondern um eine gemeinsame Lösung, die für alle eine Abkehr von vertrauten Wegen bedeutet.

»In der Nachhaltigkeit geht es nicht mehr um nationale Vorteile und die Großartigkeit einzelner Nationen, sondern um eine gemeinsame Lösung in weltweiter Entschiedenheit«

Als ein Ausweg zumindest im Nationalen erscheint die Bürokratie, die über die Interessensgegensätze hinweg einen scheinbar neutralen Weg weisen könnte, um die Nachhaltigkeit in Gesetzen und Verordnungen durchzusetzen, sie dann aber auch hinreichend im Erfolg zu kontrollieren. In der Politik wird heute sehr umfassend auf die Bürokratie gesetzt, die stets als ausführendes Organ der politisch bestimmten Wege gilt. In einem Exkurs in die Bürokratieforschung will ich verdeutlichen, dass Bürokratien zwar als institutionelle Autorität auch in der Nachhaltigkeit notwendig sind, aber ihrerseits die Lösungen dann verschlechtern, wenn sie so wie bisher arbeiten. Überregulierungen und Bürokratien sind Abkömmlinge der Moderne, die das Leben sicherer und gerechter machen sollten, aber letztlich dabei immer vorherrschende Praktiken und bestehende Ungerechtigkeiten abbilden. Sie folgen einem langsamen Gang, weil bei unterschiedlichen Auffassungen alle Parteien gehört und mehr oder minder geeignete Kompromisse gefunden werden müssen. Bis zum Katastrophenfall bieten solche Regulierungen und Bürokratien eine Garantie dafür, dass wir handlungsunfähig bleiben. Sie sind nicht für Krisen, sondern für Stabilisierungen auf einem erreichten Stand gemacht. Es soll deutlich werden, dass sich Nachhaltigkeit nicht wesentlich bürokratisch befördern lässt, sondern einen umfassenderen Ansatz benötigt.

»Ohne eine Änderung der Ökonomie und Politik in ihrer Grundausrichtung, so die These dieses Buches, wird Nachhaltigkeit kaum hinreichend verwirklicht werden können«

In Teil IV wende ich mich möglichen Wegen aus den Nachhaltigkeitsfallen zu. Als ich mit diesem Forschungsprojekt begonnen habe, war ich voller Hoffnungen, sehr viele Wege zu finden und als realistisch nachweisen zu können. Im Laufe meiner Auseinandersetzungen hat sich aber herausgestellt, dass es ohne eine grundlegende Änderung der Ökonomie und Politik kaum Chancen für eine wirkliche Veränderung gibt.

Ich nehme hier die Idee noch einmal auf, dass die möglichen Lösungsansätze vielen zwar noch als unendlich groß erscheinen, diese aber – so vielfältig sie auch im individuellen Fall sein mögen – konzentriert und schnell im großen Maßstab werden erfolgen müssen, um nicht zu spät zu kommen. Die biologische Evolution hat es dem Menschen ermöglicht, eine kulturelle Geschichte zu errichten, die das gesamt Bild der Erde im Anthropozän prägt. An der heutigen Position angekommen, stellt sich die Frage, inwieweit die menschliche Vernunft, die sich in so vielen Bereichen des Fortschritts bewährt hat, ausreichen wird, die nahenden Katastrophen zu erkennen und Wege aus diesen zu suchen. Die aktuelle Forschung zur Wirkung von Risiken und Katastrophen auf das menschliche Verhalten mag im Einzelfall Hoffnung geben, dass sich Menschen neuen Herausforderungen schnell anpassen können, aber wenn diese dann mit deren Emotionen, Wünschen und Lebensstilen zusammentreffen, schwinden solche Hoffnungen schnell. Die Leserinnen und Leser mögen für sich beurteilen, inwieweit die zusammengetragenen Forschungen sie eher beruhigen oder beunruhigen.

»Jede und jeder muss bei sich selbst anfangen, denn Nachhaltigkeit kann insbesondere in demokratischen Ländern nicht einfach verordnet und instruiert werden, sondern bedarf der individuellen Überzeugung«

Im ersten Band habe ich zum Schluss klare Forderungen an das individuelle Verhalten gestellt. Jede und jeder muss bei sich selbst anfangen, denn Nachhaltigkeit kann insbesondere in demokratischen Ländern nicht einfach verordnet und instruiert werden, sondern bedarf der individuellen Überzeugung und motivierten Handlung. Alle müssen sich Gedanken darüber machen, was gut funktioniert und was weniger gut gelingen wird. In diesem Sinne wird Nachhaltigkeit zu einer ersten Bildungspflicht, denn nur diejenigen, die wissen, was sie tun, werden auch bereit sein, ihr Tun zu überdenken und zu verändern.

Für die Ökonomie und Politik ist ebenso klar: Die große ökologische und nachhaltige Transformation wird nicht ohne Verzicht zu machen sein. Sie kann in begrenztem Maße durch Innovationen und neue Lebenskonzepte kompensiert werden, sie kann sogar die Menschheit sozial gerechter machen und sich vielfältig in neue Richtungen entwickeln lassen, aber sie bedeutet eine wesentliche Umstellung in sehr vielen Lebensbereichen. Eckpunkte hierfür will ich mit diesem Band bewusst machen.

Abschließend werden gesellschaftliche Regeln zur Nachhaltigkeit aufgestellt, auf die sich nicht nur einzelne Menschen, nicht nur einzelne Nationen, sondern die gesamte Menschheit im Sinne eines Nachhaltigkeitsvertrages einlassen müssten, um der gegenwärtigen Krise etwas entgegenzusetzen. Zusammen mit den individuellen Regeln aus dem ersten Band fassen sie in kurzer Form das zusammen, was sich aus der Vielzahl wissenschaftlicher Forschungen als essenziell zusammenfassen lässt: ein Manifest der Nachhaltigkeit.

Mein Dank gilt den vielen Forscherinnen und Forschern, die mir ihre Veröffentlichungen frei zugänglich gemacht haben. Die umfangreichen Referenzen finden sich im Literaturverzeichnis für beide Bände, das mit Links zu zugänglichen Quellen online unter www.westendverlag.de/nachhaltigkeit verfügbar ist. Es sind zu viele, die mich in meinem Vorhaben unterstützt haben, um sie hier einzeln zu nennen. Hervorheben will ich die Lektorin Lea Mara Eßer vom *Westend Verlag*, die durch ihre professionelle Überarbeitung zur Verbesserung des Textes beigetragen hat.

I

Wie die Ökonomie die Nachhaltigkeit verhindert

I.1 Die Vergangenheit: Ökonomische Nachhaltigkeitsfallen

Mit der Moderne und ihrer Entwicklung ist keine konkrete Nation in ihrem Wandel, kein besonderes historisches Ereignis mit ganz eigenen und unverwechselbaren Kontexten gemeint (vgl. Beck 1986, 2002; Giddens 1990), sondern ein Übergang, der übergreifende Perspektiven und Mechanismen für alle einschließt (Bauman 2000 a). Es gibt hierbei einen globalen Wandel in den Grundlagen aller Gesellschaften. Ich will versuchen, die Mechanismen dieses Wandels und die Auswirkungen auf die Nachhaltigkeit näher zu bestimmen und ihre Bedeutung für unterschiedliche Lebensfelder zu erörtern. Dabei werden ökonomische Veränderungen, die vor dem Hintergrund der immer globaler agierenden kapitalistischen Entwicklung stehen, als wesentlich angesehen, weshalb es auch sinnvoll ist, die Moderne aus ihrer ursprünglich eurozentrischen Orientierung heute auf eine kapitalistische und vom Neoliberalismus geprägte flüssige Weltmoderne zu beziehen.

Auch wenn es in Europa, Amerika, Lateinamerika, Afrika, Asien, der arabischen Welt oder anderen Regionen jeweils eigene Traditionen und historische Entwicklungen gibt, so wird in je spezifischer Weise der neoliberal operierende Kapitalismus auch in diesen Gebieten immer relevanter, indem er als Denk- und Handlungsweise in die bestehenden Traditionen assimiliert und in ihnen verankert wird. Dieser Teil der Globalisierung ist durchaus widersprüchlich und nicht einlinig zu verstehen. Und die Entwicklung ist auch nicht als ein Fortschrittsmodell anzusehen, das der Welt zeigt, wie Vernunft und Fortschritt sich durchsetzen – das ist das traditionelle Modell der eurozentrischen Politik[3] –, sondern es ist ein stets ambivalentes Modell gesellschaftlicher Konstruktionen, das vor dem Hintergrund vielfältiger Veränderungen ambivalente Wirkungen entfaltet.[4]

I.1.1 Produktivität und Gewinnmaximierung

In sechs Schritten soll die Ökonomie der Moderne[5] hier einführend, ohne in die Details der historischen Entwicklung zu gehen, beschrieben und auf Fragen der Nachhaltigkeit bezogen werden:

Zunächst wird mit Fernand Braudel diskutiert, auf welcher Zeitebene die ökonomische Geschichte im Verhältnis zur Naturgeschichte wahrgenommen wird;

Dann wird das Zeitalter der Industrialisierung als »schwerer Kapitalismus« mit dem Ziel der Wohlstandsvermehrung verdeutlicht;

Anschließend wird die große Transformation kurz beschrieben, die Karl Polanyi als für den Kapitalismus typisches Spannungsverhältnis von freien Märkten und staatlichen Interventionen charakterisiert;

Insgesamt sind die Erhöhung der Intensität und Produktivität der Arbeit für die kapitalistische Ökonomie von Beginn an zwei treibende Kräfte, die unterschiedliche Wirkungen erzeugen;

Dabei ist die kapitalistische Logik der Gewinnmaximierung darauf ausgelegt, Kosten – wie etwa für mehr Nachhaltigkeit – zu vermeiden;

Abschließend werden drei typische ökonomische Denkweisen hervorgehoben, die Nachhaltigkeit verhindern.

I.1.1.1 Fernand Braudel und die Zeitebenen zwischen Natur- und Ereignisgeschichte

Zwischen dem 15. und 18. Jahrhundert, so analysiert Fernand Braudel (1985/86) in seinen drei Bänden zur Sozialgeschichte, verändern sich der Alltag, der Handel und es gibt einen Aufbruch zur Weltwirtschaft (Braudel 1992). Diese klassische Analyse unterscheidet drei Zeitebenen, die insbesondere auch für die Nachhaltigkeit interessante Perspektiven aufwerfen:

Eine unterste und in den Veränderungen weniger wahrnehmbare Zeitebene gibt eine quasi immobile Geschichte an, die er auch Geogeschichte nennt. In ihr sind Naturerscheinungen eingeschlossen, die sich als Wiederkehr der ewig gleichen Naturabläufe, als feststehende Gebirge und Täler, Küsten, Land- und Seewege, als Ozeane, langsam und stetig fließende Ströme, Klima oder andere Dinge mit langen Zeitspannen der Veränderung ausdrücken. Heute sehen wir mit dem Anthropozän, wie der Mensch durch sein Eingreifen in die Natur diese unterste und fundamentale Zeitebene berührt hat, wobei Moore (2016) oder Altvater (2016) davon sprechen, dass das »Capitalocene« die Natur in eine Anlageform verwandelt hat. »Die Natur wurde auf etwas reduziert, das wie jedes andere Gut bewertet und gehandelt und verbraucht werden kann: industrielles Kapital, Humankapital, Wissenskapital, finanzielle Ansprüche und so weiter.« (Ebd., 145)[6] Das »Anthropocene« als »Capitalocene« soll beschreiben, von welcher Seite der Angriffspunkt auf die natürlichen Weltverhältnisse kommt: Es ist die Kapitalisierung auch der Natur, die Menschen dazu bringt, die gegenwärtige ökologische Krise immer weiter zu verschärfen.

»Es ist die Kapitalisierung der Natur, die Menschen dazu bringt, die gegenwärtige ökologische Krise immer weiter zu verschärfen«

Braudels Konstruktion dieser untersten Zeitebene kann schnell als etwas verstanden werden, was der Natur in ihrer »Eigenzeit« eine vom Menschen unabhängige Bedeutung verleiht. Die Geschichte der Welt ist Milliarden Jahre alt, Menschen rechnen mit tausenden von Jahren und in ihrer Lebenszeit nur mit Jahrzehnten. Das Reale dort draußen, das nicht vom Menschen Produzierte, ist immer mehr als die menschliche Konstruktion, aber als Menschen haben wir eben nur unsere Interpretationen, Deutungen, Konstruktionen über das, was für uns dort draußen ist oder was wir für ein solches »Dasein« in unserem beschränkten Zeitverständnis halten. So spricht Braudel von einer Zeitebene, die er nur durch Kontrast mit anderen von ihm konstruierten Zeitebenen verdeutlichen kann.

Wenn Menschen über Zeit und Raum, über die Natur und Umwelt oder über das Reale sprechen, dann ist dies immer Deutung und Interpretation über das, was sie wahrnehmen, interpretieren und konstruieren können und wollen, aber kein absolutes Ding dort draußen. Es wäre schön, wenn uns höhere Wesen von draußen zeigen könnten, wie es um die Ökologie tatsächlich steht, aber selbst dann wäre zu bezweifeln, ob wir ihnen glauben würden. Die Macht der menschlichen Konstruktion von Wirklichkeiten aller Art bedeutet aber nicht, dass es kein dort draußen oder Reales gibt. Im Erschrecken oder Erstaunen über die Wirkungen des Realen werden unsere menschlichen Konstruktionen immer wieder auf die Probe gestellt (vgl. zur Begründung des Realen im Konstruktivismus Reich 2009).

Die lange Dauer (*longue durée*) umfasst längere historische Zeiträume, wie die Pharaonenherrschaft oder das Feudalzeitalter des Mittelalters. Der Kapitalismus könnte auch in diese Zeitauffassung passen, es sei denn, er würde, wie es heute scheint, durch seine Tendenzen der Kapitalisierung das Anthropozän so nachhaltig bestimmen, dass die unterste Zeitebene grundsätzlich verändert wird. Solche Zuschreibungen werden allerdings immer erst im Nachhinein deutlich, und ohnehin ist zu bemerken, dass alle Einteilungen der Erdzeitalter rein menschliche Konstruktionen sind.

In der jüngsten Zeit, das zeigen die Studien Braudels, hat sich der Kapitalismus stufenweise entwickelt: zunächst lokal über Tausch und Märkte, dann über eine etablierte Marktwirtschaft mit Konkurrenz unter erst nationalen und später globalen Wettbewerbsbedingungen, schließlich als allumfassender Kapitalismus, der jeden Winkel der Erde erreicht und eine Weltwirtschaft errichtet hat.

»Ob der Kapitalismus eine ›lange Dauer‹ in der Geschichte haben wird, das wird sich an der Frage der Nachhaltigkeit entscheiden«

Für die Nachhaltigkeit ist dieser Aufwärtstrend der Entwicklung die Ursache für die heutige Krise. Eine Umkehr scheint einigen nur dadurch möglich, wenn die Schritte rückwärtsgegangen werden: Eine Lokalökonomie mit kurzen Wegen und wenig Schadstoffen und Treibhausgasen, mit hoher Verantwortlichkeit und Zugehörigkeit in den Verpflichtungen kleiner und verbindlicher sozialer Gruppen könnte als Regionalpolitik Strukturen aufbauen, die nachhaltiger als die jetzige Produktions- und Lebensweise wirken. Nur wie sollen sich die Menschen davon überzeugen lassen, wenn ihnen gerade der allumfassende Kapitalismus mit weniger Zugehörigkeit und hoher Konkurrenz gegeneinander zugleich alle Vorteile im Wohlstand und einem längeren Leben beschwert haben?

In Anbetracht der langen Dauer von Kolonialismus und Benachteiligung vieler Regionen der Welt kann der Wandel ins regionale, ökologische Idyll vor dem Hintergrund einer kapitalistischen Konkurrenzgesellschaft ohnehin nur eine Hoffnung in den reichen Ländern sein. Eine andere Hoffnung ist es, dass wissenschaftlich-technologische Revolutionen uns in einen ganz anderen Stand der Versöhnung von Wirtschaftswachstum und Umweltverträglichkeit versetzen könnten, obwohl sie das gegenwärtig noch nicht erreichen.

Die Gegenwart ist eher durch die Vielfalt der Bedürfnisse der Menschen in ihren aktuellen Ereignissen bestimmt, auch wenn eine mittlere Dauer die Konjunkturen ausdrückt, in denen dies geschieht. Einzelereignisse sind von eingeschränkter Dauer, sie bilden die Daten der Geschichte, die sich aneinanderreihen lassen, obwohl man allein aus ihnen diese Geschichte nicht verstehen kann. So betrachtet erscheinen menschliche Ereignisse wie Wellen auf der Oberfläche des Geschichtsflusses, ohne einen tieferen Grund zu erfassen.

> »Die Menschen leben heute vor allem für die kurze Dauer ihrer Bedürfnisse, es fällt ihnen hingegen sehr schwer, die Langfristigkeit zu denken, die zum Begreifen der Geschichte notwendig ist«

Zur langen Dauer gehört heute die kapitalistische Entwicklung, die unsere Lage bestimmt. Für Altvater findet in Braudels »langer Zeit des 16. Jahrhunderts« eine Wende statt, in der die Märkte und der Mehrwert, der vor allem aus der Lohnarbeit gewonnen werden konnte, immer dominanter wurden, um dann im 18. Jahrhundert eine weitere Wende zu erfahren, in der eine »Verbindung von im Überfluss vorhandenen fossilen Brennstoffen und modernen Maschinen« stattfand, um dann »schnell Europa und Nordamerika und dann den Rest der Welt zu verändern. Weit entfernt von einer rein technischen Entwicklung, war diese industrielle Transformation ein Kind des europäischen Rationalismus, der Profitgier und der Dynamik von Geld und Markt. Der industrielle Kapitalismus, der von billigen fossilen Brennstoffen getragen wurde, wurde zum vorherrschenden Modell der modernen Wirtschaftsentwicklung. Nicht weniger wichtig, schuf er auch eine neue globale sozial-ökologische Realität.« (Altvater 2016, 146)

Die Vertreibung aus natürlichen Rhythmen in die Zeitkontrolle

Der Jahresablauf im Rhythmus der natürlichen Produktionsphasen einer Feudalgesellschaft verwandelt sich mit der Industrialisierung in ein neues Denken, in dem alles in Zeit gemessen und in Geld verwandelt wird. Die Zeit wird rationalisiert; Kalender, Uhren, Maßstäbe effektiv genutzter Zeit gegenüber einem Müßiggang verweisen darauf, dass die Zeit in einer Gegenwart mit beschränktem Ende gelebt und genutzt werden muss. Die Arbeit rückt ins Zentrum einer Schaffenskraft, die auf eine Vermehrung der materiellen Dinge und des Wohlstands setzt. Dabei entwickelt der Mensch eine Haltung, die gesamte Welt von sich aus, von seinen Bedürfnissen und dem wachsenden Wohlstand her zu denken, ohne Rücksicht auf Verluste bei ärmeren Klassen, in fremden Ländern oder für die Umwelt zu nehmen. Um die Ausbeutung des Menschen zu bremsen, entsteht eine Arbeiterbewegung als Gegenkraft. Um die Natur und Umwelt oder fremde Völker zu schützen, dazu fehlen nachhaltige Bewegungen von Anfang an.

Thompson (1967) zeigt etwa, wie Zeit und Macht innerhalb der kapitalistischen Gesellschaft verschränkt eingesetzt werden. Die Kontrolle der Zeit steht dabei im Fokus in der Organisation der Industrie wie des Lebens. Er analysiert, wie die Arbeitsverhältnisse im Übergang von der Feudalzeit in die Industrialisierung durch mechanische, lineare Zeitmessungen ersetzt und wirksam gemacht wurden. Hierzu gehört insbesondere der Einsatz von Uhren und die genaue Bestimmung von kleinen und gut definierten Arbeitseinheiten. Die Leistungen werden von einer Bewertung in der Gesamtleistung eines längeren Zeitraums zunächst auf Wochen, dann Tage, schließlich Stunden und Minuten festgelegt. Die Kontrolle dieser Zeiten wird immer engmaschiger und subtiler, sie reicht von der persönlichen Überprüfung über die Stempelkarte bis hin zur elektronischen Erfassung der Zeiten. In der Erziehung der Menschen, früher vielfach noch religiös als Tugend zur Arbeitsamkeit und zum Fleiß inspiriert, um ein sittliches Leben zu führen, hat nach Max Weber (1934) insbesondere die protestantische Ethik dazu beigetragen, das Wirtschaftsleben zu effektivieren. Besonders drei Maßnahmen helfen hierbei: eine effektive Betriebsorganisation, die Trennung von Haushalt und Betrieb und eine rationale Buchführung. Diese Maßnahmen sind immer vor dem Hintergrund zu sehen, dass Zeit und Geld gegeneinander aufgerechnet werden.

»Der Mensch entfernt sich zunehmend von den Rhythmen, die von der Natur vorgegeben ind & schafft sich eigene, künstliche Lebensräume«

Während die Landwirtschaft noch länger den Nutzungsmöglichkeiten in natürlichen Zeitabläufen folgte und erst nach und nach industrialisiert wird, so wird alle Waren produzierende Arbeit unter Zeitdruck gestellt, damit sich durch Zeitersparnis der Gewinn vergrößert. Je weniger Zeit nötig ist, um etwas herzustellen, desto kostengünstiger kann es produziert werden. Von vornherein steht eine Produktivitätsmaximierung im Vordergrund, eine Ressourcenschonung oder Umweltschonung, selbst eine Gesundheitsschonung sind zunächst kaum im Programm der Moderne.

Das absehbare Ende der eigenen Lebenszeit mag in der Unendlichkeit religiös nach einem »Jüngsten Gericht« enden, aber bis dahin scheint es genau die Erfolgsaufgabe dieser Lebenszeit zu sein, die Notwendigkeiten des Tages zu ergreifen und das eigene Leben abzusichern. Besonders die Entwicklung eines anwachsenden Privateigentums gilt als ein Königsweg der Zeitnutzung.

Die Ereignisgeschichte beschleunigt sich durch die neuen Möglichkeiten zur Zeitkontrolle: Ab jetzt erscheint die Vergangenheit im Rückblick als sehr langsam. Etwa die natürliche Geschwindigkeit von Menschen oder Pferden wird als langsam wahrgenommen, seit die Dampfkraft und die Motorisierung die Welt beherrschen. Die Jahreswechsel und Ernten, die ehernen Rituale der Geburt und Heirat, wie auch festgelegte Feste der Erinnerung bleiben zwar, spielen aber in den Städten und auf den Märkten eine zunehmend geringere Rolle. Früheren Zeiten selbst kultureller Hochentwicklung war diese neue Art Beschleunigung in der Ereignisgeschichte fremd, aber auf dem Boden der langen Zeit, der *longue durée* vor dem Hintergrund des Anwachsens der Produktion und der Mehrwerte, nimmt die Beschleunigung immer weiter zu.

Selbstzwänge und instrumentelle Rationalität

Die wirtschaftliche Erfolgsgeschichte des Kapitalismus geht mit einer veränderten Sozialisation der Menschen einher. Norbert Elias (1976, 1988) hat herausgearbeitet, dass Menschen Selbstzwänge gegenüber Fremdzwängen bevorzugen und in der kapitalistischen Lebensform auch benötigen. Hierbei ist es notwendig, die eigene Lebenszeit in ihren Phasen des Heranwachsens, der Ausbildung, der Anpassung an gesellschaftliche Veränderungen in die eigene Hand zu nehmen, sich selbst zu motivieren, den eigenen Erfolg durch Ausdauer und Langsicht zu kontrollieren, Kooperation und Kommunikation mit anderen auf Zeit einzugehen. Vor allem das Zeitverständnis verändert sich:[7] »Zeit wird unterschiedlich zum Raum gesehen, weil sie leichter verändert und manipuliert – und besonders bedeutsam verkürzt, weniger kostspielig und so produktiver – gestaltet werden kann. Benjamin Franklins berühmte Aussage lautet: ›Zeit ist Geld‹; er konnte diese Erklärung mit Überzeugung abgeben, weil er den Menschen zuvor bereits als ›werkzeugmachendes Tier‹ definiert hatte.« (Bauman 2000 b, 173)

»Um Zeit und Raum intensiv und produktiv nutzen zu können, entwickeln die Menschen Selbstzwänge, die stets auf mehr Wohlstand fokussiert sind«

Die instrumentelle Rationalität der Moderne sieht neben der Zeit auch den Raum als wichtig an. Er repräsentiert neben der Weite der Welt immer auch die Kostbarkeit des Privatbesitzes, der demonstrativ nach außen als solide und vermögend gebaut wird, nach innen jedoch zweckrational auf Verwertbarkeit der kostbaren Zeit und des knappen Raums durch Aufteilung in mehr oder minder luxuriös nutzbare Zimmer zu Hause oder produktive Stätten in Unternehmen gestaltet ist. Andere Räume, die etwa der Erziehung oder Krankheit dienen, werden dagegen eher sparsam und kostensparend ausgestattet; Natur- und Umwelträume scheinen einfachhin grenzenlos. Gern vergessen die kapitalistisch erfolgreichen Länder die Flächen, die für ihr Vorhaben eingenommen werden müssen. Es ist der äußere Raum der Eroberungen fremder Länder, der Gewinnung von Rohstoffen und Ressourcen, der Gefangennahme, Versklavung, Migration von Arbeitskräften, der Erschließung von Märkten, der Globalisierung. Es gibt eine enge Verbindung von zeitlicher Entwicklung in der Moderne und Flächenbedarf. Der Raum ist im Laufe der Moderne auf der Basis überkommener Besitzverhältnisse zunächst in den freien Flächen verknappt und in den Bebauungen verdichtet worden. Einerseits werden Räume durch kriegerische Handlungen von den Nationen erobert, verloren, auf die Gewinnung von Kolonien verschoben, andererseits führt das wachsende Privateigentum dazu, dass fast alle vorhandenen Flächen in Privatbesitz überführt werden. Der Raum der Welt wird nicht nur immer genauer in der Moderne kartografiert, er wird auch parzelliert und verrechtlicht. Inklusion und Exklusion nach Besitzregeln, nach Zugehörigkeit und Verweigerung des Eintritts, dies sind Grundmerkmale einer Raummacht, die eingezäunt und durch Besitzregeln überwacht wird. Dieser Teil wird in der Nachhaltigkeitsagenda fast immer verschwiegen. Wie sollen wir nachfolgenden Generationen eine lebenswerte Zukunft hinterlassen, wenn diese bereits in die überkommenen Besitzverhältnisse so aufgeteilt ist, dass es kaum noch Spielraum für neue Verteilungen des Raums der Welt gibt?

Wachstum wird zur Leitfigur menschlicher Handlungen

Es dauerte einige Zeit in der Moderne, bis die Kraft der Beschleunigung verstanden werden konnte. Obwohl im Neuhumanismus zu Beginn des 19. Jahrhunderts eine Renaissance der Antike mit ihrer eher langsamen Zeit erschien, so blieb diese im Grunde oberflächlich. So machte es für die Olympischen Spiele in der griechischen Antike keinen Sinn, etwa Zeiten zu messen, Weiten zu bestimmen oder objektive Leistungslisten im Sinne von höher, weiter oder schneller zu führen, weil es in jedem Ereignis und Spiel nur um eine Situation mit einem konkreten Gewinner ging. Der griechische Begriff *scholé*, der heute in »Schule« erscheint, bedeutete Muße und war ein Konzept der Entschleunigung und des Gesprächs (vgl. Welskopf 1962), das war eine ganz andere Art der *longue durée*. Die Moderne transformierte solche Muße in eine strikte Ordnung von Kosten und Nutzen mit zunehmender Beschleunigung. In ihr beginnt schon seit dem 15. Jahrhundert mit vielen lokalen Unterschieden und etlichen Vorformen ein Zeitalter der Uhren, des Messens nicht nur von Zeiten in allen Formen, sondern auch eine Vermessung der Welt, die später dann auch den Makro- als auch den Mikrokosmos einschließt (vgl. Cipolla 1978). Dies führt nicht nur dazu, dass die Zeit immer effektiver genutzt und da-

> »Die Ereignisgeschichte der Gegenwart ist durch eine enorme Beschleunigung charakterisiert, die stets dem Muster ›Zeit ist Geld‹ folgt«

bei in der Schnelligkeit der Verrichtungen beschleunigt werden soll (Whitrow 1988), sondern auch, dass die Räume verdichtet und schneller durch ein Netz von Verkehrswegen zugänglich werden. Die Natur, die entgegensteht, wird verändert und an die beschleunigten Bedürfnisse angepasst, die »schöne« Natur in die Zauberwerke der Gartenkunst verwandelt. Es ist kein Wunder, dass die Romantik genau dann als Sehnsucht auftrat, als der Kosten-Nutzen-Mechanismus dominanter wurde.

Zeit und Raum werden über Geschwindigkeit gekoppelt. Dieser Prozess wird als Wachstum verstanden: äußerlich als steigende Produktion, steigender Gewinn, Ausbreitung des Kapitalismus; innerlich als ein Zwang zur Selbstverwirklichung, Steigerung der Leistung, Durchsetzung. Der Planet Erde wird erkundet, erobert, vermessen, die Zeit erscheint wie ein gemeinsamer Plan, der alle Aktionen strukturiert und ihnen eine Bedeutung gibt. Die Geschichte der Zivilisationen, wie wir sie heute verstehen, ist ein Konstrukt aus diesem Wandel. Die Welt wird dichter und enger, die Zeit vergeht schneller und schneller, weil sie in Geld verwandelt werden kann und über kurz oder lang in das Muster »Zeit ist Geld« verdichtet wird.

In den historischen Beschreibungen über die Entwicklung der Moderne seit dem Zeitalter der Renaissance und mit Brücken in das Mittelalter haben zahlreiche Analysen gezeigt, wie die Beschleunigung von Zeit als Intensivierung der Zeitnutzung und der Einsatz von Maschinen als Produktivitätssteigerung alle Arbeitsprozesse ergreifen und gleichzeitig den Raum zergliedern, ordnen, in Manufakturen und später Fabriken verwandeln. Zeitgleich schreitet die Privatisierung der Eigentumsrechte als eine ursprüngliche Akkumulation der Reichtümer voran und teilt die Welt in eine besitzende Unternehmerschaft und eine relativ besitzlose Masse auf. Es entstehen Märkte, auf denen die Arbeit gegen Lohn und Geld gegen fast alles getauscht werden können

Beobachtbar wird dies äußerlich an der Flächennutzung der Umwelt. Zuerst werden die nationalen Flächen immer stärker als Gewerbe- und Privatflächen erobert und aufgeteilt, dann werden Übergriffe auf die restliche Welt und ihre Flächen und Ressourcen in Gang gesetzt, um den Hunger nach neuen Produktionsstätten, Rohstoffen, aber auch besseren Wohnlagen und statusbezogenen Bauten zu verwirklichen. Zu Beginn der Moderne und in der Entfaltungsphase der kapitalistischen Produktion erscheint die Welt als unendlich groß und frei verfügbar, die Zeit im individuellen Leben ist begrenzt und soll effektiv genutzt werden. Kriege und Konflikte eröffnen dies mit Gewalt und Eroberung, Märkte mit ungleichen und ungerechten Tauschhandlungen.

Aber auch innerlich wird erkennbar, wie die Ordnung in symbolischen Leistungen als Spiegelung des Wirtschaftens zunimmt. »Die Buchhaltung verwaltet Ereignisse, indem sie diese selektiv in verschiedenen Registern – Memorial, Journal, Hauptbuch – aufschreibt und nach Gewinn und Verlust sortiert. Aufgezeichnet werden die Ereignisse auf der Achse der Zeit und innerhalb von bestimmten, für alle Ereignisse gleichermaßen gültigen Zeiteinheiten. Eine solche Notationstechnik sichert Kontinuität und ist damit erst die Voraussetzung einer Wachstumserfahrung.« (Welzer 2011, 19)

Die Leitfigur des Wachstums ist der Wohlstand, ein zunehmender Überfluss, der sich als Reichtum darstellt. »Produktiv diesem neuen Verständnis nach ist ein Reichtum, der die Bedürfnisse aller übersteigt; und produktiv ist eine Arbeit, die nicht mit der Stillung eines Bedürfnisses endet.« (Vogl 2008, 338) Für Vogl (2010) entsteht hierdurch eine ständige Selbstüberschreitung aller Grenzen der Lebensweise, Streeck (2016) sieht Anzeichen, wie dadurch der Kapitalismus an sein eigenes Ende geführt wird; Welzer (2011, 24) folgert hieraus: »Und genau in dieser Gestalt geht Arbeit in die nationalökonomische Theoriebildung ein: als eine in sich unbegrenzte endlose Tätigkeit, die kein spezifisches, abgegrenztes, im Produkt aufgehobenes Ziel hat, sondern der unablässigen Schöpfung von Wert dient – mithin der nie endenden Produktion von ›Wachstum‹. Diesen Vorgang hat Marx mit dem Verschwinden der konkreten Arbeit im Tauschwert bezeichnet. So wie die Arbeit damit unaufhörlich wird, so wird jeder Augenblick im Leben, jede Stufe im Lebenslauf, jeder Euro auf dem Konto lediglich zur Vorstufe jedes nächsten Abschnitts, jedes weiteren Euro. Und das Selbst ist in jeder Biografie immer nur Vorstufe eines Selbst, das noch Weiteres zu erreichen hat.« Da die Gewinne in der Regel nicht mit der, sondern gegen die Nachhaltigkeit gemacht werden, führen die Steigerungen zu immer größeren Überschreitungen der planetaren Grenzen.

I.1.1.2. Industrialisierung und die Hoffnung auf Wohlstand

Die Zeit der schweren Moderne, die Industrialisierung, ist eine Zeit großer historischer Veränderungen, von Brüchen, Krisen, Reformen und Revolutionen. Die historische Lösung, so sagt Bauman (2000 b), kennt im Grunde nur zwei mögliche Antworten, um die dabei entstehenden Konflikte im Überleben der Menschen zu bewältigen: Revolutionen als grundsätzliche Veränderung der Ausgangspositionen oder die Entwicklung eines Wohlfahrtsstaates.

Der erste Weg wurde in lang andauernden sozialen Kämpfen bis hin zu den sozialistischen Ländern beschritten, wobei weder die hohen Ziele sozialer Gerechtigkeit noch zunehmenden Wohlstands für alle bisher erreicht werden konnten. Der zweite Weg wurde nach dem Zweiten Weltkrieg für die Industrieländer erfolgreich und mündete in die Aufteilung der Welt nach Wohlstands- und Überflussgesellschaften und einen Rest, der große Teile der Menschheit in Armut und Not gelassen sieht.

»In der Ereignisgeschichte gab es soziale Revolutionen, weil das Elend zu groß war, heute wirken der Wohlstand und der Wohlfahrtsstaat gegen radikale Umwälzungen«

Das Zeitalter der großen Industrie ist zugleich ein Zeitalter der Ordnungssuche, in dem kontinuierlich Fortschritt festgehalten und überprüft wird. Diese Ordnung ist nicht natürlich, sondern sie wird gesellschaftlich konstruiert und produziert, sie bildet wie selbstverständlich einen Lebenshintergrund, auf den die Menschen bewusst und intentional zurückgreifen (vgl. Bauman 1993, 4 ff.). Ordnungen entstehen dadurch, dass wir sprachlich in Regeln festhalten, wie wir leben und wie die Dinge unseres Lebens bewertet werden sollen. Sie gehen in die Vorstellungen der *longue durée* ein. Dabei gelten Ein- und Ausschlüsse, mit denen wir eine Ordnung erzeugen: Besitzend oder besitzlos, reich oder arm, privat oder öffentlich, effektiv genutzte oder verschwendete Zeit, geschützte Wohlstandsgegend oder unsicherer Vorort sind einige dieser Verständigungsleistungen, die etwa festhalten, was in einer Leistungsgesellschaft als Erfolg und was als Misserfolg zu bewerten ist. Als erfolgreich werden im Industriezeitalter allgemein Klarheit der Ziele, Transparenz der Wege, Kontrollierbarkeit der Handlungen, Voraussagbarkeit der Ergebnisse angesehen.

Der Fordismus als Prototyp kapitalistischen Erfolgs

Der *Fordismus* (abgeleitet vom Autofabrikanten Henry Ford), die schwere Industrie und ein »schwerer Kapitalismus«, in dem Kosten und Gewinne klar überprüft werden können, um wachsende Ergebnisse zu erzielen, sind Prototypen einer solchen Moderne. Ihre Bauruinen oder Baudenkmäler mahnen uns heute, dass man in solcher Industrie noch nicht an die Hinterlassenschaften der Produktion und des Konsums dachte: Schadstoffe, Verunreinigungen, Zerstörung ganzer Ökosysteme, das waren immer Begleiterscheinungen der schweren Industrie, wie sie heute im Ruhrgebiet oder im *Rust Belt* in den USA besichtigt werden können.

In der kapitalistischen Entwicklung bilden die maschinelle Produktion und der wissenschaftlich-technische Fortschritt Bedingungen, um eine schwere, solide und dynamische Moderne zu gestalten. Sie ist schwer, weil sie in Manufakturen und später Fabriken mit großer Maschinerie konstruiert wird, sie ist solide, weil ihre Materialien gebaut, verschraubt, meist unbeweglich und nur mit Aufwand zerstörbar sind, sie ist dynamisch, weil sie auf festem Boden und klaren Eigentumsverhältnissen basiert, und dennoch dynamisch nach Gewinn und Profit den Wohlstand steigert. Die maschinelle Produktion ermöglicht die wachsende Massenfertigung von Waren aller Art. Die Manufaktur verwandelt sich in eine Fabrik, die Fabriken werden zu komplexen Industrieunternehmen und Konzernen. Alles ist auf solidem Grund gebaut, immer mit privaten Anreizen auf Gewinne versehen, es drückt sich nach Größe der Anlagen, nach Volumen der Bauten aus und benutzt eindrucksvolle Fas-

»Die Bauruinen der Industrialisierung sind heute Mahnmale einer vergessenen Nachhaltigkeit«

saden, um die Gewinne und den wachsenden Reichtum nach außen zu präsentieren. Meist steht die Unternehmensvilla zu Beginn dieser Entwicklung noch in der Nähe der Fabrikgebäude, um die Zugehörigkeit zu demonstrieren. Dagegen sind die Arbeitersiedlungen in serieller und kasernenhafter Wohngestaltung eher ein Abbild der ökonomischen Nutzung und kulturellen Bedeutung der Arbeitskräfte, aber die Arbeitskräfte haben noch ein Bild der materiellen Produktion: Sie sehen den Wohlstand wachsen und entwickeln den Wunsch, an dem soliden Wohlstand teilzuhaben, wobei sie erwarten, dies nach und nach zu erreichen. Soziale Gerechtigkeit wird angesichts der ungleichen Verteilung des Wohlstands zur Dauerherausforderung.

Die Entwicklungen der Wissenschaften und Technik beschleunigen die Entfaltung der Industrie, dabei verändern sich die Anforderungen an die unterschiedlichen Teilarbeiten. Wiederkehrende Arbeiten, intensivierte Detailverrichtungen, Überwachung und Kontrolle, Erfindung und Qualitätssteigerung, Forschung und Leitung werden voneinander geschieden und wirken in zeitlicher Planung und räumlicher Anordnung dennoch zusammen. In gewissem Rahmen vollzieht sich innerhalb der Moderne mit der Steigerung der Produktivität und des gleichzeitigen gewerkschaftlichen Kampfes einer Begrenzung der Arbeitsintensität aber auch ein kontinuierlicher Wandel, der in einen flexiblen, disponiblen und auch mobilen Einsatz der Arbeitskräfte mit unterschiedlichen Kompetenzgraden mündet. Die Arbeitszeiten konnten dabei deutlich gesenkt und die Urlaubszeiten erweitert werden; soziale Gerechtigkeit wird hier in einen Verteilungskampf verwandelt. Aber der zunehmende Abstand zwischen Arm und Reich zeigt selbst in den reichen Ländern, dass die Gewinne sehr einseitig verteilt werden. Der Übergang in die flüssige Moderne, die sich durch Wanderungen des Kapitals an jene Orte auszeichnet, wo die Gewinne noch einfacher und höher zu erzielen sind, steigert diese Einseitigkeit bis heute immer mehr.

I.1.1.3 Die große Transformation und der Beginn der Nachhaltigkeitsfragen

Karl Polanyis einflussreiches Buch *The Great Transformation* (1944) analysiert den gesellschaftlichen Wandel des 19. und 20. Jahrhunderts. Er kann die bisherige Analyse, die von Braudel ihren Ausgang nahm, ergänzen helfen.

Karl Polanyi und die große Transformation

Am Beispiel der Industrialisierung Englands zeigt er zwei Entwicklungen, die seither die westliche Weltordnung prägen: einerseits das Anwachsen bestimmter Marktformen und ihre Ausweitung in alle Winkel der Erde, was letztlich bis in die Globalisierung führt, andererseits das Erstarken des Nationalen und der Nationalstaaten, die in Wechselwirkung mit den Markterfolgen eine Konkurrenz der Nationen und unterschiedliche nationale Profile des Erfolgs im Wohlstand der Nationen ausdrücken. Die Durchsetzung der Eigentumsmarktgesellschaft, die bereits bei Hobbes und Locke konzipiert wurde (Macpherson 1973), nennt Polanyi die Marktgesellschaft, in der alle natürlichen Substanzen und menschlichen Tätigkeiten in Waren verwandelt werden können. Das individuelle Streben nach Gewinn und Eigennutz in allen Handlungen nimmt auf allen Ebenen zu. Dabei entsteht diese Geschichte nicht im evolutionären Eigenlauf, sondern sie wird durch die Konkurrenz der Nationen ebenso angetrieben wie durch die Konkurrenz kapitalistische Strategien der Gewinnmaximierung. Die Marktwirtschaft führt zu einer Verselbstständigung ihrer Strukturen, die über die Zeit hinweg den wirtschaftlichen Fortschritt mit einer dauerhaften sozialen Ungleichheit verbindet. Zugleich wird von Anbeginn an verhindert, sich mit Fragen von Nachhaltigkeit außerhalb esoterischer Zuwendung zu beschäftigen.

»Die Industrialisierung hat die Märkte bis in die Globalisierung getrieben & gleichzeitig das Nationale gestärkt«

Die Konkurrenz der Individuen in der Marktgesellschaft bietet auf der Ebene der Ereignisgeschichte genügend Beispiele für Erfolge und Misserfolge, wobei die wirtschaftliche Zweckmäßigkeit und die Sehnsucht nach Gewinn als durchgehendes Motiv für alle sogar vor die sozialen Beziehungen rückt und diese immer stärker prägt. Um es in heutiger Terminologie auszudrücken, an die Stelle der moralischen Verpflichtung eines Ehebündnisses rückt der Ehevertrag, an die Stelle der moralischen Pflichten der Kinder rücken Erbverträge, da in den Marktverhältnissen auch mit dem Vertragsbruch engster sozialer Beziehungen zu rechnen ist. Ein Tausch mit ungleichen Ergebnissen ist nicht nur im ökonomischen Kapital möglich, sondern betrifft auch das soziale, kulturelle (Bourdieu 1986), das Lern- und Körperkapital (Reich 2018 a), das Naturkapital (Wackernagel et al. 1999). Die Verteilung der Kapitalformen unter den Menschen wirft immer die Frage nach sozialer Gerechtigkeit auf (Reich 2020). Der mit dieser Entwicklung ausufernde Materialismus zeigt sich für Polanyi weniger als materielle Verelendung oder als Verschlechterung der Arbeitsbedingungen, sondern als grundsätzliche kulturelle und soziale Verwahrlosung. Menschen sprechen viel von Solidarität, aber ihre tatsächlichen gegenseitigen Hilfen und Unterstützungen bleiben stets auf ein überschaubares Maß begrenzt. Heute lässt sich hier nahtlos die nachhaltige Ignoranz anschließen. Sie spiegelt sich in einem Materialismus, der immer allumfassender das menschliche Leben durchdringt (Miller 1987, 2005) und wenig Raum für alternative Ideen lässt.

»Die Ereignisgeschichte der Gegenwart ist durch einen zunehmenden Materialismus für alle und überall geprägt«

Polanyi wird heute von jenen gern zitiert, die den Staat in der Verantwortung sehen, die Märkte zu regulieren und die Nachhaltigkeit stärker durchzusetzen. »Die Wahrheit ist, dass die moderne Ungleichheit deshalb existiert, weil die Demokratie aus der ökonomischen Sphäre ausgeschlossen bleibt.« (Wilkinson & Pickett 2010, 264) Enden damit alle Nachhaltigkeitsfragen in der Ökonomie schon von Anbeginn an?

Thomas Robert Malthus und die Überbevölkerungsfalle

Immerhin gab es Ausnahmen in der Wirtschaftsgeschichte. Die Frage nach der Nachhaltigkeit wurde bereits für Thomas Robert Malthus angesichts der Überbevölkerung zu Beginn des 19. Jahrhunderts zu einem zentralen Anliegen. Die Malthusianische Falle, auch Bevölkerungsfalle genannt, besteht für ihn darin, dass die Bevölkerung exponentiell zunimmt, die Erträge aus der Landwirtschaft aber nur linear anwachsen. Je schneller die Menschheit anwächst, desto weniger wird sie zu essen haben, das ist die schlichte Formel.

Zunächst ist diese Falle nur regional eingetreten. Zwar zeigen Hungerkatastrophen immer wieder, wie eine solche Falle lokal wirken kann, aber die Industrialisierung der Landwirtschaft hat die Erträge aus landwirtschaftlichem Anbau so gewaltig steigen lassen, dass die kritische Grenze der Überbevölkerung im Grunde bis heute nicht erreicht wurde. Es müsste niemand verhungern, wenn die Lebensmittel fair verteilt werden würden. Aber genau diese oft fehlende Fairness macht den Überlebenskampf in bestimmten Regionen der Welt schwierig und für ein Siebtel der Menschheit heute zum Überlebensproblem.[8]

Weil die vorausgesagte Katastrophe in den Industrieländern ausblieb, wuchs der Optimismus und der ungebrochene Glaube an den technologischen und wissenschaftlichen Fortschritt in der Moderne so an, dass die Menschen bei steigendem Wohlstand selbst Schattenseiten in Kauf zu nehmen bereit waren. Dies bedeutete schon früh ein Ende der Nachhaltigkeitsfragen. Das Denken und die Vorstellungen wurden auf Fortschritt hin konfiguriert, ein automatisch ablaufender Prozess, der durch die sichtbaren Erfolge des Fortschritts stets bestätigt werden konnte.

»Solange das Überleben in den reichen Ländern nicht unmittelbar gefährdet erscheint, sind Menschen wenig beunruhigt & so an Nachhaltigkeit nur gering interessiert«

Erst nachdem Müll und Verschmutzung, Treibhausgase und Ressourcenverschwendung in dieser Erfolgsgeschichte offensichtlich wurden, reagierten die Menschen, wenn auch in bisher bescheidenem Ausmaß. Ein Bewusstsein für die Natur und Umwelt sind besonders abhängig vom Druck einer sozialen Gruppe. Das Bewusstsein darüber, dass etwas notwendig ist und gebraucht wird, ein Verständnis für ökologische Konsequenzen und davon abhängige soziale und subjektive Bezugsnormen, können menschliche Verhaltensmuster umso stärker bestimmen, je höher der soziale Druck durch Mehrheiten in der sozialen Gruppe anwächst. Wichtig ist dabei die soziale Bezugsnorm, die früh in der Kindheit gelernt und dann durch ständige Wiederholung, vor allem durch Gewohnheiten, sozial bestätigt wird. So lässt sich beispielsweise die Mülltrennung in Haushalten heute leichter einführen als die Vermeidung von Treibhausgasen in der Lebenswelt, weil sie sozial gewollter und besser kontrollierbar erscheint. Insgesamt lässt sich nachhaltiges Verhalten auf lange Sicht ohnehin nur hinreichend erwerben, wenn es in die Sozialisationsvorgänge mit Belohnungen oder Bestrafungen einbezogen wird. Der nachhaltig sozialisierte Mensch kann dann später leichter erinnern, was er tun sollte und zu unterlassen hat.

Für zukünftige Generationen ist die Welt zersiedelt, verdichtet, besetzt

Wer Privatbesitz an Raum und Immobilien hat, der kann, so lautet die Regel der Moderne bis heute, immer auf Zeit setzen. Die Erfahrung zeigt, dass durch die Verknappung des Raums weltweit, der durch die Zunahme der Bevölkerung entsteht, die Nachfrage steigt und das Angebot sinkt. Gewinne lassen sich heute durch Warten erzielen; die gegenwärtigen Immobilienblasen sind nur der letzte Ausdruck einer solchen Entwicklung. Für das Leben zukünftiger Generationen ist die Welt zersiedelt, verdichtet, besetzt. Dies verändert auch die Lebensräume von Tieren und Pflanzen, es führt zu einer Begrenzung der Artenvielfalt und problematischen Bodenverhältnissen, aber für den Menschen auch zu vererbtem Besitz und damit zu einer Vorverteilung von verfügbarer Welt und Lebenschancen.

»Nachhaltigkeit soll zukünftigen Generationen gleiche oder bessere Lebenschancen geben, aber zu wenig steigende Reallöhne & zu teurer Grundbesitz verhindern das«

Der persönliche Erfolg bestimmt sich durch den Raum, den eine Person, eine Familie im gesellschaftlichen Ganzen einnehmen kann. Der Raum, als Ertragsboden der Landwirtschaft zuvor durch feudale, ererbte Besitzverhältnisse aufgeteilt, wird in eine Ware verwandelt, was nach und nach eine Umverteilung ermöglicht. Der Raum wird zum Grundstück, der Besitz zur Immobilie, das Privateigentum führt in eine Raumaufteilung nach privat und öffentlich. Wer in der ursprünglichen Akkumulation solchen Besitz, der sich durch Beleihung immer auch in Kapital, etwa für die Errichtung von Produktionsstätten, verwandeln ließ, zu eigen wusste, der kann über Generationen hinweg – so zeigt es Piketty (2014) – einen Reichtum anhäufen, den man im späteren Kapitalismus aus eigener Kraft nur selten übertreffen kann. Dies bedingt insgesamt eine Parzellierung der Welt, eine Unzugänglichkeit vieler Orte, der Errichtung von Barrieren und Mobilitätsschranken, vor allem auch die Errichtung sozialer Schranken und Grenzen, die heute verteilungsgerechten Konzepten nach Besitz und gemeinschaftlichen Flächen entgegenstehen.

Der öffentliche Raum, der die Macht und Herrschaft einer Nation bebildern hilft, zeigt sich in der Entwicklung einer bürgerlichen Gesellschaft besonders anschaulich in großen Plätzen und monumentalen Bauten, die nicht mehr solitäre Schlösser und Festungen bleiben, sondern ein Ensemble des Erfolgs der verschiedenen Akteure präsentieren. Die moderne Stadt entsteht mit Gebäuden der Administration, Geschäften, Wohnhäusern. Die größten und attraktivsten dieser Städte werden zu den *global cities* der flüssigen Moderne (vgl. Sassen 2001), in denen die Regierungen sitzen, die Gesellschaft verwaltet wird, das Kapital an die Börse geht, die Ideen und Konzepte der Innovation, der Werbung, des Entertainments entstehen,und wo alle Trends gesetzt werden.

»Alte Besitzstände werden heute nur selten durch Arbeit und Anstrengung – also aus eigener Kraft – erreicht, sie müssen ererbt werden«

I.1.1.4 Intensivierung und Produktivität der Arbeit

Die Arbeitsverhältnisse bilden immer einen Kern der ökonomischen Bedingungen und Entwicklungen. Die Arbeitsverhältnisse sind besonders prägend für die Bewusstseinsbildung der Menschen und damit auch bestimmend für die Möglichkeiten von Nachhaltigkeit. Dabei sind die Arbeitsverhältnisse der Gegenwart mit zahlreichen Lasten aus der Vergangenheit beschwert, wie ich näher im Blick auch auf die Nachhaltigkeit zeigen will.

Arbeitsverhältnisse als Kern der Lebensverhältnisse

Im Alltag der Menschen, in ihrer Lebenswelt, in der Kultur, in den Familien, der Erziehung und Bildung, beim Lernen wie allen Praktiken, Routinen und Institutionen des gesellschaftlichen und individuellen Lebens, gelten eine Irreversibilität der Zeit und ein zunehmend erschlossener Wirtschafts- und Lebensraum, der sich von den kleinen lokalen Einheiten des täglichen Lebens und Arbeitens bis in die fernen globalen und teils auch nur imaginierten Räume einer Fremde öffnen. Die Vorstellungen einer linearen Zeit mit Vergangenheit, Gegenwart und Zukunft bei gleichzeitiger Möglichkeit, eine allgemeine Zeitrechnung für die Koordination der menschlichen Handlungen durch die Routinen der Zeitabläufe und die Messungen der Zeit mittels Uhren und Zeitplänen zu ermöglichen, sind Grundbedingungen für die Nutzungsmöglichkeiten der Arbeit im Kapitalismus.

Wie war es vorher? Die Arbeitsverhältnisse in den feudalen Strukturen organisierten alle Arbeitszeiten saisonal nach den nutzbaren Tagen, wobei Zeiten frei von Arbeit religiös und ritualisiert legitimiert waren. Das Überleben hing sowohl von den Naturgewalten, der Fruchtbarkeit der Böden, der eigenen Gesundheit und Leistungsfähigkeit als auch von den zu leistenden Abgaben in den feudalen Herrschaftsverhältnissen ab.

Obwohl der Mensch nicht im Einklang mit seiner sozialen Lage leben konnte, obwohl Not, Unterdrückung und Fremdbestimmung dominierten, so lebte er halbwegs im Einklang mit der Natur. Er war nur bedingt mächtig, in sie einzugreifen.

Mit der Moderne beginnt sich nach und nach ein neues Natur-, Zeit- und Raumverständnis zu etablieren. Dazu gehören zunächst vor allem folgende Aspekte:

Das aufstrebende Bürgertum hatte im 19. Jahrhundert steigende Bildungsbedürfnisse, die über elementare religiöse Disziplinierung und Einordnung in die Pflichten des Lebens hinausgingen. Nicht nur die Erhöhung der Produktivität der Arbeit bedurfte der Innovationen, sondern auch die Verwaltung der expandierenden Aufgaben eines Warenverkehrs, einer Administration der gesellschaftlichen Organisation auch im Rahmen der Zunahme der Bevölkerung und der Verdichtung der Arbeit in wachsenden Städten, der Entstehung und Entwicklung eines Gesundheits- und Erziehungssystems, dem Aufbau einer Finanzverwaltung, der Polizei und des Militärs. Zugleich entstanden geistige Bedürfnisse, an der Entwicklung eines modernen, aufgeklärten Zeitalters teilzunehmen, wie sie etwa von Wilhelm von Humboldt als Bildungstheorie thematisiert wurden. Dabei blieben die allgemeinen Bildungsvorstellungen allerdings klar klassenbezogen, und es setzte eine Bildungsgeschichte ein, die seither gebildete und bildungsbenachteiligte Gruppen von Menschen unterscheidet.

»Mit der wachsenden Produktion steigt die Arbeitsteilung, das gilt für das kapitalistische Unternehmen wie für die Gesellschaft insgesamt«

Zunehmender Wohlstand erzeugt zunehmende Unterschiede

Die Arbeit als Antrieb schafft nicht nur den Reichtum der Gesellschaften, sie erzeugt auch wesentliche Unterschiede. Es setzt ein gesellschaftlicher Differenzierungsprozess ein, der zunächst sowohl die Zeiten nach den Geschlechtern in die Arbeitszeit der Männer und die Familien- und Erziehungszeit der Frauen scheidet, sofern das Überleben nicht beide Geschlechter in einer Arbeit zum Überleben gefangen hält. Zugleich wird die körperliche von der geistigen Arbeit unterschieden: Der körperlichen Arbeit werden die eher einfachen, leichter zu intensivierenden Tätigkeiten zugeordnet, der geistigen Arbeit eine Fülle an qualitätvoll unterschiedlichen Tätigkeiten, deren Wertigkeiten abgestuft werden. Hier wirken vor allem Angebot und Nachfrage mit Erwartungen an die Qualität der Arbeit zusammen.

Begleitet wird die verstärkte Unterscheidung von körperlicher und geistiger, von Männer-, Frauen- und Kinderarbeit mit einer in der Moderne zunehmenden Arbeitsteilung in verschiedene Berufsbilder. Das Berufsbild der Nachhaltigkeit fehlt von vornherein und lässt sich auch bis heute eher als Tätigkeit finden, die die Produktivitätsgrenzen weiter ausreizen soll und die Folgen für die Menschen und die Umwelt eher zurückhaltend erfasst, weil Nachhaltigkeit für eine ferne Zukunft stets sehr unproduktive Kosten in einer auf Gewinne orientierten Gegenwart erzeugt.

Die positiven Erzählungen gehen anders. Sie lauten so: Mit dem Erstarken eines Bürgertums, mit Handwerk, ersten Manufakturen und später Fabriken in einer zunehmenden Industrialisierung entsteht eine Lohnarbeit, die – wie Marx es in seiner Schrift über das Kapital herausarbeitete – doppelt freigesetzt wurde: Einerseits entstammte sie den feudalen Banden einer Herrschaft und Abhängigkeit, andererseits eröffnete sie aber damit auch mehr Teilhabe an der Gesellschaft in dieser neuen Freiheit bis hin zu demokratischen Lebensverhältnissen, wobei die Freiheitsgrade in langen gesellschaftlichen Kämpfen erstritten werden mussten. Die Freiheit wurde zu einem höchsten Wert dieser gesellschaftlichen Entwicklung.

»Der Kapitalismus erzählt seine eigene Erfolgsgeschichte, wobei die Möglichkeit des Aufstiegs trotz der Ungerechtigkeit ungleicher Ausgangsbedingungen betont wird«

Aber zugleich wurden die nun freien Lohnarbeiter auch von ihrem (meist sehr kleinem) Besitz an Land oder aus ihrer Zugehörigkeit zu Familien, Orten oder Gemeinden »befreit«. Damit standen sie für Arbeiten zur freien Verfügung, die mit einem Vertrag für eine bestimmte Zeit gegen Lohn angeboten wurden. Diese Freiheit war von Beginn an schwierig: Einerseits konnte auf dem nun entstehenden Arbeitsmarkt die Arbeit wie eine Ware angeboten werden, andererseits war es eine Frage von Angebot und Nachfrage, wer diese Arbeit nutzen und dadurch das Überleben der Arbeitenden unter dem Vorbehalt einer Aussicht auf eigene Gewinne sichern wollte.

Ein Gewinn entsteht für den Kapitalisten, wenn er die Lohnarbeit kauft, sie auf seinem Land, in einer Werkstatt oder Fabrik mit Arbeitsmitteln aller Art beschäftigt, um bestimmte Waren herzustellen, und dabei am Ende mehr auf dem Markt, wiederum abhängig von Angebot und Nachfrage, einnimmt, als die Räume und Arbeitsmittel und die Lohnarbeit kosten. Das Bestreben dieses Kapitalisten geht dabei bis heute dahin, diese Kosten möglichst zu senken. Kosten für Nachhaltigkeit gehören stets zu den für die nähere Zukunft unproduktiven Kosten, und es liegt daher nie im Interesse des Kapitalisten, nachhaltig vorzugehen. Sein Interesse richtet sich auf die Kosten, die er gezielt senken kann. Der Gewinn für die Lohnarbeiterinnen muss immer erst erkämpft werden, der erhoffte Aufstieg kann erst dann ansatzweise befriedigt werden, wenn der Wohlstand anwächst und der Staat eine soziale Sicherung übernimmt.

Gewinnmaximierung durch eine Vielfalt von Mehrwerten

Der Kapitalismus setzt auf Kapitalverwertung, wo etwas ist, da soll mehr entstehen. Mehrwerte sind das ständige Ziel, auch wenn sich unterschiedliche ökonomische Theorien fundamental darüber streiten, wie solche Mehrwerte gewonnen werden. Im

Ergebnis bleibt für alle ungeachtet der Interpretationen immer ein Resultat übrig: Einige Menschen, die bereits etwas besitzen, lassen anscheinend ihr Geld »arbeiten« oder »anwachsen«. Sie erwirtschaften auf scheinbar geheimnisvolle Weise Gewinne, die sich ständig vermehren. Die Logik kann unterschiedlich rekonstruiert werden, die Welt der ökonomischen Beziehungen durchdringt in der gegenwärtigen *longue durée* alle Lebensverhältnisse. Für Marx entspringt der Mehrwert aus dem Verhältnis von Lohnarbeit und Kapital, aber heute gibt es Konstruktionen, die eine Vielfalt der Mehrwertproduktion auch durch Angebot und Nachfrage, Illusionierung, Täuschung und Betrug oder parasitäre Gewinne zulassen (so Reich 2018 a). Hornborg (2019) erklärt sie schlicht zu einer allgemeinen Wirkung des Geldes.

»Kapitalisten reden nicht gern von Mehrwerten, weil sie ihre Gewinne nicht an der Lohnarbeit festmachen wollen, von der sie profitieren«

Im Zeitalter der Börsen und Aktienmärkte, der Blasen und Spekulationen, vermehren sich Kapital und Geld deutlich schneller als die materiellen Besitztümer, in die sie verwandelt werden können. Zwischen Geld und Kapital auf der einen und der Natur und materiellen Welt auf der anderen Seite wachsen Widersprüche an. »Die physische Funktionsweise des Energiesystems, zum Beispiel – von der Förderung bis zur Emission von Treibhausgasen –, folgt einer Logik, die ganz anders als die des Kapitals ist. Die Zirkulation von Werten und die Transformation von Gebrauchswerten sind zwei Seiten des doppelten Charakters des kapitalistischen Reproduktionsprozesses. Aber sie sind verschieden. Die eine ist immateriell, die andere materiell und substanziell. Die eine folgt der Logik der Zirkularität (das Kapital muss zum Kapital zurückkehren), die andere hat kumulative Effekte – so ist beispielsweise das CO_2 in der Atmosphäre seit dem 19. Jahrhundert rapide angestiegen … Im Bergbau hat die Rohstoffgewinnung einen ›negativen Kumulationseffekt‹: Zuerst kommt der Höhepunkt der Förderung, aber schließlich bleibt nur ein ›schwarzes Loch‹ übrig.« (Altvater 2016, 148)

Diese doppelte Logik ist eine marxistische Konstruktion, die zu begreifen helfen will, wie das Verhältnis von Tausch- und Gewinngeschäften in der Marktgesellschaft und in natürlichen Umweltverhältnissen mit- und gegeneinander wirken. Doch der Gegensatz von materieller »Natur« und immateriellen Tauschhandlungen ist so einfach nicht. Immateriell erscheint die Tauschhandlung auf den Märkten im Sinne der Logik der Mehrwertproduktion, aber sie wird materiell im Sinne der Geldwerte zurückverwandelt. Insoweit mischen sich auf den Märkten schnell die materiellen und immateriellen Perspektiven und die damit zusammenhängenden Ereignisse. Der Kapitalbesitzer erhält immer mehr als der Lohnarbeiter, der Geldbesitzer oder Immobilienbesitzer zieht Renditen aus dem, was er besitzt und durch Privateigentum auf verschiedenen Märkten vermarkten kann. Angebot und Nachfrage auf den Märkten lassen die Preise und möglicherweise die Gewinne schwanken, aber wer keinen Preis für sich aufrufen kann, der wird immer leer ausgehen. Altvater erinnert in diesem Sinne, dass die Kosten-Nutzen-Denkweise des Kapitals eine Rationalität der Gewinnmaximierung darstellt, die für den Umgang mit der Natur weder die räumlichen noch zeitlichen Dimensionen der äußeren Wirkungen einbezieht. Das Kapital orientiert sich ausschließlich an seiner Zins- und Profitrate (ebd.). Damit bleibt das Kapital doppelt gefährlich für die Natur: Im Produktionsprozess ist es aus Gewinngründen rücksichtslos gegen jegliche Nachhaltigkeit, die ihm nur politisch aufgezwungen werden kann, und bei den Gewinnen sind die Wirkungen im Lebensstil dann umso weniger nachhaltig, je reicher die Menschen sind.

Beschleunigung der Arbeit

Die Industrialisierung hat vor diesem Hintergrund vor allem zwei Wege der Beschleunigung gefunden:

»Das Kapital ist doppelt gefährlich für die Natur: Es vermeidet aus Kostengründen Nachhaltigkeit und verstärkt einen negativen Fußabdruck der Gewinner, indem es ihnen einen ausufernden Lebensstil ermöglicht«

(1) Die Intensivierung der Nutzung einer gegebenen Zeit. Die Zeit wird insbesondere in der Arbeit »verkürzt« und intensiviert, indem die Arbeitenden mehr in bestimmter Zeit durch schnelleres Arbeiten zu leisten haben. Arbeit wird vor diesem Hintergrund organisiert, indem Zeit und Raum in eine eindeutige Ordnung gebracht werden. Es ist die Wechselwirkung aus Beobachtung und Handlungen, aus Intensivierung der Abläufe, um in gleicher Zeit mehr herzustellen, und aus Techniken, die es ermöglichen, in gleicher Zeit mehr zu produzieren, was die Produktion steigern lässt, um aus vielen einzelnen Bewegungen Muster effektiver Handlungen zu erzeugen. Je mehr dies auf der materiellen Seite gelingt, desto stärker scheinen fast alle Ereignisse beherrschbar zu sein. Wir erschaffen mehr Waren in bestimmter Zeit, wir arbeiten intensiver, lernen mehr, reduzieren Entspannung und Erholung. In der Intensivierung der genutzten Arbeitszeit können mehr Waren in kürzerer Zeit hergestellt werden, der Gewinn kann also gesteigert werden. Dies ist zunächst immer die leichteste Form der Gewinnsteigerung. Sie hat zur Folge, dass die Zeiteinteilung, die Länge des Arbeitstages, die Intensität der körperlichen und geistigen Beanspruchung gesteigert werden, aber die notwendige Erholungszeit der Arbeitskraft und Vorkehrungen zum Schutz der Arbeitssicherheit und Gesundheit kleingehalten werden. Die Arbeit wird durch den Takt der Maschinen gesetzt, der Mensch durch die Abläufe diszipliniert, und ein Überwachungssystem in strikter Hierarchie mit unmittelbaren Konsequenzen bei Nichteinhaltung der erwarteten Normen reguliert das erwartete Tempo. Zeit wird in der Moderne grundlegend in Geschwindigkeit verwandelt und zu einer Politik der Geschwindigkeiten (Virilio 2008); für die Gesundheit der Arbeitenden wirkt diese Richtung oft umfassend schädigend. Auch die Intensität der Nutzung der

Böden oder der Produktionsstätten ist nicht auf Nachhaltigkeit, sondern vielmehr auf Abnutzung, Verschmutzung und langfristige Schädigung ausgelegt, denn den intensiven Beanspruchungen stehen in der Regel keine Maßnahmen zur Rekultivierung oder Reparatur gegenüber. Zudem hilft die Serialität der Produktion, Waren in ungeheuren Mengen zu produzieren, deren kurze Nutzung dann zu Müll und weiteren Schädigungen der Umwelt führt. Insgesamt umfasst die Intensivierung sowohl den Menschen als Angriffspunkt einer Generierung von mehr Output in bestimmter Zeit als auch die äußere Natur als Angriffspunkt einer Intensivierung der Ausbeute von Ressourcen und der Verschlechterung der Umweltbedingungen. In der kapitalistischen Buchhaltung gibt es zunächst kein Instrument, das die billige Natur mit Folgekosten in die Kosten-Nutzen-Rechnung einführt. So wie der Arbeitsschutz und ein Kranken- und Gesundheitssystem die Intensivierungslasten der Arbeit auffangen müssen, so müsste ein Umweltsystem regulierend eintreten, um das Ausmaß kapitalistischer Praktiken zu begrenzen. Beides kann nur gegen den Widerstand der Mehrwertproduktion und Kostenvermeidung erreicht werden.

(2) Die Arbeitsproduktivität kann durch noch schnellere und effektivere Maschinen in Verbindung mit menschlicher Arbeit nochmals eine größere Steigerung der Waren- und Wertzuwächse erzielen. Die Erhöhung der produktiven Zeit durch den Einsatz von Hilfsmitteln, Werkzeugen, Maschinen lässt die gegebene Zeit effektiver nutzen, indem Wergzeuge, Geräte, Maschinen, Computer usw. die Arbeit und teilweise sogar das Lernen (vor allem durch arbeitsteilige Wissensspeicherung) verrichten. Die Verbesserung der Produktivität der genutzten Zeit ist auf längere Sicht noch erfolgreicher als die Intensivierung. Kraft und Schweiß einer intensiven Arbeit werden hier durch die Hardware der festen Moderne ersetzt, was im Rahmen des wissenschaftlich-technologischen Fortschritts zu einem Antrieb für immer neue Erfindungen und Anwendungen in eine Konkurrenz der erreichbaren Geschwindigkeiten führt. Die Beschleunigung bestimmt die Arbeitsabläufe; die Zeitmessungen und Überwachungen der Abläufe werden selbst zu Faktoren der Produktivitätssteuerung. Nicht nur das Zeitkonzept wird ständig an die nimmersatte Erhöhung der Produktivität, die immer bessere Gewinne sichern soll, angepasst, auch der Raum wird hierfür rational konstruiert und instrumentell organisiert. Kurze Wege, produktive Arbeitsketten, Verkürzung des Transports inner- und außerbetrieblich, Ausbau des Transport- und Verkehrswesens bei gleichzeitiger Demonstration des eigenen Raums, der Fabrik, als ein Raum und Gebäude der Herrschaft in monumentaler Architektur. Was jenseits der produzierten Waren aus den Fabriken als Abgas, Verschmutzung, Müll und Verunreinigung herauskommt, das sind alles Kosten, die möglichst nicht in Rechnung gestellt werden sollen, weil sie die Gewinne schmälern. Der wissenschaftlich-technologische Fortschritt steht für ein Anwachsen der Produktivkräfte, was den Output durch menschliche Arbeit unermesslich steigert, was zugleich

zu einer Rücksichtslosigkeit im Gebrauch der billigen Natur führt. Wenn die Ölproduktion knapp oder zu teuer wird, dann wird die Erde im Fracking mit Giftstoffen aufgebrochen, um ohne Rücksicht auf Langzeitfolgen alles auszupressen, was abzusaugen ist. Wenn die Produktionsweisen neue Agrarflächen benötigen, dann wird der kostbare Regenwald wider jede Einsicht auf Klimafolgen gerodet. Jede Produktivkrafterhöhung, so lässt sich argumentieren, hat Folgen für den Umgang mit der Natur, der Umwelt, den Ressourcen, die ohne begrenzende Moral oder Regulierung immer zu billig sind.

I.1.1.5 Kapitalistische Logik einer Nicht-Nachhaltigkeit

Der Gegensatz von Lohnarbeit und Kapital, den Marx im 19. Jahrhundert vor Augen hatte, erweitert sich im 20. Jahrhundert deutlich um den Gegensatz von Natur und Kapital. Der Siegeszug des Kapitalismus, der ins Anthropozän führt, trägt mindestens drei Gesichter:

Erstens ermöglicht er weltweit durch seine zunehmende Globalisierung ein Anwachsen der Bevölkerungen, die zwar nicht überall im Wohlstand leben können, aber dennoch als Masse die Grenzen der Erde herausfordern.

Zweitens hat eine vorrangig auf Gewinnmaximierung orientierte Produktionsweise sowohl alle natürlichen Ressourcen als ausbeutbar deklariert und zugleich wenig darauf geachtet, welche Verschmutzungen, Treibhausgase, Vergiftungen, Müllvermehrungen und andere schädliche Folgen diese Produktion selbst hat.

Drittens ist die Entwicklung nicht nur für die Gewinner in der Kapitalverwertung erfolgreich, sondern auch für eine Masse an Konsumenten, die ihren Wohlstand und ihre Zufriedenheit mit dem erreichten Lebensstandard verbinden.

Das neue Zeitalter des Klimawandels, der schwindenden Ressourcen und der von mir in Band 1 beschriebenen Grenzen der Erde, ist als Anthropozän ein Erdzeitalter in der *longue durée*, die den Hintergrund der heutigen Ereignisgeschichte bildet. Viele denken vielleicht, dass nur die Ereignisgeschichte kapitalistisch geprägt ist. Aber die Analyse kann sehr schnell verdeutlichen, dass die Menschheit kaum eine Chance hat, ihrer eigenen *longue durée* zu entkommen: Wir können nicht einfach durch eine Revolution den für die meisten Menschen so plausiblen Kreisläufen von Geld und Kauf, von Arbeit und Lohn, von Investition und Gewinn, von Kosten und Nutzen entkommen. Sie sind unserem Verhalten, unseren Erwartungen und Wünschen so sehr eingeschrieben, dass selbst größte Ungerechtigkeiten in der Ereignisgeschichte nicht ausgereicht haben, diesen Hintergrund verändern zu können. Für die Nachhaltigkeit kann sich dies neben dem Problem, ob Menschen ein nachhaltiges Verhalten überhaupt hinreichend entwickeln können, als größtes Pro-

> »Heute erscheint es als unrealistisch, dass der *long durée* des Kapitalismus noch zu entkommen ist«

blem erweisen, weil diese Kreisläufe eine Triebfeder für die Entgrenzungen der Menschen darstellen.

Das Anthropozän als Folge des Kapitalismus

Im ersten Teil des ersten Bandes sind die Grenzen der Erde im Anthropozän hinreichend beschrieben worden. Aber solche Beschreibungen folgen eher naturwissenschaftlichen Analysen der Faktenlage um die Nachhaltigkeit. Einige Forscherinnen argumentieren, dass dies unzureichend ist: Sie wünschen eine Umbenennung des Anthropozäns in ein Kapitalozän, weil heute der Kapitalismus die Erdgeschichte schreibt. Aber ist es sinnvoll von einem »Capitalocene« zu sprechen?

Wenn Moore und andere (2016) die Argumente zusammenfassen, dann kann die Konstruktion des Anthropozäns mit zahlreichen Inhalten in Richtung Kapitalozän gefüllt werden. Offensichtlich ist eine zunehmende Kapitalisierung aller Märkte, was Auswirkungen bis in die letzten Winkel der Erde hat. Die Strategien der Gewinnmaximierung wirken überall auf der Welt, lokal und global. Sie erzeugen Verwerfungen, die überall auf der Welt zu spüren sind. Und sie bedingen einen Umgang mit der Natur, der in die Nachhaltigkeitskrise führt.

Durch eine solche Argumentation entsteht eine gewisse Begriffsverwirrung. Das Anthropozän beschreibt zwar eine menschengemachte Veränderung des geophysikalischen Zeitalters, besonders sichtbar im Klimawandel, aber dies soll nicht menschliches Verhalten charakterisieren, sondern die Wirkungen, die ökologisch auftreten. Das menschliche Verhalten entspricht eben keinem erdgeschichtlichen Zeitalter, auch wenn es dessen Bedingungen beeinflusst. Aber welchen Nutzen soll es überhaupt haben, wenn immer weitere Zeitepochen, wie sie von Haraway (2016) in Bezug auf die Auswirkungen menschlicher Handlungen konstruiert werden – und es damit um eine menschliche Ereignisgeschichte geht? Mir scheint es auszureichen, wenn begriffen ist, dass die kapitalistische Wirtschaftsweise der Motor und die Ursache für viele der Veränderungen ist, die wir negativ im Anthropozän erfassen können. In der menschlichen Ereignisgeschichte erfahren wir sie sowohl in der sozialen Ungerechtigkeit als auch in den Effekten der Nachhaltigkeitskrise. Solche Ereignisgeschichte wird je nach selektiven sozialen Interessen aber auch unterschiedlich konstruiert. Viele Menschen deuten beispielsweise den Konsum positiv, weil sie dessen Folgen für die Nachhaltigkeit ausblenden. In der menschlichen Ereignisgeschichte kann diese Ausblendung sowohl einen rigiden Profitkapitalismus als auch einen auf Wohlstand bedachten Konsum miteinander verbinden, um ein erfolgreiches Leben zu bezeichnen. Im Anthropozän aber sind die Maßstäbe andere: Hier wird über die Wirkung der Grenzen der Erde und ihre Auswirkung auf das Überleben auch der Menschen allein durch die äußere Welt entschieden.

Die Menschheit insgesamt profitiert bisher von dem wachsenden Wohlstand, unterschiedlich zwar, wie die Geschichte der sozialen Lagen zeigt, aber das Versprechen spätestens seit der Französischen Revolution lautet, dass bei besonderer Anstrengung alle erfolgreich im Überleben und darauf aufbauend später in den reichen Ländern im Konsum sein können. Freiheit wird zur Konsumfreiheit, Gleichheit zu einem Mindesteinkommen, Brüderlichkeit zu sozialen Netzen in schwierigen Zeiten. Der erreichte materielle Wohlstand der Welt scheint dem zumindest in den Industrieländern, die den Kern der beschleunigten Entwicklung von Ausbeutung der Ressourcen und Verschwendung bilden, bis heute zu entsprechen.

Eine Geschichte von Rücksichtslosigkeiten

Ein kurzer Blick zurück kann verdeutlichen, dass die Ereignisgeschichte von Rücksichtslosigkeit nicht nur gegen die Natur, sondern auch gegen die Mitmenschen geprägt ist. Ein Beispiel für die Macht westlicher Industrialisierung und die Inbesitznahme von Ländern als fruchtbarem Boden findet sich in der Besiedlung Amerikas und der Vertreibung der Ureinwohner. Nomadische Kulturen wurden im Sinne westlicher Rationalität ohne Rücksicht vertrieben, um im Kampf um das Territorium die Rechte der stärkeren Waffen durchzusetzen. In solchen Phasen ursprünglicher Akkumulation spielt die Macht eine entscheidende Rolle, nach der Eroberung verwandelt sich die rohe Gewalt in eine Macht des Besitzes. Besonders die amerikanische Gesellschaft, die von Anbeginn auf Freiheit und Demokratie in ihrer Verfassung setzen wollte, war geprägt durch Sklaverei und Genozid an den Ureinwohnern, um Geschäftsinteressen der weißen Einwanderer durchzusetzen. Die Waffenfreiheit, bis heute ein Ausdruck des ursprünglichen gewaltvollen Pioniergeistes der amerikanischen Gesellschaft, wird weiterhin als Mittel der Gewalt genutzt, um die eigenen Besitzrechte zu schützen. Sie gehört zum Lebenskonzept in der Eroberung und heute der schlichten Verteidigung des Erreichten. Der Kampf ums Lokale und Nationale ist seither geprägt durch territoriale Inbesitznahme, Errichtung einer autoritativen Staatsgewalt und langfristige Verrechtlichung der Besitzverhältnisse. Zudem ist es der innere Raum, der die Raumstruktur der gesamten Gesellschaft dann weiter verdichtet, denn dort, wo die Fabriken entstanden, wurden auch die beengten Wohnräume der Arbeitenden gebaut und als Städte geformt.

> »Die Eroberungsgeschichte Amerikas ist ein Beispiel für die Rücksichtslosigkeit gegenüber Menschen & Natur, die nur den Interessen der weißen Einwanderer dienten«

Die Nicht-Nachhaltigkeit hat sich im Kapitalismus zu einem Standard-Lebensmodell entwickelt: Der innere Raum in den Ländern ist in der Industrialisierung durch grundlegende Veränderungen in der Verdichtung und Verzweigung geprägt. Die Anzahl der Städte nimmt immer weiter zu, und sie wachsen durch Zuzug von Arbeitskräften und ein Anwachsen der Bevölkerung insgesamt. Infrastrukturen werden ausgebaut, Verkehrswege werden zum Transport von Waren und Menschen sowohl auf der Schiene als auch auf der Straße immer weiter entwickelt, es entsteht ein dichtes Netz immer stärker beschleunigter Transportmöglichkeiten. In der Infrastruktur werden Gebäude für Gesundheit, Erziehung, Verwaltung, Kulturrepräsentation und Denkmäler errichtet; Kanalisation, Beleuchtung, Gasversorgung, Elektrizität und Telefon prägen den Ausbau, der heute als selbstverständlich erscheint, aber in der menschlichen Geschichte eine noch junge technische Revolution darstellt. Die Städte entwickeln auch Naherholungsgebiete wie Parks und Freizeitanlagen. Große Teile des Ausbaus erfolgen zunächst unreguliert, später versuchen Bauordnungen mit mehr oder minder Erfolg, den Städten ein Profil zu geben. Insbesondere der Wohnraum der Masse der arbeitenden Bevölkerung ist verdichtet, überbelegt und schlecht ausgestattet. Auch diese Altlasten sind bis in die Gegenwart Teil einer meist vergessenen Nachhaltigkeitsagenda.

Die Trennung von Herstellungs- und Konsumort

Bereits Marx hat von einem unheilbaren (metabolischen) Riss gesprochen, der dadurch entsteht, dass die Naturgebrauchswerte, die in der Landwirtschaft produziert werden, vom Ort ihres Konsums getrennt sind. Stadt und Land stehen sich gegenüber, heute durchzieht der Riss auch die globale Produktion. Der Riss bezeichnet vor allem das Bewusstsein der Menschen, die in den Städten eine Verbindung zur Natur und zur Herstellung ihrer Lebensmittel immer mehr verlieren und damit auch den Wert der Natur wie auch den Respekt vor den Tieren und Pflanzen vergessen. Dieser Riss liegt vielen Problemen der Nachhaltigkeit zugrunde (vgl. auch Foster 1999).

Das Soziale dominiert das Ökologische

»Die letzten Jahrhunderte waren so durch die sozialen Kämpfe um mehr Verteilungsgerechtigkeit bestimmt, dass ökologische Nachhaltigkeit unbedeutend blieb«

Aber im Hinblick auf die Nachhaltigkeit reicht die soziale Frage einer gerechteren Verteilung zwischen Lohnarbeit und Kapital ohnehin nicht mehr aus. Angesicht der kapitalistischen Arbeits- und Gewinnstruktur bedeutet Nachhaltigkeit Kosten, die niemand eingehen will. Kapital und Lohnarbeit streiten vielmehr um die Verteilung des produzierten Reichtums untereinander, ersetzen die soziale Gerechtigkeit durch Verteilungsgerechtigkeit, was fast immer zuungunsten der Arbeitenden ausfällt. In der Verstrickung dieses sozialen Kampfes aber bleibt für beide Seiten wenig Raum, sich um die Nachhaltigkeit, um das Klima, Ressourcenverschwendung, Müll und andere Krisenfaktoren mehr zu kümmern. Die nicht gelöste Frage der sozialen Gerechtigkeit erweist sich immer wieder als Hindernis im Kampf um mehr Nachhaltigkeit.

Nachhaltigkeit wird einem Kosten-Nutzen-Denken unterworfen

Das Kosten-Nutzen-Denken erschwert es in besonderem Maße, Nachhaltigkeit in der kapitalistischen Wirtschaftsweise umzusetzen. Und je mehr das gewinnmaximierende Denken sich in der Wirtschaft in allen Umverteilungen durchsetzt und die Lebensverhältnisse bestimmt, desto schwieriger ist es für nachhaltige Denkweisen und Vorstellungswelten, als sinnvoll und machbar zu erscheinen.

Der Kostendruck ist bei den Kapitalbesitzern ein Teil der Gewinnstrategie. Sie haben sich darauf eingerichtet, die Löhne möglichst immer relativ niedrig zu halten, die Nachfragen überproportional zu erhöhen; sie streben danach, alle weiteren Kosten im Hinblick auf die ›billige‹ Natur, weil und insofern es keine Gewerkschaften der Nachhaltigkeit gibt, möglichst ganz zu vermeiden. In den letzten Jahrzehnten haben sich die kapitalistischen Interessen der Gewinnmaximierung im Neoliberalismus breit durchgesetzt, wie Naomi Klein (2008) in ihrer »Schockdoktrin« folgert, indem Regulationen für die Firmen aufgeweicht, soziale Ausgaben gesenkt, große öffentliche Bereiche privatisiert und dadurch verteuert wurden, um letztlich kleinen ökonomischen Eliten zugute zu kommen. Selbst das Klima ist ein Objekt der Spekulation geworden, es blüht ein Derivatehandel, der am Klimawandel Profite generiert. »Neue Wege zu finden, um das Gemeingut zu privatisieren und von der Katastrophe zu profitieren, ist das, wozu unser gegenwärtiges System gebaut ist; auf sich selbst gestellt, ist es zu nichts anderem fähig.« (Klein 2015, 9)

> »Je mehr das gewinnmaximierende Denken sich in der Wirtschaft durchsetzt und die Lebensverhältnisse bestimmt, desto weniger sinnvoll erscheinen nachhaltige Denkweisen & Vorstellungswelten«

Immerhin haben Wissenschaften, Kunst und Musik sowie kulturelle Strömungen Ideale entwickelt, die die Ansprüche des *Homo oeconomicus* überschreiten und andere Möglichkeiten aufzeigen. Wissenschaft, Kunst, Musik, die Kultur in all ihren Facetten, stellen sich seit der Aufklärung oft gegen den Strom der rein ökonomischen Zwänge, gegen die Masse und die Begehrlichkeiten der materiellen Welt, aber sie sind zugleich abhängig von ihnen, weil auch sie durch Arbeit und Entlohnung charakterisiert sind. Nachhaltigkeit gewinnt auch in diesem Bereich erst in der Gegenwart eine größere Bedeutung. Hier zeigt ihre Durchsetzung sich als besonders schwierig, da sie den Freiheits- und Individualisierungswünschen gerade in kreativen Bereichen widerstreitet. Die auch hier erzeugten größeren Fußabdrücke auf der Welt erscheinen als notwendig, weil sie Ausdruck einer Freiheit sind, die sich gegen alle Formen von Begrenzungen und Beschränkungen scheint wehren zu müssen.

Wissenschaft, Kunst, Musik, letztlich alle kulturellen Tätigkeiten sind auf Austausch und Kommunikation ausgelegt, sie bedürfen Konferenzen, wechselnder Ausstellungs-

»Der negative Fußabdruck setzt sich aus einer Vielzahl menschlicher Handlungen zusammen, niemand bleibt unschuldig«

und Spielorte, und damit Reisen, um ihre Wirkung zu entfalten, was dann zu negativen Fußabdrücken führt. So sind gerade auch jene Kräfte, die gegen den Materialismus des Kapitalismus, gegen Konsumwahn und immer mehr Müll und andere Schädigungen streiten können, selbst immer schon Teil eines negativen Fußabdrucks. Damit erschwert nicht nur das Kosten-Nutzen-Denken die Nachhaltigkeit, sondern alle Formen menschlicher Arbeit und Unterhaltung zeigen eine mehr oder minder schädigende nachhaltige Bilanz.

Katastrophenbeurteilung anhand des Bruttosozialprodukts

Das Bruttosozialprodukt hat sich im Kapitalismus als Beschreibungsform des erreichten Wohlstands wie der Funktionsfähigkeit des Wirtschaftssystems durchgesetzt. Dieses auch als Bruttonationaleinkommen bezeichnete Konstrukt misst den Wert aller Waren und Dienstleistungen, die in einer Nation geleistet werden. Es misst dabei auch das erwirtschaftete Einkommen und den Besitz der Inländer, ganz gleich, ob sie diesen im Inland oder Ausland erworben haben. Auch wenn Veräußerungsgeschäfte hierbei nicht erfasst werden, so ergibt sich eine Kennziffer für das Gesamteinkommen einer Volkswirtschaft. Es handelt sich um einen ziemlich illusionären Wert, denn in ihn gehen alle materiellen Werte ein, die einen Erlös einbringen. Das können neue Waren sein, aber auch Dienstleistungen aller Art bis hin zu den Kosten von Gefängnissen, Militärausgaben, dabei Umweltkosten ebenso wie Gelder, die für die Umweltzerstörung ausgegeben werden. Was der Wert nicht aussagt, dass ist die Verteilung des in ihm steckenden gesellschaftlichen Reichtums, er nennt nur eine Zahl, die im Vergleich der Länder eine Bedeutung hat, um deren Wirtschaftskraft gegenseitig einzuschätzen. Deshalb wird auch nicht gezielt die Wohlstandsverteilung gemessen, sondern nur ein Wert über alle und alles.

Mit diesem Wert kann ökonomisch sehr viel Täuschung betrieben werden. Im sozialen Bereich deutet eine Erhöhung zwar auf ständig steigenden Wohlstand hin, aber dieser fällt dann recht unterschiedlich für die Menschen aus. Zudem gehen hier Werte mit ein, die für die Lebenszufriedenheit eher bedrohlich als förderlich erscheinen, wie es bei Militärausgaben der Fall ist. In Bezug auf Nachhaltigkeit führt der Wert auch zu Fehleinschätzungen, weil Kosten für die Entsorgung von Atommüll, die Förderung fossiler Energien – sei es auch in der Kompensation der Schließung der Braunkohleförderung – oder die ständig wiederkehrende Förderung des Automobilabsatzes falsche Anreize setzen und dennoch das Bruttosozialprodukt erhöhen.

Wenn heute der Weltklimarat davon spricht, dass Umweltkatastrophen größeren Ausmaßes drohen, so werden meist mehrere vor allem ökologische Kipp-Punkte identifiziert. Voraussehbar sind der Verlust des Eises der Antarktik, das Schmelzen des Grönland-Eisschildes, eine Reorganisation der thermischen Ströme im Atlantik, ein verstärktes Auftreten des El Niño in den Meeresströmungen des Pazifiks, Veränderungen des Monsuns, die Vernichtung des Regenwalds, Veränderungen in der Tundra, beim Permafrost, Absinken des Sauerstoffgehalts der Meere und deren Übersauerung, Zunahme des Ozons in der Atmosphäre. Dies sind ausgewählte wichtige Faktoren, deren Ausmaß zu Kipp-Punkten führen können, die eine ganze Reihe von kaum kontrollierbaren weiteren Effekten hervorrufen. Aber bei all diesen Erscheinungen und wahrscheinlichen Modellierungen möglicher Wirkungen verbleiben die naturwissenschaftlichen Messungen und Voraussagen für die konkreten Lebenslagen meist zu abstrakt, weil nicht gesagt werden kann, dass am Tag X folgende konkreten Ereignisse eintreten werden. Teilweise sind die Voraussagen sogar widersprüchlich in Bezug auf die Nebeneffekte, weil einige Kipp-Punkte gegenteilig wirken. Insgesamt sind alle Aussagen auf die Umwelt und weniger auf die Auswirkungen auf Wirtschaft, Gesellschaft und Lebensverhältnisse bezogen. Die angenommenen Katastrophen treten in diskontinuierlichen Ereignissen wie Wetterphänomenen, in Überflutungen, Dürreperioden, langsam steigenden Meeresspiegeln und vielen weiteren einzelnen Effekten auf, deren Bedeutung für die Menschheit je nach Ort und Ausgangslage sehr unterschiedlich dramatisch sein kann.

> »Erst wenn das Bruttosozialprodukt um 30 % und mehr einbricht, würden Ökonomen von einer Katastrophe sprechen«

Aus einer ökonomischen Perspektive dagegen sind all diese Katastrophen ohnehin solange eher unwahrscheinlich, wie sie nicht grundlegend menschliche Überlebenschancen sichtbar verringern oder massenhaft zu höheren Sterberaten und Einschränkungen des wirtschaftlichen Lebens führen. Sonst würde sie niemand mehr versichern, denn Katastrophen sind wirtschaftlich gesehen ein plötzlicher, auch schwerer Schaden, der sich jedoch grundsätzlich immer anschließend reparieren oder ausgleichen lässt. Die Frage zwischen Ökologie und Ökonomie lautet: Kann die Klimakrise, können die Kipp-Punkte überhaupt ein solcher Schaden sein, weil er unter der Prämisse der Ökonomie stets regulierbar erscheint – er kann versichert werden, er kann technologisch überwunden werden, er kann ins Positive umgekehrt werden. Hier rechnen Ökonomen gänzlich anders als naturwissenschaftlich und ökologisch orientierte Forschungen. Lenton & Ciscar (2013, 586) argumentieren, dass ökonomisch gesehen das Bruttosozialprodukt schon um 30 Prozent einbrechen müsste, um Ökonomen überhaupt von einer großen Katastrophe sprechen zu lassen. Diskontinuitäten, selbst im großen Maßstab im Klimawandel, könnten dies nur dann sein, wenn die Menschen massenhaft unmittelbar betroffen wären und die Gesamteinnahmen drastisch sinken würden. Die Corona-Pandemie hat dies sehr gut veranschaulichen können, weil hier das Bruttosozialprodukt direkt negativ so beeinflusst wurde, dass die gesamte Weltwirtschaft ins Stocken geriet. Auf die Ökologie bezogen wären dies Mega-Katastrophen, die nicht mehr nur lokal auftreten, sondern globale Wirkungen hätten. Die Denkweisen der Ökonomie nehmen die Herausforderung eines nötigen Strukturwandels in der Ökonomie erst dann wirklich an, wenn die Szenarien bereits eingetreten sind, die dann keine Chancen mehr bieten werden, die Katastrophen zu verhindern.

Grundsätzlich wird in ökonomischen Theorien der Gegenwart das Risiko der Nachhaltigkeitsprobleme eher heruntergespielt, wohingegen eine Einflussgröße wie das Bruttosozialprodukt als wesentlich und aussagekräftig für das Wohlbefinden der Menschheit angesehen wird. Dies allerdings führt in der Wahrnehmung der Risiken zu erheblichen Verzerrungen, denn bis – ökonomisch gesehen – Gefahren auch in Modellrechnungen einbezogen werden, müssten schon dramatische Umweltveränderungen stattfinden. Die bestehenden Modellrechnungen und Bedrohungsziele, die der Weltklimarat wissenschaftlich erarbeitet hat, reichen dazu nicht aus, weil sie bisher nicht umfassend in ökonomische Folgekosten und deren Berechnung einbezogen werden (ebd., 591 ff.).

I.1.1.6 Drei typische Denkweisen, die Nachhaltigkeit misslingen lassen

Vor dem Hintergrund der bisherigen Argumentation ist es im tradierten Verständnis des erfolgreichen Kapitalismus seit der Industrialisierung verständlich, dass Nachhaltigkeit für Menschen sehr lästig ist, einschränkend wirkt und daher oft lieber als Nebensache angesehen wird. Drei Denkweisen sind dafür typisch:

(1) Der Reichtum der Welt erscheint als grenzenlos, das Abenteuer, sie zu erkunden, ebenso wie die Rohstoffe, die dazu ausgebeutet werden müssen, werden nicht als beschränkt erlebt und gedacht. Es zählen nur die Vorteile, diesen Reichtum zu genießen, oder die Kulturgewinne, die Vielfalt an Möglichkeiten menschlicher Entfaltung zu erhöhen, aber weniger die Folgen für die Welt und nachkommende Generationen. Darin wurzeln ein zeitbezogener Egoismus und eine Kurz- bis Mittelfristigkeit des Denkens, das von den eigenen Bedürfnissen auf die Bedürfnisse der Welt insgesamt schließt. Die Arbeitswelt verkörpert die ganze Energie, die vorrangig auf den Siegeszug des Konsums setzt, weil sich hierin die kapitalistischen Gewinnstrategien mit der Bedürfnisbefriedigung der Konsumenten vereinigen lassen.

»3 klassische kapitalistische Denkweisen, die Nachhaltigkeit verhindern«

(2) Die wachsende Bevölkerung wurde als Chance der Markterweiterung und im 19. Jahrhundert gar als Möglichkeit der Versklavung und Kolonialisierung betrachtet. Außerdem erwuchs aus ihr die Notwendigkeit, in den Weltkriegen zusätzlichen Raum für das eigene Volk zu erobern; seit dem 20. Jahrhundert wird dieser Raum vor allem als globaler Raum der Ressourcenaneignung, der Migration und des Tourismus verstanden. Die Handlungen werden in den reicheren Ländern national organisiert, um Gewinne anzuhäufen, aber global durchgeführt, wobei die Importe als Ausbeutung der Ressourcen zugleich auch die Menschen in der Ferne ausbeuten und die Waren im eigenen Land verbilligen, die Exporte sich aber auf das beschränken, was man entweder selbst nicht gebrauchen kann (Überschüsse und Müll) oder teuer mit Gewinnen exportiert (Maschinen und Autos). Warum sollen die reichen Länder nachhaltig vorgehen, solange dieses System funktioniert? Warum sollen die armen Länder hieraus aussteigen, wenn keine Vorteile für sie entstehen, weil sie ohnehin stets unterlegen sind? Der Mensch hat sich in kurz- und mittelfristigen Strategien eingerichtet, wobei die einen mehr als die anderen davon profitieren.

(3) Der Fortschrittsglaube in immer weitere wissenschaftlich-technologische Erfindungen, die alle Probleme der Zukunft lösen werden und keine neuen erzeugen, ist bis heute ungebrochen. Viele denken, dass auch die Erfindungen grenzenlos sind. Dabei müsste die Atomenergie mit ihrer nicht handhabbaren Verseuchung durch Atommüll ebenso eine Warnung sein wie die Atombomben, die den Weltuntergang sehr viel schneller herbeiführen können als die gegenwärtige Ressourcen- und Umweltkrise. Ist der Fortschritt durch Forschung nicht längst ein Mythos, der nur dort Realität wird, wo sich massenhaft Gewinne machen lassen? Es gibt längst eine Disproportion zwischen der mangelhaften Nachhaltigkeit und dem wissenschaftlich-technologischen Fortschritt, der noch zu sehr im Zeitalter der Nicht-Nachhaltigkeit verhaftet ist und dort für Gewinnmaximierung sorgen soll. Das Beispiel Auto zeigt dies eindringlich. Der heute propagierte Umstieg vom Abgas- zum Elektroauto soll den Erhalt der Autokonzerne sichern, die deshalb keine wirklich nachhaltige Technik in Massenproduktion anbieten können, weil sie zuvor Entwicklungskosten gescheut haben. Das Elektroauto ist von vornherein ein schlechtes Zwischenprodukt, dessen Energiebilanz auf Ökostrom angewiesen ist und dessen Restmüll neben der Ressourcenverknappung bei der Herstellung direkt in neue Sackgassen fehlender Nachhaltigkeit führt.

Diese drei Handlungs- und Denkweisen gelten schon lange. Während noch im 19. Jahrhundert die Intensivierung der Arbeit und die Auspressung der Menschen bis hin zur Kinder- und Sklavenarbeit an Intensität – bis zur Begrenzung durch demokratische Rechte – ständig zugenommen haben, so sind es in der Gegenwart eher die Produktivitätsgewinne, die im Inland wie im globalen Handelsverkehr höhere Gewinne sichern. Die koloniale Strategie, die vor allem den kolonialen und missionarischen Begehrlichkeiten in der Ausweitung des Raums und der Ideenwelten, den der Kapitalismus beansprucht, entspricht, bildet bis heute einen Hintergrund für das Verhältnis der reichen zu den armen Ländern. Nicht nur Rohstoffe wurden enteignet, auch Menschen versklavt, und der Sinn der Unternehmungen wurde als heiliger Krieg gegen die Ungläubigkeit auch stets religiös als gottgefällig ausgelegt. Generell sichert der Zusammenschluss von *arbeitsam* – Menschen, die die Intensivierung der Arbeit in allen Formen akzeptieren – und *religiös missioniert* eine Anpassung an die Herrschaftsverhältnisse vor Ort, wie sie typisch für viele auf Wohlstand orientierte Länder wurde. Das Drängen nach materiellem Wohlstand und Überfluss ist dabei stets stärker als die Gedanken daran, was all die Produktion und Ausbeutung der Menschen und Ressourcen für den weiteren Gang der Welt bedeuten.

I.1.2 Die soziale Nachhaltigkeit als Dauerthema des Kapitalismus

Die kapitalistische Produktion hat zwei Gesetzmäßigkeiten entwickelt, die die Nachhaltigkeit als Kostenfaktor erscheinen lässt. Für die kapitalistischen Gewinne sind sowohl erhöhte Kosten für sozialere Arbeitsverhältnisse als auch solche zum Schutz der Natur, Umwelt und Ressourcen nicht erstrebenswert. Vor allem hat die Produktionsweise ein Bewusstsein entstehen lassen, das die Vermeidung solcher Kosten auch gar nicht für problematisch hält. Deshalb kann sich an diesem Umstand ohne Kampf nichts ändern. Die Arbeiterbewegung mit Gewerkschaften und sozialen Kämpfen hat sich für die Arbeitenden eingesetzt und geholfen, deren Lage zu verbessern. Für die Nachhaltigkeit sieht es deutlich schlechter aus. Eine Umweltbewegung setzt im Grunde viel zu spät ein, um auf die Dimension fehlender Nachhaltigkeit als Grenzen des Wachstums aufmerksam zu machen. Und da die Umwelt Kosten verursacht, die auch die Arbeitenden unmittelbar zu spüren bekommen, weil es ihren Kampf um höhere Löhne beeinflusst, ist für die Arbeiterbewegung oder das, was von ihr heute noch geblieben ist, die Nachhaltigkeit auch eher ein sekundäres

»Im Hinblick auf kapitalistische Gewinne sind sowohl erhöhte Kosten für sozialere Arbeitsverhältnisse als auch solche zum Schutz der Natur, Umwelt & Ressourcen nicht erstrebenswert«

und durchgehend problematisches Thema. Denn auch die Arbeitenden haben erkannt, dass die ihnen durch Nachhaltigkeit aufgeladenen Kosten den erkämpften Wohlstand schmälern werden.

Die ökologische Kritik setzt am kapitalistischen Verwertungsdenken an, das immer nur die Kosten der Nachhaltigkeit fokussiert (etwa Karathanassis 2003, 2015, Altvater 2007). Das mag für die Kritik der Gewinnmaximierung sinnvoll sein, aber ich möchte hier grundsätzlicher fragen, wieso gerade in den Kämpfen der kapitalistischen Arbeitswelt zwar die soziale Frage um gerechte Entlohnung, um mehr Verteilungsgerechtigkeit und Chancengleichheit immer betont wird, aber die Nachhaltigkeit als relevantes Thema erst spät entdeckt und bis heute eher verharmlost wird. Insbesondere die Sozialdemokratie tut sich schwer damit, den sozialen Kampf mit dem Kampf um Nachhaltigkeit zu verbinden.

Soziale Gerechtigkeit als Dauerthema

Wenn die Arbeit der Antrieb der kapitalistischen Moderne ist, so ist die Frage der sozialen Gerechtigkeit der Entlohnung und Teilhabe am gesellschaftlichen Reichtum eine notwendige Folge. Wie gerecht sind die Löhne, wie groß ist der Abstand zu den Gewinnen, wer trägt die größeren Risiken? Die soziale Nachhaltigkeit ist für die Mehrheit der Gesellschaft, aber insbesondere für die untere Klasse, ein Dauerthema im Kapitalismus.

Qualifikation und Dequalifikation von Arbeitskräften sind dabei zwei dominante Tendenzen im Kapitalismus, und sie bilden ein Spannungsverhältnis, das sowohl die Arbeitenden im kapitalistischen Unternehmen nach Einstufung und Entlohnung als auch alle Heranwachsenden nach Selektion und Aufrückung unterscheidet. Einerseits hat die Anzahl an Arbeitskräften zugenommen, die immer stärker qualifiziert werden müssen, um mit der wissenschaftlich-technischen Entwicklung und den Anforderungen Schritt zu halten und diese auch fortzuentwickeln. Andererseits bleiben in großen Teilen der Produktion und vor allem auch in wachsenden Dienstleistungsbereichen einfache Tätigkeiten erhalten, oder es entstehen neue, in denen möglichst billige und gering qualifizierte Arbeitskräfte benötigt werden. Die Qualifizierung selbst ist ein Risiko, das auf die Arbeitenden abgewälzt wird, denn es ist allein ihnen überlassen, sich vor der Suche einer Arbeit so zu qualifizieren, dass sie überhaupt gebraucht werden, hinreichend dafür ausgebildet sind und hinreichend produktiv erscheinen. Hinzu kommt, dass der einmal Qualifizierte nie Gewissheit hat, ob er morgen nicht zu den Dequalifizierten gehören wird.

»Menschen haben sich daran gewöhnt, innerhalb der gesellschaftlichen Chancen und Positionen aufgeteilt zu werden; dieser Prozess wirkt so umfassend, dass er unsichtbar geworden ist«

Risiken und Chancen sind ungleich verteilt

Generell gibt es im Kapitalismus kein Recht auf Arbeit, sodass die Risiken bei Verlust eines Arbeitsplatzes bei den Arbeitenden selbst liegen oder bedeuten, auf niedrigere Tätigkeiten angewiesen zu sein, um überhaupt ein Einkommen zu erzielen. Die Risiken auf Seiten der Unternehmen werden gern dramatisiert, da durch Investitionen, die sich nicht rentieren, große Vermögen verloren gehen können. Aber in der Geschichte des Kapitalismus zeigt sich ein enormer Erfindungsreichtum, die rechtliche Vermögenshaftung durch Firmenkonstruktionen in der persönlichen Haftung zu begrenzen. Insoweit mag der Maßstab der Risiken nach der Höhe des Verlustes zwar sehr unterschiedlich ausfallen, aber das Risiko für das Überleben ist bei der ärmeren Klasse deutlich höher. Deshalb springt der Staat als Risikoagentur im Laufe der Zeit auch ein, wobei durch Steuereinnahmen von den Löhnen die Arbeitenden als Masse proportional deutlich höher als die Reichen belastet werden.

»Die Geschichte des Kapitalismus zeigt einen großen Erfindungsreichtum, die eigenen Risiken des Kapitaleinsatzes zu dramatisieren und die Notwendigkeit von Kosten oder Steuern für die Allgemeinheit herunterzuspielen«

In den Anfängen war der Kapitalismus vielfach durch Teilarbeiten bestimmt, in denen die Arbeitenden jeweils spezialisierte Tätigkeiten in meist seriellen Fertigungen ausführten. Im Handwerk und anderen Berufsbildern gab es allerdings auch eher ganzheitliche Arbeiten, die auf bestimmte Arbeitsfelder oder Dienstleistungen ausgerichtet waren. Die Arbeitsverhältnisse tragen vor diesem Hintergrund einen grundsätzlichen Widerspruch in sich: Einerseits benötigt eine Vielzahl von Arbeiten und Nutzungen eine zunehmende Qualifizierung der Menschen, um der wachsenden hohen Geschwindigkeit, der Komplexität und Technologie sowie den Kooperations- und Kommunikationsformen, die damit verbunden sind, zu entsprechen. Andererseits gibt es immer noch eine Vielzahl dequalifizierter Arbeiten, die nur geringe fachliche Voraussetzungen benötigen. Auffällig ist, dass die Industrieländer in ihrer Entwicklung immer mehr qualifizierte Arbeiten benötigen, weil die dequalifizierten Arbeiten in Billiglohnländer verschoben werden. Dies aber führt in den Industrieländern zu neuen Widersprüchen: Wo früher die qualifizierte Arbeit durch den Einsatz einer hohen Lernbereitschaft zu einem relativ sicheren Lohn oder Einkommen führte, da kann sie heute durchaus auch in Arbeitslosigkeit wegen eines Überangebots an qualifizierten Arbeitskräften enden. Die dequalifizierte Arbeit hingegen, die auf Unterqualifizierung beruht, ist besonders problematisch, weil diejenigen mit den schlechten Abschlüssen bereits jung in eine Dauerarbeitslosigkeit oder Verfügbarkeit für prekäre Tätigkeiten entlassen werden.

Die soziale Reproduktion der Erfolgreichen

Die Welt der im System erfolgreichen Menschen ist dabei an Klassifizierungen gebunden, die als symbolische Formen einer Zuweisung von Eintritten und Aufrückungen in die Arbeitswelt gelten. Wesentlich sind die Abschlüsse aus Erziehung und Bildung, die in der sozialen Reproduktion eng mit den Vorteilen einer bereits gebildeten oder begüterten Familie verbunden sind. Hinzu tritt die Verteilung des gesellschaftlichen Reichtums, der als Besitzstand nicht nur die mögliche Zeit für eine Ausbildung erlauben kann, sondern auch den Wohnraum und den Wohnort stellt, der Gewicht und Macht in der Konkurrenz mit anderen verleiht. Die Schwachen sind weniger geschützt, ihre Orte sind unsicherer, ihre Lebensverhältnisse sind offener für Eindringlinge von innen und außen, ihr Leben kann leichter willkürlich neu geordnet und verändert werden.

Die Arbeitswelt hat ein Nachhaltigkeitsproblem

Verausgabte Zeit, so ist es im Alltagsbewusstsein der Moderne verankert, erzeugt Lohn und Einkommen. Zeit erzeugt aber auch Kosten, sofern sie von Tätigkeiten abgezogen werden muss, weil der Haushalt zu führen ist, die Kinder zu erziehen sind oder die freie Zeit gelebt sein will. So ist die Arbeitszeit von der Freizeit unterschieden, obwohl die Menschen auch in der freien Zeit arbeiten. Hier zeigt sich die gesamte kapitalistische Situation auf einen Blick: Es ist nicht die Zeit des Arbeitens, die den entscheidenden Unterschied setzt, sondern für wen und was der Mensch arbeitet. Vor diesem Hintergrund gibt es wichtige Aspekte, die zum Grundwissen der kapitalistischen Lebensweise gehören (obwohl sie kaum in den Schulen unterrichtet werden):

»Im Kapitalismus gilt: Es ist nicht die Zeit des Arbeitens, die den entscheidenden Unterschied setzt, sondern für wen oder was der Mensch arbeitet«

Die *Arbeitsteilung* erhöht den stofflichen, materiellen Reichtum und die Produktivität einer Gesellschaft. Dies schafft Chancen, sowohl qualitativ wie quantitativ mehr Bedürfnisse der Menschen zu befriedigen. Voraussetzung ist die Entwicklung zielgerichteter, organisierter, mehr oder minder planmäßiger Arbeit, die sowohl eine fremde als auch eigene Beurteilung, Überwachung, Bewertung und Selbststeuerung aller Tätigkeiten bedingt. War früher die Aufteilung in körperliche und geistige Arbeit für die Lebenschancen entscheidend, so ist es heute das Spannungsfeld zwischen Spezialisierung mit enger Verwendbarkeit und nachfragebezogener Qualifikation mit zeitlicher Konjunktur. Solche Arbeitsteilung wirkt auch auf das Lernen, die Erziehung und Bildung umfassend ein, wozu eine allgemeine Bildung und berufsspezifische Ausbildungen gehören, aber heute treten immer mehr Konzepte lebenslangen Lernens hinzu, um je nach Nachfragelage umzulernen, umzuschulen und weiterzubilden.

Dies setzt nicht nur fachliche *Qualifikationen* im Blick auf unterschiedliche Arbeiten voraus, sondern auch Aufmerksamkeit, Konzentration, Durchhaltevermögen, Zeitmanagement und vieles mehr, die jeweils Arbeiten und Nutzungen begleiten. Die Entwicklung und Differenzierung dieser Arbeiten und Nutzungen in der Geschichte des Kapitalismus bis heute geht mit einer steten Erhöhung der Qualifikationen breiter Bevölkerungsschichten einher. Dabei ist eine deutliche Zunahme höherer Qualifikationen vor allem in den letzten Jahrzehnten zu beobachten, wobei daraus keine automatische Erhöhung der Löhne, sondern vor allem eine Erhöhung der gegenseitigen Konkurrenz folgt.

Der Antrieb sowohl für die Produktions- als auch die Qualifikationsseite liegt in einer allgemeinen *Gewinnorientierung*. Die Märkte einschließlich des Arbeitsmarktes regulieren die Gewinnerwartungen und stimulieren die Beteiligten, ihre eingesetzte Zeit effektiv zu nutzen. Zwar mag es auch immer wieder den Luxus der verschwendeten Zeit – nicht primär auf einen Markt gerichteten Zeit – geben, etwa die Künstlerin, die nur für ihre Kunst lebt, aber dann ist die Voraussetzung, dass durch andere Einkommensarten, Erbschaften oder parasitäre Teilhaben ein solches Leben gesichert wird (vgl. Reich 2018 a, Kap. 3). In der Breite bleibt der zeitliche Luxus stets die Ausnahme, wobei sowohl das Engagement für mehr soziale Gerechtigkeit als auch für Nachhaltigkeit als solcher Luxus verstanden werden, weil sie kein grundlegender Teil der gewinnorientierten Arbeitswelt sind.

Disziplinierungen wandeln sich in Selbstkontrollen, die bis zum Beginn der Moderne noch durch Fremdkontrollen dominiert waren. Die Versachlichung der Unterordnungen nimmt zu; statt sich überwiegend in persönlicher Abhängigkeit und in Hierarchien bewegen zu müssen, treten nun Sachverhalte und Prozeduren nach Regeln, Gesetzen, Ausführungsbestimmungen in den Vordergrund. Dies sind die Gesetze einer Leistungsgesellschaft, was ökonomisch meint, sich in der konkreten Arbeit (mit Fleiß, Ordentlichkeit, Pünktlichkeit und anderen Tugenden) aktiv angepasst zu verhalten. In der Gegenleistung durch Lohn bzw. höheren Lohn oder Einkommen bei höherer Qualifikation liegt die motivationale Voraussetzung einer Höherqualifizierung mit entsprechendem Aufwand.

»Die Herausforderungen der Arbeits- und Lebensweise bedingen eine Steigerung der Sorge um sich, weniger um die äußere Natur«

Seit Beginn der Moderne ist zu beobachten, dass die Arbeiten und Nutzungen in einer arbeitsteilig organisierten Gesellschaft vielfältiger, komplexer und vernetzter durchgeführt werden. Diese Vielfalt führt zu einer *Steigerung der Unterschiedlichkeit, der Kompliziertheit und Spezialisierung*. Zeitlichkeit wird zu einem Anspruchsprofil: Wo früher eng begrenzte Berufe ein Leben lang praktiziert wurden, da steht heute ein flexibles, disponibles und mobiles Anforderungsprofil mit breiter Grundbildung und persönlich möglichst umfassenden Kompetenzen im

Vordergrund. Entsprechend steigt das Anforderungsprofil an die Lernarbeit. Zielgerichtete, planmäßige, organisierte, systematische und analytische Tätigkeiten nehmen zu, ihnen stehen verstärkt kooperierende, kommunikative und selbstreflexive Momente zur Seite. Unterschiedliche Entlohnungen haben den Gegensatz von Lohnarbeit und Kapital verwischt, weil nun auch die Arbeitenden in unterschiedlichen Lohn- und Einkommensklassen unterschieden sind.

Die *Arbeitsgegenstände und Nutzungsmöglichkeiten* verändern sich. An die Stelle von Naturstoffen rücken immer mehr künstliche, synthetische Produkte, und die Arbeitsmittel, die Werkzeuge, Maschinen und Produktionsprozesse wandeln sich stark. Während der Industrialisierung finden unterschiedliche Revolutionen der Arbeit statt, die vom Fließband bis hin zur Teamarbeit reichen, die von der Taylorisierung der Einzelarbeit über die Halbautomation bis zur Vollautomation führen. Im Hintergrund steht hier eine Verwissenschaftlichung und Technologisierung der Arbeit, die zu einer enormen Erhöhung der Arbeitsproduktivität und zur kreativen Entwicklung neuer Arbeitsgegenstände und Verfahren beigetragen hat. Gleichwohl erzeugen Differenzierungen der Arbeiten eine sehr unterschiedliche Wertigkeit und Entlohnung bei gleicher Arbeitszeit. Dies führt insbesondere zu einer Benachteiligung von Frauen, Menschen mit sozialen Berufen, besonderen Begabungen oder Benachteiligungen.

Nachhaltigkeit in sozialen Fragen, wobei auf eine angemessene Entlohnung, eine gute Gesundheitsvorsorge, eine Vorsorge im Hinblick auf die Heranwachsenden, eine Beachtung der Umweltfolgen geachtet wird, das muss im Kapitalismus immer erst erstritten werden, weil solche Kosten von den Gewinnen abgehen. Dies gilt ebenso für alle Kosten der Nachhaltigkeit, die nur dann widerwillig in der Gewinnmaximierung geleistet werden, wenn sie selbst zur Kostensenkung beitragen oder gar nicht zu vermeiden sind.

»Nachhaltigkeit in sozialen Fragen muss von den Arbeitenden immer erst erstritten werden, ökologische Nachhaltigkeit ist dabei bisher immer zu kurz gekommen«

Eine wesentliche Basis für die Wirksamkeit der Gewinnmaximierung ist es, dass die *Kosten* für Verkehr und Verkehrswege, Elektrizität, Wasser, Verwaltung, Militär und Schulen *auf den Staat übertragen* sind, der sie wiederum durch unterschiedliche Steuern von allen Menschen eintreibt. Obwohl der kapitalistische Unternehmer mehr als andere Menschen von solcher Infrastruktur profitiert, trägt er von Anbeginn an in der Relation nicht den gleichen Kostenanteil wie die Mehrheit der Menschen, womit auch die Nachhaltigkeitskosten im wesentlichen Maße vom Staat auf die Allgemeinheit abgewälzt werden. Der Staat holt sich seine Ausgaben von den Bürgerinnen und Bürgern auf der Basis von Gleichheitsgrundsätzen zurück, obwohl gerade durch solche formale Gleichheit die Ungleichheit der Abgaben untermauert wird. Wenn beispielsweise ein Manager das 1000-Fache eines Arbeitenden verdient, wieso sollte dann nicht auch diese Relation bei der Besteuerung von CO_2-Kosten herangezogen werden? Eine solche Denkweise liegt dem kapitalistischen System grundsätzlich fern, weil es auf vermeintlichen Leistungsprinzipien und Gleichheitsgrundsätzen beruht. Allerdings hat niemand bisher nachweisen und begründen können, warum eine Leistung mit hohen Faktoren wie 100 oder 1000 besser als eine andere sein soll und was dies noch mit Gleichheit zu tun haben könnte.

Das doppelte Nachhaltigkeitsproblem

Der gegenwärtige Kapitalismus ist vor dem Hintergrund dieser Bedingungen ständig von vielen Veränderungen in allen Lebensbereichen gekennzeichnet. In gewisser Weise kulminieren diese Veränderungen in einem beschleunigten materiellen Wohlstand, wie er insbesondere in der zweiten Hälfte des 20. Jahrhunderts in den Industrieländern erfahren werden konnte. Hier wirkt allerdings eine soziale Nachhaltigkeitskrise fort, die sich über die letzten 200 Jahre zwar positiv für die in Lohnarbeit stehenden Menschen verändert hat, aber immer von einer *sozialen Ungerechtigkeit* begleitet ist. Ungerecht ist, dass die Leistungen der arbeitenden Menschen nicht angemessen entsprechend des geschaffenen Reichtums entlohnt werden. Dabei wirkt die alte, schwere und feste Moderne in vielen Anteilen fort, sie wird aber auch durch eine leichte und flüssige Moderne ersetzt und ergänzt, die in der Globalisierung sichtbar wird und später noch näher analysiert werden soll. Nicht bedachte Folgen fehlender Nachhaltigkeit sowohl im sozialen System als auch gegenüber der Natur und Umwelt sind dem kapitalistischen System grundsätzlich eingeschrieben und auch in seinen Rechten, Regulierungen und Organisationsformen verankert. Deshalb zählt die sozial-ökonomische Nachhaltigkeit auch richtigerweise zu den Säulen der Nachhaltigkeit, auch wenn dies zunächst nur den *Status quo* der kapitalistischen Verteilungskämpfe charakterisiert und immer durch eine ökologische Betrachtungsweise nicht nur ergänzt, sondern auch kritisch hinterfragt werden muss.

»Wenn beispielsweise ein Manager das 1000-Fache eines Arbeitenden verdient, wieso sollte dann nicht auch diese Relation bei der Besteuerung von CO_2-Kosten herangezogen werden?«

Graeber (2011) weist darauf hin, dass Geld in der heutigen Gesellschaft immer Schulden miteinschließt. Wie wird auf den Markttransaktionen der menschliche Wunsch nach Reziprozität und gleichem, gerechtem Austausch, nach moralischem und gerechtem Handeln realisiert und kalkuliert? Im Ergebnis wird erkennbar, dass Schulden zunächst in sozialen Beziehungen und Verpflichtungen standen, aber mit der Entwicklung vom klassischen und schweren Kapitalismus in den Neoliberalismus immer mehr der alten Verpflichtungen und Zugehörigkeiten enthoben werden. Das Kosten-Nutzen-Denken in seiner immer dominanter und ignoranter werdenden Form des Vergessens der sozialen Gerechtigkeit und der nachhaltigen Anforderungen ist

Ausdruck einer Haltung, die anzeigt, dass der Mensch die wesentlichen Fragen seines Überlebens aus dem Blick verloren hat. In Bezug auf den Klimawandel und dessen Folgen macht es wenig Sinn, die Natur fast ausschließlich aus der Perspektive von Ware-Geld-Beziehungen aufzufassen, denn es geht in der bio-physikalischen Welt nicht um Marktgesetze und Konstruktionen, die bestimmen, wie es den Menschen immer besser gehen soll, wenn gleichzeitig die Natur einseitig überwältigt wird. Der *Homo oeconomicus* muss verstehen lernen, dass die Natur für die Wirtschaft immer nur ein billiger Gebrauchswert ist, der solange ausgebeutet, verschwendet oder ruiniert wird, bis eine Vernunft oder nicht-ökonomische Justiz oder Moral einsetzen, die um des Überlebens der Menschen und anderen Lebens auf der Erde willen die Privatisierung und Ausbeutung des Planeten beschränken.

»In der Ökonomie hat der Mensch die wesentlichen Fragen seines Überlebens in Natur & Umwelt aus den Augen verloren«

I.2. Die Gegenwart: Kaum Auswege aus den Nachhaltigkeitsfallen

Die große Industrie erscheint bei den neuen und heutigen Formen der Gewinnmaximierung wie ein schwerer Koloss, der noch in der Autoindustrie, bei der Kohle, bei Stahl und anderen klassischen Waren sein solides Geld verdient, aber nur schwer zu vergleichen ist mit den Gewinnen der Finanz- oder Transaktionsjongleure, der Software-Industrie oder der zahlreichen Dienstleistungsbranchen. Hier wird mit kleiner Crew, mit Cloudworking, Outsourcing, kurzen Herausforderungen, mit SCRUM, Human Resource Management und anderen agilen Tools statt mit langen Projekt- und Planungszeiten das Gewinnvorbild für alle anderen Geschäftszweige gesetzt. So wird der noch vorhandenen soliden Moderne eine »Fettabsaugung«, wie Bauman (2000 b) es nennt, verordnet: verschlanken, verkleinern, auslaufen lassen, schließen und woanders billiger eröffnen, veräußern von Teilen – das alles sind wichtige »Gesundheitsmaßnahmen«.

»Die neoliberale Agenda: verschlanken, verkleinern, auslaufen lassen, schließen und woanders billiger eröffnen, veräußern, und dann von vorne beginnen«

Die Ausgangslage: Neoliberal und schwer berechenbar

Im Zirkel von Zusammenschlüssen und Verkleinerungen erscheinen komplementäre Strategien der Gewinnmaximierung: erst Gewinne durch Zusammenlegung, dann Gewinne durch Verkleinerung, dann wieder Zusammenlegung und so fort. Die beschäftigte Arbeit wird zum Faustpfand einer Gewinnberechnung mit Arbeitsmigration, Leiharbeiten und Scheinselbstständigkeiten, die Spekulation zum großen Geschäftsmodell bei verringerter Arbeitslast. Das Problem aber bleibt, dass die vielen Menschen, die arbeiten, um zu leben, auf das Kapital, das Arbeit scheinbar großzügig als Lohn und Einkommen »gibt«, angewiesen bleiben. Die Herrschaftsverhältnisse haben sich jedoch in Richtung eines wachsenden Kapitals verschoben und sind zugleich flüssiger, abstrakter, undurchschaubarer geworden. Persönlich kann der jeweilige Kapitalist, der hinter undurchsichtigen Firmenkonstruktionen steht, immer weniger ausgemacht werden. Die ihm angedichtete soziale und nachhaltige Verpflichtung für das Allgemeinwohl ist eher Wunsch als Wirklichkeit. Und die staatlichen Bürokratien der regulierenden Moderne, die steuernd im Sinne der Allgemeinheit und des Überlebens in der Nachhaltigkeit wirken könnten, zeigen sich im beschleunigten Kampf selbst als zunehmend vom Kapital abhängig und selten fähig, für einigermaßen gerechte Verteilungen und nachhaltige Zustände zu sorgen. Aus einer liberalen Wirtschaftspolitik in Zeiten der Industrialisierung wurde in den letzten Jahrzehnten eine neoliberale Entfesselung aller Märkte.

Die neoliberale Verflüssigung hat vor allem die Finanzströme und die Gewinnchancen des Kapitals beschleunigt. Beginnend 1970 – mit der Aufhebung der Währungssicherung durch Goldreserven – entstand ein Papiermarkt der Geldgeschäfte, der seine wirkliche Beschleunigung dann in den digitalen Wertzurechnungen und Echtzeiten des Internets finden konnte (zur Geschichte vgl. Ferguson 2008). Die Digitalisierung ist nur ein äußerer Begriff für eine Vielzahl an algorithmischen Operationen, die Informationen aufbereiten und verarbeiten. So wie die Finanzströme nach eigenen Algorithmen konstruiert und gelenkt werden, so werden auch die Wissensströme im Internet verteilt und in Suchmaschinen aufbereitet. In der Kürze der Zeit, seit dieses System existiert, hat es die Menschheit in völlige Abhängigkeit von fast jeglicher Informationsverarbeitung, der digital aufbereiteten Geldströme und ihrer Verwertbarkeit, des Wissens und seines Einsatzes, gebracht, und es dient immer mehr als virtuelles Gedächtnis der Menschheit. In einer Mischung aus Nachrichten (*news*) und Täuschungen (*fake news*), aus lokaler Sprache und Englisch (sowie zunehmend Chinesisch) als überwiegend globaler Sprache, aus Anwendungsfenstern und Programmiersprachen, aus öffentlich zugänglichen und kommerziell er-

> »Die Merkmale des Kapitalismus in seiner liberalen Phase werden in der neoliberalen Phase alle aufgegriffen und neu bestimmt: beschleunigt, gewinnmaximiert, globalisiert«

werbbaren Informationen wächst dieses Netz von Tag zu Tag und macht durch interne Automatisierungsvorgänge, durch Bebilderung und Videos alle Seiten der flüssigen Moderne einsehbar und verständlich, ohne dass man das, was geschieht, umfassend verstanden haben muss. Eine beobachtende Teilnahme ist scheinbar alles, was notwendig ist, eine aktive Teilnahme scheint in dieser Beobachtung bereits eingeschlossen und mitgekauft zu sein.

Für die meisten Menschen bleibt vor diesem Hintergrund die Arbeit ein notwendiger Teil ihrer Überlebensstrategie, um daraus Mittel zu gewinnen, die durch die Art des Lebens geprägt sind: Konsum. Je mehr die auf Wachstum orientierte kapitalistische Produktion an Wachstum generiert, je mehr dabei auch ein zwar ungleich verteilter, aber dennoch erkennbarer Überfluss bei fast allen Menschen ankommt, desto mehr tritt der Konsum als Bezugspunkt und Spannungsverhältnis gegenüber den Wirkungen der Lebensweise auf die Natur und Umwelt auf. Um dieses Spannungsverhältnis soll es in den folgenden vier Unterkapiteln gehen:

Zunächst erörtere ich im Folgenden Veränderungen in der Wahrnehmung von Geschwindigkeit, Beschleunigung und Verdichtung des Raums, die in der neoliberalen Entwicklung auftreten.

Anschließend wird der Konsum als Vorstellung und wesentliches Ziel im neoliberalen Kapitalismus beschrieben, wobei darauffolgend gezeigt wird, dass es dabei eine durchgehende Kapitalisierung alles Nachhaltigen gibt. Abschließend will ich erörtern, wie sich die Ströme der Gewinne und die Tropfen der Nachhaltigkeit gegenüberstehen.

I.2.1 Neoliberale Vergesslichkeit

Prägend für das kapitalistische Zeitalter sind Veränderungen in Zeit und Raum. Zunächst nimmt besonders die Geschwindigkeit der menschlichen Bewegungen und Begegnungen in der neoliberalen Phase weiter zu.

Zu Fuß ist die Geschwindigkeit unmittelbar in der Wahrnehmung erfassbar und moderat, die Eroberungsfähigkeit der Welt ist beschränkt, dafür die Begegnung von Angesicht zu Angesicht sehr hoch. Das Pferd erhöht die Geschwindigkeit, es verändert den Blick und die Haltung. Pferde sind für die Jagd, den Krieg, die Erweiterung des Raums und die Verkürzung der Zeitspanne, um von Ort zu Ort zu gelangen, lange Zeit prägend. Gleichwohl ist diese geliehene Kraft begrenzt und bedarf der Pflege. Aber sie pflanzt der Menschheit die Idee eines Vorteils der Geschwindigkeit ein. Auch die Seefahrt ist zwar zunächst langsam, aber sie bedeutet eine Eroberung des Raums, die zu Fuß oder

Pferd nicht möglich gewesen wäre. Durch immerwährende Kriege und erstrittene Eroberungen beginnt mit zunehmender, zunächst noch langsamer Geschwindigkeit eine Beschleunigung, eine Kolonialisierung der Welt, die sich mit der Entwicklung der Verkehrsmittel und der Digitalisierung bis heute extrem entwickelt hat.

Paul Virilio und die kapitalistische Beschleunigung

Die Lehre der Geschwindigkeiten, die Dromologie, wie sie Paul Virilio (1993) nennt, zeigt sehr deutlich, wie die praktischen Erfordernisse eines expandierenden Kapitalismus die Wissenschaften und die Arbeitswelt zu Erfindungen antreiben. Im alten Kapitalismus hilft die Vermessung der Gestirne der Seefahrt, in der Industrie erzeugt die Mechanisierung der Bewegung durch Dampfmaschinen und konsequente Mechanisierung nicht nur serielle Produktionen, sondern entwickelt auch Eisenbahnen, die Erfindung des Kettenantriebs bei Maschinen jeglicher Art – von Fahrrädern und bis hin zu Motoren –, dies alles revolutioniert die Geschwindigkeiten, was zugleich dazu führt, die Welt mit Straßen zu überziehen. Das Flugzeug ermöglicht einen globalen und recht schnellen Verkehr und Transport, die Raketen mit ihren todbringenden Lasten zeigen die Vergeblichkeit aller Bemühungen an, das menschliche Miteinander durch Vernunft regeln zu wollen.

»Die Geschwindigkeiten haben heute ihren Endpunkt in der Echtzeit des Internethandels erreicht, in der in Lichtgeschwindigkeit für alle Orte gleichzeitig gehandelt wird«

Was die neuen Kriege der Gegenwart ermöglichen, das konnten die im Raum gebundenen Kriege der Vergangenheit noch nicht: Eine globale atomare Katastrophe bedroht die Welt. Dies ist die sichtbarste Form einer Katastrophe, die schon beispielhaft erfahren wurde, ein Vorbote anderer Katastrophen, die mit hoher Geschwindigkeit und unkontrollierbaren Folgen die Lebensgrundlagen des Planeten verändern und grundsätzlich bedrohen. Mit den Atombomben und der atomaren Aufrüstung zeigt sich der Mensch als Bedrohung nicht nur der Menschheit, sondern allen Lebens und der Welt insgesamt. Der fahrlässige Umgang mit den Atombombenversuchen, mit der Atomenergie und bisherigen Unfällen, und die unsichere Entsorgung des Atommülls zeigen, wie menschliche Vernunft Waffen und Energien mit größter Zerstörungskraft herstellen kann, aber die Gefahren für die Nachhaltigkeit nur als Gleichgewicht des Schreckens praktiziert, dessen Brüchigkeit nicht vollständig kontrollierbar ist. Die Entsorgung der Beiprodukte, des Atommülls, bleibt ein ungelöstes Sicherheitsrisiko. Die Umstellung auf digitale Kriegsführungen in virtuellen Umgebungen, insbesondere Drohnenkriege, entfernen das Militär immer weiter aus persönlichen Begegnungen, was das Töten abstrakter werden lässt und erleichtert. Die Beschleunigung und mediale Gestaltung der Kriegsmaschinerie entmenschlicht den Schrecken, obwohl er in den Resultaten noch grausamer in seiner Anonymisierung ausfällt. So wie die neoliberalen Märkte rücksichtslos für die Folgen des Handelns agieren und nur auf den kurzfristigen Gewinn schauen, so gilt insgesamt auch in der Politik immer mehr ein kalkulierendes Handeln, das stets die Grenzen für eigene Vorteile zu nutzen bereit ist.

Jean Baudrillard & das perfekte Verbrechen der Medien

Mit der Zunahme der Geschwindigkeiten in Produktion und Verkehr verändern sich auch die Geschwindigkeiten der Bebilderung und Interpretation von Welt. Vom Foto zum Kino zum Fernsehen zum Streaming verläuft die eine Achse, vom Buch- oder Textdruck zur Zeitung zum Internet zu Messangerdiensten aller Art und dem Siegeszug künstlicher Intelligenz eine andere. Die herkömmliche Realität wird durch eine zunehmende Virtualität verdoppelt, wobei der Geschwindigkeitsgewinn einen Zugewinn an Informationen verspricht, aber oft in Unübersichtlichkeit und Beliebigkeit endet.

Wer ist der Täter? Baudrillard (1989) sieht es als »perfektes Verbrechen« an, dass wir die Realität immer mehr in eine Simulation des Realen verwandelt haben, ohne den Täter noch ergreifen zu können (vgl. auch Reich et al. 2005). Das Verbrechen ist perfekt, weil wir den Mörder nie zu fassen bekommen, sofern wir nicht länger das, was real und tatsächlich geschieht, von dem unterscheiden können, was uns in Medien ausgewählt und virtuell zugespielt wird. *News* und *fake news* bilden ein Spannungsverhältnis, das Menschen in der Veränderung ihrer Lebensweise und dem Verlust unmittelbarer Erfahrung in den Welten, von denen nur noch geredet oder über die gesendet wird, kaum noch durch unmittelbare Teilnahme kritisch auflösen können.

> »Das perfekte Verbrechen der Medien besteht darin, dass die Simulation echter als die Realität erscheint«

Die Zunahme der Geschwindigkeiten, die Verkürzung der Zeit durch Intensivierung der Nutzung und Erhöhung der Produktivität, die dadurch entwickelten Möglichkeiten, größere Räume zu überwinden, ferne Orte zu erreichen, Territorien zu kontrollieren, ist kein historischer Zufall, sondern dem Programm der kapitalistischen Erweiterung in alle Lebensräume eingeschrieben. Sie ist eine Bedingung der Möglichkeit des heutigen Kapitalismus. Die Langsamkeit der Naturabläufe, der Erhalt natürlicher Ressourcen für die Zukunft, eine Achtsamkeit für die Umwelt könnten gegen den Siegeszug der neuen Zeit- und Geschwindigkeitsvorstellungen nur durch hohe moralische Normen der Nachhaltigkeit und Verhaltensänderungen erreicht werden. Aber es hat ein Prozess der Vergesslichkeit eingesetzt, der es schwer macht, der Natur noch einen beachtenswerten Raum zuzuweisen, wo die künstlichen Welten der Simulation immer stärker all das besetzen, was früher als real galt.

Umwelt zwischen Privateigentum und Allgemeinbesitz

Zeit und Raum greifen in diesem Wandel ineinander. Zeit wird kapitalistisch zwischen Kosten und Nutzen konstruiert. Der Raum wird gespalten: Einerseits in den Raum, den Arbeit und Leben benötigen und der Kosten erzeugen darf, andererseits in einen Raum der Natur oder Umwelt, die möglichst nichts kosten soll. Alle Räume der Welt werden als Privateigentum und gemeinschaftlicher Raum (*commons*) unterschieden. Es ist durch diese Unterscheidung schon verdeutlicht, dass die Gemeinschaftsräume weniger wert sind, weniger bedeutsam sind, der Aufschrei, wenn sie zerstört werden, verwahrlost erscheinen oder ungepflegt bleiben, ist nie so groß wie beim Privateigentum, das jenseits des eigenen Besitzes so vieles verwahrlosen lässt.

Vor diesem Hintergrund suchen auf der einen Seite, nationale Staaten ihre Grenzen zu schützen, einheimisch und fremd zu unterscheiden, was angesichts zunehmender Migration in der Welt paradox bleibt, weil einerseits oft Zuwanderung von Arbeitskräften erwünscht, Fremde aber unerwünscht bleiben. Andererseits locken die Städte mit ihrer Offenheit der Lebensweise und bilden in der Nation ein Gegenmodell zur Abgeschlossenheit (vgl. Löw 2008, 26).

Die selektiven Interessen der Menschen führen mit der Zunahme des Wohlstands zu Raumvorstellungen, die in sich widersprüchlich und in der flüssigen Moderne der Gegenwart zunehmend ambivalent werden. So ist es nicht unüblich, dass der Einzelhaushalt die Nachhaltigkeit als wichtige Idee befürwortet, aber das eigene Grundstück versiegelt, um das Auto parken zu können und die Pflege des Gartens zu erleichtern. Das Problem ist, dass die alten und überkommenen Bedürfnisse und Freiheiten nur schwer kompatibel mit wirklich umfassender Nachhaltigkeit für Natur und Umwelt sind.

»Der alte Kolonialismus zielte auf die Ausbeutung der Ressourcen von Ländern, die heutige Tourismusindustrie bedeutet einen Totalangriff auf die gesamte Lebensweise & die Ökologie von Lebensräumen, die an die Bedürfnisse der Touristen angepasst werden«

Die Gegenwart ist geprägt durch einen privaten und einen öffentlichen Raum. Dies führt zu einer Fragmentierung aller Räume, wie Harvey (1990) problematisiert. Nur der öffentliche Raum und der unbewohnte Raum auf der Erde weisen Möglichkeiten freier Bewegung auf, der Mobilität in Transport und Verkehr, des Reisens und gelegentlicher Aufenthalte oder Wechsel im Aufenthalt. Der Besitz an Privateigentum hingegen ist immer ausschließend, aber der Tausch gegen Geld verflüssigt auch die Besitz- und Aufenthaltsrechte. Kauf und Miete machen Räume begrenzt zugänglich, und im Handel und in der Dienstleistung werden Räume gezielt kommerziell genutzt. Besonders in Urlaubszeiten werden mehr oder minder »paradiesische« Räume auf Zeit und gegen Geld geliehen. Hinzu treten dann immer noch öffentlich zugängliche Bereiche. In all diesen Bereichen werden neue Handlungsmöglichkeiten erschlossen. Wenn der alte Kolonialismus auf die Ausbeutung der Ressourcen von Ländern zielte, dann zeigt die Tourismusindustrie einen Totalangriff auf die gesamte Lebensweise und die Ökologie von Lebensräumen, die an die Bedürfnisse der Touristen angepasst wird.

Zwischen Verknappung und Kommerzialisierung

Vor diesem Hintergrund hat es die Nachhaltigkeit doppelt schwer: Einerseits werden natürliche und frei zugängliche Räume immer knapper, andererseits führt die Vermarktung der Knappheit zu höherer Mobilität mit entsprechend negativen Fußabdrücken. Die globale Welt wird zugleich immer mehr an einen Konsum angeglichen, der von der Bedürfnislage und Orientierung der reicheren Länder ausgeht.

Der kapitalistische Raum ist, wie Lefèbvre (1991, 191) sagt, ein aktuell gegebener Raum, der zugleich jedoch für die menschlichen Handlungen auch ein Verwirklichungsraum verschiedener Möglichkeiten sein kann. In diesem Raum kehren bestimmte Merkmale wieder: Die Bilder und Bauwerke der Städte werden kommerzieller Verwendung angepasst, beleuchtet, beworben, verteuert. Eine Aneinanderreihung von Geschäften, eine Wiederkehr immer gleicher Konstruktionsmuster von Strukturen, Fassaden, Plätzen, Straßen, insgesamt eine Serialität und Erwartbarkeit, eine Konzentration von Einkaufsmeilen, eine Bebilderung durch Werbung, eine Verdichtung der Wohnräume, in denen Menschen leben, eine Beschleunigung der Erreichbarkeit in Transport und Verkehr, eine Anonymisierung der Handlungen in den zufälligen Begegnungen der Menschen, eine Verstärkung der Überwachung bei gleichzeitiger Aufgabe von Sicherheiten durch die Risiken des Verkehrs und der Kriminalität. In diesem Raum wird die Ereignisgeschichte beschleunigt, aber ihre Sicherheiten sollen aus der langen Dauer der Institutionen oder Wirtschafts- und Rechtsordnungen erwachsen.

»Einerseits werden natürliche und frei zugängliche Räume immer knapper, andererseits führt die Vermarktung dieser Knappheit zu höherer Mobilität mit entsprechend negativen Fußabdrücken«

Virtuelle Räume sind eine weitere Konsequenz aus der Beschleunigung der Ereignisgeschichte, in der Räume immer stärker als Konsumräume konstruiert und eingetauscht werden. Hier produziert die ökonomische Welt mit ihren Kapitalisierungen auch den sozialen Raum, der soziale Beziehungen und Begegnungen immer mehr mit Konsumereignissen verbindet.

Eine steigende Fragmentierung bei gleichzeitiger Vereinheitlichung von Grundmustern ist auch besonders typisch für Behörden, Kasernen, Polizeiwachen, Gefängnisse, Krankenhäuser und Schulen. Aufteilungen in Fragmente, in kleinere Räume, in denen diszipliniert gehandelt und kontrolliert werden kann, in denen wiederkehrende Verrichtungen ausgeübt werden, und zugleich ein Raumstil, der wiedererkennbar solche Funktionen vereinheitlicht und repräsentiert, setzen sich durch (vgl. auch Foucault 1994). Die Räume sind seriell gefertigt, kostengünstig produziert, Funktion kommt vor Ästhetik.

Welche Umwelt bestimmt heute das Bewusstsein?

Wenn Braudels drei Zeitebenen, die ich weiter oben beschrieben habe, als Konstruktion herangezogen werden, um heute darüber nachzudenken, welches Verhältnis Menschen überwiegend zu ihrer Umwelt einnehmen, dann scheinen drei Umstände erkennbar:

Erstens bestimmt die Zeit der natürlichen Vorkommnisse, der Berge, Wälder, Täler, Küsten, Landschaften usw. immer weniger das menschliche Bewusstsein. War es für Braudel noch offensichtlich, dass die Bewohner eines Gebirgsortes zugleich bestimmte Einstellungen und konservative Haltungen bevorzugten, so sind solche Schlussfolgerungen heute eher vorurteilsbezogen, weil wir uns so sehr von den natürlichen oder umweltbezogenen Bestimmungen unseres Zeit- und Raumbewusstseins zurückgezogen haben.

»Wie blicken die Menschen heute auf die Umwelt, die Natur, die Ökologie, all das, was nicht direkt zum Konsumieren produziert worden ist?«

Zweitens ist die lange Dauer von bestimmten Wirtschaftsweisen und politischen Zuständen heute deutlich klarer zu spüren, wenngleich kaum jemand darüber nachdenkt, ob er nun im Kapitalismus oder in einer Konsumgesellschaft, in der Demokratie oder bereits einer Post-Demokratie lebt. Die *longue durée* ist mehr ein Erkenntnisraum bestimmter Wissenschaften oder politischer Richtungen als ein Massenphänomen der Selbstbewusstwerdung in einer bestimmten Umwelt.

Drittens leben Menschen bewusst überwiegend in der Ereigniszeit und den Ereignisräumen ihrer mit kurzfristigen Zielen, Strategien und Wünschen angefüllten Arbeits-, Wirtschafts- und Lebenswelt, die hinreichend das spiegelt und enthält, was heute und aktuell gegeben und möglich ist. Dies löst die Bindungen an bestimmte Räume, an Heimat, Orte der Zugehörigkeit, Rückzug in die Natur, immer mehr auf. Dies kann erklären, weshalb Nachhaltigkeit nicht zum vorrangigen Ziel einer massenhaften Bewegung bisher geworden ist, denn dazu müssten in der Ereignisgeschichte klare Katastrophen herangezogen werden können – wie etwa die Sterberate in der Corona-Pandemie – oder es müsste in die anderen Zeitebenen gewechselt werden, um Beobachtungen und Prognosen anzustellen und Erklärungen für das zu suchen, was wahrscheinlich geschehen wird.

Was würden Menschen gewinnen, wenn sie aus dem kurzfristigen und kurzsichtigen Zeit- und Raumkonstruktionen der heutigen neoliberalen Phase heraustreten? Die Ereignisgeschichte hat Verbindungen in die anderen Zeit- und Raumebenen, wenn wir im Bild von Braudel bleiben wollen. Die in den Daten der Ereignisgeschichte auftauchenden Zeit-, Raum-, Kultur- und Sozialvorstellungen sind Denk- und Vorstellungsmuster, die in der kapitalistischen Entwicklung, wie ich sie kurz beschrieben habe, auf Machbarkeit in einem Kosten-Nutzen-Denken fokussieren. Ereignisdeutungen mit mehr oder minder erhellenden, plural und widersprüchlich angebotenen Erklärungen stehen neben bürokratischen Regelwerken (der Raum-, Gebäude-, Zeit-, Schulordnung und vieler anderer mehr). Es herrscht eine große Unübersichtlichkeit, die der Vielfalt der Ereignisse, der Widersprüchlichkeit der Entwicklung und der hohen Individualisierung der Möglichkeiten entspricht. Neoliberal zu wirken, bedeutet keine Vision und Kraft dafür zu haben, jenseits der Wirkkräfte kurzsichtiger Märkte an diesem Zustand etwas grundsätzlich ändern zu wollen. Viele Forscherinnen würden argumentieren, nichts ändern zu können.

Es gibt zahlreiche historische Beschreibungen zu all diesen Entwicklungen, die jeweils die Weltbilder derjenigen spiegeln, die diese Geschichte nach der Wirkung beurteilen: als kapitalistische Entstehungsgeschichte (etwa Neal & Williamson 2014), als Theoriegeschichte (bei den ökonomischen Klassikern von David Ricardo über Adam Smith hin zu Karl Marx, später etwa bei Werner Sombart, Max Weber, Joseph Schumpeter), als Vergleich der Vorteile kapitalistischer Varianten der Geschichte (etwa Hall & Soskice 2001), als kritische Wissenschaftsgeschichte (etwa Bernal 1970), als Geschichte sozialer Ungleichheiten (etwa Stiglitz 2012) und vieler anderer mehr. Solche Studien zeigen in der Verbindung zur *longue durée*, wie anstrengend und abstrakt die Denk- und Vorstellungsmodelle sind, mit denen in den Hintergrund der Ereignisgeschichte geblickt werden kann. Auch sie können, ebenso wie der bisherige Text, nur Versuche sein, die Leserinnen zu eigenen Reisen in die ökonomische Geschichte zu inspirieren, aber es scheint mir auch notwendig zu sein, sich auf solche Reisen einzulassen, um besser zu verstehen, in welchen Widersprüchen die Menschheit gegenwärtig angelangt ist.

»Die neoliberale Perspektive spiegelt sich auch in einer Konsumentensicht, die Kurzsichtigkeit vor eine aufwändige Nachdenklichkeit stellt, deren Sinn unklar geworden ist«

I.2.2 Der Konsum & die Verflüssigung der Lebensweise

Der erfolgreiche Kapitalismus der Gegenwart entwickelte sich aus der Industrialisierung heraus und ist durch die Vervielfältigung und Verflüssigung der Märkte in eine weltweite Dominanz eingetreten. Dabei ist zugleich historisch deutlich geworden, dass die Moderne ihre auf Vollständigkeit und übergreifende Ordnungen angelegten Projekte niemals erfüllen konnte und kann.

Stückwerke im Konsum und Denken

Heute erscheint die Welt als in Stücke zerfallene, wie Clifford Geertz (2000) hervorhebt. Der noch in der Aufklärung ausgesprochene Wunsch nach ständigem rationalen Fortschritt wird durch die widersprüchlichen Prozesse der Verflüssigung selbst stets infrage gestellt. Vielfach zeigt sich, dass der Fortschritt eher vom Wandel der Produktion und den Markt- und Gewinnstrategien sowie von den gesellschaftlichen und sozialen Rechtsverhältnissen und weniger vom Grad der Aufklärung selbst abhängt. Das materielle Sein bestimmt das Bewusstsein, dieser Satz von Marx bewahrheitet sich immer wieder. Marx aber meinte, dass wir die Welt – hätten wir den Kapitalismus in seinen Mechanismen verstanden – tatsächlich verändern könnten. Ist das so? Oder gilt nicht vielmehr der andere Satz von Marx, der besagt, dass die Erziehenden bedenken müssen, dass sie immer bereits Erzogene sind?

> »So wie die Warenmärkte aus allerlei Waren und Stückwerken bestehen, so sind auch unsere Welterklärungen mehr und mehr in Stückwerke zerfallen«

Insbesondere die politische Welt, auf die Geertz abhebt, zeigt sich als ein Stückwerk widersprüchlicher Bewegungen, von denen wir zwar wissen mögen, wie sie in etwa entstanden sind und wie sie ungefähr wirken, aber kaum noch deuten können, wie sie sich entwickeln werden. Seit der Beschleunigung der Verflüssigung des Kapitalismus in der Gegenwart hat sich dieser Zustand durch Populismus und unberechenbare Politik als äußere Symptome eines großen Strukturwandels weltweit noch weiter verschärft. So nimmt die Offenheit für andere Menschen, für Multikulturalität und Diversität, auf der einen Seite zu, es werden auch Hilfen und Spenden für arme Länder, wenngleich in nur geringem Ausmaß, gegeben, aber gleichzeitig schließen sich die reichen Länder dann sowohl im Bewusstsein als auch in den Grenzen nach außen wieder ab, wenn sie ihren Reichtum gegen eine anrückende Migration gefährdet sehen.

Menschen in den reicheren Ländern sehen sich immer stärker als Konsumenten. Am Konsum machen sie nicht nur ihren Lebensstandard, sondern auch Freiheit, Mobilität, Aufstieg und alle Sehnsüchte für das weitere Leben fest. Sie beginnen dabei zunehmend, auch politisch in Stückwerken zu denken: Ein bisschen geben sie hier, eine klare

Grenze setzen sie dort. Die reichen Länder beklagen die Armut der Welt, sie bedauern den Klimawandel, aber wirklicher Verzicht, um die Dinge zu ändern, erscheint ihren Parteien als politisch meist nicht durchsetzbar, weil sie meinen, dann schnell abgewählt zu werden. Konsumentenhaltung und politisches Denken mischen sich, das materielle Sein bestimmt die Bewusstseinshorizonte, und die Bewusstseinshorizonte bestimmen die Beurteilung der Lage.

Für Geertz ist eine Beobachtung in der Unübersichtlichkeit der Welt entscheidend: Alle gewohnten Dinge, klaren Abläufe, vertrauten Routinen, die allgemeine Kohärenz der Welt: Alles zerfällt in immer kleinere, unübersichtliche, zersplitterte Wirklichkeiten, die wir auch theoretisch kaum noch erfassen können. Für Geertz wären die Nation und die Kultur Rückbesinnungsorte, um uns neu zu orientieren. Aber dies ist, so denke ich, wiederum modern gedacht Und führt oftmals zu Populisten, die eine solche Rückkehr zwar versprechen, aber keine Voraussetzungen dafür liefern zu können. Der Siegeszug des Konsums zeigt die Verflüssigung deutlich, so erklärt es Bauman (2000 a), denn der Konsum besteht aus vielen Teilen und Stückwerken, die die Menschheit als ihren Wohlstand ansieht. Sie werden in Geschäften, die sich weltweit immer mehr ähneln, zur Schau gestellt, angepriesen, eine Welt in Stücken und doch *eine* Welt. Sie werden von den Nationen und Kulturen geschluckt, einverleibt, und ganz gleich, wo sie hergestellt werden, es siegt immer das Globale über das Lokale oder das Lokale erscheint im Globalen. Nur sind es keine Stücke, sondern Waren und Konsumgüter, die unser Bewusstsein bevölkern und uns über alle anderen Verluste trösten und mögliche Gedanken befeuern, die wir uns über das machen, was die Welt vielleicht zusammenhält, was sie in ihrer Vielfalt und Schönheit ausmachen könnte. Der Konsum wird zur Realitätsprüfung, was die Welt für uns ist, was sie bedeuten soll, wie wir leben wollen.

»Der Konsum ist zur Realitätsprüfung dafür geworden, was die Welt für uns ist, was sie bedeutet und wie wir leben wollen«

Die unendliche Vermehrung der Konsumgüter

Das Unangenehme an den verführerischen Konsumgütern ist dann auch noch, dass sie sich immer weiter vermehren, sich weniger nach Zwecken unterscheiden, sondern nach Design und Qualität, nach Attraktivität und zugewonnenem Status, was uns dann noch mehr innerlich beschäftigt, um uns hierbei zurechtzufinden. Maximalismus des Konsums beherrscht die Märkte und den Konsum, Minimalismus ist dagegen eine noch kleine Gegenbewegung (https://www.becomingminimalist.com/). In der maximalen Auswahl werden selbst unsere Wünsche und Befriedigungen ambivalent, denn es wird immer noch die bessere, billigere, qualitätvollere oder irgendwie andere Ware geben.

Der Kampf um den profanen Konsum besetzt große Teile unseres Tages und unserer sozialen Intelligenz. Was uns darüber an Beziehungen, Freundschaften und Liebe bleibt, auch das können wir uns kaum noch ohne gemeinsames Shoppen, Schnäppchenjagden, Freizeitkonsum und dergleichen mehr vorstellen.

»Der Kampf um den Konsum besetzt den Alltag und ermüdet die soziale Intelligenz«

Für die Nachhaltigkeit ist die Vielfalt und Masse des Konsums jedoch verhängnisvoll: Immer mehr Energie muss für die Produktion aufgewandt werden, immer mehr Rohstoffe, die nicht regenerieren, werden verbraucht, immer mehr Müll wird produziert. Die Menschheit allgemein und Deutschland insbesondere, bekommt es noch nicht einmal hin, ein umfassendes Warnsystem vor ungesunden Lebensmitteln zu entwickeln, noch weniger wird auf den Konsumgütern ihre Nachhaltigkeit erfasst und gekennzeichnet, hinreichend bepreist und reguliert.

Es gab und gibt hier keinen Bereich der menschlichen Lebensverhältnisse, der in der Verflüssigung nicht ambivalent erscheint. Nehmen wir den wachsenden materiellen Reichtum als Beispiel. Im Durchschnitt geht es allen Menschen in den Industrieländern im langen Zeitvergleich besser als früher, dennoch nimmt die Spaltung nach Arm und Reich dabei weiter zu. Im Grunde beherrschen Menschen die äußere Natur so gut wie noch nie, zugleich zerstören sie natürliche Ressourcen in bisher nicht gekanntem Ausmaß. Jedem Fortschritt kann eine Niederlage, zumindest eine Infragestellung oder ein Risiko an die Seite gestellt werden. Das heutige Zeit-Raum-Gefüge erscheint wie ein fahrender Zug der Globalisierung, der nur mittels einer Notbremse oder durch Herausspringen verlassen werden könnte. Notbremse, das könnten die Staaten sein, die den Ruin des Klimas und die wachsende Kluft zwischen Arm und Reich zum Anlass für eine Bremse durch Regulierungen nutzen. Aber es ist angesichts der wirtschaftlichen Verflochtenheit kein Staat in Sicht, der dies auch gegen die Konsumwünsche seiner Bevölkerung umfassend durchsetzen wollte. Und ein massenhaftes Abspringen der Mitreisenden ist unwahrscheinlich, weil zwar die flüssige Moderne selbst schon sehr unsicher ist, ein Sprung bei der heute erreichten Geschwindigkeit vielen aber als lebensgefährlich erscheinen wird.

»Bisher versagen die Instrumente, gesunde von ungesunden und nachhaltige von schädlichen Konsumgütern zu unterscheiden«

Die Verflüssigung der Lebensverhältnisse in der Gegenwart zeigt sich in der Rollenvielfalt, die ein Individuum einnehmen kann und muss. Es agiert nie nur für sich, sondern in stets unterschiedlichen Gruppen, die alle unter dem Druck ständigen Wandels und ständiger Neuanpassung an veränderte Bedingungen stehen. Im Bewusstsein vieler Menschen erscheint dieser Wandel unter der positiven Erzählung der Individualisierung. In der ökonomischen Sphäre wird die Individualisierung zu einer treibenden Kraft, um die Waren und den Konsum zu bewerben und zu steigern, um die Möglichkeiten des Überflusses als Erfolgsgeschichten der Freiheit, eines sinnvollen Lebens, einer notwendigen Teilhabe, einer Befriedigung aller Wünsche zu konstruieren. Dass daraus zugleich die Strategien der Gewinnmaximierung entstehen und erfolgreich umgesetzt werden können, das wird allein in den Buchhaltungen und auf den Konten der Besitzenden sichtbar, die ihren Reichtum in der Gegenwart in gleichen exponentiellen Kurven steigern, wie das Klima und andere Aspekte der Nachhaltigkeit sich negativ verändern. In der ökonomischen Grundlagenliteratur, die der Ausbildung des ökonomischen Managements der Zukunft dient, wird diese neue Gesetzmäßigkeit einfach verschwiegen.

Individualisierung gemessen am Konsum

Individualisierung bedeutet nicht nur eine Zunahme der persönlichen Entscheidungsfreiheit, sondern auch eine wachsende Rücksichtnahme auf soziale Bedingungen, unterschiedliche Erwartungen unterschiedlicher Akteure im sozialen Feld, auf Selbst- und Fremdzwänge in den Erwartungen und im Rollenverhalten (vgl. dazu etwa bereits Elias 1976). Das Rollenverhalten gilt dann im Bewusstsein der Massen als besonders erfolgreich, wenn der Konsum gesteigert werden kann. So lässt sich jeglicher Kulturpessimismus überwinden. Der Maßstab für Erfolg ist selbst nicht mehr vorrangig an Bildung oder eine besondere Persönlichkeit gebunden (wenn er das überhaupt je einseitig war), sondern ziemlich vordergründig darauf gerichtet, ob jemand hinreichend Möglichkeiten hat, am Konsum teilzunehmen. Deshalb ist das gegenwärtige Zeitalter zumindest in den reicheren Ländern kulturoptimistisch, und die Menschen sind überwiegend zufrieden. Hier scheiden sich dennoch die Gewinner und Verlierer, die Helden und die Opfer der flüssigen Moderne. Oder kurzgefasst: »Divided, we shop.« (Bauman 2000 a, 89)

»Erfolg bemisst sich im neoliberalen Zeitalter an der Konsumteilnahme, weniger am Besitz von Bildung«

Individualisierung geht vor diesem Hintergrund mit der Forderung von erhöhter Flexibilität, Mobilität und Disponibilität sowohl der Arbeitskraft als auch in der Lernarbeit, um sich zu qualifizieren, einher. Nichts ist mehr schlicht gegeben, alles ist Herausforderung. Auch dies hat Folgen: Die eigene Biografie muss konstruiert und stets wohl bedacht und nach außen beworben werden. Die Entbettung aus traditionellen Formen der Familie und Beziehungen bietet die Vorteile schneller Befreiung durch die Chancen der Selbstdarstellung vor allem in virtuellen Formen, aber auch den Nachteil einer wachsenden Konkurrenz in einer Gesellschaft der Selbstdarstellenden und damit die Unsicherheit, ständig verglichen, gepostet, abgelehnt zu werden. So besteht für alle Individuen ein großer Druck, sich entsprechende soziale Gruppen als Rückzugsort und Schutzzone zu suchen, diese aber immer weniger persönlich greifen zu können, sondern virtuell aufbereiten und pflegen zu müssen. Waren schon die Beziehungen von Angesicht zu Angesicht mit Zeit und Einsatz verbunden, so können die virtuellen Möglichkeiten zur Dauerbeschäftigung an den digitalen Geräten werden. Die virtuelle Welt gibt hier die Illusion des unmittelbaren Feedbacks durch »Liken« und Klickzahlen, sie versprechen soziale Integration, indem sie gleichzeitig die Zeit für persönliche Kontakte rauben.

»Privatisierung und Deregulation erscheinen als geeignete Mittel für das Wachstum, sie sind aber leider auch besonders geeignet, um die Nachhaltigkeit zu verfehlen«

Angesichts der dadurch erzeugten Dynamik wächst die Sehnsucht der Individuen nach Übersicht, Autoritäten, Ratgebern und Beispielen für erfolgreiche Bewältigung. Die Gefahr, dass sie hierbei ausgenutzt, manipuliert und betrogen werden, wächst im gleichen Maße.

Die Warenmärkte der flüssigen Moderne werden zudem von lästigen Denk- und Ordnungsmustern einer Romantik des Natürlichen ebenso wie von anderen »bornierten« Grenzen befreit, um allein den Märkten und ihren deregulierten und privatisierten Formen das Vertrauen zu schenken, das nicht auf kritische Vernunft, sondern auf Machbarkeit des Konsums gründet. Es gibt hinreichend Menschen, die gegen diese Vereinnahmung kämpfen und eine andere Welt wollen, aber sie können nur begrenzte, lokale und derzeit kaum globale Veränderungen bewirken. Aus einer Zukunft gesehen werden sie die Heldengeschichten der flüssigen Moderne zwischen Nachhaltigkeit der Handlungen im Überleben des Planeten und blinden und rücksichtslosen Konsum auf den Märkten bilden, wenn es diese Zukunft dann noch gibt.

In der ökonomischen Expansion hingegen werden Konsumtempel errichtet, um den Konsum zu steuern. Kennt man eine Shopping Mall, so kennt man alle. Der Konsum wird globalisiert und gleichgeschaltet, die großen Ketten besetzen alle Räume, um den Konsum nach Sparten aufzuteilen und die scheinbaren Unterschiede in den Kassen von Konzernen zusammenfließen zu lassen. Waren und Dienstleistungen, die sich anscheinend fundamental nach Qualität und Preis unterscheiden, sind Teil ein und desselben Unternehmens, das mittels Werbung die Nachfragen steuert, um seine Angebote zu verkaufen. Die flüssige Moderne mit ihrem Überangebot an differenzierten Konsumwaren scheint der Serialität der Moderne zu entkommen, um doch nur eine verborgene Serialität durch kleine Unterschiede einzuführen; Amazon übersetzt dies in eine virtuelle Shopping-Welt mit Scheinvergleichen der besten und billigsten Produkte. Diese Taktik funktioniert, weil der Konsument sich gut fühlen will und sich im Gegenzug sogar gern betrügen lässt.

Die Konsumenten haben dies längst in ihren Habitus überführt, denn auch sie nutzten ihre sozialen Medien mit Inszenierungen der kleinen Unterschiede, der Trivialität und des Belanglosen, das sie als Bild, Schrift und Ton um die Welt schicken, um auf sich aufmerksam zu machen. So entsteht eine Welt der kontinuierlichen Selbstbespiegelungen, die eine Sicherheit im Leben als ein Gefühl des Dabeiseins erzeugen. Fällt der Netzzugang aus, so erlischt eine ganze Welt. Eine Kommunikation in realen Beziehungen, von Angesicht zu Angesicht, wird in einer solchen Welt deutlich weniger benötigt. Die Kooperation und Kommunikation wird in die unverzügliche Zugänglichkeit der digitalen Angebote verschoben. Für immer mehr Menschen finden Arbeit und wichtige Beziehungen schon in der Cloud statt, Beziehungsarbeit in der realen Welt kann dann bereits als mühsam und aufwändig erscheinen.

Bauman hat in seinen zahlreichen Arbeiten seit den 1990ern immer wieder solche Problemlagen und dabei vor allem die dunklen Seiten dieser ökonomischen und gesellschaftlichen Entwicklung analysiert. Sie sind für die Bestimmung gegenwärtiger Zeit- und Raumverhältnisse sehr wichtig, weil sie ein vielfältiges Bild der Brüche, Widersprüche, Paradoxien und Ambivalenzen zeigen, die die Geschichte des Kapitalismus heute begleiten. Sie zeigen auch, dass die Individualisierung für die Nachhaltigkeit zu einer großen Bedrohung geworden ist, weil durch den Konsum die negativen Umweltwirkungen verstärkt werden.

Konsum und Nachhaltigkeit sind von Grund auf Gegensätze, wenn Ressourcen verbraucht und nicht erneuert, wenn Schadstoffe ausgestoßen und nicht kompensiert, wenn Bedürfnisse befriedigt und deren langfristige Folgen für Natur und Umwelt nicht bedacht werden. Soll hier gegengesteuert werden, so würde sich der Konsum erheblich verteuern. Die neoliberale Politik hat daran kein Interesse. Denn der Konsum unterscheidet die Individuen, er schafft Status, Ansehen, Attraktivität, Unterschiede, die sowohl das subjektive Empfinden wie die soziale Stellung beeinflussen. Und der Konsum ist eine Wirtschaftsmaschine, die darauf ausgelegt ist, dass Menschen ihn nicht hinterfragen. Am besten für den auf Gewinnmaximierung setzenden Kapitalismus wäre es, wenn die Menschen denken, dass der Konsum und die Nachhaltigkeit zwei völlig getrennte Angelegenheiten sind. Dann käme niemand auf die Idee, den wachstumsorientierten und wenig nachhaltigen Kapitalismus zu regulieren.

»Konsum & Nachhaltigkeit sind von Grund auf Gegensätze, die sich durch Art und Umfang der heutigen Produktion unversöhnlich gegenüberstehen«

Beschleunigung der Ereignisse, Entbettung aus den Verpflichtungen

Der Übergang der Moderne in Formen ihrer Verflüssigung erfolgte graduell und war für die Menschen erst im Rückblick erkennbar. Schauen wir von heute zurück, dann bemerken wir in der verflüssigten Bewegung, die sich auch nicht in allen Bereichen gleich schnell vollzogen hat, eine Zunahme der Geschwindigkeit und Versuche der Beschleunigung aller Ereignisse. Die Digitalisierung spielt dabei eine entscheidende Rolle, denn ihre Geschwindigkeiten und die zunehmende Leistungsfähigkeit der Rechenmaschinen und Server überbieten längst das, was selbst eine hohe Anzahl von Menschen zur gleichen Zeit errechnen und erreichen könnten. Und das Errechnen, die Arbeit mit Algorithmen, steht für vieles in der flüssigen Moderne: für die Geld- und Kreditgeschäfte, die Transaktionen auf den Finanzmärkten, die Ausspionierung der Käuferwünsche, die Marktvermittlung als Steuerung von Nachfragen, um Angebote abzusetzen, die Logistik des Warenhandels, für Navigation, Information und Speicherung in unseren Handlungen, für unser Verhalten und Wissen, aber auch für Überwachung und Manipulation. Wir erwarten von einer Internetrecherche exakte Ergebnisse, verfügen aber fast nie über die hinreichende Bildung, diese Ergebnisse noch beurteilen zu können. In der verflüssigten Welt verbinden Technologien so unterschiedliche Bereiche wie ökonomische, soziale, politische, kulturelle, religiöse Ereignisse, aber auch familiäre, persönliche, sexuelle Wünsche in verschiedenen Öffentlichkeitsstufen. Wir können hier alles zur Kenntnis nehmen, aber wie lernen wir noch, Erkenntnisse zu haben? Wir meinen in der Digitalisierung zwar, alles sei privat, solange wir auf unsere Bildschirme schauen, aber längst sind wir dabei zur durchsichtigen und durchschaubaren Person mit eigenen Profilen der Fremdausbeutung durch geschäftstüchtige Firmen geworden (vgl. Zuboff 2019).

»Internetrecherchen sollen exakte Ergebnisse liefern, aber wer kann sie noch hinreichend beurteilen? Längst sind Menschen Opfer der Ausbeutung durch geschäftstüchtige Firmen geworden«

Digitalisierung als Perfektion der Konsumsteuerung

Das Internet erscheint einerseits als ein Reich der Freiheit, denn es ist offen für Meinungen, es erlaubt Menschen teilzuhaben, sich zusammenzuschließen, frei zu navigieren. Selbst wer lokal gebunden oder finanziell beschränkt ist, kann in der virtuellen Welt agieren und sich orientieren. Allerdings ist das Internet auch machtbezogen, es ist ein Kosmos der Meinungsmache und gezielter Beeinflussung der Konsumwünsche und politischer Haltungen durch den Einsatz von Algorithmen, die alle Menschen zu gläsernen Objekten machen. Gleichwohl können politische Aktivisten aller Art, auch Nachhaltigkeitsaktivisten, das Internet nutzen, um die Nachhaltigkeit zu stärken. Sassen (2008) macht darauf aufmerksam, dass der globale Angriff der Märkte ein Gegengewicht, dass die Geografie der Mächtigen, die die Räume der Welt besetzen, eine Art Gegengeografie benötigen, deren Basis sie wie Beck (2002) in einem kosmopolitischen Bewusstsein sieht,

»Das Internet selbst ist nicht gut oder böse, aber der Markt, der es beherrscht, betreibt es als Plattform zur Gewinnmaximierung«

das nicht gewinnorientiert operiert, sondern das menschliche Überleben und ein zufriedenstellendes Leben in den Fokus stellt. Die weltweit operierenden und spekulierenden Finanzakteure sind hingegen in der Regel globale Player, die keine Rücksicht auf das Lokale nehmen. Kosmopolitisch-global orientierte Menschen könnten versuchen, möglichst faire Märkte im Lokalen und Globalen zurückzugewinnen, aus einer ökologisch katastrophalen Wirtschafts- und Transportweise auszusteigen, ohne grenzüberschreitende Verbindungen ganz abzuwerfen und überwiegend ins Nationale und Nationalistische zurückzukehren. Doch kann und wird dies im gegenwärtigen Spannungsfeld von global und lokal gelingen? Was wird geschehen, wenn sich der Klimawandel verschärft und Millionen Menschen in die Migration treibt? Sind die schönen und reichen Welten des bebilderten Internets der Konsumgüter nicht heute schon eine bloße Fiktion für die Mehrheit der Weltbevölkerung?

Die Analysen von Shoshana Zuboff (2015) zeigen, dass die Digitalisierung in ihren gegenwärtigen Formen primär mit den Märkten und einer Kapitalisierung verbunden sind. Der Erfolg der Digitalisierung ist zunächst einmal der Erfolg einer höheren Kapitalakkumulation durch Geschäfte, begleitet durch eine Absenkung der Arbeitskosten (etwa Ford 2016). Google, Facebook und andere Marktführer nutzen einen Informationskapitalismus, indem sie die digitalen Anwendungen in Waren verwandeln, in Verhaltensdaten zur Analyse mit dem Ziel, jeglichen Verkauf ihrer Geschäftskunden zu steigern und dabei selbst Profit zu machen. Dabei nutzen diese Strategien Überwachungswerte (geldwerte Vorteile aus Daten), setzen ein Überwachungskapital ein, um hohe Gewinne zu erzielen, und lassen insgesamt einen Überwachungskapitalismus entstehen, der auch über die kommerziellen Transaktionen hinaus alles ausspionieren kann, was sich in Geld oder Macht verwandeln lässt. Für diese Form institutionalisierter Autorität (vgl. dazu weiter unten ab Kapitel II.3.1) gibt die Geldvermehrung einen wesentlichen Antrieb, eine Nutzung im Sinne der Nachhaltigkeit hingegen ist solange ausgeschlossen, wie sich damit nicht Geld verdienen lässt oder wenn es nicht gänzlich andere Formen des Antriebs gäbe.

»Und die Zukunft? Wird sich weltweit eine totale Kontrolle des Sozialen in Kunden- und Personenprofilen durchsetzen?«

In China wird das Verhalten durch ein soziales Kreditierungssystem (*social credit system* – SCS) kontrolliert, das die Menschen aus der Sicht von Staat und Partei zwingen soll, sich gemäß bestimmter und überwachter Interventionen zu verhalten. Dabei werden Sozialpunkte gesammelt, die für Vergünstigungen (etwa Auslandsreisen) oder Bestrafungen genutzt werden können. Die Willkür der Vergünstigungen und Bestrafungen im despotischen chinesischen System zeigt einen Überwachungsstaat Orwellscher Prägung, aber die Interventionen können insbesondere in der Nachhaltigkeit stärker Konsequenzen erzwingen, als es die individuelle Einsicht in den demokratischen Ländern der Welt vermag. »Dieses System wird entwickelt, um Veränderungen sowohl bei Einzelpersonen als auch bei Unternehmen zu fördern, um dem Verlust von Integrität, Ehrlichkeit und moralischem Verfall in der Gesellschaft durch systematisierte Formen der Verhaltensmanipulation entgegenzuwirken.« (Small 2019, 2) Das SCS unterstellt von vornherein, dass Menschen abweichendes Verhalten zeigen, wenn sie nicht durch Kontrolle und Überwachung gezwungen werden, ihr Verhalten zu ändern. Um das SCS zu formen, erhalten alle Menschen eine eigene digitale Identität (SC Unicode), und ein anonymes Handeln wird durch Unterdrückung des Datenschutzes unterbunden. Alle Versicherungs-, Steuer- und Vermögensdaten können erfasst werden, und sie lassen sich in Korrelation zu Bewegungsprofilen, Verhaltensdaten und persönlichen Ereignissen setzen, die bis hin zu Überwachungskameras vor Ort und ggf. dem eigenen Haushalt erfasst werden können. Das, was Zuboff (2019) als Überwachungskapitalismus kritisch für die Internetgiganten beschreibt, das findet im SCS seine Vollendung in einer politischen Staatskontrolle. Schwarze Listen zeigen Individuen, die das politisch gesetzte Vertrauen (das erwartete Verhalten) brechen, rote Listen zeigen Personen, die sich besonders im erwünschten Verhaltensraum als positiv bewertete Subjekte bewegen. Ein *social credit score* zeigt sowohl die Kredit- als auch die Vertrauenswürdigkeit einer Person nach den Vorgaben des Systems. Die Intransparenz des Systems und die Unsichtbarkeit der Algorithmen stellen die derzeit höchste Form einer institutionalisierten Autorität dar, die für alle beliebigen Zwecke der jeweiligen Machthaber genutzt werden kann. Nur strikte demokratische Regulation kann verhindern, dass die institutionelle Autorität von Regierungen oder der großen Internetkonzerne in die gleiche Richtung geht. Solche politischen Konsequenzen diskutiere ich ausführlicher in Kapitel II.3.

Vor der Nachhaltigkeit sind andere Lebensfragen zu lösen

Die flüssige Moderne kann in vielen Teilen noch als Moderne bezeichnet werden, aber sie verweist zugleich auf Entwicklungen, die aus den massenhaft verstandenen Traditionen und Legitimationen, aus den vertrauten Strukturen und Routinen grundsätzlich herausführen. Dies ist nicht immer einfach zu bestimmen, denn in der Fortschrittsidee hat auch die Moderne bereits das Bild einer stetigen Veränderung in sich eingebaut, aber die Veränderungen, die nun eintreten, berühren einige der Grundwerte dieser Moderne. Wohin uns das führen wird, ist in vielen Bereichen noch unklar, aber sowohl aus den Denkweisen der Moderne wie auch aus ihrer Verflüssigung geht klar hervor, dass die Zeitalter sich nicht abschließen und dauerhaft in ihrer Entwicklung begrenzen lassen. Was wir aus der Moderne als fehlende Nachhaltigkeit im Denken, in den Vorstellungen wie in den Praktiken des täglichen Lebens als auch der Arbeit mitbringen, das wird in der Verflüssigung nicht besser, sondern wächst in den Risiken mit der neoliberalen Phase exponentiell an.

Für die flüssige Moderne ist die Entbettung, etwa die Vertreibung aus gewohnten Lebens- und Zeiträumen, typisch geworden. Giddens (1990, 21 ff.) nennt Beispiele für die Transformation aus gewohnten lokalen Umgebungen:

Transformationen, die mit der flüssigen Moderne einhergehen

- Herauslösung aus sozial scheinbar festen Beziehungen in lockere Bindungen, etwa durch Lebensteilzeitpartnerinnen und -partner,
- Erhöhung der eigenen Mobilität bei der Suche nach Arbeitsplätzen, indem große Entfernungen überbrückt oder Wohnortwechsel mehrfach vollzogen werden,
- Wanderungen in globalen Migrationsströmen auf der Suche nach mehr Sicherheit und Wohlstand,
- Streben nach individueller Nachhaltigkeit, ohne auf Wohlstand und Überfluss verzichten zu wollen, Leben in ambivalenten Spannungsverhältnissen zwischen Erhalt und Erweiterung von Besitzständen,
- Vertreibung aus herkömmlichen Quartieren etwa durch Ansteigen der Mieten und veränderte Bewertung von Wohnorten und Immobilien.

Die Raum-Zeit-Distanzen verändern sich bereits in der Moderne, aber wirklich beschleunigt werden sie in der verflüssigten Gegenwart. Hier bestehen die Verkehrswege und -mittel aus immer schneller getakteten Möglichkeiten, in der Digitalisierung schließlich kommen die Arbeitsorte auch direkt nach Hause. Die Cloud sitzt noch irgendwo an irgendeinem Ort in irgendeinem Server, den niemand mehr ausmachen kann. Die entbettete Funktion wird allein an ihrer Wirksamkeit in geldwerten Vorteilen gemessen.

Für Giddens sind symbolische Zeichen wie Geld oder die getauschten Informationen in der Digitalisierung und Expertenwissen zwei wichtige Mechanismen in einer Dynamisierung der Moderne. Sie werden für ihn durch Vertrauen in eine soziale Funktion gebunden (ebd., 29 ff.), was dem Vertrauen in alte vertragsrechtliche Konstruktionen der Moderne entspricht. Kritisch wird man gegen eine solche Sichtweise einwenden können, dass Aussichten auf Gewinnchancen auch noch das Vertrauen hintergehen können. Mit den alten vertragsrechtlichen Behauptungen sind die vorrangig gewinnorientierten Kosten-Nutzen-Strategien der flüssigen Moderne nicht mehr hinreichend zu erfassen. Vertrauen in Vertragsbedingungen oder eigene Handlungschancen sind im Kapitalismus immer umgeben von Risiken, was den Nutzen und die Gewinne betrifft. Alles im neuen Zeitalter ist ambivalent.

Was aber geschieht, wenn die klassischen Funktionen sozialer und ökonomischer Aktionen, die aus den Erfahrungen der Vergangenheit für vernünftig und sinnvoll, für nützlich und effektiv gehalten werden, in der Verflüssigung selbst über den Haufen geworfen werden? Für Marx noch war die Vorstellung, dass die meisten Gewinne durch Zusatzprofite aus Angebot und Nachfrage geschöpft werden könnten, eine große Illusion, denn er glaubte vorrangig an die festen und beständigen Verwertungsmöglichkeiten aus Lohnarbeit und Kapital. Aber die verflüssigte Welt der Geldtransaktionen und die Zugewinne in Immobilienblasen zeigen heute, dass ein Großteil der Gewinne auf den Märkten aus Spekulationen resultieren, aus Kettengeschäften, Wetten, Derivatehandel, die kaum jemand noch durchschaut, die aber gemacht werden, weil sie jenseits der Arbeitsverhältnisse und klassischer Wertschöpfungen möglich sind. Es braucht nur eine globale Pandemie, wie das Corona-Virus, um große Verwerfungen hervorzurufen. Es gibt keine stichhaltige funktionalistische Beschreibung für alles mehr, wenn momentane Ereignisse und durch sie ausgelöste Ängste entgegen der alten funktionalen Analysen auf einmal erfolgreich sind.

»Der Staat ist längst vernetzt, verwoben und verwickelt in die Kapitalisierungen und Märkte, und tritt selbst als Unternehmen auf, das seine Beschäftigten oft sogar schlechter als andere Unternehmen bezahlt«

Es gibt keine allgemeingültigen Lösungen, mit denen alle zufrieden sind

Wenn man weiterhin an die sozialen Funktionen glaubt, hofft man wie Giddens (1990, 36 ff.) auf eine reflexive Moderne, eine verflüssigte Moderne, die sich noch selbst in ihren sozialen Aktionen hinreichend vollständig beschreiben kann. Mit Bauman (2000 a) denke ich, dass die Reflexivität sich selbst in ihren Grenzen beschreiben lernen muss. Wir haben es mit einer Mischung aus überkommenen Strukturen und sozial-ökonomischen Funktionen zu tun, die ihrerseits so verflüssigt sind, dass nur noch unvollständige Informationen, unzureichende Strukturen für sehr viele Akteure, krisenhafte Erschütterungen der vermeintlichen Grundfesten durch globale Wirkungen von Einzelereignissen vorliegen. Die Unsicherheiten steigen, aber viele Menschen glauben damit auch an neue Freiräume und neue Chancen. Die Rolle des Staates verbleibt oft in einer sehr vereinfachten Sicht, wobei der Staat in einem Modell von oben nach unten über den alltäglichen Angelegenheiten wertneutral und beschützend wacht oder eingreifend und regulierend herrscht, an der Basis in der Kommune und im privaten Leben aber, um im Bild zu bleiben, von unten her die Gesellschaft gelebt wird. Dieses schon in der Moderne sehr schiefe Bild wird in der flüssigen Moderne vollends ad absurdum geführt. Der Staat ist längst vernetzt, verwoben und verwickelt in die Kapitalisierungen und Märkte, er tritt selbst als Unternehmen auf, das seine Beschäftigten nicht besser und oft schlechter als andere Unternehmen bezahlt und behandelt, sodass weder eine neutrale noch beschützende Rolle durchgehend möglich ist. Ein ständiges Gebot lautet »Sparen in sozialen Fragen«, weil dort viel Geld verloren geht, wo es eigentlich gewonnen werden kann: in der ungleichen Verteilung des Reichtums.

Die ganze Verwobenheit des Staates mit dem großen Kapital zeigt sich in der mangelnden Besteuerung der Bessergestellten, die dadurch gerechtfertigt wird, dass sonst Abwanderung drohe. Eine internationale Einigung auf gleich hohe Steuersätze könnte diese Gefahr ausräumen, ist aber angesichts der nationalen Konkurrenzen unwahrscheinlich. Eine Einigung in der Bepreisung der Kosten der Nachhaltigkeit und ihrer gerechten Verteilung auf die Länder und Menschen erscheint vor diesem Hintergrund leider ebenso unwahrscheinlich.

Nachhaltigkeit, das ist vor diesem Hintergrund bedeutsam, unterliegt einem Spannungsverhältnis von Wohlstandsgewinnen und Schädigungen für die Zukunft:

Einerseits bedeutet kapitalistischer Fortschritt, dass die Wirtschaft gestärkt wird. Die Politik soll dabei ein gesellschaftliches System steuern, das erfolgreich immer mehr Überfluss und Gewinne sichert. Gemessen wird dies im Konsum am Zuwachs dessen, was die Menschen sich leisten können. Es stärkt aber dabei immer auch die Selbstbebilderung, die Imaginationen und Fantasien der Schauenden, der medial verstrickten Voyeure und Flaneure, die dem Trommelfeuer von Werbung und Konsumerwartungen, von Streaming- und Videodiensten nicht entkommen können und sich darin spiegeln. Darin sind alle Menschen verstrickt, auch wenn nur wenige davon profitieren.

Andererseits sind die globalen Herausforderungen, wie ich sie im ersten Band gezeigt habe und wie es viele andere Studien auch belegen, so groß, dass die Nachhaltigkeit zum Erhalt des Lebens auf dem Planeten und für ein menschenwürdiges Leben aller Menschen im Konflikt mit der Überflussgesellschaft, mit Konsum und den Massenmedien steht. Genau dies ist die Ambivalenz der flüssigen Moderne, in der Menschen die Wohlstandswünsche gern generalisieren, um die Wirkungen für die Nachhaltigkeit gleichzeitig herunterzuspielen.

»In der Nachhaltigkeitskrise treffen die steigenden Wohlstandswünsche auf die dadurch erzeugten Schädigungen an Natur und Umwelt – lassen sich Mehrheiten *gegen* diese Wünsche finden?«

Politik ist dabei heute ein Instrument, das beide Seiten vermitteln muss, wobei sie doch meist das Streben nach Wohlstand bevorzugt behandelt. So redet die Politik von der Ausgewogenheit der Maßnahmen, besonders immer wieder davon, dass der Umweltschutz die soziale Sicherheit durch Arbeitsplätze nicht gefährden darf, aber verschweigt, dass die globale Sicherheit insgesamt auf dem Spiel steht. Es ist die Kurzfristigkeit der Handlungsziele, das Buhlen um Wahlstimmen und ein Denken in Legislaturperioden, das ähnlich wie beim Konsumenten das nahe Ziel immer größer und besser als die ferne und abstrakt wirkende Bedrohung erscheinen lässt.

I.2.3 Die überwiegende Kapitalisierung alles Nachhaltigen

Die flüssige Moderne ist von einer Marktideologie geprägt, die dem Konsum huldigt, und der demokratische Staat wird mehr oder minder als eine Institution gesehen, die in neoliberalen Formen einen reibungslosen Ablauf der Geschäfte zu garantieren hat (Crouch 2008, 2011). In China operiert der Staat in staatsmonopolistischer Weise und steht so jenseits demokratischer Ansprüche, befriedigt aber die Wohlstandserwartungen der Massen. Alternativlos ist es heute für alle Staaten im globalen Kapitalismus, die offenen Märkte zu erhalten, die Banken vor dem Kollaps durch geldgierige Geschäfte und krisenhafte Blasen zu schützen, die Lasten und Kosten für all das möglichst auf die breite Masse so zu verteilen, dass sie die Belastungen immer erst dann spürt, wenn ohnehin nichts mehr zu ändern ist. Die Höhe der Belastungen fällt bei den einzelnen Staaten allerdings national sehr unterschiedlich aus.

Technologischer Fortschritt versus Klimawandel

Wenn weder einzelne Staaten noch die Weltgemeinschaft den Klimawandel hinreichend bremsen können, dann könnte dieses politische und wirtschaftliche Dilemma vielleicht technologisch gelöst werden. Crutzen (2006) argumentiert für eine Lösung durch Geo-Engineering. Dahinter stecken unterschiedliche Technologien und Strategien, die vor allem durch Injektionen von beispielsweise Sulfaten in die Stratosphäre gegen den Treibhauseffekt wirken könnten. Gewisse Erfolge in der Wetterbeeinflussung haben Hoffnungen geweckt, dass durch Geo-Engineering in naher Zukunft Lösungen möglich werden, die der Menschheit technologische anstatt politischer Alternativen ermöglichen. Und ob weiße Häuserdächer, das weiße Anstreichen von Bergen und Flächen, Spiegel in großem Umfang genügen werden, um die Klimaeffekte hinreichend abzuwenden, birgt viele Unsicherheiten. Robock (2008) und Schneider (2010) tragen viele Argumente zusammen, warum es sich als durchaus schlechte Idee erweisen könnte, in die Ökosysteme in großem Maßstab einzugreifen, wenn wir bisher noch zu wenig über die Wechselwirkungen innerhalb dieses Systems verstanden haben. Deshalb werden die eingreifenden Technologien in der Wissenschaft als gefährlich bezeichnet, ganz abgesehen davon, dass sie, selbst wenn sie kontrolliert wirken

»Kann uns technologischer Fortschritt vor dem Klimawandel retten?«

würden, dies nicht in absehbarer Zeit werden leisten können, weil die Forschung vor allem dem rasanten Klimawandel selbst hinterherhinkt. Was bleibt, ist ein Vorstellungsraum der Hoffnung, der sich aus Erfolgen in anderen Bereichen und kleineren Dimensionen aus der Vergangenheit herleitet. Im Hinblick auf den Klimawandel muss die Forschung bei nüchterner Betrachtung zugeben, dass dieser in der Geschwindigkeit sehr viel schneller voranschreitet als die wissenschaftlich-technologische Forschung. Bitter daran ist, dass die Förderung der wissenschaftlichen Forschung in Bezug auf die Nachhaltigkeit viel zu spät einsetzte und auch heute keinesfalls ein Niveau erreicht hat, das dem Problem angemessen wäre. Dies verhält sich aus dem traurigen Grund so, dass sich hier weniger Gewinne machen, sondern »nur« Leben retten lassen.

Vor diesem Hintergrund ist Nachhaltigkeit nicht einfach durch technologischen Fortschritt zu erreichen. Die nachhaltigen Hoffnungen vieler Menschen beruhen aber darauf, dass der Fortschritt als Teil ihres Lebens automatisch Nachhaltigkeit generieren wird. Um diesen wissenschaftlich-technologischen Fortschritt werden deshalb viele Mythen gebildet. In sie sind aber immer Wirtschaftsinteressen eingebunden, weil der Mythos nur so plausibel als Erhalt und Erweiterung des bestehenden materiellen Reichtums gelten kann. So wird die Atomenergie nach wie vor immer dann als ökologisch bessere Variante gegenüber fossiler Energie angeführt, wenn es um den Erhalt der Investitionen und Renditen solcher Anlagen geht. Nur ängstliche Nationen wie Deutschland ziehen aus Atom-Katastrophen Konsequenzen. Und aus den riesigen Fortschritten der Vergangenheit wird ohne Beleg für die Gegenwart abgeleitet, dass die alten Lösungen auch für die gänzlich neuartige Problemlage gelten könnten.

»Das Problem des Technologiefortschritts ist, dass er vor allem ein Wirtschaftsmythos ist«

Geo-Engineering ist eine Technologie, die zwar immer wieder angeführt, aber kaum praktiziert wird. Sie erzeugt eigene Risiken, indem die Begrenzung der Sonneneinstrahlung durch Sulfateingaben in die Atmosphäre zwar als technisch möglich erscheint, aber in den Nebenwirkungen und Folgekosten völlig unberechenbar ist. Günstig wäre es, CO_2 aus der Atmosphäre zurückzugewinnen. »Geo-Engineering-Technologien werden noch erforscht. Wenn sie entwickelt und erfolgreich auf Sicherheit, Wirksamkeit und Erschwinglichkeit getestet werden, sodass sie in naher Zukunft eingesetzt werden können, könnte Geo-Engineering als Ergänzung zur Treibhausgas-Reduzierung eingesetzt werden. Dies würde jedoch die strikte Beibehaltung von energie-reflektierenden Geo-Engineering-Anwendungen erfordern, um ein katastrophales ›Zurückgleiten‹ zu vermeiden. Geo-Engineering wird typischerweise eher im Zusammenhang mit Bemühungen zur Minderung der Auswirkungen des Klimawandels auf globaler Ebene, einschließlich der Gefahr von Katastrophen, betrachtet.« (Kousky et al. 2009, 15) Doch es gibt das große Problem, wer solche Maßnahmen bezahlen soll. Geo-Engineering muss über alle nationalen Grenzen hinweg vollzogen werden und lässt dann sofort die Frage aufkommen, wer welche Anteile an solchen Maßnahmen übernimmt. Besonders für die starken Verschmutzer ist es bisher sehr angenehm, dass sie die restliche Welt in der Verteilung ihrer Treibhausgase umsonst mitnutzen. Warum sollten sie diesen Vorteil aufgeben wollen? Und wer soll ein gerechtes, faires Modell der Lastenverteilung durchsetzen und kontrollieren, wenn die Gewinne national und die Ausgaben international reguliert werden?

In der Wirtschaft wird Nachhaltigkeit gern mit Effizienzsteigerung, besserem Management oder einem Umschwenken auf leichtere Gewinnarten jenseits der Produktion mit Rohstoffen und Materialien reduziert. Technologiesprünge im Autobau, bei Passivhäusern, in der Energiegewinnung und beim Abbau von Treibhausgasen werden gern verbunden mit Gewinnstrategien imaginiert, wenngleich fast nie ökologisch tatsächlich umfassend realisiert. Brocchi (2019, 16ff.) fasst kurz und knapp die Schwächen solcher Strategien zusammen: Neue Technologien verbrauchen, wie das Beispiel Elektroauto zeigt, nicht erneuerbare Rohstoffe und produzieren ihrerseits Schadstoffe bei der Entsorgung. Wenn in Deutschland fast 50 Millionen Autos durch Elektroautos ersetzt werden sollen, dann ist allein der zu erwartende Rohstoffabbau weltweit eine neue Schädigung; ganz abgesehen von der Energie, die dafür aufgewandt werden muss. Solange Effizienz sich dem wirtschaftlichen Wachstum unterordnet, sind die Vorteile für die Umwelt eher Wunschdenken. Besonders unangenehm ist der Rebound-Effekt, der eintritt, wenn eine Technologie tatsächlich effizienter und kostengünstiger ausfällt, denn das steigert die Konsumnachfrage und erhöht beispielsweise den Verkehr, die Reisen, wahrscheinlich eine wachsende Verschwendung. Zudem wächst das Problem der Entsorgung, was Elektroautos von Beginn an zu Problemkandidaten macht. Zugleich werden die Menschen aber mit solchen Lösungen beruhigt, weil der Fortschrittsglaube immer noch zu funktionieren scheint.

Es zeigt sich leider auch, dass sich die besonders seit den 1990ern geschürten Erwartungen an die Sprünge des Fortschritts nicht erfüllen können. Die Geschichte der Dieselmanipulationen zeigt exemplarisch, wie wegen eines Mangels an technologischem Fortschritt Lügen und Betrug eingesetzt werden, um den Mythos nicht zu gefährden. Und der Staat schützt die betrügerischen Autokonzerne, indem er weder das Recht auf die Betrugsform verändert noch die Abgasnormen entscheidend ändert.

Theorien einer gerechten und nachhaltigen Welt

Es gibt dagegen auch theoretische Ansätze, die auf der sozialen Basis menschlicher Bedürfnisse Standards einer guten und nachhaltigen, also hier einer sozial gerechten und menschlich wünschenswerten Entwicklung als utopisches Ideal vertreten (insbes. Sen 1999, 2007; Nussbaum 1998, 2000). Nachhaltigkeit, so argumentiert Sen, ist eine Fähigkeit, um Wohlbefinden (*well-being*) für Menschen in der Zukunft herzustellen. Die Umwelt in der Zukunft soll den Menschen mindestens Bedingungen ermöglichen, die früheren Generationen zur Verfügung standen. Sofern die Entwicklung der Wirtschaft, der Lebensweise und eine fehlende Nachhaltigkeit dies zerstören, die Fähigkeiten der Menschen beschränken oder ihre Bedürfnisse fundamental beschneiden, wie es sich im Klimawandel schon zeigt, entsteht eine Ungerechtigkeit. Eine solche Ungerechtigkeit wirkt wie ein Unterdrückungsregime, indem es die von Menschen im Anthropozän degradierten Ökosysteme als Unrechtsystem für die zukünftige Menschheit errichtet. Unrecht und Ungerechtigkeit fallen hier in der Wirkung zusammen.

»Der *capability approach* entwirft Normen und Werte für eine bessere Zukunft, er will Menschen befähigen, nachhaltige Entscheidungen zu fällen«

Warum greifen solche Analysen nicht in der Breite, warum erreichen sie die Massen nicht? Warum sind die Märkte solchen Einsichten gegenüber verschlossen? Die Macht der Märkte hat sich seit der Diagnose von Polanyi (1944) deutlich erweitert, sie ist mit der neoliberalen Wirtschaftsphase in ein neues Zeitalter getreten: Seit der ersten Weltwirtschaftskrise ist das Bewusstsein dafür gewachsen, dass der freie Lauf des Kapitalismus allein nicht ausreicht, einen Wohlstand für alle hinlänglich sicher zu erhalten. Auf der einen Seite soll der Staat durch makroökonomische Eingriffe dafür sorgen, dass die Märkte reguliert funktionieren, damit die Unternehmen ihre Produkte verkaufen können. Der Absatz soll immer belebt, die Konjunktur angekurbelt und möglichst eine Vollbeschäftigung erreicht werden, was wiederum einen Massenkonsum zur Voraussetzung hat. Diese Sichtweise des Wirtschaftsaufschwunges, typisch für die Zeit nach dem Zweiten Weltkrieg, geriet jedoch dadurch in ihre eigene Krise, als in den 1970ern durch hohe Inflation die Steuerungsinstrumente des Staates als zu schwach oder unwirksam erschienen. Der wissenschaftlich-technische Fortschritt wirkte innovativ, ein wachsender globaler Konkurrenzkampf trat ein, die Märkte schienen sich über die lokalen makroökonomischen Eingriffe hinaus allein selbst regulieren zu können. Zeitgleich wurde die Bindung des Geldes an das Gold und damit die Vereinbarung von »Bretton Woods« (der letzte Versuch der Einführung eines Goldstandards zur Sicherung der Geldstabilität) einseitig vom damaligen US-Präsidenten Richard Nixon aufgegeben. Dies war seit 1970 der Einstieg in eine neue Geldpolitik, die das Geld aus seinen Begrenzungen befreite und den Gang in die Staatsschulden auf der Basis von Vertrauen in die Märkte mit Staatsanleihen ermöglichte, eine Entwicklung, die bis in die Gegenwart zu unfassbar hohem Geldvolumen der Kapitalbesitzer und extrem hohen Staatsverschuldungen mit krisenhafter Geldpolitik führte. Seitdem ist es immer nur eine Frage der Zeit, wann der nächste Börsen- oder Finanzcrash eintritt, weil sich ein solches System mit exponentiell wachsendem

Kapital nicht dauerhaft in einem Gleichgewicht halten lässt. Allein schon der seither feststellbare Anstieg des Geldvermögens auf der Welt sorgt dafür, dass eine hinreichende spekulative Masse an Kapital vorhanden ist, die zur Gewinnmaximierung eingesetzt werden soll.

Neoliberale Märkte verstärken fehlende Nachhaltigkeit

Vor diesem Hintergrund entsteht in den reichen Ländern eine Wende hin zu einer neoliberalen Wirtschaftspolitik, die dem Markt den Vorrang gibt, und die Wirtschaft übt seitdem enormen Druck auf die Politik aus, um ihre Interessen möglichst profitabler Kapitalentwicklung rigide durchzusetzen (vgl. insbes. Crouch 2008, 45 ff.). Das ökonomische Kapital verflüssigt sich in seinen Einsatzformen, es wandert von weniger profitablen Gegenden oder aus Firmen in jene Gebiete ab oder zu neuen Waren hin, die Gewinnmaximierung versprechen. Insgesamt entsolidarisiert es sich auch von seinen bisherigen Belegschaften und lässt Industriestandorte als Ruinen zurück. Die Nachhaltigkeit wird bewusst verletzt, weil und insofern es keine Strafen dagegen gibt. Dabei erscheinen in der Verflüssigung zwei Konstanten der Kapitalentwicklung (Crouch 2008, 54):

Erstens sind die wichtigen Investoren des ökonomischen Kapitals eine kleine Gruppe von wirklich Reichen (Freelands 2013), die in immer neuen Konstellationen ihren Reichtum stets im Volumen erhöhen und zur Gewinnmaximierung einsetzen. Dies erhöht die Schere zwischen der eher besitzlosen Masse oder den relativ wenig besitzenden gehobenen Einkommensgruppen und den wirklich Reichen auf drastische Weise.

> »Es entsteht eine Elite von extrem Reichen und ihre Lobby hat entscheidenden Einfluss auf die Politik«

Zweitens konzentriert sich das sehr große Kapital in globalen Strategien der Gewinnmaximierung, wobei es einerseits nationale Regulierungen und Besteuerungen wie auch Nachhaltigkeitskosten flieht, andererseits aber über nationale Lobbygruppen gleichzeitig starken politischen Einfluss und Druck auf die Regierungen ausübt.

Der Staat gerät in der neoliberalen Phase in eine verstärkte Drucksituation. Einerseits muss er seit alters her für jene Leistungen im Bereich der Verwaltung, des Rechts, der sozialen Sicherung, Gesundheit, Rente, Grundsicherung, Erziehung und Bildung, auch einer begrenzten Nachhaltigkeit aufkommen, die sowohl die Lohnarbeit als auch die Märkte sicherstellen helfen, andererseits steigen diese Ausgaben gerade dadurch, dass er in diesen Bereichen immer mehr leisten soll, ohne dass das ökonomische Kapital hinreichend zur Kasse gebeten wird, weil dies einer neoliberalen Marktauffassung entgegenläuft. Teilweise bringt der Staat seine erhöhten Kosten dadurch auf, dass er große Teile seiner Besitztümer und Verantwortungen privatisiert, was ihm aber langfristig auch Einnahmechancen und Steuerungen in der Zukunft entzieht (so insbesondere bei der Verstaatlichung der Energie, der Bahnen, der Kommunikation, von Wohnraum), oder er nimmt in der Marktideologie immer mehr Schulden auf, was den Wünschen des Marktes nach sicheren Renditen oder wirtschaftlichen Impulsen entspricht, aber auf lange Sicht in eine Schuldenspirale ohne Ende führt.

Vor diesem Hintergrund, so schlussfolgert Crouch, geraten die Regierungen in eine Selbstvertrauenskrise: Die Politik und insbesondere Regierungen denken, dass es nicht gelingen kann, »irgendetwas ohne die Anleitung des privaten Sektors zufriedenstellend erledigen zu können« (Crouch 2008, 57). Damit werden sie selbst zum Opfer des Marktes, denn ihre zuvor vielfach propagierte Leistung, auch über die engeren ökonomischen Interessen hinaus das Gemeinwohl und die Demokratie zu verfolgen, wird nunmehr ins Kalkül einer wirtschaftsökonomischen Abhängigkeit gestellt. »Da sich die Regierungen von der Rolle verabschieden, die sie in der keynesianistischen bzw. sozialdemokratischen Ära innehatten und die darin bestand, Investitionen vorzunehmen und allerlei Projekte zu finanzieren, müssen sich viele gemeinnützige Organisationen auf der Suche nach finanzieller Unterstützung nun an andere Stellen wenden. Da Reichtum und Macht sich im Unternehmenssektor ballen, wird dieser zur wichtigsten potenziellen Quelle des Sponsorings. Damit gelangen Personen aus der Wirtschaft in eine einflussreiche Position, da sie entscheiden können, was gefördert werden soll.« (Ebd., 61) Dies geht längst so weit, dass auch große Teile der angeblich freien Wissenschaften in Abhängigkeiten gebracht wurden.

»Der Staat gerät unter den Druck der Märkte und erscheint diesen gegenüber als machtlos, vor allem das Allgemeinwohl und damit auch die Nachhaltigkeit leiden«

Für die Ausgleichsfunktion ökonomischer Ungleichheiten ist dieser Wandel bedeutsam, denn durch diesen Prozess wird eine Haltung unterstützt, die stärker das fördert, was Kosten für die Unternehmen vermeidet, nicht aber das, was insbesondere in der Nachhaltigkeit oder im Fortschritt in nicht so profitablen Bereichen notwendig wäre.

Das neoliberale Modell wurde durch Krisen der Finanzmärkte nicht nur erschüttert, sondern auch in seiner Absurdität vereinfachter Vorstellungen entlarvt. Die Finanzmarktkrise, die insbesondere 2008 die kapitalistische Welt erschütterte, erinnerte viele Ökonomen an die Weltwirtschaftskrise. Auch wenn Kindleberger & Aliber (2005) meinen, dass es in den letzten 400 Jahren etwa alle 10 Jahre eine Finanzkrise gab, so ist andererseits auffällig, wie verschieden diese ausfallen. Allen & Gale (2009) zeigen, dass es nach dem Zweiten Weltkrieg deshalb kaum Krisen gab, weil die Wirtschaft strenger reguliert wurde, als es später der Fall war. Joseph Stiglitz (2010) argumentiert, dass die Deregulierung der Märkte dazu führte, dass bis in die Gegenwart das Gefahrenpotenzial der ökonomischen Krisen zugenommen hat. »Der 15. September 2008, der Tag, an dem Lehmann Brothers zusammenbrach, ist viel-

»Die neoliberalen Marktkrisen werden wie Schicksalsschläge hingenommen, eine Veränderung des Systems ist nicht in Sicht«

leicht für den ›Marktfundamentalismus‹ (die Auffassung, dass freie Märkte von sich aus wirtschaftlichen Wohlstand und Wachstum sicherstellen) das, was der Fall der Berliner Mauer für den Kommunismus gewesen ist.« (Ebd., 281) Dabei sind die Mechanismen, die im Hintergrund wirken, in den verschiedenen Krisen gar nicht so unterschiedlich, wie es nach außen scheint. Ich möchte im Folgenden näher darauf eingehen.

Die Gewinnstrategien gegen die Nachhaltigkeit

Für viele Menschen gibt es in den reichen Ländern zwar Arbeit, aber die Arbeitslosenstatistiken, aus denen in undurchsichtiger Weise viele herausfallen, die gern arbeiten würden, zeigen stets eine große Anzahl an Menschen, die als Reserve für Konjunkturen bereitstehen oder die bei Flauten der Konjunktur aus dem Lohnsystem herausfallen. Die wachsende ökonomische Ungleichheit führt dazu, dass der Konsum breiter Massen, obwohl er für das Funktionieren der Märkte unabdingbar ist, stets als der individuell zu erbringende Teil einer auf Wohlstand ausgerichteten Gesellschaftsentwicklung interpretiert wird. Die Menschen erwarten Wohlstand und Gewinne, aber sie haben sich auch mehr oder minder damit abgefunden, dass die Art der Entstehung und die Chance der Beteiligung bei den Gewinnern eher undurchsichtig und in jedem Fall ungleich geblieben sind. Die flüssige Moderne hat die Gewinne in einer Form maximiert, die dem Laien unverständlich erscheint, denn die Mehrheit ihrer Gewinne erfolgt in Transaktionen und Spekulationen, hinter denen gar keine realen Werte oder konkrete, sichtbare Waren mehr stehen, sondern Wetten und Hochrechnungen auf spekulative Gewinne, was Gewinnblasen erzeugt (vgl. dazu Stiglitz 2010, Sassen 2014). Selbst Fachleute streiten darüber, wie das System funktionieren kann und wann der sichere nächste Crash genau stattfinden wird.

»Die Gewinne aus Spekulationsgeschäften, die heute dominant geworden sind, vernichten oft bestehende materielle Strukturen und sind überhaupt nicht an Nachhaltigkeit interessiert«

Der Weltreichtum in seiner Verteilung lässt sich anschaulich als Pyramide vorstellen. Das *Schaubild 1* zeigt, gemessen in US-Dollar, wie gering prozentual im Verhältnis zur Weltbevölkerung die Anzahl der Millionäre ist. Nur 42 Millionen Menschen oder 0,8 Prozent der Weltbevölkerung besitzen mehr als 1 Million. Auf der Gegenseite sind es aber mehr als 3,2 Milliarden Menschen, die weniger als 10 000 Dollar besitzen. Das sind im Jahr 2018 fast 64 Prozent der Weltbevölkerung. Am Weltvermögen besitzen diese Menschen zusammen gerade einmal 1,9 Prozent, während die Spitze über 44,8 Prozent verfügt.

Aber wichtig ist auch eine andere Berechnung, die das *Schaubild 2* zeigt. Die Superreichen (Freelands 2013) besitzen im Verhältnis zum Rest der Welt im Laufe der Zeit immer mehr. Die 42 Reichsten besitzen 2017 gleich viel wie 3,7 Milliarden der Ärmsten. Ungleichheit und Ungerechtigkeit gehen Hand in Hand.

Die globale Vermögenspyramide 2018

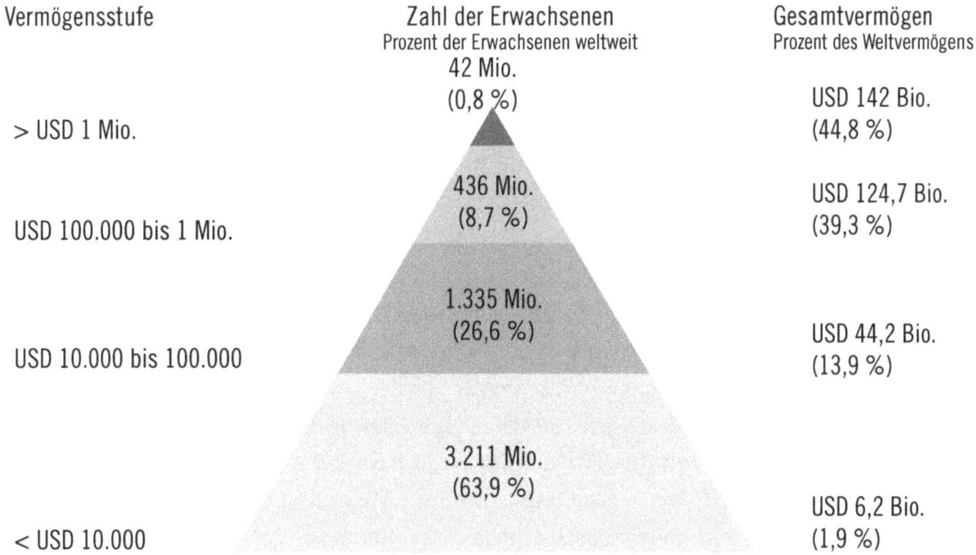

Schaubild 1: Die globale Vermögenpyramide nach James Davies, Rodrigo Lluberas und Anthony Shorrocks (Credit Suisse Global Wealth Databook, 2018)

Milliardäre vs. ärmere Hälfte der Welt

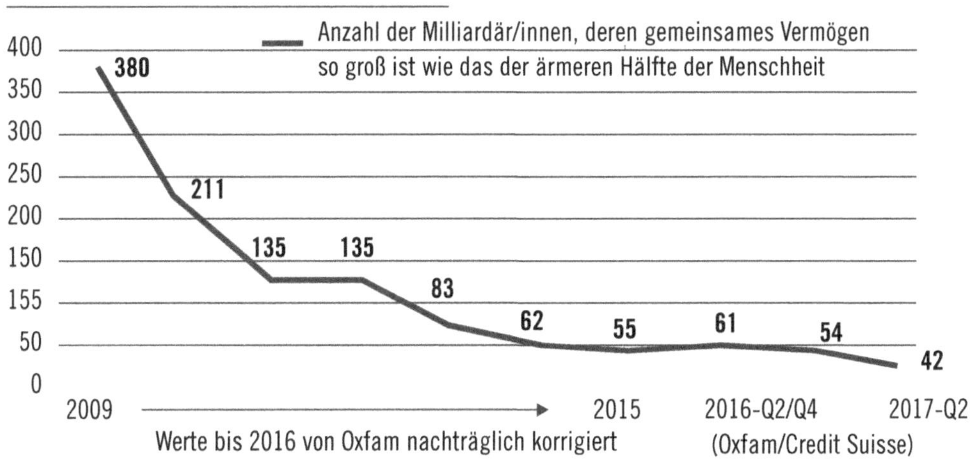

Schaubild 2: Konzentration des Reichtums bei Superreichen (Infografik Welt)

Der Einsatz des ökonomischen Kapitals in der flüssigen Moderne schafft einen ungleich verteilten Reichtum unter folgenden Bedingungen, die auch die Nachhaltigkeit kapitalisieren (siehe etwa Stiglitz 2006, 2010, 2012, Atkinson 2015, Reich 2018 a, Piketty 2014, Sassen 2014):

Das Kapital spaltet sich gewinnorientiert stärker in global ausgeführte Güterproduktion mit günstigen Produktionsstandorten, Dienstleistungen und Spekulationen auf. Günstig heißt dabei fast immer, dass eine kostenintensive Nachhaltigkeit vermieden wird. Niedrige Löhne in Billiglohnländern, die nicht nur die Arbeiter und ihre Ausbeutung betreffen, sondern auch für deren Kinder geringe Zukunftschancen bieten, sind hierfür eine Strategie, Ressourcenausbeutung und Umweltschäden eine andere. Der Wohlstand der reichen Länder wird, um es ganz klar zu sagen, durch die Nachhaltigkeitskosten der ärmeren Länder, die diese heute und in Zukunft zu erbringen haben, mitfinanziert.

Die höchsten und schnellen Gewinne werden weltweit mittlerweile mit Spekulationen unter den Bedingungen der Transaktionen in Echtzeit an global organisierten Finanzmärkten gemacht. Was dadurch dann an realen Werten und sozialen Verhältnissen vernichtet wird, das steht ebenfalls nicht im Fokus einer nachhaltigen Überlegung. Das Kapital hat sich aus seiner unternehmerischen Verpflichtung verabschiedet, es ist weder national noch global verpflichtet. Wenn die globalen Gewinne national versteuert werden sollen, dann flieht es das Nationale, wenn die globalen Gewinne gefährdet sind, dann will es national geschützt und gefördert werden. Es geht um Gewinne und um nichts anderes. Wie lange kann oder will man sich die Reichen leisten? (Sayer 2017) Diese Kapitalisierung kann nur von außen durch staatliche Eingriffe reguliert werden, um eine Umsteuerung Richtung mehr soziale Gerechtigkeit und Nachhaltigkeit zu erreichen. Aber genau dies ist schwierig, weil es zunächst lokal in einzelnen Nationen durchgeführt werden müsste, aber in der Konkurrenz der Nationen wandert das Kapital immer dorthin, wo es die besten Verwertungen für sich findet, wo es keine Kosten für die Allgemeinheit und Nachhaltigkeit zu tragen hat. Es macht Regierungen erpressbar. Gemeinschaften wie die EU erweisen sich als unfähig, halbwegs plausible Besteuerungen festzusetzen.

»Es gibt die Fantasie, die Reichen zu besteuern, aber innerhalb der Konkurrenz der Nationen wandert das Kapital immer dorthin, wo es am meisten gewinnt und verantwortungslos agieren kann«

Ein weiteres Hemmnis ist, dass die politischen Parteien um die Wählerstimmen fürchten, wenn der Verzicht zur Vermeidung steigender oder zu wenig sinkender Treibhausgase politisch beschlossen werden muss. Eine weltweite, ausgleichende und faire Ordnung etwa der Besteuerung oder der Nachhaltigkeitspflichten ist deshalb eine schöne Idee für Klimakonferenzen oder UN-Resolutionen, aber die nationalen

Begehrlichkeiten mit einem frei flottierenden Kapital über alle Grenzen hinweg verhindern systematisch eine Verwirklichung. Was schwerer wiegt, ist die Tatsache, dass es keinerlei durchsetzungsfähiges Konzept gibt, um diese Verwirklichung jenseits unrealistischer Versprechungen anzugehen.

So stetig wie die Treibhausgase steigen, so sehr verschärft sich die Kluft zwischen armen und reichen Menschen. Dabei steigt die Ungleichheit in den Ländern wie global zwischen den Ländern. Es findet eine gigantische Umverteilung des Reichtums der Welt statt, was Folgen für spätere Generationen hat. Der Reichtum der wenigen besonders Reichen bildet bereits eine Hürde für eine gleiche Teilhabe an Lebenschancen, die spätere Generationen kaum noch überwinden können, weil ein solcher Reichtum nicht mehr aus eigener Kraft und Leistung erwirtschaftet werden kann. Dieser Reichtum der Wenigen ist für die Menschheit eine Bedrohung, wenn und insofern er sich nicht mit einer nachhaltigen Lebensweise verbindet. Wachsender Reichtum, der sich in der Anhäufung von immer mehr Kapital ausdrückt und in Machtpositionen ebenso wie in einem übertriebenen Luxus zeigt, ist aber in der Regel weder im Denken noch im Handeln nachhaltig ausgerichtet. Reichtum und Nachhaltigkeit bilden fast immer einen unüberbrückbaren Gegensatz, sie begründen kein Vorbild besonderer Verzichtsanstrengungen oder ökologischer Besonnenheit. Arme Menschen können sich auf der anderen Seite Nachhaltigkeit oft finanziell gar nicht erst leisten.

»Reichtum & Nachhaltigkeit bilden einen unüberbrückbaren Gegensatz, solange der Reichtum aus Gewinnstrategien ohne Rücksicht auf Menschen, Natur & Umwelt entsteht«

Ein weiterer Wandel erschwert die Verantwortlichkeit. Die Gewinne sind immer stärker verkörpert durch Dritte, die das Kapital verwalten und gewinnbringend für die Besitzer mit hohen Eigenbeteiligungen einsetzen. Im *shareholder value* wird die unternehmerische Sozialverpflichtung des Kapitals als Ausdruck einer sozialen Marktwirtschaftsideologie unwichtig. Für Nachhaltigkeitsschäden wie Ressourcenvernichtung, Umweltschäden, soziale und ökonomische Ausbeutung, gibt es kaum Personen, die namhaft verantwortlich gemacht und beschuldigt werden können. Sie stehen hinter einem Schleier der Unschuld, weil sie ja für eine Vielzahl von Anteilseignern nur Gewinne machen wollen. Die gewählten Rechtsformen und Klauseln der Verantwortungslosigkeit erschweren ohnehin eine Verantwortung.

Der Dieselbetrugsskandal in Deutschland ist hierfür ein Beispiel, das zeigt, wie die zentrale und wichtigste Industrie des Landes nicht nur verantwortungslos gegen Menschen und Umwelt handelt, sondern dann auch noch nicht einmal politisch und juristisch hinreichend in Haftung genommen werden kann.

Das Kapital schafft immer mehr seine eigenen Normen und Regeln, wie es seine Gewinnmaximierung optimieren will. Dabei ist der Erfindungsreichtum sehr groß, um Lücken im Nationalen oder Chancen im Globalen aufzuspüren. Die Strategien zur Vermarktung der Waren auf dem Markt nehmen einen immer größeren Raum ein und verteuern die Waren. Ein Teil dieser Erfindungen betrifft unmittelbar die Zerstörung und Ausbeutung des Planeten, ein anderer die Ausbeutung und Korruption von Menschen. Beide Bewegungen sind festzustellen: Eine Globalisierung des Kapitals sichert seine verflüssigten weltweiten Wertschöpfungen und seine Möglichkeiten, Regulierungen und Steuern zu entgehen. Eine Nationalisierung besteht dann, wenn der eigene Standort gesichert und die Politik beeinflusst werden soll, um ihre Wählerschaften mit Zugeständnissen für die Kapitalisierungen zu gewinnen und Schädigungen von Personen und Umwelt zu verschleiern.

Kapital ist nicht gleich Kapital. Längst gibt es Zulassungsbeschränkungen für kleineres Kapital, und die großen Spieler erhalten eigene Teilnahmebedingungen in verdeckten *dark pools,* die nur für die sehr Reichen zugänglich sind. Hier wird mittels Codes und Algorithmen gearbeitet, die eine öffentlich unzugängliche Welt der Transfers und Gewinne ermöglichen (vgl. Lewis 2014). Mit solchen Normen und Regeln bestimmt insbesondere das große Kapital mit über die Regulierungen von Regierungen, denen es mit Abzug von Arbeitsplätzen, von Kapital oder mit Nachteilen auf den internationalen Märkten drohen kann. Dabei gibt es einen ständigen Kreislauf von mehr oder minder ausbalancierten Regulierungen, um den Märkten einerseits Sicherheiten im Handeln und andererseits Chancen für Gewinne zu ermöglichen. Die Entwicklung des Reichtums bei wenigen Menschen zeigt, wie sehr die Politik jene begünstigt, die viel haben, und die anderen daran nur wenig teilhaben lässt.

Bei der Verteilung des Wohlstands gibt es allerdings eine kritische Masse an Konsumausgaben, die als Geld bei den Menschen vorhanden sein muss. Die Grenze, die hier besteht, wird nach Versuch und Irrtum bestimmt, sie ist vor allem davon abhängig, was sich die Bevölkerung bieten lässt. Aber die Bevölkerung ist in der Regel auch mit kleineren Summen als Spareinlage oder Wohneigentum an den Kreisläufen des Kapitals beteiligt. Selbst kleine Sparer oder die Besitzer kleinen Wohnraums können mit dem Geld, das sie einsetzen, auch ihrerseits eine Schädigung der Nachhaltigkeit erzeugen. Über allem liegt ein Schleier der Unschuld, weil sich jeglicher Gewinn kaum konkret mehr nachvollziehen lässt. So hat selbst der kleine Aktienbesitzer von VW, BMW oder Mercedes seinen Anteil am Dieselskandal oder von Bayer am Artensterben durch Glyphosat.

»Je mehr der Wohlstand in der Breite verteilt ist, desto mehr sind viele Menschen an den Kreisläufen des Kapitals beteiligt«

Die kapitalistische Wirtschaftsweise funktioniert auch in Staatsformen, die demokratische Rechte einschränken und sich durch Misswirtschaft, Korruption oder Freiheitsbeschränkungen auszeichnen. In der Regel werden durchgehende Geschäftsbeziehungen zu diesen Staaten gepflegt. Wirtschaftssanktionen setzen nicht bei fehlender demokratischer Nachhaltigkeit ein, sondern allenfalls bei völkerrechtlichen Sanktionen oder Übergriffen. Selbst dies erfolgt nicht konsequent, sondern nach Mustern der Parteinahme in politischen Verstrickungen und Geflechten.

Die Staaten gewähren unterschiedlich geförderte Bildungsmöglichkeiten je nach Land und kultureller Entwicklung, um den Menschen eine unterschiedliche Teilhabe am Konsum und Aufstieg zu ermöglichen. Dabei sind die Ergebnisse unterschiedlich, und besonders in reichen Ländern wie Deutschland und den USA ist es sehr schwierig, sozial aufzusteigen. Diese Bildungssysteme, so habe ich in Band 1 gezeigt, versagen etwa gegenüber den skandinavischen Ländern grundsätzlich in der Verbesserung der Bildungschancen für benachteiligte Menschen (vgl. etwa Becker & Lauterbach 2010, Wössmann 2004). Selbst innerhalb der Bildungsexpansion werden aus früheren Chancen zum Aufstieg auf einmal Abstiege (Nachtwey 2017). Das resultiert aus verschiedenen Veränderungen der Arbeitswelt: Die Arbeitstage und Arbeitszeiten werden verflüssigt und durch digitale Arbeitsformen flexibilisiert, die Arbeitsintensität und -produktivität kann so erneut gesteigert werden. Eine stete technologische Weiterentwicklung mit hohen Investitionen oder eine schnelle Gewinnrealisierung mit mittel- oder kurzfristigen Strategien erhöhen die Unberechenbarkeit der Zukunft. Ein Heer ständiger Arbeitsloser und potenzieller Migranten steht als Reserve für Konjunkturen und Aufschwünge bereit. Qualifizierte und dequalifizierte Arbeiten im Betrieb, zwischen Betrieben und durch globalisierte Wanderungsbewegungen werden nach Bedarf vorgehalten. Die qualifizierten Arbeiten steigen an, werden aber durch die Bildungsexpansion nicht höher, sondern tendenziell niedriger entlohnt. Der eigenständig zu leistende Qualifizierungsbedarf nimmt zu, da er die Voraussetzung dafür ist, überhaupt eine Arbeit zu finden.

Durch all diese Veränderungen sind die Menschen sehr stark mit ihrer sozialen Sicherung beschäftigt, sodass sie oft die Nachhaltigkeit als Überlebensstrategie eher als etwas Abstraktes und noch nicht Reales empfinden. Sie erscheint vielen sogar als sekundär, weil die eigene soziale Sicherung in prekären Verhältnissen Vorrang hat. Es verwundert nicht, dass in der Nachhaltigkeitsbewegung deshalb mehr und eher die besser gestellten Milieus vertreten sind.

»Menschen im neoliberalen Kapitalismus sind so sehr mit ihrer sozialen Sicherung beschäftigt, dass wenig Raum für Fragen der ökologischen Nachhaltigkeit bleibt«

Vor diesem Hintergrund gibt es im Kapitalismus Gewinner und Verlierer, die nicht mehr nur die *eine* Geschichte von Ausbeutung oder Klassenkampf erzählen, sondern es erscheinen viele Geschichten. Der Kapitalismus ist auch hier »leichter« und »flüssiger« geworden. Diese Geschichten werden wie alles andere auch zu Konsumgütern. An die

Stelle großer, wirkungsmächtiger Theorien und gesellschaftlich viel diskutierter Deutungssysteme sind viele kleine Narrationen getreten. Ihre virtuelle Aufbereitung erhöht die beschleunigte Rezeption, die etwa durch das Kurztextformat bei Twitter oder die Bebilderung bei Facebook erreicht werden kann. Die Massenmedien bedienen in vielen Variationen die Möglichkeiten menschlichen Lebens zwischen Wünschen und Schrecken, zwischen Hoffnungen und Ängsten, und die Menschen verbringen einen großen Teil ihrer Zeit damit, sich die Welt über die Bildschirme vorzustellen, wobei sie dies für das eigentliche Leben halten. Die Fülle der Narrationen und Informationen führt zum Kollaps einer reflexiven Verarbeitung, für die niemand angesichts der Masse an Informationen und ihrer täglichen Verarbeitung mittels Durchklickens oder durch Hinschauen mehr hinreichend Zeit hat. Zudem gibt es eine Betroffenheits- und Meinungsekstase all derer, die sich ungehört fühlen und die früher nichts zu sagen hatten, wobei dasjenige, was sie dann sagen, nicht unbedingt dadurch besser wird, dass sie es früher nicht sagen konnten.

Wilkinson & Pickett (2010) haben in einer umfassenden Analyse begründet, weshalb auf stärkere Gleichheit ausgelegte Gesellschaften erfolgreicher operieren als Gesellschaften mit höherer Ungleichheit. Bei den ungleichen Gesellschaften finden sich selbst bei einer demokratischen Regierungsform weniger Gerechtigkeit in sozialen Fragen, weniger gegenseitiges Vertrauen in die Aktionen der Bürgerinnen und Bürger, mehr Krankheiten, die nicht hinreichend behandelt werden, mehr Suchterkrankungen, eine höhere Kindersterblichkeit, eine geringere Lebenserwartung besonders benachteiligter Menschen, eine Bildungsbenachteiligung von großen Gruppen, höhere Selbstmordraten, viele Kriminalitätsdelikte. Alle Gesellschaften sind im Grunde zur Sicherung von Zufriedenheit und Lebensqualität klug beraten, wenn sie die Ungleichheiten abbauen, die Fairness im Umgang miteinander erhöhen und stärker auf soziale Gerechtigkeit setzen (ebd., 18 f.).

I.2.4 Die Ströme der Gewinne und die Tropfen der Nachhaltigkeit

Noch schneller als die Klimakatastrophe wird die nächste Finanzkatastrophe eintreten. Das sagen sehr viele renommierte Ökonomen voraus, weil sie erkannt haben, dass aus der letzten Krise von 2008 nicht hinreichend gelernt wurde (vgl. Stiglitz 2010, 2012). Was macht solche Krisen aus? Und was bedeuten sie für die Nachhaltigkeit? Einige charakteristische Kennzeichen der Finanzkrise will ich auf Auswirkungen für die Nachhaltigkeit beziehen.

Der Mechanismus der Blasen

Wie funktioniert eine ökonomische Blase, die meistens Spekulationsblase genannt wird? Erste Grundvoraussetzung ist, dass die Nachfrage übermäßig steigt. Wenn die Zinsen relativ niedrig und die Erwartungen an Renditen für das reichlich vorhandene Geld sehr hoch sind, dann werden spekulative Anlagen aus bestehendem Geldvermögen oder auf Kreditbasis beliebt. Wenn der Staat durch eine gesteuerte niedrige Kreditzinspolitik diesen Prozess anfeuert, dann werden auch Marktmechanismen außer Kraft gesetzt, die eine Überhitzung ggf. regulieren könnten. In der Überhitzung werden immer mehr Aktien und Immobilien als Geldanlage gekauft. Noch spekulativer sind Wetten auf steigende oder fallende Kurse oder Währungen. Wenn die Kurse steigen, dann steigt der Wert des Vermögens, der wieder neu investiert werden kann. Dies führt zu Kettenreaktionen. Für die gekauften Aktien und Immobilien führt dies auch zu einer Wertsteigerung durch Nachfrage.

Die Blase platzt, wenn das Preisniveau immer höher steigt, die Kredite sich verteuern oder erschwert werden, wenn das Vertrauen in dieses sich auf bloße Versprechungen gebaute System schwindet und die weitere Nachfrage sinkt.

Für die Nachhaltigkeit ist entscheidend, dass die Nachfrage nicht aus einem realen Bedarf an Gebrauchswerten besteht, sondern allein auf Gewinnmaximierung abzielt. Geld, das in solche Spekulationen gesteckt wird, fehlt in der Wirtschaft, die sich etwa auf nachhaltige Projekte beziehen könnte, wenn der Staat hierfür Anreize setzen würde. Aber das Geld fehlt auch, weil der Staat das viele überschüssige Vermögen der sehr reichen Menschen nicht deutlicher durch Steuern abschöpft, um die spekulative Gier zu begrenzen und die Ausgaben sinnvoll für soziale Gerechtigkeit oder Nachhaltigkeit auszugeben. In Zukunft wird das Geld bei entsprechenden ökologischen Krisen dann überwiegend für die Nachhaltigkeit ausgegeben werden müssen.

Manche Blasen werden auch betrügerisch erzeugt, wie etwa im Containerhandel, wo beispielsweise die Firma R&B immer neue Container in der Art eines Kettenbriefes verkaufte, dabei durch neue Verkäufe versprochene Gewinne ausschüttete und am Ende einen Schuldenberg von etwa 2,5 Milliarden Euro hinterließ. Es gab die vielen Container gar nicht, die man verkauft hatte. Wie in einem Kettenbrief zahlen dann die Letzten den gesamten Schaden, wobei solche Geschäfte keine Einzelfälle mehr sind, sondern vielmehr in das neoliberale Portfolio gehören.

Immobilienblasen setzen sowohl auf eine berechtigte Nachfrage nach Wohnraum als auch auf niedrige Zinsen, sodass überteuert gekaufte Objekte überteuert vermietet werden. Wenn die Immobilienpreise ins Unrentable kippen oder die Zinsen steigen, dann wollen viele den Verlusten durch schnelle Verkäufe entfliehen, so platzt dann diese Blase.

Die Finanzkrise von 2008, in der eine Immobilienkrise Ausgangspunkt war, lohnt eine genauere Betrachtung. Joseph Stiglitz hat hierzu eine Analyse vorgelegt, er zieht Lehren aus der Finanzkrise 2008, aus denen bis heute niemand wirklich lernen wollte.

Beginnen wir mit der vorhandenen Vermögensblase, die durch »unsolide, leichtfertige Kreditvergabe der Banken« gefördert wird (Stiglitz 2010, 17). Ein »deregulierter Markt mit einer Liquiditätsschwemme und niedrigen Zinsen, eine globale Immobilienblase und das sprunghaft ansteigende Volumen zweitklassiger Hypothekendarlehen« bilden hierbei ein giftiges Gemisch (ebd., 27). Als Sicherheit werden Vermögensgegenstände gehalten, die sich durch die Blase erst als Vermögen aufgebaut haben (in der Immobilienkrise durch den ständig steigenden Wert von Häusern, der irgendwann unrealistisch wurde) (ebd.), in den Ländern durch Konjunktur- und Förderprogramme, deren Effektivität allein am allgemeinen Wachstum gemessen, aber nicht in den langfristigen Folgen in der Zukunft gerechnet wird. 2008 platzte die Blase. Rating-Agenturen versagten, weil sie selbst Teil des sich mit Gewinnen versehenden Systems waren (ebd., 133). Die Verbriefung von Krediten erzeugt ein System der Bündelung und Weitergabe von Krediten, die damit selbst für die übernehmenden Banken kaum noch in ihrer Werthaltigkeit durchschaubar sind. 2008 erwies sich »die massenhafte Verbriefung von Hypotheken … als fatal. Im Mittelalter versuchten Alchemisten unedle Metalle in Gold zu verwandeln. Die modernen Alchemisten verwandelten riskante, zweitklassige Hypotheken in erstklassige Produkte, die als so sicher eingestuft wurden, dass sie selbst von Pensionsfonds gehalten werden durften.« (Ebd., 32) Am Ende trugen die Endverbraucher der *Lehman Brothers Holding* die Verluste. Bei anderen Banken griff der Staat ein, weil sie für systemrelevant gehalten wurden. Die Kosten tragen am Ende die Steuerzahler. Wie ist solch ein Crash möglich?

»Es müssen umgehend Lehren aus der Finanzkrise von 2008 gezogen werden«

Bei der Kreditvergabe geht es nicht um eine nachhaltige Sicherung beim Kreditnehmer, sondern um möglichst maximalen, kurzfristigen Gewinn (ebd., 31), wobei die Verbriefung zwar Risiken mindert, aber durch die unvollständigen Informationen, die in allen Marktmechanismen notwendig wirken, entstehen letzten Endes viel größere Risiken, die auf falschen Urteilen basieren (ebd., 42, 131 f.). Die Situation wird dadurch verschärft, dass in der Gewinnmaximierung des vielen Geldes, das nach Vermehrung sucht, die Verbriefung von Krediten dazu führt, dass auf den Märkten milliardenschwere Wetten auf die Einlösung von Krediten laufen, um Extraprofite zu machen (ebd., 29). Wenn sich das System an einer Stelle nicht mehr rechnet, sodass die Notbremse gegen andauernde Verluste gezogen werden muss, gibt es eine Kettenreaktion.

Gewinnmaximierung als Begrenzung der sozialen Intelligenz

Das globale Kapital hat mit seinen Finanzströmen, Transaktionen und Geldgeschäften in Echtzeit eine netzwerkartige globale Welt geschaffen, die immer auch nationales Kapital darstellt, das aus bestimmten Ländern und bestimmten Besitzverhältnissen stammt. Auch wenn es bemerkenswert und beunruhigend zugleich ist, dass dieses Kapital immer stärker im Sinne der Spekulation, der Wetten und in Kettenbriefen operiert, sodass heutzutage die meisten und höchsten Gewinne ohne jeglichen Handel mit materiellen Waren entstehen, so ist zumindest der Besitzer des Kapitals noch räumlich an bestimmte Orte gebunden und national verortet. Dieses Kapital operiert auf Weltmärkten, die in vernetzten Börsensystemen eine Blase auf der einen Seite der Welt in einen Kollaps auf der anderen verwandeln können. Bereits in der ersten Weltwirtschaftskrise Ende der 1920er Jahre hatte man sehen können, wie gefährlich diese Märkte auch für den nationalen Wohlstand oder einzelne Regierungen sind. Die Finanzkrise 2008 zeigte auf, wie Regierungen durch Stützung der Finanzmärkte letztlich ein gieriges Gewinnsystem erhalten mussten, um die Märkte funktionsfähig zu halten. Angesicht der exponentiellen Zunahme an Geldvolumen, das nach immer neuen und besseren Gewinnen in neuen Blasen sucht, ist es nur eine Frage der Zeit und des extremen Moments, an dem der globale Kollaps die Nationen zum Neustart eines solchen Wirtschafts- und Finanzsektors zwingen wird.

»Das weltweit vernetzte Kapital kann leicht eine Blase auf der einen Seite in einen Kollaps auf der anderen verwandeln«

Die Menschheit hat nicht nur eine Ressourcen- und Umweltkrise, nicht nur eine Klimakatastrophe vor Augen, sondern es wahrscheinlich noch früher mit einem Kollaps des spekulativen Immobilien- und Finanzsystems zu tun. Es ist selbst unter Fachleuten wenig strittig, dass dies angesichts der vorliegenden Zahlen geschehen wird, strittig ist vielmehr nur, wann es genau geschieht, wie es geschieht und was dadurch für die weitere Zukunft ausgelöst wird.

Die Staatsverschuldungen sind ein wichtiger Indikator für diese nahende Krise. In wenigen Jahrzehnten sind diese Schulden in den reichen Ländern exponentiell angewachsen. Mit der Corona-Krise sind sie erheblich gestiegen. Alle Bürgerinnen und Bürger in den reichen Ländern sind heute so verschuldet, dass es illusionär ist anzunehmen, diese Schulden je auflösen zu können. Es erscheint vielen Ökonomen sogar als eher sinnvoll, möglichst weitere Schulden zu machen, um den Wohlstand auch der breiten Masse zu erhalten und zu erweitern. Die neoliberalen Ökonomen kämpfen darum, den Kreislauf des Wahnsinns immer weiter anzutreiben, damit die Gewinne im Hier und Jetzt sprudeln.

»Die Staatsverschuldungen beschränken die Handlungsmöglichkeiten, die zur Finanzierung einer umfassenden ökologischen Wende nötig wären«

Nach der Finanzkrise 2008 sollte alles besser werden, aber es ist noch schlimmer gekommen. Um die Finanzmärkte anzukurbeln und die Wirtschaft anzutreiben, haben die Staaten vermehrt noch mehr Schulden gemacht und die Kreditvergabe, beispielsweise durch die Europäische Zentralbank, erleichtert. Banken genießen bei entsprechender Größe einen systemischen Bestandsschutz, was sie risikoreich agieren lässt, weil sie immer vom Staat aufgefangen werden müssen. Hinzu kommt, dass durch ihre Verzahnung mit der Güterproduktion auch andere Bereiche zusammenbrechen würden, wenn sie Pleite gingen (ebd., 43). Um bankrotte Firmen zu retten, verschwendet der Staat sein Geld, was dann bei Innovationen, in der Bildung, in der Verbesserung der sozialen Gerechtigkeit oder für die Nachhaltigkeit fehlt (ebd.). Die Banken nutzen die Staatskredite vielfach, um weiter zu zocken, weil dies kurzfristig hohe Gewinne verspricht (ebd., 64).

Wenn der Staat hilft, dann wirkt sich dies auch auf künftige Krisen aus, weil nun die Erwartungshaltung besteht, dass am Ende »immer« der Staat bezahlen wird (ebd., 46). Die Corona-Pandemie hat diesen Effekt verstärkt. Und wenn der Staat immer mehr Schulden machen muss, um die privatwirtschaftlichen Krisen zu bewältigen, den Konsum anzuheizen, Wirtschaftseinbrüche wie bei Corona abzufangen, aber ggf. auch, um Wahlgeschenke zu machen, damit die Bevölkerung über ihre Verhältnisse leben kann und die Politiker gewählt werden, dann zeichnet sich – so möchte ich dieser Liste noch hinzufügen – allerdings im Hintergrund eine noch größere Krise ab, die durch Staatsbankrotte eintreten könnte. Die gegebenen Staatsverschuldungen fast aller Industrieländer zeigen bereits, dass die Verschuldungen so immens sind, dass die Rückzahlung der Zinsen schon problematisch geworden ist, von einer Rückzahlung der Kredite ganz zu schweigen. Die Risiken werden so auf alle Bürger umverteilt (ebd., 23). Die fließenden Geldströme der Gewinnmaximierung und Spekulation sind ungeheuerlich angewachsen, dagegen kommen in den Nachhaltigkeitsstrategien bisher nur Tropfen an Geldern an.

> »Es erscheint als unrealistisch, dass die gewachsenen Staatsschulden überhaupt von der Bevölkerung zurückgezahlt werden können, wenn der Staat nicht die großen Vermögen daran beteiligt«

Die Ökonomie bestimmt maßgeblich die Chancen und Grenzen der gegenwärtigen Nachhaltigkeit. Sie wird in den globalen Nachhaltigkeitszielen der UN immer wieder angeführt, wenn es um die Chancen geht, durch ökonomische Anreize und Praktiken nicht nur zum Wohlstand der Welt beizutragen – und damit gegen Armut, Hunger, fehlende Gesundheit u. a. m. zu wirken –, sondern ihr wird auch zugeschrieben, dass sie der Menschheit Innovation und neue Technologien liefert, die ökologisch verträglich sind und allen Menschen zugutekommen können. Dies ist die positive Narration; viele Expertinnen und Experten nehmen hingegen auf Basis der vorhandenen Daten eine ganz andere Haltung ein. Sie betonen, dass gerade die Ökonomie verbunden mit menschlicher Gier und einer Gewinnmaximierung ohne Rücksicht auf langfristige Folgen zu einer Situation geführt haben, die durch die Bildung vielzähliger Blasen das kapitalistische System selbst noch vor jeglicher Klimakatastrophe in den Ruin treiben können. Dies hätte dann wiederum Folgen für die Nachhaltigkeit, weil sich die Sorgen der Menschen dann von der Umwelt und ihrer Zukunft wieder stärker auf das wirtschaftliche Überleben richten würden.

Exponentielles Wachstum nehmen Menschen gern dann hin, wenn es beispielsweise um Zinsen geht. Dies wäre das vermeintlich positive Beispiel eines exponentiellen Wachstums. Bei 7 Prozent Verzinsung benötigt ein eingesetztes Kapital 10 Jahre zur Verdopplung. Aber so hohe Zinsen gibt es derzeit nicht mehr. Also wird die exponentielle Strategie anders eingesetzt. Die Leerverkäufe an Aktienmärkten lassen spekulativ eingesetztes Geld zirkulieren, das im letzten Jahrzehnt exponentiell angewachsen ist. Wie ein gewaltiger Kettenbrief. Die Gewinner freuen sich, aber das Geld entspricht nicht mehr den zur Verfügung stehenden materiellen Leistungen der Gesellschaft; es steht für einen fiktiven und virtuellen Wohlstand. Man muss an dieses System glauben und darf es sich nie vollständig auszahlen lassen, weil das System crasht, wenn zu viele Aktien in den Verkauf oder zu viele Immobilien in den Markt gehen. Wer aber zahlt am Ende die Zeche? Es werden wohl nicht die jetzt schon sehr reichen Menschen sein, die ein breites Portfolio an Werten besitzen, um möglichen Krisen zu begegnen.

Eckdaten einer gegenwärtigen Blasenbildung

Viele Ökonomen befürchten einen nahenden Crash der Wirtschafts- und Finanzmärkte, weil die Eckdaten für eine enorme Blasenbildung sprechen. Ich will einige der Phänomene nennen:

Es ist zu viel Geld im Markt: Die Märkte sind mit so viel Geld überschwemmt, dass es nie leichter war, billige Kredite zu erhalten. Liquidität wird zu einer Falle der Rentabilität, einerseits wird immer mehr gespart, und andererseits werden von anderen Akteuren immer mehr Schulden gemacht, um daraus schnelle Gewinne zu erzielen. Insgesamt gibt es einen Kapitalüberschuss, der mit Negativzinsen belegt wird, um die Märkte zu beruhigen. Gegen die Weisheiten aller Lehrbücher ist derjenige, der heute spart, aber der Dumme. Es drohen Negativzinsen, und die Inflation frisst mehr auf, als man hat. Der neue Glaubenssatz der Optimisten lautet: Schulden sind gut, Sparen ist dumm. Gleichwohl ist die Ökonomie überfordert, das Phänomen hinlänglich zu erklären. Niedrige Zinsen müssten ein rasantes Wachstum der Wirtschaft bedingen und die Inflation erhöhen. Aber genau dies geschieht auf den Märkten nach der letzten Finanzkrise von 2008 immer weniger. Die einen fürchten, dass am Ende doch die Inflation

> »Krisenphänomen 1: Es ist zu viel Geld im Markt, das sich vermehren soll«

kommt, andere fürchten zunächst eine Deflation, einen Preisverfall; die Diagnose ist widersprüchlich. Fakt ist: Noch nie wurden so große Geldmengen gehortet, aber auch noch nie waren die Staatsschulden so hoch wie heute. Dabei haften die europäischen Länder über die Europäische Zentralbank gegenseitig, um zur Stabilisierung des Marktes und des Euros alles zu tun, was eine Wirtschaftskrise, einen Bruch des Vertrauens in die schon utopisch erscheinende Rückzahlung der Staatsschulden mancher Länder verhindert. Die Niedrigzinspolitik als Folge lässt das Ersparte entweder schrumpfen oder in waghalsige Spekulationsgeschäfte ausweichen. Die Flucht in Immobilien scheint noch am sichersten, aber sie führt zu einer ganz anderen Blase, zu maßlos überteuerten Immobilien und Mieten, die sich normal verdienende Menschen kaum noch leisten können.

Beschleunigung *und Hysterisierung der Anlagen:* Das Geld in den Märkten wird noch anwachsen. Es ist einerseits ein Massenphänomen aufstrebender oberer Mittelschichten weltweit, die aus Sorge um die Zukunft Geld zurücklegen, um in der Not davon zu profitieren. Auf der anderen Seite ist es der Reichtum der Superreichen, der schwindelnde Höhen erreicht hat und nach immer neuen Anlageformen sucht. Je mehr erreichter Wohlstand, je länger die Menschen leben, desto höher steigen die Sparwünsche, um alles auf Dauer abzusichern. Je mehr Geld im Markt ist, desto unkalkulierbarer werden langfristige Gewinne. Geld ausgeben und investieren, dabei mehr Risiken eingehen, das ist die eine Strategie; Geld sparen und abwarten eine andere. Beide können bei einem Finanzcrash zu Totalverlusten führen, wobei die Sparer dann die besonders Dummen sind, denn sie haben nicht investiert und halten bei einer Geldentwertung oder einem Crash gar nichts mehr in den Händen.

»Krisenphänomen 2: Es gibt eine Beschleunigung und Hysterisierung bei den Anlagen, wobei die Marktversprechen immer unrealistischer werden«

2008 schien das Finanzsystem bereits in den Abgrund zu stürzen, das Bankensystem zu scheitern und eine ungeheure Wirtschaftskrise einzusetzen. 1929 war das Schreckensbild einer Depression mit Massenarbeitslosigkeit, Firmenpleiten, Inflation und Verarmung. Die Instrumente der Notbremse, die auf den Weg gebracht wurden, halfen: Senkung der Zinsen, die Überflutung der Märkte mit Billionen, um den Konsum anzutreiben und Unternehmen zu Investitionen zu veranlassen. Die Verschuldung der Staaten zeigt eine Gesellschaft auf Pump.

Die Ökonomen lassen sich zwei großen Lagern zuteilen. Beide sehen das Horten von Geld, das reine Sparen als Problem, denn es führt nicht zu Wirtschaftswachstum. Die einen wollen, dass investiert wird, dass mehr Schulden gemacht werden von den Staaten, um die Wirtschaft anzutreiben. Die anderen wollen die Schulden abbauen, weil sie auf lange Sicht die Liquidität, die Handlungsmöglichkeiten der Staaten beschränken. Besonders die Schulden zeigen, dass die reichen Länder ohnehin kaum noch aus der selbst geschaffenen Falle herauskommen können.

Wann wird bezahlt? Die Frage sollte anders lauten: Wer bezahlt am Ende? Denn wann bezahlt wird, das ist unklar, aber dass alle bezahlen müssen, das ist wahrscheinlich. Dann geht das Spiel erneut los: Einige werden weniger, andere mehr bezahlen. Gegenwärtig jedoch kann sich keine der großen Volkswirtschaften eine Rückzahlung ihrer Schulden leisten, weil dies in eine wirtschaftliche Stagnation führen würde. Die Pro-Kopf-Verschuldung ist bereits so groß, dass eine Rückzahlung der Schulden im Grunde unmöglich ist. Es gehört zu den kurzsichtigen und kurzfristigen Denkweisen der Menschheit, dass das System so lange aufrechterhalten wird, wie es funktioniert. Und genau nach diesem Dogma handeln wir. Es geht uns wie mit den Treibhausgasen, es sind zu viele in der Luft, und die Nutzung fossiler Energien lässt sie nicht sinken, wenn wir keinen Verzicht in großem Maßstab üben. Im Finanzsektor müssen wir immer mehr Schulden machen, um den Crash zu verhindern, den wir so nur nach hinten verschieben. Manche glauben, er sei noch aufzuhalten, aber sie haben das Problem zu erklären, wie viel Geld noch in den Märkten sein kann und darf, damit aus Geld Geldgewinne werden. Schon heute werden drei Viertel der Gewinne aus Spekulationsgeschäften geschöpft. Wenn das Vertrauen in solche Geschäfte schwindet, dann ist der exponentielle Traum der wundersamen Geldvermehrung ausgeträumt.

»Krisenphänomen 3: Keine Nation kann sich gegenwärtig eine Rückzahlung der Schulden leisten, was immer mehr Länder dazu antreibt, noch mehr Schulden zu machen«

Die Gewinne werden heute nicht nur aus Lohnarbeit und Kapital erzielt, sondern setzen massiv auf eine Ausnutzung der globalen Märkte und eine Beeinflussung von *Angebot und Nachfrage*. Marx hatte sich dies nicht in der systematischen Weise vorstellen können, in der es heute geschieht. Die linke Ökonomie muss umdenken. Hinzu treten auch Phänomene der Gewinnmaximierung durch Betrug (Dieselskandal, Spekulationsbetrug, CUM-Ex-Geschäfte usw.), auch zusätzliche parasitäre Gewinne durch Erbschaften und Heiraten, die den Reichtum sehr ungleich verteilt lassen (vgl. Reich 2018 a). Die Menschen haben sich an die Ungleichheit gewöhnt, solange ihnen ein gewisser Wohlstand verbleibt. Die ärmeren Länder streben danach, es den reicheren gleichzutun.

»Krisenphänomen 4: Angebot und Nachfrage, Betrug und parasitäre Gewinne versprechen mehr Gewinnmaximierung als die klassische Ausnutzung der Lohnarbeit«

Die Menschen sind in der Mehrheit – im kleinen wie im großen Maßstab – damit beschäftigt, ihren Lohn, ihr Einkommen, ihre Ersparnisse, ihr Wohneigentum, insgesamt ihren Wohlstand zu erarbeiten, zu erhalten und zu erweitern. Alles, was Kosten macht, für die vielleicht erst spätere Generationen Vorteile erhalten, insbesondere die Nachhaltigkeit und ihre Verzichtsleistungen, erscheint deshalb als schwierig oder übertrieben. In der sozialen Frage ist die eigene Sicherheit des Arbeitsplatzes, des Einkommens, der Erbschaft und anderer Quellen des Wohlstands im Hier und Jetzt zunächst immer wichtiger als die eher vage Aussicht auf die Zukunft. Deshalb glauben viele Menschen nach wie vor an die Wirksamkeit der Geldströme für den Wohlstand und geben sich mit bloßen Tropfen für die Nachhaltigkeit zufrieden.

Das derzeitige ökonomische System ist durch die wachsenden Blasen unsicher geworden. Die Finanz-, Immobilien- und Spekulationsblasen versprechen die schnellsten und höchsten Gewinne. Die Gewinne sollen schnell eintreten, denn wenn die Blase platzt, sollten die Vorteile vorher schon genutzt sein. Diese Denk- und Vorstellungsweise ist heute so weit verbreitet, dass sie wie eine Dauerwerbung gegen nachhaltiges Denken des Systems selbst wirkt. Die Menschen fragen: Warum soll ich auf Gewinne verzichten, wenn es auch sonst niemand tut? Warum soll ich für die Nachhaltigkeit verzichten, wenn die anderen weiter in Saus und Braus leben?

»Krisenphänomen 5: Es fehlt eine Gesamtbetrachtung der ökonomischen Lage, die nachhaltig eine Langsicht entwickelt, anstatt alles kurzsichtig den schnellsten Gewinnen zu opfern«

Der Denkfehler liegt darin, dass diese Menschen das ökonomische System mit der Nachhaltigkeit – den physikalischen und umweltbezogenen Folgen – auf eine Stufe stellen, in einer Dimension betrachten, die für sie scheinbar gleichen Regeln folgt. Aber der Erfolg des Wirtschaftssystems ist eine gänzlich andere Angelegenheit als die Nachhaltigkeit für den Planeten. Eine Verbindung besteht nur darin, dass die Menschheit in ihrer heutigen Lebensweise den Planeten nur schützen kann, wenn sie ihre bestehenden Ressourcen und Gelder so einsetzt, dass die Natur und Umwelt geschützt, regeneriert und nachhaltig angelegt werden. Diese Neu- und Umverteilung soll den Menschen keine ökonomischen Gewinne bringen, sondern seine natürliche Lebenswelt erhalten. Es sind Kosten, die Gewinne schmälern.

Zuvor müssen jedoch Gewinne und Überschüsse immer erst erwirtschaftet sein; die Gewinnmaximierung mit ihren Erträgen müsste in eine Nachhaltigkeitsmaximierung mit Umverteilung der Kosten verwandelt werden. Der Gierfaktor könnte minimiert werden, wenn weltweit die Gewinnmargen kleiner und nachhaltiger würden. Es bedarf eines Anreizsystems, um die Nachhaltigkeit zu verbessern. Aber die Nachhaltigkeit selbst lässt keine Gewinne in geldwerten Vorteilen sprudeln, sie vermag eher Leben zu erhalten und zu schützen.

Im Grunde wären staatliche Steuer- und Förderprogramme eine Chance, alternative Energien, nachhaltigen Wohnungsbau, eine Verkehrswende, eine ökologisch operierende Landwirtschaft, ein besseres Bildungssystem und anderes mehr in Gang zu setzen. Solche Investitionen hätten langfristige, nachhaltige Wirkungen weit in die Zukunft. Warum ist das nicht für alle Menschen, auch für Menschen, die Gewinne machen wollen, eine Perspektive, die sie in allen Handlungen beachten?

Der Ökonomie fehlt die Langsicht

Was bleibt als Fazit aus den Krisenphänomenen? Kapitalistische Unternehmen sind gewinnorientiert und dabei bis auf wenige Einzelfälle kurz- und mittelfristig orientiert. Wenn der Diesel zu viele Schadstoffe produziert, dann wird die Kontrollsoftware manipuliert. Wenn der Diesel dann nicht mehr verkauft werden kann, dann wird das Elektroauto produziert, auch wenn es heute schon als neue Umweltsünde bekannt ist. Gewinnorientierte Unternehmen und kapitalistische Märkte wollen nicht auf Technologien setzen, die zunächst zu teuer sind, um mit hohen Gewinnen verkauft zu werden. Deshalb sind mit Wasserstoff angetriebene Fahrzeuge unrealistisch. Und der Staat, wenn er denn eine solche Umstellung wollte, müsste sehr langfristig in Wissenschaft und Forschung und in Prototypen investieren, um den Unternehmen jene Kosten abzunehmen, die angeblich für ihre eigene Innovationskraft stehen. Dies ist die ökonomische Falle, in der die Nachhaltigkeit in der Gegenwart steckt. Es ist die Falle der Gewinnmaximierung, die Kosten nur dann investiert, wenn sie in naheliegender Zeit in hohe Gewinne verwandelt werden können.

Warum versagt die staatliche Regulierung?

Wer kontrolliert dann aber den Staat, der immer mehr in den Transaktionen zwischen Wirtschaft und Markt als dienender Organisator wirkt? Es scheinen die Wählerinnen und Wähler zu sein, die ein letztes Wort haben – aber haben sie das tatsächlich?

Das Loblied auf den Kapitalismus ist heutzutage groß, die kapitalistische scheint die beste aller Welten. Solange Theorien wie die von Hall & Soskice (2001) die Vorteile des Kapitalismus in seinen vielfältigen Variationen von Marktförderungen erzählen und solche Geschichten als vorteilhaft geglaubt werden, erscheinen staatliche Regulierungen als Gift. Die Medienwelt, die selbst durch ökonomische Abhängigkeiten bestimmt ist, singt ein stetes Loblied auf den Kapitalismus als Zustand höchster Zufriedenheit der Menschen. Aber bisher ist, realistisch gesehen, die breite Masse arm geblieben, weil sie durch Niedriglohn, Teilzeit- und Leiharbeit kaum Chancen hat, ihren Wohlstand tatsächlich stark zu erweitern. Mit der fehlenden Nachhaltigkeit wird sie die Hauptlasten der Kosten und Schäden zu tragen haben. Aber viele Menschen glauben dennoch an die Erfolgsgeschichte, so sehr ihnen auch die Brüche und Fehlstellen immer wieder im eigenen Leben aufgezeigt werden. In den reichen Ländern gibt es eine Abstufung nach

»Das etablierte ökonomische System lehnt Regulierungen ab und verbreitet den Mythos von den selbstregulierenden Kräften der Märkte, obwohl gerade die fehlende Nachhaltigkeit zeigt, wie illusionär dieses Loblied ist«

unten, aber gegenüber ärmeren Ländern erscheint auch diese als Wohlstandsgewinn. Das Leben ist scheinbar alternativlos geworden, es ist, wie es ist. Und wenn sich in der ökologischen Bewegung eine Partei zeigt, die sich für Nachhaltigkeit einsetzen will, so wird der theoretische Wunsch nach besserer Regulierung spätestens mit der Regierungsbeteiligung in einen langen Marsch durch die Institutionen verschoben. Erst wenn Nachhaltigkeit von den Massen gefordert wird, so scheint es, kann es eine Politik der Wahrheit geben, wie der nächste Teil diskutieren wird.

»Das Leben ist scheinbar alternativlos geworden, es ist, wie es ist«

II

Wie die Politik die Nachhaltigkeit verhindert

Um das Verhältnis von Politik und Nachhaltigkeit zu bestimmen, will ich in drei Schritten vorgehen.

Zunächst geht es um die Vergangenheit. Ein fehlender politischer Wille zur Wahrheit ist immer wieder bei den Themen und Entscheidungen zu erkennen, die für viele Menschen oder Mehrheiten unangenehm sind.

Im zweiten Kapitel wende ich mich der Gegenwart zu. Im Kampf um die Nachhaltigkeit soll es vor dem Hintergrund des Spannungsverhältnisses von sozialen und nachhaltigen Fragen um politische Eckpunkte gehen, die in der Nachhaltigkeit relevant sind.

Das dritte Kapitel geht in ausführlicher Weise auf das Spannungsverhältnis zwischen Autorität und Individualität ein. Es fragt danach, inwieweit heute noch persönliche Autoritäten wirken oder ob sie durch einen strukturellen Rahmen ersetzt wurden, der als System alternativlos erscheint. Es wird insbesondere diskutiert, ob heute ein autoritärer Kapitalismus oder stärker eine institutionelle Autorität in Fragen auch der Nachhaltigkeit bestimmend sind.

II.1 Die Vergangenheit: Der fehlende politische Wille zur Wahrheit

Kann es einen politischen Willen zur Wahrheit in Nachhaltigkeitsfragen geben? In der Geschichte der menschlichen Politik ist immer wieder erkennbar geworden, dass ein Wille zur Wahrheit wenig ausgeprägt ist, sofern nicht unmittelbar erscheinende Erfolge oder Fortschritte bestimmt werden können. Im Gegenteil, die Ereignisgeschichte belegt, dass nach Auswegen und Alternativen selbst dann noch gesucht wird, wenn dadurch eine Krise verstärkt wird. Hierzu gibt es in der Geschichte sehr viele Beispiele. Ich will mich im ersten Kapitel darauf beschränken, zunächst grundsätzlich zu fragen, was ein Wille zur Wahrheit in Bezug auf das Eintreten wahrscheinlicher Ereignisse sein kann, um dann zweitens zu diskutieren, was dies für die fehlende Nachhaltigkeit bedeutet.

II.1.1 Was ist der Wille zur Wahrheit?

Friedrich Nietzsche (1999) argumentiert in *Jenseits von Gut und Böse*, dass das Denken der Menschen in früher Zeit nicht durch eine höhere Moral verstellt, sondern in den tatsächlichen Wirkungen der Handlungen beurteilt wird. Wollte die Menschheit in heutiger Zeit realistisch mit Moralfragen umgehen, dann müsste sie zu diesem alten Modell zurückkehren. Denn im Laufe der Geschichte haben sich Normen und Werte herausgebildet, die durch Religionen und Traditionen den Menschen mit illusionären Vorstellungen und Denkweisen die Wege zu notwendigen Handlungen in seinem Überlebenskampf eher verstellen, als ihnen hierbei zu helfen. Perspektivismus nennt Nietzsche den Umstand, dass Menschen in ihrer Wirklichkeit immer das für wahr, notwendig, bedeutsam usw. halten, was ihnen subjektiv als relevant und persönlich wichtig erscheint. Wahrheiten und Wirklichkeiten sind Interpretationen, heute sagen Erkenntniskritiker auch Konstruktionen von Wirklichkeiten, deren Überprüfung in der Realität nur dadurch gelingen kann, dass wir sie hinreichend erproben, durchführen, in Handlungen erfolgreich umsetzen oder scheitern lassen. Gibt es den Klimawandel wirklich? Wer dies bejaht, wird Ereignisse, Daten, Veränderungen in Vergleichen heranziehen, wer es bezweifelt, wird vorrangig seinen erwünschten subjektiven Wahrnehmungen und Konstruktionen vertrauen. Aber ein Wille zur Wahrheit wird keiner Seite heute mehr abgesprochen werden können, denn entscheidend in den Wahrheitsfragen ist die jeweilige Perspektive und der Unterschied zu anderen Perspektiven. Vielen mag dies als Fluch der Freiheit und der Demokratie erscheinen, sofern sie auf eine letzte Wahrheit einer höheren Autorität hoffen, aber durch diese Hoffnung haben sie dann bereits die Möglichkeit einer kritischen Denkweise in der Abwägung der unterschiedlichen Gründe und Perspektiven aufgegeben. Deshalb kann dies für ein wissenschaftliches Verständnis nie der richtige Weg sein. Wie aber kann sich die Wissenschaft dann vor der Beliebigkeit und den *fake news* überhaupt noch schützen?

»›Perspektivismus‹ nennt Nietzsche das Wunschdenken der Neuzeit, das die Wahrheit an subjektiver Relevanz festmacht«

Es mag ernüchternd erscheinen, aber für Nietzsche hat auch die Unwahrheit einen Wert, wenn sie jemanden dient, sein Leben zu verstehen und zu erklären. Mythen, Dichtungen, Fiktionen, Utopien, aber auch Leugnungen, Übertreibungen, Entstellungen und *fake news* sind Ausdruck einer Perspektivenvielfalt, die Menschen einerseits als Freiheit genießen und andererseits vor allem dann fürchten, wenn es um Leib und Leben geht. Wenn der Politik heute gerade in Fragen der Nachhaltigkeit ein Wille zur Wahrheit fehlt, dann bedeutet dies nur, das eine – wissenschaftlich auch begründete und für das Leben wichtige – Perspektive übersehen wird, dafür aber andere in den Vor-

»Heute hat auch die Unwahrheit einen Wert, sofern sie für das Leben angenehm ist«

dergrund treten, die ihrerseits einen Willen zu anderer Wahrheit – etwa den Erhalt des Wohlstands und der bisherigen Produktionsweise um jeden Preis – ausdrücken.

Nietzsche weist auch darauf hin, dass ein Leben, das die Wahrheit nicht kennt, deutlich angenehmer sein kann, weil im Schleier des Unwissens die angenehmen Dinge in den Vordergrund treten und unangenehme ausgelassen bleiben. Dies ist das Erbe aus der Vergangenheit, das bis heute gelebt und in der Nachhaltigkeit zugelassen wird.

Der Wille zur Wahrheit wird meistens eingesetzt, um bestimmte Normen und Werte der Gesellschaft, früher insbesondere Herrschaftsvorstellungen der Regierenden und Moralvorstellungen des Christentums oder anderer Glaubensrichtungen, so den Menschen anzuerziehen, als handle es sich um sichere, unumstößliche Tatsachen und Ordnungen, die nicht weiter hinterfragt werden müssten. Jeweils herrschende Normen und Werte zielen auf einen Erhalt bestehender Herrschaft, die allein im Erhalt nicht gut und moralisch wertvoll sein müssen. Sie trichtern Menschen Vorstellungen, wie etwa die Erbsünde, wie autoritäre Unterwürfigkeit oder eine bedingungslose Auslieferung an den Konsum als zufriedenstellend oder notwendig ein, die allesamt immer einseitige Perspektiven im Kampf der Menschen mit- und gegeneinander sind, weil keine von ihnen der Vielfalt der Lebensmöglichkeiten umfassend entsprechen kann.

II.1.2 Der Wille zur Wahrheit und die Nachhaltigkeit

Auch die Nachhaltigkeit bedingt einen politischen Willen zur Wahrheit. Meist ist diese erst einmal unangenehm. Um weniger Treibhausgase auszustoßen, müsste der Verkehr mit seinen Schadstoffen reduziert, das Reisen sowie der Fleischverzehr begrenzt, aber auch der Ressourcenabbau sorgfältiger dosiert werden, es müsste Energie eingespart, fossile Brennstoffe vermieden, bedingungsloses Wachstum aufgegeben werden. Dagegen stehen sofort die politischen Wahrheiten der Wohlstandsvermehrung, des stetigen Fortschritts, der wachsenden Bedürfnisse nach Konsum.

Der Wille zur Wahrheit hängt immer von der Person ab, die eine Wahrheit behauptet. Was oder wer gibt ihr diese Macht? Es ist nicht die Wahrheit selbst, sondern immer ein Wille zur Macht, dem die Menschen nachgehen, wenn sie nicht verklärt auf die Welt, sondern nüchtern auf die Gegebenheiten schauen, um dann das zu tun, was für sie notwendig ist. Diese Seite des politischen Willens zur Wahrheit bestimmt auch den Kampf um Nachhaltigkeit, er wird durch das Gewinnen von Mehrheiten geführt. Aber aus dem Erbe der Vergangenheit rührt, dass Politik immer auch bedeutet, unangenehme Wege zu vermeiden, Besitzstände auch auf Kosten der Allgemeinheit zu verteidigen, erreichte Herrschaftsformen als dauerhaft gültig ansehen zu wollen, beim Eintreten einer

»Wenn die Politik Mehrheiten gefallen will, dann gibt sie den Willen zur Wahrheit, den ihr die Wissenschaften anbieten können, aus der Hand«

Krise eher den Überbringer der schlechten Nachrichten zu verurteilen, als sich den Herausforderungen unvoreingenommen zu stellen. In der menschlichen Geschichte hat sich Politik als geeignetes Instrument etabliert, um Kompromisse zu schließen, so lange zu verhandeln, bis scheinbar alle zufrieden sein können, oder aber eben auch einfach die eigene Macht durchzusetzen. Aber die Nachhaltigkeit ist kein politischer Gegner, gegen den die alten Waffen und Strategien greifen. Fehlende Nachhaltigkeit ist eine Gegebenheit, eine Situation und Herausforderung, die gänzlich neue – auch politische – Wahrheiten erzwingt.

Im Hinblick auf die Nachhaltigkeit ist eine praktizierte Politik der Wahrheit als Wille zur nachhaltigen Machtausübung eine notwendige Idee, denn alle Diskussionen, wissenschaftlichen Abhandlungen, immer mehr Konferenzen und Zielvereinbarungen ohne Folgen eröffnen heute eher Wahrheitsspektakel, aber keinen hinreichenden Willen zum Machen und keine Macht der globalen Durchsetzung. Naomi Klein (2015, 6) schreibt zutreffend: »Der Klimawandel hat von unseren Staats- und Regierungschefs noch nie die Krisenbehandlung [wie die Bankenkrise] erhalten, obwohl er das Risiko birgt, Leben in einem weitaus größeren Ausmaß zu zerstören als die eingestürzten Banken … Die Kürzungen unserer Treibhausgasemissionen, die laut Wissenschaftlern notwendig sind, um das Katastrophenrisiko stark zu reduzieren, werden nur als sanfte Vorschläge behandelt.« Es fehlt ein Wille zur Macht als Wille zum schnellen Handeln. Und um eine Politik der Wahrheit zu werden, fehlen bisher auch die Mehrheiten, die die Politik dahin drängen.

Vor dem Hintergrund des ansteigenden Perspektivismus, der Vielfalt der Konstruktionsmöglichkeiten von Interessen, Neigungen, Behauptungen und Gegenbehauptungen, erfahren Menschen in demokratischen Kulturen schon länger, dass jeder Wille zur Wahrheit stets ambivalent ist. Um wessen Wahrheit geht es? Ist es die unumstößlich scheinende Wahrheit des christlichen Glaubens, die mir keine andere Wahl lässt, als zu glauben und zu hoffen? Oder ist es der Atheismus, der jeglichen Wunderglauben als eine große Illusion zeigt und mich an der Menschheit in ihrer fehlenden vernünftigen Orientierung zweifeln lässt oder nur Zutrauen zu den eigenen Überlebenshandlungen findet? Gibt es eine Wahrheit der Nachhaltigkeitskrise, weil Wissenschaften in wahrscheinlichen Aussagen Grenzen des globalen Wachstums benennen und Folgen für die Welt beschreiben, die der wissenschaftlich gebildete Mensch als »wahr«, weil wahrscheinlich ansieht, oder verweigern wir uns solchen Wahrheiten, weil wir wünschen, dass es anders sein soll? Schauen wir eher in die Vergangenheit, wo es immer vorwärts ging, oder stellen wir uns den Herausforde-

»In pluralen Demokratien steigt der Perspektivismus an, und dadurch wird jeder Wille zur Wahrheit ambivalent«

rungen der Gegenwart mit Zweifeln? Aber wann, wie und mit wem gehen wir welchen Weg der Wahrheit?

Die Nachhaltigkeitskrise zwingt aus meiner Sicht in besonderem Maße, dem Willen zur Wahrheit eine starke Bedeutung zu geben. Die Relativität der Wahrheit, die viele Menschen seit dem Untergang absoluter Wahrheitssysteme und »letzter Worte« in allen wissenschaftlichen Diskursen erfahren haben, führt ja auch nicht zwangsläufig in eine Beliebigkeit aller Aussagen über die Wirklichkeit, wie besonders jene fürchten, die zu wenig mit wissenschaftlichen Verfahrensweisen vertraut sind. Es gibt eine Absicherung von Wahrheit als wissenschaftliche Wahrscheinlichkeit in den einzelnen Wissenschaften, insbesondere in den Natur- und technologischen Wissenschaften, die durch standardisierte empirische Verfahren, Messungen und Experimente abgesichert sind und die Fakten von bloßen Meinungen unterscheiden lassen. Zwar sind auch wissenschaftliche Prozeduren zur Wahrheitsfindung in diesem Sinne stets offen für neue Erkenntnisse, verbesserte Methoden und neue Ergebnisse, und die Entwicklung der Wissenschaften zeigt jeden Tag, dass die wissenschaftlichen Verständigungsgemeinschaften offen für die Diversität der Ansätze in ihnen, auch in der Kenntnisnahme von Minderheitenmeinungen und für eine öffentliche Diskussion sein müssen, wenn wissenschaftlicher Fortschritt in Unabhängigkeit und wissenschaftlicher Freiheit möglich sein sollen. Auch dies geht nie ohne Kämpfe und Konflikte vonstatten, aber es gibt immer wieder Fakten und Ergebnisse, klar beschreibbare Abläufe und Vorgänge, die Menschen überprüfen und nutzen können. Insbesondere die Fortschritte in der Medizin zeigen hinlänglich, welche Chancen zur Verlängerung des Lebens hierin liegen, auch wenn keine Wunder vollbracht werden können.

> »Wissenschaftlich wahrscheinliche Aussagen repräsentieren den Rest eines Willens zur Wahrheit, den in existenziellen Fragen zu leugnen fatale Folgen haben kann«

Michel Foucault hat in seinen umfassenden Werken hinlänglich darauf aufmerksam gemacht und plausibel nachgewiesen, dass der Wille zur Wahrheit immer mit Macht und Machtkonstellationen zu tun hat, die in die Wahrscheinlichkeitsfindung eingehen. Die selektiven Interessen von Menschen, von wirtschaftlichen Beeinflussungen, von Regierungen und politischen Ausrichtungen, greifen stark selbst in die Wissenschaft oder andere Meinungsbildungen ein, um eine spezifische Sicht ihrer jeweils interessegeleiteten Wahrheit ins Feld zu führen. In diesem Sinne kann der Wille zur Wahrheit schnell dazu werden, dass Ansichten bevorzugt werden, die sich verkaufen lassen, die wenig Kosten verursachen, die auf Illusionen, Täuschungen oder Betrug bauen und damit die Wissenschaft selbst unmöglich machen. Es gibt hier ein durchgehendes Spannungsverhältnis nicht nur zwischen der Demokratie und dem Kapitalismus, sondern auch zwischen den Märkten und der Wissenschaft, wobei die Frage ist, ob die Wissenschaften noch so finanziert werden, dass sie überhaupt relativ frei und unabhängig nach ihren Wahrheiten suchen können.

II.2 Die Gegenwart: Der Kampf um die Wahrheit von Nachhaltigkeit

In diesem Kapitel sollen Ausgangspunkte und Grundlagen erörtert werden, die den derzeitigen politischen Kampf um die Wahrhheit von Nachhaltigkeit bestimmen. Dazu gehören die folgenden:

- Kapitalismus und Nachhaltigkeit bilden einen Widerspruch, der zu einem politischen Erbe fehlender Nachhaltigkeit führt.
- Soziale Nachhaltigkeit ist ein ungelöstes Problem geblieben, was deshalb die ökologische Nachhaltigkeit in der Politik erschwert.
- Es gibt politische Eckpunkte, die grundsätzlich jede Nachhaltigkeit in der Gegenwart politisch negativ beeinflussen. Diese sollen kurz erläutert werden.

Für die Nachhaltigkeit relevante politische Eckpunkte

- Das Lokale und Globale, das Nationale und Internationale mischen sich auch in der Nachhaltigkeit. Menschen sind im Konsum gern Kosmopoliten, bleiben aber in der Verantwortung Nationalisten.
- Die Globalisierung gilt als Antreiber der Nachhaltigkeitskrise. Aber was genau treibt die Krise vom Globalen ins Lokale an, und weshalb kann es nachhaltige Lösungen nur vom Lokalen ins Globale geben?
- Vor den ökologischen Katastrophen, die immer näher rücken, kommen die sozialen. Die Nachhaltigkeitsverlierer durch Vertreibung, Flucht und Migration werden auch die reichen Länder schwer belasten.

II.2.1 Das politische Erbe fehlender Nachhaltigkeit

Der Mensch war in seiner Geschichte immer wieder darum bemüht, in einer »Sorge um sich« eine »Wahrheit« über sich zu finden, eine universelle Erklärung seines Daseins und Verhaltens. Aber die Suche nach solcher »Wahrheit« ist stets mit Ausschließungen verbunden, denn der Wille zur Wahrheit wird jeweils durch das einzelne Wissen bestimmt, das abhängig von gesellschaftlichen und zugleich individuellen Wissensständen in historisch-kulturellen Situationen ist, wie der erste Band exemplarisch belegen konnte. Die jeweilige selektive Beurteilung in Machtverhältnissen, die Bedeutsamkeit für dominante soziale Interessen in der Gesellschaft, die Verwendung im Drang nach Gewinnmaximierung und Wohlstand und auch für subjektive Faktoren, all dies greift entscheidend in diese Bestimmung ein. Mit einer zunehmenden Demokratisierung der gesellschaftlichen Verhältnisse ist der Wille zur Wahrheit dann auch noch ambivalent geworden, weil er einerseits für einen Erkenntnisfortschritt stehen kann – wir erforschen etwa die »tatsächlichen Fakten« der Klimakrise (die uns mit dem Stand der wissenschaftlichen Forschung zur Verfügung stehenden Wahrscheinlichkeiten) –, aber er kann andererseits auch ein Begehren nach einem »Weiter so« in den gesellschaftlichen Gewinn- und Verteilungskämpfen und einen Willen zur Erhaltung bestehender Machtverhältnisse in der Leugnung solcher Fakten bedeuten. Da sich alle Fakten immer schon mit solchen Interessen mischen, bedürfte es einer sorgfältigen Rekonstruktion der Sachlagen und Kontexte, die aber niemand vollständig leisten kann. Die Demokratisierung hat der Menschheit mehr Freiheiten, aber eben auch mehr Interpretationsspielräume gegeben.

Woran erkennen wir, welche Art der Mischung aus welchen Einflussfaktoren zwischen eher »wahren« oder »unwahren«, zwischen eher »klaren« oder »ambivalenten« Interpretationen vorliegt? Es beginnt in den Wissenschaften bereits mit dem Suchen nach einer Forschungsfrage. Welches Thema ist angesagt? Welches wird gefördert? Kann man mit solcher Forschung eine Karriere machen? Handelt es sich um ein zu schwieriges, komplexes, zeitaufwändiges Forschungsfeld? Wer finanziert es? Steht der Forschungsansatz gegen den Mainstream? Schon bevor die Forschung überhaupt begonnen hat, stellen sich diese eingrenzenden und begrenzenden Fragen.

»Die Demokratisierung hat der Menschheit mehr Freiheiten, aber eben auch mehr Interpretationsspielräume gebracht«

Vor dem Hintergrund der sozialen Konstruktion, die der Frage nachgeht, was Nachhaltigkeit ist und wie sie erreicht werden kann, gehen Wissen und Macht zirkuläre Verbindungen ein: Die Vorstellung, dass Wissen Macht sei, ist weit verbreitet, aber sie ist zu vereinfachend. Nach Foucault ist es vielmehr so, dass Macht bereits durch die Konst-

»Wissen gibt Macht, aber Macht erzeugt immer schon ein bestimmendes Wissen«

ruktion des Wissens selbst erzeugt wird, indem bestimmte Sichtweisen betont, andere ausgelassen werden, indem in der Nachhaltigkeit beispielsweise das nachhaltige Handeln immer schon mit einer ökonomischen Wohlstandserwartung verbunden wird. Die Macht entsteht durch die Bevorzugung von Perspektiven, die Durchsetzung bestimmter Diskurse oder auch Sprechweisen, sowie durch das Nichtvorhandensein von alternativen Vorstellungen und Denkweisen.

Die unfreie Freiheit der Wissenschaft

Die Wissenschaft hat mit der Konstruktion einer imaginären *scientific community*, einer wissenschaftlichen Verständigungsgemeinschaft, die nur der Wahrheit und ihren eigenen Regeln nach einer freien, objektiven und wahrhaften Suche nach solcher Wahrheit verpflichtet ist, die Illusion genährt, dass es tatsächlich eine umfassende Freiheit von Forschung und Lehre mit neutralen Ergebnissen, die nur der Wahrheit dienen, geben könnte. Allenfalls eine Minderheit kann heute solchen Idealen in den Universitäten folgen (Donoghue 2008). Geld bestimmt das Finden von Wahrheiten auch in den Wissenschaften (Resnik 2007). Und die heutigen *Universities in the Marketplace* (Bok 2003) zeigen, dass diese Freiheit zunehmend mehr eine Angelegenheit des Marktes ist, in den auch die Wissenschaften verflochten sind. Zudem gibt es auch in den Wissenschaften wie in allen anderen Lebensbereichen Menschen, die durch eigene selektive Interessen oder von Geldgebern, durch erreichte Privilegien und finanzielle Abhängigkeiten beeinflusst werden. In politischen Einstellungen oder subjektiven Vorstellungen, aber auch in mit Auslassungen oder Vereinfachungen versehenen Veröffentlichungen proklamieren sie dann gegebenenfalls unwahrscheinliche Aussagen und verhindern damit den Willen zur Wahrheit im Sinne einer Wahrscheinlichkeit, Wahrhaftigkeit oder Richtigkeit. Meist sind sie sogar davon überzeugt, dass sie nur der Wissenschaft und nicht selektiven Wahrnehmungen und Interessen dienen.

»Die Idee der Freiheit der Wissenschaft ist der Realität der Vermarktung des Wissenschaftlichen ausgesetzt«

Das sicherste Mittel, die Wahrscheinlichkeit zu unterbieten, ist die Auslassung, also gar nicht erst jene Ereignisse zu untersuchen, die ein erwünschtes Ergebnis infrage stellen könnten. Die innere Wahrhaftigkeit bedingt dann auch noch, wie ehrlich mit der Ermittlung und Darstellung von Daten und Fakten, von Informationen und Ereignissen umgegangen wird. Und wie richtig etwas dargestellt, erforscht, betrachtet wird, das hängt fundamental davon ab, ob unzulässige Verallgemeinerungen nach bestimmten Interessen getroffen werden oder welche alternativen Vorgehensweisen verschwiegen bleiben.

Äußere und innere Gedankenverbote

Der Wille zur Wahrheit ist für Foucault ebenso wie das Verbot oder die Unterscheidung von normal und anormal oder Vernunft und Wahnsinn ein Ausschließungsmechanismus. Hierfür gibt es bestimmte Orte, die dies systematisch produzieren helfen. Gefängnisse, Psychiatrien, Krankenhäuser, Kasernen sind klassische Ausschlussmuster, aber auch Fabriken, Institutionen und Bürokratien, Schulen und Universitäten sind Machtkonfigurationen aus der andauernden Moderne. Die Produktion von Unterschieden, die Unterschiede machen, sind uns so vertraut wie die Orte, an denen dies geschieht. Es sind Shopping Malls, Internetüberwachung, Office-Gebäude und Homeoffice, Finanzorte, Theorien und Beratungen aller Art bis hin zur Überwachung der eigenen Fitness in Studios und digital am eigenen Körper, die Menschen nutzen, um sich in ihrer Wahrheit zu definieren. Der Wille zur Wahrheit hat sich in den Arten der Disziplinierung vervielfältigt und auch ins Selbst der Menschen verschoben. Gleichzeitig sind dabei die tradierten Ausschließungsgrenzen zwar nicht aufgehoben, aber zumindest verflüssigt worden. In vielen Gesprächen mit engagierten Nachhaltigkeitsvertreterinnen habe ich erfahren, dass für sie die innere Schere im Kopf in der Nachhaltigkeit ein großes Problem darstellt, weil in staatlichen oder internationalen Behördern und Gremien der Nachhaltigkeit, der Umwelt oder Gesundheit immer wieder Denkverbote auch innerlich praktiziert werden, die als vorauseilender Gehorsam agieren. Selbst wenn die Betroffenen dann beispielsweise eine strikte Begrenzung der Treibhausgase als notwendig ansehen, vermeiden sie Konflikte, weil die Wachstumsorientierung des politischen Mainstreams dies als nicht gelegen erscheinen lässt. Sie neigen dadurch nicht nur zu sehr vorsichtigen Beschreibungen der gegenwärtigen Situation, sie leisten auch Vorschub für ein Abwarten und Verdrängen der tatsächlichen Lage, indem sie sehr oft mehr Anpassung üben als notwendig wäre.

> »Der Wille zur Wahrheit hat sich wie andere Dinge in der jüngeren Zeit immer mehr verflüssigt, was teilweise sogar zu vorgeschobenen Denkverboten führt, um Karrieren nicht zu gefährden«

Die Kurzfristigkeit der Handlungsimpulse

In der Nachhaltigkeit folgen Menschen häufig der Wahrheit der Veränderungen eher durch eine Beobachtung etwa des kürzlich aufgetretenen Wetters, um aus eigener Beobachtung zu beurteilen, was tatsächlich geschieht (*World Development Report* 2015, 162). Innerhalb der Wahrheitssuche zählen unmittelbare Ereignisse, Erwartungen und Besitzstände. Dabei kommt dann hinzu, dass sie solche Ereignisse auch stark nach den Erwartungen beurteilen, die sie über solche Vorgänge haben und die durch

»Innerhalb der Wahrheitssuche zählen unmittelbare Ereignisse, Erwartungen und Besitzstände«

Medien vermittelt werden (ebd., 163 f.). Sie vermeiden ein Denken in Wahrscheinlichkeiten, das ihnen als abstrakt und entfernt von den sichtbaren Ereignissen erscheint. Sie sind durchgehend mehr durch die Gegenwart beeinflusst als durch eine mögliche Zukunft, besonders wenn diese wie etwa beim Klimawandel erst Jahre später eintreten wird. Und sie bevorzugen eine faire Beurteilung, was zunächst immer meint, dass sie fair in ihrem erreichten Wohlstand, in dem, was sie eingerichtet und erworben haben, behandelt werden wollen. Ein Verzicht, der einen Rückschritt gegenüber einem erreichten Niveau bedeutet, führt schnell zu Widerstand und zu einer Leugnung des Problems. Wenn dann noch eine Einigung über nationale Grenzen hinweg in globalen Perspektiven notwendig erscheint, um eine gemeinsame, weltweite Wahrheit über die Grenzen des Wachstums zu finden, dann widerspricht dies schon deshalb den menschlichen Erwartungen an solche Wahrheit, weil dies nicht fair ist. Es ist nicht fair, weil die bisherige Geschichte zu einer Ungleichverteilung der Vorteile in der Nutzung aller Ressourcen geführt hat, sodass bei jeglicher Beschränkung des Wachstums diejenigen schwerer bestraft werden, die bisher weniger erreicht haben.

Das Argumentieren in Extremen

Angesichts der Unübersichtlichkeit der Zugänge zu Informationen und der Vielfalt und Widersprüchlichkeit des Wissen, ist es vor allem in der medialen Aufbereitung von Welt eine beliebte Strategie geworden, die vermeintliche Wahrheit durch eine Polarisierung und damit Zuspitzung der Meinungen zu erreichen. Sunstein (2009) beschreibt, wie sehr das Argumentieren in Extremen heute die Sprache, die Deutungen und Haltungen der Menschen bestimmt. Es gehört zum Habitus der Moderation in den Medien, durch Zuspitzungen Informationen zu gewinnen, Haltungen sichtbar zu machen, immer auch Meinungen zu erzeugen. Die Prozeduren solcher Konstruktion selbst sind Macht und erzeugen Machtkonstellationen, die insbesondere in der Politik nach Einfluss streben. Dabei können bestimmte Ereignisse recht unmittelbar auf Stimmungen wirken, wie beispielsweise rassistische Taten in den USA, die die Stimmung gegen eine ansonsten angesehene Polizei ins Negative verkehren, aber auch schlechte wirtschaftliche Daten und Arbeitslosigkeit, die die Bereitschaft für Nachhaltigkeit schnell sinken lassen, weil die aktuelle Not stärker wirkt als eine zukünftige Notlage. Stimmungen lassen sich besonders durch einen Populismus beeinflussen und ausnutzen, indem durch Polarisierung Aufmerksamkeit geweckt wird. Populisten nutzen

»Wer heute Wahrheiten sucht, der argumentiert gern in Extremen, um sich Klarheit über die eigene Wahl zu verschaffen; dies führt leicht zu vorschnellen Entschlüssen«

dabei alle Möglichkeiten der Beeinflussung, Manipulation und der *fake news*, um eigene Machtinteressen durchzusetzen. Die Erfolge in verschiedenen Ländern lassen immer neue Versuche hinzukommen, um Menschen durch Polarisierungen für sich zu gewinnen.

Nachdenkliche Menschen können vor diesem Hintergrund, der durch viele empirische Befragungen bestätigt wird, nicht erwarten, dass sie die gegenwärtige Nachhaltigkeitskrise vorrangig mit einem Willen zur Wahrheit lösen. Sie müssen vielmehr immer wieder kritisch untersuchen, inwieweit unter dem Namen einer angeblichen Wahrheit die Krise in bestehenden Machtverhältnissen nicht eher verschwiegen und durch Tatenlosigkeit verschärft wird. Denn die Nutznießer der Macht verfügen über sehr viel mehr Kapital als eine kritische Wissenschaft und Öffentlichkeit.

Kapitalismus und Nachhaltigkeit widersprechen sich

Das Kapital wird sich solange für eine politische Verharmlosung aller Nachhaltigkeitsfragen einsetzen, wie es seine Gewinne geschmälert sieht oder die aufzuwendenden Kosten steigen und von den Gewinnen abgehen. Der Wille zur Wahrheit ist hier ein Macht- und Kampfinstrument, der fehlende politische Wille zur Wahrheit zeigt an, dass in der Politik noch nicht hinreichend die Bereitschaft besteht, jenen Wissenschaftlerinnen und Wissenschaftlern, die die Nachhaltigkeitskrise umfassend analysieren, genügend Beachtung und Glauben zu schenken. Vielleicht gibt es sogar dieses Bewusstsein an die Grenzen des Wachstums, aber es fehlt dann die politische Verantwortung und das Wagnis, einen Verzicht der Menschheit einzuleiten, der zugleich die eigene Wirtschaftsweise beschränken und den Menschen eine Veränderung ihrer Lebensweise zumuten würde. Die Politik wird immer vom Gespenst möglicher Abwahl heimgesucht. Jeder einzelne Geldbesitzer, der Geld zur Erweiterung seines Wohlstands einsetzt, wird selbst bei kleinen Beträgen des Verzichts von Gedanken an Kosten und Verlusten heimgesucht, die unbedingt vermieden werden sollen. Evolutiv betrachtet scheint der Mensch mit seiner kurzfristig orientierten Bedürfnisbefriedigung ohnehin wenig dafür geeignet zu sein, in längeren Zeitspannen die Wirkungen seines Handelns einschätzen zu können. Die kurzfristige Aktion hat der Menschheit im Laufe der Evolution viele Vorteile gebracht, die jetzt notwendige Langsicht wird zum Prüfstein des evolutiven Überlebens.

> »Die kurzfristige Aktion hat der Menschheit im Laufe der Evolution viele Vorteile gebracht, die jetzt notwendige Langsicht muss in diesem Sinne zum Prüfstein des evolutiven Überlebens werden«

Insgesamt fehlt der Politik ein Wille zur Wahrheit, solange sie das hier beschriebene Dilemma nicht als Hauptproblem gegenwärtigen Vorstellens, Denkens und Handelns erklärt. Politik muss sich bekennen: Wir haben zwar nie die absolute Wahrheit, sondern nur Aussagen im Kampf um

Wahrscheinlichkeiten, aber dabei entscheiden wir uns für oder gegen einen nachhaltigen Weg. Außerdem muss eine Liste der unangenehmen Entscheidungen aufgestellt werden, die notwendig sind, um einen solchen Weg zu gehen. Eine solche Aufstellung ist eine Vorbedingung zur Erklärung der Wahrheit der Nachhaltigkeit, die heute benötigt wird: Alle Menschen sollten daran teilnehmen und die Entscheidungen für sich und mit anderen treffen.

Den Menschen ist heute meist intuitiv klar, dass sie in sozialen Beziehungen immer auch mit Aspekten der Macht konfrontiert sind. Die Macht, die uns innerhalb von Beziehungen, selektiven Interessen, in sozialen Gruppen, in ökonomischen Handlungen, in Institutionen und der Lebenswelt insgesamt begegnet und dabei unsere Möglichkeiten bestimmt, ist immer von Wissen begleitet. Sofern dieses Wissen dazu dient, Erklärungen, Beschreibungen, Vermutungen oder andere Arten von Deutungen über die Welt und uns abzugeben, beansprucht es Wahrheit, zumindest eine Wahrscheinlichkeit in Richtung Richtigkeit oder Wahrhaftigkeit der Aussage, Relevanz, Verständlichkeit und Bedeutsamkeit in bestimmten Kontexten. Dieses Wissen ermöglicht und produziert dann auch die Macht, mit der es verschränkt ist.

»Die Politik muss sich bekennen: Wir haben zwar nie die absolute Wahrheit, sondern nur Aussagen im Kampf um Wahrscheinlichkeiten, aber dabei entscheiden wir uns trotzdem für oder gegen einen nachhaltigen Weg«

Die Menschheit vertraut auf objektive Beobachtungen und Bewertungen, sofern diese mit einer institutionellen Autorität verbunden sind, die scheinbar sicher, in vermeintlicher Gleichbehandlung aller Menschen, damit objektiv und gerecht ihre Wahrheit vertreten. Obwohl jeder Mensch im Detail erfahren hat und bemerken kann, dass es tatsächlich nie gleich oder überwiegend gerecht in solchen Behauptungen zugeht, so wäre es andererseits schwierig, immer und stets der ganzen Welt zu misstrauen. Dennoch gehört es zu einer kritischen Vernunft, sich nie angepasst an das hinzugeben, was dominante Interessengruppen wollen oder was ein vermeintlicher Mainstream fordert.

In Hinblick auf die Klimakrise heißt das: Es gibt keine reine Wahrheit der Klimakrise, kein absolutes Wissen oder eine unbestrittene eindeutige Faktenlage, weil es im Willen zur Wahrheit immer um Deutungen, Diskussionen, Meinungen und Gegenmeinungen geht, die mehr oder minder vertrauenswürdig sind. Der Mensch hat es gelernt, zwischen Faktizität – dem, was er für faktisch gegeben und wahr hält – und Geltung – dem, was Mehrheiten und Institutionen oder Regierungen in ihren Regeln und Gesetzen, in Regulierungen und festgelegten Durchführungsbestimmungen für wahr und gültig halten, zu unterscheiden. Die Geltung bestimmt das, was einzelne Nationen aus der Faktenlage der Klimakrise zu ihrer Wahrheit machen. Das Individuum kann zwar kritisch beobachten, welche Fakten vorliegen und welche Geltung sie im staatlichen oder politischen Handeln und in den Regulierungen erreichen, aber diese Beobachterposition ist immer schon den vermeintlich verobjektivierten, durch Regelungen verstetigten Deutungshoheiten der Mächte, die faktische Geltung in der Politik besitzen, unterworfen. Das zeigen etwa Definitionen von Grenzwerten sehr deutlich. Die Wahrheit, wann etwas schädlich ist, bemisst sich in den Beobachtungen an den Grenzwerten. Aber was ist, wenn die Grenzwerte geschönt, durch den Einfluss von Lobbyisten manipuliert sind? Der Dieselskandal mit dem Betrug der Autoproduzenten zeigt, wie sicher sich die Kunden fühlen können, wenn sie nur auf die behaupteten Werte schauen, aber nicht den Betrug dahinter zu sehen vermögen. Und in welchem Verkaufsfeld können wir – solange es um Gewinne geht – heute noch sicher sein, nicht betrogen zu werden?

Für den Alltag in der Klimakrise ist die Illusion übermächtig, dass die subjektiv sehr unterschiedlich wahrgenommenen Ereignisse auch gleich die Wahrheit der Sache selbst seien, wie sie dann nach Mehrheitsströmungen von den Massenmedien und den politisch dominanten Kräften erklärt werden. Dies ist eine der großen Illusionen über die »Wahrheit« des Wandels, denn in der Informationspraxis werden heute Klimafakten immer sogleich mit den Wohlstandserfordernissen gegengerechnet. Der Wille zur Wahrheit ist mit einem Januskopf versehen: Sieht sich die eine Seite als Urheber der menschengemachten Veränderungen und ihrer Konsequenzen für die Zukunft, so schreckt die andere hiervor zurück und sucht nach Wahrheiten, die der Menschheit noch viel Zeit lassen oder nach wissenschaftlich-technischen Fortschritten, die gänzlich neue Wahrheiten werden produzieren können. Da die Menschheit aus einem Zeitalter fehlender Nachhaltigkeit kommt, scheint sie ohnehin überfordert, sich dem neuen Problem zu stellen, und sucht immer noch nach Lösungen aus der erfolgreichen Vergangenheit.

Was die Politik betrifft, so hat sich die schon 2011 von Brand & Wissen (2011) formulierte Feststellung einer Regulationslücke seither immer weiter verschärft, weil etwa die deutsche Regierungspolitik nur mit sehr bescheidenen Maßnahmen wie etwa einem unzureichenden »Klimapaket« eingegriffen hat. Dies bildet den Hintergrund für einen fehlenden politischen Willen zur Wahrheit in der jeweiligen Erklärung der eigenen Interessenlage, wenngleich einzelne Aktivistinnen und Aktivisten diesen Willen im Sinne schneller Handlungen umso stärker einfordern, je größer die Verdrängung ist.

»Eine Politik der Wahrheit für mehr Nachhaltigkeit müsste stärker regulieren, aber in der politischen Praxis findet sich ein großes Feld von Regulationslücken«

II.2.2 Soziale Nachhaltigkeit bleibt ein offenes Problem

Der Kampf um soziale Gerechtigkeit existiert in der Menschheitsgeschichte schon sehr lange. Sofern die demokratische Gesellschaft verspricht, allen Menschen gleiche Chancen geben zu wollen, erscheint dieser Kampf *de jure* dann gewonnen, wenn es eine demokratische Verfassung gibt, aber *de facto* nicht erreicht, wenn die Spaltung zwischen Arm und Reich immer weiter zunimmt. Mehr Gerechtigkeit gibt es nur durch aktive Kämpfe in der Verteilung des gesellschaftlichen Reichtums:

(1) Das Bekämpfen der Verelendung, die Sicherung eigener Rechte, einer Teilnahme an der gesamtgesellschaftlichen Demokratisierung beschäftigt die Mehrheit der Menschen seit langem, um eine Ausbeutung und Ausnutzung zu überwinden, die zu wenig Mittel für das eigene Leben ermöglicht. Die soziale Nachhaltigkeitskrise liegt in der Überwindung einer Verarmung und Nichtbeachtung von Rechten, die Gesundheit, soziale Sicherung und eine angemessene Altersversorgung umfassen. Dies alles sind deshalb Faktoren der Nachhaltigkeit, weil sie über die Zukunft der nachfolgenden Generationen mitentscheiden, weil sie Lebensbedingungen einer Zukunft definieren. Die Ausbeutungsverhältnisse wandeln sich über die Zeitalter. Klassisch ist nach wie vor das Verhältnis von Lohnarbeit und Kapital, indem Mehrwerte aus der Arbeit gezogen werden. Aber dieser Weg ist immer begleitet durch Angebot und Nachfrage. Gewinne sind auch durch Derivate, Leerverkäufe, betrügerische Wetten ohne Produktion, durch Vermietung und Verpachtung und unzählige Strategien der Finanzmärkte zu erzielen. Zudem haben sich Berufe entwickelt, die im Management, Verkauf und in den Medien hohe Einkommen erzielen, die in eine neue Form der Ungerechtigkeit über die Verteilungen von Gewinnen aus der Lohnarbeit und anderen Mehrwerten führen. Diese Mehrwerte sind unterschiedlich erzeugbar und so schwer zu überblicken. Die Unübersichtlichkeit der Vorgänge macht es für die Menschen schwer, diese überhaupt hinreichend zu erfassen. Der Kampf um soziale Gerechtigkeit wird so fragmentiert und zu einer Angelegenheit spezifischer Orte und Unternehmen, von scheinbarem Zufall und individuellem Glück. Die Verarmung breiter Massen drückt sich in den reichen Ländern in einer Existenzsicherung für prekär lebende Menschen aus, die in armen Ländern bereits als reiche Menschen erscheinen (vgl. auch Lessenich 2017).

> »Der Kampf für Nachhaltigkeit ist zersplittert in unübersichtliche Einzelmaßnahmen, wodurch die Tendenz verstärkt wird, dass viele soziale Gruppen im gegenseitigen Wettkampf stehen: So wird die soziale Frage gespalten, partikularisiert, auf einzelne Phänomene reduziert & einer ganzheitlichen Vision beraubt«

(2) Die Durchsetzung der Menschenrechte, die seit 1948 bestehen, zeigen einen weiteren wesentlichen Aspekt. Dazu gehört als Grundlage eine wachsende Teilhabe am gesellschaftlichen Wohlstand, obwohl der Abstand, der zwischen diesem Wohlstand und den großen Nutznießern des kapitalistischen Systems liegt, immer größer wird. So steigt zwar für viele der Wohlstand, aber wenige erhalten im Vergleich unverhältnismäßig mehr davon. Diese Ungerechtigkeit wirkt heute in mehrfacher Hinsicht: Als ungerechte Verteilung jeweils auf nationaler Ebene, als ungerechte Verteilung zwischen Ländern und Ländergruppen, als Verteilungswettkampf weltweit. Die reichen Länder beschreiben Armut dabei als relativ zum Durchschnitt der Einkommen in ihnen, die armen Länder als absolut im Hinblick auf die täglichen Mittel zum Überleben. Wer für mehr soziale Gerechtigkeit kämpft, der muss jetzt immer sagen, in welchem Umfeld mit welcher Berechnungsgrundlage dies geschieht und was es konkret bedeutet. Dies zersplittert den Kampf in unübersichtliche Einzelmaßnahmen, also das, was in sozialen Reformen regional, temporal und auf soziale Gruppen verteilt erlebt wird. Es verstärkt die Tendenz, dass viele soziale Gruppen im gegenseitigen Wettkampf stehen, die soziale Frage wird gespalten, partikularisiert, auf einzelne Phänomene reduziert, einer ganzheitlichen Vision beraubt.

(3) Für Menschen aus benachteiligten Milieus gibt es fast immer nur eine Chance, um gesellschaftlich aufzusteigen und die eigenen Verteilungschancen zu erhöhen: Erziehung und Bildung und dann Nutzung von Aufrückungschancen. Aber die jeweiligen Erziehungsbedingungen hinken, so zeigen die Erfahrungen seit Beginn der Moderne, nicht nur den persönlichen Förderungschancen bei schlechten Ausgangsbedingungen, sondern auch dem wissenschaftlich-technischen Fortschritt und seinen Erfordernissen an die Qualifizierung hinterher. Und die vor allem in den reichen Ländern zu beobachtende Bildungsexpansion führt dazu, dass das jeweilige Niveau des Verteilungskampfes um soziale Gruppenvorteile und Aufstieg bloß nach oben verschoben werden, aber nicht grundsätzlich aufstrebenden Milieus gleiche Chancen selbst bei gleichen Leistungen geben.

Soziale Gerechtigkeit als menschliche Nachhaltigkeit

Vor diesem Hintergrund wundert es nicht, dass soziale Gerechtigkeit zu den wesentlichen Fragen von Nachhaltigkeit zählt. Allerdings ist dies keine ökologische, sondern eine soziale Nachhaltigkeit. Und diese ist, so zeigen etliche sozialwissenschaftliche Untersuchungen, durch die Ungleichverteilung von Armut und Reichtum sowohl in den reichen Ländern als auch insbesondere zwischen reichen und armen Ländern stark gefährdet.

Der Kampf um mehr soziale Gerechtigkeit dauert schon deutlich länger an als der Kampf für mehr ökologische Nachhaltigkeit. Gemessen an den materiell ungleichen Verteilungen hat die Menschheit schon den Kampf um Verteilungsgerechtigkeit bisher verloren, sie hat keine hinreichend soziale Gerechtigkeit im Vergleich der Menschen untereinander erreicht, sondern sogar die Spaltung immer weiter vergrößert. Im Wohlstandvergleich der Generationen haben jedoch zumindest die reichen Länder ein Niveau erreicht, das gegenüber früheren Zeiten eine Überflussgesellschaft für fast alle ermöglicht hat. Aber genau dieser massenhafte Wohlstand ist auch zu einem treibenden Faktor der Nachhaltigkeitskrise der Umwelt geraten, die eine Krise eines zu großen und massenhaften Konsums in alle Richtungen geworden ist.

Wie soll soziale Gerechtigkeit als Faktor der Nachhaltigkeit überhaupt gemessen werden? Eine negative Bestimmungsgröße misst die Ungleichheit, die sich in Bezug auf Einkommen und Vermögen verändert. In den letzten Jahrzehnten zeigt die Ungleichheitsforschung, dass die Spaltung sowohl in den verfügbaren Vermögen einschließlich Immobilien als auch im monatlichen Einkommen ständig gestiegen ist (vgl. etwa Piketty 2015, Atkinson 2015, Stiglitz 2012 und 2015, Milanovic 2011 und 2016, Bourguignon 2015, Reich 2018 a).

»Soziale Ungleichheit und ungerechte Verteilungen sind ein Dauerthema des Kapitalismus«

Die soziale Ungleichheit, die sich materiell ausdrückt, findet ihre Entsprechung in politischer Ungleichheit. Wenn etwa für Deutschland untersucht wird, welche sozialen Gruppen am meisten von der Gesetzgebung profitieren, dann zeigen Studien wie die von Elsässer, Hense & Schäfer (2017), dass einkommensstarke Bevölkerungsgruppen in der Gesetzgebung tendenziell bevorzugt werden. Im Grunde benötigen wir dazu gar keine Untersuchungen, denn schon der Umstand der Steuergesetzgebung, die bei höheren Einkommen nicht dynamisch ansteigt, signalisiert, dass es um den Erhalt von Besitzständen geht, die vermeintlich der Gesamtwirtschaft zugutekommen und Arbeitsplätze schaffen, aber letztlich reiche Menschen immer reicher machen. Die kapitalistischen Länder zeigen zudem im Vergleich, dass in den Ländern mit steigender Steuerprogression und materiell stärkerer Absicherung breiter Bevölkerungsschichten das Arbeitsplatzrisiko keineswegs steigen muss. Mehreinnahmen ließen sich für Innovation, Bildung und Infrastrukturen nachhaltig ausgeben. Aber die einkommensstarken Milieus befeuern immer die Mär, dass ihr Gewinnstreben für alle förderlich sei.

Mehr soziale Gerechtigkeit begrenzt sich im Verteilungskampf nach unten fast immer auf eine Grundsicherung, wie die langanhaltenden Debatten über eine Grundrente in Deutschland zeigen. Von einer Umverteilung im Sinne sozialer Gerechtigkeit kann hier kaum gesprochen werden. Es geht vielmehr darum, ein Minimum der Existenzsicherung durchzusetzen oder einen gewissen Wohlstand vieler zu erhalten. Bei den größeren Gewinnen ist offensichtlich, dass die Wahrscheinlichkeit einer Übereinstimmung politischer Entscheidungen mit den Wünschen und Einstellungen höherer Einkommensschichten sehr hoch ist. Was Menschen mit niedrigem Vermögen oder Einkommen wollen, das hat politisch nicht den gleichen Einfluss wie das, was sehr reiche Menschen wollen. Und dies gilt, obwohl die ärmeren Schichten gegenüber den reicheren zahlenmäßig deutlich größer sind.

Interessant ist es, dies in ein Verhältnis mit dem Engagement für Nachhaltigkeit zu setzen. Arme Menschen oder von Abstiegsangst bedrohte breite Bevölkerungsschichten entwickeln seltener ein ökologisches Bewusstsein als eine reichere Mittelschicht, die bessere materielle, zeitliche und bildungsbezogene Ressourcen besitzt. Die sehr reichen Menschen hingegen haben einen Lebensstil, der ohnehin wenig nachhaltig ist und nur von geringem ökologischen Nachdenken geprägt ist. Ihre CO_2-Bilanz ist in der Regel sehr schlecht, weil sie auf so großem Fuß leben, dass ihr ökologischer Abdruck äußerst negativ ausfällt.

»Die sozial-ökonomische Lage bestimmt im hohen Maß das Engagement für Nachhaltigkeit: Sehr Reiche und sehr Arme zeigen die geringste Bereitschaft«

II.2.3 Verantwortliche Faktoren für fehlende Nachhaltigkeit

Was sind die wesentlichen Faktoren der Wirtschafts- und Lebensweise der Menschen, die für eine fehlende Nachhaltigkeit verantwortlich sind? Hier kommen für mich über die eben geschilderten Probleme der sozialen Lage hinaus mindestens sechs unterschiedliche Faktoren mit hoher politischer Bedeutung zur Wirkung (modifiziert nach Giddens 1990, 55 ff., Bauman 2000 a, 25 ff.):

(1) *Die Macht der Gewinnmaximierung*: Der Kapitalismus erzeugt in der Konkurrenz auf den Märkten Gewinne, die traditionell aus der Wertschöpfung der Arbeit entstehen. Zunehmend mehr treten jedoch Gewinne aus Aktien-, Finanz- und Immobiliengeschäften mit zahlreichen Varianten der Spekulation hinzu. Der Reichtum der Gesellschaft spiegelt sich im Privatbesitz, es kommt zu Gewinnern und Verlieren in der Verteilung. Die Tendenz ist eindeutig, und sie steigt bis heute immer stärker an: Die Reichen werden immer reicher, und die Armen bleiben in Relation dazu nicht nur arm, sondern sie werden sogar im Verhältnis ständig ärmer. In großem Maßstab wurde dabei zunächst ein Industrialismus geschaffen, der eine künstliche Welt, eine produktive Umgebung formt, um mittels Land, Maschinen, Ressourcen seine unterschiedlichen Waren zu produzieren. Dies beeinflusst nicht nur die Arbeits-

»Ein fehlender Wille zur Wahrheit in Bezug auf ökologische Fakten ist das Kennzeichen eines Verwertungskapitalismus, der kaum Einsichten entwickelt, seine Interessen zu begrenzen, und bisher nur unzureichend reguliert und begrenzt wird«

plätze, sondern auch Transport, Kommunikation, das alltägliche Leben. Es verändert die Transportwege, die Städte, das Wohnen der Menschen. Es bildet Hinterlassenschaften für nachfolgende Generationen, über die man sich in der Politik nur dann Gedanken macht, wenn sie sichtbar, offensichtlich und schädlich in ihrer Wirkung sind. So mag der produzierte Müll weggeräumt werden, aber welche zunächst unsichtbaren Schadstoffe der Welt und folgenden Generationen hinterlassen werden, das wird erst später sichtbar. Die Fordistische Fabrik produziert als Prototyp eines solchen Kapitalismus in seriellen Funktionen und erzeugt zunächst eine menschliche Arbeit, die auf einfache Aktivitäten, auf Routinen und vorherbestimmte Bewegungen und Handlungen orientiert, auch wenn sie später qualifiziertes Wissen zur Herstellung dieser Routinen benötigt. Charlie Chaplin hat diese Fordistische Welt in dem Film *Moderne Zeiten* 1936 eindrucksvoll verfilmt. Die Autoproduktion von Ford gilt als einer der Prototypen einer Fabrikation, in der unterschiedliche Teilarbeiter ein Gesamtprodukt in effektiver Arbeitsteilung herstellen. Spontaneität und Kreativität werden in den Routinen ebenso zurückgehalten wie kritisches Denken und individuelle Initiativen. Diese Seite der Moderne reduziert den Menschen schnell auf einen Befehlsempfänger, der im Räderwerk der Fabrik seinen Dienst als ein Rädchen neben anderen versieht. Zugleich spaltet sie die Mehrheit der in Routine stehenden Arbeiter von den Ingenieuren und Managern der Fabrik ab.

In neuerer Zeit zeigt diese Fabrik in der Aufnahme von Teamarbeit auch Chancen eines Zusammenwirkens der Arbeitenden, wobei deren Tätigkeiten aber nach und nach auch durch automatisierte Fertigungsstraßen ersetzt werden. Je schmutziger die Wirkung, desto eher werden solche Fabriken ins Ausland verlagert oder Teilprodukte im Ausland bestellt. Man regt sich dann über die Umweltverschmutzung in China und Indien auf, obwohl dort für die reichen Länder produziert wird. Alle Fragen der Nachhaltigkeit wie Schadstoffe, Müll, Wasser und andere sind Kostenfaktoren, und diese werden umgangen oder ausgelagert, soweit es geht. In der Verflüssigung des Kapitalismus wird auch die Produktionsmaschinerie verflüssigt und die soziale Verantwortung der Unternehmen begrenzt. Der kapitalistische Unternehmer vor Ort, der noch haftbar für Schädigungen am Personal oder der Umwelt erscheinen kann, wird im *shareholder value* durch ein anonymisiertes Privateigentum ersetzt, das im Verborgenen waltet und stets nur seine Kapitaleinlage riskiert. Alles, was Kosten macht, erscheint diesem Kapital als Bedrohung. Nachhaltigkeit mit ihren stark in die Höhe schnellenden Kosten und mehr noch durch zu erwartende Verluste bei einem Strukturwandel mit Verzicht, Bepreisung und Beschränkungen wird zum Angriffspunkt einer Lobbyarbeit, die alles leugnen muss und will, was wissenschaftlich »nur« als wahrscheinlich erscheint und noch nicht in konkreter Katastrophe unabweisbar wird. Ein fehlender Wille zur Wahrheit in Bezug auf ökologische Fakten ist das Kennzeichen eines Verwertungskapitalismus, der kaum

Einsichten entwickelt, seine Verwertungsinteressen zu begrenzen, und der in den Politiken der Wahrheit bisher nur unzureichend reguliert und begrenzt wird.

(2) *Die Macht der Bürokratie*: Die Bürokratie ist ein weiteres wesentliches Merkmal der Gegenwart, das die Ordnungen errichten hilft, nach denen alles so geregelt wird, dass sich keine politische Unruhe ergibt, dass störende Unterbrechungen oder Verzögerungen ausbleiben, die nur unnötig die Kosten der Produktion oder Zirkulation in die Höhe treiben. Diese politische Geltungswahrheit beschränkt durch Orientierung an vergangenen Lösungen, die früher Erfolg brachten, jede Nachhaltigkeits- oder Klimakonferenz – und dies angeblich zum Wohle der Menschen. Wenn Klimaaktivisten beispielsweise den Braunkohlentagebau behindern, so gibt das Gesetz einem polizeilichen Eingreifen Recht, da die bloße Selbstverteidigung des Menschen selbst bei realistischen Bedrohungen im traditionellen Rechtsbild seit der Moderne keinen Platz hat. Notwehr ist auf sehr genaue Tatbestände beschränkt, Widerstand mag noch bei John Locke zu Beginn der bürgerlichen Gesellschaft eine Möglichkeit gewesen sein, um sich im Falle von Gefährdungen der eigenen Person aufzulehnen, heute ist sie so geregelt, dass nur noch eine vage Klagemöglichkeit vor Gericht besteht. Die Kosten dafür sind so hoch, dass der lange Weg durch die Institutionen das Recht zwar gibt, aber die Aussichten auf schnellen Erfolg unmöglich macht. Noch »vernünftiger« erscheint es aus Systemsicht, wenn sich die Aktivisten in ihrem Verhalten bereits innerlich beschränken, weil sie die Geltung des Bestehenden und die Unabänderlichkeit des Vorhandenen anerkennen.

Ein solches System der Verwaltung und Ordnung, das stets das Bestehende bevorzugt, ist mit der Institutionalisierung der Autorität Schritt für Schritt gewachsen (vgl. weiterführend Kapitel III.2.3). Je mehr die Arbeitsteilung voranschreitet, je mehr die Moderne sich institutionell verwaltet und die erwirtschaftete Leistung in eine Umverteilung zur Sicherung vieler durch soziale Politik bringt, desto stärker wächst diese Bürokratie an, um die Regelabläufe organisatorisch zu begleiten. Die Bürokratie ist Teil der Politik, die Politik steht aber selbst in sozialer Orientierung immer im Dienst der Wirtschaft, die laufen soll, damit alle am Wohlstand teilhaben können und andere besonderen Luxus erfahren. Damit sind die Weichen gegen die Nachhaltigkeit und auch gegen eine rebellische Minderheit von vornherein in eine Richtung gestellt, denn auch die Politik übernimmt sehr oft und sehr schnell die Vorstellung, dass die Nachhaltigkeit vor allem Kosten verursacht. Bürokratien verschieben dann das, was sie nicht unmittelbar lösen können, gern auf eine ungewisse Zukunft. Wenn die Politik und ihre Bürokratie um den

»Die Denkweise eines ständigen Fortschritts der Produktion bei stetigem Anwachsen der Gewinne wirkt bis heute fort und lässt es fraglich erscheinen, ob die globalen Ziele der Nachhaltigkeit der UN überhaupt annäherungsweise erreicht werden können«

Erhalt von Arbeit und Standorten ringt, wenn diese auch nachgewiesenerweise Umwelt- oder Gesundheitsschäden zur Folge haben, dann zählen die Argumente dieses Erhalts fast immer mehr, und zudem brüstet man sich auch noch, etwas Gutes für die Menschheit getan zu haben. Der Atomkompromiss oder der Kohlekompromiss sind dann zwar eher durch wirtschaftliche »Vernunft« erzwungene als ökologisch vernünftige Handlungsweisen, aber ihre Regelungen sind meist so langsam und inkonsequent, dass sie die Schäden nur sehr bedingt abzuwenden imstande sind. Die Denkweise eines ständigen Fortschritts der Produktion bei stetigem Anwachsen der Gewinne wirkt bis heute fort und lässt es fraglich erscheinen, ob die globalen Ziele der Nachhaltigkeit der UN überhaupt annäherungsweise erreicht werden können. Beim Verfehlen der Klimaziele zeigt sich gegenwärtig deutlich, wie unwahrscheinlich ein Erfolg ist.

(3) *Die panoptistische Macht*: Die Gegenwart wird von einem Panoptismus begleitet, in dem jeder von jedem gesehen, beobachtet, erforscht und beschrieben werden kann. Mit der Entwicklung von Nationalstaaten beginnt eine Überwachung der Informationen und von sozialen Handlungen, die zu einer Grundlage der Macht in allen Bereichen, auch in der Verwaltung wird. Macht in sozialen Aktionen zeigt sich auch indirekt in der Organisation des sozialen Lebens, in Routinen und Institutionen, denen niemand entweichen kann. Michel Foucault hat in *Überwachen und Strafen* (1994) eine Basistheorie für den Panoptismus entworfen, die insbesondere die Überwachung des Individuums untersucht. Allerdings erkennt Foucault in seinem Spätwerk auch, dass dieser Panoptismus mit der Gouvernementalität, einer Regierungskunst, zusammenwirkt, weil und insofern Herrschaftsformen im Einverständnis mit den Beherrschten – als verinnerlichte Technologien der Selbstkontrolle, der Selbstbeherrschung und -verantwortung – in der Gegenwart immer intensiver in einem Wechselverhältnis wirken. Auf individueller Ebene beobachten sich die Menschen wechselseitig bei allen Handlungen, beurteilen sich nach Erscheinungsbild, Status und Verhalten. Die Beurteilung der anderen beginnt in der Familie und reicht vom Kindergarten über die Schule und Hochschule oder die Ausbildung bis in den Beruf. Je stärker die Freiheitsgrade der Individuen werden, desto ausgeprägter und zugleich subtiler wird der selbst gewählte Panoptismus, in dem das Verhalten nicht nur beobachtet, sondern immer auch beurteilt und mit anderen und einem imaginären Durchschnitt von Verhaltenserwartungen abgeglichen wird.

»Der Panoptismus der Gegenwart bezieht sich vor allem auf die Anpassungsleistungen der Individuen an die Konsumgesellschaft, aber nicht auf ein gemeinsames Verständnis von mehr Nachhaltigkeit«

In der Digitalisierung entfaltet sich der Panoptismus als ein ausgeklügelter Überwachungskapitalismus, wie Zuboff (2019) beschreibt, der alle privaten und intimen Ereignisse der Individuen zur Konsumüberwachung zusätzlich erfasst. Einige Länder wie China entwickeln auch eine

Totalüberwachung zur Stabilisierung ihres politischen Systems. Schul- und Arbeitszeugnisse sind ebenso äußere Ausdrücke hierfür wie polizeiliche Führungszeugnisse oder Sozialpunkte als Loyalitätszeugnisse im Überwachungsstaat. Die Individuen agieren Technologien des Selbst, um sich und andere wechselseitig zu kontrollieren, sich zu subjektivieren und zugleich zu objektivieren. Solche Regierungsformen können Freiheitsgrade der Subjekte im Konsum erhöhen, aber zugleich beschränken sie die Freiheiten in Richtung »normaler« und dabei konventioneller Handlungen. Sie bezeichnen dabei auch Techniken und Künste des Regierens und Führens, die von der Politik und dem Staat als Wille zur Wahrheit, die im Sinne einer institutionellen Autorität erwünscht ist, wahrgenommen werden. Dieser nimmt Einfluss durch Gesetze, Regulierungen und propagierte Lebenshaltungen, um die Techniken der Selbstführung mit den äußeren Regierungstechniken als Wille zur Macht zu koordinieren. Kommunikation und Massenmedien verbreiten mehr das, was als erreichter Stand der Lebensweise vorhanden ist, als ständig nach Verbesserungen und Alternativen zu suchen. Je höher der Wohlstand ist, je satter eine Gesellschaft erscheint, je mehr individuelle Möglichkeiten imaginiert werden können, desto stärker wirkt als Schnittmenge dieses Zustandes eine Konventionalität, eine Breite erwünschter und belohnter Verhaltensweisen, die es schwer macht, die bestehenden Machtverhältnisse grundsätzlich in Zweifel zu ziehen.

Heute ist die Herrschaft in diesem Gebilde kompliziert geworden, denn die Macht erscheint meist unsichtbar in vielfältiger Form und Durchdringung (vgl. Foucault 2004). Mächtige Akteure suchen dabei alle Informationen über Menschen und Ereignisse zu beobachten und zu erfassen, um sich der Sehnsucht nach Vollständigkeit und Kontrolle hinzugeben. Die Vollständigkeit der Informationen ist jedoch zugleich immer auch eine große Illusion. Deshalb ist *Big Brother* eine narrative Fiktion und zugleich auch eine erschreckende Wirklichkeit, denn seit langem gab und gibt es immer wieder Versuche, die Kontrolle und Überwachung ins Extrem zu treiben, um alle Prozesse voraussagen und steuern zu können. Die in China vergebenen Sozialpunkte für angepasstes Verhalten sind das, was die Welt zu erwarten hat, wenn das Kosten-Nutzen-Denken die gesamte Lebenswelt ergreift, um politische Herrschaft mit schwindender Demokratie zu verstetigen.

Für die Nachhaltigkeit ist der Panoptismus Fluch und Segen zugleich. Ein Segen könnte er sein, wenn die Menschen durch ihre Beobachtungen und Kontrollen wahrnehmen, wo und wie sie nachhaltiger handeln müssten und welche Strafen ihnen auferlegt werden, wenn sie es nachweislich nicht tun. Menschen wären mit solchen Kontrollen durchaus in der Lage, sich selbst besser zu kontrollieren, sich einzuschränken, ihr Verhalten zu ändern und notwendigen Verzicht zu üben. Aber was geschieht, wenn ein fehlendes nachhaltiges Verhalten durch eine solche Kontrolle unterschiedlich beurteilt wird, insbesondere in Bezug auf Arme und Reiche? Und wer definiert die Normen, was angepasst werden muss und Nachhaltigkeit bedeutet? Wer legt die Strafen fest? Aus dem vermeintlichen Segen der Kontrolle wird schnell eine Beschränkung der Freiheit, die das Feld der Nachhaltigkeit übersteigt und eine allgemeine Unterwerfung bedeuten könnte, die alle Lebensbereiche ergreifen kann.

> »Erziehung und Bildung – das ist die eigentliche Krise im Hintergrund – bereiten Menschen nicht ausreichend darauf vor, wie sie die Nachhaltigkeit kritisch beurteilen könnten«

Ein anderer Fluch des Panoptismus entsteht besonders dadurch, dass jeder Mensch beispielsweise im Internet seine Sichtweise auf die Nachhaltigkeit äußern und aus rein subjektiven Erlebnissen zum Leugner der Nachhaltigkeitskrise werden kann, wobei es zunehmend Populisten der gewinnorientierten Deals gibt, die Massenmedien nutzen, um mit Auslassungen, Übertreibungen und *fake news* die Menschen zu manipulieren. Es gibt auch Regierungen, die nicht zum Konsumverzicht beim Fliegen und Autofahren aufrufen, weil sie das bestehende ökonomische System vor alles andere stellen. Der Panoptismus wirkt, wie er wirkt, er kann Informationen in alle Richtungen und mit allen Interessen verbreiten. Erziehung und Bildung, das ist hier die eigentliche Krise im Hintergrund, bereiten Menschen nicht ausreichend darauf vor, wie sie die Nachhaltigkeit kritisch beurteilen könnten.

(4) *Die Macht despotischer Politik*: Ein gesteigerter Panoptismus wird von Bauman an Phänomenen wie dem Konzentrationslager oder dem Gulag hergeleitet. Sie treiben die im Kapitalismus ersehnte Ordnung nach Kontrolle der Gewinne und Senkung der Kosten auf die Spitze, weil sie die Form einer schrecklichen »totalen« Ordnung annehmen. Sie disziplinieren das Subjekt und verdinglichen es als Objekt eines Machtapparates, der nur seine eigenen Ordnungsvorstellungen gegen alles Menschliche durchsetzt, dem die Freiheit des Individuums oder die Menschenrechte egal sind. Dies sind keine Betriebsunfälle der Neuzeit, sondern Ausdrucksformen einer Lebensweise, die den Menschen als Kostenfaktor dramatisiert und seine Verfügbarkeit für andere auf die Spitze treibt (vgl. Bauman 1989). Durch die Bindung der Überwachung an den Nationalstaat kann trotz freier Märkte und Kapitalismus immer auch ein mehr oder minder totalitärer Überwachungsstaat entstehen und umfassend praktiziert werden. Er beginnt mit Einschränkungen in der Presse- und Meinungsfreiheit und endet in der Manipulation der Wahlen, um erwünschte Ergebnisse zu erzielen. Eine solche Entwicklung ist heute an vielen Orten klar zu beobachten, und auch die demokratischen Länder bieten keine dauerhafte Gewähr vor einem Rückfall in solche Strukturen. In der Nachhaltigkeitskrise könnten verschärfte Lebensbedingungen dazu führen, neue totalitäre Lösungen zu ersehnen und durchzufüh-

> »Auch Demokratien sind insbesondere durch den Populismus stets gefährdet, in ein despotisches Regime zurückzufallen, wie es exemplarisch die Republikaner in den USA seit längerem zu intendieren scheinen«

ren. Aber auch umgekehrt glauben manche Nachhaltigkeitsakteure, dass die Welt nur noch durch eine Ökodiktatur gerettet werden könnte, die die Nachhaltigkeit zum alleinigen Ordnungsprinzip macht. Wie bei jeder Diktatur werden dann aber auch andere Freiheiten schnell geopfert.

(5) *Die Zunahme an Machtmitteln*: Die Kontrolle der Macht- und Gewaltmittel mittels Militär, Polizei und Geheimdiensten sichert eine interne hegemoniale Herrschaft ebenso wie sie hegemoniale Ansprüche nach außen vertreten kann. Moderne Staaten halten infolgedessen ein großes Heer, unterhalten eine mächtige Polizei in differenzierten Formen, betreiben Geheimdienste. Die Moderne hat Weltkriege hervorgebracht und Massenvernichtungsmittel; mit den Atombomben hat sie den Menschen in die Lage versetzt, den gesamten Planeten und alles Leben auf ihm zerstören zu können. Die Menschheit hat sich in einem Gleichgewicht des Schreckens eingerichtet, von dem sie erwartet, dass sich alle daran halten werden. Die stetig steigenden Militärhaushalte offenbaren, dass zusätzlich weitere Vernichtungspotentiale mittels biologisch-chemischen Kampfstoffen und einer Unzahl von Vernichtungsstrategien bis heute ständig aufgerüstet werden. Das Abschreckungspotential ist dabei immer eine Illusion auf Zeit und eine Hoffnung auf Vernunft, obwohl der potentielle Schaden einer Vernichtung jeden Tag zu- und nicht abnimmt. Abrüstung ist die wesentliche Grundlage einer Nachhaltigkeitsanstrengung, weil durch Aufrüstung das Leben auf dieser Welt ganz schnell und kurzfristig zerstört werden kann. Es zeugt von einer großen Verdrängungsleistung, dass die ABC-Waffen in den 17 globalen Zielen der UN nicht gesondert ausgewiesen sind, sondern bloß den stillen und ungenannten Hintergrund einer verdrängten Bedrohung bilden.

»Es zeugt von einer großen Verdrängungsleistung, dass die ABC-Waffen in den 17 globalen Zielen der UN nicht gesondert ausgewiesen sind, sondern bloß den stillen und ungenannten Hintergrund einer verdrängten Bedrohung bilden«

Die flüssigen Formen von Macht und Kontrolle bilden in der Gegenwart ein eigenes Bedrohungspotential, da die Digitalisierung dabei eine neue, umfassende Überwachungen aller Menschen ermöglicht. Dass diese Überwachung die nationalstaatlichen Grenzen immer übersteigen kann, zeigt der Fall Edward Snowden eindringlich. Die Verfügung und die Kontrolle über diese Gewalten ist immer kritisch für Freiheit und Demokratie in einem Nationalstaat. Selbst wenn es eine internationale Staatengemeinschaft gibt, so schützt diese nur begrenzt vor nationalstaatlichen Entwicklungen, die entweder die Ordnungs- und Gewaltmächte nutzen oder umgekehrt von ihnen benutzt werden. Die *kritische* Kontrolle solcher Gewaltmächte beginnt bereits in der Erziehung der Menschen: Je mehr sie sich als disziplinierte Befehlsempfängerinnen oder -empfänger erweisen, je weniger die eigenen Freiheitsrechte als Wahl- und Meinungsfreiheit genutzt oder entwickelt sind, desto dominanter und am

Ende hegemonialer werden die Ordnungskräfte zu relativ bestimmenden Akteuren im Leben der Menschen. Gerade die Nachhaltigkeitskrise wirft einen großen Schatten auf die Freiheitsrechte. Die Freiheit ist entscheidend für die Demokratie, aber bedrohend für die Nachhaltigkeit. Wie viel individuelle Freiheit kann sich der Planet noch leisten, wenn sich die Freiheit gegen die Welt und damit immer auch gegen andere Menschen richtet? Für mich steht es außer Frage, dass die Freiheiten in Zukunft stärker in Hinblick auf die Nachhaltigkeit beschnitten werden müssen. Wie aber kann das geschehen? Die Nachhaltigkeitskrise wird die bestehenden Ordnungsstrukturen nicht einfach umwerfen, sondern die schon bestehenden Überwachungs- und Ordnungsstrukturen nutzen und deutlich verstärken. Wird es dann wieder Privilegien für die Reichen geben, Ausnahmen für wenige, günstige Klimaorte, in die sich heute schon die Milliardäre einkaufen? Und wie werden die Kosten verteilt? Werden demokratische Rechte geopfert? Nachhaltigkeit wird eine soziale und politische Frage bleiben, die mit den bestehenden Machtverhältnissen stets verbunden ist, diese aber auch aus ihrer bisherigen Balance werfen und in autoritäre Regime verwandeln kann.

(6) *Die Macht des Verbergens der Urheber*: Die Senkung der Kosten spielt für den Kapitalismus durchgehend eine handlungsleitende Rolle. In der Wanderung des Kapitals an billigere Standorte treibt der Kapitalismus große Teile der Bevölkerung in staatliche Fürsorgeprogramme, um seine »Kostenordnungen«, seine Zeit- und Raumordnungen national zu wahren, aber die Gewinne global zu erwirtschaften. Diese Mobilität ist eine Seite der Verflüssigung des Kapitalismus, die bereits in der Industrialisierung beginnt, aber erst in neuerer Zeit umfassend umgesetzt wird. Der schwere Kapitalismus mit seinen schweren Fabriken ist ein ökonomisches Modell, das mit hohen Kosten verbunden ist und Gewinne nicht so einfach maximieren lässt wie etwa Spekulationen. Die schwere Gewinnstrategie zeigt sich selbst sehr oft als hinderlich, auch wenn sie bis heute immer wieder praktiziert wird. Der schwere Kapitalismus hat den Nachteil, dass er recht unbeweglich und auf langfristigen Gewinn mit hohen Investitionen angewiesen ist, was ihn anfällig für Störszenarien aller Art macht. Zudem kann er für die Schadstoffe und den Müll, für die Umweltzerstörung, für Folgen für die Gesundheit immer vor Ort verantwortlich gemacht werden. Der Kapitalismus ist deshalb in seinen langfristigen Strategien erfinderisch und scheut sowohl solche Kosten als auch eine Verantwortungsübernahme für die Umwelt. Der Neoliberalismus ist hierfür ein Ausdruck. Die Auslagerung der Produktion nicht nur in Billiglohnländer, sondern auch in Länder ohne Nachhaltigkeitsverpflichtungen kennzeichnet eine leichte und leichtfertige Moderne, die den Kosten zum Schaden der Menschheit und der Erde ausweichen will. Die Zunahme der Dienstleistungen und des Handels, der Immobiliengeschäfte und ihrer Blasen und vor allem der Finanzmärkte und ihrer Spekulationen zeigt deutlich, wo heute die höheren

Gewinne liegen. Für die Nachhaltigkeit bietet diese Entwicklung einen denkbar schlechten Hintergrund, denn das Handeln im leichten und leichtfertigen Kapitalismus geht von drei Grundsätzen aus, die der Nachhaltigkeit zuwiderlaufen:

Erstens Kosten vermeiden, wo es nur geht, und Gewinne steigern, wo immer es möglich ist.

Zweitens bestehende Praktiken, Routinen und Institutionen, die den gegenwärtigen Kapitalismus flexibel, dynamisch und gewinnsteigernd gemacht haben, bis zum letzten Punkt verteidigen und ausbauen, selbst wenn die Nachhaltigkeit daran scheitern sollte. Der kurzfristige Gewinn ist zum Überleben des Systems der Gewinnmaximierung notwendig, spätere Verluste werden später verhandelt.

Drittens das Nationale gegen das Globale, das Globale gegen das Nationale ausspielen, um immer eine sichere Position des eigenen Handelns und des Erhalts der Gewinne zu erzielen. Denn der Glaube, dass das kapitalistische Wirtschaften und eine Politik des Wachstums die einzigen Formen dafür sind, dass der Mensch überhaupt überleben kann, wirkt noch stärker als jede bereits erlebte Klimakrise.

»Die Grundsätze eines leichtfertigen Kapitalismus verhindern Nachhaltigkeit: Kosten vermeiden, kurzfristige Gewinne erzielen, nationale Vorteile bewahren«

In den sozialwissenschaftlichen Beschreibungen der sozialen Strukturen und Aktionen neigt die Forschung immer wieder dazu, einzelne dieser sechs Dimensionen herauszugreifen und relativ isoliert zu untersuchen. Aber es ist eine verkürzte Sicht, wenn wir uns nur auf einzelne dieser Aspekte konzentrieren und ihr Zusammenspiel vernachlässigen würden. Ich habe sie auch innerhalb der Zusammenfassung der bisherigen Argumentation genannt, weil jeder Aspekt eine umfassende Wirkung auf die Nachhaltigkeit hat.

II.2.4 Im Konsum Kosmopolit, in der Verantwortung Nationalist

Die Gegenwart selbst ist widersprüchlich: In ihr gibt es Akteure, die für mehr Teilhabe aller Menschen, für Beteiligung, Gerechtigkeit, Gleichheit und Freiheit streiten, während andere in autoritärer Unterwürfigkeit unter Populisten, Despoten oder Diktatoren die einzige Chance sehen, ihr Leben oder ihren Lebensunterhalt zu verdienen. Ob *America first* oder *Brexit*, ob *heiliger Krieg* oder neoliberale Kriegsführung, die Unterwürfigkeit schwankt zwischen personalisierten Führungskräften und abstrakten Meta-Erzählungen des ständigen Fortschritts. Bis heute sind wir im Leben wie im Lernen Abkömmlinge dieser Vorstellungen aus der Moderne, auch wenn sie weder ihre übertriebenen Erwartungen an einen Fortschritt für alle und ein Leben im angemessenen Wohlstand (angemessen im Vergleich zu anderen) noch die vermeintlich vollkommene Ordnung je erfüllen konnte. Heute müssen wir diese Herkunft neu bestimmen, weil davon auch die Bewältigung der nachhaltigen Risiken und Chancen abhängt.

Kaum besser kann der Unterschied der eher festen gegenüber der flüssigen Moderne charakterisiert werden, als im Wechselspiel von lokal und global, national und globalisiert. In den Anfängen solcher Überlegungen hat man gern den Gegensatz Moderne und Postmoderne benutzt, aber genau das ist schwierig: Es besteht kein Gegensatz, sondern ein Übergang, besser noch ein Wechselspiel, das die Perspektiven der Akteure aus unterschiedlichen Richtungen formt, es setzt Bedingungen der Handlungen durch lokale und globale Vorgaben und Prozesse.

Für Manuell Castells (1996) beispielsweise ist die Netzwerkgesellschaft der Inbegriff des Informationszeitalters, wobei die Macht der Datenflüsse die Flüsse der Macht auszuspielen scheinen. Mit den Netzwerken scheint eine zeitlose Zeit zu beginnen, die globalen Netzwerke scheinen die Nationalstaaten auszuhebeln: Das ist die umfassende globale Perspektive. Aber ist das wirklich so?

Das Nationale als Kern des Globalen

Das Nationale war und ist stets ein Grenzbegriff, einerseits, um eigene Zugehörigkeiten und Verpflichtungen in einem Land zu konstruieren, andererseits, um Fremde auszuschließen. Benedict Anderson (1991, 1998) betont beide Aspekte. Die Nation als Gemeinschaft »wird imaginiert, weil die Mitglieder sogar der kleinsten Nation [...] nie die meisten ihrer Mitbürger kennen werden, sie treffen oder selbst von ihnen hören, aber dennoch gibt es in der Vorstellung eines jeden von ihnen das Bild ihrer Gemeinschaft.« (1991, 6) Die Vorstellung wird vor allem durch die Ähnlichkeit der Bedürfnisse und Wünsche gebildet. Diese positiv erscheinende Gemeinschaft hat zugleich aber auch eine andere, eine dunkle Seite. Seit Beginn der Moderne kolonialisieren Menschen andere Länder, versklaven, vertreiben, bekriegen einander, was ursprüngliche Territorien öffnet und auseinanderreißt, um sie in immer neuen Entwürfen lokal erneut zusammenzubinden. Der Effekt für viele Menschen ist ein Exil, das nach Anderson zur Geburtsstunde des Nationalen wird, weil hierdurch eine Sehnsucht nach dem Ort der Geburt, nach einer Herkunft und Zugehörigkeit ausgelöst wird. Ideen des Nationalen wachsen dann an, so argumentiert er, wenn die lokale Herkunft und der prekäre Status durch Gefühle von Inklusion und Exklusion, von Gemeinschaft und Nicht-Zugehörigkeit, von Entfremdung zur Herkunft und Neukonstruktion an neuen Orten führt.

»Das Nationale sichert eine eigene Zugehörigkeit und dabei gewisse Verpflichtungen, aber es schließt auch Fremde systematisch aus«

Verstärkt seit dem 20. Jahrhundert veränderten sich in den Industriegesellschaften vor diesem Hintergrund besonders die Machtgefälle zwischen den Menschen: zwischen Männern und Frauen, wobei Frauen stärker berufliche Rollen einnehmen und mehr Freiraum gegenüber der patriarchalischen Struktur traditioneller Familien gewinnen oder diese Struktur gänzlich überwinden und eine Gleichberechtigung erkämpfen. Zudem wird die heterosexuelle Ausrichtung der Geschlechterverhältnisse relativiert, und neue soziale und sexuelle Lebensformen werden möglich. Zwischen der älteren und der jüngeren Generation haben die Ideale der Älteren nicht mehr unbefragt Gültigkeit. Jugendideale werden von zahlreichen gesellschaftlichen Altersgruppen als geeigneter Ausdruck einer sich ständig wandelnden Lebenshaltung und des Konsums vertreten. Autoritäre Abhängigkeiten werden durchbrochen oder zumindest verunsichert. Das Recht auf Selbstorientierung der Jüngeren findet allgemeine gesellschaftliche Anerkennung. Dies alles bildet eine nationale Zugehörigkeit aus.

Solche Zughörigkeit schließt gewisse Verpflichtungen mit ein, die beim Zahlen der Steuer, dem Einzug ins Militär, der Teilnahme an gesellschaftlichen Regeln und Regularien wahrgenommen werden. Taufe, Kirchgang, Stammkneipe sind hierfür mögliche Ausdrucksformen, Anmeldung des Wohnortes und Verpflichtungen gegenüber dem Staat notwendige Bedingungen einer Staatsbürgerschaft. Das Individuum existiert nur, wenn es seine Papiere in Ordnung hält, um solche Verpflichtungen zu dokumentieren. Im Gegenzug können staatliche Leistungen je nach Nationalstaatskonzept mehr oder minder erwartet werden.

Praktiken, Routinen und Institutionen verstetigen das Nationale als Gemeinschaftsunternehmen, wobei die Menschen immer das, was sie von der Gemeinschaft als Nation erhoffen, erwarten und im Vergleich mit der restlichen Welt ableiten, mit dem kontrastieren, was sie für sich für zufriedenstellend halten. Je vielfältiger die Diversität der Ursprungsgruppen im Nationalen ist, je widersprüchlicher die ethnischen, migrationsbedingten oder sozial zugeschriebenen Rollen in der Nation erscheinen, desto brüchiger wird das Nationalkonzept. Dies gilt vor allem auch deshalb, weil in den Kriegen das Nationale stets dazu führt, Menschen in die Vernichtung zu führen und nur die Sieger mit der Imagination von neuer Größe zu entschädigen.

»Das Nationale wird wie alles andere auch verflüssigt, gedehnt, zerrissen, aber je brüchiger es wird, desto mehr wächst die Sehnsucht nach einem Nationalismus«

Nation als imaginierte Gemeinschaft ist ein so unbestimmter und dehnbarer Begriff, dass er so ziemlich alles bedeuten und emotional aufladen kann. Der populistische Nationalismus gründet auf Sehnsüchten einer untergegangenen Vergangenheit, wobei eigentlich jeder wissen müsste, dass die in Ruinen liegenden Gebäude des Rust Belts kaum je wieder in der früheren Art funktionieren können. Im Brexit werden eine großartige Vergangenheit und ein nationaler Chauvinismus erinnert, der nur noch in der Imagination dessen, was früher vermeintlich gut war, vorgestellt werden kann, dem aber eine tatsächliche gegenwärtige Handlungsfähigkeit fehlt. Gleichwohl soll der Begriff der Nation eine Einzigartigkeit der Zugehörigkeit markieren, eine Sehnsucht der Menschen befriedigen, die mehr auf universale und alle Zeiten übergreifende emotionale Hoffnungen setzen als auf realitätsbezogene nüchterne Betrachtungen. Die unverbindlichen, offenen und beliebig subjektiv angereicherten Allgemeinplätze der nationalen Agenda reichen für viele Menschen schon aus, um einer vagen Hoffnung mehr zuzustimmen als den schwierig erscheinenden tatsächlichen Zukunftsaussichten.

Worauf gründen solche Hoffnungen? Die Moderne hat trotz zahlreicher Krisen, Kriege und Missstände in ihrer Geschichte viele Erfolge hervorgebracht. Dazu gehören eine enorme Erhöhung des Nationalprodukts der führenden Industrieländer, eine damit einhergehende Verbesserung des Lebensstandards, eine zunehmende Abnahme von harter körperlicher Arbeit und eine Verkürzung der Arbeitszeit besonders in den Spätphasen des Industrialisierungsprozesses, eine Verbesserung des Gesundheitszustandes vieler Menschen, eine Steigerung der Gesundheitsversorgung und eine Verlängerung der Lebensspanne, eine Erweiterung der Bildungsmöglichkeiten, eine höhere Absicherung im Alter. All diese Errungenschaften ergaben sich allerdings nicht von selbst, sondern sie waren stets mit Emanzipationsbewegungen und Kämpfen von Menschen verbunden.

Zunächst dominierte immer eine nationale Agenda, denn die Kämpfe um wirtschaftliches Wachstum, politische Orientierung und demokratische Entwicklung erfolgten in Nationalstaaten. Dabei gab es unterschiedliche Emanzipationsbewegungen. Das Bürgertum besiegte den Adel. Der Klassenkampf zwischen Bürgertum und Proletariat drückte sich in sozialistischen Revolutionen aus oder konnte durch eine materielle Besserstellung der Menschen entschärft werden. Es bildeten sich vor dem Hintergrund des wachsenden materiellen Reichtums und Wohlstands allerdings auch neue Gefälle zwischen Arm und Reich, reichen und armen Ländern aus.

In diesem Gefälle betonen viele Menschen der reicheren Länder das Nationale, das ihren Erfolg repräsentiert, gegen das Globale, das ihnen teilweise als Bedrohung erscheint. Die EU behandelt die Flüchtlingen im Asyl in menschenunwürdiger Form, indem sie die Verantwortung und Zuweisung von Ländern hin und her schiebt, ohne dass eine gemeinsame Verantwortung übernommen werden kann. Solche Verantwortung ist sofort vorhanden, wenn es um die innere Verteilung von Geldern geht, aber eine Bindung solcher Geldvergaben an die Menschenrechte, denen man sich abstrakt verschrieben hat, scheitert am Veto derjenigen, die im Grunde egoistische Nationalisten geblieben sind.

II.2.5 Die Globalisierung verschärft fehlende Nachhaltigkeit

Die Steigerung der Produktivität der Arbeit im Prozess der Industrialisierung, die zunehmenden und stetig wachsenden Märkte, die immer unüberschaubareren Tausch-, Konkurrenz- und Profitverhältnisse bedingen ein zunehmend aktiveres, beschleunigtes, selbstständiges Handeln vieler Menschen, um in individuellen Rollen – dabei in ähnlichen und massenhaft auftretenden Milieus und in sozialen Gruppen – überleben und in der Welt mithalten zu können. Das Nationale geht über die Grenzen, es operiert über die Märkte global; das Lokale scheint dem Globalen zu unterliegen. Es ist gerade die wachsende Unsicherheit von Handlungen bei gleichzeitigen Handlungschancen – insbesondere Gewinnchancen auf kapitalistischen Märkten –, die dieses Wechselspiel ausmachen.

Saskia Sassen (1998, 2007, 2008) macht darauf aufmerksam, dass das Globale deshalb nicht, wie in manchen Narrationen über die Globalisierung übertrieben dargestellt wird, das Nationale auflöst. Im Gegenteil, es wird immer aus einem nationalen Hintergrund mit Wurzeln in der Moderne agiert. Auch Giddens (1990, 57) argumentiert, dass eine Gesellschaft ohnehin in ihren sozialen Strukturen bis heute nur eine Gesellschaft wird, wenn sie ein Nationalstaat ist.

Diese Herkunft kann auch die Globalisierung zunächst nicht beseitigen. Aber gleichzeitig sind die mächtigen Nationalstaaten kapitalistisch und betreiben die Entwicklung umfassend nach dem Motto »The West and the Rest« (Hall & Gieben 1992, Kapitel 6).

The West and the Rest

So hat der Westen versucht, die Welt nach seinem Bild umzugestalten. Wo immer er Selbstversorgerkulturen gefunden hat, hat er die Industrialisierung gebracht, wo er ›Wilde‹ gefunden hat, hat er seine Kolonien zur ›Zivilisation‹ gebracht, wo er traditionelle Formen des Wissens gefunden hat, hat er ›Vernunft‹ und Wissenschaft gebracht, und wo er traditionelle, in Gemeinschaften verwurzelte Formen des Regierens gefunden hat, hat er staatliche Strukturen und nationale Gesetze gebracht. Diese Vision des ›Universums‹ hat ein vereinheitlichendes Projekt geschaffen, das all die unvergleichlichen Unterschiede der Traditionen, Stämme und Kulturen auf der ganzen Welt auffrisst (d. h. zerstört). ›Eine globale Monokultur breitet sich wie ein Ölteppich über den gesamten Planeten aus‹ (Sachs 1992). Das moderne Projekt verwandelt täglich das indigene radikale Multiversum in ein Universum – eine durch und durch westliche Kosmovision.« (Prakash & Stuchul 2004, 59)

Die Welt-System-Theorie (Wallerstein 2004) versucht, diesen Wandel zu reflektieren. Diese Analyse argumentiert von *einer* Welt als Ausgangspunkt her, nicht von Staaten, Gesellschaften oder sozialen Formationen. Die Welt wird nicht als fest und unveränderlich gesehen, aber auch nicht überall als von kapitalistischen Märkten bestimmt. Aber gibt es diese *eine* Welt?

»In der Nachhaltigkeit wäre es günstig, von nur einer Welt für alle auszugehen, aber in der Realität ist es jenseits des Konsums eine Welt voller Interessengegensätze«

Auch eine Theorie der einen Welt muss zugeben, dass es Zentren und Peripherien gibt, und die Lücke zwischen ihnen wird gegenwärtig eher größer als geschlossen. Die Eine-Welt-Theorie will das Politische, das Ökonomische und das Sozial-Kulturelle als wesentliche Einflussfaktoren beachten, aber keinem der Teile einen Vorrang geben, sondern sie als ineinander verschränkt begreifen. Auch hält sie die herkömmliche Aufteilung der Wissenschaften, die sich mit solchen Entwicklungen befassen, für falsch. Es müssten transdisziplinäre Ansprüche erhoben werden, um der Komplexität einer globalen Welt entsprechen zu können. Interessant ist, dass Arbeiten aus dieser Richtung besser erfassen können, was mit Gesellschaften am Rande geschieht, die in den Kapitalismus eingesogen werden, aber noch ganz eigene, andere Wurzeln haben. Hier reichen die Kategorien und Perspektiven, die ich bisher beschrieben habe, sicher nicht aus. Auch macht es Sinn, Politik und Ökonomie nicht mit allen Aspekten des Sozialen und der Kultur zu vermengen, wobei die Theorie der einen Welt gleichzeitig die Dynamik der durchgehenden Kapitalisierung aller Welten vernachlässigt, was keine Peripherie mehr unberührt lässt und was im Fokus meiner Analyse steht.

Der Angriff auf alle Kulturen der Welt, seien sie im Zentrum oder an den Peripherien, erfolgt über den Konsum und digitalisierte Strategien, die bei aller Unterschiedlichkeit der Waren und Angebote auf Gleichschaltung ausgelegt sind. Wie groß können da unsere Hoffnungen sein, dass Kulturen oder Subkulturen irgendwo überleben mögen, die sich dem verweigern können? Die Globalisierung hat nicht nur die Märkte internationalisiert, sondern dabei vor allem eine Verflüssigung der globalen Finanzmärkte institutionalisiert, grenzüberschreitende Handlungen gesteigert, Konsumgewohnheiten vereinheitlicht, Konsumwünsche internationalisiert, weltweite Migrationsströme ausgelöst, globale digitale Netzwerke ermöglicht. Englisch wird dabei immer stärker als übergreifende Sprache genutzt, internationale Organisationen wie die Vereinten Nationen, die Welthandelsorganisation, die Weltgesundheitsorganisation, die UNESCO und andere werden als globale Protagonisten eines übergreifenden menschenrechtlichen Diskurses etabliert.

Globales Kapital fließt in nationales zurück

Doch diese globalen Bedingungen, die durch sie erzeugten Prozesse, die handelnden Akteure, stehen immer in Wechselwirkung mit dem Nationalen. Dies liegt schon darin begründet, dass das globale Kapital immer aus mehreren nationalen Kapitalien zusammengesetzt ist und in dieses zurückfließt – wenngleich aus Gründen der Steuerersparnis dieses Kapital alle Möglichkeiten der Verschleierung seiner Ströme nutzt. Aber auch die globalen Menschenrechte und die Errichtung menschenwürdiger Verhältnisse weltweit stoßen auf die nationalen Grenzen und Bedingungen einer Umsetzung *de facto*, weil sie nur *de jure* grenzübergreifend als möglich oder selbstverständlich erscheinen.

Um ein Beispiel zu nennen: In der UN-Behindertenrechtskonvention wird die Inklusion aller Menschen mit Benachteiligungen in das Regelschulsystem weltweit gefordert, aber in Deutschland mit einem traditionell national sehr exkludierenden Schulsystem nicht nachhaltig umgesetzt (vgl. Reich 2012 b). Was *de jure* als globale Norm gilt, das wird nicht durchgehend auch *de facto* lokal gemacht. Wer soll Deutschland bestrafen, wenn es sich nicht an die unterschriebenen Regeln einer UN-Konvention hält?[9] Was kann man dagegen tun, wenn die Regeln sogar so ausgelegt werden, dass man sie eigentlich ja einhalten würde – eben nur etwas anders? Was geschieht, wenn der Staat durch seine Politik den Erfordernissen *de facto* ausweicht, weil die UN-Konvention für die eigene Tradition unbequem ist? Statt der UN-BRK können wir hier auch die Klimaziele, die Kinderrechte oder andere Herausforderungen nennen, die Deutschland trotz formalen Beitritts auf internationaler Ebene dann in nationaler Umsetzung ignoriert bzw. gemäß eigener Vorstellungen umdeutet. Und mittlerweile haben sehr viele Länder ihre Sonderwege im Spannungsfeld von *de jure* und *de facto*.

»Der Widerspruch zwischen *de jure*, dem, was sein soll, und *de facto*, dem was tatsächlich geschieht, wird politisch zu oft einfach hingenommen«

Oder das Beispiel von Steuern. Die im globalen Warenverkehr erzielten Gewinne werden von den global agierenden Unternehmen in jenen Ländern versteuert, die ihnen die günstigsten Bedingungen bieten, nicht aber in jenen, in denen die Gewinne entstehen. Alte nationale Steuerrechte werden schlichtweg nicht den neuen Bedingungen angepasst, weil dies im komplexen Netzwerk rechtlicher Verpflichtungen wiederum andere Exportgeschäfte – auch hier ist Deutschland ein konkretes Beispiel – gefährden könnte. Man verspricht beispielsweise die Internetriesen zu besteuern, um das Wahlvolk zu beruhigen, aber faktisch geschieht es nicht. Die nationale Sicht auf die Gewährung eigener Vorteile bestimmt längst nicht nur das kapitalistische Handeln der Unternehmen, die weltweit agieren, sondern auch der Staaten, die auf das Wirtschaftswachstum in einem neoliberalen Umfeld setzen. Zudem zahlen sich jetzt jahrzehntelange Investitionen der Unternehmen aus, die so auf die internationalen und nationalen Rechte über die Politik des Neoliberalismus eingewirkt haben, dass die errichtete juristische Bürokratisierung die Handlungsspielräume in der Gegenwart einengen.

Aus einer Raumperspektive lässt sich auch folgern, dass die Globalisierung, die alle Zeitprozesse beschleunigt und Gewinne vor allem aus den Unterschieden der Intensität und Produktivität auf unterschiedlichen nationalen Arbeitsmärkten zieht, letztlich immer das Lokale und Nationale benutzt, um sich vor diesem Hintergrund global über bestehende Grenzen hinweg auf den Märkten schnell hin und her zu bewegen. Deshalb ist das Bild, dass die Nationen unter der Globalisierung leiden oder zerfallen, auch ein Trugbild. Realistisch an diesem Bild ist allenfalls, dass die Nationen mit ihren aus der Moderne erwachsenen administrativen und fiskalischen Instrumenten dem Einfallsreichtum der globalen Spieler an Maximierung der Gewinne durch Arbeitsplatzverlagerungen, Steuersparmodelle und Betrug kaum mehr gewachsen sind. Gleichzeitig aber spielen die Nationen gern mit und lasten anderen Ländern ihre Probleme mittels Exporten oder Sanktionen im Handelsstreit auf.

»Die Angriffe auf die globale Welt sind keine weltweite Verschwörung, sie erfolgen immer aus dem Nationalen heraus«

Um die »endogene Falle« zu vermeiden, die darin liegt, den nationalen Staat und das globale Agieren der Märkte in einen unüberbrückbaren Gegensatz zu setzen, kommt es nach Sassen darauf an, die Wechselwirkungen besser zu erforschen und die Rolle der nationalen Staaten hierbei genauer zu erfassen (vgl. Sassen 1998). In der Vielfalt der Bewegungen ist es offenbar so, dass auch die Wissenschaften nicht mehr in der Lage sind, ein klares und eindeutiges Bild zu zeichnen, sie laufen den Phänomenen hinterher und verwandeln sich immer öfter in einen elaboriert beschreibenden Journalismus.

Die Veränderungen der Arbeitswelt, der Machtgefälle, die die strikte Hierarchisierung früherer Lebensformen auflöst, geht zugleich mit einer wachsenden Verhaltens- und Statusunsicherheit der Menschen einher. Für dynamische Industrie- und Konsumgesellschaften stellt sich dabei das Problem von sozialisierenden Maßnahmen, die eine noch für sinnvoll gehaltene Bandbreite an Identitätsfindung garantieren, in weit stärkerem Maße als für überwiegend agrarisch produzierende Gesellschaften, in denen eine Identitätsfindung noch im relativ überschaubaren Rahmen der Familie und des Ortes erfolgt und wesentlich auf diese beschränkt bleiben kann. Hier erscheint auch ein Bewusstseinsproblem, das typisch für den Verlust der Machtgefälle ist: Erst durch den Abbau von Macht konnten die Menschen in den Industriegesellschaften überhaupt das Problem erkennen, was Macht jenseits festgeschriebener Rollen bedeutet und warum sie in ihrem Gebrauch kritisch zu betrachten ist. Erst hieraus konnten auch wissenschaftliche Untersuchungen entstehen, die nicht nur das traditionell Überlieferte infrage stellen, sondern zugleich auch sich selbst, den eigenen Ansatz als einen relativen, im Prozess der Zivilisation mit Machtvorstellungen konstruierten Ansatz erkennen.

In Zeiten der Globalisierung und der virtuellen Entgrenzung verflüssigen sich das Nationale, das eng Begrenzte, lösen sich die klassischen Zäune und Grenzen der Moderne mehr und mehr auf. Es entsteht ein neolioberales Migrationsregime (vgl. Schierup et al. 2019). Aber das Lokale lebt im Globalen nicht nur fort, sondern es gibt immer auch gemeinsame Teilmengen, die beide Sphären durchmischen. Was sind Merkmale solcher Teilmengen? Sie sind gerade für die Nachhaltigkeitspolitik von hoher Bedeutung.

Lokales und Globales als Mischformen

In ihrem Buch *Territory, Authority, Rights: From Medieval to Global Assemblages*, ins Deutsche als *Paradox des Nationalen* übersetzt, beschreibt Saskia Sassen (2008), inwieweit das Territorium, die Autorität und die Rechte als Grundbedingungen eines Nationalen auch heute noch wirken. Es sind Kategorien, die weder vollständig noch im Sinne einer Universalisierung sichere Wahrheiten enthalten. Es sind vielmehr Hauptkategorien, von denen her der perspektivische Versuch unternommen werden kann, die komplexen Veränderungen der Gegenwart ein wenig besser zu durchdringen.

Vor diesem Hintergrund argumentiert Sassen, dass die Globalisierung nicht das Ende der Nationalstaaten bedeutet, sondern sich vielmehr innerhalb des Nationalen vollzieht. Sie dreht damit die Fragestellung um, sie fragt nicht, inwieweit Nationalstaaten überhaupt noch gegen die Globalisierung handeln können, sondern zeigt vielmehr, wie die Nationalstaaten die Macht jeweils neu in sich verteilen, um die globalen Handlungen und Effekte zu steuern.

Was ist die Ausgangslage? Um Steuern, Verpflichtungen und allen möglichen Lasten aus der nationalen Verortung zu entgehen, sucht sich das Kapital immer alle globalen Schlupfwinkel aus, um nationalen Hindernissen, Beschränkungen der Gewinnmaximierung, Abgaben in allen Formen und Nachhaltigkeitskosten zu entgehen. Die Unübersichtlichkeit des Systems ist Ausgangspunkt immer neuer Berufe in der Beratung und rechtlichen Absicherung eines solchen Vorgehens, wobei die Kurzzeitstrategie die aktuell besten Gewinne und die höchsten Honorare in der Beratungswirtschaft ermöglichen. Gleichzeitig bleibt die Langsicht der Moderne und ihrer Investitionen in Teilbereichen als solide Wirtschaft mit geringeren Gewinnmargen bestehen. Um die Produktion eines Autos zu amortisieren braucht es längere Zeit, eine Finanzdienstleistung dagegen kann innerhalb einer Stunde erfolgen. Insoweit drängt das Kapital mit Gewinnmaximierungsperspektive immer ins Globale.

»Das Nationale operiert global, die erzielten Gewinne aber kehren an diejenigen Orte zurück, die am wenigsten Kosten verursachen; die Politik wird in Haftung genommen«

Zugleich jedoch ist auch das Nationale nie ein begrenzter Raum, in dem nicht bereits eine Vielfalt an Ausweichmanövern und Handlungschancen bestehen. Dies gilt nicht nur für die Kapitalisierung, sondern für alle Bereiche des gesellschaftlichen Lebens. So entsteht national *de jure* die Frage nach einer gleichen und gerechten Behandlung aller Menschen bei gleichzeitig *de facto* zu beobachtenden Ungleichheiten und Ungerechtigkeiten in der örtlichen Verteilung des Reichtums, der Gesundheit und Bildung, der Handlungschancen insgesamt. In den Perspektiven der Beobachtung reicht es deshalb nicht aus, das Nationale in seinen globalen Perspektiven als Netzwerk zu konstruieren, gleichzeitig mischt sich das Globale im Nationalen auch in Assemblagen ein, wie Sassen (2008) meint. In diesen werden Räume und lokale Muster zeitlich verdichtet oder verschoben, sie konfigurieren Elemente und Beobachtungsaspekte, die miteinander interagieren, sich mischen, neue Konstrukte hervorbringen.

Typisch hierfür sind etwa lokale Werbeflächen, die eine Umgebung neu konfigurieren, um den globalen Markt in einen Konsum vor Ort zu bringen. Typisch sind aber auch Maßnahmen zum lokalen Klimaschutz, die in bestimmten Ländern oder auch nur Regionen oder Städten (Dieselfahrverbote) gelten, obwohl die Schädigungen immer globale Effekte haben. Assemblagen bedeuten zunächst, dass sich territoriale, rechtliche und autoritative Mechanismen jeweils wechselseitig mitkonstruieren. Nicht nur die Gegenstände der Welt werden hierdurch assembliert, auch Gruppen von Menschen, Konsumenten, Rezipienten, Performer, Hedonisten und andere Milieus. In der Nachhaltigkeit werden imaginierte Einflussräume assembliert, die vom Kleineren ins Größere wirken sollen.

Hier sind immer wieder zwei Beobachtungs- und Erklärungsweisen in der Wissenschaft, der Kultur, in der Politik und den Medien zu beobachten:

Erstens die Rekonstruktion einer Ordnung, eines Regimes, einer Disziplin, die im Sinne Foucaults eine Macht des Apparates, der Bürokratie, der Erzeugung von Herrschaft aller Art ausdrückt und Formationen von etwas beschreibt. Analysen beginnen hier mit »der Kapitalismus ist«, »die Bedingungen zeigen«, »die Beziehungen sind«, »Nachhaltigkeit gibt es, wenn« usw. Diese Strategie versucht, eine Erklärung in all der Unübersichtlichkeit zu erhalten, sich in der Politik durch Parolen erkennbar und wählbar zu machen, in der Kultur anschlussfähig an Interpretationen und Lebenserfahrungen zu sein. Dabei lassen sich gänzlich widersprüchliche Ordnungen und Parolen je nach Bedarf zeichnen: Das Nationale wird betont, wenn die Deutschen sich als Exportweltmeister sehen, wenn der Gutmensch postuliert, Integration sei erfolgreich, wenn der Migrationsfeind die gesamte Migrationspolitik für gescheitert erklärt, wenn die Mülltrennung ein Weg der Nachhaltigkeit sein soll. Ordnung selbst ist widersprüchlich und variiert je mit der Er-

»Das erklärende mediale Allgemeinwissen deutet die Wirklichkeit in universellen Aussagen, die selbst als alternativlos erscheinen«

klärungsweise und den eingenommenen Perspektiven. Die Erklärung selbst verliert ihren komplexen und kontextbezogenen Wert, weil jede Position nur ihre Sicht für wahr, richtig, wertvoll hält. Assemblage bedeutet eine Mischung unterschiedlicher Teilaspekte von Ordnungen, die selbst dadurch verschwimmen und von Werten, die dadurch relativiert werden. Man muss nur einen Fernsehsender einschalten, um zu begreifen, was Assemblagen in der Moderation von Ereignissen und der Dramatisierung von unterschiedlichen Sichtweisen bedeuten. Für jeden Faktencheck, auch für die Nachhaltigkeitsagenda, ist das Ergebnis dramatisch, weil alle Ereignisse und Handlungsoptionen als subjektiv wählbare erscheinen und nicht mehr zu überblicken ist, wer aus welchen Gründen welche Interessen vertritt. Die verschiedenen Einschätzungen sind eine Zusammenstellung vereinzelter Meinungen, die sich vor allem auf Emotionen stützen. Was sich im Größeren nicht begreifen und anpacken lässt, wird auf Vereinzeltes beschränkt und verallgemeinert.

»Die gesellschaftliche Narration zeigt sich als subjektiv, widersprüchlich, aber frei, sie lässt die Ausnahme zu, um sie sogleich durch das Allgemeine zu begrenzen; und dies Allgemeine ist stets der nationale Wohlstand und sein Wachstum«

Zweitens entsteht ein Stückwerk, ein offener Zusammenhang, etwas, das noch nicht gänzlich vorhersehbar ist, eine ungewisse Handlung, die sich entwirft und in unvollkommenen Teilen, Aspekten, Elementen, Momenten usw. dargestellt wird. Analysen beginnen hier etwa mit Sätzen wie, »der Einzelfall lässt sich nicht verallgemeinern«, »das Individuum hat unterschiedliche Möglichkeiten«, »es entsteht ein ambivalentes Bild«, »was der Klimawandel tatsächlich bedeutet, wird sich noch zeigen«. Die Subjektivierung der Informationen und Meinungen erzeugt leider kein Gesamtkunstwerk einer gesellschaftlichen Multi-Assemblage, sondern eher eine Hilflosigkeit in der Übersicht und bei den Entscheidungen. Die Subjektivierung hat nämlich ihre Stärke im Konsum, in der individuellen Motivation, es dem Ego gut gehen zu lassen, die eigenen Konsum-Assemblagen zusammenzustellen, aber sie versagt bei Fragen der Nachhaltigkeit, die Verzicht und Verhaltensänderungen in einer Gesamterklärung und notwendiger Gemeinschaftlichkeit bedeuten. Hasskommentare im Internet gegen die Klimaveränderung oder andere Aspekte der Nachhaltigkeit zeigen, dass allein aus persönlicher Betroffenheit über die Verluste, die ein Individuum sich erleiden sieht, wenn es Verzicht und Nachhaltigkeit üben muss, keine vernünftige Lösung im Sinne des Weltklimas oder anderer Nachhaltigkeitsaspekte getroffen werden kann.

Collier & Ong (2005) beschreiben unterschiedliche Veränderungen in den globalen Lebensformen als Assemblagen, die materielle Dinge ebenso wie Einstellungen und Diskurse re- und dekontextualisieren können. Typische Beispiele für Assemblagen sind neoliberale Praktiken, internationale Regulationen und Standards – auch im Hinblick auf Erziehung und Bildung –, Nationen in ihrer Vielfalt, soziale Klassen, Zugehörigkeiten zu Gruppen, demokratische oder ethische Probleme usw. Demokratie scheint darin zu wurzeln, dass all diese Assemblagen erhalten und gesteigert werden können, weil dann das Gefühl für viele entsteht, in den genannten Aspekten und Fragmenten beteiligt und beachtet zu sein, obwohl *de facto* in der gesamten Wirkungsmacht die Lebensverhältnisse immer weiter gegen die Nachhaltigkeit verstoßen und die Krise verschärfen.

Global goals als Orientierung für Wünsche?

Eine Gegenkraft zur Beliebigkeit und Offenheit der Assemblagen sind die übernationalen Strategien, die wie die *global goals* in der Nachhaltigkeitsagenda uns zumindest eine Richtung und Struktur angeben, wohin und worauf wir uns orientieren sollten. Die Nationen, die sich politisch, militärisch, im Handel, im Abgleich der Normen und Werte in der Gesundheit, der Erziehung und Bildung, in der Umwelt und Nachhaltigkeit, bei Patenten und in der Datensicherheit, bei Migration und Asyl und anderen globalen Fragen in Debatten und internationalen Beschlüssen zusammenschließen, erzeugen immerhin *de jure* einen globalen Druck auf das Nationale, sie drücken hierin auch den Netzwerkcharakter von Welt aus. Dennoch sehen etwa die 17 globalen Ziele der UN wiederum wie eine Assemblage aus, weil sie einen bunten Teppich von Ansprüchen formulieren. Die optische Gestaltung der Ziele im Internet assembliert sie als Felder. Aber die Variationen und Abweichungen in den einzelnen Ländern zeigen dann auch, dass es *de facto* noch lange nicht zu einer Angleichung an gemeinsame höhere Standards kommen muss. Die Ziele bleiben so allgemein, dass sich alle Nationen und Netzwerke das herausgreifen können, was zu ihnen passt. Cumbers et al. (2008, 184) weisen deshalb darauf hin, dass die für soziale Gerechtigkeit stehenden Netzwerke sehr dezentrale, schwankende und oft oberflächliche Beschreibungen einer erst noch entstehenden globalen Zivilgesellschaft sind, die zwar, wie Featherstone (2008) betont, notwendig dazu beitragen, soziale Ordnungen, Gerechtigkeit, Verteilungen zu reflektieren und Orientierungen zu geben, die aber vor Ort wiederum in Assemblagen mit hoher Ungewissheit zerfallen.

»Die *global goals* sind zerfallen in Einzelforderungen, denen eine einheitliche Zielperspektive mit starkem Umsetzungscharakter fehlt«

Der gesellschaftliche Kampf um stärkere Teilhabe ist immer schon eine Teilnahme in einer kapitalistischen, flüssigen Moderne mit all ihren Widersprüchen. Das Nationale manifestiert sich als Assemblage etwa in einer Ja-aber-Politik, die vielen internationalen Grundsätzen auf Ebene der Vereinten Nationen und ihrer Unterorganisationen zustimmt, aber in der Umsetzung dann Rücksichten auf die selektiven Interessen von

Gruppen im nationalen Kontext und auf lokalen Ebenen nimmt, die alle guten Vorsätze wieder beschränken. So entsteht in der Öffentlichkeit zwar ein Bewusstsein, dass die gegenwärtige nationale Demokratie die beste aller Zeiten sei und international alle Länder irgendwie demokratisch zusammen operieren, weil sie formal an der Völkergemeinschaft teilnehmen und immerhin vernünftige Ziele aufstellen, aber hinter den Fassaden wird dann – je nach Land in unterschiedlicher Weise – oft genau das Gegenteil von dem getan, was als akzeptiertes politisches Ziel behauptet wird. In Deutschland erscheinen dann etwa die Klimaziele als zu hoch und radikal angesetzt, die Kinderrechte als familienfeindlich, das Inklusionsgesetz als nicht umsetzbar.

Assemblage einer Mikropolitik der Nachhaltigkeit?

Eine Mikropolitik der Nachhaltigkeit und eines bescheideneren Kapitalismus vor Ort wäre ein mögliches Beispiel, das die Assemblage als eine Antwort gegen ein nur gewinnmaximierendes Wirtschaften konstruiert. Aber wie weit kann der Fremdausbeutungsgrad, der tatsächliche Schutz der Natur, die praktizierte Nachhaltigkeit gehen, wenn die Assemblage auf nationaler Ebene gegen die bestehenden Konsumgewohnheiten und die Interessen der formierten und einflussreichen Lobbys geschehen soll? Wie viel Biohof kann sich die Landwirtschaft leisten, wenn die Konsumenten sich den teuren Biomarkt mit ihren Löhnen nicht leisten können? Zudem gebietet die Nachhaltigkeit strengste Auflagen, wie sie selbst Biohöfe nicht immer erreichen können. Wie viel *zero waste* oder eine nachhaltige Lebensweise im Kleinen insgesamt ist möglich, um bei massenhafter Verbreitung die Nachhaltigkeit insgesamt nach vorne zu bringen?

»Wie viel Biohof kann sich die Landwirtschaft leisten, wenn die Konsumenten die teuren Bioprodukte mit ihren Löhnen gar nicht zahlen können?«

Jede Mikropolitik des Nachhaltigen ist sinnvoll, notwendig, ein wichtiger Beitrag. Viele einzelne Leistungen addieren sich zu einer Summe der Nachhaltigkeit. Aber selbst wenn Menschen sich in hoher Prozentzahl hieran beteiligen, wovon wir heute noch weit entfernt sind, wird es ohne zusätzliche Regulation in großem Maßstab nicht gehen, um die Nachhaltigkeitsziele zu erreichen. Hier helfen nur staatliche Wege, Regulationen von Beschränkungen und Umverteilungen von Mitteln. Insoweit ist eine solche Mikropolitik bis heute auf eher kleine Segmente begrenzt und nicht die Regel in den entwickelten kapitalistischen Ländern.

Verdichtung des Raums, Verrechtlichung aller Teile

In der Geschichte des Territoriums, des Raums, der im Nationalen und Globalen eingenommen wird, gibt es je eigene Geschichten, die sich nach Sassen vor allem mit Fragen der Autorität, der Herrschaft insbesondere durch die Exekutive Gewalt, ausdrücken, aber auch des Rechts, ein Umstand, auf den bereits Habermas (1992) als Basis jeder Demokratie systematisch hingewiesen hat. Sofern wir Einzelne dieser Geschichten erforschen und beschreiben, sobald ein persönliches Schicksal an unsere Tür klopft und wir tatsächlich aufgemacht haben, können wir konkret erfahren, wie das Nationale und das Globale zusammenwirken. Inwieweit leisten sich die Gesellschaften der Gegenwart aber einen solchen Zugang und gibt es ein intensives Interesse vieler Menschen, solche Geschichten hören zu wollen, um prekäre Lebensverhältnisse oder Migration besser zu verstehen und menschlich zu behandeln?

Von ökonomischer Seite her betrachtet ist der Raum der reichen Länder äußerst knapp geworden. Er wurde zum Spekulationsobjekt der Kapitalverwertung, von der Altersabsicherung kleinen Kapitals bis zur Verwertung von großem Kapitaleinsatz, um in Immobilienblasen nicht nur immer höhere Mieten, sondern auch zusätzliche Spekulationsgewinne durch Wertsteigerungen zu erzielen. Vor diesem Hintergrund ist für Menschen ohne Kapital und Wohneigentum jede Zuwanderung eine Bedrohung, weil sie die Nachfrage nach Raum und damit die Preise erhöht. Die kapitalistischen Länder mit neoliberaler Marktpolitik haben bisher kein hinreichendes Konzept entwickelt, diese Entwicklung gegen den Markt zu stoppen. Eine Chance wäre es, wenn der Staat selbst sozialen Wohnraum ausweisen, bauen und sozial verwalten würde. Denn die Gewinnmaximierung selbst bei kleinem Kapitaleinsatz zur Alterssicherung ist in einer Eigentumsmarktgesellschaft ein Gebot der Vernunft und wenig verhandelbar. Der Raum und das Territorium, sie sind ein grundsätzlich bestimmender Ausdruck der Lebensweise, der Wünsche und Sehnsüchte der Menschen nach einem bleibenden, sicheren und eigenen Ort, aus dem man nicht vertrieben werden kann. Nur der Besitz bietet dauerhaften Schutz, das müssen die Mieterinnen und Mieter in den Großstädten lernen, wenn die nächste Preiserhöhung kommt. Mietpreisbremse oder Mietendeckel scheinen dagegen zu helfen, aber sie berühren die Fundamente einer kapitalistischen Eigentumsgesellschaft, in der dann, wenn die Gewinne unter die Erwerbskosten sinken, jeglicher Einsatz für Erhalt oder Neubau eingestellt werden. Wer baut dann noch, wer vermietet?

»Die neoliberalen kapitalistischen Länder haben weder ein Konzept für ein Recht auf Arbeit noch eines für bezahlbares Wohnen entwickelt, um zwei Schlüsselprobleme sozialer Nachhaltigkeit zu nennen«

Die Entwicklung der Verknappung und Verteuerung von Raum und des Wohnens hat große Auswirkungen auf die Nachhaltigkeit. Viele Menschen werden von den Orten verdrängt, an denen sie arbeiten, und müssen sich also billigere Wohnorte suchen. Dadurch steigt der Verkehr und die Belastungen und Schadstoffe nehmen zu. Für alle Großstädte ist mit Steigerungsraten in diesem Negativkreislauf zu rechnen. Der Staat, solange er auf die unsichtbare Hand des Marktes wartet, verschlimmert nur die längst sichtbaren Folgen seiner Untätigkeit. Wollte er tätig werden, so müsste er ohnehin die Teufelswerkzeuge gegen die Marktwirtschaft auspacken: Aufkauf von Flächen durch Vorkaufsrechte, Regulierung des Marktes durch umfassenden sozialen Wohnungsbau mit langfristiger Mietdeckelung, Begrenzung der Gewinnmaximierung durch Steuermodelle, Verbesserung der Infrastruktur durch nachhaltige Strategien und Techniken, um nur die Wichtigsten zu nennen.

Global cities als Treiber des globalen Kapitalismus

Nach Sassen (2008) gibt es ein Wechselspiel zwischen Territorium, Autorität und Rechten, das sich aus der kapitalistischen Geschichte heraus entwickelt hat: Die globale Ökonomie muss produziert und reproduziert, bedient und finanziert werden. Dies geschieht lokal, an bestimmten Orten, mit Verwaltungen, Arbeitskräften, Verkehrs- und Transportwegen, um die Produktion und den Konsum miteinander zu verbinden. *Global cities* werden dabei immer bedeutsamer, sie sind eine unmittelbare Auswirkung der Globalisierung auf lokale Standorte, die nach bedeutend und unbedeutend geschieden werden. Diese pulsierenden und dynamischen Städte werden selbst Ausdruck einer Globalisierung, die nationale Frage wird in ihnen sekundär, sie werden denationalisiert, weil die Anforderung an Diversität und Fachkräftewanderung für sie steigen und mehr Offenheit ermöglichen.

»In den *global cities* der Gegenwart zeigen sich alle Nachhaltigkeitsfragen wie unter einem Brennglas: Zwischen einem Leben in unermesslichem Reichtum und einem im Slum klafft eine tiefe Lücke, wenn es auch räumlich nur kurze Distanzen sind«

In den globalisierten Cities prallen die Niedrig- und Zeitlöhnerinnen und Gelegenheitskräfte, die teilweise noch in alten Industriediensten stehen (wie in der Lagerarbeit, der Logistik, im Transport, in den Minen, materieller Produktion), mit dem Management der Beschleunigung aus Beratungs-, Steuerungs-, Verwaltungs- und technologischen Berufen und dem Trend ins Home Office zusammen, wie Sassen (2001) argumentiert. Das Verschwinden alter Berufe und das Wachstum moderner Performerinnen oder von Jongleuren, die kurzfristig für jeden Job trainiert werden können, spiegeln sich in der Architektur und Raumplanung der Städte, wobei die Karte der Immobilienpreise genau angibt, in welchem Raum-Zeit-Sektor des Erfolgs oder der wachsenden Unsicherheit von problematischen Gegenden man sich befindet. Sassen identifiziert weltweit ca. 40 transnational ausgelegte Städte, in denen Finanzmärkte und zentrale Banken ebenso wie transnationale Konzerne zu finden sind. Sie werden flankiert von Finanz-, Unternehmens- und Rechtsberatungsfirmen, sind Zentren der Regierungen, Gerichte und Verwaltungen, der Werbeindustrie, der Finanzdienstleistungen und Steuerberatung. Solche Städte werden zu Überwachungsorten ganzer Ketten von Produktion, Zulieferung, Versorgung und Verteilung von Waren und größeren Dienstleistungen. In ihnen wachsen die Immobilienpreise in schwindelnde Höhen, aber ihre Sogkraft durch hohe Einkommenschancen wächst ebenso an. Sie entkoppeln sich in ihrer Entwicklung von ihrem umgebenden Raum und führen in den Nationen, in denen sie liegen, zunehmend eine Art räumliches Eigenleben. Die Dynamik ihrer Urbanisierung geht mit einer Dynamik von Nachhaltigkeitslasten einher, die entweder in den Städten selbst angehäuft wird, aber meist durch Entsorgung des Mülls und der Schadstoffe nach außen exportiert wird, um den exklusiven Wohnort im Wert zu steigern. Ihre Vernetzung untereinander wird durch ein schnelles Verkehrs- und Datennetz gesichert. Alte Raumqualitäten, die durch Repräsentationen der Moderne oder Kultur etwa als Denkmäler, Museen oder Alleen mit Bürgerhäusern erworben werden, können in die *global city* überführt werden, müssen es aber nicht. Der wirtschaftliche Markt und Standort ist das entscheidende Raum- und Bau-Kriterium für die neuen Zentren der Macht. Sie verschlingen Unmengen an Energien, lassen wenig Grünflächen zu, weil die Immobilienpreise eine Verdichtung bewirken, und steigern die Entfremdung des Menschen von der Natur. Gleichzeitig sitzen in ihnen aber wichtige Entscheider, die bestimmen, wie mit der Umwelt umgegangen werden soll.

Übertragen auf Deutschland ist in den Großstädten nicht nur die Diversität höher, sondern auch die politische Bereitschaft der Menschen, die Vorteile der Durchmischung unterschiedlicher Lebenswege zu sehen. Zugleich verändert die globale Wirtschaftsweise die Institutionen und die politischen Handlungen. Auf der einen Seite lässt die Globalisierung die nationale Geographie und viele Handlungsmuster unverändert, auf der anderen Seite entsteht aber auch ein Anpassungsdruck, der den internationalen Handelsbeziehungen, der international vergleichbaren Höhe von Besteuerungen, Vereinbarungen über einen allgemeinen globalen Arbeitsmarkt, über Anerkennungen von Ausbildungen und Abschlüssen, über die Gewährung und Förderung von Aufenthaltsrechten entspricht, um einige wichtige Aspekte zu nennen. Der Nationalstaat in der Konkurrenz mit anderen sucht seine institutionelle Sicherheit in Wirtschaftsverbünden, in Gemeinschaften wie der EU, in einer Bankenregulierung und in gemeinsamen Finanzierungsfonds wie durch die Europäische Zentralbank, um Vorteile zu gewinnen oder nationale Grenzen übersteigende Finanzkatastrophen zu verhindern. Auf der anderen Seite bewahrt er aber auch aus traditionellen, rechtlichen wie politischen Konstellationen heraus viele Eigenheiten, die sich in Besonderheiten des Steuer-, Erb-, Familien- und sonstigen Rechts finden. Dies erzeugt widersprüchliche politische und staatliche Bewegungen, um nach Autorität und Recht eine Balance aus allgemeinen und Sonderregeln zu erzeugen, um die funktionierenden Grenzen eines gesteigerten Wirtschaftswachstums in nationaler Konkurrenz bei gleichzeitig globaler Orientierung zu wahren.

Die nationalen und die globalen Aspekte werden besonders eindringlich in Rechtsfragen wahrgenommen. Der Missbrauch von Gesetzen findet zwar national statt, wird aber global ausgenutzt. Nicht nur die Arbeit oder Arbeitskräfte wandern, auch die Steuern werden durch Wanderung vermieden oder Schadenersatzforderungen bei Verstößen durch Vermeidung strafender Länder umgangen. Allein eine Internationalisierung der Rechtsverhältnisse könnte hier helfen, aber die nationalen Rechte und eine Politik der Souveränität verhindern dies konsequent. In der Nachhaltigkeit hat dies besonders negative Auswirkungen, da bei allen Nachhaltigkeitsfragen nationale Territorien und Grenzen ohnehin keinen Sinn machen.

Schwächung der Legislative, Stärkung der Exekutive

Die vielen Aktionen und Einzelaspekte, die im Regierungshandeln vor diesem Hintergrund erforderlich werden, erzeugen nach Sassen eine Schwächung der Legislative bei gleichzeitiger Stärkung der Exekutive, wobei immer öfter die Rechtmäßigkeit dann vor höheren Gerichten überprüft werden muss. Dies verstärkt andererseits die Geheimhaltung der Regierungsarbeit. Ohnehin führt die wachsende Privatisierung in Wirtschaft und Politik dazu, die Handlungen undurchschaubarer zu machen. Ein sehr klares Beispiel für diese Tendenzen ist die gescheiterte deutsche Maut, die politisch als nationales Symbol durchgesetzt wird, vor dem Recht der EU scheitert, die heimlich in den Kosten einer inkompetenten Regierungspolitik verhandelt und deren Folgelasten verschwiegen werden.

Die Verflüssigung der räumlichen Verhältnisse, insbesondere durch die heutige Virtualisierung der räumlichen Vorstellungen und digitale Zugänge und Verarbeitungen, zeigt aber auch an, dass wir vor einem Paradox stehen, wenn wir wie Sassen versuchen, Grundkategorien in der historischen Interpretation von wesentlichen Zugängen zu finden: Einerseits benötigen wir solche Kategorien, um uns etwa im Wechselspiel des Territoriums, der Autorität und der Rechte zu bewegen, andererseits zeigt die Verflüssigung der alten Begriffe in der flüssigen Moderne und Globalisierung, wie unsicher und ungenau solche Versuche geworden sind. Wir müssen uns im Fluss der Veränderungen stetig neu in unseren Konzepten über die dabei relevanten Kategorien und Interpretationen erfinden. Eben noch genießen wir die Vorteile des globalen Warenaustauschs und Reisens in einer Ubiquität, im nächsten Moment führt eine Pandemie, begünstigt durch ein solches System dazu, dass alle Grenzen rigide hochgezogen werden.

Was heutzutage gern als Globalisierung, als Post- oder Transnationalismus bezeichnet wird, erscheint Sassen als Denationalisierung. Während die ersten drei Begriffe auf

Aspekte verweisen, die jenseits des Nationalen liegen, so macht Sassen darauf aufmerksam, dass sie stets Teil des Nationalen geblieben sind.

Die Denationalisierung ist an vielen Stellen sichtbar, aber auch verborgen, sie findet fließend und verdeckt statt. Typisch sind hier Muster, in denen etwa der weltweite Handel, die Migration, die Nachrichten, die *social media*, die Zugänglichkeit aller Orte der Welt längst als nicht länger national erscheinen, aber dennoch stets national konstruiert und verglichen werden: Was gewinnen wir aus dem Handel? Inwieweit bedroht die Migration unsere Heimat? Zeigen die Nachrichten, dass wir nicht deutlich sicherer und besser als andere leben? Sind unsere *social media* nicht doch auf unsere engeren Bekanntenkreise zu Hause begrenzt? Und ist der Tourismus nicht gerade deshalb schön, weil wir immer nach Hause zurückkehren?

»In der Denationalisierung sind wir scheinbar eine Welt, aber dies erblicken und konstruieren wir stets national«

Solche Denkhaltungen bilden eine Oberfläche der Betrachtungen über eine sich verändernde Welt. Dahinter stecken aber nationale Territorien, Produktionsweisen, auf denen sich aus der Moderne heraus der Reichtum, Wohlstand und Überfluss der reichen Nationen gründen, die seit Jahrhunderten stets nur an das eigene Wachstum und fast gar nicht an die Folgen für die Verschwendung von Ressourcen, den Klimawandel, das Anwachsen von Kriegen und Konflikten in der Verteilung des Reichtums der Welt gedacht haben. Eine Denationalisierung ist ein Vorgang, der eine Nationalisierung immer schon enthält. In der Diversität der Bevölkerung ist das Nationale nicht nur Vergangenheit, es ist auch Gegenwart und Zukunft.

Sichtbar wird dieser Konflikt, wenn die flüchtigen *social media* mit ihren Gewinnen besteuert werden sollen. Das Internet, Apps und unzählige Anwendungen, müssen keine Pässe vorlegen, wenn sie Grenzen des Nationalen überschreiten, aber sie fahren auf dem internationalen Markt Gewinne in allen Nationen ein. Das nationale Steuerrecht ist überfordert, die internationale Finanzpolitik in ihren selektiven Interessen gespalten, um das Denationale zu fassen. Oder nehmen wir den Klimawandel. Er kann nur weltweit bekämpft werden, aber derzeit streitet die Menschheit national um wirksame Gegenmaßnahmen. Die Bereitschaft, sich umfassend einzusetzen, ist in den Ländern unterschiedlich. Aber das Klima kennt keine Grenzen.

Wie soll die Nachhaltigkeitskrise hinreichend bekämpft werden, wenn die Menschen in den Denkboxen des Nationalen verharren, aber die Krisenphänomene auf das Nicht-Nationale, auf die Welt im Allgemeinen wirken? Wenn die UN die globalen Ziele der Nachhaltigkeit verkündet, dann spricht dies Allgemeine zu allen Nationen und Menschen. Aber es spricht im Sinne von tief verankerten Denk- und Handlungsweisen aus einer früher erfolgreichen national imaginierten Moderne, sodass nicht alle Menschen begreifen, dass die alten Lösungen nicht die Lösungen der Zukunft sind, sondern das eigentliche Problem darstellen.

Zunahme der Geschwindigkeit

Eine wichtige Kategorie, die Raum oder Territorium, Autorität oder den Staat, Rechte oder das Privateigentum als Kernrecht verbinden, ist dabei wie weiter oben schon angesprochen die Geschwindigkeit. Auf die Globalisierung bezogen ist sie es, die viele die Gegenwart fürchten lässt, weil die Beschleunigung der Zeit den eigenen Standort so unkalkulierbar und damit unsicher macht. Dies gilt für die Nationen insgesamt, die im Netzwerk des Globalen stets nach eigener Orientierung suchen. Der wachsende Populismus in der Welt ist ein Ausdruck davon, die Wahl eines Geschäftsdealers wie Trump als Präsidenten der USA ein eindrucksvolles Beispiel für den Zerfall der bisherigen Werte. Die alten exekutiven Kräfte mit ihrer lang aushandelnden Diplomatie sind von der Beschleunigung vor den Kopf gestoßen, sie sind oft unfähig, schnell zu reagieren, um die wachsende Unsicherheit der nationalen Bevölkerungen mit schnellen Lösungen – ganz gleich ob diese überhaupt gelingen können – zu befriedigen. Streit um Handelsvorteile oder -nachteile und um Migrationsströme sind zentrale Themen eines Populismus geworden, der das demokratische Recht auf freie und geheime Wahlen mit den Wünschen der Menschen, jemand möge die Ungerechtigkeiten und Unsicherheiten der globalen Welt schnell national lösen, verbindet. Hier zeigt sich die Sehnsucht nach einem Zurück in die Muster der Moderne, in das, was schon lange verloren gegangen ist. Viele Menschen wollen dies nicht wahrhaben. Sie werden historisch ungebildet gelassen, weil im Schulstoff kaum noch eine Unterscheidung nach wichtigen oder unwichtigen Inhalten diskutiert wird. So zerstört die Gesellschaft ihre eigenen Werte, die in politischen Sonntagsreden gleichzeitig propagiert werden. Nachhaltig ungebildete Menschen sehen die Geschichte wie ihre Konsumgegenstände als etwas, das immer zur Verfügung stehen soll, wenn man es nur wünscht. Aber Geschichte funktioniert so nicht.

> »Innerhalb des Nationalen verdichten sich in Bezug auf Migration viele Sorgen, weil der Nationalstaat stets einen Besitzstand ausdrückt, der durch Migration gefährdet erscheint«

In Bezug auf das Territorium, die Zeit und die zunehmende Geschwindigkeit, die Zunahme an Subjektivierungen bei gleichzeitigen Fragen nach Zugehörigkeit und verbleibenden Verpflichtungen empfinden viele Menschen durch die Menge an Migrationsbewegungen heute eine Krise, zumindest ein Unbehagen und Unsicherheiten. Der Nationalstaat ist ein Projekt, das dazu führt, Menschen glauben zu machen, innerhalb einer gewissen Ordnung, voraussagbarer Sicherheit, unter Regeln und Gesetzen mit konsequenter Verfolgung von Abweichungen zu leben. Die Zugehörigkeit besteht nicht nur aus Pass und Personalausweis, sondern auch aus einer gemeinsamen Auffassung, aus imaginierten Zuschreibungen lokaler Prägung, wie gelebt und gehandelt werden soll, zumindest welche formalen Erwartungen an ein

Miteinander in der Öffentlichkeit, auf der Arbeit und in der Freizeit gestellt sind. Auch wenn diese Erwartungen nie vollständig und für alle erfüllt werden, auch wenn die Sanktionen nur dann wirksam sind, wenn die Erziehung die Menschen auf solch ein Verhalten vorbereitet, so ist der Verlust an Zugehörigkeiten in einer stärker diversen Welt und an Verpflichtungen in einer Welt der Abweichungen und Ausnahmen, den heute besonders ältere Menschen spüren, mit vielen Ängsten verbunden. Aber die ältere Generation hat sich ihrerseits kaum Gedanken darüber gemacht, was jenseits der nationalen Ansprüche in anderen Ländern vor sich geht. Sie ist an Import und Export zum eigenen Nutzen interessiert gewesen, aber nicht an einer demokratischen und menschenwürdigen Lebensweise in der Ferne, die man allenfalls als Tourist als exotisch bestaunt und von der man dann gern in die Heimat zurückkehrt. Diese nationale Borniertheit schlägt heute angesichts der globalen Grenzen des Wachstums und der Nachhaltigkeit auf das Nationale zurück.

II.2.6 Nachhaltigkeitsverlierer: Vertreibung, Flucht, Migration

Im Hinblick auf die Migration sind Assemblagen Konfigurationen aus Mischbildern der reichen Welten, ihrer vermeintlich guten Lebensläufe und Aufstiegschancen, ihres Luxus und ihrer Versprechungen, die mit den Erfahrungen des Elends, des Mangels, der Barrieren und geringen Lebenschancen verglichen werden und nur eine Schlussfolgerung zulassen: Wer dort lebt, ist ein Gewinner! Es sind Kunstwerke im Kopf, Imaginationen, die von Wünschen geleitet werden, die Menschen auf Reisen gehen lassen, die sie Gefahren auf sich nehmen lassen, weil die Versprechungen der besseren Welt schwerer wiegen als die Angst vor einer gefährlichen Reise.

Die reichen Länder geben viele Versprechen

Die Assemblage der Versprechen des Westens – als Synonym für die bessere Welt – ist in ökonomischer Hinsicht oft eine Täuschung, aber die Getäuschten können dies nicht erkennen, weil sie keinen Kontext und keine Erklärung nach Mustern der Wahrscheinlichkeit suchen, sondern die individuelle Ausnahme und das individuelle Glück, dessen Einzelfall berichtet und dramatisiert wird, zum Ausgangspunkt nehmen, damit nicht alles Sehnen umsonst bleibt. Die reichen Länder werden dabei auch Opfer ihrer eigenen Propaganda und Werbung, die nur die schönen Seiten des Konsums im Internet zeigen.

Über Jahrhunderte haben die reichen Staaten mit ihrer Industrialisierung und kolonialen Politik aus den armen Ländern vor allem des globalen Südens sich das geholt, was sie an Rohstoffen und Menschen benötigten, um eine bessere Wirtschafts- und Lebensweise für sich zu ermöglichen. Nicht nur Gold, Silber, Diamanten, Metalle und andere Rohstoffe, sondern auch Kaffee, Tee, Kakao, Gewürze und Früchte wurden importiert. Bei Arbeitskräftebedarf wurden Menschen versklavt. Mit dem Ende der Kolonialzeit endete keineswegs die Abhängigkeit und Ausbeutung. Ein Gesetz des Kapitalismus lautet: Je reicher ein Land an Rohstoffen ist, desto wahrscheinlicher ist es, dass die Mehrheit der Bevölkerung in Armut lebt.

An die Stelle der Abhängigkeit durch Kolonialstaaten ist heute die Abhängigkeit von Konzernen getreten, die eine hohe Kontrolle über den Abbau und den Verkauf der Rohstoffe haben und die bestimmen, wie die Gewinne verteilt werden. Meist profitiert im Land nur eine kleine, oft korrupte Schicht von diesen Gewinnen, und die Bevölkerung, die als billige Arbeitskraft genommen wird, bleibt arm und machtlos. Die internationale Politik der reichen Länder stützt die Interessen der Konzerne und Unternehmen, von denen der eigene Reichtum entscheidend mit abhängt. Kredite, Handelsabkommen, Entwicklungshilfen und Entschuldungsprogramme gehen Hand in Hand mit den Interessen der Wirtschaft, um den Zugriff auf die Ressourcen zu erhalten und zu bewahren.

»Je reicher ein Land an Rohstoffen ist, desto wahrscheinlicher ist es, dass die Mehrheit der Bevölkerung in Armut lebt«

Phänomene der Vertreibung, Flucht und Migration

Vertreibung, Flucht und Migration haben vor diesem Hintergrund viele Ursachen. Es sind komplexe Bündel von Faktoren, die zusammenwirken. Fast immer geht es um kapitalistische Gewinne, die vor allem in die reichen Länder gehen, deren demokratische Orientierung sich kaum damit befasst, was das Gewinnstreben und die Gier in armen Ländern auslöst:

Krieg und Gewalt sind besonders leidbringend und zerstören die Lebensgrundlage. Wenn sie im Kampf um Ressourcen, Macht und Einfluss auftreten, dann wird immer ein Mechanismus ausgelöst, der zu Vertreibung, Flucht oder Migration führt; betroffen sind davon vor allem die Armen.

Diskriminierung und Verfolgung betrifft Menschen oft in ethnischen und religiösen Konflikten. Sie berühren meist unmittelbar die Sicherheitsbedürfnisse und das Überleben von Menschen.

»Faktoren, die Vertreibung, Flucht und Migration antreiben«

Armut und Perspektivlosigkeit, die Suche nach Arbeit und Sicherheit sowie einem annehmbaren Lebensstandard ist eine Haupttriebfeder für Migration.
Landraub und Rohstoffhandel waren schon in kolonialen Zeiten und sind durch große Konzerne bis heute dafür verantwortlich, dass die angestammte Bevölkerung vertrieben, die Umwelt zerstört und vergiftet, die herkömmliche Existenzgrundlage vieler Menschen zerstört wird. Es erscheint paradox, aber ein Ressourcenreichtum führt oftmals zu mehr Ungleichheit, Repressionen bis hin zu Bürgerkriegen. Im Gewinnstreben geht es nicht darum, überall auf der Welt Demokratie einzuführen, sondern durch Gewinnpraktiken ein Maximum an eigenem Erfolg herauszupressen.
Umweltzerstörung und Klimawandel werden in Zukunft immer stärker bestimmte und hier besonders arme Regionen betreffen, die kaum Ressourcen haben, um für menschenwürdige Verhältnisse zu sorgen. Alle bisherigen Flucht- und Migrationsbewegungen müssen im Vergleich zu denjenigen, die noch zu erwarten sind, als verhältnismäßig klein eingeschätzt werden. Die Internationale Organisation für Migration (IOM), die seit 2016 Teil des UN-Systems ist, berechnet für den Zeitraum von 2008–2017, dass insgesamt 246,5 Millionen Menschen bereits durch geophysische und klimabedingte Katastrophen vertrieben wurden. In Zukunft werden es deutlich mehr werden.

Angetrieben von der Sehnsucht nach Wohlstand und Sicherheit werden im Zeitalter der Assemblagen die Migrationsbewegungen zunehmen, sie stehen erst am Anfang. Zugleich kommen dann auch noch jene hinzu, die durch Krieg, Gewalt und Vertreibung ohnehin nichts anderes als die Hoffnung auf bloßes Überleben und berechtigtes Asyl haben. Zudem wird der Klimawandel die Größe der Flüchtlingsbewegung immer weiter steigern. Die Gruppen der Wirtschaftsflüchtlinge und der Menschen in großer Not mischen sich in der Praxis, was eine gerechte Aufnahme erschwert und Abschiebungen (bzw. Fantasien hierüber, weil sie doch kaum hinreichend funktionieren) nach der mühsamen Einreise in die reichen Länder auslöst. Bereits heute ist klar, wo die Länder liegen, die mit den größten klimatischen Veränderungen zu kämpfen haben: Das *Institute for Economics and Peace* (IEP 2020) prognostiziert, dass bis zu 31 Länder bis 2050 unbewohnbar sein könnten. Stürme, Fluten oder Dürre und Wasserknappheit werden zu massenhafter Migration führen. Die afrikanische Sahelzone und weiter südlich liegende afrikanische Staaten bilden einen Korridor, der über Madagaskar und den Nahen Os-

»Der Klimawandel wird Fluchtursachen immer weiter verschärfen und Migrationsbewegungen in den globalen Norden zur immer größeren Notwendigkeit machen«

ten von Syrien bis Pakistan reicht. Aus dem nationalen Elend resultieren Konflikte, Kriege, Vertreibungen und Flucht, die so viele Menschen betreffen wird, dass selbst aufgeschlossene und den Menschenrechten verpflichtete Staaten zu Abwehrmaßnahmen greifen werden. Bereits heute zeigt die Unfähigkeit beispielsweise der EU, die Migration in kleinem Maßstab zu regeln, welche Zerreißprobe dies dann für die reichen Länder bedeuten wird.

Mit dem Begriff der Assemblage kann reflektiert werden, dass es Beobachtungen und Teilnahmen gibt, die selbst kein Gesamtbild mit klaren Linien mehr zeigen können. Früher haben die Kulturunterschiede, die Risiken der Reise, die Unbekanntheit und Ablehnung aufnehmender Länder die Menschen abgehalten, sich überhaupt auf den Weg zu machen, obwohl sie meist noch ärmer waren als in der Gegenwart. Aber die Wohlstandsgesellschaften erscheinen trotz ihrer Widersprüche als attraktiv, weil alles überwiegend in einer Teilhabe am Konsum und größerer Sicherheit gemessen wird. Assemblagen betreffen zwar Umstände, die heterogen, kontingent, ambivalent, instabil, unsicher, bruchstückhaft, situationsbezogen erscheinen, aber die dadurch repräsentierte Offenheit reicht aus, um in der Migration alle Hoffnungen zu bündeln, dass die Wanderung besser als ein Bleiben ist. Sie sind aber auch ein erkenntniskritisches Werkzeug, um aus Sicht der reichen Nationen zu begreifen, wie widersprüchlich und ambivalent, wie durchmischt und durcheinander die eigene Welt geraten ist, die ihnen als offen für alles erscheint.

»Assemblagen zeigen, dass wir ein konsistentes Gesamtbild der Weltlage verloren haben, sie verdeutlichen, dass es keine Einheitslösungen für Konflikte mehr gibt«

Im Hinblick auf Migration und andere Nachhaltigkeitsfragen können Assemblagen uns auch schnell entmutigen, welche Handlungschancen bleiben, wenn Menschen durchmischt von Stückwerken unterschiedlicher Wirklichkeiten agieren. Nehmen wir das Beispiel der Flüchtlingskrise zwischen armen und reichen Ländern, zwischen Ländern mit Krieg, Gewalt und Unterdrückung und jenen, die ein Asylrecht besitzen, um Menschen in Not gemäß menschenrechtlicher Ansprüche einen Aufenthalt zu bieten. Vernünftigerweise müssten die reichen Länder, die etwa in der Europäischen Union zusammengeschlossen sind, Asylanten untereinander gerecht verteilen. Unter Gerechtigkeit wird aber aus der je eingenommenen nationalen Perspektive sehr Unterschiedliches verstanden. Die einen sehen sich wirtschaftlich in der Lage und halten es auch politisch für vertretbar, größere Gruppen aufzunehmen, andere halten dies weder wirtschaftlich noch politisch für machbar. Für alle gilt zusätzlich die Frage, wie viel Menschlichkeit man sich leisten will, wenn noch sehr viel größere Menschengruppen kommen, weil aktuell weit über 6 Millionen Menschen auf der Flucht sind. Die potentielle Zahl möglicher Flüchtlinge, wenn sich die Klimakrise nur ein wenig verschärft, wird vom Weltklimarat

2019 auf über 280 Millionen geschätzt. Die Tendenz ist auch bei dem kleineren Volumen in der Gegenwart immer steigend und nie fallend.

Anwachsender Rechtsruck und Populismus zeigen, wie heikel die Balance aus Aufnahmebereitschaft und scheinbarer Überforderung bereits geworden ist. Müssten nicht andere Länder mehr leisten? Es geht hier wie mit dem Migrationspakt der EU: Pech haben die Länder an den Grenzen, da die Geflüchteten dort ankommen und bleiben, wenn sich keine anderen Länder zur Aufnahme bereit erklären. In diesem Sinne wird national und lokal abgelehnt, was aus globaler Sicht notwendig wäre. Eine Einigung wäre nur auf einer höheren, gemeinsamen Ebene möglich. Aber die nationale Verfassung in den unterschiedlichen Ländern verhindert genau dies, wobei zudem Sorgen vor Überfremdung in manchen Ländern stärker als in anderen geschürt werden. So bleiben die internationalen Konventionen, die globalen Ziele der UN, die Menschenrechte und die Klimabeschlüsse ebenso wie die Menschenwürde mit einem Recht auf Asyl zunächst immer Wunschvorstellungen, die nur gegen Widerstände und daher zögerlich und langsam national, wenn überhaupt, umgesetzt werden können.

Die Praxis zeigt zudem seit 2015, dass sehr unterschiedliche Menschen um Asyl ersuchen, dass oft jene, die besonders hart betroffen sind, gar nicht die Mittel für Schlepper und Transport aufbringen können, um ihr Recht wahrzunehmen. Junge Männer, die mehr haben als jene, die gar nicht reisen können, scheinen ein Vorrecht für solche Reisen zu besitzen. Aber sie haben nur wenig mehr Chancen als jene, die gar keine besitzen, oft Frauen und Kinder. Die nationale Autorität regelt dann die Durchgänge oftmals zu spät, denn das Elend findet auf einem anderen Territorium statt, auf dem Gerechtigkeit und Hilfe in der Regel keine globale Gültigkeit haben. Der Durchgangsautorität bei Flucht und Vertreibung steht zwar ein lokales Recht zur Seite, aber dieses Recht ist abstrakt und formal formuliert, es kennt nicht den Einzelfall, sondern nur den formalen Fall, nach dem alle zunächst gleich behandelt werden sollen. Wie viele werden es sein können? Wann wandelt sich die globale Menschenliebe in nationale Abwehr?

> »Es wird zur wiederkehrenden Frage, wann sich die globale Menschenliebe in eine nationale Abwehr verwandelt«

Auf einen solchen Wandel bereitet das Nationale im Kern immer schon vor. Gesellschaften wollen auf den Märkten global handeln, aber sie wollen lokal geschützt weiterleben und erreichte Privilegien behalten. Insbesondere die Spaltung der reichen Länder in hohe Besitzstände auf der einen und abgekoppelte, prekäre Lebensverhältnisse auf der anderen Seite, erzeugen einen Druck nach unten, eine Angst vor weiterer Konkurrenz für die bereits real oder imaginiert prekär lebenden Menschen der reicheren Länder. Hilfswillige Menschen betrachten die Wanderungsbewegungen immer erst im Nachhinein und stellen dann fest, dass sie vor Ort, dort, wo das Elend herrscht, etwas unternehmen müssten, obwohl der Kapitalismus, dessen Teil sie sind, im gleichen Atemzug genau jene Länder von den Rohstoffen her ausbeutet und mit Waffen beliefert oder die Drogen konsumiert, die dort angebaut werden. Hier wird das Globale zum nationalen Vorteil der Wirtschaft, des Kapitals und auch der Konsumentinnen und Konsumenten ausgenutzt. Alle sind Teil davon, auch wenn sie es nicht sein wollen.

Wenn das Globale jedoch wandert, um etwas vom Reichtum oder der Sicherheit abzubekommen, dann wird dies je nach Grad der realen oder imaginierten Belastung in der Bevölkerung irgendwann als die größte Bedrohung der eigenen Lebens- und Besitzverhältnisse wahrgenommen. Das Nationale ist in der globalisierten Welt nicht verschwunden, nur weil die reichen Länder auf den weltweiten Märkten agieren oder Touristen überall hinreisen können. Das eigene Territorium ist national ein begrenzter Raum geblieben, der gegen Eindringline zu verteidigen ist, wie gegenwärtig große Gruppen der Bevölkerung aller reicheren Länder denken – besonders jene, die bis jetzt sehr wenige konkrete Efahrungen mit Einwanderung gemacht haben, zeigen die größten Ängste.

Fließendes Kapital und verworfene Lebenswege

In der flüssigen Moderne werden wir mit solchen Widersprüchen noch lange befasst sein, so lange zumindest, wie die Kluft zwischen reichen und armen Ländern besteht und in der eigenen Nation das relative Wohlstandsgefälle als ständige Existenzbedrohung unterer Schichten erlebt wird. Es ist sicher davon auszugehen, dass sich durch den Klimawandel an vielen Orten die Lebensbedingungen so verschlechtern werden, dass die Migration in einem Ausmaß zunehmen wird, der alle bisherigen Besitzstände an ihre Grenzen und die menschliche Sorge um den eigenen Wohlstand in dramatische Übertreibungen und Abwehrhandlungen schicken wird.

Insbesondere in den Migrationsbewegungen der flüssigen Moderne findet das fließende Kapital seinen Ausdruck in den verworfenen Lebenswegen. Die globalen Wanderungsbewegungen sind aus Sicht der Kapitalisierung mindestens dreifach motiviert:

(1) Die Arbeit wandert dorthin, wo sie besser bezahlt wird. Höher entwickelte Industrieländer, die im langen Kampf zwischen Lohnarbeit und Kapital den Lebensstandard im Vergleich zu weniger entwickelten Ländern erhöht haben, stellen einen großen Anreiz für Einwanderung und Flucht dar. Aber sie sind traditionell hierauf nicht vorbereitet, weil viele entweder glauben, dass die Migration nur ein Zeitphänomen sei, das wieder verschwindet, oder die notwendige Integration der Neuankömmlinge als deren ausschließliche Bringschuld konstruiert wird. Dies funktioniert umso schlechter, je weniger eurozentrische Selbstzwangsmechanismen bei den Migranten ausgebildet sind. Das Nationale wird hier also wie selbstverständlich als Integrati-

»Die Arbeit wandert heute dorthin, wo sie am besten verwertet werden kann«

onsziel genommen, ohne es mit der Unterschiedlichkeit der lokalen Herkunft abzustimmen. Dies kann entweder die Multikulturalität der Einwanderungsgesellschaft stärken, wenn es gelingt, eine gemeinsame Identität auf einer gemeinsamen integrativen Basis auszubilden, oder aber schwächen, indem Feindbilder, Fremdenhass und Konkurrenz um die Arbeitsplätze und Ängste gegenüber allem Fremden anwachsen. Für die erste Strategie reichen die Versprechungen der Politik nicht aus, es müssten Ressourcen und Personal in ein solches Projekt gesteckt und Gesetze der Eingliederung neu erstellt werden. All dies geschieht in Deutschland nicht, weil viele offensichtlich auf spätere Abschiebung hoffen; insoweit dominiert mehr und mehr die zweite Strategie. Migration ist ein wesentlicher Bestandteil der Nachhaltigkeitskrise unserer Zeit, für die Lösungen zwar bekannt sind, wobei diese aber nicht konsequent verfolgt werden. Deutschland hat es über Jahrzehnte verschlafen, ein Einwanderungsland zu werden, obwohl es durch die niedrige Geburtenrate selbst darauf angewiesen ist. Aus diesem Grund hat es jetzt, da die Einwanderungszahlen durch Flucht und Wirtschaftsflucht angewachsen sind, für die Migration keine ausreichenden Konzepte.

(2) Das Kapital wandert dorthin, wo es durch billige Arbeit mehr Gewinne erzielen kann. Einige Länder, die über hinreichend Ressourcen, Sicherheiten und qualifizierte Arbeitskräfte verfügen, profitieren hiervon, indem sie langfristig den Lebensstandard erhöhen können. Dies bedeutet, Leistungen im Hinblick auf Infrastrukturen für Transport und Verkehr, Vergünstigungen bei der Gewinnung von Betriebsstätten und deren Besteuerung, akzeptable Lebensverhältnisse für das wandernde Management herzustellen, möglichst auch einen eigenen Absatzmarkt zu schaffen. Manche Länder profitieren durch ihre günstige Lage wenigstens vom Tourismus. Andere Länder, die all dies nicht aufweisen können, werden immer weiter vom möglichen wachsenden Wohlstand in der Welt abgekoppelt, und meist werden zusätzlich noch ihre Rohstoffe ausgebeutet und sie werden mit dem Müll der reichen Welt überschüttet. Vielfach sorgen dann noch Überschüsse aus der Landwirtschaft der reichen Länder für den Ruin der Agrarwirtschaft vor Ort. Soziale Konflikte und Armut in diesen Ländern erzeugen in einer Welt, in der der Reichtum der anderen leichthin in den Medien sichtbar ist, einen Anstieg des Wunsches oder die Notwendigkeit, sich auf Reisen zu begeben. Dies wird weiter zunehmen, solange das Grundgerüst der Abhängigkeit und Ausbeutung nicht aufgebrochen werden kann. Doch auch wenn Deutschland ein Einwanderungsland mit klaren Regeln für eine Aufnahme von Qualifizierten wäre, würde dies den Massen aus den armen Ländern nicht helfen, sondern die Wahrscheinlichkeit einer Aufnahme sogar noch weiter reduzieren.

»Das Kapital wandert dorthin, wo es die besten Gewinnchancen hat«

(3) Die abgekoppelten Länder haben eine Vielzahl von Problemen, die sie im Hinblick auf die Weltwirtschaft kaum allein beheben können. Das globale Kapital hat von sich aus kein Interesse, dort zu investieren, die reichen Länder haben keine hinreichenden Programme und finanzielle Hilfen, um den Aufbau einer langfristig wirksamen Wirtschaft zu unterstützen, lokale Konflikte im Ringen um das Überleben haben Stammes- und Sippenkulturen verstärkt, die als Differenzlinien einen Kampf aller gegen alle provozieren, was rohe und brutale Verhaltensweisen erzeugt. Religiöse Dogmen und diktatorische Regime verstärken die Konflikte, die nicht selten in Kriege innerhalb des Landes oder gegen die Nachbarn enden. Klimaveränderungen verschärfen die Probleme noch. Von diesen Ländern aus nehmen heute die großen Fluchtbewegungen ihren Ausgang, wobei im Grunde alle Menschen einen Anspruch auf Asyl nach menschenrechtlichen Normen haben, was jedoch die reichen Länder seit der Zunahme der Flüchtenden und Fluchtwilligen abzuwehren suchen, indem sie spitzfindige Zuschreibungen nach sicheren und unsicheren Herkunftsländern eingeführt haben. Die reichen Länder benötigen zwar oft Einwanderung, um die Kinderlosigkeit ihrer Bevölkerungen auszugleichen, zugleich wollen sie aber eine qualifizierte Einwanderung möglichst auf dem Kompetenzniveau der Einheimischen; genau solche Kompetenzen jedoch fehlen in den abgekoppelten Ländern. Ehrlicher und effektiver wäre es auf Dauer, wenn die reichen Länder eine umfassende und nachhaltige Bereitschaft zeigen würden, die den Ländern vor Ort oder im Falle einer Flucht den jeweiligen Nachbarländern helfen würden, um langfristig die Autonomie der Länder und einen akzeptablen Wohlstand vor Ort zu stärken. Eine Gutmenschpolitik, die alle armen Menschen aufnehmen wollte, wird dagegen immer an ihre Grenzen kommen und letzlich eine Festung Europa oder eine Mauer in Amerika hervorbringen, weil das Nationale eine treibende Kraft in der Zugehörigkeit der Menschen und in der Verteidigung ihrer Besitztümer geblieben ist.

> »Das globale Kapital verschärft in seinen Wanderungen die prekäre Lage armer Länder«

Integration als Hoffnung und Illusion

Was macht vor diesem Hintergrund die Integration in der Migration bis heute so schwierig? Warum gelingt sie in einigen Ländern besser, in anderen schlechter?

Es gab in der Weltgeschichte auch in der Moderne immer schon große Unterschiede zwischen reichen und armen Ländern. Selbst im Aufschwung der Industrialisierung gab es große Wanderungsbewegungen besonders nach Amerika, die das soziale Elend in Europa vor allem im 19. Jahrhundert spiegelten. Was sich bis heute jedoch radikal geändert hat, ist nicht nur eine Zunahme der Mobilität in der Welt, sondern besonders auch der Erwartungen der Ankömmlinge an das bessere Leben und umgekehrt der Erwartungsdruck an sie. Die Mobilität betrifft die Möglichkeiten der eigenen Bewegungen, die Grenzüberschreitungen durch Verkehrsmittel, aber grundsätzlich auch die virtuelle Mobilität, die die Bilder des Reichtums global in die entlegensten Orte der Welt verbreitet. Was nicht verbreitet wird, das ist der Hintergrund der Erwartungen. Das Erziehungs- und Bildungsverständnis der reichen Länder ist lange gewachsen und durch ein Bild des hinreichenden Selbstzwangs zum lebenslangen Lernen eurozentrisch geprägt, wobei die Individuen sich alles eigenständig, aus eigener Motivation, selbst bei langweiliger und frontaler Instruktion, beibringen sollen. Die darin versteckte kulturelle Erwartung kann von jenen nicht erfüllt werden, die bisher um das reine Überleben kämpfen und die keine Lernstrategien für eine Gesellschaft im Überfluss besitzen. Sie müssen solche Strategien nach Ankunft erlernen, aber die herkömmlichen Erziehungs- und Bildungssysteme sind genau dafür nicht ausgelegt und mit einer solchen Ausbildung überfordert.

II.3 Grundkonflikt: Die Dominanz der Sehnsüchte vor den Verpflichtungen

Dieses Kapitel diskutiert die politische Bedeutung des Kapitalismus und seiner Herrschaftsformen. Hier steht zunächst die Frage im Mittelpunkt, welche Autorität die Politik noch aufbringen kann, um Lösungen gegen den Klimawandel, die Ressourcenverschwendung, Müll und Artensterben, gegen eine wachsende ökologische Krise durchzusetzen. Je mehr im Laufe der neueren Geschichte die persönliche Autorität abgenommen hat und durch abstrakte und institutionelle Formen der Herrschaft ersetzt wurde, desto schwächer scheinen die politischen Kräfte zu werden, die national und global langfristige Wirkungen erzielen können. Wo früher Freiheitswünsche gegen Herrschaftsformen standen, da ist mittlerweile der Kapitalismus selbst zu einer abstrakten autoritären Form geworden, die in ihren neoliberalen Ausformungen kaum genug Angriffspunkte bietet, um Nachhaltigkeit gegen die Gewohnheiten des Systems durchzusetzen. Es gibt in der Politik der Gegenwart in meinen Augen einen Grundkonflikt: Die Dominanz der Sehnsüchte vor den Verpflichtungen spiegelt die ökonomische Bevorzugung des Konsums und der Gewinnmaximierung vor den Pflichten einer ökologischen Balance und eines Handelns, das Menschen und anderem Leben auf der Erde eine Zukunft bietet, die mindestens den Standards der Gegenwart entsprechen könnte. Ich will dies in vier Schritten diskutieren:

- Der autoritäre Charakter wird vor allem von den Gegnern der Nachhaltigkeit betont und gepflegt. Die Relevanz des autoritären Charakters zeigt sich sowohl in antidemokratischen Strömungen als auch bei Gegnern der Nachhaltigkeit.
- Eine Sehnsucht nach Zugehörigkeit bei gleichzeitiger Abnahme von Verpflichtungen zeigt eine Autorität im Wandel, die sich von persönlichen hin zu institutionellen Formen verschiebt. Alles, was persönliche, direkte und unmittelbare Verpflichtungen übersteigt, erweist sich als ungleich schwerer zu realisieren. Dies gilt insbesondere für die Nachhaltigkeit.
- Der Kapitalismus in seinen heutigen neoliberalen Formen bildet eine sachliche Autorität, die als alternativlos erscheint. Zwar wird diskutiert, dass der Kapitalismus und die Nachhaltigkeit einen Gegensatz bilden, aber es gehört zur institutionellen Autorität, dass die Nachhaltigkeit sich nur über den und nicht gegen den Kapitalismus lösen lässt. Es ist notwendig, dies näher zu analysieren und begrifflich klar zu fassen.
- Der früher in vielen Bereichen begrenzte Mensch hat sich im Verhalten, seiner Freiheit, dem Konsum und neuen Lebensgewohnheiten von vielen Fesseln befreit. Der entgrenzte Mensch mit seinen Bedürfnissen tritt den Grenzen der Erde gegenüber, jenem ganz anderen Feld der Natur und des Lebens, das auch über seine Zukunft mit entscheiden wird.

4 Schritte der Entgrenzung

II.3.1 Der autoritäre Charakter lebt im Kampf gegen die Nachhaltigkeit auf

In der Politik des 20. Jahrhunderts war der autoritäre Charakter eine zentrale Erklärungsfigur, die Faschismus, despotische Regime und die Mobilisierung von Massen für ihren eigenen Untergang erklären sollte. Das Erbe dieses Charakters wirkt bis heute fort. Es ist besonders unter den Gegnern der Nachhaltigkeit weit verbreitet, weshalb es sinnvoll erscheint, die vorhandenen Analysen dieses Charakters auf die Gegenwart zu beziehen.

»Heute gilt: Jeder soll sich selbst der Nächste sein und seine schier grenzenlose Freiheit genießen, aber dafür soll er auch allein bezahlen«

Heute tritt der autoritäre Charakter oft versteckt als eine Sehnsucht nach Zugehörigkeit wieder auf. Hierbei werden nicht nur Sehnsüchte nach alter Größe geäußert, sondern auch Ressentiments gegen andere geweckt, um einen eigenen Selbstwert zu konstruieren. Gleichzeitig aber nehmen die selbst auferlegten Verpflichtungen im individuellen

Verhalten weder im Konsum noch bei der Nachhaltigkeit zu. Zugehörigkeit als Schutz des eigenen Lebensbereiches und Verpflichtungen gegenüber der Nachhaltigkeit sind ambivalent geworden.

Dabei hat längst eine Unterwerfung stattgefunden: Die Menschheit hat sich einem autoritären Kapitalismus hingegeben. Diese Unterwerfung mag auch immer noch in persönlichen Abhängigkeiten sichtbar sein, aber sie ist überwiegend abstrakt und durch institutionelle Autorität geregelt, wie sie selbst noch in den Idealen der *global goals* erscheint. Dies lässt das politische System als alternativlos erscheinen. Und es macht eine umfassende Nachhaltigkeit in der Gegenwart unwahrscheinlich, weil alle Ziele noch nichts über die tatsächliche Praxis sagen.

Vor diesem Hintergrund fragt es sich, ob Menschen in der Politik überhaupt hinreichend darauf vorbereitet sind, ihren grenzenlosen Individualismus den Grenzen der Erde noch anpassen zu können. Der entgrenzte Mensch streitet gegen die Grenzen der Erde. Kann er sich überhaupt noch einer höheren Einsicht unterwerfen?

Wenn Nachhaltigkeit zu einem Programm der Menschheit werden soll, dann ist zu fragen, wer überhaupt die nachhaltige Agenda setzen kann. Die UN, das scheint ohne Zweifel, wäre ein geeigneter Ausgangspunkt, weil weder einzelne Menschen noch Nationen ausreichen, um die Grenzen der Erde zu respektieren. Aber welche Autorität hat die UN?

Der Konflikt zwischen Autorität und Individualität

Der Begriff der Autorität bezeichnet in der Regel das Ansehen, das einer Person oder Institution zugeschrieben wird. Autorität ist dabei immer ein Wechselspiel aus Macht und Herrschaftsformen, die als Fremdzwang von außen ausgeübt werden, und inneren Selbstzwängen, die mit solcher Autorität verbunden sind. Schon die Herkunft des Begriffs aus dem römischen Recht, in dem die Autorität eine fachlich anerkannte und über jeden Zweifel erhabene Person bezeichnete, wurde im Laufe der Geschichte mit patriarchalischen und herrschaftlichen Prinzipien angereichert, die schließlich, auch unter Einfluss des Christentums, von einer väterlichen Autorität in der Familie bis zur staatlichen Autorität der äußeren Herrschaft und bis hin zu Gott als oberstem Herrn reichen.

»Wer hat die Macht, eine nachhaltige Agenda für alle zu setzen?«

Autorität bezieht sich immer auf einen anderen. Individualität hingegen scheint eher auf ein Selbst bezogen, das sich verantwortet, bestimmt, darstellt, sich einen Wert zuschreibt, ein Gefühl ausdrückt und sich in gesteigerter Form innerlich so in sich teilt, dass mehrere Selbste in einem Individuum vermehrt seit Anfang des 21. Jahrhunderts konstruiert werden. Ich bin ich, und wenn ja, wie viele? Dabei kann sich allerdings kein Selbst in irgendeiner seiner möglichen Formen ganz allein aus sich konstruieren und verwirklichen, ohne nicht zugleich auf andere – soziale Beziehungen – oder anderes – Konsum, Natur, Dinge usw. – verwiesen zu sein.

In einer Gesellschaft hoher Individualisierung wird der Fremdzwang, der früher als direkte Herrschaft ausgeübt wurde und der die Ausschließungsregeln bestimmte, mehr und mehr in den Selbstzwang der Individuen verlagert. Marcuse beschreibt diese Entwicklung als Bewegung hin zu einem »eindimensionalen Menschen« (1967), die einen einseitigen Hang hin zu Überfluss und Konsum ausdrückt. Dieser Selbstzwang als Konsumzwang, um die Individualität zu verwirklichen, drückt eine inhärente, selten offen formulierte und meist erst im Nachhinein erkennbare Ausschließung von alternativen Chancen und alternativen Lebenswahrheiten aus, weil und insofern der Mensch das in sein Wissen und Verhalten übernimmt, was von einer Mehrheit gesellschaftlich als angemessen, notwendig und gut definiert wird. Hier entsteht für demokratische Gesellschaften die Frage, wie sich das Autoritäre mit dem Individuellen verträgt. Dabei ist zunächst beobachtbar, dass die Individualität der Autorität grundsätzlich nicht ausweichen kann. Autorität ist in menschlichen Zusammenhängen und bei menschlichem Verhalten zwar ein Begriff, der in vielerlei Variationen gern relativiert wird, aber für die frühe Kindheit aller Menschen ist die Autorität immer dadurch notwendig, dass sich eine Person, Mütter, Väter, Anverwandte in aller Regel um Heranwachsende kümmern und eine Sorge für das Aufwachsen und die Erziehung haben, was zu Ermunterungen, Lob und Freude führen kann, aber immer auch Grenzen des vom Kinde Erwünschten und Verbotenen artikuliert. Fürsorgliche Autorität ist unerlässlich, auch wenn manche dies nur Liebe und Zuwendung nennen wollen. Bei genauerer Betrachtung jedoch hat selbst die liberalste Einstellung zum Kind immer ihre Grenze, die aus der Perspektive des Kindes als Autorität erlebt werden kann, an der es im besten Fall wachsen, im ungünstigen scheitern wird. Es rennt voran auf die Straße, schon wird es ergriffen. Es fasst die heiße Platte an, die Finger werden weggeschlagen, um das Unheil zu vermeiden. Es will nicht schlafen, der Kampf um eine Vorherrschaft von Regeln und Gewohnheiten beginnt.

»In einer hoch individualisierten Gesellschaft wird Fremdzwang in Selbstzwang verwandelt«

Autorität ist in ihr unklares Zeitalter eingetreten

Was im Kleinen geschieht, das wird im größeren sozialen System zu Macht und Herrschaft, es können aber auch Anerkennung, Ansehen und Würde sein, die eine Autorität bilden. Immer tritt dabei die Frage der Gerechtigkeit – verbunden mit der Wahrheit, Wahrhaftigkeit

»Das Autoritäre bleibt selbst bei hoher Individualität erhalten«

und Richtigkeit von Aussagen – auf, mit der solche Autorität verbunden ist oder die sie verweigert (vgl. Reich 2009, Bd. 1, Kap. 2.4). Aber die gegebenen Antworten müssen nicht immer wahr, wahrhaftig oder richtig sein. In einem Zeitalter der Konstruktionen von sehr unterschiedlichen Wirklichkeiten, von gegensätzlichen und ambivalenten Interessen und Neigungen, schwanken Fragen und Antworten stärker zwischen Notwendigkeit und Beliebigkeit als je zuvor. Es gibt unterschiedliche Deutungsmuster davon, was notwendig ist, um zu überleben, zufrieden zu sein, sich gerecht behandelt zu fühlen, in Wohlstand und hinreichender Gesundheit und Würde zu leben. Hier ist jegliche Einheitlichkeit der Menschen verloren gegangen, wie sie für fremdzwangdominierte Gesellschaften noch typisch ist, weil sie heute in unterschiedlichen sozialen Gruppen, in verschiedenen Milieus mit unterschiedlichen Normen, Werten, Haltungen und Lebenspraktiken leben, insbesondere weil sich ihr Konsum und jeweiliger Lebensstandard unterscheiden. Deshalb sind Unübersichtlichkeit, Widersprüchlichkeit und Vielfalt in den Antworten zwangsläufig geworden. Für Fragen der Nachhaltigkeit ist dies eine sehr ungünstige Ausgangsposition, weil die unterschiedlichen Interessen und Wünsche die Krise der Nachhaltigkeit nicht gleich beurteilen und voneinander abweichende Schlussfolgerungen ziehen.

»Die Vorstellung davon, was notwendig ist, um zu überleben, zufrieden zu sein und sich gerecht behandelt zu fühlen, ist sehr unterschiedlich«

Oft wird die hier beschriebene Diversität mit einer Emanzipation des Menschen verbunden und dann schnell auf die Zunahme seiner individuellen Freiheit reduziert. Aber vor welchem historischen und sozialen Hintergrund geschieht dies, was sind die Kontexte, die in solche Freiheit eingreifen? Aus sozialwissenschaftlicher Sicht ist klar: »Freiheit kann nicht gegen die Gesellschaft erreicht werden« (Bauman 2000 a, 20). Aber sie scheint heute mehr denn je durch die Pluralität der Lebensmöglichkeiten ausgedrückt zu werden.

Während in der Aufklärung und auch noch innerhalb neuerer philosophischer Ansätze der Wunsch besteht, durch kritische Vernunft nach universellen Verständnislösungen zu suchen, um diese Freiheit kritisch in Anwendungen zu prüfen und zu fundieren, schlagen Denker wie Bauman ein anderes Bild vor, das insbesondere den Übergang eines autoritären Zeitalters in die heutige Zeit charakterisiert. Im 20. Jahrhundert wurden zunächst sehr dunkle Seiten ausgelebt: »Diese schwere/feste/kondensierte/systemische Moderne ... ging ... mit einer Tendenz zum Totalitarismus schwanger. Die totalitäre Gesellschaft des All-Umarmenden, der verpflichtenden und gestärkten Homogenität lauerte stets und bedrohlich am Horizont – als ihre letzte Bestimmung, als niemals vollständig entschärfte Zeitbombe oder niemals vollständig ausgetriebenes Schreckensgespenst. Diese Moderne war ein verschworener Gegner jeder Zufälligkeit, Vielfältigkeit, Vieldeutigkeit, des Eigensinns und der Eigenart, indem gegen all diese

Anomalien ein heiliger Abnutzungskrieg geführt wurde; und es waren die individuelle Freiheit und Autonomie die gemeinhin als die hauptsächlichen Opfer des Kreuzzuges erwartet wurden.« (Bauman 2000 a, 25)

Diese Moderne hat mit dem autoritären Charakter einen Verhaltenstypus ausgebildet, der bis heute noch nachwirkt und den ich genauer analysieren will. Viele Muster und Sehnsüchte aus dieser Zeit wirken heute fort, sie suchen sich immer neue Bilder des erwünschten und ersehnten oder verabscheuten Autoritären. Aber die flüssige Moderne benötigt diese dunklen Seiten nicht mehr durchgehend – auch wenn sie im Populismus fortwirken –, denn sie hat ein eigenes Totalitäres gefunden: den Konsum.

Dabei gibt es zur Autorität viele Fragen: Warum erscheint die Autorität, die sich auf Arbeitsteilung, erbrachte Leistungen, soziale Stellungen und Status, auf das Ansehen in der sozialen Gruppe oder Gesellschaft gründet, den Älteren über die Zeitalter hinweg überwiegend als positiv, den Jüngeren oft als einschränkend? Warum denkt die ältere Generation in den meisten Zeitaltern oft, dass die jüngere weniger diszipliniert ist, verschwenderischer mit allen Dingen umgeht, moralisch angreifbar im ungezügelten Verhalten entartet und nicht hinreichend vernünftig mit sich, den anderen und der Welt operiert? Dabei werden in der Konsum- und Überflussgesellschaft die Älteren immer stärker zu vermeintlich Jüngeren, die noch mithalten wollen. Ist Autorität heute überhaupt noch aussagekräftig? Wann und warum wendet sich solche Autorität ins Negative? Benötigen Menschen überhaupt noch ein autoritäres Kontinuum, um chronologisch die Welt zu verstehen, den Wohlstand nach Vorbildern zu mehren, das Wohlbefinden in angepassten Mustern zu erhöhen, weil dies nur gelingt, wenn es auch von »Autoritäten« überwacht und kontrolliert wird? Oder kann es Wissen ohne Autorität eines Faches, von Fachleuten, aus berufenem Munde geben? Zerfällt ohne diese Autorität alles in Beliebigkeit, in *fake news*, in ein Wunschdenken ohne Rücksicht auf Fakten? Und wann schlägt eine mögliche Autorität, wenn sie käuflich wird, wenn sie bloß individueller Selbstdarstellung und einem Karrierevorteil gilt, in Willkür und Bemächtigung zum Schaden vieler um?

Diese Auswahl heute immer wieder relevanter Fragen zur Autorität zeigt, dass es zahlreiche Spannungsverhältnisse gibt, die darauf verweisen, dass heutige Gesellschaften zwar alle stark aus autoritär geprägten Kulturen kommen und einige auch noch heute in diesen wurzeln und leben, aber zugleich das Autoritäre auch fragwürdig geworden ist, weil es nicht mehr durchgehend zum politischen und persönlichen Lebensstil der Konsumgesellschaft passt. Haben die liberalen und neoliberalen Länder des Westens tatsächlich das Zeitalter der Autorität überwunden, weil sie durch neoliberale Wirtschafts- und Konsumpolitik geprägt sind, weil sie versessen auf individuelle Selbstverwirklichung sind und jen-

»Wurde durch den Neoliberalismus das Zeitalter der Autorität tatsächlich überwunden – hat er ein Zeitalter der absolut individuellen Selbstverwirklichung jenseits aller Pflichten hervorgebracht?«

seits der alten autoritären Zugehörigkeiten und Verpflichtungen handeln? Und was bedeutet dies für die Nachhaltigkeit? Benötigt Nachhaltigkeit eine besonders ausgeprägte staatliche Autorität oder kann sie vorrangig aus der Einsicht und den Handlungen der Individuen »herrschaftsfrei« gelingen?

II.3.1.1 Warum ist der autoritäre Charakter bis heute relevant?

Fürsorge und Stärkung des Wohlbefindens werden heutzutage meistens als Wirkungen einer positiven Autorität nicht nur in der Kindheit, sondern auch im sozialen Leben allgemein akzeptiert; strenge Strafen und ausgeübte Gewalt eher als negative Seiten beschrieben, besonders wenn sie willkürlich ausgeübt werden. Bis weit ins 20. Jahrhundert gehören Begriffe wie Autorität, Strenge, Disziplin, Zucht und Ordnung noch zum alltäglichen Sprachgebrauch und erscheinen im alltäglichen Leben in Gestalt des Vaters in der Familie, der Herrschaft in den Hierarchien der Gesellschaft und ihrer Protagonisten, der religiösen Dogmatik mit unbedingter Gefolgschaft und angedrohten Strafen über das irdische Leben hinaus. Mit dem gesellschaftlichen Wandel in der Produktion, bei der Arbeit, im Konsum, in den Formen des Zusammenlebens, mit der Stärkung der Individualisierung aber scheint die zuvor bedingungslose Anerkennung von Autorität zurückzugehen und die individuelle Selbstverwirklichung immer stärker zuzunehmen.

Dabei ist zu berücksichtigen, dass es schon von frühen Zeiten der menschlichen Geschichte an ein Spannungsverhältnis zwischen dem, was andere vom Individuum wollen, und dem, was das Individuum kann und will, gegeben hat. Es ist hoch interessant zu sehen, wie sehr hier Sprache Wirklichkeiten geschaffen hat: Oft gab es in früheren Zeiten gar keinen Begriff für das Individuum, gab es also das Individuum in der heutigen Vorstellung gar nicht. Es gab nur eine bezeichnete Rolle, die bereits die Stellung im sozialen Feld artikulierte und damit die Grenzen jeglicher Individualität bedingte, wie wir sie erst heute in ihrer Vielfalt und ihren Chancen sehen können.

»Früher gab es gar keinen Begriff für das Individuum, es gab nur eine bezeichnende Rolle, die die soziale Stellung oder den Beruf angab und so die Grenzen der Individualität anzeigte«

Unsere Sprache ist keineswegs demokratisch oder neutral. Sie ist bis heute voll von männlicher Dominanz und Ausdruck einer Bevorrechtigung, die von vielen Frauen als verstörend empfunden wird. Aber nicht nur in der Berichtigung, die eine geschlechtergerechte Sprache anstrebt – wenn diese denn je gerecht sein kann, obwohl es die gesellschaftlichen Verhältnisse noch nicht sind –, sondern auch in vielen anderen Zuschreibungen lauert stets die Gefahr einer Gefangenschaft, die von den Konstruktionen der Vergangenheit ausgeht und deren Wirkungen bis in die Gegenwart hineinreichen. In der Kindererziehung zeigt sich dies beispielsweise in vielen Haltungen, Kleidungen, erlaubten und erwünschten Spielzeugen und

Farbgebungen (blau versus rosa), die durch unbedachte Wiederholung immer wieder dieselben Vorurteile weitergeben. Erst seit dem Ende des 20. Jahrhunderts scheint das sehr einseitige Verhältnis der Dominanz der Fremdzwänge und der Herrschaft sich zugunsten der Freiheiten des Individuums zu verschieben. Aber diese Freiheiten sind überwiegend Freiheiten des Konsums.

Erich Fromm (1932) hat für die Erforschung der autoritären Persönlichkeit eine wichtige Grundperspektive geliefert. Er fragt: »Was hält die Menschen zusammen, was macht gewisse Solidaritätsgefühle, was gewisse Einstellungen der Unter- und Überordnung möglich?« Und er gibt eine Antwort, die sowohl aus der Psychoanalyse als auch dem Marxismus Herleitungen nutzt: »Gewiß, es ist der äußere Machtapparat (also Polizei, Justiz, Militär usw.), der die Gesellschaft nicht aus den Fugen gehen läßt. Gewiß, es sind die zweckrationalen, egoistischen Interessen, die zur Formierung und Stabilität beitragen. Aber weder der äußere Machtapparat noch die rationalen Interessen würden ausreichen, um das Funktionieren der Gesellschaft zu garantieren, wenn nicht die libidinösen Strebungen der Menschen hinzukämen. Es sind die libidinösen Kräfte der Menschen, die gleichsam den Kitt formieren, ohne den die Gesellschaft nicht zusammenhielte, und die zur Produktion der großen gesellschaftlichen Ideologien in allen kulturellen Sphären beitragen.« (Ebd., 50)

Libidinöse Strebungen sind sozial-emotionale Wünsche, auch sexuelle Vorstellungen, die Menschen oft unbewusst antreiben, etwas zu wollen und durchzusetzen. Heute sind es durchgehend Sehnsüchte nach Wohlstand. Warum haben es Diktatoren, Herrscher wie Hitler, Stalin oder Mao so leicht gehabt, die Massen zu bewegen und geradezu blinde Anhänger zu finden? Für Fromm wurzelt ähnlich wie für die spätere Berkeley-Schule, auf die ich gleich noch näher eingehen werde, das autoritäre Muster in zuvor eingegangenen Bindungen innerhalb einer autoritären Familie, verstärkt durch Formen einer autoritären schulischen Erziehung, weil und insofern diese auf Konformismus bis hin zu blinder Unterwürfigkeit abzielen und die Menschen in ihrem Leben manipulierbar machen. »Bei der Untersuchung dieser Wurzeln der libidinösen Bindung der Majorität an die herrschende Minorität« – beispielsweise an die Nationalsozialisten – »wird etwa die Sozialpsychologie feststellen, daß diese Bindung eine Wiederholung bzw. eine Fortsetzung der seelischen Haltung ist, die diese erwachsenen Menschen als Kinder zu ihren Eltern, speziell zu ihrem Vater gehabt haben (innerhalb der bürgerlichen Familie).« (Ebd., 51)

Ganz ähnlich argumentiert Wilhelm Reich (1933), der die Formen faschistischer Herrschaft im Kleinbürgertum wie in der Arbeitsklasse ebenso durch die autoritäre Familienerziehung vorbereitet sieht. Nur so, sagt er, lässt sich erklären, dass sich Menschen Diktatoren unterwerfen, obwohl dies ihrer Klassen- und Bedürfnislage eigentlich widerstreiten müsste.

Allerdings ist auch klar, dass eine prekäre Klassenlage solche Effekte verstärkt, indem Menschen nach Sicherheit bei anderen suchen. Besonders arme, bedrängte, in prekären Verhältnissen lebende Menschen, die den autoritären Strukturen der äußeren Herrschaft hilflos ausgesetzt sind, bilden nach Reich Muster eines Verhaltens aus, in denen in bloßer Nachahmung der Verhältnisse die äußere Herrschaftsform innerlich einverleibt und an die eigene Familie weitergegeben wird. Diese Menschen werden besonders schnell Opfer von Populisten und selbst ernannten Führern, die mit Versprechungen locken.

Übertragen auf die Nachhaltigkeit ist gut erforscht, dass die Einstellungen und Haltungen der sozialen Gruppe einen entscheidenden Einfluss auf das individuelle nachhaltige Verhalten haben (erster Band, Kap. III.3). Nachhaltigkeit lässt sich mit anderen Worten nicht gegen die Familien, sondern nur in und mit ihnen erreichen. Und je weniger sie in den als positiv autoritär erscheinenden Institutionen der Gesellschaft vertreten und gelebt wird, umso weniger wird man mit ihrer Verbreitung rechnen dürfen.

»Normen, Werte und Gewohnheiten der eigenen sozialen Gruppe bilden eine wirksame und meist wenig hinterfragte Autorität für Menschen«

Der autoritäre Charakter ist besonders relevant für antidemokratische Orientierungen. Fromm entwickelt in seinem Buch *Escape from Freedom* (1941) einen theoretischen und empirischen Ansatz, der alle späteren Forschungen über die autoritäre Persönlichkeit insbesondere in den USA beeinflusste. Bereits Ende der 1920er Jahre hatte Fromm mit Fragebögen Erhebungen über verschiedene Aspekte sozialer Charaktere durchgeführt, für die damalige Zeit bahnbrechende Forschungen. 1936 erscheint im Frankfurter Institut für Sozialforschung das kollektive Werk über Studien über *Autorität und Familie* (Horkheimer 1936), an dem auch Herbert Marcuse beteiligt war. Horkheimer analysiert in seiner Einführung in die Theorien von Autorität und Familie insbesondere die gesellschaftliche Repression, die von den Herrschenden auf die Beherrschten, von oben nach unten, von den Gewinnern auf die Verlierer ausgeübt wird. Dabei spricht er neben der Durchsetzung von Herrschaft oder Autorität in unterschiedlichen historischen Zeitaltern auch vom gesellschaftlichen Kitt in Form von Kultur, Religion und sozialen Versprechungen. Die verinnerlichte Religion, kulturelle Vorstellungen und Moral werden in Herrschaftsformen nie bloß linear übersetzt. Horkheimer schreibt etwa über die Moral: »Obgleich sich zum Beispiel das moralische Bewusstsein, Gewissen und Pflichtvorstellung im engsten Zusammenhang mit Zwang und Notwendigkeit in verschiedenster Art entwickelt haben und weitgehend selbst als verinnerlichte Gewalt, als das in die eigene Seele aufgenommene äußere Gesetz aufzufassen sind, so stellen sie doch in der seelischen Verfassung der Individuen schließlich eigene Mächte dar, aufgrund deren sie sich nicht bloß in das Bestehende fügen, sondern unter Umständen sich ihm entgegen stellen.« (Ebd., 13)

So mag eine Gesellschaft von Herrschaftsformen bestimmt, von Zwang und Gewalt gekennzeichnet sein, aber die Repression ist fast nie ein ungebrochener Zustand, der alle Wirkungen voraussagen und Unterdrückung dauerhaft bei allen in gleichen Formen sichern kann. Aus dieser Sicht gibt es Hoffnung, dass die gesellschaftliche Struktur auf den Menschen nie ungebrochen wirken mag, sondern dem Individuum ein Eigenleben, Widerstand und Alternativen nicht gänzlich verwehren kann. Für Horkheimer bedeutet dies auch, dass Autorität in kritischer Perspektive sowohl positive wie negative Formen annehmen kann. Blinde, bloß auf Konformität und Anpassung zielende Autorität ist von jener zu unterscheiden, die sich für Ziele des Allgemeinwohls und für alle Menschen im Sinne sozialer Ideale einsetzt.

Ein Problem entsteht dadurch, dass gerade menschenverachtende autoritäre Regime wie der Nationalsozialisten sich vermeintlich solchem Allgemeinwohl verschreiben und die Massen mit Illusionen einer positiven Autorität manipulieren. Die betroffenen Menschen immunisieren sich meist gegen äußere Kritik, weil sie in der Propaganda und Manipulation immer schon mit den Unwahrheiten der anderen, den *fake news* und Täuschungen rechnen, die ihnen ihre Führer einflüstern. Es ist vielfach beschrieben, dass eine kritische Forschung und Aufklärung bei den beeinflussten Menschen wenig bewirkt, sofern es sie in der Erziehung nicht schon vorher erreichen kann. Fromm setzt die individuelle Freiheit in seinem Denken als Gegenpol zur Unterdrückung autoritärer Regime in Familie und Staat. Rezipiert wurden seine Schriften in gewisser Breite aber erst nach dem Untergang des Nazi-Regimes; leider sind seine Ideen eher in kritischen demokratischen Bewegungen bekannt geworden, aber weniger umfassend in die deutsche Bildung eingedrungen. Dabei wären sie zur Abwehr des Populismus in den Argumenten hilfreich.

»Eine bloß auf Konformität zielende Autorität muss von jener unterschieden werden, die sich für Ziele des Allgemeinwohls und soziale Ideale einsetzt«

Erklärungen zur Entstehung des autoritären Charakters

Nimmt man all die hier nur kurz aufgeführten Arbeiten im Zusammenhang, dann zeigen sich seit den 1940ern mindestens fünf Grundmuster einer Erklärung des autoritären Charakters, die das demokratische Verhalten negativ beeinflussen:

Psychoanalytische Deutung: Hier wird vor allem auf die Bedürfnisse des Kindes auf seiner Suche nach oraler Befriedigung, der Kampf der Eltern um Reinlichkeit und das Entstehen von Vorformen sexueller Lust und Wunschbildungen, die an viele Tabus der Erwachsenen in einer sich wandelnden Gesellschaft mit wachsendem Konsum rühren, verwiesen. Diese Gemengelage libidinöser Bestrebungen und elterlicher Regulation führen in einem autoritären Regime zu starken Gehorsamkeitsforderungen, Maßnahmen der Triebunterdrückung und übertriebener Regulierung des kindlichen Verhaltens, wobei die Freiheits- und Individualisierungsansprüche des Kindes unterdrückt werden. Zugleich wird eine Verführbarkeit von Frauen als Sorge der Männer dramatisiert und mit übertriebenen Moralvorstellungen beantwortet. Wird eine solche Unterdrückung als grundsätzlich sinnvoll verinnerlicht, so kann sie auch auf andere Menschen, insbesondere Minderheiten, Fremdartige, Menschen mit sexuellen Abweichungen, Frauen mit emanzipativen Haltungen usw. projiziert werden. Das unbewusst angeeignete eigene Gehorsams- und Bestrafungsmuster wird dabei dann auf andere übertragen. In hervorragender Zusammenfassung findet sich diese Sicht in Herbert Marcuses Werk *Triebstruktur und Gesellschaft* (1984). Auf die Nachhaltigkeit übertragen, würde eine psychoanalytische Deutung argumentieren, dass das eigene Wunschprinzip hier gegen das Realitätsprinzip streitet. Um den ständig gesellschaftlich und wirtschaftlich propagierten Lustgewinn nicht aufs Spiel zu setzen, werden alle Fakten aus der Wirklichkeit zur Nachhaltigkeitskrise verdrängt oder abgewehrt. Die Überbringer der schlechten Nachrichten werden als Feinde imaginiert.

»Die Wirksamkeit des Autoritären wird unterschiedlich gedeutet, und diese Vielfalt der Deutungen zeigt, wie stark die Autorität an die wechselnden Bedürfnisse gesellschaftlicher Anforderungen angepasst ist«

Soziologische Deutung: Eine Klassengesellschaft erzwingt, wie Reich (1933) betont oder wie die herrschaftsbezogene Repression des Staates allgemein nach Horkheimer (1936) darstellt, Anpassungsleistungen von allen Menschen, die sich an der gegebenen Ordnung, der Verteilung der Besitzstände, den Möglichkeiten individueller Freiheiten innerhalb von bestehenden Strukturen und Anpassungsnormen einer Gesellschaft ergibt. Je stärker die Herrschaft und das Gewaltmonopol herrschender Institutionen und Kreise ausgeprägt sind, desto mehr treten autoritäre Charaktere im gesellschaftlichen Feld auf, die Führer-Gefolgschaftsphänomene oder Konformitätsanforderungen erzwingen können.

Entwicklungspsychologische Theorien: In der Generationenfolge sind Übernahme- und Ablöseprozesse seit Menschengedenken notwendig. Da, wo die Älteren eher auf dem beharren, was schon ist, wollen die Jüngeren mehr oder minder etwas verändern, um eine neue Sicht auf die Zukunft einzubringen. Traditionell organisierte Gesellschaften, die konservativ operieren, bevorzugen ein autoritäres Anpassungs- und Konformitätsmodell. Sie zeichnen sich umso stärker durch Zwänge, Pflichten, ritualisierte Abläufe, Ehrvorstellungen usw. aus, je mehr durch individualisierende Tendenzen die Gefahr von Abweichungen sichtbar wird. Da die Zunahme an Individualisierung in der Moderne immer erfolgreicher hervortritt, löst sie Konflikte aus, in der die Autorität sich auf die jeweils veränderten Situationen anpassen muss. Über lange Zeiten hinweg wird gerade hier erkennbar, dass sich die harte Form der Autorität mit Zwang, Gewalt und Strafen immer stärker in subtilere Formen von Macht verwandelt.

Sozialpsychologische Theorien: Die autoritären Muster in der Familie und in nahestehenden sozialen Bezugsgruppen oder Institutionen erzeugen Verhaltens- und Denkmuster, die einem Anpassungs- und Konformitätsdruck unterliegen. Insbesondere die autoritäre Rolle des Vaters scheint ein Ausgangspunkt und Muster dafür zu sein, wie sich Menschen dann später die Regelung sozialer Konflikte vorstellen. Mit der Zeit verschiebt sich dieses Muster immer mehr ins Abstrakte, was die Verpflichtungen sowohl gegen die Eltern als auch verbindliche gesellschaftlichen Normen und Werte für alle absinken lässt.

Feministische Richtungen: Erst sehr viel später wird die Rolle der Frau in diesem Modell kritisch aufgearbeitet. Bei Horkheimer erscheint die Frau unter dem doppelten Zwang, das Funktionieren der Selbsterhaltung durch die Arbeit des Mannes und die Chancen ihrer Kinder aufrecht zu erhalten. Sofern die Möglichkeit besteht, arbeitet sie auch, aber fast immer bis weit ins 20. Jahrhundert hinein dequalifiziert und für geringeren Lohn. Sie ist auf die Sorge und Fürsorge, den guten Willen des Mannes angewiesen, aber das bürgerlich verantwortlich gezeichnete Familienbild stimmt selten mit der Realität überein. Dennoch erzeugt dieses Bild einen Druck auf Männer, Frauen und Kinder, einem Ideal nachzukommen, dessen mögliche Verwerfung durch die äußeren Umstände mit prekären Lebenssituationen stets gegeben ist.

> »Judith Butler beschreibt in *Gender Trouble* Zuschreibungen, die Geschlechterverhältnisse konstruieren«

II.3.1.2 Wieso lehnen autoritäre Regime und Populisten die Nachhaltigkeit besonders scharf ab?

Autoritäre Formen und Gewohnheiten wirken auf die Individuen ein, um Normen, Werte und Verhaltensweisen für die Kooperation und Kommunikation zu sichern, die im Zusammenleben und in der Arbeitswelt der Menschen als wichtig erscheinen.

Wenn eine Ampel rot zeigt, so sollte angehalten werden, wenn sie grün zeigt, dann kann losgegangen oder gefahren werden. Die Botschaften in Recht, Regeln und Pflichten einer Gesellschaft lauten, dass die Generalisierung für alle gilt, weil sie das Leben nicht nur erleichtert, sondern auch sicher und ggf. nachhaltig, steuerbar, kalkulierbar und im günstigen Fall auch gerecht machen kann. Die individuelle Anpassungsleistung, die ohne große Widerstände oder kritische Hinterfragung abläuft, wird auch als Konventionalismus bezeichnet. Aber es ist auch klar, dass es hierbei einen sehr unterschiedlichen Grad der Anpassung an gesellschaftliche Umstände je nach den historischen, ökonomischen, sozialen, kulturellen, religiösen oder anderen Voraussetzungen in individueller Unterschiedlichkeit geben kann. Hier hängt es immer von der vorausgesetzten Verständigungsgemeinschaft und ihrer Durchsetzungskraft gegenüber dem Individuum ab, in welchem Ausmaß und mit welchen Absichten eine Verständnisübernahme geschieht.

Gegenüber den feudalen Lebensverhältnissen hat der Kapitalismus eine enorme Freiheit der Individuen gebracht, weil sie nun frei für Arbeitsmärkte, frei für eine eigene Lebensführung und persönliche Einstellungen werden, auch wenn diese Freiheit oft mit prekären Lebenserfahrungen verbunden ist. Das tätige, kritische, für sich und andere verantwortungsbewusste Individuum, auch wenn es oft mehr Hoffnung als Realität bleibt, steht auf der positiven Seite, aber das isolierte, verarmte, abhängige und gegenüber den gesellschaftlichen Verhältnissen ohnmächtige Individuum bildet seinen Gegenpol. Mit der Zunahme individueller Wahlmöglichkeiten und auch religiöser Freiheiten in den Glaubensbekenntnissen, mit der Zunahme vor allem des Konsums und des Egoismus und der wachsenden Einsicht, dass alle Menschen stets für das eigene Aus- und Fortkommen zu sorgen haben, entwickeln sich kapitalistischer Selbstzweck und ein Konsumverhalten, die zu einem neuen Maßstab von Erfolg und Misserfolg werden. Die Gesetze des Marktes zwingen Menschen dazu, sich überall als Konkurrenten zu sehen, die Mittel vor jeglichen höheren Zweck zu stellen, überall Manipulation und Täuschung vermuten zu müssen. Selbstachtung und Selbstgefühle geraten hierbei unter den Druck von Äußerlichkeiten, sie werden Teil eines Konsums, der die Menschen unterscheidet. Die Menschen entfremden sich voneinander, sie stehen nach Fromm vor einer doppelten Befreiung: Einerseits haben ihnen Aufklärung, Wissenschaft, Überwindung religiöser Dogmen, Befreiung von persönlichen Abhängigkeiten und schließlich die Eroberung demokratischer Rechte Freiheit und mehr Selbstbewusstsein gebracht. Andererseits aber sind Unsicherheit und Angst in ihren prekären Lebenslagen nicht gewichen, sondern allenfalls verdeckt worden und werden zum persönlichen Dilemma im Vergleich untereinander, führen zu dem Gefühl, es selbst nicht hinlänglich geschafft zu haben, die Erwartungen nicht zu erfüllen und zur Entwicklung von Versagensängsten.

»Freiheitszuwachs bedeutet eine Befreiung von persönlichen Abhängigkeiten, aber auch einen Verlust an sozialer Absicherung«

Warum bleiben Führer attraktiv?

Eine unsichere Ausgangsposition ist maßgeblich für jeden Populismus bis hin zu allen Führer-Gefolgschaftsmechanismen, die vor allem drei Gesichter tragen (Fromm 1941, Kap. 5), um Menschen eine Lösung in autoritären Formen zu versprechen:

(1) Die Flucht ins Autoritäre führt dazu, die Unabhängigkeit des eigenen Selbst aufzugeben und sich in autoritäre Unterwürfigkeit zu begeben. Deshalb sind Führer attraktiv. Menschliche Einsamkeit und Ohnmachtserfahrungen verstärken diesen Effekt. Mit der autoritären Unterwürfigkeit auf der einen Seite und einem nach außen gezeigten autoritären Verhalten auf der anderen scheint die eigene Bedeutungslosigkeit mit der geliehenen Kraft eines anderen zu verschmelzen, woraus dann neue Energien und Kraft gewonnen werden. Die eigene masochistische Unterwerfung geht oft mit einer sadistischen Komponente der Unterdrückung anderer einher, der Ausprägungsgrad kann individuell schwanken. Eine solche Flucht ins Autoritäre ist nach Fromm für zahlreiche gestörte menschliche Beziehungen, sehr oft auch in Bezug auf das Verhältnis von Mann und Frau in der Familie, zu beobachten. Liebe wird hier dadurch empfunden, dass ein anderer in seiner Hilflosigkeit und Bedürftigkeit dem vermeintlich stärkeren Menschen das Gefühl gibt, nicht ohne ihn sein zu können, was dessen schwaches Selbst zu stützen vermag. Die vermeintlich Schwächere bewundert den geliebten Mann für seine Hingabe, Fürsorge und Macht, die er für die Familie einsetzt. Dabei bedeutet Autorität die Überlegenheit innerhalb einer menschlichen bzw. sozialen Beziehung. Solche Autorität als Machtverhältnis kann sich auf ein gemeinsames Ziel, wie etwa die Selbsterhaltung einer Familie, aber auch auf die Überlegenheit einer Nation beziehen. Autoritäre Regime neigen dazu, allen Menschen ein gemeinsames Ziel zu unterstellen und für verbindlich zu erklären, was wiederum direkt zum Ausschluss von Abweichlern und zur Konstruktion von Sündenböcken führt. Im politischen Leben wird dabei der Mechanismus einer Flucht aus einem schwachen Ich in eine entlehnte Kraft zu einer Unterwerfung, die einerseits Schutz, Halt und Orientierung sucht, um sich andererseits in sadistischen Tendenzen gegen Außenstehende oder Sündenböcke abzureagieren. Tyrannen, Diktatoren und Populisten aller Art können diesen Mechanismus nutzen, um wiederum ihre Machtpositionen radikal und gestärkt mit massenhafter Unterstützung durchzusetzen. Die autoritäre Unterwürfigkeit ist ein wechselseitiges Beziehungsverhältnis, das vielfältige Gestaltungsräume auf der Grundlage autoritärer Mechanismen zulässt.

»Die Flucht ins Autoritäre führt dazu, die Unabhängigkeit des eigenen Selbst aufzugeben und sich in autoritäre Unterwürfigkeit zu begeben«

In Bezug auf die Leugnung des Klimawandels ist dieser Mechanismus besonders wirksam, weil er sich mit den Wünschen vieler Menschen verbinden lässt. Gerade der Konsumverzicht erscheint jenen, die ohnehin nur einen kleinen Teil vom großen Kuchen abbekommen, als ungerecht, unerwünscht und deshalb realitätsfremd. Jenen, die viel zu verlieren haben, ist er ohnehin wesensfremd. Wenn Populisten mit manipulativen Reden und *fake news* den Menschen Hoffnungen geben, sich erneut zugehörig fühlen zu können, dann gewinnen sie mit autoritärer Unterwürfigkeit Wählerstimmen. Gerade deshalb sind Populisten gegen Nachhaltigkeit, sie scheren sich nicht um Wahrheiten, wissenschaftliche Ergebnisse und Fakten, sondern suchen nur den eigenen Vorteil.

(2) Aggressivität und Destruktivität zielen auf die Zerstörung von Objekten und Personen, sie sind unmittelbare Folgen aus einer Flucht ins Autoritäre. Da, wo der Sadismus in allen Arten dem identifizierten Sündenbock schaden will, führt die Destruktivität in seine Vernichtung. Sie richtet sich daher auf eine Bedrohung von außen, die von autoritären Regimen wie Populisten gern konstruiert wird. Liebe, Pflicht, Gewissen und Patriotismus werden häufig als Masken zum Ausleben der destruktiven Impulse genutzt, so argumentiert Fromm; die Geschichte hat ihn seither immer wieder bestätigt. Die Maske funktioniert als Rationalisierung, um die in ihr verborgenen Emotionen und die irrationalen Zuschreibungen zu verbergen. Berüchtigt sind die Massenmanipulationen des Faschismus, aber auch die *fake news* des Populismus zeugen von einem wirksamen Mechanismus. Im Hintergrund lauert hier für Fromm immer auch eine Angst, die Menschen insbesondere in prekären Situationen, seien die Gefahren real oder imaginiert, leicht entwickeln können. Oft sehen sie hierbei ihre eigenen Lebenschancen in der Konkurrenz mit anderen vereitelt, was ihre Wut auf diese anderen noch steigert. Diese Wut wird dann scheinbar rationalisiert, wenn ihnen einfache Erklärungen angeboten werden; werden diese dann auch noch mit einer Masse geteilt, so verleihen sie zusätzliche Kräfte. Aus einer Destruktivität, die zunächst eine individuelle Angelegenheit ist, wird eine politisch breit geteilte Aggression, wenn eine Masse mobilisiert wird. Dieser Mechanismus gehört keineswegs der historischen Vergangenheit an, sondern ist auch in Fragen der Nachhaltigkeit in Hassreden, Diffamierungen, Leugnungen heute allgegenwärtig. Dass es eine unentschlossene Mehrheit gibt, die sich nicht bekennen kann und will, verschärft dabei den Konflikt zwischen ökologischen Aktivistinnen und Verweigerern zusätzlich. Besonders groß ist der Hass, wenn es um Fragen der Migration geht, weil alle in der Angst vor dem Fremden eigene Unsicherheiten auf diese projizieren können. Je mehr tatsächlich Migrantinnen in der näheren Umgebung erlebt werden, desto geringer sind diese Ängste, weil dann Diversität auch als Vorteil beobachtet werden kann. Die Orte mit der geringsten Migration hingegen entwickeln die größte Fremdenfeindlichkeit, wie der deutsche Osten zeigt.

»Aggressivität und Destruktivität zielen auf die Zerstörung von Objekten & Personen und sind unmittelbare Folgen aus einer Flucht ins Autoritäre«

(3) Der Begriff des Konformismus meint, dass innerhalb einer herrschenden Kultur die je dominanten Strömungen übernommen werden, dasjenige, was andere mehrheitlich denken und tun. Es ist in der Erziehung der nachwachsenden Generation meist das vorherrschende Ziel, sich konform zur Lebensweise, den Normen und Werten der älteren Generation zu verhalten. Die Anpassung an vorherrschende Meinungen und Strömungen, an Ordnungsmuster, Traditionen und Gewohnheiten, ist nicht nur vielen Familien, sondern auch in offiziellen Erziehungsinstitutionen wie der Schule wichtig und geradezu heilig. Abweichungen, Besonderheiten, ausgeprägte Kreativität oder gar individuelles Genie scheint nur außergewöhnlichen Menschen vorbehalten, aber diese müssen sich immer erst gegen das etablierte Anpassungssystem durchsetzen. Sie mögen hierbei an ihrem Widerstand wachsen, werden aber wegen des Wunsches nach Konformität immer wieder besonders kritisch betrachtet und schnell stigmatisiert. So ist Greta Thunberg als Klimaaktivistin für viele zu einem Hass-Objekt geworden. Menschen setzen sich nicht mit ihren Argumenten auseinander, sondern diffamieren sie als Person, als Mensch mit Schwächen, um so das zu diskreditieren, was nicht in das eigene Wunschbild von Wirklichkeit passt. Umgekehrt werden Menschen wie Donald Trump viel seltener zu Hass-Objekten, weil viele Kritikerinnen immer schon verstehend beurteilen wollen, was ihn als Populisten antreibt. Statt Hass entsteht so eher eine Analyse, die dem Populisten nicht mehr die Aggression entgegensetzen kann, die er selbst bei anderen hervorrufen will.

»Die Übernahme von Mehrheitsmeinungen ist kein Garant für die Richtigkeit von Aussagen«

Der Konformismus hält sich an die je herrschenden Konventionen, ist Konventionalismus, übertriebene Anpassung, Vermeidung von Innovation und Ablehnung von radikaler Auflehnung. In der Nachhaltigkeit entspricht der Konformismus leider auch dem zögerlichen Handeln der politisch Verantwortlichen, die auf Abwarten setzen und damit dem Populismus Tür und Tor öffnen. Die Populisten hingegen wollen Massen gewinnen; sie tun dies überwiegend mit Versprechungen, die sich nicht halten lassen. Sie sind Gegner der Nachhaltigkeit, weil sie hier keine nationalen Wunschträume, keine aggressiven Übernahmen oder polarisierende Feindbilder aktivieren können, sondern sich in Bescheidenheit, Verzicht und Nachdenklichkeit über die Grenzen der Erde üben müssten. Dies widerstreitet dem autoritären Selbstbild.

II.3.1.3 Bestimmung des autoritären Charakters gegen die Nachhaltigkeit

Ende der 1940er Jahre beschäftigte sich ein großes Forschungsprojekt mit den sozialpsychologischen Grundlagen von Vorurteilen, um den undemokratischen Charakter etwa des Antisemitismus und die menschenverachtenden Vorgehensweisen der Nazis zu verstehen. Theodor W. Adorno, Else Frenkel-Brunswik, Daniel J. Levinson und R. Nevitt Sanford gehen in der 1950 veröffentlichten Studie *The Authoritarian Persona-*

lity davon aus, dass der deutsche Faschismus kein bloßer Betriebsunfall der Geschichte ist, sondern dass die Vorurteile, die hier wirken, auf einer Struktur undemokratischer Haltungen und Handlungen gründen, die auch in demokratischen Gesellschaften vorkommen. Neben den Arbeiten von Wilhelm Reich sind besonders Erich Fromms Arbeiten ein entscheidender Impuls, Adornos Rolle wird später in den Studien zum autoritären Charakter in Deutschland besonders hervorgehoben, obwohl er nur ein Mitglied in einem größeren Autorenkollektiv war.

Diese Forschungsgruppe erarbeitete Kriterien, die eine Grundlage für unterschiedliche Fragebögen und ihre Skalen wurden. Sie entwickelten dabei eine Skala für Antisemitismus (AS-Skala), für Ethnozentrismus (E-Skala), für politisch-ökonomischen Konservatismus (PEC-Skala), schließlich auch die bekannt gewordene F-Skala für implizite antidemokratische Tendenzen und Faschismuspotential. Ich nehme diese Arbeiten hier auf und beziehe sie konkret auf die Nachhaltigkeit, weil sie als Studien zu Vorurteilen auch für das Verständnis der Vorurteile gegenüber der Nachhaltigkeit genutzt werden können.

Antidemokratische Tendenzen und Nachhaltigkeit

Die neun Subskalen der F-Skala lauten in ihren Kriterien wie folgt (Adorno et al. 1950, 228.):

»***Konventionalismus:*** *starre Einhaltung konventioneller Werte der Mittelklasse.*« Auf die Nachhaltigkeit bezogen meint das Betonung des Status quo, des Zugeständnisses einer zwar zu beschränkenden CO_2-Emmission bei gleichzeitiger Überbetonung des wirtschaftlichen Wachstums, was das Leugnen oder die Relativierung wissenschaftlicher Argumente einschließt.

»***Autoritäre Unterwürfigkeit:*** *unterwürfige, unkritische Haltung gegenüber idealisierten moralischen Autoritäten der Ingroup.*« Insbesondere Zweifel an der Dringlichkeit der Nachhaltigkeit, weil gesellschaftliche Vorbilder aus Wirtschaft und Politik dies auch hervorheben, vor allem auch Fehlen einer umfassenden Aufklärung über Nachhaltigkeit im Erziehungs- und Bildungssystem.

3 zentrale Eigenschaften einer autoritären Persönlichkeit in Bezug auf die Nachhaltigkeit

»***Autoritäre Aggression:*** *Tendenz, Ausschau zu halten nach Menschen, die konventionelle Werte verletzen, und sie zu verdammen, zurückzuweisen und zu bestrafen.*« Identifizierung von Hass-Objekten innerhalb der Nachhaltigkeitsbewegung, Leugnung der persönlichen Betroffenheit und des Anrechts, gegenüber den Produktions- und Konsuminteressen eine gegenteilige Ansicht zu äußern, Zweifel an neutralen Positionen in der Wissenschaft, Unterstellung ideologischer und unberechtigter Haltungen, die Wut und eigene Überlegenheit der Weltsicht erzeugen.

Diese ersten drei Kriterien decken sich mit denen von Fromm, die ich zuvor bereits herausgestellt habe. Sie spielen auch in der Forschung über den autoritären Charakter eine zentrale Rolle, weil sie in allen Untersuchungen immer wieder aufzufinden sind. In vielen Verhaltensstudien zur Nachhaltigkeit sind diese Positionen als subjektive Äußerungen belegt, aber sie werden nur selten systematisch mit der in ihnen liegenden antidemokratischen oder populistischen Haltung in Zusammenhang gebracht. Sie machen allerdings verständlich, weshalb antidemokratische und populistische Einstellungen auch so gefährlich in Nachhaltigkeitsfragen sind, weil und insofern insbesondere Populisten eine Wirtschaft erhalten wollen, die sowohl die Grenzen des Wachstums missachten als auch die grenzenlosen Freiheiten des menschlichen Umgangs mit der Umwelt nicht beschränken wollen.

Ergänzt werden sie durch zusätzliche Kriterien:

»***Anti-Intrazeption****: Abwehr des Subjektiven, Fantasievollen, Sensiblen.*« Dies ist auch typisch für populistische Haltungen gegenüber der Nachhaltigkeit. Eine wesentliche Entwertungsstrategie liegt immer wieder darin, die übertriebene Sensibilität und übersteigerte Subjektivität der Nachhaltigkeitsbefürworter zu verhöhnen und zu verspotten.

Weitere 6 Eigenschaften einer autoritären Persönlichkeit in Bezug auf die Nachhaltigkeit

»***Aberglaube und Stereotypie****: Der Glaube an eine mystische Bestimmung des Schicksals des Einzelnen; die Bereitschaft, in starren Kategorien zu denken.*« In der Nachhaltigkeit soll insbesondere der Glaube an die Macht des Fortschritts und der Technik helfen, die Welt nach schwarz und weiß zu malen und die erwünschte Zukunft als gesichert zu imaginieren. Die massenhafte Produktion von *fake news* entwickelt sich hierbei zu einem neuen Aberglauben. Da es zur Nachhaltigkeitskrise aus wissenschaftlichen Gründen nur wahrscheinliche Aussagen gibt, werden diese durch absolute Setzungen konterkariert und in Aberglauben überführt.

*»**Machtdenken und ›Kraftmeierei‹**: Voreingenommenheit im Hinblick auf die Dimensionen Herrschaft – Unterwerfung, stark – schwach, Führer – Gefolgschaft; Identifizierung mit Machtfiguren; Überbetonung der konventionellen Attribute des Ich; übertriebene Zurschaustellung von Stärke und Robustheit.«* Dieser Aspekt verbindet sich sehr leicht mit der Wut gegen alle, die zu einem Verzicht aufrufen. Alle Menschen, die den erreichten Wohlstand der großen Autos, der weiten Reisen und der negativen Fußabdrücke Einhalt gebieten wollen, werden zu Gegnern, denen mit Macht und Gewalt gedroht wird, um damit gleichsam auch das Problem aus der Welt zu schaffen. Kurzsichtigkeit und Dummheit begleiten die vermeintliche Kraft.

*»**Destruktivität und Zynismus**: allgemeine Feindseligkeit, Diffamierung des Menschlichen.«* Nachhaltigkeitsanhängerinnen werden als weltfremd, abartig, Feindbilder und Sündenböcke imaginiert und konstruiert. Am liebsten würde man sie bestrafen, verfolgen, unterdrücken. Mitglieder der *Fridays for Future* werden als dumme und unreife Kinder diffamiert.

*»**Projektivität**: Die Bereitschaft zu glauben, dass wilde und gefährliche Dinge in der Welt geschehen; die Projektion unbewusster emotionaler Triebimpulse auf die Außenwelt.«* Der Klimawandel und die deshalb notwendige Nachhaltigkeit werden als Verschwörungstheorie aufgefasst, das eigene Denken als wahr und wirklich. Populisten nutzen die Projektivität im Sinne ihrer Wünsche und befeuern sie zugleich mit eigenen übertriebenen Bildern, sie entwerfen und verbreiten Falschmeldungen, um das Gewünschte gegen eine reale Gefahr zu stellen. Dabei nehmen Verschwörungstheorien in allen Bereichen des Lebens zu.

*»**Sexualität**: übertriebene Beschäftigung mit sexuellen ›Vorgängen‹.«* Dies ist in der Nachhaltigkeitsdebatte auch in subtilen Formen vorhanden, wenn insbesondere weibliche Feindbilder gepflegt und Frauen mit der Tendenz zu Bio und vegetarischer oder veganer Ernährung als verweichlicht, schwach oder nicht hinreichend befriedigt diffamiert werden. Populisten stellen auch gern Männer als für den Überlebenskampf nicht geeignet dar, wenn sie sich für Belange der Umwelt engagieren.

Die eben genannten sechs Kriterien gehen entweder auf spezifische mögliche Ausprägungen der autoritären Persönlichkeit ein, also auf Punkte, die die ersten drei spezifizieren, wie die Ablehnung von Gefühlen, des Subjektiven oder Fantasievollen und Sensiblen, wie Aberglaube und Stereotypien, Machtdenken und Kraftmeierei, Destruktivität und Zynismus, oder sie beziehen sich auf die Projektivität als zuschreibende Perspektive von mehr oder weniger abgewehrten eigenen Wünschen oder manipulierten Deutungen, wie sie grundlegend für das autoritäre Charakterbild mit einem relativ schwachen eigenem Ich erscheinen. Dabei spielt das noch oft im bürgerlichen Verhalten tabuisierte Thema der Sexualität eine durchgehende Rolle, vor allem in den projizierten Geschlechterbildern.

II.3.1.4 Antidemokratische Tendenzen werden in Demokratien oft unterschätzt

Mit den empirischen Untersuchungen der Berkeley-Gruppe wird sichtbar, dass die Machtfrage keineswegs auf bestimmte autoritäre Regime mit Einschränkung demokratischer Rechte begrenzt ist, auch wenn sie in ihnen besonders klar erscheint. Macht und Machtspiele sind in der menschlichen Geschichte wie im menschlichen Verhalten ein durchgehendes Prinzip, und sie betreffen in Anteilen immer auch demokratische Systeme. Auf der Basis der genannten Skalen zeigen die Daten der in Amerika befragten Personen Ende der 1940er Jahre, dass Persönlichkeitsstrukturen mit Potenzial für antidemokratisches Verhalten keineswegs auf Nazi-Deutschland beschränkt sind, sondern auch in einem liberalen Umfeld – umfassender als zuvor gedacht – auftreten. Unter anderen konnten die Ergebnisse zeigen, dass es zahlreiche Vorurteile auch in den USA gab, die einem antidemokratischen Charakter zugeordnet werden können. Seither gibt es eine schmale Diskussion hierüber in den Sozialwissenschaften und der Sozialpsychologie, was angesichts der fundamentalen Bedeutsamkeit der Fragestellung und der Ergebnisse erstaunt.

Hier ist es aufschlussreich, dass es für Gesellschaften, die sich für demokratisch halten, offenbar schwierig ist, sich mit Kriterien zu befassen, die ihre eigenen Grundannahmen der vermeintlich besten aller Welten kritisch reflektieren. Eine Beschäftigung mit dem Thema ist wenig förderlich für die Karrieren der Wissenschaftler und Forscherinnen, da die Daten eher verstörend sind und wenig in das eigene mediale Selbstbild passen. Zudem zeigt sich in der empirischen Wende dieser Forschung, dass sie insbesondere mit der Breite und Tiefe solcher Forschungsvorhaben schnell überfordert ist. In solcher Forschung kommt es nicht darauf an, das Konventionelle oder im Mainstream Erwartbare abzufragen, sondern im Hintergrund wirkende und verborgene Denkhaltungen und Vorstellungen zu erfassen, die Auskunft über Handlungspotentiale in kritischen Entscheidungssituationen geben. Solche Potenziale zeigen dann oft eine Nähe zum Undemokratischen, das mittels Vorurteilsbildungen arbeitet. Durch solche Ergebnisse wird die demokratische Gesellschaft gezwungen, über eigene Tendenzen der Konformität und des Konventionalismus nachzudenken, die autoritäre Unterwürfigkeit sowohl im politischen wie kommerziellen und familiären Feld ins Kalkül zu ziehen, schließlich auch den Umgang mit aggressiven Impulsen gegenüber Fremden, Ausgeschlossenen, stetigen Sündenböcken innerhalb demokratischer Strukturen zu erkennen.

»Macht und Machtspiele sind in der menschlichen Geschichte wie im menschlichen Verhalten ein durchgehendes Prinzip, und sie betreffen in Anteilen immer auch demokratische Systeme«

Dabei gibt es einen Übergang von stark konservativen Werten hin zum Rechtsradikalismus, weil sie oft in ihrem Meinen und ihrer Propaganda einig sind. Adorno sagt hierzu: »Man sollte diese Bewegungen nicht unterschätzen wegen ihres niedrigen geistigen Niveaus und wegen ihrer Theorielosigkeit. Ich glaube, es wäre ein völliger Mangel an politischem Blick, wenn man deshalb glaubte, dass sie erfolglos sind. Das Charakteristische für diese Bewegungen ist vielmehr eine außerordentliche Perfektion der Mittel, nämlich in erster Linie der propagandistischen Mittel in einem weitesten Sinne, kombiniert mit Blindheit, ja Absurdität der Zwecke, die dabei verfolgt werden.« (Adorno 2019, 22 f.) Dieses Zitat aus einem Vortrag im Jahre 1967 macht vorausschauend deutlich, dass es in der vorurteilsbezogenen Propaganda der alten wie der neuen Rechten nicht um Wissen und Wissenschaft geht, wenn antidemokratische Tendenzen verbreitet werden, sondern um ein politisches Meinen, mit dem Macht und Autorität erlangt werden sollen. Dabei spielt die Propaganda eine entscheidende Rolle. Und hier ist es wesentlich, dass Menschen, die autoritäre Strukturen bevorzugen, deshalb auch gegen die Nachhaltigkeit auftreten, weil die Feindbilder ihrer Propaganda sich immer auf Gruppen von Menschen und Sündenböcke richten, die gegen das eigene Wunschweltbild verstoßen. Mit Feindbildern zu arbeiten, das ist die schlichteste und primitivste Art, Menschen mit Meinungen zu überzeugen, wohingegen eine Menschheit, die insgesamt die Grenzen der Erde beschädigt, wenig als Symbolfigur taugt, da Verzicht, Beschränkung und Nachdenklichkeit nicht so einfach zu vermitteln sind wie Fremdenhass, Abgrenzung von Abweichungen, Bevorzugung alter Ordnungsbilder und eine Rückkehr zu alter Größe.

Für den Umgang mit der Nachhaltigkeit im heutigen Konfliktfeld ist ein Rückbezug auf die Studien zur Autorität im Grunde unumgänglich, weil sich bis heute die Geschichte der Vorurteile auch in diesem Feld wiederholt. Vor allem ist beunruhigend, wie auch Adorno aus den Ergebnissen der empirischen Studien hervorhebt, dass die autoritäre gebunden Menschen fast gar nicht durch Argumente erreicht werden können (ebd., 53).

»Adorno hebt in seinen empirischen Studien hervor, dass autoritär gebundene Menschen eigentlich gar nicht durch Argumente erreicht werden können«

Einige Untersuchungen setzen diese Forschungstradition bis in die Gegenwart vor allem in den USA fort, wenngleich insbesondere in Deutschland, wo nach dem Krieg noch zahlreiche autoritäre Strukturen aus dem Faschismus fortlebten, kaum eine Rezeption und fast gar keine eigene fortführende Forschung stattfand. Ist dies in Anbetracht unzureichender Entnazifizierung an westdeutschen Universitäten noch verständlich,[10] so ist seit den 1990ern immerhin zu erkennen, dass das Thema in der Rechtsextremismusforschung wieder aufkommt. Dies ist auch für den gegenwärtigen Populismus in der Nachhaltigkeitsdebatte wichtig.

Bob Altemeyer (1996) betont insbesondere die ersten drei Kriterien, die kontinuierlich für undemokratische Haltungen und Einstellungen insbesondere bei rechtsextremen Kreisen signifikant festgestellt werden können. Besonders Ethnozentrismus, Ablehnung und Verfolgung von Homosexualität, Diskriminierung und Herabsetzung von Frauen, religiöser Fundamentalismus, Vorurteile gegen fremde Personen, Andersdenkende und insbesondere Migrantinnen oder Asylsuchende sind Vorurteile, die eine ausgewiesene Grundlage für einen antidemokratischen Charakter bilden. Sie bilden meist das Kernprogramm des Populismus. Das Leugnen des Klimawandels ist heute ein weiterer Indikator.

Ein wesentliches Ergebnis dieser Studien ist, dass die Effekte immer dann deutlich verstärkt werden, wenn der Staat in eine dieser Richtungen wirkt. Rechts-konservative Kreise tragen hier deutlicher als andere Bevölkerungsgruppen aktiv zu Kampagnen oder Umsetzungen bei (ebd., 31). Diese Gruppen sind etwa stark gegen Drogen und Abtreibung, aber nicht für Ökologie oder Umwelt (ebd., 42). Sie stützen dann auch eine politische Führung, die, wie am Beispiel des ehemaligen US-Präsidenten Trump zu sehen war, im Grunde die eigene Wählerschaft verachtet, aber sie für sich populistisch zu nutzen weiß.

»Demokratien können sich in autoritäre Regime zurückbilden«

Demokratien sind im historischen und politischen Wandel nicht immer gewappnet, einen Rückfall in totalitäre Systeme zu verhindern oder Übergangsformen zu wählen, die das Demokratische mit einem Autoritarismus verbinden. Nach Linz (2003) lassen sich heute gegenüber den früheren umfassenden totalitären Systemen zahlreiche autoritäre Regime unterscheiden, die sich als bürokratisch-militärische Regime, nationalistischer Staat mit einer übersteigerten korporativen Sicht, mobilisierende autoritäre Regime in postdemokratischen Gesellschaften, postkoloniale autoritäre Mobilisierungsregime, auch als Rassen- oder ethnische »Demokratien«, »unvollkommene« und »prätotalitäre« politische Situationen und Regime oder posttotalitäre Regime unterscheiden lassen. Die Benennungen mögen schwanken und mehr oder minder glücklich gewählt sein (vgl. zu den Beispielen Linz 2003), aber die Abwertung erreichter demokratischer Strukturen ist weltweit zu beobachten und hat auch Einfluss auf bestehende Demokratien. Einige antidemokratische Regime treten kurzzeitig in regionalen Krisensituationen auf, andere halten sich auch längere Zeit, wieder andere entfalten auf einmal einen Machtraum in schon länger etablierten Demokratien.

Linz interpretiert dies so: »Klassenkampf und ideologische Konflikte waren in der Vergangenheit die hauptsächlichsten Gründe für autoritäre und totalitäre Regime. Die Krise der Ideologie, die Niederlage des Faschismus und die Auflösung der kommunistischen Herrschaft in der Sowjetunion und in Mittel- und Osteuropa sowie die ökonomischen Revolutionen in vielen Teilen der Welt haben gewiss die Voraussetzungen und Grundlagen autoritärer Antworten erheblich verringert. Jedoch wird die Verstärkung des Nationalismus, besonders in vielen multinationalen Staaten, zu Konflikten führen, die man mit autoritärer Politik und Unterdrückung zu lösen versuchen wird. Dies tritt dann ein, wenn einerseits die Herrschenden eine ›Nation‹ schaffen und dazu die ethnischen und kulturellen Minderheiten in einen ›Nationalstaat‹ zu integrieren versuchen, andererseits aber verschiedene Minderheiten ein Recht auf Selbstbestimmung formulieren und die Abspaltung fordern. Überbevölkerung und ungerechte Verteilung können große Migrationsströme auslösen und damit wiederum nationale Identitäten untergraben und ökonomische Interessen verletzen. Das kann Diskriminierung und Repression zur Folge haben.« (Ebd., XLIII)

Die hier von Linz schon 1999 beschriebenen Effekte sind seitdem umfassend eingetreten. Die daraus jeweils resultierende Politik bestimmt auch die nationalen Möglichkeiten und Grenzen im Umgang mit der Nachhaltigkeitskrise.

II.3.2 Sehnsucht nach Zugehörigkeit, Abnahme von Verpflichtungen

Eine Hauptquelle jeglichen Autoritarismus ist in all den möglichen, bisher angesprochenen Konfigurationen immer wieder der Nationalismus, der gerade angesichts der Risiken der Globalisierung für nationale Strukturen als vermeintliche Lösung im Wunsch nach Ordnung und Übersicht von vielen Menschen ersehnt wird. Insbesondere Probleme in der Gewaltenteilung und ein fehlendes und umfassendes demokratisches Rechtssystem mit hoher Unabhängigkeit können ein Abrutschen in autoritäre Regime dann auch noch verstärken. Polen und Ungarn sind in der EU dafür aktuelle Beispiele. Aber auch der Brexit-Prozess und der Populismus in Großbritannien oder die Politik der Republikaner in den USA weisen in diese Richtung.

Für all diese autoritär orientierten Gruppen – mit einem Wunsch nach ordnender Lösung und nationalen Vorteilen – gilt fast durchgehend, dass sie konventionelles Verhalten in den jeweiligen Bevorzugungen der Regime betonen, wobei dies in einem engen Zusammenhang mit der autoritären Unterwürfigkeit und der Aggression gegenüber Andersdenkenden steht. Zugleich wünscht man sich eine alte Größe zurück oder will eine neue erreichen, um sich in der Welt als einzigartig zu behaupten. Wann immer in Fragebögen oder Studien in diesen Bereichen hohe Zustimmungswerte erreicht werden, offenbart sich eine antidemokratische Haltung, die ein wesentlicher Indikator für ein antidemokratisches Wahl- und Entscheidungsverhalten ist. In dieser Gruppe finden sich mehrheitlich auch besonders starke Leugner der Notwendigkeit von Nachhaltigkeit.

»Autoritäres Verhalten ist meist von dem Wunsch geleitet, zu einer alten Größe zurückzufinden oder eine neue zu erreichen, um sich in der Welt als einzigartig zu behaupten«

Autorität im Wandel

Insgesamt scheint hier ein Autoritarismus zu wirken, der darin liegt, dass vorhandene autoritäre Führer – teilweise auch Führerinnen – das bestimmen, was die autoritär Unterwürfigen verfolgen, egal, ob es tyrannisch, undemokratisch oder brutal ist (Altemeyer 2006, 2). Dabei muss gegenwärtig gar nicht einmal mehr eine umfassende Ideologie des Totalitären entwickelt werden, sondern es reicht schon ein medienwirksames Modell aus, das eine begrenzte Sicht auf die Welt als scheinbar einfache Lösung aller Probleme anbietet, eine Führung darstellt, die ohne nähere Angaben alles lösen kann, und Sündenböcke oder Fehler des etablierten Systems hervorhebt, die mit aller Macht beseitigt werden sollen – selbst dann, wenn die neue Elite, die dadurch gebildet wird, Teil dieser Fehler ist. Die Mittel dazu sind Polarisierung einerseits, um mit klaren Feindbildern arbeiten zu können, Vereinfachung in jeder Hinsicht, um keine Zweifel aufkommen zu lassen und verständlich für große Gruppen zu bleiben.

> »Zu den Mitteln von Autoritären zählen Polarisierung, die klare Feindbilder angibt, und Vereinfachung, die jeden Zweifel abwehren soll«

Die autoritäre Familie der Vergangenheit mit einem dominanten Vater kann jedoch heute nicht mehr zur Erklärung der autoritären Unterwürfigkeit, für Konformismus und destruktive Impulse in allen Fällen herangezogen werden. Das Konzept des autoritären Charakters wird in der neueren Forschung sogar als veraltet abgelehnt (so bes. Decker et al. 2012, 35). Dazu gibt es einige einfache Erklärungen:

Die autoritäre Familie hat sich grundlegend verändert; der patriarchale Vater hat seine Übermacht verloren. Zugleich hat sich das Erklärungsmodell gewandelt. Die neuere Psychologie in ihrer empirischen Wende hat dazu beigetragen, dass die Freudsche Psychoanalyse als Erklärungsmodell im neuen Mainstream empirischer Erklärungsansätze diskreditiert wird. Es werden nun Sozialisationsbedingungen in Ergänzung und Ersetzung der Familie hervorgehoben, die im Zusammenhang mit einem Autoritarismus zu beachten sind (etwa Oesterreich 1974). In der Erklärung verschwinden die eher komplizierten Phänomene der Projektivität, der Abwehrhandlungen und anderer psychischer Mechanismen, es wird auf vereinfachende Beschreibungen gesetzt, weil sich diese auch einfacher empirisch erfragen lassen. Dennoch ist auch in den vereinfachten Verfahren das Problem der antidemokratischen Haltung in empirischen Studien durchgehend beobachtbar geblieben, und es lässt sich auch nicht auf das rechtsextreme Spektrum begrenzen. Zudem zeigen auch neue autoritäre Regime nach wie vor die Wirkung des Konformitätsdrucks, der autoritären Unterwürfigkeit und aggressive wie zerstörerische Impulse gegen andere. Aber so wie in der Konsumgesellschaft alles leichter, flüssiger und verständlicher werden soll, so werden auch die komplexen Erklärungstheorien auf ein überschaubares Format beschränkt.

Rechtsextreme Gruppen, die in der Leipziger Autoritarismus-Studie 2018 untersucht werden, machen deutlich, dass die Haltungen und Einstellungen, die einer kleinen rechtsextremen Gruppe zuvor zugeordnet worden waren, längst in die sogenannte »Mitte« vorgedrungen sind (Decker & Brähler 2018). Aber aus meiner Sicht ist es ungünstig, die antidemokratischen Einstellungen überhaupt nach Ortsbestimmungen wie Rechts, Mitte oder Links zu organisieren, denn es war schon ein Fehler, die antidemokratischen Haltungen überhaupt bloß auf den rechten Flügel zu verbannen. Dies hat den Blick dafür verschlossen, dass solche Haltungen deutlich gestreuter vorkommen. Der Begriff Mitte suggeriert nun eine Übereinstimmung mit einer großen Zahl von Personen, klarer wäre es aber, die angesprochenen autoritären Milieus zu bezeichnen und zu untersuchen. Denn die Hypothese besteht, dass etwa Fremden- und Migrationsfeindlichkeit keinesfalls die Weltbilder der Rechten oder einer Mitte ausdrücken, sondern auch bei Linken verbreitet sein können. Dann aber macht die Unterscheidung nach Rechts, Links und Mitte keinen Sinn mehr.

Die Zahlen zur migrationsfeindlichen Einstellung zeigen an, dass es um sehr große Gruppen geht: Fühlten sich bereits 2002 rund 42 Prozent der Ostdeutschen und 37 Prozent der Westdeutschen durch Menschen mit Migrationshintergrund überfordert, weil das Land überfremdet erschien, so schwächte sich der Wert 2014 auf 22 Prozent im Osten und 17 Prozent im Westen ab, um dann 2018 in Ost wie West auf 55 Prozent anzusteigen (ebd., 18). Bereits an der Veränderung der Zahlen lässt sich ablesen, wie stark hier ein Konformitätsdruck herrscht, der stark von den Massenmedien und politischen Parteien beeinflusst wird. Mit dem Erstarken der populistischen AfD dokumentiert sich ein Wunsch nach Autoritarismus, der neben der Migrationsfeindlichkeit auch Nationalismus, Chauvinismus, einen oft latenten Antisemitismus, ein Führer-Gefolgschafts-Prinzip und eine Ablehnung des sogenannten Establishments befürwortet. Etliche sind auch demokratieverdrossen, weil sie ihre persönliche Situation nicht mehr hinreichend in den gesellschaftlichen Verteilungskämpfen beachtet sehen.

Zwar ist der Begriff Populismus bloß ein Sammelbegriff für vielfältige Erscheinungen, aber im Zusammenhang mit dem Autoritarismus sind seine Wirkungen sehr gut beschreibbar. Populisten sind autoritäre Führer, die mittels Konformität, autoritärer Unterwürfigkeit insbesondere durch manipulative Gleichschaltung der Ideale und durch eine Bindung der Anhängerschaft eine Gefolgschaft anstreben. Um sich als machtvoll hervorzuheben, senden sie aggressive Signale an Gegner und diffamieren die Demokratie als unfähig, Probleme zu lösen. Sie sind insbesondere Gegner einer nachhaltigen Lebensweise, weil sie meinen, viele Menschen wegen ihrer Konsumwünsche leicht auf ihre Seite ziehen zu können. Zudem folgen sie in ihrem »Erfolgsmodell« von Gesell-

»Populisten sind oftmals Gegner einer nachhaltigen Lebensweise, weil sie damit viele Menschen wegen ihrer Konsumwünsche auf ihre Seite ziehen können«

schaft eher der Vergangenheit, wie es insbesondere Trumps Spruch »Make America great again« symbolisiert, das sich in alle Nationalsprachen leicht abgewandelt übersetzen lässt.

Reich, Fromm, Horkheimer, Adorno und andere gehen davon aus, dass in der Individualisierung der Moderne die Konformitätsanforderungen vorrangig durch Verinnerlichung der familiären Gebote angeeignet werden. In diesen Geboten ist immer schon die Erwartung an den anderen, an die Rolle vornehmlich des Vaters, eingeschlossen, die zwischen einem inneren »I«, das eigene Vorstellungen und Wünsche ausdrückt, und einem »Me«, das gesellschaftliche Erwartungen und Spiegelungen zeigt, vermitteln. Doch in der gesellschaftlichen Entwicklung relativiert sich diese Rolle, indem in der Wohlstands- und Überflussgesellschaft zahlreiche externe Objekte und Sozialisationsinstanzen auftreten, die viele äußerliche Autoritätsformen versachlichen und persönliche Abhängigkeiten reduzieren. Den Stimmen des inneren Selbst, das zwischen »I«- und »Me«-Anforderungen schwankt, steht immer mehr ein erwartetes, bebildertes, imaginär erwünschtes Bild von Waren und Dienstleistungen, von Konsumwünschen und -sehnsüchten zur Seite, dessen sozialisatorische Wirkung mittlerweile umfassend ist. Die Wirkung dieser Beeinflussung ist für den Einzelnen kaum noch zu kontrollieren. Dies wird schon in den 1950ern von Herbert Marcuse reflektiert. Marcuse nimmt in der Deutung der autoritären Persönlichkeit eine besondere Rolle ein. In *Triebstruktur und Gesellschaft*, zuerst 1955 in den USA erschienen, beschreibt er ausführlicher als andere den psychoanalytischen Hintergrund einer Konzeption des Ichs. Gegenüber Fromm bleibt Marcuse sehr viel enger am Modell von Freud, aber zugleich entfaltet er eine gesellschaftskritische soziologische Sicht, die den Kapitalismus deutlicher in den Fokus rückt. Zugleich nimmt Marcuse da, wo Freud noch hoffte, dass die aufgeklärte Wissenschaft zum Untergang der menschlichen Illusionen und Manipulationen beitragen könnte, eine distanzierte Haltung ein. Die Funktion der Wissenschaft ist für Marcuse nicht grundsätzlich positiv:

»Konsumwünsche bilden eine ganz eigene Art des Autoritären aus, weil die Unterwerfung unter den Konsumzwang meist unsichtbar bleibt«

»Innerhalb der totalen Mobilisierung von Mensch und Natur, die unsere Zeit auszeichnet, ist die Wissenschaft zu einem der destruktivsten Instrumente geworden – zerstörerisch gegenüber jener Freiheit, die sie einst versprach.« (Marcuse 1984, 74) Diese destruktive Kraft wird für ihn vor allem angesichts der Atombomben und des Kalten Krieges sichtbar, im Hinblick auf die Zerstörung der Ressourcen und der rücksichtslosen Zerstörung des Planeten Erde ist diese Analyse in den 1950ern noch eher zurückhaltend. An der Zerstörung des Planeten sind Wissenschaften, Produzenten und Konsumenten gleichermaßen beteiligt, wobei kapitalistische Unternehmen mit ihren Strategien diese Destruktivität antreiben, finanzieren und organisieren, weil ihre Gewinne davon abhängen.

Realitätsprinzip und zusätzliche Unterdrückung

Das menschliche Lustprinzip ist für Marcuse eine treibende libidinöse Kraft im Menschen, die am Realitätsprinzip stets zu erproben ist und hier ihre Grenzen findet. Das Lustprinzip sucht Lust, Wünsche, Hoffnungen und vieles mehr umzusetzen, aber dies muss immer an der Realität erprobt werden und findet hier seine Grenzen. Aber stärker als die Freudianer betont Marcuse, dass das menschliche Leistungsprinzip sich als vorherrschende Form des Realitätsprinzips entwickelt hat, indem in einer dominanten Arbeits- und Funktionswelt das Lustprinzip in seiner biologischen Natur immer mehr dem sozialen und konsumbezogenen Stand der Lebenswelt unterworfen wird. Ein gezähmtes Triebschicksal wird seit Ende der 1950er Jahre gelebt (ebd., 40). Hier spricht Marcuse gegenüber Freud von einer zusätzlichen Unterdrückung, die darin besteht, dass es neben den üblichen Triebkontrollen und Zwängen zusätzliche Beschränkungen gibt, die vom jeweiligen Entwicklungsstand der Kultur und ihren Veränderungen abhängen. »Von den drei Quellen menschlichen Leids, die Freud aufzählt – nämlich ›die Übermacht der Natur, die Hinfälligkeit unseres eigenen Körpers und die Unzulänglichkeit der Einrichtungen, welche die Beziehungen der Menschen zueinander in Familie, Staat und Gesellschaft regeln‹ – sind mindestens die erste und die letzte im strengen Sinne historisch; die Übermacht der Natur und die Organisation der gesellschaftsformenden Beziehungen haben sich im Laufe der Kulturentwicklung grundlegend verändert.« (Ebd., 89 f.) Dass die Übermacht der Natur durch die Folgen der Nachhaltigkeitskrise aber wieder zurückkehren wird, so will ich ergänzen, ist mittlerweile nur eine Frage der Zeit.

Die Religion dagegen scheint zurückgedrängt, sie ist zumindest in den entwickelten kapitalistischen Ländern keine treibende Kraft mehr, auch wenn sie Individuen nach wie vor ein autoritäres Vaterbild vermitteln kann. Dies gilt auch für den autoritären Charakter in der Familie und der Gesellschaft. Mit der Verbreitung des Individualismus, der Durchsetzung der Konsumgesellschaft, tritt die autoritäre Rolle des Vaters oder anderer dominanter Personen und Führer zurück, bis hin »zum System institutionalisierter Autorität, wie sie charakteristisch für die reife Kultur ist, wird die Herrschaft zunehmend unpersönlich, objektiv, universell und zugleich zunehmend rational, wirksam, produktiv« (ebd., 90).

> »Dass die Übermacht der Natur durch die Folgen der Nachhaltigkeitskrise wieder zurückkehren wird, ist nur noch eine Frage der Zeit«

Die Leistungsgesellschaft errichtet eine Arbeitsteilung, die Funktionen und Beziehungen hierarchisiert, eine Bestimmung, die durch Entpersönlichung und Versachlichung scheinbar eine rationale Gleichheit herstellt, der sich alle zu unterwerfen haben. Seither ist der versachlichte Kapitalismus, eine autoritäre Institutionalisierung auch im Sinne einer strukturellen Gewalt, immer dominanter in der Gesellschaft geworden. Die strukturelle Gewalt bezeichnet dabei alle Formen der Diskriminierung, die vermittelt über die autoritäre Institutionalisierung entstehen, dazu gehören vorrangig eine ungleiche Verteilung von Einkommen, Bildungschancen und Lebenserwartungen sowie das Wohlstandsgefälle zwischen den reichen und den armen Ländern.

Es gibt unzählige Beispiele für diese Entwicklung. Strukturelle Gewalt zeigt sich in allen Ein- und Zuordnungen der Menschen, in den Steuer- und Versicherungsklassen, der Überregulation des Lebens von der Geburt bis in den Tod. Auch die Lebenschancen sind strukturell geregelt. Der Numerus Clausus ist dafür ein gutes Beispiel. Hier wird die individuelle Leistung in der Schule sachlich gemessen, scheinbar frei von persönlichen Beziehungen, objektiv mit den Leistungen der anderen verglichen. Was bei Marcuse noch als zusätzliche Unterdrückung gedeutet wird, das ist schon lange zum Standardprogramm der gesellschaftlichen Entwicklung überhaupt geworden: Beschränkungen, die im Rahmen der Individualisierung und Bildungsexpansion absichern, dass überkommene Vorteile und Besitzstände nicht verloren gehen. Die heimliche Erwartung und das stille Vorurteil lauten, dass die erreichbare Bildung vom Elternhaus abhängt, Bildungsbesitz vererbt werden kann, sich Alleinerziehenden weniger Chancen bieten, Migration und Armut unüberwindbare Bildungshindernisse sind. Hier werden die Erziehungsinstitutionen zu einer strukturellen Gewalt, indem sie Barrieren und Hürden errichten, die eine versprochene Gleichheit in eine strukturelle Ungleichheit auflösen, die niemand mehr infrage stellt, weil sie so selbstverständlich und alltäglich erscheint.

»In der fehlenden Nachhaltigkeit wird es auch zu einer Gewalt, wenn der Staat die Menschen nicht hinreichend vor Schädigungen durch Abgase, Gifte, Umweltverschmutzungen und andere Schädigungen an ihren Lebensorten schützt; langfristig erscheint diese Gewalt in allen Folgen einer nicht bewältigten Nachhaltigkeitskrise«

Eine allumfassende institutionalisierte Autorität

Die Begriffe Herrschaft und Gewalt reichen nicht aus, diese Differenzierung zu beschreiben, es geht um eine institutionalisierte Autorität, die das Ansehen der Personen reguliert, indem sie es im Sinne einer Zuschreibung und Zurechnung bewertet, aufteilt, algorithmisiert. Hier wirkt die autoritäre Struktur als statistische Größe, sie wird in den Beziehungen konfiguriert und konstruiert, auch wenn es den Menschen hierbei so erscheint, als kämen die Strukturen, Entscheidungen und notwendigen Urteile gleichsam von selbst und selbstverständlich von außen zustande. Die handelnden Akteure jedoch scheinen keine persönlichen Vorlieben und Urteile zu haben, sie folgen scheinbar nur dem System, dessen persönliche Zahnrädchen sie als Teilnehmende und Beobachtende sind. Hier mögen einzelne Personen noch als herrschend und gewalttätig erscheinen und es sogar sein, aber auch sie sind Teil einer institutionalisierten Autorität, die ihnen keinen allumfassenden Platz mehr gewährt.

In persönlicher Abhängigkeit und Autorität besteht immer die Gefahr der persönlichen Auflehnung, da das Objekt der Abhängigkeit direkt vor Augen steht. Hier hat sich die Kultur spätestens seit der zweiten Hälfte des 20. Jahrhunderts zumindest in den entwickelten kapitalistischen Ländern aber radikal gewandelt. Die autoritäre Persönlichkeit in den Familien, die noch als Erklärung des weit verbreiteten autoritären Charakters genutzt werden konnte, erscheint seitdem deutlich auf dem Rückzug. Ich will nur einige der markanten Veränderungen gegenüber dem autoritären Familienbild mit Marcuse und über ihn hinaus nennen (vgl. auch Marcuse 1984, 85 ff.):

Die Selbsterhaltung und die mit ihr verbundenen notwendigen Mühen und Leiden durch die Arbeit und andere Überlebensstrategien sind durch eine Wohlstandsgesellschaft und soziale Sicherungssysteme zumindest in den reichen Ländern einfacher geworden. Die Entwicklung der Produktivkräfte hat die menschliche Arbeit erleichtert, auch wenn in vielen Fällen damit eine intensive Belastung der Psyche und des Wohlbefindens verbunden sind. Dabei hat sich das Familienbild selbst gewandelt: Das Überleben der Familie hängt nicht mehr hauptsächlich vom Vater ab, die Verantwortung verteilt sich innerhalb der Familie und ist zudem durch soziale Sicherungssysteme ergänzt. Gleichwohl sind die Erfolgsaussichten grundsätzlich an den sozial-ökonomischen und Bildungsstand der Familie gekoppelt. Die Überlegungen der Selbsterhaltung sind überwiegend ökonomisch, aber nicht mehrheitlich ökologisch orientiert.

»Der autoritäre Charakter verwandelt sich von einer persönlichen immer mehr in eine institutionalisierte Autorität«

Die Arbeitszeit ist im Verhältnis zur freien Zeit gesunken. Es gibt mehr und offenere Chancen zur Selbstverwirklichung der Individuen, auch wenn diese hauptsächlich durch Konsumwünsche erreicht werden. Die Familie ist zwar nach wie vor ein Hauptbezugspunkt im Heranwachsen geblieben, aber Erziehungs- und Freizeitinstitutionen begleiten diesen Prozess ebenso wie Massenmedien und die neuen sozialen Medien. Selbst wenn es noch ausgeprägte autoritäre Charaktere in der Erziehung und in Teilgruppen der Gesellschaft, etwa bei Migration, geben kann, so wird diese deutlicher als in früheren Zeiten durch das gesellschaftliche Umfeld zumindest relativiert. Das gewonnene Freizeitangebot ist für die Nachhaltigkeit schädlich, was eine breite ökologische Orientierung der Massen deutlich erschwert.

Die sexuelle Orientierung und die Öffnung der Beziehungen ist stark den autoritären Regeln der Familiengewalt entzogen und zunehmend bereits im Jugendalter zumindest für große Teile der Heranwachsenden entdramatisiert. In der Zunahme der Selbstzwänge gegenüber den Fremdzwängen, wie sie Elias (1976) herleitet, besteht die Möglichkeit, auch sexuelle Tabus zu lockern, sexuelle Freiheiten zu entfalten, weil das erlaubte Maß an Gestaltungsfreiheit über die freizügigere Kleidung bis hin in den Abbau von Scham, Peinlichkeit und Zweifel reichen. Gleichwohl gibt es hierbei in der Diversität der Gesellschaft große Unterschiede. Dennoch kann nun auch die Psychoanalyse als Erklärungsmodell in den Hintergrund treten, weil es nicht mehr um ein Lustprinzip zu gehen scheint, das gegen das Realitätsprinzip ankämpfen muss, sondern allein um einen Konsum aller Möglichkeiten. Dahinter steckt zwar ein Leistungsprinzip, dessen Erfüllung in Kindheit und Jugend dramatisiert wird, damit sich ein hinreichender Erfolg im Einkommen für die Befriedigung der Konsumwünsche später ergibt, aber in einer Überflussgesellschaft ist die individuelle Leistung ohnehin kaum noch hinterfragt, weil sie das wesentliche Tauschmittel der Teilhabe am Konsum geworden ist. Das Lustprinzip scheint im Konsum vollends aufzugehen. Auch Sexualität erscheint zunehmend als Konsumgut, das variantenreich jenseits monogamer Ehen in vielfältigen Formen gelebt werden kann.

Die autoritäre Persönlichkeit in herausragender Funktion und in ihrer Einzigartigkeit wird seltener, sie wird mehr und mehr abgelöst durch eine Eingliederung in soziale Gruppen. Elitäre Gruppen übernehmen dabei die ehemaligen autoritären Rollen, die im *shareholder value* oder im Management abstrakter, distanzierter, verborgen hinter den Schleiern des Geldes und abgetrennter Lebensführungen – von der *gated community* bis in die besseren Wohnlagen – reichen. Die einzelne Autorität löst sich auf in den Apparat, das Management, die Leitungsebene, in denen der »Sozialwert des Einzelnen vor allem in Begriffen standardisierten Könnens und der Anpassungsfähigkeit bemessen, statt nach autonomem Urteil und persönlicher Verantwortung« gebildet wird (Bauman 2004, 97). Der Besitz von Autorität wird hier zur Fähigkeit, Einfluss zu nehmen. Für die Individuen wird es schwieriger, sich gegen die Autorität aufzulehnen, weil eine persönliche Autorität kaum noch greifbar und damit angreifbar ist. Der Umgang mit der institutionellen Autorität scheint keine direkten Kämpfe mehr produzieren zu können, weil eine allgemeine Sachlichkeit, repräsentiert durch die Politik in der Demokratie, immer schon vor dem Kampfplatz eine Mauer des stillschweigenden Einverständnisses gebaut hat. Will man den Braunkohleabbau stoppen, dann soll man nicht mehr Garzweiler besetzen, sondern auf die nächste Wahl warten.

Auch *die autoritäre Funktion der Familie* wird mehr und mehr aufgelöst und durch eine soziale Funktion abgelöst, in der die Familie nur noch ein Baustein neben anderen Institutionen, wie etwa Kindergärten, Schulen, beruflicher Bildung und Hochschulen, aber auch Vereinen und Freizeiteinrichtungen ist. Die Verlängerung der Erziehungszeiten in diesen Institutionen nimmt stetig zu. Auch die Freizeit wird mehr und mehr institutionell geregelt. Autorität nimmt so die Gestalt von Verwaltung und Bürokratie an.

Die Massenmedien schließlich vereinigen die Interessen kapitalistischer Gewinnmaximierung als Erfolgsstorys mit den Konsumwünschen der Menschen, um die Individualisierung als Einfallstor in die Manipulation der Konsumwünsche so umfassend zu gestalten, dass sie als Steigerung einer versachlichten Autorität im digitalen Zeitalter immer mehr die Kontrolle übernehmen. Dies kann völlig ungeplant, allein durch Abbildung der bestehenden Verhältnisse geschehen. Das, was als Reichtum, Luxus, außergewöhnliches Leben hervorsticht, muss nur bebildert und geschildert werden, um als mediale Macht an die Stelle aller Vorformen autoritärer persönlicher Macht zu treten. Die naiv abbildende Tendenz liegt insbesondere an der Finanzierung der Massenmedien als vom Kapitalismus und politischen Erwartungen abhängigen Vermittlern einer versteckten kapitalistischen Autorität, die unpersönlich und unbemerkt, ungeplant und allein durch Wiedergabe wirkt. Die Massenmedien müssen im Grunde nur die Welt, wie sie in ihren Äußerlichkeiten erscheint, abbilden und darstellen, um durch diese Toleranz bereits repressiv im Sinne des Gezeigten zu wirken, weil keine Alternative mehr darstellbar erscheint. Das, was wahr, wahrhaftig und richtig widergespiegelt wird, ist die Realität der Gegenwart, des Kapitalismus, seine Autorität durch Vorhandensein.

Der Abbau der persönlichen Autorität wird dadurch verstärkt, dass die Bringschuld für das eigene Leben bei den Heranwachsenden in der Familie selbst liegt. Sie sind für Erfolg oder Misserfolg verantwortlich, kein autoritärer Vater kann mehr dafür herhalten, wenn etwas nicht gelingt oder gescheitert ist. Insgesamt ist an die Stelle des autoritären Vaters ein autoritärer Kapitalismus getreten, dessen Allmacht darin wurzelt, dass er seine Macht unsichtbar gemacht hat. Sie wurzelt in den Praktiken, Routinen und Institutionen des täglichen Lebens, denen die Menschen sachlich, rational, ohne sie hinterfragen zu müssen oder zu wollen, leben, weil es alle anderen auch so tun. Genauso wird Nachhaltigkeit gelebt, indem sie verbal gefordert sein mag, aber im Handeln der Konsumenten immer wieder relativiert ist, weil sie in den Konsequenzen nach hinten geschoben wird.

»Autoritärer Kapitalismus ist ein Zustand, in dem alles unhinterfragt nach den Regeln einer neoliberalen Marktwirtschaft läuft, ohne noch als sinnvoll begründet werden zu müssen«

Das Schulsystem kann diesen kurz beschriebenen Wandel in der Autoritätsstruktur gut verdeutlichen helfen, denn es ist ein wesentlicher Teil in der Sozialisierung der Heranwachsenden. An die Stelle der autoritären Lehrerpersönlichkeit, wie sie noch in Heinrich Manns *Der Untertan* für den Beginn des 20. Jahrhunderts karikiert wurde, ist eine verwaltende Macht getreten, die sich anonym geben kann, weil sie auf Regeln in der Notengebung und Selektion zurückgreift, die sachlich fundiert, objektiv bemessen sind und jenseits der Vorteilsgabe zu stehen scheinen. Von den Regeln und Gesetzen eines solchen Lehrberufes scheinen alle Lehrkräfte selbst abhängig zu sein, selbst die Leitenden sind von ihnen nicht frei und erscheinen als bloße Rädchen in einem Gesamtsystem. Welche Schülerin oder welcher Schüler sollen hier noch eine Autorität beklagen, Ungerechtigkeit feststellen, sich auflehnen, wenn ein solches System für alle gleich gilt? Sie müssten die Regeln und Gesetze selbst hinterfragen, die unsichtbaren Voraussetzungen erkennen, die darin wurzeln, dass ein solches System immer mehr denen gibt, die schon haben, aber denen einen Aufstieg erschwert, die mehr hätten haben können. Wenn der Bildungserfolg in Deutschland von der sozialen Herkunft stärker als in anderen Ländern abhängt, so ist dies Ausdruck eines Systems, das für kapitalistische Länder insgesamt typisch ist. Aber nicht typisch ist schon seit sehr langem, dass dies sehr viel ausgeprägter in Deutschland als in anderen Industrieländern der Fall ist. Aber auch dies bleibt verborgen im Alltag, weil es in den Berichterstattungen außerhalb kritischer Wissenschaft selten thematisiert wird und in den Selbstbildern der Politik ausgelassen bleibt.

Marcuse diagnostizierte seine Zeit der 1960er Jahre und war ihr zugleich weit voraus: »Es ist nicht die Mechanisierung und Standardisierung,« – heute die Digitalisierung – »die retrogressiv sind, sondern das, was sie in sich schließen; es ist nicht die universelle Koordination, sondern ihre Verschleierung hinter unechten Freiheiten, lügenhafter Wahlfreiheit, Scheinindividualitäten. Der hohe Lebensstandard im Bereich der großen Körperschaften und Industriegesellschaften wirkt in einem konkreten soziologischen Sinn hemmend: die Waren und Dienste, die der Einzelne kauft, lenken seine Bedürfnisse und lassen seine eigene Tätigkeit erstarren. Im Austausch gegen die Bequemlichkeiten, die sein Leben bereichern, verkauft er nicht nur seine Arbeitskraft, sondern auch seine freie Zeit. Das bessere Leben wird mit der alles erfassenden Kontrolle über das Leben bezahlt.« (Marcuse 1984, 101)

»Das bessere Leben wird mit der alles erfassenden Kontrolle über das Leben bezahlt« (Marcuse)

Für Marcuse besteht noch die Hoffnung, dass sich hinter der Arbeit oder jenseits der bloßen Bequemlichkeiten ein Reich der Freiheit öffnen könnte, in der der Mensch ein Mensch sein kann. Hier ist noch eine Welt über den Kapitalismus hinaus erahnbar; wenngleich der Reiz einer solchen Vorstellung seither stetig abgenommen hat. An seine Stelle treten mehr und mehr Dystopien, die Hollywood marktfähig in Blockbuster verwandelt, um düstere Szenarien nach einem Atomkrieg oder Ökokatastrophen der Zukunft durch Dramatisierungen auf Distanz zu halten, indem sie künstlich verklärt werden. Das neue Reich der Freiheit bedeutet heute, es immer schon geahnt zu haben, was geschehen könnte. Das Reich der Freiheit bei Marcuse folgte noch dem Bild eines möglichen Wachstums ohne Grenzen, aber heute stehen wir vor den Grenzen des Wachstums. Wir mögen immerhin hoffen, dass wir zwar den Kapitalismus nicht überwinden werden, aber vielleicht doch den Klimawandel begrenzen können.

Repressive Toleranz

Marcuse kann in seiner Zeit das Potential kapitalistischen Konsums zwar erahnen, aber er wäre sicherlich erstaunt gewesen, wenn er hätte sehen können, in welcher Vielfalt und wie umfassend das realisiert wurde, vor dem er in Ansätzen warnte. Selbst die von ihm noch gewünschte Vorstellung einer Freiheit über das hinaus, was kapitalistisches Wirtschaften und bedingungsloser Konsum bedeuten, erscheint angesichts der Integration der meisten Freiheitswünsche in den Konsum heute als aussichtslos. Dies betrifft auch den Umstand, dass die Technik und alle Technologien, die sich in der Konsumgesellschaft entwickeln, keineswegs neutral wirken, sondern immer schon in ihrem Gebrauch auf die kapitalistische Verwertung ausgelegt sind, ein Umstand, den Marcuse in seinem 1964 erschienen Buch *Der eindimensionale Mensch* hervorhebt (1967, 18). In dieser Studie wird auch deutlich, inwieweit der ursprünglich für autoritäre gesellschaftliche Herrschaftsformen verantwortlich gemachte autoritäre Charakter in der Familie nach und nach durch eine abstrakte kapitalistische Autorität ersetzt wird. Für Marcuse sind die Wirkungen dieser kaum noch sichtbaren Autorität, die im Leben selbstverständlich auftritt und die faktischen Abläufe inszeniert, vielfältig zu beobachten (ebd., 21 ff.), aber sie sind sehr viel weitgehender entwickelt worden, als von ihm in den 1960ern vorherzusehen war:

Die alten Freiheitsvorstellungen, die sich im Denken, in der Rede- und Gewissensfreiheit immer gegen eine deutlich erkennbare Unterdrückung wehrten, werden in eine umfassend formal gewährte Freiheit aufgelöst und demokratisch garantiert. Sie verlieren ihre kritische politische Funktion und werden in Freiheitswünsche grenzenlosen Konsums und egoistischer Szenarien verwandelt. Die Zwänge und die sachlich wirkende Autorität der bestehenden Wirtschaftsweise der Konsumgesellschaft werden dadurch kaum noch hinterfragt, wodurch die Freiheit immer schon auf das bezogen ist, was als vorrangig fortschreitender materieller Wohlstand gilt. Die Konformität, die sich in offen autoritären Systemen nach einem Führer-Gefolgschafts-Prinzip organisiert, wird hier zu einer abstrakten Systemfrage, in der die Menschen das tolerieren, was das scheinbar beste Gesellschaftssystem als »Überflussgesellschaft« ihnen gewähren kann. Die darin steckende repressive Toleranz erzeugt nach Marcuse (1968, 105 ff.) eine nicht hinreichend reflektierte Gesellschaft, in der es Diskussionen, Meinungen und Standpunkte in hoher Gegensätzlichkeit, Sinn und Unsinn nebeneinander gibt, was Freiheit auszudrücken scheint, aber Populismus und massenmediale Manipulationen hervorruft. Repressiv ist die Tolerierung eines solchen Systems dann, wenn sie nicht mehr die Bedingungen und Verhältnisse des Systems selbst hinreichend hinterfragt, sondern sie zumindest für eine

»Die früher kritische Funktion der Freiheit gegen Herrschaft wird heute zunehmend in egoistische Konsumfreiheit verwandelt«

Mehrheit von Menschen als gegeben und unveränderbar hinnimmt. Fragen wir solche Menschen, in welchem System sie leben, so antworten sie, dass sie das beste System aller Zeiten erreicht haben.

Die Nachhaltigkeit ist ebenfalls fest im Griff einer systembezogenen Autoritätsvorstellung. Wer ist noch dazu in der Lage aus dem bestehenden System heraus sich als Nutznießer von Vorteilen zu denken? Wer will vor dem gegebenen Systemhintergrund die Nachhaltigkeit gegen den Kapitalismus stellen, eine Regulation der freien Marktkräfte radikal fordern? Es sind vor allem jene Menschen, die im System noch nicht verpflichtet sind, die ihren eigenen Arbeitsplatz und ihre Konsumwünsche nicht unmittelbar gefährden. Die Bedingung der Möglichkeit einer Veränderung ist immer schon an den Erfolg des kapitalistischen Modells bis hin zu den *global goals* der UN geknüpft, was einem neuen sachlichen Autoritarismus entspricht, was zu meist unreflektierten Denkverboten alternativer Wege und begrenzten Vorstellungs- und Denkräumen führt, von denen eigentlich schon klar ist, dass sie in eine Verschärfung der Krise führen. Sie sind zunächst nur erfolgreich darin, nichts grundlegend und radikal verändern zu müssen. Auch die gegenwärtig vorherrschende Tendenz, Fragen einer verstärkten Nachhaltigkeit in die Zukunft zu verschieben, ist Ausdruck einer repressiven Toleranz, die den eigenen Wirklichkeitsbezug aufgegeben hat. Bis zum letzten Tag soll ein Deal mit der Natur, der Umwelt, der physikalischen Welt geschlossen werden, obwohl diese nicht-menschliche Welt keine Deals kennt.

Vor diesem Hintergrund ist die Autorität einerseits Sehnsuchtsort, weil jemand die Verantwortung und Entscheidung für ein gutes Leben übernehmen soll, andererseits aber auch Bedrohung, weil jemand Verzicht und schmerzhafte Veränderungen durchsetzen könnte. Die Autorität hat sich von persönlichen Gefolgschaftsprinzipien aber zumindest in den Demokratien hin ins Abstrakte verschoben. Diese Verschiebung geschieht auf der kapitalistischen Grundlage und ist zugleich in einer institutionalisierten Autorität repräsentiert, was es den Individuen schwer macht, zu erkennen, wer noch die Verantwortung trägt, was Verursachung und was Wirkung ist, wem überhaupt bei Entscheidungen getraut werden kann.

»In Bezug auf die Nachhaltigkeit ist Autorität sowohl ein Sehnsuchtsort, da jemand anderes die Verantwortung übernimmt, als auch Bedrohung, weil durch sie Verzicht befohlen werden könnte«

II.3.3 Der autoritäre Kapitalismus ist neoliberal

Der Kapitalismus als versachlichter, gelebter und alltäglicher Zustand prägt die Gewohnheiten der Menschheit, er ist an die Stelle jeglicher Autorität gerückt, ist selbst zur obersten Autorität geworden. Er regiert, indem er die Ansagen und Bestimmungen institutionell und marktbezogen regelt. Seine Autorität ist umfassend, denn seine Bedingungen und Notwendigkeiten müssen immer schon von vornherein bedacht und beachtet werden, wenn Entscheidungen getroffen werden sollen. So entsteht ein Denken politischer Alternativlosigkeit, das immer schon einen Status quo zum Ausgangspunkt der Orientierung in demokratischen Gesellschaften nimmt: Sicherung von Arbeitsplätzen, Steigerung der Gewinne, Gewährleistung eines Marktes und Ekstase des Konsums, Garantie eines gewissen Lebensstandards, Tradierung eines vermeintlich Bewährten. »Die Menschen erkennen sich in ihren Waren wieder; sie finden ihre Seele in ihrem Auto, ihrem Hi-Fi-Empfänger, ihrem Küchengerät.« Immer neue Waren und Dienstleistungen, die eine Deutungshoheit in den Bedürfnissen erlangen. »Der Mechanismus selbst, der das Individuum an seine Gesellschaft fesselt, hat sich geändert, und die soziale Kontrolle ist in den neuen Bedürfnissen verankert, die sie hervorgebracht hat.« (Marcuse 1967, 29)

»Das neoliberale Mantra besagt: Es gibt keine Alternative, wenn Arbeit, Konsum und Markt erhalten bleiben sollen«

Alternativlos scheint auch, dass die Reichen immer reicher werden, denn es wird nach dem alten Industriemodell im politischen Establishment suggeriert, dass sie noch sozial verpflichtet sind, Arbeitsplätze zu schaffen und die Masse am Reichtum partizipieren zu lassen.

Jedes Zeitalter in der Menschheitsgeschichte hat Erwartungen, Wünsche und Sehnsüchte der Menschen hervorgebracht, die an die Grenzen des Machbaren, nötige Voraussetzungen und Verhältnisse stoßen. Diese Ideen sollen meist für einen größeren Wohlstand sorgen und zugleich politische Verhältnisse sichern, um Mehrheiten zu gewinnen. Mit der Entwicklung demokratischer Strukturen geht es hier immer um Machtbalancen, in die auch die Wählenden eingreifen. Dabei zeigt die jüngere Geschichte in ihrem Übergang von der schweren und festen Moderne mit einem Industriekapitalismus hin zu einer neoliberalen Phase der Gewinnmaximierung, wie sich Sehnsüchte und Verpflichtungen, Zugehörigkeiten und Entbindungen, Individualismus und soziale Gemeinschaften politisch-ökonomisch in ihren Aspekten verändern:

(1) Der schwere, feste, kondensierte Kapitalismus der Moderne hatte immer die Tendenz in sich getragen, die Menschen in eine Gleichheit, in übertriebene Gemeinsamkeiten bis hin zum Totalitarismus oder Populismus zu führen, weil sie einen ungeheuren Druck in Richtung Homogenität, Funktionalität und Zwanghaftigkeit der Handlungen ausübte. Das Fordistische Modell stand beispielhaft für Industrialisierung, für die Akkumulation von großem ökonomischen Kapital und eine hohe Regulation des Lebens (vgl. Bauman 2000 a, 56). Es benutzte Maschinerien in großem Maßstab, um seine Gewinne zu produzieren. Das Maschinenzeitalter gilt in einigen Regionen bis heute als stabil, aber es ist zugleich schwerfällig und immobil. Dieser Kapitalismus okkupiert ganze Landschaften und Städte, er verwandelt die Welt in Industrielandschaften, hat die Zerstörung weiter Bereiche der Umwelt und des Klimas veranlasst und führt sie bis heute in extremer Weise fort. Er fördert eine Haltung, die sich auf Gesetze, Regeln, feste Standards und Ziele fixiert. Alle Operationen werden prozessualisiert, um sie stets effektivieren zu können. Er benötigt zudem Führungskräfte, die stets alles besser als andere können, und die den Menschen stets sagen wollen, was sie noch besser machen sollen (vgl. ebd., 63). Wenige profitieren besonders und die Masse wird beruhigt, sofern sie an einem steigenden Wohlstandsniveau und Überfluss teilnehmen kann. Dabei wird der Masse stets Gleichheit versprochen, bei der Steuer, im Recht, in der Bildung, aber Ungleichheit ist durch die je schon unterschiedlichen Ausgangsvoraussetzungen stets das Resultat. Der Reichtum, der Wohlstand für alle, die vielen eine Teilhabe am Überfluss ermöglicht, ist in diesem Kapitalismus immerhin so groß und systemrelevant geworden, dass die Lücken und Widersprüche in den Narrationen einer Leistungsgesellschaft mit gleichen Chancen von den Menschen hingenommen werden.

»*Gleichheit* als Versprechen, *Ungerechtigkeit* als Ergebnis«

(2) Die neoliberale Zeit reist gern mit leichtem Gepäck, sie ist leicht und zugleich leichtfertig. Ihre Maxime lautet: Gewinn über alles – dann wird auch noch genug für die Verlierer abfallen. Die Gewinner sind *global players*, sie wandern dorthin, wo die Steuern niedrig und die Arbeitskräfte billig sind. Sie entziehen sich der Verantwortung und der Nachhaltigkeit, wobei ein Heer von Beratern und Anwälten ihren Lobbyismus immer zum eigenen Vorteil unterstützt. Sie sind zugleich Gegner der Zufälligkeit, des Chaos, der Anomalien und Ambivalenzen, die ihren Zielen schaden, wobei individuelle Kreativität und politische Kritik, die wenig nützlich und unproduktiv für geldwerte Vorteile sind, besonders stark bekämpft werden. Zwar bleibt auch die flüssige Moderne im ökonomischen Bereich auf Lohnarbeit angewiesen, aber sie verflüssigt die Arbeits- und Ausbeutungsformen, indem alle Arbeit immer stärker digitalisiert, in Dienstleistungen, in Scheinselbstständigkeiten der Beschäftigten überführt wird, um Kosten zu sparen. Zugleich lebt das flüssige Kapital gern riskant, es spekuliert und zockt, um Extragewinne zu kassieren. Täuschen und Betrug sind keine Ausnahmen, sondern Grundlagen besonderer Profite.

»Die neoliberale Zeit reist mit leichtem Gepäck – sie ist leicht und leichtfertig, und ihre Maxime lautet: *Gewinne über alles*«

Wenn es die Nachhaltigkeit schon im schweren Kapitalismus nicht leicht hatte, sich zur Geltung zu bringen, so ist sie im leichten Kapitalismus noch angreifbarer geworden. Die schwere Moderne hat einen Siegeszug in der Welt vollzogen, der bis heute sichtbar ist. Sie hat alle Räume der Welt erobert und sie auf Ebenen der Beobachtung und Kontrolle verteilt: die Welt mit einer Weltzeit und weltumspannenden Organisationen und Firmenimperien, Nationen und Ländern in diesen, Regionen und Kommunen. In all diesen Formaten sind Eigentumsrechte errichtet, die keinen unmittelbaren Zugriff auf einen freien Raum der Welt mehr zulassen. Die neoliberale Phase nimmt dieser Welt die Verpflichtung des Kapitals, regional und sozial zu handeln. Es gibt bereits Tendenzen, sogar die Natur innerhalb dieser Welt durch Genmanipulationen mit Patenten zum nutzbaren Privateigentum zu machen. Die Moderne hat Arbeit und Kapital noch in einen Käfig gesetzt, indem sie die Erwartung einer gegenseitigen Abhängigkeit und eines gemeinsamen Gewinns vermittelt hat, was Ordnung und Sicherheit erzeugen sollte. Die ungleiche Verteilung der Gewinne machte viele Erklärungen notwendig, weshalb diese Ordnung überhaupt als günstig angesehen werden sollte. Sie hat eine Sehnsucht nach großen Theorien gebildet, die für die Ewigkeit gemacht zu sein scheinen, aber der anspruchsvolle Käfig der Ordnung und die Container der Theorien können die Versprechen der Moderne mit Beginn des 21. Jahrhunderts nicht mehr halten. Dies zeigt den Übergang an, in dem wir uns befinden: Nun soll jeder sich selbst der Nächste sein, seine Freiheit immer stärker genießen, aber dafür auch allein bezahlen. Die Freisetzung wird an große Konsumversprechen, Wahlfreiheiten, Aufstiegschancen geknüpft, und die Kosten werden auf die Individuen verlagert. Nach diesem Vorbild können sich die Verursacher von Umweltschäden auch die Bewältigung der Nachhaltigkeitskrise vorstellen: Die Masse soll den Hauptteil bezahlen, damit Wirtschaftsstandorte und Arbeitsplätze erhalten bleiben können: Das ist Gewinnoptimierung.

»In unserer heutigen, durch weltumspannende Organisationen und Firmenimperien kontrollierten Welt ist alles durch Eigentumsrechte geregelt, die keinen unmittelbaren Zugriff auf den freien Raum der Welt mehr zulassen«

Doch kann diese Rechnung aufgehen? Im gegenwärtigen Streit über Nachhaltigkeit sitzen wir wie in einem fahrenden Zug, der nur ein Einsteigen, aber kein Aussteigen mehr ermöglicht. Über die Richtung, Ziele und Geschwindigkeit des Zuges sind wir uns schon unsicher. Von außen gelangen Informationen zu uns, welchen Schaden unsere Reise erzeugen mag; sie bedeutet demnach ein Risiko für das Klima, die Ressourcen, die Böden und Flächen, zudem für Wasser, Holz, Nahrung, Energie, Konsum und anderes mehr. Die UN hat in den globalen Zielen der Agenda 2030 17 Risiken als Chancen für den Planeten genannt, die für Nachhaltigkeit stehen sollen, ich habe sie mehrfach erwähnt: keine Armut, kein Hunger, Gesundheit und Wohlergehen, hochwertige Bildung, Gleichberechtigung der Geschlechter, sauberes Wasser und Sanitärversorgung, bezahlbare und saubere Energie, menschenwürdige Arbeit und Wirtschaftswachstum, Industrie, Innovation und Infrastruktur, weniger Ungleichheiten, nachhaltige Städte und Gemeinden, verantwortungsvolle Konsum- und Produktionsmuster, Maßnahmen zum Klimaschutz, Lebenserhaltung unter Wasser und an Land, Frieden, Gerechtigkeit und starke Institutionen, Partnerschaften zur Erreichung dieser Ziele. Die UN hat es aber nicht geschafft, näher zu bestimmen, auf welchen Gleisen dieser Zug der Nachhaltigkeit eigentlich fahren soll und wer die Fahrpläne am Ende bestimmt. Nun soll jeder sich selbst der Nächste sein, seine Freiheit immer stärker genießen, aber dafür auch allein bezahlen.

In der politischen Konsensbildung, genau diese 17 Ziele zu formulieren und sie im Detail auch als Forderungen auszuarbeiten – so soll die Armut bis 2030 fast verschwinden –, steckt eine gezielte politische Vorannahme, die darin besteht, dass das wirtschaftliche Wachstum der entscheidende Faktor bei der Bewältigung der Krise ist. Diese Gleise scheinen unabänderlich und für die Ewigkeit gebaut zu sein. Armut kann nur beseitigt werden, wenn auch in ärmeren Ländern Wirtschaftswachstum vorliegt oder in reicheren aufgrund von Wirtschaftswachstum den Ärmeren mehr vom Kuchen abgegeben wird. Was aber geschieht, wenn genau durch Wirtschaftswachstum die Nachhaltigkeitskrise in anderen Bereichen verstärkt wird? Mehr Treibhausgase, mehr Verschmutzung, mehr Müll? Und was ist mit jenen Krisenaspekten, die im Wirtschaftswachstum selbst liegen und die ungenannt in den globalen Zielen geblieben sind? Mehr Menschen, die konsumieren wollen, reisen werden, Flächen belegen, Wasser verbrauchen, Fleisch verzehren, Abfälle hinterlassen. In den Zielen selbst stecken Denkannahmen, die einen hoffnungsvollen Rahmen angeben, die aber ihrerseits schnell zu Denkfallen werden, weil das, was erwünscht ist, neue schädliche Wirkungen erzeugen wird.

»Warum erscheint es angesichts des ungeheuren Reichtums der Welt als unwahrscheinlich, dass die Reichen den Armen etwas abgeben?«

Zwei Risiken der Konsumgesellschaft

Zwei Risiken der Konsumgesellschaft sind in den letzten Jahrzehnten vor diesem Hintergrund immer deutlicher geworden:

(1) Die wachsende Kluft zwischen Arm und Reich markiert immer stärker die Stelle der Ungerechtigkeit der Verteilung der Gewinne in der Gesellschaft, die sich auch darin ausdrückt, dass die Masse der Menschen sich in einer Abhängigkeit zum System befindet und sehr viele selbst in den reichen Ländern auf soziale Sicherungssysteme in relativer Armut angewiesen sind.

(2) Die Zerstörung der Umwelt und Veränderungen des Klimas, die Verschwendung von Ressourcen und annehmbaren Lebensverhältnissen im weltweiten Vergleich zeigen, auf welch großen Lasten die Konsumgesellschaft ihren Wahn des Überflusses lebt. Die soziale Verpflichtung des Unternehmertums ist die große Ausnahme geblieben, sie wird sowohl im *shareholder value* mit Füßen getreten als auch in der Verantwortungslosigkeit gegenüber der Umwelt immer wieder täglich dokumentiert. Konsumverzicht oder ein gelebter Konsum zugunsten der Umwelt, das ist dem Konsum selbst nicht innewohnend, weil der Konsum in den neoliberalen Märkten weder ein soziales noch ein ökologisches Gewissen hat, nicht hinreichend nachhaltig reguliert wird, die Verhinderung von Verschwendung und *zero waste* nicht einschließt.

Autoren wie Marcuse sind längst vergessen, eine Nachdenklichkeit über die Grenzen des Wachstums wie über die Grundkonflikte der Gegenwart sind kein publikumswirksames Thema. Massenmedien, Werbung und die unendliche Rhetorik einer für den Menschen guten Kooperation und Kommunikation, die in vielfältigen sozialen Medien scheinbar erreicht ist, bieten möglichst erfreuliche Wünsche und vermeintliche Wahlen in großer Unübersichtlichkeit, sodass diese wie eine Freiheit unendlicher Möglichkeiten erscheinen. Die Leistungsfähigkeit solcher Vielfalt macht die dahinterstehende Autorität eines Systems unsichtbar, in dem selbst die Kritiker dieses System eingebunden in die Möglichkeiten des Systems selbst sind. Auch der kritische Philosoph Marcuse musste auf den Buchmarkt treten, um Gehör zu finden. Dabei wurden und werden solche kritischen Theorien ohnehin nur randständig wahrgenommen, und sie verschwinden zunehmend. Wahres und falsches Bewusstsein werden immer mehr zu Unterschieden aus einer Vergangenheit, weil in der Gegenwart nur noch Relevantes oder Irrelevantes in einer Unterschiedlichkeit erscheinen, die dem auf Videozugänge und visuell-akustische Reize trainierten Hirn in Vereinfachung zugänglich sind. Die Vereinfachung hilft immer dem Bestehendem, dem, was sichtbar und vorhanden ist, sie vernebelt den Systemhintergrund, der nur mit Mühen zu entziffern ist, und lässt eine mögliche soziale Intelligenz von Alternativen verkümmern.

> »Jede Vereinfachung hilft dem Bestehende, dem Sichtbaren und Vorhandenen, denn sie vernebelt den Systemhintergrund und erschwert so ein Denken von Alternativen«

Eine Politik des Alternativlosen

Der Rahmen des alternativlosen Systems wird durch Praktiken, Routinen und Institutionen gebildet, die alle gesellschaftlichen und persönlichen Verhältnisse organisieren, indem sie einen rechtlichen, verwaltenden, erziehungsbezogenen Rahmen setzen. Dieser Rahmen steht über den partikularen Interessen einzelner Gesellschaftsmitglieder, er gewährt scheinbar gleiche Behandlungen, auch wenn die Ergebnisse nach Chancen und Konsumfreiheiten dann unterschiedlich und sehr ungleich ausfallen. Bereits die unterschiedlichen Voraussetzungen, mit denen Gesellschaftsmitglieder in eine Gesellschaft eintreten, werden akzeptiert, ohne dass ein großer Aufwand zu mehr Gleichheit betrieben würde, denn das Privateigentum, das ein jeder mitbringt, sei es als materieller oder geistiger Besitzstand, soll unberührt bleiben, weil dies zu den unhinterfragten kapitalistischen Grundannahmen seit Gründung der Eigentumsmarktgesellschaft gehört. So sind wir alle Kinder des Liberalismus. Die kapitalistische Autorität würde aufhören, wenn wir eine Freiheit jenseits der Verwertung, jenseits eines Leistungsprinzips denken könnten, in der jeder gegen jeden in der Konkurrenz um ein besseres Einkommen oder einen höheren Lohn steht, in dem gegenseitige Ausbeutung abgeschafft wäre. Dies jedoch gehört im bestehenden System zu den abgelegten philosophischen Utopien, an die allenfalls wenige glauben mögen; zudem waren alle bisherigen Versuche in diese Richtung ohnehin erfolglos.

»In der Eigentumsgesellschaft sind alle Kinder des Liberalismus«

An die Seite oder die Stelle der Erziehung und Bildung tritt eine Sozialisation, die als Nachahmung dessen praktiziert wird, was gesellschaftlich immer schon geschieht, was in den Massenmedien repräsentiert wird, was größere oder einflussreiche soziale Gruppen zeigen. Die Autorität des Faktischen, dessen, was immer schon Konformität und Konventionalität ist, ergänzt zunächst und ersetzt mehr und mehr die autoritäre Persönlichkeit, die früher den Weg gewiesen hat. Solche Persönlichkeiten mögen noch auftreten, sie können durchaus partikulare Interessen auf Zeit befriedigen, aber sie würden auf Dauer einen Rückfall in alte und überkommene Muster bedeuten, die der Überflussgesellschaft und ihren Freiheitsansprüchen selbst fremd sind. Die Rückkehr zu solchen Mustern im gegenwärtigen Populismus verweist heute noch eher auf eine Erkrankung des Systems, auf das Anwachsen neuer Widersprüche. Diese haben ihre Wurzeln vor allem in den Ängsten, im Konsum nicht hinreichend mithalten zu können, im Vergleich, niemanden mehr unter sich zu sehen, abgehängt und abgekoppelt zu werden. Es gibt hinreichend Anzeichen dafür, dass der Populismus weiter erstarken wird, wenn er diese Ängste zumindest imaginär bedienen kann, und er kann dies nach den alten Mustern der autoritären Persönlichkeit entsprechend der F-Skala, die ich weiter oben beschrieben habe, auch leisten, wenn er seine spezifischen Wege einer scheinbaren Überwindung des jeweiligen Establishments anbietet, obwohl er an den eigentlichen Systembedingungen überhaupt nichts verändern will.

»Die Autorität des Faktischen, das immer das Konforme und Konventionelle ist, ersetzt mehr und mehr die autoritäre Persönlichkeit, die früher den Weg gewiesen hat«

Der hier skizzierte gesellschaftliche Wandel erzeugt zahlreiche Verunsicherungen, die Menschen sehr unterschiedlich beantworten. Ein Teil von ihnen wählt antidemokratische Haltungen und Einstellungen, die auf den oben dargestellten Kriterien autoritärer Persönlichkeiten beruhen. Bei solchen Wahlen hängen diese Haltungen stark mit der Bildung zusammen, wobei niedrigere Schulabschlüsse deutlich höhere negative Werte in den Hauptkategorien zeigen. Sie korrelieren auch in besonders starkem Maße mit nicht-nachhaltigem Verhalten wohlhabender Bevölkerungsschichten.

Neben den offenen sind besonders latente antidemokratische Haltungen in Deutschland gegenwärtig erschreckend hoch, aber dies ist ein weltweites Phänomen. Marcuse spricht von einer Kollektivschuld, wenn ein Land sich ein autoritäres System oder einen großen Bevölkerungsanteil mit starken Neigungen zum Autoritären leistet. Dies gilt auch für eine bedingungslose Anerkennung eines autoritären Kapitalismus mit einer Unterwerfung unter einen nicht hinterfragten Konsum. Je alternativloser ein solches System erscheint, desto mehr sind zukunftsorientierte Visionen gehemmt. Es ist eine Frage sozialer Intelligenz, so würde John Dewey sagen, ob wir ein solches System ändern wollen und welche Richtung dabei einzuschlagen wäre (vgl. Garrison, Neubert & Reich 2016). Aber diejenigen, die es ändern könnten, sind immer schon Erzogene in den Vorstellungen und im Denken des Möglichen. Es gibt nur ein Instrument, mit dem wir es ändern könnten: Erziehung und Bildung radikal zu verändern, wie ich es im anderen Band zur Nachhaltigkeit betonte, um insbesondere durch eine bessere Bildung die Verschwörungstheorien an der Wurzel ihres Entstehens zu bekämpfen und die Nachhaltigkeit als neues Lebensziel durchzusetzen.

Auch Decker & Brähler (2018, 43 f.) stellen wie Marcuse die Frage, inwieweit der autoritäre Kapitalismus in sich Mechanismen enthält, die kapitalistischen Funktionen mit den Wünschen der Menschen so zu verbinden, dass sich viele gern einem System anpassen, zu dem es dann keine wirkliche Alternative mehr gibt. »Es braucht keinen Vater und keinen Führer, um eine autoritäre Dynamik in Schwung zu bringen. Eine Masse konstituiert sich über ein idealisiertes Objekt, mit dem alle Mitglieder identifiziert sind.« (Ebd., 45) Diese von Freud beeinflusste These schließt nicht aus, dass ein solches Objekt auch ein Vater oder Führer sein können, aber sie öffnet die Möglichkeit der Identifikation auch für alle anderen Objekte des Wünschens, der Anerkennung, des Begehrens, der Projektion. Die Versprechen der Ökonomie, die Wünsche nach Überfluss und Wohlstand, sind auf alle Gegenstände und Objekte des Lebens gerichtet, sie gelten für das eigene Befinden und das engere Umfeld der Menschen. Dies zu befriedigen ist heute weniger Teil einer autoritären Hingabe an Personen, sondern eine versachlichte und auf den Konsum fixierte Systembedingung innerhalb eines autoritären Kapitalismus, wie Marcuse bereits ausführte.

»Die Menschen sind eher von Objekten des Wünschens geführt als von Personen«

Drei Erscheinungsformen des autoritären Kapitalismus

Wenn die Veränderungen der möglichen Objekte des Wünschens heute genommen werden, um statt von autoritärer Persönlichkeit von einem autoritären Syndrom zu sprechen, wie Decker & Brähler (2018, 51) vorschlagen, so ist dies für mich aber keine glückliche Lösung. In einem Syndrom wird ein individuelles Krankheitsbild angedeutet, das der bisherigen Debatte als zusammenfassender Begriff kaum gerecht werden kann. Es verschiebt die Erklärung der Phänomene auf eine Symptomebene und wird nicht helfen, den Ursachen der Autorität in ihrer Vielfalt auch theoretisch auf den Grund zu gehen. Ganz abgesehen davon liefert die Definition des autoritären Syndroms keine Zusatzinformation zur autoritären Persönlichkeit, die definitorisch auch schon als eine Zusammensetzung unterschiedlicher Aspekte des Autoritären mit individuellen Anteilen gedeutet wurde. Ich will einen gänzlich anderen Vorschlag machen.

»Um Autorität heute begreifen zu können, müssen autoritäre Persönlichkeiten, ein autoritärer Kapitalismus und eine institutionalisierte Autorität unterschieden werden«

Was macht den generalisierten Anderen, die institutionalisierte und die persönliche Autorität aus? Im bisherigen Text wurden implizit drei Verwendungsweisen genutzt, die jetzt noch einmal explizit benannt werden sollen:

(1) Autoritäre Persönlichkeit

Autoritäre Persönlichkeit: Die autoritäre Persönlichkeit oder der autoritäre Charakter ist in der Gegenwart keineswegs verschwunden, weder in Deutschland noch weltweit. Für die deutschen Verhältnisse ist er bei einem liberalen Familienbild stark in den Hintergrund getreten, aber durch Migration durchaus wieder eingeführt und für größere Gruppen von Heranwachsenden verstetigt worden. Auch wenn die Psychoanalyse ebenfalls in der Interpretation dieser Persönlichkeit oder dieses Charakters in den Hintergrund getreten ist, so bleibt für alle Erklärungsansätze die Problematik, dass es kaum ausreicht, nur von einem Lernen am Modell auszugehen und innere Triebdynamiken, Masochismus und Sadismus, Projektivität und die Überbetonung der Sexualität und scheinbarer Normalität, die heute anwachsenden imaginären Welt- und Verschwörungsbilder als sich selbst erfüllende Prophezeiungen einfach zu leugnen. Der Kognitivismus und Konstruktivismus in der Sozialpsychologie haben ebenso wie die strikte empirische Wende leider dazu geführt, dass komplexere psychologische Modelle in der Gesellschaftskritik nicht durchgehend weitergeführt wurden oder so kleinteilig erforscht werden, dass es kein hinreichend großes Bild der autoritären Persönlichkeit oder der Wirkung autoritärer Systeme in der breiten öffentlichen Kritik heute mehr gibt. Zudem werden eher die Folgen für die autoritär Abhängigen erforscht, weniger jedoch die Mechanismen, die eine autoritäre Persönlichkeit als attraktiv für andere erscheinen lassen.

Heute von einem Verschwinden der autoritären Persönlichkeit zu sprechen, das schließt weltweit ganze Kulturen und Nationen als auch im eigenen Land noch bestehende autoritäre Milieus aus der Betrachtung aus. Dies rächt sich insbesondere dann, wenn in der Diversität der Gesellschaft eine autoritäre auf eine liberale Erziehung und Bildung trifft, ohne auf die Spannungsverhältnisse hinlänglich vorbereitet zu sein. Insoweit ist eine umfassende Bildung aller über den autoritären Charakter ein notwendiges Desiderat, aber ebenso ist es eine Frage umfassender Forschung, sich mit autoritären Beziehungen umfassend theoretisch und empirisch auseinanderzusetzen.

»Es wäre falsch, zu behaupten, dass es heute keine autoritäre Persönlichkeit mehr gibt, denn so würde man ganze Kulturen und Nationen einfach außen vor lassen«

Beides wird selbst nach den Erfahrungen einer autoritären Diktatur in Deutschland bis heute viel zu sehr versäumt. Für die Nachhaltigkeit ist mit dieser autoritären Persönlichkeit und ihren Wirkungen aber immer zu rechnen. Dies ist durchaus paradox: Auf der einen Seite sind gerade die Leugner der notwendigen Nachhaltigkeit in Form des Populismus oft autoritäre Persönlichkeiten. Auf der anderen Seite benötigt die Nachhaltigkeitsagenda aber auch Menschen, die eine Autorität ausstrahlen können, um andere von der Notwendigkeit nachhaltigen Handelns zu überzeugen.

(2) Autoritärer Kapitalismus

Autoritärer Kapitalismus: Der Kapitalismus tritt in den Analysen über den Wandel der Autorität keineswegs an die Stelle des Vaters oder eines Charakters, der die Ausprägung der Autorität individuell ausformt und verantwortet, sondern er bildet für die Autorität des Systems einen notwendigen Hintergrund und Rahmen. Der Kapitalismus hat zwar keinen persönlichen Charakter, aber er wird als notwendige und erfolgreiche Wirtschaftsform der Gegenwart, der sich alle Gesellschaften unterworfen haben oder haben unterwerfen müssen, durchgehend als Bezugsnorm herangezogen oder unreflektiert unterstellt. Hier nimmt das jeweilig vorherrschende Bild eines funktionierenden Kapitalismus, etwa einer neoliberalen Wirtschaftsauffassung mit gezielten regulatorischen Eingriffen zur Wirtschaftsförderung und im Verhältnis dazu deutlich geringeren Regulationen zur nachhaltigen Steuerung, eine autoritäre Form an, weil und insofern sie als alternativlos gilt. Das Ansehen eines Staates, einer Nation und ihrer Regierung im weltweiten Vergleich im Bewusstsein der Menschen wird durch die ständigen Botschaften der wirtschaftlichen Erfolge, die Börsenkurse, eine stabile Geldwirtschaft und Sicherheit in den Rechtsverträgen bestimmt. Die Börsen geben täglich darüber Auskunft, wie der neoliberale Struktur- und Systemkodex befriedigt, angetrieben, auch mit staatlichen Mittel gefördert wird. Der Kapitalismus wird in der kapitalistischen Politik zu einer Autorität, die sich selbst sachlich gibt, die für alle Menschen gleich positiv wirken soll, in der es um den Wohlstand und die Zukunft aller geht. Er muss sich nicht als autoritär beschreiben, weil ohnehin alles nach seinen Regeln geschieht. Er ist ein überall wirkendes autoritäres Format und damit unsichtbar.

»Kapitalistische Politik gibt sich sachlich, sie scheint für alle Wohlstand und eine positive Zukunft bereitzuhalten«

Hier gibt es zahlreiche Konstruktionen, die in der Politik und den Massenmedien bespielt werden. Dabei werden die immer gleichen Stereotypien des Ansehens und damit der Autorität des Systems herangezogen:

- ***Sicherung der Arbeitsplätze***, was gleichzeitig bedeutet, die Gewinne und Profite zu sichern (damit weiter in die Märkte und ihr Wachstum investiert wird);
- ***Sicherung der Märkte*** (damit ein freier Austausch der Waren erfolgen kann, was einigen immer mehr Vorteile als anderen bringen wird);
- ***Verdrängen moralischer Fragen*** (damit die Wirtschaft das verkaufen kann, was sie unabhängig von menschlicher Gesundheit und Kriegsfolgen herstellt, um Arbeitsplätze und Wohlstand im Herstellerland zu sichern);
- ***Ausgleich der Interessen*** (wobei die Interessen der Wirtschaft stets stärker wiegen als die möglichen Schäden für die Kunden oder die Umwelt);
- ***Erhöhung des Bruttosozialprodukts*** (damit die Gesellschaft sehen kann, wie sie wächst und gedeiht, auch wenn prekäre Lebensverhältnisse durch unterschiedliche Verteilungen verdeckt und verschwiegen bleiben);
- ***Reaktion auf den Klimawandel*** (damit alle sehen, dass man sich kümmern will und Programme aufstellt, auch wenn diese in den Folgen möglichst auf später verschoben werden);
- ***statistische Darstellung des Wohlstands und Fortschritts*** (auch wenn es sich um Durchschnittswerte handelt, die das individuelle Schicksal verschleiern).

»Grundbestandteile kapitalistischer Autorität«

Wenn ich das Phänomen der Betonung eines Ansehens nach innen und außen mit Marcuse einen autoritären Kapitalismus nenne, dann sind die Akteure dieser Autorität stets durch die Regierenden und die Führungskräfte der Wirtschaft systemimmanent bestimmt, obwohl diese Akteure die Verantwortung ihrer Tätigkeit in den vermeintlich sachlichen Strukturen verschleiern und als scheinbar allgemeine Interessen – als unhinterfragte kapitalistische Systemfunktionalitäten – durchsetzen. Sie müssen sich dessen noch nicht einmal bewusst sein, sondern es geschieht automatisch. Die Bezeichnung autoritärer Kapitalismus ist eine sprachliche Konstruktion, die darauf aufmerksam machen soll, dass der Typus der persönlichen Verantwortung in einer sachlichen Struktur aufgeht. In dieser bleibt einerseits die zunehmende Individualisierung auf den Märkten in vielen Einzelaktionen sichtbar, aber andererseits wird zugleich von den meisten Akteuren anerkannt, dass es autoritäre Grenzen eines Systemganzen gibt. Die Herrschaftsformen eines solchen Systems sind jedoch ungleich schwerer zu durchschauen, weil die Versachlichung das leitende Personal als austauschbar zeigt und Verantwortungsträger und Urheberinnen von Ereignissen unsichtbar macht. Das Ansehen eines solchen kapitalistischen Systems ist mittlerweile so groß, dass selbst diejenigen, die eine große Wirtschaftskrise und einen möglichen Kollaps der Welt- und Finanzmärkte kommen sehen, noch daran glauben, dass es anschließend einen Reset dieses Kapitalismus mit leicht veränderten Regeln geben könnte und sollte.

»Der Kapitalismus ist insofern autoritär, als die Menschen sich nicht-kapitalistische Lebensformen kaum noch vorstellen können«

Der Kapitalismus ist in sein autoritäres Zeitalter eingetreten, weil sich die Menschen kaum noch Formen des Lebens jenseits des Kapitalismus vorstellen können. Dies betrifft auch die Lösung aller Nachhaltigkeitsprobleme. Sie sollen mit den Waffen des Kapitalismus gelöst werden, nicht gegen sie. Wo noch gegen den autoritären Charakter in der Familie oder gegen eine bestimmte und identifizierbare persönliche Herrschaft rebelliert und gekämpft werden konnte, da hat der autoritäre Kapitalismus jeden Kampf immer schon gewonnen. Der Sieg scheint zumindest durch folgende Prinzipien gesichert:

Prinzipien eines siegreichen autoritären Kapitalismus

- Der Wohlstand und Überfluss sollen weiterhin steigen und alle Menschen zwar nicht gleich, aber grundsätzlich jenseits einer gewissen Armutsgrenze erreichen. Dieses Gleichheitsideal, so ungerecht es auch in seiner praktischen Verwirklichung jeweils ist, scheint der Kapitalismus als Herrschaftsform zu verwirklichen, was hilft, sein autoritäres Muster zu vergessen, weil es keine massenhaften Fantasien für alternative Lösungen mehr gibt.
- Gemessen werden die Gleichheit und Freiheit in den Teilhabechancen am Konsum. Durch demokratische Wahlen und soziale Sicherungssysteme haben die

Menschen zumindest einen gewissen Einfluss darauf, ihre Konsumwünsche mehr als andere Teilhabechancen auch politisch in Verteilungskämpfen durchzusetzen.

- Verzichtsleistungen erscheinen als konjunkturhemmend und gemeinsam aufgefasstes Übel, denn wenn der Konsum und Wohlstand gefährdet sind, herrscht eine große Einigkeit selbst bei ansonsten gegensätzlichen Interessenlagen. Für die Nachhaltigkeit müsste diese Ausgangslage überwunden werden, weil Begrenzungen, Regulationen und Verzicht notwendig werden, dies aber würde einer Revolution in den Wirtschafts- und Verteilungskämpfen gleichkommen.
- Verantwortlich an der Nachhaltigkeitskrise scheint niemand persönlich zu sein, weil alle in den gegebenen Systemzwängen handeln. Dies gibt Gewinnmaximierern einen Freibrief für weitere Zerstörungen.
- Angesichts der ökologischen Krise scheint vor den bisher ungelösten Fragen des autoritären Kapitalismus der notwendige Konsumverzicht nur nach größeren Umweltkatastrophen überhaupt als Vorstellung durchsetzbar. Die Massen, die schon im Kampf um mehr soziale Gerechtigkeit keine grundsätzlichen Erfolge haben erwirken können, sind für den neuen Verteilungskampf schlecht vorbereitet.

Vor diesem Hintergrund gelten die drei Kriterien des autoritären Charakters im autoritären Kapitalismus in veränderter Form:

(a) Konventionalismus und Konformitätsdruck haben sich so sehr versachlicht und in diverse Meinungen und plurale Orientierungen in der Gesellschaft aufgespalten, dass sie das Konventionelle und Konforme durch unendliche Variation der Wünsche und Vorstellungen unsichtbar gemacht haben. Die Ironie des kapitalistischen Konsums lautet, dass eine Freiheit in den Unterschieden der Waren und ihrer individuellen Verwendung gesehen wird, obwohl der Konsum an sich die Freiheit in eine bloße Auswahl seriell gefertigter Dinge und Dienstleistungen nach vorhandenem Geld verwandelt hat. Dies ist die höchste Form des Konformen, weil in ihr das Konforme hinter den Wahlen im alltäglichen Konsum verborgen und so unentdeckt bleibt. Geld als universelles Tauschmittel ist der symbolische Ausdruck einer abstrakten Konventionalität, die sich der Kritik und Auflehnung entzieht, weil sie selbst im unterschiedlichen Konsumangebot als alternativlos erscheint. Kaufe ich ein Auto, so kann mir jedes helfen, von A nach B zu gelangen. Die Möglichkeit, zwischen den verschiedenen Qualitäten der Autos zu wählen und eines zu finden, das genau den eigenen Wünschen zu entsprechen scheint, schafft jedoch einen Antrieb zum Kauf anderer Art: Ist diese Idee einmal geboren, wirkt alles, was diese freie Wahl

»Der Konsum ist die höchste Form des Konformen, weil er zwar unterschiedliche Wahlen bei den Konsumgütern, aber nicht im Konsumieren selbst lässt«

verhindern will, feindlich, und das eigens erwählte Auto wird verteidigt, wodurch Unternehmen bessere Preise und höhere Gewinne erzielen können. So ist die mögliche Nachhaltigkeit immer schon solcher Beeinflussung aller Wünsche unterworfen und wird oftmals durch diese verhindert.

»Die Unterwerfung unter autoritäre Personen ist augenscheinlich, diejenige unter ein autoritäres System hingegen schwieriger aufzudecken«

(b) Autoritäre Unterwürfigkeit unter Personen ist immer schwierig, weil sie Abhängigkeiten direkt sichtbar macht; die Unterwerfung unter ein geordnetes, verrechtlichtes und bürokratisiertes System ist leichter akzeptierbar, weil und insofern dieses von allen gleich praktiziert und erlebt wird. Unterwürfigkeit erscheint hier als eher unsichtbar und muss immer erst kritisch entdeckt werden. Eine unterwürfige, unkritische Haltung gegenüber idealisierten Wünschen der Unterwürfigkeit besteht in einer Konsumgesellschaft, die durch unterschiedliche Moden für unterschiedliche Gruppen die Unterwerfung unter das Diktat des Konsums als Freiheit der Verwirklichung feiert. Der Konsumverzicht, die Rückgewinnung eigener Herstellung und einer nachhaltigen Lebensweise erscheinen als gesellschaftliche Bedrohung des erreichten Lebensstandards. Schon lange ist bekannt, dass es Produkte geben könnte, die lange halten, die repariert werden könnten, deren Nutzung nicht schon durch die Produktion verkürzt und beschränkt wird; trotzdem bleiben nachhaltige Produkte ein Randphänomen. Die Paradoxie dieser Unterwerfung unter alles Kurzfristige, Vergängliche, unter die Produktion unendlichen Mülls besteht darin, dass der Mensch seine Konsumwahlen mit Freiheit verwechselt, obwohl dadurch seine Chancen auf Selbstverwirklichung immer auch ausgebremst und durch immer mehr Werbung und Beeinflussung gesteuert werden.

(c) Autoritäre Aggression und Destruktivität: Der autoritäre Kapitalismus hält kaum Ausschau nach Menschen, die seine Konventionen verletzen, sondern er ist eine imaginäre und reale Kraft, die den gesamten Planeten bereits bis in die entlegensten Orte erobert hat und destruktiv mit allen Ressourcen und ökologisch über Jahrmillionen gewachsenen Verhältnissen in kürzester Zeit umgeht. In dem Maße, wie dieser Kapitalismus in seinen Gewinnorientierungen alles angreift, was Natur und Umwelt betrifft, erzeugt er langfristig destruktive Wirkungen, die im momentanen Gewinn für die Menschen noch unsichtbar bleiben. Vor allem die ökonomischen und politischen Verursacher in der Verschärfung fehlender Nachhaltigkeit bleiben verborgen und ungestraft.

»Die Destruktivität des gegenwärtigen autoritären Kapitalismus liegt vor allem darin, dass die heutigen Gewinne die Schäden für die Zukunft verdecken«

Die ökologische Katastrophe, die bereits stattfindet und von der man glaubt, sie noch aufhalten zu können, ohne sich radikal ändern zu müssen, liegt in der Struktur des autoritären Kapitalismus selbst begründet. Dort, wo schnelle und leichte Gewinne zu machen sind, wird dieser Kapitalismus wagemutig und engagiert sich. Dort, wo Extragewinne zu machen sind, geht er auch notfalls über Leichen. Die Verstrickung aller kapitalistischen Aktivitäten mit dem Wohlstand der bestehenden Nationen bei gleichzeitig globalisierter Tätigkeit der kapitalistischen Akteure führt zu einer Gemengelage aus Wirtschafts- und Politikinteressen, in denen keineswegs mehr böse, weil nur profitorientierte, Kapitalisten allein für die Taten verantwortlich gemacht werden können, sondern auch alle anderen, die im Konsum systematisch verstrickt und gefangen stehen, um das System immer weiter anzutreiben. Jede Ware, jedes Konsumgut, jede Reise und Dienstleistung sind nicht nur mit der mehr oder minder starken Ausbeutung menschlicher Arbeit verwoben, sondern auch mit einer Ökologie, für die nachhaltige Veränderungen in der Kurzfristigkeit der Produktion und des Genusses verborgen und unverantwortet bleiben.

»Jedes Konsumgut und jede Reise ist sowohl mit der Ausbeutung menschlicher Arbeit wie auch der Natur verwoben«

Dort, wo die autoritären Regime früher mit ihren Vätern, Führern, Diktatoren und Despoten noch die wesentliche Schuld für alle Fehler trugen und zumindest über kurz oder lang vor ein moralisches Gericht hätten treten sollen, hat sich der autoritäre Kapitalismus immer schon für alles entschuldigt, weil er das Streben nach Gewinnen und Erfolgen in alle menschlichen Bedürfnisse und Wünsche ebenso wie in Ordnungs-, Verwaltungs- und Rechtssysteme immer schon eingeschrieben hat. Der autoritäre Kapitalismus steht für ein gemeinsames Selbst der Menschen, das ihnen Sicherheiten innerhalb ihrer Nation und Bezugsgruppen garantiert, das ihren Besitzstand und das je Erreichte gegen andere verteidigt. Die reicheren Nationen können so alle Mitglieder zu Gewinnern der Globalisierung erklären, auch wenn sie dabei zahlreiche einzelne Verlierer erzeugen. Es kommt immer auf den Proporz in den demokratischen Wahlen an, wie viel Verlierer man sich gegen die Gewinnerinnen leisten kann und will.

Der autoritäre Kapitalismus hat sich in den *global goals* der UN ein menschliches, demokratisches Wunschbild gesetzt, dessen Herausforderungen an den Möglichkeiten des Systems rütteln, ohne es infrage zu stellen. Es wird zu einer wesentlichen Frage des autoritären Kapitalismus, inwieweit die Akteure im System eine Veränderung dergestalt hinbekommen, dass die demokratischen Systeme einerseits durch eine Erhöhung der Produktivität, andererseits durch Umverteilung und Konsumverzicht Nachhaltigkeit erreichen können. Die Herausforderung ist so groß, dass viele Menschen eine neue Flucht ins alte Autoritäre suchen werden, um die persönlichen Vorteile gegenüber einer für sie eher abstrakten Rettung zu sichern und damit alles noch stärker zu gefährden, als es ohnehin schon ist.

»Der Begriff eines autoritären Kapitalismus hat sich nicht durchgesetzt, trifft aber den Kern des Problems«

Der Begriff autoritärer Kapitalismus hat sich in den meisten Diskursen nicht durchgesetzt. An seine Stelle ist für einige, wenn überhaupt, der Machtbegriff nach Foucault getreten, weil dieser sehr offen ist, um sehr unterschiedliche Situationen und Prozesse auf unterschiedlichen Handlungs- und Deutungsebenen zu erfassen. Auch der Begriff Herrschaft ließe sich verwenden. Mir scheint es, unabhängig von den begrifflichen Zuschreibungen, aber wichtig, hierbei die Strukturfrage, die im Kapitalismus repräsentiert ist, nicht zu vergessen. Hier wäre es ein Fehler, vor allem nach Personifizierungen und einzelnen Urhebern und Tätern zu suchen, um sich ein Bild über die gegenwärtigen Abhängigkeitsverhältnisse zu schaffen, weil und insofern die Personen wechseln, das System aber als Ganzes immer wieder ähnliche Muster der Abhängigkeit, Macht und Herrschaft erzeugt. Dies spielt auch eine wichtige Rolle, wenn es um die Frage der Regulation der Nachhaltigkeit geht. Sie wird sich nur dann hinreichend verwirklichen lassen, wenn die autoritären Formen des Kapitalismus ins Kalkül gezogen werden. Kritische Wissenschaft und engagierte Nachhaltige streiten hier gegen ein ganzes Heer von Beraterinnen und Anwälten, von Lobbyisten und Medienvertreterinnen, um bestehende Besitzverhältnisse und Verteilungen nicht anzutasten.

(3) Institutionalisierte Autorität

Institutionalisierte Autorität: Der autoritäre Kapitalismus ist schwer greifbar, er ist eine abstrakte Schlussfolgerung aus den bestehenden gesellschaftlichen Lebensverhältnissen, was eine soziologische und kritische Fantasie voraussetzt. Die Machtverhältnisse sind komplex, und der Machtbegriff nach Foucault, den ich jetzt benutzen will, spiegelt die reflexive Arbeit und Anstrengung, die zu betreiben ist, um die Verhältnisse zu durchdringen und zu begreifen. Dies liegt vor allem darin begründet, dass Macht so umfassend alle Lebensbereiche durchdrungen hat, und die Dinge und Strukturen, die vernetzt und vermittelt ineinander und miteinander wirken, lassen sich oft schwer nachvollziehen und auf die allgemeineren Schlussfolgerungen zurückbeziehen. Sehr viel konkreter und nachvollziehbarer sind bestimmte Formen institutionalisierter Autorität, die an die Stelle der persönlichen Autorität in den letzten Jahrzehnten getreten sind. Macht ist zu einem Schlüsselbegriff geworden, um die vielfältigen Abhängigkeiten persönlicher und sachlicher Art hierbei zu beschreiben (vgl. Foucault 1978). Das Erziehungs- und Bildungssystem ist ein besonders sichtbares Beispiel solcher Macht in einer institutionalisierten Form. Ich will diese Autorität begrifflich vom autoritären Kapitalismus unterscheiden, wenngleich beide auf gleichen Ausgangspunkten beruhen. Aber es ist auch zu beobachten, dass sich der autoritäre Kapitalismus in seinen institutionalisierten Formen verselbstständigt hat und eigene Wesenszüge annimmt. Das ganze Leben in der

»Der Machtbegriff kann helfen, die Abstraktheit des autoritären Kapitalismus auf einzelne seiner Formen zu beziehen und zu konkretisieren«

Gesellschaft ist mittlerweile von Institutionen und Behörden begleitet, die ebenfalls in einer grundlegenden Paradoxie stehen:

Auf der einen Seite sollen sie insbesondere in den demokratischen Strukturen der Gewaltenteilung alle regelhaft und gesetzmäßig beschlossenen Angelegenheiten sicher, geordnet durchführbar und kontrollierbar machen. Sie sollen insbesondere persönliche Vorteile durch Beziehungen oder Korruption begrenzen, eine Gleichbehandlung für alle erzwingen und damit scheinbar Gleichheit und Gerechtigkeit erreichen. Viele Menschen in demokratischen Gesellschaften halten diese Zielebene der institutionalisierten Autorität für die Wahrheit des politischen demokratischen Systems, obwohl der hier ausgedrückte Wille zu dieser Wahrheit oft eher Wunsch als Wirklichkeit ist, weil Bevorzugungen, Privilegien und Selektionen fortwirken.

Auf der anderen Seite hängt es ganz und gar von den Inhalten solcher Regeln und Gesetze ab, wer Vorteile erhält und Nachteile erleidet, ob die unterschiedlichen Voraussetzungen der Menschen hinreichend mit Ausgleichsmaßnahmen berücksichtigt sind, oder ob alle zwar gleich, aber wegen der unterschiedlichen Voraussetzungen dann doch wieder ungleich und damit ungerecht behandelt werden. Der Wille zur Wahrheit eines demokratischen Vorgehens drückt sich im Ausmaß und Umfang der demokratischen Vorgehensweisen und Resultate aus, die nicht nur auf dem Papier stehen, sondern Wirklichkeiten einbeziehen und verändern.

Vor diesem Hintergrund gelten die drei Kriterien des autoritären Charakters in der institutionalisierten Autorität in eigener Weise:

Konventionalismus und Konformitätsdruck sind in das institutionelle Vorgehen selbst als Regeln, Mechanismen, Durchführungsbestimmungen, als umfassende Praktiken und Routinen eingeschrieben. Ihre Versachlichung liegt in der bürokratischen Regelung selbst, die, da sie für alle gleich geschehen soll (dies ist der pseudo-demokratische Grundsatz), kaum noch im Einzelfall hinterfragt wird, sondern allenfalls als Gesamtsystem bezweifelt werden mag. Er ist pseudo-demokratisch, weil die Menschen nicht gleich in eine Regelung für alle gehen, sondern ihre Besitzstände, Bildungsvorteile, Machtpositionen und anderes mehr einbringen und so die demokratische Intention unterlaufen. Wirklich gleich wäre es, wenn die Regulationen die Eingangsbedingungen mit erfassten und ausgleichend berücksichtigen würden. Es gibt mit wenigen Ausnahmen für begrenzte Themen in bestimmten Ländern aber kaum demokratische Vorgehensweisen, die dies in umfassender Weise ermöglichen. Denn wer kann schon historisch gewachsene Systeme der Verteilung von Vor- und Nachteilen zwischen den Menschen ändern?

»Pseudo-Demokratie entsteht durch Machtverhältnisse, die Gleichheit versprechen, aber Ungleichheit hervorbringen«

Die Ironie der institutionalisierten Autorität lautet, dass sie zwar bestehende Ungerechtigkeiten, Missstände und sehr langsame Abläufe immer weiter mit gewissen Variationen verändern mag, dass es aber andererseits in den Grundverteilungen kaum Systemänderungen geben wird. Dagegen wird immer eine erneuerte Bürokratie als Lösung gefunden, womit die Grundverteilung von Steuern, Aufrückungschancen, Belastungen usw. von neuem beginnt. Alle politischen Neuregelungen jeglicher Regelungen überhaupt landen immer wieder in einer neuen Bürokratie, selbst die, die Bürokratie abzuschaffen oder zu mildern versuchen, bedürfen wiederum einer neuen Regelung und bürokratischer Kontrolle. Weshalb erscheint dies als unausweichlich?

Eine Gesellschaft mit formalen Prozeduren, die für alle gleich gelten sollen, benötigt einen institutionalisierten Funktionalismus und Formalismus, der an die Stelle persönlicher Beziehungen, Vertrauens- und Abhängigkeitsverhältnisse tritt. Weil und insofern die Freiheit des einen die Begrenzung der Freiheit eines anderen sein wird, werden alle möglichen Formen des Lebens von Freiheiten in institutionellen Autoritätsformen so lange geregelt, bis die Freiheit selbst ein schmales Dasein fristet. Gleichwohl sind die gesellschaftlichen Kräfte in solcher Formalisierung sehr erfinderisch, um immer neue Lücken zu finden, wie sie ein solches System für eigene Zwecke und Vorteile austricksen und ausnutzen können, was die Tendenz zur weiteren Bürokratisierung nur noch mehr als Anspruch auf scheinbare Gerechtigkeit in neuen Regulierungen antreibt. So entsteht ein abstrakter Konventionalismus, der als Konformitätsdruck darin besteht, sich an öffentliche Regeln und Gesetze, an formale Abläufe und eine autoritäre Konformität der Regelwerke zu halten.

»Funktionalismus als Lösung, Bürokratien als Ergebnis«

Insbesondere Erziehungsinstitutionen sind hierfür ein treffendes Beispiel. Die höchste Form des Konformen besteht hier darin, dass niemand den Sinn, Nutzen und die Produktivität des Systems selbst anzweifelt, obwohl es in der Praxis immer wieder zu Verwerfungen führt, die individuell durchaus von sehr vielen beklagt werden. So werden Noten und Abschlüsse als universelle Tauschmittel einer abstrakten Konventionalität hingenommen, sie entziehen sich der Kritik und Auflehnung, weil sie als alternativlos erscheinen. Deshalb macht es in Deutschland wenig Sinn, die Bevölkerung zu fragen, ob sie sich länger ein viergliedriges Schulsystem leisten will, Inklusion weiterhin ablehnen oder Chancengerechtigkeit nur begrenzt angehen will, weil die Suggestion des bestehenden Systems immer schon lautet, dass es gut ist, weil es immerhin für alle gleich sinnvoll zu gelten scheint und es zudem von der älteren Generation auch bereits durchlaufen wurde.

Autoritäre Unterwürfigkeit bedeutet in der institutionalisierten Autorität, dass die Unterwürfigkeit verschleiert ist, weil an die Stelle der persönlichen Abhängigkeit die Unterwerfung unter die scheinbar für alle gleich wirkenden Regeln, Verordnungen und Gesetze getreten ist. Die Lüge besteht in der Behauptung, dass die Gleichheit gleich wirke, denn aufgrund unterschiedlicher Voraussetzungen sind die einen durch das »Gleiche« bevorzugt und die anderen von vornherein benachteiligt. Aber gegenüber dem System erscheint eine Kritik als aussichts- und sinnlos. Das Leistungssystem beispielsweise gilt für alle gleich, auch wenn es ungleich in den Voraussetzungen ist und mit ungerechten Wirkungen gehandhabt wird. Bis hin zum Abitur werden die Prüfungen immer stärker entindividualisiert und mittels Operatoren und Algorithmen gefertigt, um die Unbestechlichkeit des Leistungssystems zu beweisen. Die soziale Reproduktion setzt den Rahmen für alle Leistungen und damit auch für die Art und Weise, wie das System wirkt. Sie befördert jene, die aus einem bestehenden Bildungsbesitz kommen. Man mag einwenden, dass sich auch diese Heranwachsenden immerhin anstrengen müssen, die Leistungen zu erfüllen, aber dank Nachhilfen und sozialer Zuwendung schaffen sie es eben leichter als jene, die diese entbehren.

»Die Behauptung, dass die Gleichheit innerhalb der institutionalisierten Autorität gleich wirke, verschleiert, dass solche Gleichheit immer gleiches Recht für Ungleiche bedeutet«

Wie umfassend die Wirksamkeit dieses Leistungssystems heute gilt, das wird daran sichtbar, dass es mittels eines sehr einfachen Notensystems und eines Numerus Clausus seinen Output definiert. Die soziale Reproduktion ist keine Frage einer sozialen Intelligenz, die in Zusammenhängen, in Komplexität und Methodenvielfalt denkt, sondern eine Suche nach einfachen, kostengünstigen und vor allem traditionellen Lösungen, die das Wesen dieser sozialen Reproduktion gar nicht erst infrage stellen.

Was hier für das Erziehungs- und Bildungssystem hingenommen wird, das gilt gleichermaßen für die Nachhaltigkeit. Im System muss sie für alle gelten, was dann einer Regulierung bedarf. Zwar können die Individuen sich unterschiedlich nachhaltig verhalten, aber allein eine institutionalisierte Autorität würde sichern können, dass dies massenhaft gleich geschieht. Hier aber macht sich sofort bemerkbar, dass die institutionalisierte Autorität im autoritären Kapitalismus ihre Basis hat. Es werden Preise erhoben, die werden dann gleich umgelegt. Wer bereits viel hat, wird weniger bezahlen müssen, so lautet dann das Grundgesetz der Umverteilung. Wird diese Basis hinterfragt, bezweifelt, nicht automatisch bedient, dann wachsen zwar die Chancen für eine gerechtere Verteilung der Nachhaltigkeitslasten, aber für viele scheint so auch die gesamte Lebensweise in Gefahr. Die Wirtschaft schreit auf: Die Nachhaltigkeit darf nicht das bestehende Wirtschaftssystem gefährden. Wenn sie das menschliche Leben in der Zukunft gefährdet, scheint dies hingegen hinnehmbar. So wie der autoritäre Vater bei Umbrüchen im Leben verweigern wollte, mit der Zeit zu gehen, so verweigert der autoritäre Kapitalismus, das System selbst infrage zu stellen.

»Solange viele Menschen weiterhin denken und hoffen, am sozialen und ökonomischen Aufstieg ansteigend teilhaben zu können, wird sich an der autoritären Unterwürfigkeit gegenüber diesem System kaum etwas ändern«

Was aber wird der nächsten Generation als Entschädigung bei einer verschlechterten Nachhaltigkeitslage angeboten? Solange in unserer Wohlstands- und Überflussgesellschaft sehr viele Menschen weiterhin denken und hoffen, am sozialen und ökonomischen Aufstieg noch mehr teilhaben zu können, wird sich an der autoritären Unterwürfigkeit gegenüber diesem System kaum etwas ändern. Die Imagination einer besseren Teilhabe, eines Aufstiegs, selbst nur einer kleinen Aufrückung gegenüber anderen, dies ist bisher ausreichend, um sich mit dem abzufinden, was ist.

Autoritäre Aggression und Destruktivität: Wohin dann aber mit der autoritären Aggression und Destruktivität gegen andere, weil in diesem System immer wieder Brüche, Verunsicherungen, Ungerechtigkeiten und Ängste hervortreten? In ihren feineren Formen der Macht äußert sich die Aggression bereits als Schadenfreude, wenn andere scheitern, wenn sie den Leistungsanspruch nicht schaffen. Eine andere Form der Macht ist es, wenn viele höhere Klimakosten nicht so wie jene tragen können, die ihre Gewinne auf Kosten der Allgemeinheit ständig maximieren. Diese Macht äußert sich vor allem darin, dass es wenig bis geringe Anstrengungen in den politischen Machtverhältnissen gibt, Benachteiligungen wirksam zu verringern, soziale Gerechtigkeit anzugehen, die Nachhaltigkeit zu verbessern. Eine andere Form der Macht ist es, wenn die Wirkungen von Machtverhältnissen selbst verschleiert werden. Hierzu ist die autoritäre Aggression besonders geeignet, weil sie Menschen eine Erklärung dafür gibt, wer Schuld am jeweiligen Problem trägt. Hierzu braucht es immer Sündenböcke oder andere, denen es noch schlechter geht. Es entsteht oft eine sehr sublimierte und subtile Aggression, die sich hier äußert. Ihre eher extrovertierten Formen artikuliert sie vor allem im Populismus. Machtverhältnisse, die in einfachen Erzählungen aufbereitet werden, helfen den Menschen, sich zu orientieren und sie steigern die Erwartung nach einfachen Lösungen. Sie steigern aber auch die Möglichkeit, durch Fehlinformationen und wirtschaftliche Lobbygruppen manipuliert zu werden. Diese Form der Macht ist heute in ihrer Verbindung mit der Politik sehr dominant geworden (siehe etwa Foucault 2004). In Verbindung mit den *social media* werden dann auch noch Blasen unterschiedlicher Wirklichkeitskonstruktionen und Verschwörungsfantasien gebildet, die gemeinsame Vorstellungen eines demokratischen Zusammenlebens immer stärker verschwinden lassen.

»Aggression und Destruktivität werden vom System selbst befeuert«

Autoritärer Kapitalismus und institutionelle Autorität wirken zusammen

Der autoritäre Kapitalismus und die institutionalisierte Autorität ergänzen einander heutzutage, weil sie inhaltlich und normativ in eine gemeinsame Richtung weisen. Beide sichern das bestehende System und vermitteln den erreichten Stand der Verteilungskämpfe in der Gesellschaft, sie helfen, Konflikte und Krisen zu beherrschen. Aber beide können auch miteinander in eine Spannung geraten. Dies geschieht immer dann, wenn die Überregulierung, die immer in der institutionellen Autorität angelegt ist, die kapitalistische Entwicklung selbst einschränkt, Gewinne mindert, den Konsum begrenzt. Das mögliche Dieselfahrverbot, obwohl ökologisch und gesundheitlich eigentlich zwingend, wird dann doch nicht durchgeführt, sofern die institutionalisierte Autorität sich der kapitalistischen unterwirft. Es könnte aber auch bei einer wechselnden Mehrheit politisch andersherum verlaufen.

Die Corona-Pandemie ist hierfür ein gutes Beispiel. Der unmittelbare Überlebenskampf lässt die wirtschaftlichen Interessen zwar nicht gänzlich aus den Augen verlieren, aber für einen Moment in den Hintergrund treten. Eine Politik der Wahrheit ist für kurze Zeit möglich. Aber die Frage in der viel umfassenderen Nachhaltigkeitskrise lautet, ob die Politik auch auf einer langen Strecke ihren autoritären Institutionalismus nutzen kann, um ein Überleben in einer noch weit entfernt scheinenden Zukunft zu sichern. Je länger Corona andauerte, desto mehr bröckelte das zunächst einsichtige Verhalten bei vielen. Wahrscheinlich werden Abstands-, Hygiene- und Maskenregeln nur dann konsequent von vielen eingehalten, wenn unmittelbar das Überleben zahlreicher Menschen direkt und für alle sichtbar gefährdet ist. Gehen wir so mit der Nachhaltigkeit um, dann kommt das Umsteuern etwa für das Klima leider immer zu spät. Die Nachhaltigkeit, so habe ich im ersten Band argumentiert, ist eine »perfekte« Krise, weil sie sich perfekt dazu eignet, unangenehme Entscheidungen nach hinten zu verschieben.

II.3.4 Der entgrenzte Mensch und die Grenzen der Erde

Nehme ich die Entwicklung des autoritären Charakters bis in die Gegenwart, dann sind viele Grenzen und Beschränkungen früherer gesellschaftlicher Herrschaftsverhältnisse durch Nationalismus, Patriotismus, Religion, Klassentrennungen und festgelegte Lebenswege zwar nicht gänzlich aufgehoben worden, aber sie sind entgrenzt worden. Der entgrenzte Mensch nimmt die Welt immer mehr nach seinen egoistischen Bedürfnissen, nach einem Lustprinzip, wahr. Menschen entwickeln hierbei gern einen Hang, gegenwärtige Probleme aus den Erfahrungen des Augenblicks heraus zu lösen. Die Grenzen der Erde liegen hingegen hinter einem Schleier des Unwissens und der Gedankenlosigkeit, sofern sie in den eigenen Handlungen nicht unmittelbar eine negative Rückmeldung geben. Der Konsum bietet für diese Wirkungen einen

»Der entgrenzte Mensch nimmt die Welt nach seinen egoistischen Bedürfnissen in Besitz, die Grenzen der Erde bleiben hinter einem Schleier des Unwissens verborgen«

allgemeinen Hintergrund der Verhältnisse, er erzeugt einen fundamentalen Wandel der Einstellungen zu den materiellen Verhältnissen. War noch in der Moderne die Sphäre der Produktion und die dabei erzwungene Ordnung die »Zauberdimension«, mit der aller Reichtum geschaffen wurde, so stehen heute eher der Konsumnutzen und das Konsumverhalten im Vordergrund, weil sie das Zauberreich für die Befriedigung aller Wünsche geworden sind. Die großen Meta-Erzählungen, die aus Begriffen wie Klasse, Kapital, Arbeit, Produktion, materieller Fortschritt und anderen hergeleitet werden sollten, die davon handeln, wie der gesellschaftliche Reichtum und ein besseres Leben für alle produziert wird, rückt heute hinter die Konsumerwartungen zurück, die keine größeren Erklärungen brauchen, sondern im Wirken beim Ausgeben des Geldes ausreichend begriffen werden können. Was hier noch frei oder autoritär wirkt, das wollen die meisten Menschen gar nicht mehr wissen, weil es wirkt, wie es wirkt. In dieser Wirkung ist der gegenwärtige Kapitalismus in einem abstrakten Sinn autoritär, wobei die persönliche sich in eine sachliche Autorität der Praktiken, Routinen und vor allem Institutionen verwandelt hat.

Von dieser neuen Position der Entgrenzung aus wissen viele Menschen auch immer schon, dass es einen widersprüchlichen Fortschritt geben wird, weil sie mit dem, was sie begehren, immer neue Wünsche erzeugen, die nicht für alle gleich und vor allem nicht folgenlos für die Umwelt befriedigt werden können. Das zahlende Individuum regiert die Welt und es herrscht keine äußere Welt, die von sich aus die Artenvielfalt, den Erhalt der Natur, den Schutz der Ökologie oder des Klimas einfach gegen den Menschen durchsetzen könnte. Der Mensch hat sich entgrenzt, ist zu grenzenlosem Wohlstand und Überfluss gekommen, und er meint, die Grenzen der Erde einfach selbst definieren zu können. Dies geschieht in unzähligen einzelnen Handlungen. Die meisten Menschen wollen ihren Wohnraum erweitern und verschönern, Reisen in die gesamte Welt unternehmen, ihre Bedürfnisse nach Mobilität, Nahrung und Genuss immer weiter steigern oder verfeinern. Die sozialen Medien, auf die ich im fortlaufenden Text noch öfter zurückkommen werde, helfen Menschen, hierbei soziale Blasen zu errichten. Diese fokussieren nur noch das engere Milieu und eine bestimmte soziale Gruppe und bestärken sie so in allem, was sie tun, um den Rest der Menschheit zu vergessen (vgl. erster Band, III.1.5). Damit scheint das Ende der Demokratie zu nahen, weil ohne Regulation des Wildwuchses solcher Medien alle Werte und Normen selbst beliebig werden, sich zu vieles in Wunschdenken und Verschwörungen partieller Gruppen auflöst. Demokratie als verbindende Idee wird schwächer, ebenso wie Nachhaltigkeit als Menschheitsaufgabe nicht dringlich erscheint. Dabei sind die Staaten nicht nur als ideelle Impulsgeber, sondern vor allem als handelnde Akteure keine guten Vor-

»Der Mensch hat seine Möglichkeiten durch Wohlstand und Überfluss entgrenzt und meint nun, auch die Grenzen der Erde selbst definieren zu können«

bilder. Die reichen Länder kaufen sich sogar mit Verschmutzungs- und Abgaszertifikaten in einem Emissionshandel frei, um weiter so schmutzig zu produzieren wie bisher. Diese Vorgehensweise wird dann auch noch als nachhaltig gepriesen, obwohl sie die Konsumenten belügt, die die Bürde des Verzichts an andere abgeben, damit sie weiter ihren Diesel fahren, ihr Wasser verschwenden und unendlichen Müll produzieren können.

Individualisierung *de jure* und *de facto*

Der Kapitalismus benötigt als Strukturen eine freie Lohnarbeit, eine freie Zivilgesellschaft und freien Konsum, um sich breit und umfassend in hoher Dynamik zu entfalten. Deshalb sind alle Rechtsverhältnisse über einen langen Zeitraum so gewachsen und organisiert worden, dass die Freiheit der Individuen de jure mit der kapitalistischen Eigentumsmarktgesellschaft kompatibel gehalten wird. Der leichte, verflüssigte Kapitalismus überantwortet es im Konsum jedem Individuum selbst, das Leben so zu organisieren, dass eine möglichst hohe Teilhabe an den Konsumchancen stattfindet. Deshalb ist der Kapitalismus der demokratischen Länder besonders innovativ, erfolgreich und ein Vorbild für andere.

In diesem konsumorientierten Kapitalismus gibt es de jure sehr viele Formen neuer Freiheiten, die jedoch de facto für viele Menschen oft gar nicht erreicht werden können (vgl. Bauman 2000 a, 31 ff.). Der entgrenzte Mensch hat keine umfassende Gerechtigkeit gefunden. Die Gegensätze wie Arm und Reich, Widersprüche von versprochenen Freiheitschancen und tatsächlichen Möglichkeiten, Ambivalenzen zwischen dem, was innerlich erhofft und äußerlich gesprochen, was gewünscht und dann tatsächlich gemacht wird, verteilen in den gelebten Verhältnissen die Freiheits- und Lebenschancen ungleich. Aber die meisten Menschen bemerken diese Ungleichheit nur bedingt, weil die Erzählungen über den Gesamterfolg auf allen Kanälen gesendet werden.

Für die Menschheit hat der Siegeszug des Kapitalismus mehrheitlich ein Bewusstsein geschaffen, das den Konsum als übergreifende Vergleichsbasis von Zufriedenheit, Wohlstand, Sicherheit, Lebens- und Zukunftschancen und anderen Wünschen mehr ansehen lässt. In allen Gesellschaften besteht heute ein Recht auf Konsum. Ein Recht, die Märkte zu betreten, was die Individualisierung de jure sichert. Aber das Geld, was die Menschen de facto dabei in der Tasche haben, die Art und Weise, wie sie es erlangen und wie viel es ist, unterscheidet die Menschen. De jure sind die Menschen immer stärker in fast allen Gesellschaften emanzipiert, aber de facto sind sie in unterschiedlicher Weise begrenzt.

> »Heute gilt in allen Gesellschaften: Jeder Mensch hat ein Recht auf Konsum«

Menschen wollen heute gern auch de facto emanzipiert sein, sie wollen möglichst aus Zwängen befreit sein und ihr eigenes, nach individuellen Wünschen geprägtes Leben führen. Sie wollen am Konsum teilhaben, diesem universellen Zufriedenheits- und Vergleichsmittel. Die kapitalistische Entwicklung fördert in dem Maße eine solche Emanzipation der Individuen, wie sie ihren Wohlstand sichert und ihnen Ressourcen und Chancen gibt, diese Emanzipation zu leben und mehr Freiheit zu erfahren.

Die dunklen Seiten der Individualisierung

Aber was sind die Gegenkräfte, die diese Wünsche begrenzen? Insbesondere das ökonomische Kapital in seiner Ungleichverteilung verwirft solche Emanzipation ständig und sorgt dafür, dass die ökonomisch Bessergestellten ihre Privilegien gegen die Schlechtergestellten verteidigen und ausbauen. So erweist sich die Ideologie, dass es im Laufe der Zeit allen immer besser gehen wird, als eine Illusion insbesondere im Vergleich untereinander. Solche Illusionen werden in vielen Geschichten, die Menschen sich hierüber erzählen und die ihr Bild über das Zeitalter formen, dennoch immer wieder neu geformt. Vom Tellerwäscher zum Millionär? Unwahrscheinlich. Befreiung aus der Leiharbeit in eine feste Anstellung? Viele schaffen es nicht. Befreiung aus dem Niedriglohnsektor? Der wächst eher an, als zu sinken. Die Ungleichverteilung des ökonomischen Kapitals führt immer wieder zu Einschränkungen emanzipativer Chancen.

Insbesondere Zygmunt Bauman hat in seinen Werken Bilder und Geschichten erzählt, die die Widersprüchlichkeit und Ambivalenz des heutigen Zeitalters beschreiben helfen. Dies gilt für die Zunahme von Außenseitern und Ausgestoßenen (Bauman 2004), für die Unterscheidung von Helden und Opfern der verflüssigten Moderne (Bauman 1997), für die unsicheren Positionen von Fremden (Bauman 2016), für die Fragilität und Unsicherheit gelebter Beziehungen (Bauman 2003, 2005, 2006), die Widersprüche und Paradoxien der Assimilation bei Migration (Bauman 1997) und die Gefahren der Globalisierung (Bauman 1998, 2007 a). Die Verwandlung aller Bedürfnisse in Konsumerfahrungen vereinseitigt die Lebenswünsche und illusioniert die Chancen der Konsumgesellschaft (Bauman 2007 b). Zygmunt Bauman hat insgesamt in seinem kritischen Werk unserem Zeitalter eine grandiose, aber deprimierende Analyse des entgrenzten Menschen hinterlassen. Menschen reden eben lieber über das, was sie erreicht haben, als über das, was offen und schwierig geblieben ist.

> »Durch die Ungleichverteilung des Kapitals werden emanzipative Chancen stark eingeschränkt«

Der Individualismus trägt dabei unterschiedliche Züge: Zunächst ist der Individualismus selbst dynamisch aufgefasst, und er erschöpft sich nicht in menschlichen Freiheiten, diese oder jene Wahl oder Entscheidung zu treffen. Der Individualismus wird stets von Strukturen und Zwängen in der Gesellschaft begleitet, die Bedingungen des Handelns kennzeichnen und Chancen ermöglichen oder verhindern. Aber die Gesellschaft ist bisher so organisiert, dass das Geld und nicht etwa die Nachhaltigkeit (oder andere nicht-kommerzielle Werte) der Handlungen das oberste Zahlungsmittel ist, um Erfolge und Misserfolge zu bezeichnen. Individualismus zeigt sich dort erfolgreich, wo der Konsum gelingt, weniger dort, wo die Mittel dazu erlangt oder wo die Umwelt und andere Menschen geschützt werden. Die Möglichkeiten, am Konsum zu partizipieren, sind zum hauptsächlichen Kriterium für den sozialen Status und die individuellen Orientierungen geworden.

Erfolg in einer konsumorientierten Gesellschaft bedeutet in erster Linie, den eigenen ökonomischen Status zu sichern. Die Erhöhung der individuellen Freiheitsgrade ging für die Masse mit einer von den Gewerkschaften hart erkämpften Vergrößerung der sozialen Sicherheit einher. Der Wechsel von der Berufung hin zum Job, der mich am Konsum teilhaben lässt, schiebt aber heute dem Individuum immer mehr Verantwortung für die Organisation des eigenen Lebens, für die eigene Karriere und auch die eigene Arbeitslosigkeit zu. »Individualisierung besteht, um es auf einen Kern zu bringen darin, die menschliche ›Identität‹ von einer Gegebenheit in eine Aufgabe zu transformieren und die Akteure dafür verantwortlich zu machen, wie diese Aufgabe ausgeführt wird und welche Konsequenzen (und Nebeneffekte) sie in ihrer Ausführung zu tragen haben. In anderen Worten besteht sie in der Etablierung einer Autonomie de jure (unabhängig davon, ob eine Autonomie de facto auch errichtet wurde).« (Bauman 2000 a, 31 f.)

»Die Teilnahme am Konsum ist das Hauptkriterium für den sozialen Status und die individuelle Orientierung geworden«

Der Zwang, die eigene individuelle Biografie zu entwickeln, gilt nicht nur im Arbeitsbereich, sondern in allen sozialen Beziehungen, insbesondere in der Familie und den Partnerschaften. Nichts kann mehr auf Dauer gestaltet werden, alles muss dem individuellen Status mit seinen Freiheitserwartungen geopfert werden, selbst wenn die Freiheiten sich als Illusionen erweisen. Individualisierung ist dabei zu einem komplizierten und komplexen Spiel geworden, was Bauman (1995) mit den Metaphern des Flaneurs, Touristen, Spielers und Vagabunden illustriert. Dabei zeigt er den flüssigen Charakter menschlicher Angelegenheiten und die in jeder Position enthaltene Ambivalenz, die Individualisierung ausmacht. So ist etwa der Tourist ein Prototyp für erhöhte Mobilität, für flexible Formen des Konsums, für die Aneignung und zeitweise Umdeutung des Fremden und unterschiedlicher Kulturen nach dem Muster von Inbesitznahme und Verlassen, die zugleich in individualistischer Erhöhung kaum Rücksicht auf die Beziehungen im Reiseland und die Folgen des Aufenthaltes für andere oder die Umwelt nimmt. Der Flaneur etwa ist nur an den vordergründig zur Schau gestellten Konsumgütern interessiert, an Moden, an zur Schau gestellten Statussymbolen oder skandalträchtigen Posen,

»Individualität bedeutet nicht nur Freiheit, sondern immer zugleich die Aufgabe, es aus eigener Kraft schaffen zu müssen«

um ein Gefühl des Dabeiseins zu haben. All dies scheint keinerlei Konsequenzen mit sich zu bringen, scheint nur ein Spiel zu sein. Zu Spielern werden ohnehin immer mehr Menschen, sei es in der Hingabe an Computerspiele oder bei Spekulationen, durch die mit der gesamten wirtschaftlichen Existenz oder mit natürlichen Ressourcen gespielt werden kann. Solche Rollen sind in der menschlichen Geschichte schon lange bekannt, aber die Ekstase, mit der sie heute vollzogen werden, und die Bedeutung, mit der sie einer freiheitlichen Individualisierung zugeschrieben werden, ist neu.

Im Individualismus geben die Menschen die Bindung an Traditionen und die Unterwerfung unter persönlich sie bestimmende Autoritäten auf, sie müssen im Gegenzug deshalb ständig nach Beispielen, Rat und Lenkung durch andere rufen, obwohl sie durchgehend meinen, sich selbst dabei zu bestimmen. In jedem Fall wissen die Individuen, dass ihr Scheitern an ihnen selbst liegen wird, weil dies ihr wesentlicher Freiheitsgewinn zu sein scheint. Diese Individualisierung schreitet zwar ständig voran, aber der Ich-Kult kann dennoch nicht halten, was viele von ihm erwarten. Hier schlagen sowohl eine Paradoxie als auch eine Ambivalenz durch:

Die größeren Freiheiten und Lebenschancen gehen mit einer Zunahme der sozialen Risiken und keineswegs mit einer zunehmenden Absicherung von Arbeit und Beruf, Familie und Liebes- wie Lebensglück einher. Das erscheint vielen Menschen als paradox.

»Größere Freiheiten gehen mit einer Zunahme sozialer Risiken, nicht mit einer Absicherung von Arbeit, Beruf und Familie einher«

Die Zunahme der eigenen Freiheit erweist sich interaktiv immer auch als Zunahme der Freiheit anderer, die sich gegen die eigenen Vorstellungen richten können, mit ihnen in Konkurrenz geraten und die insgesamt zu ambivalenten Verhältnissen führen. Die Erhöhung individueller Freiheiten befreit auch von Familienbanden oder einem langwährenden Liebesglück, denn alles scheint nur auf Zeit gewährt zu werden, um vorrangig die eigenen Egoismen zu bedienen. In den vielen Wahlen und Abwahlen, die möglich sind, dominiert ein kurzfristiges Vorstellen und Denken, dessen Wirkung als ambivalent empfunden wird, weil die Kriterien der richtigen, der besseren oder günstigeren Wahl sich selbst verflüssigt haben. Erst nachher ist man schlauer.

Individualisierung & Nachhaltigkeit

Der Konsum ist als Leitbild der Individualisierung deshalb so erfolgreich, weil er sich an Wünschen und Befriedigungen festmachen lässt. Ein Wechsel in die Nachhaltigkeit als Lebensziel ist ungleich schwieriger zu erreichen, weil hier ein Verzicht notwendig ist, der für das Individuum wie eine Bestrafung, eine Begrenzung, eine Beschneidung seiner Möglichkeiten aussieht und es tatsächlich auch ist.

Die Menschheit hat es verpasst, eine Nachhaltigkeitsagenda bereits in der Moderne zu entwickeln. Wenn in der traditionellen, festen Moderne der schwere Kapitalismus mit seiner Produktionsorientierung noch eine Vielzahl von Regeln und Institutionen in festen Bahnen und berechenbaren Konsequenzen einführte und befolgte, so zeigen die flüssige Moderne und der leichte Kapitalismus eine deutliche Relativierung und eine Aufweichung auch der Regeln und Regulationen besonders in der Globalisierung. Wären kurzum in der schweren Moderne noch schwere nationale Nachhaltigkeitsordnungen scheinbar möglich gewesen, so hat die menschliche Gier nach immer mehr Gewinnmaximierung es schon damals verhindert und bis heute die Aufgabe nur noch schwieriger gemacht. Es ist zudem ein Zirkulationskapitalismus gewachsen, der mit sehr unterschiedlichen Formen Gewinne generiert. Eine der wichtigen Formen ist es dabei, Nachhaltigkeitskosten zu vermeiden, bewusst die Umwelt zu zerstören, die Urheber über Grenzen hinweg zu verbergen, die Konsumenten über Umweltstandards systematisch zu betrügen, um wie im Dieselgate die Lobbys gegen alles einzusetzen, was den vermeintlichen Wirtschaftsstandort und die eigenen Gewinne schädigt, obwohl tatsächlich der Umweltstandort geschädigt wird.

Die von den Menschen erwartete Zugehörigkeit und die soziale Ordnung werden vor diesem Hintergrund insgesamt infrage gestellt. Wem können wir in Umweltfragen noch vertrauen? Welches Produkt – selbst solche mit ökologischem Siegel – hält das, was es verspricht?

Dabei ist das Misstrauen in die gesellschaftlichen Ordnungsstrukturen ohnehin schon groß genug. Denn es zeigt sich eine grundsätzliche Verflüssigung aller Ordnungsmerkmale, von denen besonders abhängig Beschäftigte betroffen sind:

»Die Ausweichmanöver der neoliberalen Märkte in der Nachhaltigkeit werden als Vorteile für alle Individuen dargestellt«

»Kein Job ist mehr auf Dauer garantiert, keine Position ist sicher, keine Fähigkeiten sind von dauerhaftem Nutzen, Erfahrungen und Know-how verwandeln sich in Verbindlichkeiten, sobald sie jemanden zugehören, verlockende Karrieren erweisen sich allzu oft als Sackgassen. In ihrer gegenwärtigen Form schließen die Menschenrechte auch dann nicht das Recht auf Arbeit ein, wenn diese gut ausgeführt wird oder – verallgemeinert – auch nicht ein Recht auf Fürsorge oder die Berücksichtigung vergangener Verdienste. Der Lebensunterhalt, die soziale Position, die Anerkennung des eigenen Nutzens und der Erhalt der Selbstwürde können alle gemeinsam verschwinden, über Nacht und ohne bemerkt zu werden.« (Bauman 1997, 22)

Die Individuen stehen vor der paradoxen Situation, dass das, was ihnen am meisten Nutzen verspricht, am Ende sogar am meisten schaden kann. Sie suchen Orientierung, Kommunikation über Ressourcen und Lösungen, Kooperation zur Bewältigung des Drucks wachsender Unsicherheiten, Anpassungen an Erwartungen und Märkte, aber sie konsumieren oft mehr desselben, hoffen auf nicht mögliche, aber erwünschte Lösungen, erleben eine Verstärkung der Probleme. Genau dies zeichnet die Nachhaltigkeitskrise der Gegenwart aus. Sie ist eine Krise der Individualisierung, in der auch der Staat die Lösungen beim Individuum sucht, obwohl er längst hätte gesamtgesellschaftlich regulierend eingreifen müssen. Aber wenn er eingreift, dann würden die Individuen als Wahlstimmen protestieren, weil sie vor dem Hintergrund des gewohnten Konsums nicht verstehen können, was sich an der Welt so grundlegend verändert hat, dass ausgerechnet sie die Leidtragenden sein sollen und nun Kosten bezahlen müssen, die sie selbst vermeintlich gar nicht verursacht haben.

»Die Nachhaltigkeitskrise der Gegenwart ist eine Krise der Individualisierung: Der Staat sucht die Lösung beim Individuum, obwohl es an ihm wäre, regulierend einzugreifen«

Jene, die glauben, dass der Staat bei einer Verschärfung der Nachhaltigkeitskrise regulierend eingreifen wird, sollten erkennen, dass die staatliche Regulierung schon in der sozialen Frage der Umverteilung der erwirtschafteten Reichtümer immer auf dem sozialen Auge eher blind, aber auf dem Auge der Förderung der Gewinnmaximierung meist sehend war. In Fragen der Nachhaltigkeit ist dieses Erbe eine Voraussetzung, die besonders ungünstig für das Finden von wirksamen und gerechten Lösungen sein wird.

Individualisierung verflüssigt alle sozialen Bindungen

Die Individualisierung scheint ein Reich der Beliebigkeit geworden zu sein. In der Auflösung der Moderne hin zur Postmoderne oder besser, wie Bauman (2000 a) sagt, zur flüssigen Moderne, werden gerade die sozialen Beziehungen verflüssigt: Menschen haben immer weniger feste Partnerschaften und Freunde auf Dauer, sondern wechseln sie in ihren Lebensabschnitten mit den ihnen eigenen Lebensaufgaben. Dabei wirkt grundlegend eine Individualisierung, die die Beobachterstandpunkte als Behauptung unzähliger Egoismen bestimmt, die im Laufe des Lebensweges eingenommen werden. Soziale Medien sind dabei zu einer eigenen Art der institutionellen Autorität geworden, die diesen Prozess unterstützen, ihn aber auch mit einer neoliberalen Marktideologie vereinseitigen (vgl. Zuboff 2019). Die in den Medien befeuerten Egoismen können maximal den individuellen Freiheitsgrad steigern, aber sie sind bei steigenden Überlebensrisiken auch besonders gefährlich, weil die Risiken nicht individuell zu bewältigen sind. Egoismen stärken in einer Gegenbewegung aber auch in Teilen die intimen Beziehungen, die vor allem in Partnerschaften gesucht werden. Sie sollen nun all das aufhalten und entschärfen, was gesellschaftlich riskant ist. Damit sind die Beziehungen aber auch oft überfordert, was die Sehnsucht nach ihnen zwar steigert, aber die Wahrscheinlichkeit auf Erfolg mindert. So kommt es tendenziell zu einer Vermehrung der Einzelhaushalte.

Auch wenn die Überlebensrisiken insgesamt in der Moderne bis heute abgenommen haben, so zeigt sich die Gegenwart als Risikogesellschaft (Beck 1986), weil auch kleinere Risiken größer als in der Vergangenheit empfunden werden. Zugleich sind ökologische und ressourcenbezogene Krisen aufgekommen, die in der nachhaltigen Wirkung auf das Leben noch stark unterschätzt werden. Weitsicht ist in einer auf Individualisierung orientierten Lebensform keine Stärke. In der Kurzsichtigkeit dominieren die nahen Lebensziele und verwandeln sich in alltägliche Sorgen möglicher Arbeitslosigkeit, der Zunahme von Gewalt, Kriminalität und vielen Ängsten. Die langsameren Prozesse des Wandels der Natur, der Umwelt, des Klimas rücken dabei in den Hintergrund.

> »In der flüssigen Moderne haben sich selbst die sozialen Beziehungen verflüssigt: Partnerschaften und Freunde werden häufig gewechselt, Jobwechsel und Umzüge gehören zum Alltag«

Die Kehrseite des Individualismus mit seiner sorglosen Freiheit ist das verworfene oder vergeudete Leben – Bauman spricht von »wasted lives« (2004) –, in dem einerseits viele Möglichkeiten und Chancen vergeudet werden (Bildungsarmut, Krankheit, Arbeitslosigkeit, Nachhaltigkeit) und andererseits die Verlierer der Konsumgesellschaft als bloßer »Abfall« dieser Gesellschaft erscheinen.

Die Differenzierung der Lebensbereiche und der Lebensstile bietet in der Konsumgesellschaft die Chance zu einer Vielfalt von Entwicklungen. Zugleich vergrößert sie die gesellschaftliche Konkurrenz. Und wo es Aufsteigerinnen gibt, da entstehen auch Abstiege. Die Differenzierung der Menschen nach Auf- und Abstieg ist eine Wiederholungstäterin, denn die Eingruppierung in ökonomische, soziale und kulturelle Klassen bleibt relativ konstant, sodass es stets mehr um den Erhalt dessen geht, was man schon hat oder nicht bekommt. Der vermeintliche Aufstieg als neue Lebenschance bildet für die meisten Menschen eine Ausnahme.

Für die Nachhaltigkeit sind beide Gruppen besonders problematisch. Die Aufsteigerinnen wollen in der Regel ihren Lebensstandard erweitern, auf größerem Fuß leben, was leicht dazu führt, die Nachhaltigkeitsagenda zu ignorieren oder zu leugnen. Die Absteiger werden mit Kosten konfrontiert, die sie kaum leisten können und dann auch nicht wollen.

Institutionalisierte Autorität und Nachhaltigkeit

Wie steht die Nachhaltigkeit zum autoritären Kapitalismus? Ist sie Teil seiner Lösungen oder muss sie sich als Konzept des Widerstands gegen ihn auflehnen, um alternative Lösungen zu finden?

Die Mehrheit heutiger politischer Ansätze sieht keine Notwendigkeit oder keine hinreichende Chance, den Kapitalismus infrage zu stellen, weil zwar für viele klar ist, dass das kapitalistische Gewinnstreben Nachhaltigkeitsfragen durchgehend negativ beeinflusst, aber für die wichtigsten politischen Ziele und Richtungen gilt der Kapitalismus als einzige Lösung. Allein über ihn lässt sich der Lebensstandard halten, und zugleich lassen sich wissenschaftlich-technologische Lösungen finden, die den Fortschritt vorantreiben. Der Kapitalismus hat seine Autorität über jegliche Nachhaltigkeit immer schon ausgebreitet. In der fehlenden Nachhaltigkeit zerstört der Mensch zwar die eigenen Lebensgrundlagen und für den kurzfristigen Gewinn werden immer wieder alle Regeln gegen die Ökologie gebrochen, aber verhandelt wird dies institutionell: Ganze Scharen von Anwälten, Lobbyisten und Publizisten werden ausgesandt, um die Vorgehensweisen zu diskutieren, ihre Notwendigkeit im Rahmen des Bestehenden und mit erforderlichen Notwendigkeiten scheinbar offen zu diskutieren, um dadurch wirtschaftsfreundliche Lösungen zu erhalten, Ausnahmen zu erwirken, die einen radikalen Wandel verhindern.

»Der Kapitalismus ist die Autorität, die bisher über die Nachhaltigkeit entscheidet«

Mehr Nachhaltigkeit zu erreichen, das führt in der Kampfzone der institutionellen Autorität bereits im Ansatz dazu, dass Rebellionen oder Revolutionen verhindert werden. Rebellionen sind zwar als Widerstand bei ökologischen Krisen von Klimaaktivisten partiell möglich, aber sie werden politisch immer institutionell geregelt, damit es wenige konkrete Feindbilder, keine Verursacher und Urheber gibt. Wenn die Schäden durch fehlende Nachhaltigkeit zunehmen, wenn Katastrophen vermehrt eintreten, dann kann dies als ein institutionelles Versagen einer bestimmten Politik charakterisiert werden, die durch eine Reorganisation ausgeräumt werden kann. Aber nur im seltenen Fall können wie bei Monsanto, der Braunkohle, der Autoindustrie mit dem Abgasskandal Urheber namhaft gemacht werden – aber wie soll man gegen sie in den Widerstand gehen? Bereits der Rechtsstreit mit ihnen zeigt das Versagen der etablierten demokratischen Instrumente, weil die Gewinnmaximierung nicht im Zweifel steht, sondern nur die einzelne Ausnahme der Verletzung von Regeln oder Gesetzen, wobei die Verursacher mehr Macht, mehr Geldmittel und mehr Zeit auf ihrer Seite wissen.

Die Idee von Revolution scheint heute ferner denn je, da der Kapitalismus solange akzeptiert oder seine Notwendigkeit sogar bestätigt scheint, solange der Wohlstand breit genug erhalten bleibt. Jegliche Aggression gegen ein System, welches das Individuum in allen Lebensbereichen so vollständig verwaltet und organisiert, verpufft in vielen Demonstrationen um Nachhaltigkeit, die zwar wichtig als Bekenntnis sozialer Gruppen sind, aber bisher unzureichend in der Bewirkung konkreter Veränderungen bleiben. So hoffen viele, die in der institutionellen Autorität gefangen sind, auf nachhaltige Entscheidungen in der Politik, welche Veränderungen aber konkret nötig wären, so scheint die Überzeugung, soll im langen Gang durch die Kompromisse institutionell geregelt und entschieden werden. Wenn Menschen aus der Zukunft auf die heutige Zeit zurückblicken werden, dann werden sie in der menschlichen Haltung, aus allem einen geschäftlichen Deal zu machen, eine Ursache für die Versäumnisse finden, die zum Aufhalten der Kipp-Punkte notwendig gewesen wären.

Es ist das Wesen der institutionellen Autorität, die die Menschheit in den letzten Jahrzehnten immer umfassender aufgebaut hat, dass die Freiheit für nachhaltige Entscheidungen überwiegend eine Gedankenfreiheit geworden ist. Und viele können selbst diese Gedankenfreiheit nach einer nachhaltigen und alternativen Lebensweise sich noch nicht einmal mehr vorstellen oder sehen sie angesichts der konkreten Lage bereits als sinnlos an.

Die institutionelle Autorität erscheint als unangreifbar, da sie einerseits nur ein ausführendes Organ ist und andererseits einen gewissen Spielraum in der Durchsetzung der Regeln und Gesetze in diese eingebaut hat. Alle müssen Steuern bezahlen, aber in der Auslegung setzen die Reichen beratende Berufe ein, die alle Lücken und Zugeständnisse ausnutzen. Alle sollen nachhaltiger handeln, aber die Regeln dafür sind recht unverbindlich und eher moralischer Art. Diejenigen, die auf besonders großem Fuß leben, hinterlassen einen besonders negativen ökologischen Abdruck, aber den Preis dafür zahlen bisher alle.

Die institutionelle Autorität ist immer der Sieger, da alle in der gesellschaftlichen Kooperation und Kommunikation auf sie angewiesen sind. Wenn also Kritik geübt wird, so eigentlich immer nur im Hinblick auf eine besondere Art der Durchführung, aber nie so, dass das gesamte bürokratische System selbst in Zweifel gestellt würde. Ja, Steuern zahlen alle, aber fraglich ist, ob hier gerecht verteilt wird. Ja, nachhaltig wollen viele vorgehen, aber keiner will seinen Verzicht aufs Auto oder den Fleischverzehr vorgeschrieben bekommen. Ja, zur Schule müssen alle gehen, aber welche Abschlüsse dann erreicht werden, das ist eine individuelle Angelegenheit. Ja, eine Krankenversicherung benötigen alle, aber welche Privilegien private und gesetzliche Versicherungen eröffnen, das ist eine andere Frage. Ja, die Nachhaltigkeit erhält einen CO_2-Preis, aber ob seine willkürliche Setzung je reichen wird, ein vernünftiges Klimaziel zu erreichen, das ist eine gänzlich andere Problematik. So sind alle institutionellen Autoritäten ein Wirkmechanismus, der wie ein großes Räderwerk ineinanderwirkt, wo es kleine Einflüsse auf Stellschrauben, Geschwindigkeiten und die Ergebnisse gibt, aber es fällt in einem solchen autoritären System sehr schwer, die Grundbedingungen zu ändern, die Fehlstellungen auszugleichen, Ungerechtigkeiten grundlegend zu beseitigen.

> »Diejenigen, die auf besonders großem Fuß leben, hinterlassen einen besonders negativen ökologischen Abdruck – den Preis dafür zahlen alle«

Allein in Schocksituationen, in offensichtlichen Krisen, wie Rudel (2019) exemplarisch zeigen kann, mögen auch konkrete Ereignisse aus fehlender Nachhaltigkeit taugen, um den Staat zu Regulationen zu bewegen, die eine institutionalisierte Autorität deutlich als regulative Instanz im Sinne der Allgemeinheit in Erscheinung treten lässt. Die Corona-Krise als Beispiel einer Globalisierungskrise zeigt, wie stark der Staat in das Leben der Menschen eingreifen kann, indem er alle bisherigen Freiheiten und kapitalistischen Strategien der Gewinnmaximierung zumindest auf Zeit aussetzt. Aber die Nachhaltigkeit ist gänzlich anders situiert als die Corona-Pandemie, die Gesundheitssysteme an den Rand ihrer Möglichkeiten bringt und den Tod als schreckliches Massenereignis unmittelbar und medienwirksam zeigen kann. Die Nachhaltigkeitskrise vollzieht sich unsichtbarer und unbemerkter, sie wirkt, bevor die Dramen sich ereignen, in kleineren Schritten, und Menschen fällt es äußerst schwer, in exponentiellen Szenarien zu denken.

III

Die Konsequenzen

Aus der bisherigen Argumentation ergeben sich vor allem zwei Konsequenzen, die in der Ökonomie und Politik für die Zukunft der Nachhaltigkeit entscheidend sein werden. Sie sollen in folgender Gliederung diskutiert werden:

Erstens gibt es Grenzen der Erde, die nachhaltige Notwendigkeiten definieren, die ich als Erstes diskutieren will. In der Konsequenz führt dies zu Grenzen des Wachstums, die in der Logik des kapitalistischen Systems und seiner Interventionsmöglichkeiten durch eine schnellere Regulation in der Verursachung, eine Bepreisung der Nicht-Nachhaltigkeit, durch eine radikale Umstellung der Produktions- und Lebensweise (*degrowth*) oder durch eine Transformation hin zu nachhaltigen Lebens- und Konsumgewohnheiten gelöst werden müssten. Bisher sind solche Lösungen leider leere Versprechen, unzureichende Versuche und beschwichtigende Angebote geblieben.

Zweitens werden die Grenzen der Demokratie sichtbar, die dann diskutiert werden. Zunächst gibt es nationale Grenzen: Wenn in demokratischen Gesellschaften Nachhaltigkeit erstritten und durchgesetzt werden soll, dann werden viele Menschen in den Wahlen ihrer Länder dies nur zulassen, wenn es eine für sie halbwegs befriedigende Verteilung der Lasten und Kosten gibt. Die eigenen Verzichtsleistungen werden gegen die Belastungen, die andere erfahren, hochgerechnet, verglichen und sozial als gerecht oder ungerecht beurteilt. Demokratien werden in der Konsequenz ein Spannungsfeld von Versprechungen der politischen Parteien auf der einen und Verpflichtungen von allen gesellschaftlichen Mitgliedern in der Nachhaltigkeit auf der anderen Seite erleben. Es wird in demokratischen Wahlen und Abstimmungen mehr als zweifelhaft sein, ob eine breite Einigung auf nationaler Ebene überhaupt möglich ist. Aber noch unwahrscheinlicher ist es, eine Einigung der gesamten Menschheit international herzustellen, die über bloße Lippenbekenntnisse hinausgeht. Der bisherige Prozess in der UN dokumentiert, wie sehr Wunschvorstellungen in der Nachhaltigkeit regieren und beliebig verwendbare Forderungen an die Nationen eine Gesamtstrategie erschweren. Selbst wenn einzelne Nationen eine Nachhaltigkeitsagenda umsetzen könnten, so wäre es wahrscheinlich, dass andere Nationen dies zu eigenen Vorteilen für kurzfristige Gewinne ausnutzen. Vor dem Hintergrund der nationalen und internationalen Hindernisse in der Nachhaltigkeit hat sich stillschweigend eine Bürokratie des Nachhaltigen etabliert, die wie in anderen Bereichen der kapitalistischen Ökonomie und Lebensweise eine umfassende Lösung nach rationalen Kriterien verspricht, obwohl sie gleichzeitig schnellen, wirksamen und gerechten Lösungen auf der Basis alter Verteilungskämpfe im Wege steht.

III.1 Die Grenzen des Wachstums in der Nachhaltigkeit

Seit den 1970ern wird diskutiert, wie wichtig mehr Nachhaltigkeit ist. Die Diskussion nimmt deutlich mehr Raum ein als die Taten, die aus ihr folgen. Bisher ist Nachhaltigkeit eher ein Konzept zur Beruhigung der Menschheit, das besagt, dass man sich des Problems angenommen hat, ohne dass es zu hinreichenden Konsequenzen gekommen ist. Dabei gibt es aus Sicht vieler Nachhaltigkeitsforscherinnen hauptsächlich vier Wege, um Nachhaltigkeit wirtschaftlich zu bewältigen: Erstens eine Umstellung von der Diskussion über Nachhaltigkeit auf tatsächliches nachhaltiges Handeln im großen Maßstab. Zweitens eine Bepreisung aller nicht-nachhaltigen und schädlichen Handlungen. Drittens eine grundsätzliche Umstellung der Produktions- und Lebensweise zurück ins Lokale, Regionale und ein unmittelbar verantwortetes Leben, eine Begrenzung und Minderung des wirtschaftlichen Wachstums. Viertens eine Transformation der nicht-nachhaltigen Produktions- und Lebensweise hin zu nachhaltigen Produkten und Dienstleistungen, um die ökologische Seite zu stärken, ihr zumindest nicht zu schaden.

»Wir wissen seit den 1970ern, was für eine nachhaltige Lebensweise zu tun wäre«

III.1.1 Weshalb geht es mit der Nachhaltigkeit so zögerlich voran?

Die Nachhaltigkeitskrise lässt die wesentliche Frage stellen, wie sich der Mensch ab jetzt gegenüber diesen Forderungen positionieren will. Wenn unsere Kinder unser Zuhause mutwillig zerstören, so würden wir sie ermahnen und zu erziehen versuchen, wenn die Kinder uns fragen, warum wir der Erde so viel Zerstörung auferlegen, dann zucken wir derzeit mit den Schultern. Wir können uns gar nicht mehr vorstellen, was es bedeuten könnte, den Konsum gänzlich anders auszulegen, umweltverträglich zu leben, uns Gedanken darüber zu machen, welche Gewinne wir aus der Nachhaltigkeit für das Leben in der Zukunft ziehen können.

Kritische Ansätze gibt es genug, Handlungen zu wenig

Anfang der 1970er Jahre, oft in Verbindung mit der Veröffentlichung des Club of Rome (1972), gab es eine Anzahl von Veröffentlichungen (vgl. Hornborg 2019, 3 f.), die Nicholas Georgescu-Roegens Anwendung der Entropie auf die Wirtschaftswissenschaften (1971) diskutierten. Er kritisierte die neoliberale Ökonomie dafür, dass sie nicht erkennen und untersuchen will, inwieweit die wachsende Ressourcennutzung auf der Erde materielle Kapazitäten erschöpft und was dies für die Zukunft bedeutet. Howard Odums Analyse von Umwelt, Macht und Gesellschaft (1971) war eine der ersten ökologischen Schriften, die eine Verbindung zwischen Ökologie, Gesellschaft und Machtbeziehungen rekonstruierte. Zu erinnern sind auch André Gorz (1972, 1994), der den Begriff *degrowth* 1972 in die Debatte einbrachte, und Eric Wolf (1972), der von politischer Ökologie sprach, um zu zeigen, dass es eine politische Verantwortung für die Umwelt gibt. Gregory Bateson veröffentlichte die *Steps to an Ecology of Mind* (1972), denn ökologisch zu handeln, das bedeutet für ihn insbesondere eine Veränderung der Denkhaltung und des Verhaltens. Auch die Beschränkung des Wachstums ist bereits bewusst und wird in E. F. Schumachers Schrift *Small Is Beautiful* (1973) vertreten. Diese ersten Schriften setzten einige wichtige Ausgangspunkte für eine seitdem andauernde Debatte, die in der Vision deutlich größer geblieben ist, als dass sie bisher zu hinreichenden Handlungen der Gesellschaften zur Bewältigung der Krise geführt hätte.

»Wenn unsere Kinder unser Zuhause mutwillig zerstörten, würden wir sie ermahnen und zu erziehen versuchen, wenn die Kinder aber uns fragen, warum wir die Erde zerstören, dann zucken wir mit den Schultern«

Warum fällt die Nachhaltigkeit so schwer? Bonneuil & Fressoz (2015) erörtern, welche Narrative uns seit zwei Jahrhunderten begleiten, die es uns für ratsam halten lassen, immer mehr Ressourcen zu verbrauchen und die Emissionen zu erhöhen. Vereinfacht dargestellt ließe sich sagen, dass wir seither zwischen zwei Sichtweisen hin- und hergerissen sind, wie auch Hornborg (2019, 4) betont:

Einerseits gibt es einen grenzenlosen Optimismus, wie er exemplarisch etwa durch Pinker (2018) vertreten wird, der eine Aufklärungszunahme und Fortschritte der westlichen Welt hervorhebt. Alles ist in der Neuzeit immer besser geworden, der Fortschritt ist nicht aufzuhalten, wir können in jeder Hinsicht optimistisch sein.

Andererseits steht dem eine weniger verbreitete Wachstumskritik entgegen, wie sie etwa durch Serge Latouche (2009) vertreten wird, der das ungebremste Modell des Wachstums und der Art, alles in Geldgeschäften zu denken, als Wurzel unserer immer weiter anwachsenden Probleme sieht. Heute stehen einer solchen Kritik auch die naturwissenschaftlichen Berichte zum Wandel des Klimas, zu den schwindenden Ressourcen und anderen nachhaltigen Problemen zur Seite.

Die Mehrheit der Diskussionen zur Nachhaltigkeit sucht bisher einen Kompromiss zwischen diesen Gegensätzen. Nachhaltige Entwicklung, so argumentieren Purvis et al. (2019, 692), »wird von der UN im Brundtland-Bericht 1987 und während des anschließenden Rio-Prozesses institutionalisiert, was in der globalen politischen Agenda ein Verständnis fördert, das Wirtschaftswachstum als Lösung für ökologische und soziale Probleme auffasst. Dieser ›Win-Win‹-Ansatz spiegelt die Verzerrungen, die vom zwischenstaatlichen Konsensansatz inspiriert sind, und er neutralisiert effektiv viel von der radikalen Kritik durch eine Depolitisierung der Nachhaltigkeit, indem drei Gruppen von gleichwertigen wirtschaftlichen, sozialen und ökologischen Zielen als gute Notwendigkeit dargestellt werden. Dies wird durch die Vermischung der Sprache von ›Nachhaltigkeit‹ und ›nachhaltiger Entwicklung‹ noch verstärkt, sodass die wirtschaftliche Entwicklung ein impliziter, aber ungenügend ausformulierter Teil der Nachhaltigkeit bleibt.«

Einfacher ausgedrückt, um Nachhaltigkeit tatsächlich zu erreichen, soll die Wirtschaft wachsen, damit Wirtschaft und Politik überhaupt bereit sind, sich für Nachhaltigkeit einzusetzen. Andererseits müssten die Wirtschaftsinteressen im Sinne des grenzenlosen Wachstums aber dort beschränkt werden, wo sie der Umwelt schaden. Nur wie wird genau bestimmt, ob der Schaden für die Wirtschaft oder die Umwelt größer ist?

Die Antwort auf diese Frage ist vor dem Hintergrund der ökonomischen und politischen Bedingungen, die ich weiter oben ausführlich diskutiert habe, eine Fortsetzung der nicht gelösten sozialen Gerechtigkeit im Kapitalismus. Die sozialen Interessen nach gerechterer Verteilung sind von Anfang an im Kapitalismus nicht nur ein Kampfplatz der realen Verteilung, sondern auch ein Streit um die richtige Interpretation gewesen. Wird dies auf die Nachhaltigkeit übertragen, dann können die Kämpfe auf anderer Ebene immer weitergeführt werden, nur dass dann die Zeit davonläuft, wirksame Gegenmaßnahmen erreichen zu können. Denn das 2-Grad-Ziel ist kein Kampf um eine gerechtere Verteilung von sozialen Reichtümern, sondern die Grenze für einen beschleunigten Klimawandel, der große Auswirkungen auf die gesamte Erde haben wird. Wenn die Katastrophen einsetzen, dann ist die fehlende soziale Gerechtigkeit das kleinere Problem. Im Existenzkampf der Menschen in der Gegenwart kann sie aber täglich das größere Problem sein. Wenn durch Wachstum in der sozialen Existenz etwas vom Wohlstand auch für ärmere Menschen abfallen kann, so ist dieser Effekt für die Natur nicht möglich, wenn das Wachstum nicht ökologisch neutral bleiben wird.

> »Fehlende Nachhaltigkeit wird sich als noch größeres Problem als fehlende soziale Gerechtigkeit erweisen, weil das ungebremste Wachstum zu unkontrollierten ökologischen Schäden führt«

Der Entwicklungsgedanke als Wachstum der Wirtschaft ist in den Konzepten von Nachhaltigkeitsanhängern oft die Leitidee, um eine Versöhnung von Fortschritt und Nachhaltigkeit zu erreichen. Die Ökologie als eine Schnittmenge des Menschen mit der Umwelt und einer Natur, die frei von Wirtschaft und deren Wachstum ist, wird oft in einer Vorstellung vereinseitigt, die Entwicklung immer schon mit Fortschritt und Wachstum, mit neuen Chancen, mit einem Win-Win-Modell verbindet. Dabei ist es völlig klar, dass das stetige Wirtschaftswachstum besonders der letzten Jahrzehnte in allen Feldern der Nachhaltigkeit die Ausgangslage verschärft und nicht entschärft hat. Die populären Modelle der Nachhaltigkeit mit Wachstum als Lösung verschleiern die tatsächliche Lage, weil sie gar nicht erst darstellen, wie schädlich genau dieses Wachstum in den einzelnen Bereichen wirkt. Karen L. Higgins (2015) beschreibt etwa, welche systemischen Wirkungen zu beachten wären, wollten wir solche Wirkungen näher analysieren, um nicht nur auf Hoffnungen, sondern stärker auch auf Fakten zu setzen. Aber auch sie nimmt von vornherein das Wachstums- und Fortschrittsmodell als gegeben an, weil Menschen es so sehr favorisieren. Wo bleibt dann im systemischen Denken der Blick von der Natur, von der Umwelt her, der jenseits der Brille menschlicher Wünsche schaut, was gerade in bio-physikalischen und anderen naturwissenschaftlich erforschten Prozessen geschieht?

In Bezug auf bestimmte begrenzte Fragen der Nachhaltigkeit gibt es solch einen umgedrehten Blick, etwa wenn auf die Rechte von Tieren oder die Belange der Artenvielfalt fokussiert wird, die durch den ständigen menschlichen Fortschritt gefährdet sind. Mit dem *capability approach*, den Amartya Sen und Martha Nussbaum vertreten, wird beispielsweise ein moralischer Anspruch errichtet, der eine Gerechtigkeit für die Ökosysteme einfordert. Nussbaum (2006) will alle empfindungsfähigen Lebewesen in diesen Ansatz einschließen, sodass das menschenverursachte Artensterben ebenso wie eine unangemessene Tierhaltung und -quälerei als ein Unrecht angesehen werden müssen. Auch Tiere haben ein Recht auf ein tierwürdiges Leben, um ihre Bedürfnisse zu erfüllen und zu gedeihen. Aber wie weit, so antworten hier Kritiker, soll das dann gehen? Ist das Tierreich nicht wechselseitig schon grausam genug, sodass der Mensch in seiner Grausamkeit keine Ausnahme macht? Und müssten beispielsweise auch Pflanzen in diesen Schutz miteinbezogen werden, weil und insoweit sie empfindungsfähig sind?

Der Angriff auf die Ressourcen der Erde, auf die Arten, die Luft, das Wasser, alle lebenswichtigen Elemente ist so umfassend geworden, wie das Wirtschaftswachstum selbst vorangeschritten ist. Diesem Wachstum wohnt eine Gewinnmaximierung, aber keine wohlwollende nachhaltige Ethik inne. Wie soll und kann überhaupt heute unterschieden werden, welches Wachstum wann positive und nachhaltige und wann schädliche Wirkungen hat? Alle Grenzwerte, Begrenzungen in nachhaltiger Hinsicht, sind immer schon Streitpunkte der jeweiligen Wirtschaftsstandorte, die ihren Besitz und Wohlstand erhalten wollen und erst dann, wenn dies garantiert werden kann, auch bereit sind, etwas für mehr Nachhaltigkeit zu tun.

Die Kritik an fehlender Nachhaltigkeit

Eine Vielzahl wissenschaftlicher Studien in der Nachhaltigkeit ist naturwissenschaftlich orientiert, gibt aber deshalb auch keine Antworten für die gesellschaftlichen Konsequenzen (besonders anschaulich etwa Plöger 2020). Immerhin kann diese Literatur und die naturwissenschaftliche Forschung generell die Faktenlage erfassen helfen (vgl. dazu auch den ersten Band, Kapitel 1), was immer Voraussetzung auch einer kritischen Beurteilung ist. Hier will ich mich den stärker politisch-ökonomischen Diskursen über Nachhaltigkeit zuwenden.

»Die meisten wissenschaftlichen Studien zur Nachhaltigkeit sind naturwissenschaftlich ausgerichtet und geben so kaum Aufschluss über gesellschaftliche Konsequenzen«

Es gibt zunehmend mehr Menschen, die das Ziel des Wachstums als Antreiber der Nachhaltigkeitskrise als äußerst problematisch ansehen. Der anthropozentrische Fokus des Wirtschaftens verliert die Wirkungen für die Natur und in der Natur zu schnell aus den Augen, selbst das »grüne« Wachstum setzt oft noch auf ein Konzept von Entwicklung, das überhaupt erst in die Krise geführt hat (vgl. etwa Banerjee 2003, Escobar 1995, Fatheuer et al. 2015).

Die Kritik an fehlender Nachhaltigkeit hat zu einer Fülle von Studien und Darstellungen geführt, auch zu vielen konkreten Vorschlägen und Initiativen, aber die große Frage ist, was von solchen Ansätzen und Diskussionen in der Lebenswelt vieler Menschen ankommt? Die nachhaltigen Theorien schwanken zwischen einer eher beobachtenden und distanziert darstellenden allgemeinen Art oder stark auf die Veränderung konkreter Umweltprobleme fokussierten Ansätzen. Angesichts der Gemengelage verwundert es nicht, wenn sich die Vielzahl der Nachhaltigkeitsakteure untereinander oft mehr um den richtigen Ansatz streiten, anstatt einen äußeren Feind bei den strikten Nachhaltigkeitsgegnern auszumachen. Wenn Görgen & Wendt (2015, 12 ff.) vor dem Hintergrund der linken Politik hoffen, eine »sozial-ökologische Massenbewegung« wäre möglich, so erscheint die systemsprengende Utopie der Nachhaltigkeit angesichts tatsächlicher Handlungen der heutigen Massen in den Wohlstandsgesellschaften als utopisch. Ein realistischer Blick bleibt allzu oft in den Debatten ausgeklammert, weil auch nicht empirisch erhoben wird, wie es um die nachhaltige Beteiligung der Menschen tatsächlich gestellt ist. Flassbeck (2020, 14 f.) verweist darauf, dass es keinen einfachen Weg aus der fehlenden Nachhaltigkeit gibt: Nicht nur das Verhalten der Menschen, die Bedrohung durch eine steigende Arbeitslosigkeit als Feind der Nachhaltigkeit, auch die vorherrschende

Wirtschaftslehre stehen einem nachhaltigen Strukturwandel entgegen. Vor allem gibt es »auf der globalen Ebene keine demokratisch legitimierten Organe und Institutionen, die den Strukturwandel und die neue Wirtschaftspolitik durchsetzen und begleiten könnten« (ebd.).

Zwischen den frühen 1970ern und heute ist eine Fülle an wissenschaftlichen und anderen Beschreibungen entstanden, aber die tatsächlichen Aktionen der Menschheit zur Sicherung einer nachhaltigen Lebensweise bleiben weit hinter diesen Einsichten zurück; vielmehr steigen die Treibhausgase stetig weiter an, und viele Nachhaltigkeitsziele werden kurz nach ihrer Propagierung verfehlt. Die Masse der kritischen Darstellungen kommt entweder aus ökologischen oder aus sozialen Bewegungen, die sich sehr oft auch mischen, aber im wirtschaftlich-politischen Mainstream kommt die Notwendigkeit einer ökologischen Herausforderung nur sehr langsam an, noch schleppender sind umfassende politische Entscheidungen, nicht nur Ziele aufzustellen, sondern diese auch tatsächlich umfassend umzusetzen.

Dabei macht es sich die Nachhaltigkeitsbewegung selbst schwer. Die linken Kritiker mit einem Herangehen, das den Zusammenhang von Ökologie, Ökonomie und sozialer Welt thematisiert, sind sich wie zuvor schon bei den grundlegenden sozialen Fragen in den meisten Aspekten uneinig, weil es für viele um letztbegründende Argumente eines richtigen und allein richtigen Weges geht. Einige, wie etwa Angus (2016), Forster et al. (2010), Klein (2015) und Malm (2016), sehen deshalb eher pauschal den Kapitalismus als Wurzel des Übels, um sich aus dem Streit der Einzelansätze herauszuhalten. Sie hoffen generell darauf, dass die Massen in einen Aufstand gegen die Nutznießer eines überholten kapitalistischen Systems irgendwann und irgendwie revoltieren werden. Aber sie diskutieren deutlich zu wenig, dass auch Konsumenten, selbst wenn sie nicht zu den ökonomischen Gewinnern und den Eliten des Kapitalismus gehören, stark am Erhalt ihres Wohlstands interessiert sind und weniger an dessen Beschränkungen oder eigenen Verzichtsleistungen.

»Da es keine allgemeingültige Wahrheit eines wahren nachhaltigen Weges gibt, streiten viele Ansätze um die ›richtige‹ Nachhaltigkeit«

Eine kaum diskutierte Grundfrage bei einer Revolte und mehr noch bei Revolutionen gegen das kapitalistische System bleibt, welche Interessen die Aufbegehrenden haben. In den ökonomischen Revolutionen ging es immer um eine Neuverteilung der ungerechten Besitzverhältnisse. Aber in der Nachhaltigkeit gilt dies nur bedingt, denn nun geht es vorrangig um eine Neubestimmung von Verzichtsleistungen aller in Anbetracht einer Achtung der planetaren Grenzen. Kompliziert hierbei ist, dass sich vor diesem Hintergrund auch die bisherige Kapitalismuskritik neu erfinden muss.

Etliche Thesen in der Nachhaltigkeits- und Kapitalismuskritik wirken wie Wiederholungen aus dem endlosen Streit der Studentenbewegung seit den 1960ern. Einige suchen sogar einen philosophischen Zugang mit Letztbegründungen sehr unterschiedlicher Art, der die Natur in ihrem Verhältnis zum Menschen grundsätzlich neu und in utopischer Weise bestimmen soll (etwa Haraway 2015, 2016, Latour 2017, 2018), um mit ökologischen Letztbegründungen zu retten, was gerettet werden soll. Ich gebe zu bedenken, dass es immer menschliche Begründungen sind, denn wenn Menschen argumentieren und debattieren, finden sie keine Natur an sich, die sprechen wird, die eine Lösung vorschreiben kann, sondern immer nur Deutungen mit menschlichen, also selektiven Interessen.

»Bei der Kritik am Kapitalismus geht es um die Neuverteilung des Besitzes; auf dem Weg zu mehr Nachhaltigkeit geht es um den Verzicht aller zum Erhalt unseres Planeten«

Sehr wenige entwickeln klare politisch-ökonomische Analysen, in denen der Kapitalismus in seinen neoliberalen Formen sowohl für den wachsenden Abstand zwischen Arm und Reich (siehe bes. Alvaredo et al. 2018) als auch die fehlende Nachhaltigkeit rekonstruiert wird (etwa Altvater 2016, Foster et al. 2010, Karathanassis 2015, Moore 2016). Aber solche Rekonstruktionen können nicht gleichzeitig darlegen, wie und ab wann es zu einer Gegenbewegung aus welchen sozialen Gruppen kommen wird oder kommen könnte. Das Manifest der Nachhaltigkeit kann offenbar nicht so klar formuliert werden wie das kommunistische Manifest, das dann jedoch praktisch gescheitert ist.

Einige Kritikerinnen fehlender Nachhaltigkeit versammeln sich unter dem Konzept des *degrowths* (siehe weiter unten), das soziale und ökologische Perspektiven vereint (insbes. Hornborg 2019, Latouche 2009, d'Alisa et al. 2016, Jackson 2009, Kallis 2018, Konzeptwerk 2007). Sie wollen das Wachstum an schädlichen Stellen abbauen und weitreichende Transformationskonzepte sozial-ökologischer Art einführen, die oft mit linker Politik verbunden werden sollen (Brand 2017, Brand & Wissen 2017, Tauss 2016). Gegen die Messung des Erfolgs in Wachstumsraten der Wirtschaft ist dies zwar ein für die Begrenzung der Treibhausgase und andere negative Effekte vielversprechendes Herangehen, aber seine Massenwirksamkeit ist zweifelhaft, weil bisher keine Mehrheiten oder auch nur größere soziale Gruppenbildungen erkennbar sind, die darauf hoffen lassen, diesen Weg erfolgreich mit Mehrheiten gehen zu können. Andere versuchen, mit Beispielen nachhaltigen Wirtschaftens eine grüne Ökonomie zu entwickeln oder ein balanciertes grünes Wachstum (Munasinghe 2019) denkbar werden zu lassen, wieder andere halten ein faires und nachhaltiges Leben ohne Geld für vorstellbar (Nelson & Timmerman 2011), aber solche Überlegungen bedenken zu wenig, wie sehr die Mehrheiten und nicht nur die Eliten das Geld nutzen und schätzen. Es gibt immerhin eine Fülle vieler guten Ideen und alternati-

»Das Manifest der Nachhaltigkeit kann nicht so klar formuliert werden wie dasjenige des Kommunismus«

ver Vorstellungen, allein eine Massenbewegung der Nachhaltigkeit steht aus, und die Frage, wie sie schnell gelingen könnte, bleibt bisher unbeantwortet.

Schließlich gibt es etliche andere Autorinnen und Autoren, die unterschiedliche Aussagen zusammenfassen, Überblicke geben, aus einer Vielzahl von Gebieten Informationen sammeln, damit sich die Leserinnen und Leser ein eigenes Bild über die Nachhaltigkeit machen können. Redclift (2005) etwa gibt einen umfassenden Überblick über die verschiedenen Diskurse, die um das Thema der Nachhaltigkeit kreisen. Er betont, dass alle Diskurse die radikale Rolle der Umwelt einbeziehen und den überwiegenden Blick auf das Wirtschaftswachstum aufgeben müssten (2009, 273 f.). Und besonders Hornborg (2019) arbeitet heraus, dass der Gebrauch des Geldes und der Geldgeschäfte nicht nur die soziale Gerechtigkeit zwischen den Menschen, sondern auch die Biosphäre des Planeten bedroht, wobei andere diese Fokussierung auf das Geld als Verrat an Marx betrachten. Auch wenn sich die kritischen linken Diskurse darüber einig sind, dass die Dominanz der Wirtschaftsinteressen den nachhaltigen Diskurs sofort verkürzt, so besteht eine große Uneinigkeit in der Deutung der politisch-ökonomischen Konsequenzen, die aus der Vergangenheit immer weiter nach Deutungsschulen richtiger oder falscher Ziele tradiert werden.

»Nachhaltigkeit wird immer stärker diskutiert, aber dies bedeutet nicht, dass sie tatsächlich verwirklicht wird«

Es ist eine schier unüberschaubare Flut an Veröffentlichungen, Berichten, medialen Aufbereitungen entstanden. Wer sich für Nachhaltigkeit interessiert, der könnte den Eindruck bekommen, dass sehr viel geschieht und unternommen wird. Allein die sich ständig verschlechternde Datenlage zu den wachsenden Treibhausgasen, zum Artensterben, zu schwindenden Ressourcen und verschlechterten Lebensbedingungen bei nahenden Kipp-Punkten lassen zögern, dieser Selbstsuggestion menschlicher Tatkraft wirklich zu trauen. All jene, die sich aufmerksam informieren, finden jeden Tag neue Berichte über die Versäumnisse in der Nachhaltigkeit, über den brutalen Kampf gegen die Grenzen der Erde, der weiterhin Gewinne ohne Rücksicht auf Verluste machen soll, über eine anwachsende Anzahl nicht-nachhaltiger Handlungen, die kurzfristige Vorteile versprechen. In diesem Sinne ist die Agenda 2030 ein Wunschkonzept.

Nachhaltigkeit ist eine Notwendigkeit, da scheinen sich immer mehr Menschen einig, aber die Art und Weise, wie sie erreicht werden soll, unterliegt großer Beliebigkeit. Es ist kein Zufall, dass gerade die UN in ihren gegenwärtigen globalen Zielen der Agenda 2030 die nachhaltige Entwicklung als ein bloß wünschenswertes Leitbild propagiert, damit jedes Land und jede Interpretation das daraus entnehmen kann, was als Entwicklung positiv im nationalen Eigeninteresse erscheint.

Wird die Nachhaltigkeit an die wirtschaftliche und technologische Entwicklung gekoppelt, wie es meistens von vornherein geschieht, dann vereinseitigt das klassische westliche Narrativ alle Interpretationen: Wachstum und Entwicklung werden dann nicht als Problem, sondern immer nur als Lösung dargestellt.

Insbesondere der Mainstream des heutigen ökonomischen Denkens verführt dazu, sowohl Fragen der sozialen Gerechtigkeit als auch der Nachhaltigkeit vor dem Hintergrund eines wenig problematisierten Kapitalismus zu vernachlässigen. Dabei erscheint es aus meiner Sicht als grundlegend wichtig, eine Verbindung von Nachhaltigkeit und Wirtschaftswachstum für einen Widerspruch in sich zu halten. Brand & Wissen (2017) bezeichnen die westliche Lebensweise des globalen Nordens sogar als »imperial«, weil »sie einen prinzipiell unbegrenzten – politisch, rechtlich und/oder gewaltförmig abgesicherten – Zugriff auf Ressourcen, Raum, Arbeitsvermögen und Senken andernorts voraussetzt. Die Produktivitäts- und Wohlstandsentwicklung in den Metropolen basierte dabei lange Zeit auf einer für diese sehr vorteilhaften Welt-Ressourcenordnung. Und auf Leid und Elend in vielen Ländern.« (Brand 2014, 11) Als Alternative erscheint eine Lebenseinstellung, die sich in Sorge und Fürsorge um sich selbst, die anderen und die natürlichen Grundlagen kümmert (so auch Haug 2011).

Aus Sicht vieler – nicht nur linker – Diskurse bedeutet die sozial-ökologische Transformation neben den Verteilungsfragen dann vor allem: »Es geht um eine andere Art und Weise der Produktion und des Lebens: weniger Autos, und die übrigen mit deutlich reduziertem Energieverbrauch, weniger Flugverkehr und Fleischkonsum sowie eine Umkehr von der hochindustrialisierten zu einer nachhaltigen Landwirtschaft. Doch deutlich weniger Autos zu produzieren, hier einen Konversionsprozess einzuleiten, darf nicht auf dem Rücken der Beschäftigten ausgetragen werden (Candeias et al. 2011).« (Brand 2014, 14)

»Es ist grundlegend wichtig, eine Verbindung von Nachhaltigkeit und Wirtschaftswachstum als einen Widerspruch in sich zu erkennen«

Doch wie sollen die Verzichtsleistungen vor den Beschäftigten halt machen? Linke Politik steht ebenso wie die globalen Ziele der UN vor dem Dilemma, die soziale Agenda mit einer ökologischen verbinden zu müssen, was in der ökologischen Wende bedeutet, den sozialen Kampf im Kapitalismus mit ökologischen Maßnahmen zu verbinden. Dadurch rücken vor die ökologischen Vorstellungen meist soziale: »Die Menschen hierzulande werden in der kapitalistischen Wachstumszange gehalten. Bei Angst vor bzw. Strafe des Verlusts ihrer Lebensgrundlage, nämlich der Erwerbsarbeit, und dem damit verbundenen Statusverlust.« (Ebd., 15) Es bleibt dann die Frage, ob zuerst die soziale Schieflage gelöst werden muss, bevor die Nachhaltigkeit gelöst werden kann. Aber es gibt das Problem, dass die Nachhaltigkeit in deutlich schnellerer Weise angegangen werden muss, als es bisher mit der sozialen Frage geschehen ist.

Brand (2018, 12) hält es angesichts all der Debatten ohnehin für realistischer, wenn sich die nachhaltige Forschung und die politischen Strategien auf die in den *sustainable development goals* aufgefächerten Themen beziehen und konkret werden, etwa auf dasjenige, Armut zu beenden, sauberes Wasser für alle Menschen zugänglich zu machen, Ernährung zu verbessern, ein gesundes Leben zu ermöglichen, Geschlechtergleichheit herzustellen, den Klimawandel zu bekämpfen und andere mehr (siehe UN 2016).

»Die Nachhaltigkeit muss deutlich schneller angegangen werden, als es bisher in Bezug auf die soziale Frage geschehen ist«

Aber diese Doppelstrategie von ökologischer und sozialer Nachhaltigkeit führt zu stark widersprüchlichen Ansätzen, in denen eine Vielfalt an gegenteiligen Orientierungen gegeben wird. Sowohl ökologische Ansätze, die die anderen Aspekte vergessen, als auch umgekehrt ökonomische oder soziale oder andere Ansätze, die das Ökologische nur marginal aufnehmen, stehen dann bloß noch nebeneinander, ohne dass diskutiert wird, inwieweit sich die vorgeschlagen Maßnahmen gegenseitig widersprechen, etwa der Abbau von Armut, der letztlich zu einem weiteren Anwachsen der Treibhausgase führen wird.

Eine sozial-ökologische Stückwerktransformation ist das, was vor diesem Hintergrund heute offenbar als realistisch erscheinen kann. Die *sustainability (transition) studies* (vgl. Grin et al. 2010) als Rückkehr zu vor allem ökologischen Fragen stehen ebenso wie die deutschsprachige sozial-ökologische Forschung immer im Zwiespalt, entweder zu viel auf einmal zu wollen – das Soziale, Ökonomische und Ökologische gleichzeitig transformieren, ohne dafür machtvolle politische und wirtschaftlich dominante Gruppen hinter sich zu wissen – oder sich in Einzelfragen der Ökologie zu verlieren, um damit die ökonomischen Verursacher wachsender Schädigungen aus den Augen zu verlieren.

»Wenn Modelle der Nachhaltigkeit nicht umfassend diskutieren, wie sich einzelne Forderungen systemisch auswirken, dann bleibt die Ökologie meist auf der Strecke«

Immer erst im Nachhinein wird man feststellen können, welche Wirkungen welche Maßnahmen haben, um die Krise in einigen Bereichen zu verkleinern, dafür in anderen umso mehr anwachsen zu lassen. In der Nachhaltigkeitsdebatte fehlt ein großes, systemisches, gemeinsam getragenes Modell einer gemeinsam agierenden wissenschaftlichen Community mit Einfluss auf die Politik, um nicht nur Wünsche aufzustellen und bisher ungelöste soziale Fragen zu thematisieren, sondern auch tatsächlich konsequent ökologische Folgen miteinzubeziehen (vgl. weiterführend u.a. Brand 2017, Brand & Wissen 2017, Ekardt 2016, Robertson 2017).

III.1.2 Bepreisung fehlender Nachhaltigkeit

Die kapitalistische Gesellschaft hat seit der Moderne soziale Sicherungssysteme hervorgebracht, die ein gewisses Wohlstandsniveau für alle und einen Schutz vor Hunger und Elend in allen Lebensphasen ermöglichen sollen. Armut gibt es zwar noch, aber sie wird relativ zu einem Durchschnitt gemessen, sie soll also nicht am stark gestiegenen Reichtum der wenigen Nutznießer gemessen, sondern an der Masse der Bevölkerung beurteilt werden. Was die Kosten eines solchen Systems betrifft, so werden sie direkt in die Kosten der Arbeit integriert und als Renten-, Kranken- und Arbeitslosenversicherung auf jedem Lohnzettel ausgewiesen, wobei die Unternehmen einen Teilbetrag hierfür leisten, der in den Arbeitskämpfen früher stark umstritten war, der heute aber eher in den Routinen als relativ fester Prozentsatz verbucht wird. Die Menschen haben sich an solche Prozentsätze gewöhnt und die Politik rührt nur noch im Ausnahmefall an ihnen. Wenn die Leistungen zum Leben nicht mehr ausreichen, dann werden wiederum aus Versicherten- und Steuergeldern, die von allen erhoben werden, neue Umverteilungen eingerichtet, aus denen dann die Grundrente oder Pflegeleistungen aus der Sozialhilfe zu erbringen sind. Eines ist hierbei gewiss: Die Masse zahlt immer den Hauptanteil. Dieses Grundmodell wird heute von Ökonomen benutzt, um über Zahlungen und Bepreisungen deutlich mehr und schneller nachhaltiges Verhalten zu beeinflussen, als es über Theoriedebatten möglich ist.

> »Es ist unter Ökonomen unumstritten, dass Bepreisungen nachhaltiges Verhalten schneller beeinflussen als Debatten«

III.1.2.1 Nachhaltigkeit durch Bepreisung

Der Demokratisierungsprozess der letzten Jahrhunderte ist unübersehbar, auch wenn er nicht alle Teile der Welt gleich erreicht hat. Die Versprechungen der Demokratien von Freiheit haben sich zumindest als Konsumfreiheit erfüllen können, sie haben außerdem Massen mit relativem Wohlstand versehen, aber die Entwicklung hat nicht für eine durchgehende und starke soziale Gerechtigkeit gesorgt. Deshalb stehen die Erfordernisse der Nachhaltigkeit immer in einem kritischen Spannungsverhältnis zu Fragen der sozialen Gerechtigkeit. Denn wer soll die Kosten für die Nachhaltigkeit tragen? Sind es auch hier überwiegend jene, die schon in der Verteilung des Reichtums zu kurz gekommen sind, die in den Verteilungskämpfen der kapitalistischen Gesellschaft trotz eines steigenden Wohlstands im Vergleich die Verlierer geblieben sind?

> »Lassen sich Nachhaltigkeitskosten fair verteilen?«

Eine Hypothese lautet, dass die Bereitschaft der Bevölkerung, die Nachhaltigkeitskosten zu tragen, auf Dauer nur funktionieren wird, wenn der Staat ein gänzlich neues Modell der Kostenverteilung erarbeitet, das als einigermaßen fair erscheinen kann. Auf der Basis der bisherigen Umverteilung durch Steuern wird die Fairness nur erhöht werden, wenn die erhobenen Lasten sich sowohl am Fußabdruck der betroffenen Menschen als auch an der Höhe ihres Vermögens und ihrer Belastbarkeit orientieren würden.

Eine andere Hypothese aber besagt, dass eine breite Mehrheit die notwendigen Kosten zu hohen Anteilen tragen soll, um zum Erhalt der Wirtschaft beizutragen. Diese Variante ist wahrscheinlicher, weil sie den bisherigen Praktiken kapitalistischer Wirtschaft entspricht und schon in der Frage der sozialen Gerechtigkeit funktioniert hat.

In einer kapitalistischen Gesellschaft entscheidet der Preis darüber, ob man sich etwas leistet oder verzichtet. Je stärker für Menschen erkennbar wird, dass ihr Verhalten der Umwelt, dem Klima, den Ressourcen der Welt und allen anderen Nachhaltigkeitsfaktoren schadet, desto höher müsste der Preis der besonders schädlichen Dinge werden, damit auf sie tatsächlich verzichtet wird; alternativ könnte es auch für besonders schädliche Wirkungen staatliche Verbote geben.

»Die großartige ›Gleichheit vor dem Gesetz‹ verbietet den Reichen wie den Armen, unter Brücken zu schlafen, auf den Straßen zu betteln oder Brot zu stehlen« (Anatole France)

Preise wirken für alle gleich und erscheinen somit als gerecht, aber sie sind es nicht, weil die Möglichkeit, sie zu bezahlen, von dem Geld abhängt, das jemand hat. Nehmen wir Flugreisen, die unter den derzeitigen Bedingungen besonders schädlich sind. Wäre die Menschheit einigermaßen vernünftig und würde Vernunft die Politik beherrschen, dann müssten Flugreisen sehr hoch besteuert und damit begrenzt werden; zugleich wären umweltverträglichere Alternativen zu fördern und mit niedrigen Preisen zu versehen. Eine solche Maßnahme wäre aber zutiefst ungerecht für viele Menschen. Die, die bisher schon die Welt bereist haben, können sich entspannt zurücklehnen und sagen, gut, das alles habe ich schon gesehen. Aber jene, die erst noch reisen, die die Welt in ihrer Vielfalt sehen wollen, denen würde mit teuren Flugreisen ein Verbot und Verzicht auferlegt werden; das muss ihnen als ungerecht erscheinen. Zugleich werden mit solch hohen Bepreisungen die Reichen wieder übervorteilt, denn sie würden dadurch ja nicht vom Reisen abgehalten.

Die entscheidende Frage zum Verhältnis von Konsum und sozialer Gerechtigkeit lautet: Erhöht die Preisgestaltung nach Kriterien der Nachhaltigkeit nur die sozialen Ungerechtigkeiten, oder bietet sie auch Chancen größerer und fairer Teilhabe für viele? Und um welche Art der Teilhabe handelt es sich: eher passive oder aktive, eher konsum- oder demokratieorientierte Teilnahme?

Der Konsum zeigt sich als schwieriger Maßstab, gilt er doch nur für jene, die die Teilnahmebedingungen erfüllen: Geld ist seine Voraussetzung. Was darüber hinaus an Teilhabe für ein anderes, nachhaltiges, jenseits des Konsums stehenden Lebens bleibt, welche Durchsetzungsfähigkeit in den globalen Kämpfen um Demokratie solche Handlungen haben können, ist eine grundlegende Frage der Einsicht von Menschen jenseits ökonomischer Vorteilsüberlegungen. Und solche Überlegungen muss man sich leisten können.

Der Umwelt, dem Klima, den Ressourcen, der Nachhaltigkeit insgesamt sind solche Gerechtigkeitsfragen gleichgültig. Im ökologischen System steigen die Treibhausgase, oder sie sinken. Hier muss gänzlich anders gemessen werden. Hier geht es nicht um Wünsche oder Gerechtigkeit für Menschen, sondern um die Grenzen der Belastbarkeit der Erde.

In den bisherigen Vorstellungen zur Bepreisung fehlender Nachhaltigkeit erscheinen aus meiner Sicht einige Fehler:

Fehler der Bepreisung von fehlender Nachhaltigkeit

Der ***erste*** Fehler der Bepreisung in der Nachhaltigkeit ist ihr Zeitpunkt: Eigentlich kommt sie heute schon zu spät. Wenn aber erst heute, so darf die Umstellung zumindest nicht immer weiter nach hinten verschoben werden. Die Hoffnung in Bezug auf die Bepreisung besteht darin, dass im Grunde die Wirtschaft so bleiben und funktionieren soll wie bisher, was mit der Höhe der Bepreisung zusammenhängt. Wenn es, wie es im Klimapaket 2020 gedacht ist, mit niedrig angesetzten und langsam steigenden CO_2-Preisen versucht wird, kann dies dem Klima wenig bringen. Werden hingegen härtere Maßnahmen mit mehr Wirkungen beschlossen, dann werden die Klimawirkungen zwar besser, aber die wirtschaftlichen Folgen schwieriger. Eine faire Verteilung der Lasten aus der Bepreisung müsste mit einer gerechteren allgemeinen Steuer- und Preispolitik einhergehen.

> »Eine faire Verteilung der Lasten aus der Bepreisung müsste mit einer gerechteren allgemeinen Steuer- und Preispolitik einhergehen«

Der ***zweite*** Fehler in der Bepreisung liegt darin, dass ohne flankierende Maßnahmen die ökologische Wende nicht zu schaffen ist. Neben höheren Preisen müssten viele Menschen die Vorteile der Entschleunigung und der lokalen Begrenztheit ihres Konsums schätzen, sie müssten auf eine biologische und damit teurere Landwirtschaft, auf ein anderes Ess- und Konsumverhalten umschwenken. Die Bepreisung müsste daher die nachhaltigen Wirkungen verstärken, die schädlichen verteuern.

Der ***dritte*** Fehler liegt in der Struktur der Märkte und der Gewinne, im Wirtschaftsmodell selbst. Denn wenn jetzt die Preise erhöht werden, um Nicht-Nachhaltigkeit zu beschränken, dann müssten zugleich die nicht so reichen Menschen sich dies leisten können, was höhere Löhne und mehr Einkommen und eine ganze Reihe von Maßnahmen der sozialen Sicherung einschließt. Reichere Menschen werden durch Preise bevorteilt, wenn alle gleich und marktbezogen zahlen müssen. Die Bepreisung der nicht-nachhaltigen Lebensweise allein kann keine hinreichende Fairness herstellen, wenn sie nicht mit einem sozial gerechteren Steuermodell, mit Ausgleich und Förderungen bei Benachteiligungen kombiniert wird. Im derzeitigen Wirtschaftsmodell käme dies einer Revolution gleich.

Schließlich müsste ***viertens*** die Rückgewinnung nachhaltiger Territorien verstärkt, rechtlich abgesichert und durch den Staat gefördert werden. Statt die Natur und Landschaften immer weiter zu schrumpfen, müssten diese geschützt und ausgeweitet werden; Vorgaben zum Landschafts- und Naturschutz wären zu verstärken.

Sollen diese vier Fehler vermieden werden, dann bedeutet dies einen gewaltigen Strukturwandel. Solche Nachhaltigkeit mit all den notwendigen Maßnahmen richtet sich auf Ereignisse, Schäden und Auswirkungen menschlichen Verhaltens, die gänzlich außerhalb der menschlichen Komfortzone liegen. Das Klima richtet sich nicht nach Aktienkursen, der Ressourcenschwund wird nicht geringer, wenn Menschen ihre Lebensweise verbessern, die Artenvielfalt nimmt nicht zu, wenn die Welt immer leichter zu bereisen und zu versorgen ist, die Versiegelung wird nicht aufgehalten, wenn immer mehr Natur in Straßen und Bauland verwandelt werden. Die menschlichen Wünsche stehen im Gegensatz zur Umwelt, die sie erobern, zum Klima, das sie verändern, zu den Ressourcen, die sie verbrauchen, zu den Arten, die sie vernichten. Dies alles lässt sich in Preise verwandeln, die als Anreiz oder Begrenzung das Verhalten leicht steuern können. Aber diese Steuerung wird auch die Frage hervorbringen, inwieweit diese Preise gerecht für alle sind.

»Die menschlichen Wünsche stehen im Gegensatz zur Umwelt, die sie erobern, zum Klima, das sie verändern, zu den Ressourcen, die sie verbrauchen, zu den Arten, die sie vernichten«

III.1.2.2 Umverteilungen in der Nachhaltigkeit

Die kapitalistische Nachhaltigkeit folgt einer klaren Logik: den eigenen Gewinn maximieren und Kosten und Unsicherheiten auf die Allgemeinheit abwälzen. Wenn es zu den Kosten der Nachhaltigkeit kommt, dann sollen Unternehmen, selbst wenn sie über lange Zeit enorme Gewinne auch durch fehlende Nachhaltigkeit gemacht haben, nicht »überbelastet« werden, weil von ihnen Arbeitsplätze abhängen. Allein schon das Steuerrecht sorgt dafür, dass es ungerecht zugeht. Die Steuerlast beginnt in Deutschland bei 28 Prozent des Einkommens schon bei sehr niedrigem Verdienst und endet bei 44 Prozent bei den besserverdienenden Menschen, wobei in einem linearen Modell die hohen Einkünfte deutlich besser als die niedrigen gestellt sind; besonders die sehr hohen Einkünfte profitieren über alle Maße. Hinzu kommt, dass Einkünfte aus Aktien mit nur 25 Prozent besteuert werden, was Gewinne aus Spekulationen besonders attraktiv macht. Das Modell ist so konfiguriert, dass es sicher gewährleistet, dass die Schere zwischen Arm und Reich anwachsen muss; mehr soziale Gerechtigkeit ist grundsätzlich nicht als Zielperspektive vorgesehen. Wenn Politiker vor dem Hintergrund dieses Modells soziale Gerechtigkeit versprechen und kein neues Modell vorlegen, dann täuschen sie die Öffentlichkeit bloß. Zu dieser ohnehin ungerechten Ausgangslage kommen noch die Energiekosten und weitere Nachhaltigkeitskosten hinzu.

Das Beispiel der Energieumlage

Lässt sich die Nachhaltigkeit also durch eine Bepreisung umfassend steuern? Der bisherige Verlauf der Bepreisung zeigt, wie es auch hier ungerecht zugeht. Die Energiewende bietet hierfür ein Beispiel. Die Kosten der Nachhaltigkeit können über die Preise bei den Konsumenten eingeholt werden; in der Energiewende ist hierfür die Energieumlage vorgesehen. Mit dem Erneuerbare-Energien-Gesetz (EEG) hat die Bundesregierung seit 2000 steuernd im Interesse des Umwelt- und Klimaschutzes, aber auch zur Förderung der Wirtschaft, bis heute in mehreren Stufen regulierend eingegriffen. Dabei sollten erneuerbare Energien vor allem aus Solarenergie, Windkraft und Biogasanlagen stärker gegenüber den fossilen Quellen genutzt werden. Die Zielsetzungen sehen vor, dass der Anteil an ausgestoßenen Treibhausgasen gegenüber dem Vergleichsjahr 1990 bis 2025 auf 40 bis 45 Prozent sinken sollte, bis 2050 sogar auf 80 bis 95 Prozent. Bis 2020 wurden diese Ziele so weit verfehlt, dass gerade mal ein Drittel des gesetzten Ziels erreicht wurde. Insoweit bleibt bei allen derzeitigen Plänen und Verlautbarungen immer das große Fragezeichen, was zur Beruhigung der an Nachhaltigkeit interessierten Öffentlichkeit alles propagiert wird, und was tatsächlich umgesetzt und erreicht wird. Besonders der möglichst weit nach hinten verschobene Kohleausstieg verdirbt die Berechnungen. Hier wirken neben der immer noch starken fossilen Energiegewinnung und -verteilung aber auch die hohen Abgaswerte im Autoland Deutschland.

»Eine Bepreisung fehlender Nachhaltigkeit ohne sozialen Ausgleich ist zutiefst ungerecht«

Die Kosten hingegen sind sehr eindeutig zuungunsten der Konsumenten, vor allem der privaten Endverbraucher, geregelt. Ohne auf die vielen Details des EEG einzugehen, ist hier die Feststellung entscheidend, dass die Netzbetreiber zwar verpflichtet sind,

Strom aus erneuerbaren Energien abzunehmen, zugleich aber seit Mai 2009 eine Ausgleichsmechanismus-Verordnung dafür sorgt, dass der zu den Übertragungsnetzbetreibern durchgeleitete EEG-Strom an Strombörsen in einem Spotmarkt vermarktet wird, was tagesaktuell nach Angebot und Nachfrage geschieht. Ein Marktprämienmodell unter Einschluss einer Managementprämie gibt den Unternehmen zudem die Freiheit, den Strom über die EEG-Umlage oder anders zu vermarkten; seit 2014 ist eine Vermarktung an der Strombörse Pflicht. Für die Endverbraucher ist das Verfahren komplett intransparent und nur in der Auswirkung ständig steigender Strompreise erkennbar, denn die Höhe des Ausgleichs ergibt sich aus den Kosten für den regulierten Ankauf des teureren Stroms aus erneuerbaren Energien und allen weiteren Kosten der Netzbetreiber, damit deren Gewinne dauerhaft verstetigt werden. Wie hoch die Gewinne dann sind, lässt sich an den Bilanzen der Betreiber und den hohen Managergehältern ablesen.

»Das EEG ist ein Beispiel für eine ungerechte Besteuerung«

Neben diesen staatlich gesicherten Gewinneinkünften aus einem regulierten Markt tritt eine zweite Umverteilung ein, die von der Bundesregierung als notwendig zur Sicherung des Wirtschaftsstandortes bezeichnet wird. Da auch die Gewerbebetriebe die EEG zahlen müssten, aber enorme Mengen an Strom verbrauchen (circa 20 Prozent des gesamten Stromverbrauchs), werden sie in großen Teilen von der EEG befreit, was wiederum zu einer Erhöhung der Kosten der Privatkunden führt. 2018 waren 2 209 Unternehmen durch Ausnahmeregelungen entlastet, die Entlastung lag 2016 nach Angaben des Bundesamtes für Wirtschaft und Ausfuhrkontrolle bei insgesamt 4,7 Milliarden Euro, nach Auskunft der Bundesregierung lag die Entlastung für die privilegierte Strommenge für 2015 noch bei 3,43 Milliarden Euro. Auch zwischen den Unternehmen selbst entstehen Privilegien: 717 zahlten keine oder nur eine geringe EEG-Umlage, weil sie als besonders relevant für den Wirtschaftsstandort gelten.[11] Die Endverbraucher haben hingegen keinerlei Befreiungen, ihnen werden die Mehrkosten der Unternehmen, die den Strom bis zu ihrem Elektrizitätswerk handeln, aufgebürdet, und so zahlen sie für die Wirtschaft mit. Da die Energieunternehmen hier frei den Markt bedienen, kommen noch zusätzliche Preisschwankungen hinzu, die die Endverbraucher nur mit einiger Recherche durch die Wahl des jeweils kurzfristig billigeren Anbieters für sich nutzen können, was die Energieanbieter gegenwärtig auch noch durch Beschränkungen der Wahlfreiheit zu erschweren versuchen.

Die staatliche Regulierung bevorzugt große Unternehmen und stromintensive Betriebe. Dies kann weniger als Anreiz gesehen werden, intensiv in der Produktion Strom zu sparen, sondern es stellt sowohl ein Modell der Sicherung eines Bestandes an Stromverschwendung als auch eines Besitzschutzes der Kosten selbst für Unternehmen mit niedriger Handelsintensität dar. Es geht um eine Unternehmenssubvention auf Kosten des privaten Verbrauchs. Warum sollen Unternehmen Investitionskosten zur Stromreduzierung in die Hand nehmen, wenn der Staat ihnen hilft? Warum setzt der Staat falsche Anreize, in denen Stromkonsumenten Privatfirmen unterstützen müssen? Die undurchsichtige Preisbildung kann von den privaten Endverbrauchern nicht nachvollzogen werden und soll es auch nicht, denn dann würde die Ungerechtigkeit der Umverteilung von Kosten kapitalistischer Unternehmen auf alle Privatverbraucher sichtbar werden. »Die nicht befreiten Stromverbraucher entlasteten die Unternehmen im Jahr 2014 mit 4,8 Milliarden Euro und subventionierten so die großen Industriebetriebe mit 1,25 Cent pro Kilowattstunde. Die Durchschnittsfamilie mit einem Verbrauch von 3 500 Kilowattstunden zahlte 2014 knapp 220 Euro Ökostrom-Umlage, davon entfielen rund 44 Euro auf Industrie-Rabatte.«[12] Vor diesem Hintergrund sind nur steigende Strompreise sicher, denn dazu führt die Vermehrung der erneuerbaren Energien zwangsläufig. Die Politik muss sich fragen lassen, wieso ein Instrument der Verringerung der Umwelt- und Treibhausgase überhaupt die Wirtschaft als größten Verbraucher in dieser Form entlasten und privilegieren soll. Die Antwort lautet dann schnell, dass der Wirtschaftsstandort davon abhänge. Die Gegenhypothese lautet, dass ein positiver Standort auf lange Sicht aber stärker von Investitionen in die Zukunft abhängt, die mit intelligenten Steuermodellen angekurbelt werden müssten und mit der Erleichterung der Energiewende insgesamt, die in Deutschland durch einen restriktiven Umgang mit erneuerbaren Energien, einem Abwürgen der Solarförderung und der Unzufriedenheit der Verbraucher durch immer teureren Strom wegen falscher Steuersysteme von Grund auf nicht hinreichend erreicht werden. Es ist klar, dass Unternehmen nur investieren werden, wenn sie Gewinne machen, aber es ist auch klar, dass sie kaum freiwillig Kosten tragen wollen, die ihre Gewinne schmälern, wenn sie mit alten Mitteln und veralteten Technologien immer noch genug Profit erwirtschaften. Die Gier nach immer mehr ist so sehr Ausdruck der wirtschaftlichen Kultur, dass jeder Verzicht wie eine Infragestellung der gesamten Wirtschaftsweise erscheint.

»Die Gier nach immer mehr ist so sehr Ausdruck unserer wirtschaftlichen Kultur, dass jeder Verzicht wie eine Infragestellung der gesamten Wirtschaftsweise erscheint«

Nehmen wir die Kosten der Energiewende als Grundmodell der zukünftigen Nachhaltigkeitskosten, dann steht eine große Umverteilung dieser Kosten auf alle Bürgerinnen und Bürger vor Augen, wobei jene wiederum besonders privilegiert werden, die deutlich über den Löhnen und Einkommen der Mehrheit liegen. Die derzeitige EEG-Umlage ist der Prototyp einer Kostenverteilung, die die Kosten von mehr Nachhaltigkeit auf die Konsumenten umlegt. Zugleich werden durch Auflagen den Haushalten Kosten aufgebürdet, die mit der Erneuerung von Anlagen, Reparatur und Wartung als Betriebskosten jeder Wohnung gelten, die auf die Miete umgelegt werden oder den Besitzer allein treffen. Es ist völlig klar, dass die Nutzerinnen und Nutzer einen Beitrag für die Nachhaltigkeit zahlen müssen, denn es gibt sie nicht umsonst. Aber welchen prozentualen Anteil zahlen die, die aus dem Verkauf und der Nutzung der Energie Gewinne erzielen? Analog lässt sich eine solche Frage bei allen Kosten stellen.

Das Klimapaket der deutschen Bundesregierung von Anfang 2020 ist ein Beispiel dafür, wie die zuvor beschlossenen Emissionsminderungsziele garantiert verfehlt werden. Das Klimaschutzpaket soll ein Gesamtvolumen von mehr als 50 Milliarden Euro haben. Es wird eine sehr langsame und vorsichtige CO_2-Bepreisung auf Benzin, Diesel, Heizöl und Erdgas eingeführt; gleichzeitig wird die Pendlerpauschale erhöht, was den Besitzstand der Pendler schützen soll und für vermehrten CO_2-Ausstoß sorgt. Ein ökologisch sinnvoll ausgebauter öffentlicher Verkehr bleibt bisher außen vor. Solche Widersprüchlichkeit offenbart, wie sehr nachhaltige Politik noch als ein Anwachsen immer weiterer Widersprüche hingenommen wird, weil vorausgesetzte Interessen der Wählerinnen und Wähler wichtiger als die ökologischen Folgen sind. Typisch für die deutsche Situation und die Lobby der Automobilindustrie ist das Versagen für den Verkehrssektor. Weder ein Tempolimit noch ein hinreichend hoher CO_2-Preis können bisher helfen, den starken CO_2-Ausstoß in diesem Sektor zu begrenzen. Es geht um reine Symbolpolitik, denn der gewählte CO_2-Preis entspricht umgerechnet auf den Benzinpreis drei Cent Erhöhung pro Liter; da sind die Preisschwankungen des Marktes schon deutlich höher. Gleichzeitig wird – wie eben angeführt – durch eine Erhöhung der Pendlerpauschale das Klimaziel dann erneut unterhöhlt. Es geht nicht um eine verkehrspolitische Wende, nicht darum, dass das Auto stehen gelassen oder der Nahverkehr ausgebaut werden, das Klimapaket bedingt das Gegenteil von dem, was es eigentlich sollte. »Schlimmer noch: Statt umweltschädliche Subventionen abzubauen, werden diese sogar noch erhöht. Versäumt wurde, sowohl das Dieselprivileg abzubauen oder aber eine Klima-Maut einzuführen, als auch die Kerosinsteuer zu erhöhen. Die Zielverfehlung ist somit vorprogrammiert: Wir werden in Europa Zertifikate zukaufen müssen, was Milliarden kosten wird. Wenig Klimaschutz für viel Geld – das erhöht nicht gerade die Akzeptanz.« (Kemfert 2019, 732)

»Das Klimapaket der Bundesregierung 2020 zeigt, wie Deutschland die Klimakrise verharmlost«

Was aber heißt hier Akzeptanz? Und für wen wird hier gesprochen? Die *Fridays for Future* und andere Klimaaktivisten haben gegen das Klimapaket demonstriert, die über 47 Millionen Besitzer und Besitzerinnen der zugelassenen Kraftfahrzeuge haben sich überwiegend still verhalten.

III.1.3 Begrenzung und Entschleunigung des Wachstums (*degrowth*)

Theorien des *degrowth* sind mittlerweile zahlreich, und in der Regel gehen sie davon aus, dass das kapitalistische Wachstum für die Nachhaltigkeit durch die Strategien der Gewinnmaximierung durchgehend schädlich sind und in Zukunft sein werden. *Degrowth* ist mehr oder minder eine antikapitalistische Strategie. Aber sie hat zugleich auch ihr sozialistisches Ideal verloren, weil die sozialistischen Umsetzungen spätestens seit dem Untergang der Sowjetunion und des asiatischen Weges in China zeigten, dass im Erhalt der Ware-Geld-Beziehungen mit politischer Elitenbildung die ökologischen Herausforderungen und die Grenzen des Wachstums ebenfalls grundsätzlich verfehlt werden (Hornborg 2019, 3).

Geld ist ein ökonomischer, kein ökologischer Wertmaßstab

Die Logik der Geldverwendung, der Gewinnmaximierung auf der einen Seite und des Konsums auf der anderen, spaltet nicht nur die Menschheit immer weiter in die mehr oder weniger Besitzenden, sondern führt auch von allen Seiten zu einem Angriff auf die Ökologie, weil und insofern diese als Kostenseite eines Lebens erscheint, das den menschlichen Bedürfnissen nach Wohlstand und Überfluss entgegensteht. Zwar ist es für die soziale Lage der Menschen nicht gleich, wie sich Wohlstand und Überfluss ungleich auf der Welt und in den Nationen verteilen, aber für die Biosphäre und die Ressourcen der Erde ist es ein Angriff, an dem alle beteiligt sind. Der kapitalistische Markt in seinen globalen Formen und die neoliberalen Umstände des Wachstums nutzen ein Allzweckgeld *(general-pupose money)*, das eine Doppelbedeutung schon begrifflich entfaltet: Liquide sein, das bedeutet, Geld zu haben, sich alles kaufen zu können, was sich gegen Geld eintauschen lässt, und mit der kapitalistischen Entwicklung der Eigentumsmarktgesellschaften werden die Möglichkeiten immer weiter ausgedehnt. Aber liquidieren meint eben auch, etwas stillzulegen, eine Firma abzuwickeln, bestehende Werte oder Verhältnisse – hierbei auch die Umwelt – zu zerstören. »Indem es alle Werte austauschbar macht, löst das Allzweckgeld die Arten von Unterscheidungen auf, von denen alle lebenden Systeme abhängen: zwischen kurz- und langfristig, zwischen kleinem und großem Maßstab, zwischen Trivialem und Wesentlichem. Es macht es möglich, den Amazonas-Regenwald gegen Coca-Cola und das Leben afrikanischer Kinder gegen Dividenden an der Wall Street einzutauschen.« (Hornborg 2019, 6 f.) Wenn wir das wirklich ändern wollen, dann müssten wir dem Geld eine neue Bedeutung und Zweckbindung geben. Wir müssten, weil und insofern wir das Geld nicht aufgeben können, den bisher aus-

»Geld schließt Liquidität wie Liquidation ein«

schließlich ökonomisch genutzten Wertmaßstab mit einer ökologischen Zweckbindung verbinden.

Der ungleiche Tausch mit der Natur

Das Konzept des ungleichen Tausches wurde entwickelt, um einen Mehrwert zu bezeichnen, der von den ärmeren in die reicheren Länder wandert. Stephen Bunker (1985), der durch den Strukturalismus, die Abhängigkeits- und Welt-System-Theorien beeinflusst ist, analysiert für die Geschichte des Amazonas, dass es eine Polarisation zwischen dem Kern und den Rändern gibt, die durch einen ungleichen Austausch von »Energie-Werten« entsteht. Diese Werte werden der Natur entzogen, abgezogene Energien und Verbräuche, die einem Zentrum zugeführt und dort akkumuliert werden. Hierbei verlässt Bunker die Wertschöpfungslehre nach Marx, der Werte immer durch Arbeit anwachsen sieht. Wenn Bäume gefällt und ins ökonomische Zentrum transportiert werden, so wäre nach marxistischer Sicht der Wert dieser Waren durch die durchschnittlich verausgabte Arbeitszeit bestimmt. Bunker aber meint, dass eine Wirtschaft, die ihre Waren von der Natur gewinnt, anders zu beschreiben ist als eine herkömmliche Industrie. Er meint, dass »die Ausbeutung natürliche Ressourcen« als »Werte in Form von Energie und Material nutzt und zerstört, die nicht in Begriffen der Arbeit oder des Kapitals kalkuliert werden können« (ebd., 22).

> »Weil wir das Geld nicht aufgeben können, müssen wir den bisher ausschließlich ökonomisch genutzten Wertmaßstab mit einer ökologischen Zweckbindung verbinden«

Warum ist das so? Die natürlichen Rohstoffe, die in reichere Länder exportiert werden, gelten schlechthin als Ausbeutung der unterentwickelten Länder und führen in deren Verarmung. Deshalb reicht eine Ausbeutungstheorie der Lohnarbeit nicht aus, um den ungleichen Austausch als ungerecht zu erkennen. Bunkers These gipfelt darin, zu sagen, dass Natur und Naturwerte und die Ökonomien, die solche Naturwerte als Gebrauchswerte nutzen, die Bedeutung dieser Gebrauchswerte als ungleichen Austausch immer unterschätzt haben. Die Unterschätzung der Naturwerte liegt darin, dass sie in marxistischer Interpretation immer über Arbeit und nicht über Natur und deren begrenzte Ausbeutbarkeit definiert werden.

Diese Ansicht, so wenig sie der marxistischen Orthodoxie entspricht, kann im Grunde auf alle Rohstoffe ausgedehnt werden. Die Natur ist für den Kapitalismus, sofern verfügbar, immer eine billige Ressource, weil es keine hinreichende Regulierung ihrer Nutzung und keine Einigung über ihre langfristige Bedeutung und Zukunftsfähigkeit gibt, sondern stets nur der aktuelle Wert entscheidend ist.

In der politischen Ökonomie der Ökologie gibt es einen Streit darüber, ob die Tauschwerte auf den Märkten den tatsächlichen Gebrauchswerten der Rohstoffe hinreichend entsprechen (Frey et al. 2019). Es besteht die Frage, ob es unterbezahlte Werte gibt, also mehr an die ursprünglichen Produzenten gezahlt werden muss, oder ob die Entschädigungen für Rohstoffe und Schäden an der Natur für die betroffenen Länder hinreichend hoch genug sind. Der durch verausgabte Arbeit erzeugte Wert einer Ware, in die Rohstoffe und die Arbeit in der Produktion eingehen, wird auch gern durch Energien, die hierbei vom Rohstoff bis zum Produkt einverleibt werden, gerechnet (Odum 1996).

»Die Natur ist im Kapitalismus eine meist zu billige Ressource, aber nur Menschen können ihren Wert erhöhen, da sie nie selbst am Vertragstisch sitzt«

Die grundlegende Frage bleibt allerdings, ob hier überhaupt vergleichbare Zusammenhänge berechnet werden. Die Mehrwerttheorie von Marx fokussiert auf das Verhältnis von Lohnarbeit und Kapital und konstruiert ein Ausbeutungsverhältnis, das verständlich machen soll, wie der Wertschöpfungsprozess auf kapitalistischer Grundlage erklärt werden kann. Sein zentrales Argument ist, dass es nicht um eine ungleiche oder ungerechte Aneignung geht, sondern um eine Differenz, die daraus entsteht, dass ein Lohnarbeiter für eine gekaufte Zeit bei einem Kapitalisten arbeitet und dabei mehr Wert erwirtschaftet als seine eigene Reproduktion, die sich in seinem Lohn ausgedrückt, den Kapitalisten kostet.

Wird dies auf die Natur übertragen, dann beginnen sofort problematische Naturalisierungen eines gesellschaftlichen Austauschverhältnisses. Was soll die Differenz aus der Aneignung und Plünderung, der Nutzung und Zerstörung der Natur sein? Die Natur ist eben kein Markt, sondern für diesen Markt eine Ressource. Sie steht zwar in Relation zu verausgabter Arbeit, aber sie hat jenseits des ökonomischen Verhältnisses ein ökologisches Verhältnis zum Menschen. Dies führt in einen unüberbrückbaren Gegensatz der Konzepte, denn wenn und insofern die Natur und ihre Ressourcen auf den Markt und die Ökonomie bezogen werden, wird sie Teil eines ökonomischen Denkens und Kalküls, obwohl sie auf der anderen Seite nie in einem solchen aufgehen kann, weil sie zugleich gänzlich anderen Wertvorstellungen entsprechen muss: als natürlicher Ort, als Ressource einer ungewissen Zukunft, als kostbares Gut des Überlebens und Lebens jenseits ökonomischer Erwägungen. Diese Seite können Menschen erst dann sehen, wenn sie von ihren Bedürfnissen und Gewinnvorstellungen absehen. Die Bedeutung von Natur und Umwelt reicht weit über das menschliche Gewinnstreben hinaus. Sie müssen erst lernen, Natur und Umwelt als etwas zu sehen, was vor dem Menschen da war und noch lange nach ihm da sein wird. Dieser Perspektivwechsel allein kann helfen, Natur und Umwelt als etwas erhalten und bewahren zu wollen, was nicht nur dem Gewinnstreben der Gegenwart geopfert wird.

Kapitalistische wie marxistische Ökonomen sind gleichermaßen auf Austauschverhältnisse, Verteilungen von Mehrwerten, auf Kosten und Nutzen fixiert, ohne der Natur oder den natürlichen Ressourcen je eine eigene Rolle zukommen lassen zu können. Erst durch einen Perspektivwechsel, der die Grenzen des Wachstums anerkennt, erst durch den Einbezug der planetaren Grenzen, können die ökonomischen Grenzen für das aufgezeigt werden, was für alle Ökonomie bisher selbstverständlich ein reiner Ausbeutungsgegenstand war. Will die Menschheit eine Ökologie verfolgen, die die Grenzen der Erde respektiert und zugleich eine sozial gerechtere Ökonomie für alle bereithalten kann, dann bedarf es einer Regulation der Ökonomie, die alle erkennbaren Grenzen strikt beachten muss.

Dies kann am einfachsten dadurch geschehen, dass die Ökologie bepreist wird. Je mehr Schädigung, je mehr Ressourcenabbau ohne Regeneration sich geleistet wird, desto höher müsste der Preis sein. Eine solche Umkehr in der Beschreibung bedeutet, den ökologischen Gebrauch und Missbrauch mit Preisen zu bezeichnen, weil und insofern die Marktmechanismen auf den Weltmärkten gerade hier bisher versagen. Solange eine kapitalistische Ökonomie besteht, kann eine nachhaltige Ökologie ohnehin nur über die Preise reguliert werden. Solche Preise können allerdings auch eine Variation von Kosten einbeziehen, die durch Steuern oder gezielte Abgaben bei den Verursachern ökologischer Schädigungen relativ zu deren Gewinnen eingezogen werden. Ansonsten besteht die Gefahr, dass die Masse der Konsumenten bepreist wird, um weiterhin die Gewinne weniger Menschen zu garantieren.

»Wenn fehlende Nachhaltigkeit bepreist wird, dann wehrt sich nicht die Natur, sondern der Mensch erkennt, dass nur Preise helfen, eine Verringerung der Schädigungen zu erreichen«

Dabei ist die kapitalistische Gewinnlage allerdings kompliziert geworden. Angebot und Nachfrage, Finanztransaktionen und Spekulationen, Machtpolitik und unzählige Strategien der Geldvermehrung haben schon länger die klassischen Mehrwertgewinne aus Lohnarbeit ergänzt und oft übertroffen. Der Kapitalismus führt die Idee, dass es gerechte Marktpreise geben könnte, ständig ad absurdum, sodass eine Suche nach dem wahren Wert der Arbeit oder der Natur kaum weiterführt. Um die Preise oder Löhne zu bestimmen, gibt es einen ständigen Kampf auf den Märkten. Regulierungen sind entscheidend, um die Kluft zwischen Arm und Reich nicht immer größer werden zu lassen, sie sind auch wesentlich, um den Raubbau an der Natur einzudämmen und den Ausstoß der Treibhausgase zu begrenzen. Es bedarf einer gemeinsamen Anstrengung von Wissenschaft und Politik, um intelligente Regulationen zu erfinden, um die Wirkungen aus solcher Regulation zielgenau zu erzeugen, anstatt weitere schädliche Wirkungen durch falsche Anreize zu erzeugen.

Der ungleiche Tausch wird sich nie so konstruieren und berechnen lassen, dass alle bisherigen Theorien der politischen Ökonomie zustimmen könnten. Der Streit um fundamentale Doktrinen scheint insbesondere unter Marxisten stattzufinden, er löst sich

»Bepreisungen können helfen, ökologische Schäden zu beschränken oder zu kompensieren, aber eine Neutralisierung des einmal angerichteten Schadens erfolgt so nicht«

aber im Licht der Problemlage dann schnell wieder auf, wenn zugestanden wird, dass es kein universelles Konstrukt für die soziale und natürliche Ausbeutung gibt. Hornborg (2019, 193 ff.), der einige der neo-marxistischen Theorien analysiert, kommt zu dem Schluss (ebd., 162 ff.), dass Geld zwar ausgegeben werden kann, um ökologische Schäden zu kompensieren, aber der Schaden, der für die Ressourcen oder das Klima entsteht, wird so kaum hinreichend neutralisiert. Zudem ist es ist eine große Illusion zu glauben, dass Geldgaben in irgendeiner Form einen natürlichen Schaden aufheben oder rückgängig machen könnten. Eine Einsicht bleibt dabei wichtig: Die Konflikte über Gerechtigkeit und ökologisch sinnvolles Handeln in der politischen Ökologie übersteigen deutlich die ökonomischen Belange, die auf materielle Zugewinne fokussiert sind (etwa Peet et al. 2011, Bryant 2015, Perreault et al. 2015).

Unter Marxisten herrscht die verbreitete Ansicht vor, dass der Kapitalismus der Umwelt schadet (Moore 2015, Foster et al. 2010). Aber wie soll ein ungleicher Tausch konkret in die Berechnungen für eine bessere Nachhaltigkeit eingehen? Sind die geldwerten Tauschwerte ungleich, bezahlen die Menschen also nicht hinreichend genug, um der Umwelt etwas zurückzugeben – etwa durch eine CO_2-Steuer oder dadurch, dass sie durch regenerative Energien oder Aufforstungen weniger Schadstoffe verursachen? Oder besteht die Ungleichheit darin, dass es gar nicht um Tauschwerte nach den Maßstäben des Geldes geht, sondern um Ressourcen der Erde, die andere Konsequenzen als die Logik der menschlichen Tauschverhältnisse haben? Diese von Hornborg aufgestellte Gegenüberstellung (ebd., 7 ff.) wirkt zunächst künstlich und befremdlich. Denn Menschen denken und handeln seit Jahrhunderten in Vorstellungen von materiellen Werten, die sie in Geld übersetzen und als austauschbar betrachten. Die Eigentumsmarktgesellschaft hat die Natur des Planeten in Parzellen und Grundstücke verwandelt, in Immobilien und nutzbares Eigentum, das den Kern der Besitzverhältnisse ausmacht. Wie sollten davon Ressourcen unterschieden werden, die frei vom Tauschdenken sind?

Andererseits ist das Klima eine freie Ressource, die Menschen zum Überleben benötigen; es lässt sich auch nicht einfach gegen Geld eintauschen. Es gehört zu den vergessenen Zusammenhängen, dass neben den intimen Dingen des Lebens, wie der Liebe, auch die Luft zum Atmen auf den Börsen und Geldmärkten nicht einfach feilgeboten werden kann.

Dass die Märkte die Biosphäre zerstören, ist wissenschaftlich gesehen seit längerem unumstritten (mindestens seit Georgescu-Roegen 1971), und es scheint vor diesem Hintergrund relativ sinnlos, darüber zu diskutieren, welche Tauschwerte gerecht oder ungerecht sind, so als könnten wir beispielsweise die soziale Frage der Ausbeutung und fehlender sozialer Gerechtigkeit nach dem gleichen Muster diskutieren und lösen, wie die ökologische Krise gelöst werden müsste. Homborg denkt (ebd., 9f.), dass wir durch mehrere Irrtümer fehlgeleitet sind: Zunächst denken wir, dass wir alles gegen Geld eintauschen können. Selbst eine nachhaltige Natur scheint eine Frage des Geldes zu sein, obwohl gerade die letzten drei Jahrhunderte der Geldgeschäfte uns erst in die gegenwärtige Krise geführt haben. Dann denken wir auch, dass der technologische Fortschritt uns die Macht verleiht, die Natur so zurechtzurücken, zusammenzustellen und zu verwalten, als wäre unsere Beziehung zu ihr wie eine soziale Beziehung oder ein Austauschverhältnis am Geldmarkt. Wenn wir dies tun, dann stellen wir sie unter eine Gewinnperspektive, was uns ja gerade in die gegenwärtige Krise getrieben hat und diese immer weiter vorantreibt.

»Eine intakte Natur und Umwelt kann nicht mit Geldmaßstäben erfasst, sie muss vielmehr ökologisch begriffen werden«

Spricht die Natur allein aus sich heraus?

An dieser Stelle entsteht sofort ein Streit um die Bedeutung der Objekte der äußeren Natur und ihrer Wirkung auf den Menschen. Sollen wir, wie Bruno Latour (2018) annimmt, soziale und natürliche Phänomene trennen? Spricht die Natur zu uns in äußerer, neutraler, harter eigener Sprache? Ist sie ein Maßstab, der unabhängig vom Menschen regiert und zugleich dem Menschen Weisungen geben kann, wie er handeln sollte? Oder ist umgekehrt in der Art, wie Menschen ihre Wirklichkeiten wahrnehmen und konstruieren, nicht immer schon eine Wechselwirkung zu sehen und zu reflektieren? Dann kann es für Menschen gar keine neutrale oder unabhängige Natur geben, sondern sie ist immer schon von menschlichen Wünschen mit geprägt. Die aufgeworfene Grundfrage lautet: Haben die Objekte einer natürlichen Welt dort draußen eine eigene Wirkkraft, die sie unabhängig von menschlichen Konstruktionen ausüben, oder beeinflussen sie vermittelt über die Interaktion mit den Menschen unsere Wahrnehmungen und Denkweisen?

In diesem Streit kehren alte erkenntnistheoretische Debatten wieder, die eigentlich schon länger erörtert worden sind. Auch wenn das, was Menschen über die Welt wahrnehmen, was sie denken und wie sie ihr Verhältnis zu den Gegenständen der Welt, zu sich und zur Natur bestimmen, immer Konstruktionen aus ihren jeweiligen Wirklichkeiten heraus sind, die sich über die Zeitalter, die Kulturen und die Verhältnisse verändern, so kann zugleich zugegeben werden, dass die menschlichen Konstruktionen, Wünsche und Wahrnehmungen nicht alles umfassen können, was als Reales dort draußen ist. Im Schrecken oder Erstaunen erfahren wir immer wieder die Grenzen unserer Konstruktionen, nämlich dann, wenn etwas geschieht, was wir nicht vorhergesehen haben. Aber wir können eben auch unseren Konstruktionen, den darin eingeschlossenen Wahrnehmungen und Wünschen, nicht entkommen, denn so, wie wir hier über die Ökologie und die Geldgeschäfte nachdenken, so sind in unseren Wirklichkeiten auch die natürlichen und äußeren Ereignisse immer schon durch unsere Wahrnehmungen und Interpretationen konstruiert. Unser Wissen ist ein Widerfahrniswissen, das an den Wirklichkeiten scheitert oder wir passen unsere Wirklichkeitskonstruktionen so lange an unsere Bedürfnisse an, dass wir das »dort draußen« immer weiter verfehlen. Die Nachhaltigkeitskrise geht in diese Richtung einer Verfehlung.

Wenn wir den äußeren Objekten oder der Natur insgesamt ein eigenständiges »Leben« oder eine Wirkkraft für uns Menschen zusprechen, dann ist daran zwar folgerichtig, dass im Anthropozän die menschengemachten Veränderungen gleichsam wie von außen auf den Menschen zurückschlagen, aber wir als Menschen dies leider auch nur menschlich und nicht aus der Sicht neutraler Objekte der Welt betrachten können. Gerade dies macht die menschliche Spezies für den Planeten ja so gefährlich. Geben wir den Dingen dort draußen jedoch ein Eigenleben, so erzeugen wir Fetische, jene in der Anthropologie altbekannten und auch bei Marx bereits angeführten Projektionen, die den Dingen Eigenschaften zuschreiben, die wir als Menschen in sozialen, ökonomischen oder anderen Verhältnissen erst geschaffen haben. Wenn unsere Produktionen oder Konstruktionen von den Märkten oder aus den Handlungen zu uns in der Wahrnehmung zurückkehren, dann scheinen sie objektiv, einer externen Welt zu entstammen, obwohl wir bei vielen nur vergessen haben, wie wir an ihrer Entstehung mitwirkten. Das Anthropozän zeigt als menschengemachtes Zeitalter, wie umfassend solche Rückwirkungen sein können. Der Warenfetischismus nach Marx folgt der gleichen Gesetzmäßigkeit, er ist ein projektives Verhältnis, da hier Waren, die von Menschen in Arbeit hergestellt werden, Eigenschaften oder Kräfte zugeschrieben werden, die aus menschlichen Wünschen entstehen. Mein Haus, mein Boot, mein Auto können solche Fetische sein, die für ein erfolgreiches und dann auch noch den Status und die sexuelle Attraktivität erhöhendes Leben herhalten sollen. Geld und Waren bestimmen die Wahrnehmung und die Denkweise. »Während Marx den Fetischismus als eine Art magisches Denken entlarven wollte, das aufgegeben werden sollte, scheint Latour vorzuschlagen, dass wir den Einfluss von Objekten akzeptieren und annehmen sollten. Während Marx zeigen wollte, dass die scheinbare eigenständige Wirkkraft von Objekten illusorisch ist und die ungleichen sozialen Beziehungen, die sie in Wirklichkeit darstellen, verdunkelt, weist Latour eine solche Haltung als herablassend zurück und fordert uns stattdessen auf, zuzugeben, dass Objekte einen Zweck haben.« (Hornborg 2019, 13)

»Natur und Kosmos existieren unabhängig vom Menschen, aber die Erde hat der Mensch seinen Bedürfnissen so unterworfen, dass aus der Natur seine Schädigungen zu ihm zurückkehren; hier spricht keine ›Natur an sich‹, sondern der Mensch & seine Taten«

Wenn wir als Menschen der Natur oder den Dingen da draußen, dem Klimawandel oder anderen Ereignisse, als solchen »Objekten« eine eigene Absicht zugestehen würden, dann ist dem entgegenzuhalten, dass diese Ansicht bereits wieder eine menschliche Konstruktion ist. Dies bedeutet aber nicht im Umkehrschluss, dass Menschen das immer klar ist und sie bewusst steuern können, welche Wirkungen sie »dort draußen« auslösen und wie das dann wieder auf sie zurückschlägt. Das Anthropozän ist deshalb ja die Beschreibung eines Zustandes der Natur, die durch menschengemachte Veränderungen auf den gesamten Planeten zurückwirkt. Es zeigt, wie sehr unser Denken und Handeln sich bereits in einer äußeren Welt niedergeschlagen hat, wie unsere Konstruktionen Fakten geschaffen haben, die sich nicht einfach leugnen lassen. Wir sind zwar die Konstrukteure unserer Wirklichkeiten, aber die von uns erzeugten Konstrukte kehren mit realer Macht in unser Leben zurück.

Natur und neoliberale Märkte sind inkompatibel

Nach der bisherigen Analyse scheint es so, dass die Natur und die neoliberalen Märkte inkompatibel sind; in diesem Sinne denkt auch Hornborg (2019, 25), dass die Natur in der Wirtschaftsgeschichte nur als abhängige Größe angesehen wird. Dabei zeigt die kapitalistische Praxis, dass die Märkte sich die Natur immer wieder einverleiben, sie ausnutzen, ausbeuten, plündern und zerstören. In der neoliberalen kapitalistischen Phase hat dies ungeheure Ausmaße angenommen, weil Regulierungen zur hinreichenden Bewahrung der Grenzen der Erde fehlen. Bio-physikalisch sind Marktpreise für die Natur ein Konstrukt der Märkte und nicht der Natur selbst, der Klimawandel lässt sich vom Standpunkt der Natur nicht in Geld beziffern, aber kapitalistisch und damit in menschlichen Denkweisen über die Natur ist alles möglich. Längst laufen Transaktionsgeschäfte und Wetten auch auf alles, was external zu den Märkten situiert scheint, es laufen Wetten auf die nächsten Naturkatastrophen oder einzelne ihrer Elemente, um selbst aus dem, was jenseits der Ökonomie liegt, noch einen ökonomischen Gewinn zu ziehen. Im menschlichen Handeln mochte die Natur im Prozess der Industrialisierung noch eine äußere Reserve, teilweise ein Rückzugsort, überwiegend eine Ressource der Ausbeutung sein, aber immer war sie marktfähig. Für die neoliberalen Märkte gibt es kein widerständiges Äußeres, alles wird dem Verwertungsinteresse unterzogen, weil und insofern in der Interaktion eine Transaktion mit geldwerten Vorteilen vollzogen werden kann. Da Geld gegen alles in der Welt mit Gewinnen austauschbar scheint, sind solche Transaktionen immer möglich. Aber je mehr die Gewinne gegen die Natur und ihre Ökologie gemacht werden, desto mehr entziehen die Märkte, die den Menschen nur Vorteile bringen sollen, ihnen zugleich die zukünftige Lebensgrundlage.

> »Die Natur ist kein Markt, aber marktfähig«

Wie lässt sich vor diesem Hintergrund *degrowth* praktisch verwirklichen? Fünf Strategien erscheinen als besonders zielführend:

***Erstens:* Der Verzicht**. Small is beautiful, das ist ein Ansatz der Bescheidenheit und von Konsumverzicht, einer Reduktion des CO_2-Ausstoßes, des Fleischverzehrs und der vielen anderen Dinge im Leben, die heute Zufriedenheit, Wohlstand und Überfluss ausmachen. Es ist zugleich ein Totalangriff auf all das, was die Konsumgesellschaft und die vermeintliche Zufriedenheit in ihr ausmacht.

***Zweitens:* Die Bepreisung**. Alles, was besonders schädlich ist und was weniger oder gar nicht schädlich ist, bekommt einen Preis. Dann können die Kräfte des regulierten Marktes wirken und die Menschen dazu bringen, sich für jene Konsumgüter zu begeistern, die weniger schädliche Wirkungen auf die Umwelt haben. Allerdings setzt dies auf der produzierenden Seite ein Interesse und Vermögen voraus, solche Konsumgüter auch anzubieten und den gesamten Industrie- und Dienstleistungssektor umzubauen. Dies ist ein mehr oder minder vollständiger Angriff auf den neoliberalen Markt und setzt eine Politik voraus, die durch wissenschaftliche Vernunft mehr als durch Gewinninteressen und nationales Vorteilsdenken bestimmt ist.

5 Strategien zur Verwirklichung des *degrowth*

***Drittens:* Ein Abbau der Überbevölkerung** durch Begrenzung der Vermehrung. Die Bevölkerungsgröße müsste stärker als bisher im Verhältnis zu den Ressourcen des Planeten und den Schäden, die Menschen verursachen, bestimmt und begrenzt werden. Eine rationale Form der Begrenzung setzt hohe ethische Hürden zum Minderheitenschutz und könnte nie nur national, sondern immer nur global vollzogen werden. Dies ist ein Angriff auf die Macht der Nationen und müsste die Vereinten Nationen in ihrer Rolle als Taktgeber der Welt so stärken, dass sie exekutive Kraft erhält, um dies durchzusetzen; ein angesichts der nationalen Interessen heute noch unwahrscheinliches Projekt.

***Viertens:* Anreize für Verhaltensänderungen**. Da das Geld derzeit die größte Macht über menschliches Verhalten ausübt, müsste ein Teil des Geldes so in der Entlohnung oder Verrentung veranschlagt werden, dass dieser notwendig für nachhaltiges Wirtschaften und Leben verausgabt wird. Dies ließe sich durch eine Kreditierung dieser Ausgaben im persönlichen Einkommen erreichen, die nur für nachhaltig zertifizierte Konsumgüter ausgegeben und nicht gegen andere eingetauscht werden können. Hornborg (2019, Kap. 13) schlägt vor, dass alle Menschen eine Grundrente erhalten sollen, die nur nachhaltig ausgegeben werden kann. Dies ist

ein Angriff auf den freien Markt, dessen Folgen allerdings schwer abzusehen sind. Vor allem könnte es als besonders ungerecht erscheinen, wenn von reichen Menschen weiterhin massenhaft schädliche Konsumgüter verbraucht werden; so werden Konflikte und Kriege zwischen Menschen wahrscheinlicher.
***Fünftens:* Eine Umerziehung.** Sie wäre immer die günstigste und beste Variante, weil sie dann, wenn gelernt wird, was Nachhaltigkeit für jeden Einzelnen und die Welt bedeutet, das Verhalten im Zusammenspiel mit den anderen Maßnahmen tatsächlich ändern könnte. Dies aber ist ein umfassender Angriff auf all das, was bisher die private und öffentliche Erziehung tatsächlich leistet.

Degrowth ist zusammenfassend gesehen ein Ansatz, der auf Beschränkungen und radikale Umstellungen setzt, eine Abkehr vom ökonomischen Wachstum, weil dieses so sehr durch negative Folgen besetzt ist. Aber Wachstum kann auch ganz andere Arten haben, wenn an die menschliche Kreativität, an Kunst, an nicht-ökonomische Formen der Verwirklichung, an soziale Beziehungen und ein Leben in Vielfalt jenseits eines ständigen Vorteilsdenkens gedacht wird. Es gibt immer wieder Träume über ein Leben, das die engen Bahnen kapitalistischer Vorbestimmung verlässt, das auf ein Wachstum ganz anderer Art im Einvernehmen mit der Natur setzt. Etlichen Menschen, die heute an *degrowth* denken, erscheint ein solch anderes Wachstum als die Utopie, für die es zu leben lohnt, auch wenn es mühevoll ist, dies tatsächlich in Zeiten neoliberalen Wirtschaftens zu verwirklichen.

III.1.4 Grüne Wirtschaft als Wunsch und Illusion

Kann es so etwas wie ein grünes Konsumentenverhalten geben, das grundsätzlich die Nachhaltigkeitskrise bewältigen hilft? Dazu gibt es bereits sehr viele Vorschläge, die vor allem darauf hinauslaufen, die lokalen Märkte zu stärken und negativ wirkende kapitalistische Strukturen abzumildern. Solche Strategien sind notwendig, um nachhaltige Beispiele zu geben und Menschen dafür zu interessieren.

Die grüne Industrie ist kapitalistisch

In Malyan & Duhan (2019) wird gezeigt, dass die grünen Strategien bestimmte Bereiche wie Lebensmittel, Tourismus und sogar Finanzgeschäfte tatsächlich positiv beeinflussen können. Andererseits haben sie aber bisher keinesfalls zu einer durchgehenden Trendwende beitragen können. »Der Hauptgrund für das Aufkommen des grünen Marketings ist die Verfügbarkeit einer Fülle von Möglichkeiten, einschließlich nachhaltiger Wettbewerbsvorteile, einer breiteren Verbraucherbasis, staatlicher Subventionen und der sozialen Verantwortung von Unternehmen.« (Ebd., 7)

Dies sind bisher allerdings Strategien, die nur bestimmte Marktsegmente und hierbei eine begrenzte Produktpalette betreffen. Konkret ist es auch schwierig, genaue Kriterien für grüne Konsumgüter zu entwickeln, die nicht mit Nebeneffekten belastet sind oder die so teuer werden, dass sie niemand mehr kauft. Es nutzt auch nicht hinreichend, wenn ein Bio-Produkt zwar nachhaltiger für die Gesundheit des Käufers wirkt, aber nicht nachhaltig genug hergestellt wurde (*fair trade* und angemessene Bezahlung). Wenn eine grüne Produktionsweise hauptsächlich auf die Zufriedenheit der Konsumenten und die Bedeutung für die Ökologie schaut und die Menschen, die in der Produktion tätig sind, außen vorlässt, dann fehlt eine wichtige Perspektive. Hier ist zu beobachten, dass die allgemein im Kapitalismus wirkenden Mechanismen der Gewinnmaximierung längst auch die grüne Ökonomie ergriffen haben, sodass negative kapitalistische Effekte auch hier wirken.

»Grüne Ökonomie ist nicht frei von Gewinninteressen«

Grüne Konsumenten unterliegen Marktmechanismen

Jenseits der kommerziellen Interessen verändern sich die Forderungen an einen grünen Konsumenten. Sie müssten angehalten werden, ihren Konsum stärker anhand nachhaltiger Gesichtspunkte auszuwählen, zu reduzieren, die Wiederverwendung zu steigern und alles, was möglich ist, zu recyclen. Genau dies aber ist kaum im Interesse der grünen Produktion, die nach marktwirtschaftlichen Gesichtspunkten operiert; besonders die Reduktion ist angesichts der Marktinteressen in der Regel eine unerwünschte Verhaltensweise. Soll eine grüne Produktion auf Dauer gelingen, dann muss sie ihrerseits die kapitalistischen Maßstäbe an Gewinne und Extraprofite verändern und an die Nachhaltigkeit anpassen. Dies aber bildet in der Konkurrenz von Firmen auf einem Markt einen kaum auflösbaren Widerspruch in sich.

»Wenn grüne Produktion auf Dauer gelingen soll, muss sie von kapitalistischen Maßstäben Abstand gewinnen«

Mehr Geld für Öko-Produkte zu verlangen (*green pricing*) ist eine Strategie, die den Konsumenten schnell einsichtig machen kann, dass er eine besonders grüne Ware kauft, die aber die Unternehmen auch leicht zu Extragewinnen verleitet. Solange eine grüne Produktionsweise kapitalistisch organisiert ist – und hieraus gäbe es nur ein Entkommen durch sehr radikale Formen des Naturalientausches – werden Gewinne angestrebt, die wie bei allen anderen Waren auch dazu führen, die Kosten zu senken, die Preise hoch zu halten, die Gewinne zu maximieren. Die Erwartung, dass eine grüne Produktion in allen Aspekten besser als andere kapitalistische Bereiche ist, mag beim Besuch des persönlich bekannten Landwirts mit Demeter-Kontrollmechanismen noch stimmen, wird aber spätestens bei Vermarktungen in großen Handelsketten schnell verloren gehen. Die Intransparenz der Preisbildung unter Ausnutzung illusionärer grüner Gütesiegel (*green washing*) ist bereits vielfach kritisiert worden. Konsumenten können kaum die grüne »Blase« durchqueren, ohne betrogen zu werden. »Traurigerweise kaufen die Verbraucher am Ende oft Produkte mit einem Aufpreis, die als grün beworben werden, oder Produkte, die mit grünen Etiketten versehen sind, aber in beiden Fällen tatsächlich braun sind.« (Malyan & Duhan 2019, 35) Ein wesentlicher Teil der Intransparenz besteht darin, dass im grünen Preis nicht erkennbar ist, inwieweit tatsächliche ökologische Ressourcen geschont, regeneriert oder aufgebaut werden (ebd.). Hinzu kommt, dass die grüne Bepreisung ständig im Konflikt mit weniger nachhaltigen Billigprodukten steht, die die Mehrheit der Konsumgüter ausmachen. Und hier lauert schon im Ansehen der Konsumgüter die Falle, dass die präparierten Erdbeeren deutlich appetitlicher scheinen als die »natürlich« produzierten. »Natürlich« wird dann zur Auslegungsfrage, wie viel Präparation erforderlich ist, um auch die Bio-Erdbeeren zu verkaufen.

»Grüner Konsum erfordert Zeit, Disziplin, Geld, Anstrengung und mentale Härte«

Grüner Konsum & seine zahlreichen Hindernisse

Grüner Konsum ist mit Hindernissen verbunden. »Ein grüner Konsument zu sein, erfordert Zeit, einen disziplinierten Lebensstil, Geld, Anstrengungen, Opfer und die mentale Härte, um aus seinen Komfortzonen herauszukommen.« (Ebd., 37) Dies gelingt Frauen leichter als Männern, besser gestellten Menschen leichter als ärmeren, gebildeteren Schichten leichter als ungebildeten; Studien zeigen (ebd.): Grüner Konsum ist privilegiert.

Eine grüne Marktwirtschaft ohne nachhaltige Regulation und systematische Kontrolle wird auf Dauer nur wenig besser als die neoliberal organisierten herkömmlichen und wenig nachhaltigen Märkte sein. Die Kunden müssten schon ausgesprochene Profis werden, um die Hintergründe der Produktion und die Unterschiede in der ökologischen Wirkung tatsächlich zu verstehen. Schnell werden alle Opfer von Werbestrategien, die immer das Beste versprechen, aber nicht liefern.

Vor diesem Hintergrund bleiben zwei nachhaltige Perspektiven, die das grüne Gewissen beruhigen können:

Erstens wäre es sinnvoll, von möglichst viel eigener Bewirtschaftung zu leben, entweder eine Selbstversorgung oder eine, die dem zumindest nahekommt, anzustreben. So könnten die Produktions- und Lieferketten immerhin mitbestimmt werden und jeder wüsste in etwa, was er tut, welche Handlung zu welchem Ergebnis führt. Dieser erste Weg ist in der Stadt sehr viel schwieriger zu verwirklichen als auf dem Land. ***Zweitens*** wäre mehr eigener Aufwand bei der Recherche, der Suche nach nachhaltigen Produkten vonnöten. Zudem müsste in Kauf genommen werden, dass ein höherer Preis bezahlt werden muss, wenn ein nachhaltigeres Leben angestrebt wird, außerdem müsste ein grundsätzlicher Konsumverzicht angestrebt werden, der nicht-nachhaltige oder überflüssige Produkte ausschließt.

2 nachhaltige Perspektiven für ein grünes Gewissen

III.2 Die Grenzen der Demokratie und die Nachhaltigkeit

Wenn in radikalen Definitionen eine wahre und direkte Demokratie gefordert werden, dann gilt vor allem ein Grundsatz: »Es ist die Grundidee der Demokratie, dass das Volk souverän ist: seine Macht geht der Staatsmacht voraus. Der Staat und seine Gesetze existieren nur durch ihre Zustimmung. Diese Aussage bedeutet, dass es dem Volk und nicht dem Staat obliegt, zu bestimmen, wer ›das Volk‹ ist.« (Lummis 1996, 139)

Nur zeigt sich in einer Welt der Arbeitsteilung und der sozialen Unterschiede, dass die direkte Herrschaft und Regierung des Volkes seit der Antike eine abstrakte Idee geblieben ist, die in allen Versuchen der Umsetzung über kurz oder lang in politische Machtverhältnisse mündete, die – wenn überhaupt demokratische Bedingungen entstanden – das direkte und unmittelbare Recht in ein indirektes und mittelbar wirkendes Wahlrecht verwandelten. Seit John Deweys Demokratietheorie einer möglichst umfassenden Partizipation aller Menschen an politischen Entscheidungen (vgl. Garrison/Neubert/Reich 2016) ist es eine Herausforderung geblieben, eine unmittelbare, partizipative und damit tiefe Demokratie (Green 1999) zu erreichen. In allen demokratischen Ländern wurden trotz dieser Idee politische Eliten und Klassen gebildet, die ein Eigenleben führen und die direkte Partizipation vieler Menschen durch Re-

»Repräsentative Demokratie gibt immer bestimmten einflussreichen Gruppen mehr Macht als anderen«

präsentation kanalisieren. Zugleich ist keine politische Freiheit in »vollständiger« Unabhängigkeit je in der Demokratie vorhanden gewesen, weil auch die Demokratie auf den Besitz- und Machtverhältnissen ihrer Mitglieder gründet. Je reicher die demokratischen Länder, aber dabei in ihnen auch besonders einflussreiche soziale Gruppen werden, desto schwieriger ist es, dass alle eine gleichwertige Stimme in der Demokratie durchsetzen können. So haben sich auch in den Demokratien die Gewinnmaximierungen von Eliten und eine Vernachlässigung der allgemeinen Güter, den Dingen und Verhältnissen, die im Allgemeinbesitz aller sind, in der Natur und Umwelt durchgesetzt. Diese Entwicklung hat die Menschheit an die planetaren Grenzen des Wachstums geführt. Was leistet die Demokratie in ihrer heutigen Form dann noch für die Nachhaltigkeit?

Um ihre Leistung zu erfassen, sollte sie zunächst immer von den Diktaturen und Despotien unterschieden werden, die in der Gegenwart eine weite Verbreitung haben. »Keiner kann sagen, dass die heutigen westlichen Gesellschaften antidemokratisch sind, wie die vielen Diktaturen der Welt. Wahlen, freie Debatten, Rechtsstaatlichkeit funktionieren; aber irgendwie bewegt sich die Dynamik des politischen Systems woanders hin – genauso wie die Industrie in einer postindustriellen Gesellschaft immer noch existiert, aber der größte Teil der Dynamik in den Dienstleistungssektor gegangen ist.« (Crouch 2016, 71) Für Colin Crouch bewegen sich die demokratischen Länder sowohl durch Veränderungen der Machtverhältnisse in ihnen als auch durch die Übernahme des regierenden Handelns durch Lobbyisten und wirtschaftliche Interessen hin zu einer Postdemokratie. Es sind die »kleinen Kreise sich überschneidender Business-Lobbyisten und einer politisch-wirtschaftlichen Elite« (ebd.), die Demokratien auf diesen Weg führen.

Die Symptome einer solchen Verschiebung, ob sie nun Postdemokratie, Zerfall der Demokratie, Überforderung der Demokratie in Zeiten der Globalisierung oder wie auch immer genannt werden, sind recht eindeutig zu identifizieren:

Faktoren, die Demokratien schwächen

- Es werden zwar gleiche und freie Wahlen abgehalten, aber konkurrierende Berater- und Werbeteams bestimmen die Debatte und dabei die relevanten Themen so stark, dass die Wählenden massiv beeinflusst und gelenkt werden (Crouch 2008, 10).
- Es gibt ein Spektakel scheinbarer Versprechungen und behaupteter Verpflichtungen, die möglichst viele Wünsche der Wählenden ansprechen sollen und die behaupten, dass die Parteien ihnen verpflichtet sind, um dann später an den tatsächlichen Interessen vor allem einflussreicher Wirtschaftskreise und ihrer Lobbyisten zu zerschellen.

- Meinungsumfragen bestimmen den Trend immer stärker, obwohl auch sie schon in der Fragestellung beeinflusst und von Versprechungen bestimmt sind, die dominanten politischen Strömungen entsprechen.
- Behauptete Gesetze der wirtschaftlichen Entwicklung, wie sie sein muss (»wir leben in der besten Demokratie aller Zeiten, und es ging uns noch nie so gut«), bestimmen immer schon als Vorbedingung die Möglichkeiten einer fiktiven Wohlstandsmitte, wobei Abweichungen als bedrohlich und gefährlich in den politischen Diskussionen und den Massenmedien dramatisiert werden.
- Demokratie besteht auch dann, wenn die Mehrheit der Wählenden passiv bleibt, sich im Grunde wenig für eine eigene Beteiligung interessiert, einen geringen politischen Sachverstand entwickelt, überwiegend durch die älteren Wählenden und Lösungsmustern aus der Vergangenheit bestimmt ist.

Da alle Fragen der Nachhaltigkeit in demokratischen Ländern vor diesem Hintergrund entwickelt und entschieden werden, ist es wesentlich, sich mit der Frage auseinanderzusetzen, inwieweit die Demokratie noch intakt oder schon in Auflösung ist und welche Auswirkungen dieser politische Hintergrund auf Nachhaltigkeitsentscheidungen hat.

III.2.1 Nationale Grenzen der Nachhaltigkeit

Wenn ich auf die historische Entwicklung der Demokratie schaue, dann ist es für mich ein erstes Problem, ob sie nicht von Anfang an schon das war, was heute der Begriff Postdemokratie bezeichnen soll. Postdemokratie wird genutzt, um darauf aufmerksam zu machen, dass es einen Rückbau politischer Partizipation in der Demokratie gibt. Insbesondere der Umstand, dass Wahlen zu einer formalen Angelegenheit ohne große Alternativen werden, treiben diese Diskussion an. Jacques Rancière (1996) sieht den Verfall der Demokratie vor allem darin begründet, dass der Raum der politischen Auseinandersetzungen zunehmend verwaltet und gesteuert wird. Ökonomische Notwendigkeiten und rechtliche Regelungen, gespiegelt in Wirtschaftserfolgen und ihren medialen Übersetzungen, dominieren den Raum des Politischen. Es entsteht ein konsensueller Raum, der jeden Widerspruch und Widerstreit immer schon in einem gemeinsamen Bild von Politik vereint, denn politisch konkurrieren alle Parteien immer mehr um die

»In der Politik entsteht ein konsensueller Raum, da die Parteien zunehmend eine Mitte gewinnen wollen, was radikale Forderungen ausschließt«

Wählerinnen und Wähler einer vermeintlichen Mitte, die fast nie etwas grundsätzlich ändern will, um den erreichten Wohlstand nicht zu gefährden.

III.2.1.1 Demokratisches Ideal gegen demokratische Realität

Demokratische Ideale sind seit der Französischen Revolution vielfach in den Kulturen vieler Länder verankert, sie haben sich besonders in den reichen kapitalistischen Ländern verbreitet, weil freier Handel, freie Arbeits- und Gewinnmärkte mit solchen Idealen kompatibel sind.

Die Unabwählbarkeit des Systems

Sheldon Wolin (2001) sieht schärfer als andere Kritiker in der heutigen Situation eine Postdemokratie, die einen demokratischen Despotismus enthält, weil sich die Individuen in der kapitalistischen Totalität der Konsumgesellschaft damit abgefunden hätten, zwar de jure noch zu wählen, aber de facto keine politische Verantwortung mehr übernehmen zu können. So werden die Menschen geführt, gelenkt, geleitet und in allen Facetten ihres Lebens reguliert und bestimmt, aber gleichzeitig fühlen sie sich frei wie noch nie. Diese »despotische Beherrschung« ist zwar milder als die in einer Diktatur und in traditionellen despotischen politischen Regimen, aber sie ist zugleich auch umfassender und subtiler, weil sie alle Lebensbereiche ergriffen hat. Vor dem Hintergrund der gestiegenen Selbstkontrolle, die eine Zivilgesellschaft auszeichnet und direkte Kämpfe gegeneinander vermeidet, ist dieser von Wolin (2017) auch als »umgekehrter Totalitarismus« bezeichnete Zustand besonders effektiv.

> »Der umgekehrte Totalitarismus lässt eine entpolitisierte Bevölkerung entstehen, die sich alternativlos dem politischen System ausgeliefert sieht und deren Macht in den Wahlen sich darauf beschränkt, das System immer nur zu bestätigen«

Diese Erkenntnisse decken sich in großen Teilen mit dem, was ich als autoritären Institutionalismus weiter oben herausgearbeitet habe. Ich würde den Begriff der Despotie allerdings solchen Regimen vorbehalten, die dann auch noch die Meinungsfreiheit, das Recht auf freie Meinungsäußerung, auf Versammlung und Demonstration beschränken, wie es über den autoritären Institutionalismus hinausgeht. Länder wie China, Russland oder die Türkei unterscheiden sich in ihrer fehlenden Rechtsstaatlichkeit und Meinungsfreiheit dann eben doch gewaltig von Demokratien wie Deutschland. Aber es lässt sich vor dem Hintergrund der autoritären Institutionen politisch weiter präzisieren, inwieweit der neoliberale Kapitalismus und die Veränderung demokratischer Strukturen in der Nachhaltigkeit zusammenwirken.

Eine erste Ernüchterung tritt ein, wenn die Demokratie in ihrer historischen Entwicklung rekonstruiert wird. War sie denn nicht von Anfang an schon in der Form der repräsentativen Demokratie eine Postdemokratie im Vergleich mit den hohen Idealen? Waren die oben genannten Merkmale der Postdemokratie nicht von Anfang an den westlichen Formen der Demokratie eingeschrieben?

Die imaginäre Wohlstandsmitte als Instrument der Politik

Auch wenn die bürgerliche Übertreibung einer Auflösung und Verbürgerlichung des Proletariats (etwa Geiger 1949) nach dem Zweiten Weltkrieg zu einfach war, weil die neue Mittelschicht nur in Zeiten wirtschaftlichen Aufschwungs stabil und sozial gesichert schien, wie Geiger es sich für alle Zukunft wünschte, so wurde in den Lebensverhältnissen andererseits eine zunehmende Differenzierung der Arbeitenden in Vielfalt sichtbar, die in unterschiedliche Interessenlagen mündete. Wenn man in Zeiten des Aufschwungs von einer »nivellierten Mittelstandsgesellschaft« gesprochen hat (Schelsky 1965), in der die untere Klasse wie die obere Klasse in einer neuen Mitte zusammenfinden, dann erwies sich dies auf Dauer als große Illusion. Die Bedeutung einer Mitte bei den Wahlen in der Politik ist eine politisch beworbene Imagination und ein Versprechen an die Wählenden, die ihrer realen gesellschaftlichen Situation und sozialen Lage nicht entspricht. Soziale Analysen zeigen heute, dass es klare Unterschiede in der Verteilung nach Arm und Reich, mit Job und ohne, in besserer oder schlechterer Tarifstruktur, in prekären oder halbwegs sicheren Jobs gibt. In diesen Spannungsverhältnissen ist es immer eine ökonomische Frage, wer dazugehört (Inklusion = wer Arbeit hat) und wer ausgeschlossen bleibt (Exklusion = wer keinen oder nur einen geringen Zugang zur Erwerbstätigkeit findet). Die Frage ist hierbei, inwieweit überhaupt der Begriff der Mitte taugen kann, wenn die heutige ökonomische Schichtung so weit nach Arm und Reich auseinanderdriftet, wie es sich beobachten lässt.

Die Narration von der politischen Mitte entspringt einer Zuschreibung, die Menschen in eine Illusion der Alternativlosigkeit führt. Sie erzeugt Politikverdrossenheit, weil die politischen Parteien in der Kapitulation vor dem neoliberalen Denken in einer eigenen Vorstellungsfalle sitzen. Umgekehrt ließe sich allerdings auch sagen, dass sie durch die Bedürfnisse der Masse in eine solche Falle getrieben werden, wenn sie überhaupt gewählt werden wollen.

Die Menschen in Wohlstand und Überfluss verharren vielfach in einer Vorstellungs- und Denkwelt, die sie eher zu passiven Beobachtenden und nicht zu aktiven Teilnehmenden macht. Selbst dort, wo die Nachhaltigkeit mit den Sorgen einer Zukunft sie drängen müsste, aktiv zu werden und die bestehende abwartende Haltung kritisch zu hinterfragen, setzt die Mehrheit auf Abwarten und erwartet vom politischen Establishment, dass dieses die Dinge in ihrem Sinne regeln wird.

Interessant für ein vertieftes Verständnis ist hier die Argumentation von Chantal Mouffe (2005). Ihre These gipfelt darin, dass insbesondere durch die Strategie der sozialdemokratischen und sozialistischen Parteien Richtung Mitte ein gesellschaftlicher Widerstreit aufgelöst wurde, der früher noch eine klare Unterscheidung von sozialen und politischen Interessen ermöglicht hatte. Sie nimmt die von Anthony Giddens entwickelte Unterscheidung auf, dass im Übergang der Moderne in ihre Verflüssigung die klassischen Antagonismen der gesellschaftlichen Klassen abnehmen. Links und Rechts verschwinden in einer ominösen Mitte, was zunächst dazu führte, dass die Sozialdemokratie sich als »linke Mitte« begriff, die immer mehr hin zu einer allgemeinen Mitte wanderte. Gerhard Schröder (SPD) und Angela Merkel (CDU) sind in Deutschland zum Inbegriff eines Wanderns in eine imaginäre Mitte geworden, was zu einer gewissen Ununterscheidbarkeit der politischen Ansätze führte. Egal, was man wählt, immer sind die Antworten die gleichen: Eine Kapitulation vor dem neoliberalen Wirtschaftsmodell, vor den Notwendigkeiten der Globalisierung und ihren Folgen und vor Versuchen, mehr soziale Gerechtigkeit tatsächlich umfassend in der Breite durchzusetzen, das sind dann gemeinsame Konsequenzen. Der »Konsens der politischen Mitte« als Instrument der Politik lässt den Wählenden wenig Entscheidungsraum. Allenfalls spitzfindige Unterscheidungen in Randgebieten der Politik vermögen noch Differenzlinien zu beschreiben, aber die grundsätzlichen Entscheidungen ähneln sich immer mehr. Daraus erwächst bei vielen Menschen eine Politikverdrossenheit, die zwar von allen Parteien beklagt wird, wobei diese aber nicht mehr erkennen, dass sie selbst deren Verursacher sind. Die rechten und linken Plätze werden kleineren Parteien zugeschrieben, ohne dass diese jedoch bisher mehrheitsfähig geworden sind, weil die Mitte immer schon besetzt ist. Große Koalitionen sind hiervon ein unmittelbarer Ausdruck. In der Nachhaltigkeit zeigt sich dann, dass die Verweigerung eines nachhaltigen ökologischen Wandels keineswegs nur Ausdruck neoliberalen Gewinnstrebens um jeden Preis, einer Politik der antidemokratischen Eliten und des politischen Managements einer institutionalisierten Autorität für den Erhalt des Bestehenden ist, sondern zugleich auch die imaginäre Mitte der Konsumgesellschaft spiegelt. So wirkt die fehlende Nachhaltigkeit »bottom-up« (so auch Blühdorn 2014, 157 f.), weil in der gegenseitigen Verstärkung der politisch-medialen Zuschreibungen stets die Mitte als Grenzsetzung aller Veränderungen definiert ist. Wenn etwas politisch schwer erreichbar scheint, kann immer gesagt werden: »Die Mehrheit wünscht dies sicher nicht.«

»Der politische Kampf geht weniger um Gerechtigkeit, als darum, die Wohlstandsmitte für sich zu gewinnen«

Ein sich selbst verstärkender Kreislauf von Zuschreibungen entsteht, der die Mitte stets für machtvolle Interessen konfigurieren kann. Die alten Klassenantagonismen aus neo-marxistischer Sicht machen vor diesem Hintergrund für die Demokratie (vgl. auch Blühdorn 2013, 2015) wie für die Nachhaltigkeit nur noch sehr begrenzt Sinn, weil und insofern nachhaltige Lösungen an der Breite und Unterschiedlichkeit menschlichen Verhaltens insgesamt ansetzen müssten. Die alten Ansätze einer Umverteilung des Reichtums, einer Enteignung der besitzenden Klasse, einer Rückkehr zur »wahren« Demokratie (die es nie gab), einer Rückkehr gar zu einer Polis (die es nur als Sklavenhaltergesellschaft gab) oder einer Wiederaufnahme des revolutionären Klassenkampfes, das alles sind Mythen geworden, die auf die neue Herausforderung nicht mehr passen.

Vor diesem Hintergrund ist »Postdemokratie« für mich ein ebenso schiefer Begriff wie »Postmoderne«. Es geht weder um ein Danach in der Moderne oder einen Abschied von der Demokratie, sondern um eine grundlegende Veränderung in Richtung einer Verflüssigung und eines Abschieds von den großen Versprechungen der Demokratie, die bereits in ihren Anfängen schon mehr Hoffnungen als Realität waren. Um nicht missverstanden zu werden, der Kampf um mehr soziale Gerechtigkeit in all seinen Facetten und Nuancen ist im Kapitalismus dabei ein dauernder und nie verschwindender Kampf geblieben, um den Gegensatz von Arm und Reich, von mächtig und ohnmächtig nicht immer weiter anwachsen zu lassen. Ohne einen solchen Kampf wäre eine Wohlstandsmitte gar nicht erst entstanden, und trotz dieses Kampfes ist die Mitte deutlich ärmer als die wirtschaftlichen Eliten geblieben. Aber je mehr eine Wohlstandsmitte politisch ausreicht, um wesentliche gesellschaftliche Entscheidungen zu treffen, desto mehr rücken die Themen des Erhalts des Wohlstands in das Zentrum der Politik und erscheinen dann als alternativlos. Dieser Ausgangspunkt ist für die Nachhaltigkeit von wesentlicher Bedeutung. In dem Maße, wie politische Parteien die Gegensätze und Kämpfe gegeneinander aufgeben und in eine Mitte tendieren, um möglichst viele Wählerinnen und Wähler zu gewinnen, verschwinden die wirklichen Wahlmöglichkeiten zwischen klar unterschiedlichen Alternativen.

Chantal Mouffe (2000) etwa sieht die Verdrängung der tatsächlichen sozialen Lagen als den zentralen Ausdruck der gegenwärtigen Situation. Die Verwischung der Grenze zwischen Links und Rechts erscheint ihr hierbei als das zentrale Problem, weil die gesellschaftlichen Kräfte, die für jeweils konkrete Maßnahmen stehen, so kaum noch ausgemacht werden können und deshalb den Eindruck erwecken, dass es gar keine Wahl bei den Wahlen mehr gibt. Heute gibt es zunehmend auch eine Verwischung zwischen grün und nicht-grün, zwischen nachhaltig und wenig nachhaltig. Im Sog der Befragungen von Wählenden und den Wünschen einer Konsumgesellschaft wird es immer schwerer, einen Zustand etwa sozialer Ungerechtigkeit oder fehlender Nachhaltigkeit zu überwinden, in dem sich die Masse der Menschen bereits eingerichtet hat. Es setzt ein unheilvoller Kreislauf ein: Man will die Mitte gewinnen, um politisch wirksam zu sein, man verwischt die Gegensätze

> »Die Verdrängung der tatsächlichen sozialen Lagen ist der zentrale Ausdruck der gegenwärtigen politischen Situation«

und entpolitisiert die Mitte, weil diese kaum noch Alternativen sieht, man überantwortet die politischen Entscheidungen immer mehr einem autoritären Institutionalismus mit seinen Regelwerken und Vorgehensweisen, was die Entpolitisierung beschleunigt. Die Mitte wird zu einem Spielball von Werbemaßnahmen und Beeinflussungen, die ihr die eigene Kraft zu politischer Einsicht und den Willen zur Beschäftigung mit politischen Entscheidungen nimmt. Als Resultat wird die Politikverdrossenheit dann auch noch politisch beklagt.

In den USA gibt es in der Spaltung des Landes in Demokraten und Republikaner die Besonderheit, dass die Figur der Mitte von beiden Parteien eingenommen wird, um aufzuzeigen, dass die jeweils andere Seite alles verraten hat, was für eine Mitte der Gesellschaft stehen müsste. Dies verschärft die politische Auseinandersetzung, weil es die Glaubwürdigkeit der Absichten der Gegenseite grundsätzlich untergräbt und ein gegenseitiges Misstrauen in die Bevölkerung bringt. Die Politik Donald Trumps hat so der ohnehin schon neoliberal geprägten amerikanischen Politik dadurch geschadet, dass er eine Spaltung des Landes verstärkte, weil und insofern es gelang, Massen zu manipulieren und in der Nachhaltigkeit die Wahrheiten zu verschweigen, die für eine realistische Beurteilung in naher Zukunft unabdingbar werden, es im Grunde schon sind. Aber der Erfolg von Populisten zeigt auch, dass ein Teil der vermeintlichen Mitte die Rückkehr von Gegensätzen wünscht, um sich endlich gegen etwas entscheiden zu können. Deshalb können Populisten mit einem angeblichen Kampf gegen das Establishment punkten, obwohl sie eine noch umfassendere Macht anstreben.

»Der Erfolg der Populisten zeigt, dass es wieder eine starke Sehnsucht nach klaren Gegensätzen gibt«

Für die Nachhaltigkeit ist die hier skizzierte politische Ausgangslage in dreierlei Hinsicht besonders problematisch:

Warum die politische Ausgangslage ein Problem für Nachhaltigkeit ist

Erstens drückt sich in der imaginären Mitte in konzentrierter Form das aus, was heute gegen Nachhaltigkeit steht: Bewahrung des erreichten Wohlstands, Absicherung bisher erfolgreicher Strategien gegen Veränderung, Vermeidung einer Kostenerhöhung, Bewahrung des Glaubens an die positiven Kräfte des neoliberalen Marktes und eines Fortschritts durch Wachstum.

Zweitens kann die Politik der reichen Länder den Erwartungen dieser Mitte, die sie selbst bestärkt und gepflegt hat, nicht entkommen. Beschränkungen, Verzichtleistungen, erhöhte Kosten und Regulierungen, die im Einsatz für mehr Nachhaltigkeit notwendig werden, stehen im Widerspruch zu den bisher gemachten Versprechungen und müssen erst eine Gegenaufklärung durchlaufen, um Menschen zu überzeugen.

Drittens schließlich lauern populistische Kräfte auf ihre Chancen, die Nachhaltigkeit zum Streitfall für sich zu machen. Indem sie wider die Vernunft und Wissenschaft etwa den Klimawandel leugnen, können sie Menschen für sich gewinnen, die das Vertrauen in die bisherige Politik erschüttert sehen, die alten Versprechungen ungezügelter Freiheit und ständigen Wachstums nach Belieben aufrufen, um aus den Wünschen heraus Massen zu mobilisieren. Die Vertrauenskrise des Politischen hilft ihnen dabei.

Ursachen einer Vertrauenskrise des Politischen

In dem, was Kritikerinnen heute mit Postdemokratie benennen, geht es um kein Danach der Demokratie, sondern um eine Beschreibung des demokratischen Prozesses selbst, wie er von Anfang an in der repräsentativen Demokratie angelegt ist. Um dies näher zu begreifen, will ich in groben Zügen an die politisch-ökonomische Entwicklung demokratischer Krisenbewältigungen erinnern, die zum gegenwärtigen Zustand geführt hat (vgl. auch Reich 2013, 2018 a, Kap. 2).

In Zeiten ökonomischer Krisen und Wirtschaftsflauten soll der Staat durch makroökonomische Eingriffe dafür sorgen, dass die Märkte reguliert funktionieren, damit die Unternehmen ihre Produkte verkaufen können. Der Absatz soll belebt, die Konjunktur angekurbelt und möglichst eine Vollbeschäftigung erreicht werden, was wiederum den Massenkonsum antreibt. Diese Einsichten aus der ersten Weltwirtschaftskrise werden immer wieder auf die Probe gestellt. Seit den 1970er Jahren und mit dem Wachsen der Globalisierung tritt der Kapitalismus in ein neues Zeitalter ein. Der wissenschaftlich-technologische Fortschritt wirkt innovativ, ein wachsender globaler Konkurrenzkampf tritt ein, die Märkte regulieren sich über die lokalen makroökonomischen Eingriffe hinaus selbst. Zeitgleich wird die Bindung des Geldes an das Gold aufgegeben. Dies ist der Einstieg in eine neue Geldpolitik, die das Geldvolumen aus seinen Begrenzungen befreit und den Gang in die Staatsschulden auf der Basis von Vertrauen in die Märkte mit Staatsanleihen ermöglicht, eine Entwicklung, die bis in die Gegenwart zu unfassbar hohem Geldvolumen der Kapitalbesitzer und extrem hohen Staatsverschuldungen mit krisenhafter Geldpolitik führt. Es setzt eine radikale Wende hin zu einer neoliberalen Wirtschaftspolitik ein, die dem Markt den Vorrang gibt, und die Wirtschaft übt seitdem enormen Druck auf die Politik aus, um ihre Interessen möglichst profitabler Kapitalentwicklung in allen Bereichen durchzusetzen (vgl. insbes. Crouch 2008, 45 ff.).

Das ökonomische Kapital verflüssigt sich in seinen Einsatzformen, es wandert von weniger profitablen Gegenden oder aus Firmen in vielversprechendere Gebiete oder Waren ab, aber insgesamt entsolidarisiert es sich auch von seinen Belegschaften und Orten. Dennoch gibt es in aller Verflüssigung zwei Konstanten der Kapitalentwicklung (ebd., 54):

»Wenige werden immer reicher, das Kapital wird flüchtiger«

Die wichtigen Investoren des ökonomischen Kapitals sind erstens eine kleine Gruppe von wirklich Besitzenden, die in immer neuen Konstellationen ihren Reichtum stets im Volumen erhöhen und zur Gewinnmaximierung einsetzen. Dies vergrößert die Schere zwischen der eher besitzlosen Masse oder den relativ wenig besitzenden gehobenen Einkommensgruppen und den wirklich Reichen auf drastische Weise.

Zweitens wird das Kapital immer flüchtiger über die nationalen Grenzen hinaus und konzentriert sich in seinen Strategien der Gewinnmaximierung dennoch immer stärker in globalen Konzernen, die als Institutionen starken politischen Einfluss ausüben.

Der Staat gerät in der neoliberalen Phase in eine Drucksituation.

Einerseits muss er seit alters her für jene Leistungen im Bereich der Verwaltung, des Rechts, der sozialen und gesundheitlichen Sicherung, Erziehung und Bildung usw. aufkommen, die keinen unmittelbaren Profit abwerfen, andererseits verteuern sich seine Ausgaben dann, wenn er in diesen Bereichen immer mehr leisten soll, ohne dass das ökonomische Kapital hinreichend zur Kasse gebeten wird, weil dies einer neoliberalen Marktauffassung entgegenläuft. Teilweise bringt der Staat seine erhöhten Kosten dadurch auf, dass er große Teile seiner Verantwortungen privatisiert, was ihm aber langfristig auch Einnahmechancen entzieht (so insbesondere bei der Verstaatlichung der Energie, der Bahnen, der Kommunikation), oder er nimmt in der Marktideologie immer mehr Schulden auf, was den Wünschen des Marktes nach sicheren Renditen entspricht, aber auf lange Sicht in eine Schuldenspirale ohne Ende führt.

»Die Selbstvertrauenskrise des Staates führt dazu, dass dieser fast nichts ohne Anleitung des privaten Sektors zu bewerkstelligen weiß«

Vor diesem Hintergrund, so schlussfolgert Crouch, geraten die Regierungen in eine Selbstvertrauenskrise: Die Politik und insbesondere Regierungen denken, dass es nicht gelingen kann, »irgendetwas ohne die Anleitung des privaten Sektors zufriedenstellend erledigen zu können« (ebd., 57). Damit werden sie selbst zum Opfer des Marktes, denn ihre zuvor vielfach propagierte Leistung, auch über die engeren ökonomischen Interessen hinaus das Gemeinwohl und die Demokratie zu verfolgen, wird nunmehr ins Kalkül einer wirtschaftsökonomischen Abhängigkeit gestellt. »Da sich die Regierungen von der Rolle verabschieden, die sie in der keynesianistischen bzw. sozialdemokratischen Ära innehatten und die darin bestand, Investitionen vorzunehmen und allerlei Projekte zu finanzieren, müssen sich viele gemeinnützige Organisationen auf der Suche nach finanzieller Unterstützung nun an andere Stellen wenden. Da Reichtum und Macht sich im Unternehmenssektor ballen, wird dieser zur wichtigsten potenziellen Quelle des Sponsorings. Damit gelangen Personen aus der Wirtschaft in eine einflussreiche Position, da sie entscheiden können, was gefördert werden soll.« (Ebd., 61)

Dies ist für die Ausgleichsfunktion ökonomischer Ungleichheiten bedeutsam, denn durch diesen Prozess wird eine Haltung unterstützt, die bestehende Besitzverhältnisse verstärkt, statt in breiter Offensive in umfassende Förderprogramme für Benachteiligte zu setzen. Es entwickelt sich ein Missverhältnis zwischen der Dynamik der Globalisierung und einer Angleichung etwa in den weltweiten Lohnniveaus, bei der Rechten der Arbeitenden oder den Umweltstandards, wobei die Gewinnmaximierung schonungslos alle Unterschiede zu ihren Gunsten ausnutzt. Zugleich können die ökonomisch bedeutenden Unternehmen den Staat erpressen, indem sie mit Abwanderung, der Reduktion von Arbeitsplätzen oder Investitionen in anderen Ländern drohen.

Demokratie im neoliberalen Zustand

Das neoliberale Modell wird durch Krisen der Finanzmärkte immer wieder erschüttert (siehe S. 81 ff.). Bei solchen Erschütterungen werden gern harte Fakten aus Wirtschaftsdaten, Börsenkursen, Gewinn- und Verlustmeldungen, Risikoanalysen und anderen mehr angegeben, aber immer wichtiger wirkt im Hintergrund auch der psychologische Masseneffekt, der in der Hysterie der beschleunigten Märkte durch die Wanderungsbewegungen der enormen Kapitalien selbst ausgelöst wird. Bei den Berechnungen der Risiken, der Optionen für Kauf und Verkauf, wirken Algorithmen und für die Akteure selbst oft undurchschaubare Messinstrumente, die den subjektiven Faktor Mensch in der Beurteilung mäßigen sollen, obwohl die Rechnungsgrößen stets nur eine Gewinnmaximierung als Ausdruck der menschlichen Gier zum Ausdruck bringen. Interessant an der Grundkonfiguration ist, dass ein Crash der Märkte in dieser Weise »verobjektiviert« erfolgen wird, weil der menschlichen Vernunft in der Beurteilung von Krisenphänomenen allein nicht mehr vertraut wird. Dies liegt auch daran, dass die Entscheidungen für Kauf oder Verkauf von allem blitzschnell erfolgen müssen.

Die Finanzkrise der Jahre 2008/09 hat den Neoliberalismus kaum geschwächt, sondern eher gestärkt, wie insbesondere Crouch (2011) argumentiert. Obwohl der Neoliberalismus als Hintergrunddoktrin im Wesentlichen für die Krise verantwortlich war, haben die Staaten zur Bewältigung der Krise im Grunde nicht in einem Dualismus von Staat und Markt gestanden, sondern durch die Rettung der Banken und Unterstützung von

»Neoliberale ökonomische Krisen nehmen die Demokratie in Haftung«

Großunternehmen das Geld ihrer Länder zum Vorteil der Eliten umverteilt. Crouch beschreibt, dass es nicht um ein Verhältnis von Staat gegen Markt geht, sondern um eine Dreiecksbeziehung von Staat, Markt und vor allem Großunternehmen. Indem der Staat den Finanzsektor und Banken rettet, bürdet er zugleich dem öffentlichen Dienst und anderen Branchen Einsparungen auf. Hier erstarkt der Neoliberalismus, denn durch die bedingungslose Sicherung der Banken verändert sich weder deren Mentalität noch die Zockerei, wohingegen in anderen Bereichen rigide Staatseingriffe, insbesondere auch in den Entschuldungsstrategien stark verschuldeter Länder, notwendig werden. Die Verflechtung von Staat und Großunternehmen steigt in diesem Zusammenhang, sodass kaum noch von einem wirklichen Ausgleich oder einer umfassenden Krisenbewältigung gesprochen werden kann. Einfluss und Macht der sogenannten systemrelevanten Unternehmen steigen so in der Krise noch, und in dem Wissen um jede mögliche Rettung auf Kosten der Steuerzahler und des öffentlichen Dienstes gehen sie – gegen alle Marktprinzipien alter Art – noch höhere Risiken als zuvor ein, um ihre Gewinne zu maximieren.

Welche Folgen dies für die Demokratie und Gesellschaft und das langfristige Verhältnis von Staat und Markt haben wird, das bleibt bisher offen, weil es nur noch schwer vorhersehbar ist. Aber die profitorientierten Kräfte scheinen kaum zu bremsen zu sein, da sich ein gigantisches ökonomisches Kapital auf ihrer Seite angesammelt hat, das nach ständig neuen Verwertungen sucht.

Die Corona-Pandemie hat das Problem verschärft. Die ungeheure Staatsverschuldung, die in Kauf genommen werden muss, um diese Krise zu bewältigen, erzeugt eine Verschuldung, die nicht mehr getilgt werden kann. Der Staat will nicht radikal die Steuern erhöhen, weil dadurch die Konjunktur insgesamt geschwächt wird. Auf Seiten der Konsumenten sollen genügend Mittel zur Verfügung stehen, um zu konsumieren. Auf Seiten der Unternehmen soll investiert werden, um die Wirtschaft anzutreiben. Es gibt einen grundsätzlichen Zwang, der sich in der Politik der Industrieländer breit gemacht hat: Das kontinuierliche Leben über die Verhältnisse hinaus in den Wohlstandsgesellschaften. Die bevorzugte Marktbezogenheit als Dogma aller Handlungen ist die große Illusion auch eines allgemeinen Wohlergehens. Faktisch gibt es den Wohlfahrtsstaat für alle nur theoretisch und für viele nur durch Umverteilungen. Wird die Umverteilung durch höhere Besteuerung der Reichen nicht hinreichend sozial gerechter angestrebt, so gehen die Ärmeren leer aus und zusätzlich drohen immer höhere Staatsschulden. Den enormen Staatsschulden der Gegenwart steht eine ebenso unglaubliche Summe an Kapital gegenüber, das diese Schulden bedient und hieraus durch Zinsen weitere Gewinne schöpft.

»Das kontinuierliche Leben über die Verhältnisse hinaus bestimmt die Wirtschaftspolitik«

Können die Staaten überhaupt die Schulden abbauen? Sie könnten auf die Inflation hoffen, die einen großen Teil weginflationiert. Das wiederum treibt die Zinsen in die Höhe. Zugleich jedoch ist zu viel Geld im Markt, weil die Kapitalbesitzer unglaublich viel ökonomisches Kapital angehäuft haben. Ihr Privatinteresse ist die Vermehrung ihres Kapitals, und sie setzen allein hierauf, auch wenn sie damit die Möglichkeiten für eine langfristige staatliche Krisenbewältigung selbst untergraben. In diesem ökonomischen Paradox wird der Kapitalismus noch lange gefangen sein, was seine Krisen nicht gerade erleichtern wird, aber ein ständiges Krisenmanagement voraussetzt, um die Situation im Sinne einer Systemerhaltung zu stabilisieren. Es lässt sich nicht voraussagen, wie lange dies gelingt, aber die Rahmenbedingungen lassen kaum noch auf krisenfreie Lösungen hoffen. Viele Ökonomen halten nicht ganz zu Unrecht hohe Staatsschulden selbst für einen Ausweg aus solchen Krisen, solange niemand die Schulden einfordern kann, sondern die Spirale nach hinten verschoben wird.

»Die wachsenden Schulden lassen immer weniger Spielraum für die Kosten zukünftiger Nachhaltigkeit«

Für die Nachhaltigkeit sind dies denkbar schlechte Systemvoraussetzungen, denn nachhaltiges Handeln ist selbst sehr kostenintensiv. Die Kosten, die nicht unmittelbar den nächsten Ereignishorizont betreffen, werden dann gern auf spätere Entscheidungen, die man zwar für notwendig hält, die aber derzeit nicht bezahlbar erscheinen, vertagt.

Und die angehäuften Schulden sind immer auch Schuldbekenntnisse, weil jemand nicht bezahlen kann. Umgekehrt besteht in jeder Finanz- und Schuldenkrise wie bei Schulden generell die Chance, sich von altem Ballast und ungleichen Verhältnissen zu befreien. Freiheit von Schulden ist dann gleichbedeutend mit Freiheit überhaupt. Und dies ist ein Weg, der in der menschlichen Geschichte schon oft in Umbruchzeiten notwendig gegangen werden musste, auch wenn die jeweils ökonomisch Mächtigen dies schon immer als Untergangsszenario beschrieben haben. Umstürze und Revolutionen beginnen immer mit Schulden, die eine Gesellschaft nicht mehr bezahlen kann oder will (vgl. bes. Graeber 2011). Dies wurde im Kapitel über die Ökonomie weiter oben bereits deutlich.

»Es ist ein zunehmender Einfluss ökonomischer Eliten zu beobachten«

Relativer Wohlstand, aber keine soziale Gerechtigkeit

Nach Crouch gewinnen die ökonomischen Eliten einen zunehmenden Einfluss. Und je »mehr sich der Staat aus der Fürsorge für das Leben der normalen Menschen zurückzieht und zulässt, dass diese in politische Apathie versinken, desto leichter können Wirtschaftsverbände ihn – mehr oder minder unbemerkt – zu einem Selbstbedienungsladen machen. In der Unfähigkeit, dies zu erkennen, liegt die fundamentale Naivität des neoliberalen Denkens.« (Crouch 2008, 29 f.)

Der Machteinfluss ökonomisch starker Gruppen führt dazu, dass wirtschaftliche Eliten weit einflussreicher sind als die Masse der Wählenden, die in Passivität einem scheinbar alternativlosen Geschehen beiwohnen, dessen Ergebnisse sie als je konkret erreichten Wohlstand und Überfluss für sich deuten (vgl. weiterführend Stiglitz 2015).

Es gibt eine Gerechtigkeitsfalle in der ungleichen Verteilung des gesellschaftlichen Reichtums wie auch der wachsenden Schulden. Bereits Bernhardt u. a. (2001) konnten in einer Längsschnittstudie zeigen,[13]

Folgen der ungleichen Verteilung gesellschaftlichen Reichtums und wachsender Schulden

- dass der Traum, durch harte Arbeit aufzusteigen, zu Beginn des 21. Jahrhunderts ausgeträumt ist. Bei einem Vergleich der Vergütung von 5200 Männern über 16 Jahre beobachten sie, dass eine große Mehrheit von Jobunsicherheit betroffen ist. Der Verlust des Jobs ist insbesondere bei steigendem Alter ein Hauptrisikofaktor in allen kapitalistischen Ländern geworden;
- dabei zeigt sich auch, dass das Ausharren auf einem zunächst sicheren Job bis heute eine gefährliche Strategie ist, weil fast keine Firma langfristige Arbeitsplätze garantieren kann;
- aber auch ein häufiger Stellenwechsel mit Gehaltserhöhungen kann ein steiniger Weg sein, der keineswegs einen sicheren Erfolg garantiert. Die Untersuchung stellt fest, dass sich bei den Mitdreißigern die Jobinstabilität nahezu verdoppelt hat;
- zugleich hat sich die Aussicht auf Wohlstand bei den Berufsstartern im Vergleich zur amerikanischen Mittelschicht der 1970er Jahre auf 40 Prozent der Erfolgreichen reduziert;
- bei Jobverlust landen selbst qualifizierte Beschäftigte oft im Einzelhandel oder in Dienstleistungsbeschäftigungen, wo die Löhne standardmäßig sehr niedrig liegen;
- auch Hochschulabschlüsse sind keine sichere Garantie mehr auf die besseren Jobs. Vom Boom in der Wirtschaft profitieren immer nur bestimmte Branchen für eine bestimmte Zeit. Die Schere zwischen kleinen und großen Einkommen ist groß, aber auch die großen Einkommen haben keine Garantie auf eine bestimmte Dauer. Und insbesondere Kulturfächer im Studium führen oft in den Niedriglohnsektor;
- wenn auch insgesamt die Ungleichheit steigt, so kompensiert das doppelte Lohneinkommen in vielen Familien den Gang in die Armut. Diese Belastung führt jedoch zwangsläufig zu einer Veränderung der Familienstrukturen und der Belastung der Haushalte insbesondere mit Kindern.

Diese amerikanische Studie steht für viele Untersuchungen, die ein ähnliches Ergebnis auch für Deutschland aufweisen. Obwohl für einen großen Teil der armen Menschen der reale Lohnzuwachs gegenüber dem vor 40 Jahren eher gesunken als gestiegen ist, so zeigt der reichhaltig gedeckte Gabentisch der Konsumgesellschaft einen materiellen Fortschritt, der den gesamten Lebensstandard angehoben hat, auch wenn das verfügbare Geld für viele Menschen im Grunde im Vergleich der letzten Jahrzehnte gesunken ist. Die Schichtung der Gesellschaft in unterschiedliche Einkommensklassen und Milieus jedoch verschleiert die hohe Anzahl der Verliererinnen. Es ist trotz der Entwicklung des relativen Wohlstands im Kapitalismus deshalb kaum für eine größere Anzahl von Aufsteigern möglich, hinreichend ökonomisches Kapital zu bilden. Dagegen ist es notwendig, hinlänglich kleinere Spareinlagen anzuhäufen, die zur eigenen Absicherung bei Jobverlust und Krankheit oder im Alter eingesetzt werden, um die Risiken der Wirtschaft mit ihrer Auswirkung auf den Arbeitsplatz aufzufangen. Aber auch solche Einlagen, die für viele unerreichbar sind, werden dann durch Finanzkrisen gefährdet.

Angesichts realer Einkommensverhältnisse und subjektiver Zuschreibungen der Zufriedenheit im erreichten Wohlstand lässt sich fragen, inwieweit ökonomische Schichtungsmodelle heute helfen können, sich die eigene ökonomische Position in der Gesellschaft zu verdeutlichen. Die klassische Entgegensetzung von Proletariat und Kapital hat sich in der neueren Entwicklung des Kapitalismus als zu einfach erwiesen. Aber dies bedeutet nicht einfach im Gegenschluss, dass es keine sozialen Unterschiede oder Klassenverhältnisse mehr gibt. Kritisch hierzu schreibt etwa Crouch: »Der Umstand, dass viele Menschen davon überzeugt sind, es gebe keine sozialen Klassen mehr, ist selbst ein Symptom der Postdemokratie.« (2008, 71) Er führt fort: »In nichtdemokratischen Gesellschaften werden Klassenprivilegien voller Stolz und Hochmut zur Schau gestellt, und die niederen unteren Klassen müssen ihre untergeordnete Stellung anerkennen; in der Demokratie werden diese Privilegien im Namen der unteren Schichten infrage gestellt; im postdemokratischen Zeitalter wird sowohl die Existenz der Privilegien als auch die der sozialen Hierarchie geleugnet.« (Ebd.)

Macht, Abstand zur Wohlstandsmitte und mehr noch zu den armen Menschen, gezeigter Luxus und der große Fußabdruck der Lebensweise erzeugen nicht nur ein Unbehagen an der eigenen Lage und den Eliten, sie lassen auch Neid und Ablehnungen gegen Bessergestellte und ein Establishment wachsen, die von Populisten, wie ich zuvor hervorgehoben habe, ausgenutzt werden können, um eigene Ambitionen gegen die Demokratie und vor allem auch die Nachhaltigkeit als neuem Feindbild durchzusetzen. Da breite Bevölkerungsschichten ohne ein gerichtetes Klassenbewusstsein, ohne eine für sie verständliche Erklärungstheorie über die eigene Lage handeln, da sie so sehr entkoppelt von den Entscheidungen der Politik ohne hinreichende eigene Beteiligung existieren, können sie schnell politisch manipuliert, überzeugt und populistisch durch Polarisierungen gelenkt werden. So führt der zunehmende Wohlstand, der früher das Ziel des Kampfes war, heute dazu, dass die Demokratie als Ort der Unterschiede im Unterschiedlichen selbst für immer mehr Menschen fragwürdig wird, weil sie denken, schon in der oben beschriebenen Postdemokratie angekommen zu sein. Ich gehe davon aus, dass der Prozess der forcierten Nachhaltigkeit, der politisch bevorsteht, zu einer deutlichen Verschärfung dieser Konfliktlage beitragen wird.

III.2.1.2 Die Demokratie kommt an ihre Grenzen

Das »demokratische Paradox« bezeichnet nach Mouffe (2000) den Umstand, dass eine liberale Demokratie die zwei Tendenzen, einerseits der Herrschaft des Gesetzes mit individuellen Rechten (wie schon von John Locke beschrieben, siehe erster Band II.1.2.4) und andererseits der Volkssouveränität, geregelt über eine repräsentative Demokratie, stets ausbalancieren muss. Die eine Seite verweist stärker in Richtung Freiheit, die andere in Richtung Gleichheit bzw. Gleichbehandlung. Nach Macpherson (1973) können sich beide gegenseitig beeinflussen, indem der Liberalismus einen gierigen Besitzindividualismus eher demokratisiert oder die Demokratie in ihrer sozialen Ausrichtung mit Begrenzungen eher liberalisiert wird. Das Spannungsverhältnis zwischen beiden Strategien wird gemeinhin zwischen einer linken und rechten Politik ausgedrückt, aber die Tendenz zur politischen Mitte hebelt dies aus. Damit, so argumentiert Mouffe, wird auch der antagonistische Widerspruch, der im Grunde von Anbeginn die Demokratie begleitet, scheinbar gezähmt, um doch immer wieder im Detail hervorzutreten. Denn dieser Widerspruch im Zusammenwirken von Demokratie und Kapitalismus lässt sich nicht kompromisshaft auf Dauer auflösen, er lässt sich allenfalls institutionell einhegen.

Die neoliberale Hegemonie

Es gibt, hier bezieht sich Mouffe auf Carl Schmitt, eine Polarisierung in dieser Auseinandersetzung, und es wäre eine Illusion im Politischen, diesen Gegensatz zu verniedlichen oder in der Analyse aufzugeben. Bereits die Verteilung des Reichtums der Gesellschaft ist ein dauerhafter Gegensatz nach Arm und Reich. In der Gegenwart ist jedoch der Neoliberalismus zu einer Hegemonie des Vorstellens, Denkens und politischen Handelns – eines erfolgreichen Kapitalismus scheinbar unabhängig von Gegensätzen – angewachsen, sodass das demokratische, regulierende, umverteilende und begrenzende Element stark beschränkt wird. Es tritt vorrangig in der Bewahrung der Menschenrechte und der Bewahrung einer Rechtsstaatlichkeit auf, aber insbesondere die Volkssouveränität scheint aufgegeben. Wer gegen die gewinnorientierten Nutznießer und mit ihnen verbundene Eliten aufbegehrt und dem Volk ein Mitspracherecht einräumen will, wird entweder als zu radikaler Linker oder aus Sicht etablierter Parteien als Populist abgestempelt, und genau dies macht den Populismus dann auch noch für die rechten Orientierungen stark.

Es gibt mittlerweile unzählige theoretische Darlegungen und begründete Studien, die sehr konkret bezeichnen lassen, welche politischen Versäumnisse in dieser neoliberalen Hegemonie im Sinne einer gerechteren Vorgehensweise oder für eine effektive Nachhaltigkeit vorliegen. Mit dem Übergang vom autoritären Kapitalismus in die institutionalisierte Autorität oder dem Modell der Postdemokratie oder einem umgekehrten Totalitarismus habe ich solche Ansätze bisher beschrieben. Zwar werden Versatzstücke solcher Analysen immer wieder politisch in Überschriften wie »wir müssen gerechter werden« oder »wir müssen nachhaltiger leben« in der Öffentlichkeit angesprochen, aber die Verbalhülsen vor der Wahl verschwinden nach der Wahl in kleinteiligen Regelungen oder in einem immerwährenden Aufschub. Klassische Dauerthemen der Demokratien sind mehr Steuergerechtigkeit, Abbau der Bildungsungleichheit, Gleichbezahlung von Frauen und Männern, eine bessere Alterssicherung, ein gemeinsames Kranken- und Pflegesystem, gerechtere Entlohnungssysteme – eine überblicksartige Analyse solcher Aspekte und was dies für eine demokratische Gesellschaft an Vorteilen erbringen könnte, geben Wilkinson & Pickett (2010). Die soziale Intelligenz der Menschen scheint selbst in den Demokratien der Gegenwart nicht auszureichen, diese Fragen tatsächlich praktisch aufzulösen. Es zeigt sich zumindest in den theoretischen Diskursen: Mehr Gleichheit schadet nicht, sondern kann zum Nutzen vieler Menschen in der Demokratie wirken. Die Nachhaltigkeit als neues Thema muss sich allerdings ihren Platz erst noch erkämpfen, um neben den anderen Dauerthemen einen gebührenden Stellenwert zu finden.

> »Der Staat soll heute vorrangig Menschenrechte bewahren und für Rechtsstaatlichkeit sorgen, die Idee einer Volkssouveränität scheint aufgegeben«

Freiheiten als Unterhaltung und Konsum

Die Menschen verbringen immer mehr Zeit vor den Medien, wobei die Wirklichkeiten nicht nur ergänzt, sondern immer stärker virtuell ersetzt werden. Werbeindustrie, Privatfernsehen, *social media*, Streamingdienste, Computerspiele und viele andere mehr erzeugen nicht nur Unterhaltungen, Ablenkungen und Befriedigungen, sondern produzieren dabei auch Wunsch- und Leitbilder menschlichen Verhaltens, normieren Einstellungen und Erwartungen, deren Potenzial Zuboff (2019) treffend als Überwachungskapitalismus zusammenfasst (vgl. auch den ersten Band, III.1.5). Die Medienunternehmen sind im Besitz weniger Menschen konzentriert, die wie Rupert Murdoch bestimmende Akteure auch in politischen Fragen werden und fast immer gegen die

Nachhaltigkeit wirken, weil sie als Protagonisten ungebremsten Wachstums die Kosten einer ökologischen Transformation nicht tragen wollen. Große Internetkonzerne bestimmen den Markt und orientieren, regulieren und manipulieren die Konsumenten, um den Überfluss immer weiter zu erhöhen, aber sie erzeugen kein nachhaltiges Gewissen, solange dies nicht profitabel für sie ist.

Die Privatisierung der Massenmedien und die unregulierte Macht der Internetgiganten sind für die Demokratie bedrohlich. Dabei hätte eine Politik der Deregulierung von Machtkonzentrationen und Einflüssen dies zumindest beschränken können. Diese Unterlassung geht mit dem Fehler einher, dass zum Zweck der Entfaltung der Marktwirtschaft steuerliche und andere Privilegien an Unternehmen verteilt werden, die einen positiven Wettbewerb antreiben sollen, aber faktisch eine Einseitigkeit der Beeinflussung ermöglichen. Nach Crouch (2018, 70) stellt dies »das gravierendste Problem für die Demokratie dar«.

»Es gibt nicht nur einen Überwachungskapitalismus, der in der Konsumgesellschaft die Gewinne steigern soll, es gibt auch einen medialen Lobbyismus gegen die Nachhaltigkeit«

Demokratie im Widerstreit

Eine Verbesserung der demokratischen Situation beruht ebenso wie in der Nachhaltigkeit auf möglichen regulativen Maßnahmen, die jedoch in der gegenwärtigen Situation jeweils nur durch aktive Kämpfe und Auseinandersetzungen erreichbar erscheinen. Zwei Herausforderungen sind dabei zu beobachten:

Einerseits müsste die Dominanz der politischen Eliten, die sich einseitig an ökonomischen Interessen der Gewinnmaximierung um jeden Preis – auch gegen die Menschen und die Umwelt – orientieren, begrenzt werden. Aber dies ist schwierig, weil die Vertreter der Eliten alles an Narrationen und Manipulationen aufwenden, um ihre Interessen und ihr Wirken zu verschleiern. Die Eliten verfügen über Macht und gute Zugänge zu den Massenmedien, über Möglichkeiten der Werbung und der Beeinflussung, über viele Strategien und Taktiken des Lobbyismus, die zu ihrem Vorteil gereichen. Ihre Strategien und Beeinflussungen reichen bis weit auch in die Wissenschaften hinein, die finanziell von ihnen immer abhängiger geworden sind. Im Sinne der Feinde der Gerechtigkeit und Nachhaltigkeit sitzen sie am deutlich längeren Hebel.

Andererseits wären sie dennoch zu begrenzen, wenn es einer Masse von Menschen gelingen könnte, eine Gegenbewegung einzunehmen. Eine Vielfalt an Handlungsmöglichkeiten innerhalb einer direkten Demokratie, in Beteiligungsprozessen, in sozialen Bewegungen, im Kampf gegen den Klimawandel und für eine ökologische Transformation, dies wären immer auch zugleich Hoffnungen für eine Wiederbelebung der Demokratie und eine Unabhängigkeit der Wissenschaften. Als Freunde der Gerechtigkeit und Nachhaltigkeit müssten sie dann noch den Werbemillionen und Manipulationen der Nutznießer des bestehenden Systems eine eigene Darstellung und Narration in umfassend verbreiteten Medien entgegensetzen, die ebenso mit Vereinfachungen und Verständlichkeit arbeiten, wie die Gegner. Dies kann auch schon wieder zu Zweifeln und Kritik führen, denn die nachdenklicheren Menschen zerfleischen sich eher an der erwünschten Ehrlichkeit als am angestrebten Ziel. Leider korreliert diese erhoffte Aktivität mit dem Grad an individueller Sorge, den Menschen derzeit aufbringen, um sich tatsächlich aus ihrer passiven und politisch lethargischen Situation aufzuraffen und ihre Rechte einzufordern oder neue zu entwickeln. Solange Wohlstand und Überfluss sie gefangen nehmen, ist mit einem Aufstand der Masse nicht zu rechnen. Und sollte er irgendwann gelingen, dann besteht zugleich die Gefahr, dass dieses Aufbegehren durch Populisten gesteuert und im Sinne von deren Interessen manipuliert wird.

In den Narrativen über den gegenwärtigen Zustand der Demokratie sind all diese Thesen und Gedanken immer schon strittig. Freund und Feind erscheinen vielen als ein zu einfacher Gegensatz, andere sehen die Macht der Großkonzerne als überschätzt an, wieder andere bezweifeln, ob Demokratie überhaupt je in einer halbwegs gerechten und nachhaltigen Form möglich sei. Es gibt in diesem Spektrum kein richtig oder falsch, sondern immer nur selektive Interessen und Standpunkte, größere und kleinere Meinungsgruppen, kürzere und längere Zeitspannen der Dominanz bestimmter Auslegungen, weil eine Demokratie pluralistisch ausgelegt ist. Neben einem hergeleiteten Sagen steht ein bloßes Meinen, neben einer wissenschaftlichen Begründung eine behauptete Dummheit; beide Seiten gehören zur Freiheit einer Demokratie. Je mehr die Dummheit durch Leugnungen aller Art an wissenschaftlichen Aussagen jedoch anwächst, desto mehr Gefahr bedeutet sie für eben diese Demokratie. Heute stehen wir vor dem Fluch der Wahrscheinlichkeit, der an die Stelle letzter Wahrheiten getreten ist: Er lässt die Menschen grundsätzlich zweifeln, weil es anstrengend ist, sich eine informierte Meinung zu verschaffen und eine Vielfalt von Aspekten kritisch abzuwägen, um bei all den Wahrscheinlichkeiten die eigene Urteilskraft nicht zu verlieren. Aber Wahrscheinlichkeiten sind nicht beliebig, sondern sie zeigen immer sehr klar an, wer etwa reicher und ärmer wird, wer die Umwelt mehr oder weniger schädigt, wer eher zu den Verlierern oder Gewinnern gehört. Insoweit entsprechen Wahrscheinlichkeiten dem, was man früher Wahrheit hat nennen dürfen. Doch wem sind solche Feinheiten und Differenzierungen in einem Zeitalter von Verschwörungstheorien und zunehmend leichter und verständlicher Sprache noch zugänglich?

»Neben jedem hergeleiteten Sagen steht ein bloßes Meinen, neben jeder wissenschaftlichen Begründung eine behauptete Dummheit; beide Seiten gehören zur Freiheit einer Demokratie«

Grenzen der Demokratie

Die Demokratie kommt heute an ihre Grenzen, und wenn diese Grenzen überschritten werden, dann steht die Demokratie selbst in Frage. Ich will hier fünf Grenzen betonen, die auch in der Nachhaltigkeit wirksam sind.

(1) *Erste Grenze der Demokratie*:

Für Verschwörungstheorien sind Wahrscheinlichkeiten ein Fluch. Aber Wahrscheinlichkeiten entstehen notwendig aus dem Fortschritt der Wissenschaften, die aus der Dogmatik letzter Begründungen herausgetreten sind. Im Grunde eine positive Entwicklung, weil sie darauf setzt, dass alles stets überprüft und hinterfragt werden muss. Aber als Fluch mag dies jenen erscheinen, die eine schnelle und einzig gültige Wahrheit ersehnen, um schnelle und für sie klare Entscheidungen zu treffen. Je komplexer allerdings die Situationen und Probleme sind, desto ungünstiger wären solche vereinfachenden Wahrheiten, weil Wahrscheinlichkeiten die ehrlicheren und wissenschaftlich haltbaren Antworten ausdrücken. Es ist eine grundlegende Bildungsaufgabe, diese Einsicht in das wissenschaftliche Vorgehen allen Menschen zu ermöglichen, um eine Chance zu eröffnen, den Fluch in einen Segen vernunftbezogenen Handelns zu verwandeln. Immer wieder tritt in allen Überlegungen zur Bewahrung der Demokratie der Staat als ein Sachwalter auf, der durch Regulierungen entscheidend in die Entwicklung eingreifen kann. Die Corona-Pandemie hat viele Menschen in dem Eindruck bestärkt, dass solche Regulierungen möglich und wirksam sind. Aber auch hier hängt es ganz und gar von der jeweiligen Interessenlage der Menschen ab, ob sie eine positive Regulierung oder eine negative Überregulierung erkennen. Hier wird ein grundlegendes Dilemma erkennbar: Je mehr der autoritäre Charakter überwunden und das pluralistische Meinen etabliert wird, desto mehr entstehen subjektive Freiheiten, Möglichkeiten eigener Wahlen und Interessen entstehen, aber dadurch auch Möglichkeiten von Verschwörungstheorien oder selbstgestrickten Weltbildern, die wissenschaftliche Aussagen zur Wahrscheinlichkeit allein deshalb schon bezweifeln, weil sie keine absolute Wahrheit in allen Dingen verkünden können. War es in früheren Zeiten vor allem die Bosheit der Herrschenden, die zu fürchten war, so tritt heute vor allem die Dummheit von großen Menschengruppen hinzu, die keinem Argument mehr zugänglich ist, sondern das Wünschen vor das Wissen stellt. Die entscheidende Frage aller Demokratien ist es deshalb, wie viel umfassende Bildung für alle sie sich leisten will, um der pluralistisch stets möglichen Wunsch- und Verschwörungsblase entgegenzutreten.

> »Es ist eine grundlegende Bildungsaufgabe, allen Menschen eine Einsicht in wissenschaftliches Vorgehen und so auch eine eigene fundierte Meinung zu ermöglichen«

Die Corona-Krise zeigt auch, dass die von Chantal Mouffe getroffene Unterscheidung von Freiheit und Gleichheit wichtig ist, um bei Problemlagen Lösungen zu finden, die das gesellschaftliche Spannungsfeld der Gegenwart zum Ausgangspunkt nehmen:

»Die entscheidende Frage aller Demokratien ist es deshalb, wie viel umfassende Bildung für alle sie sich leisten will, um der pluralistisch stets möglichen Wunsch- und Verschwörungsblase entgegenzutreten«

Freiheit, das wäre im Sinne einer egozentrischen Selbstverwirklichung keine Begrenzung der Infektionsketten, keine Ausgehverbote, das Risiko, dass Menschen sterben, überwiegend die Alten, was der Entsolidarisierung der Gesellschaft entspricht. Aber die Wirtschaft könnte fortbestehen, das Wachstum wäre weniger gefährdet, die Mehrheit könnte profitieren.

Gleichheit, das wäre Beschränkung, Schutz der Alten und Schwachen, um ihnen eine klinische Versorgung zu gewähren, die bei einer hohen Infektionsdichte unmöglich wäre. Aber die Wirtschaft muss große Einbußen hinnehmen, die viele betreffen.

Warum, so fragen nicht wenige vor dem Hintergrund dieses Spannungsverhältnisses, soll eine gesamte Gesellschaft leiden und in den wirtschaftlichen Abgrund gedrängt werden, wenn wahrscheinlich etwa 2 Prozent der Bevölkerung sterben? Mögen dies auch Millionen in der Summe sein, möge auch jeder Vierte der stärker betroffenen Großeltern sterben, so gehe das Leben der Mehrheit im ungestörten Wohlstand weiter.

Die Abwehr dieses menschenverachtenden Wunsches durch die Politik zumindest zu Beginn der Corona-Pandemie in vielen Ländern zeigt, dass es im Kampf um Demokratie vielleicht noch nicht zu spät ist. Die konkrete Krise ruft eine institutionelle Autorität hervor, die durchaus eine altruistische und schützende Seite im menschlichen Handeln für eine Minderheit zeigen kann. Wenn es um das Überleben vieler Menschen geht, wenn es menschlich geteilte Normen und Werte von Menschenwürde gibt, dann werden in vielen Ländern nicht von vornherein große Teile der Bevölkerung geopfert. Aber dazu bedarf es offenbar einer unmittelbaren Bedrohung, eines Antlitz des Todes, um die politischen Kräfte zu mobilisieren, die auch in der eigenen Familie die Bedrohung erkennen und abwehren wollen. Und auch hier zeigt der Populismus sein wahres Gesicht, weil in den Ländern, in denen er dominiert, die Sterberaten am höchsten sind, die Regulationen am geringsten.

Ganz anders sieht dies jedoch aus, wenn der Kapitalismus und der neoliberale Markt zu lange bedroht erscheinen. Dann werden die strikten Maßnahmen der ersten Phase der Krise überdacht, zurückgenommen, auf die andere Wahrscheinlichkeit des wirtschaftlichen Niedergangs bezogen und dadurch relativiert. Nach und nach tritt ein Bewusstsein ein, dass die Krankheit in der Pandemie als etwas hinnimmt, das auszuhalten ist. Vergleichen wir dieses Phänomen mit den Problemen der Nachhaltigkeit, dann wird schnell erkennbar, dass der Alltag der Nachhaltigkeitskrise weniger bedrohlich erscheint, weil hier die Toten noch nicht direkt massenhaft auftreten. So werden wir in eine Ja-Aber-Haltung gezwungen: Ja, die Krise klopft an unsere Tür, aber wir haben noch Zeit, und das können andere später für uns lösen. Die erste Grenze der Demokratie wird, so will ich es zusammenfassen, durch den Grad der Bildung bestimmt, die eine Bevölkerung auf Wissen und Wissenschaften orientiert und ermöglicht, Verschwörungstheorien abzulehnen.

(2) *Eine zweite Grenze der Demokratie*:
Unterregulierungen und Überregulierungen bilden bei allen Krisen oder Problemlagen ein Spannungsverhältnis, das je nach Nation sehr unterschiedliche Ausprägungen zeigt. Auffällig ist, dass die Unterregulierungen vor allem den langfristigen, zukunftsbezogenen Fragen gelten. Luftreinheit ist beispielsweise für die Gesundheit wesentlich, gehört aber zu den Feldern, in denen der Staat die Bürgerinnen und Bürger zu wenig schützt. Der Dieselskandal in Deutschland ist Ausdruck einer Krise, die nicht nur das Vertrauen in die Automobilindustrie als wertebezogenen Eckpfeiler der deutschen Wirtschaft erschüttert, sondern die auch anzeigt, was ein neoliberaler Kapitalismus sich alles gegen die Gesundheit der Bevölkerung trauen kann, ohne tatsächlich bestraft zu werden.

Es lohnt gerade in diesem Fall, die Fakten kurz zu erinnern, um das Problem der Regulierung in der Demokratie zu kennzeichnen: Um in der Werbung für Kunden besonders gut dazustehen, werden schon lange die tatsächlichen Verbrauchs- und Schadstoffwerte so geschönt, dass sie mit der Realität nichts mehr zu tun haben. Nicht einhaltbare Grenzwerte werden mittels einer Software dann zusätzlich so manipuliert, dass sie im Idealfall am Teststand zutreffen, aber die Norm um ein Vielfaches übersteigen. Dieser Betrug wird staatlich geduldet. Eine Politik der Unwahrheit schützt die Verursacher, um die Wirtschaft im Wachstum unangetastet zu lassen. Der Schadstoffausstoß, der die Luft in Ballungsräumen vergiftet und die Gesundheit gefährdet, wird vom Staat dann weder hinlänglich durch umfangreiche Messungen überprüft, noch durch ausreichende Maßnahmen begrenzt. Getäuscht wird nicht nur der Konsument, der ein Auto mit falschen Angaben kauft, sondern die Öffentlichkeit insgesamt, die mit viel zu viel Schadstoffen sowohl durch die Wirtschaft als auch durch die Politik belastet wird.

Solche Unterregulierungen finden überall dort statt, wo die wirtschaftlichen Interessen, wie etwa jene der Autoindustrie, sich durch Lobbyismus und Druck auf die Politik einen Einfluss verschafft haben, der bis in die Gesetzgebungen und die Ordnungspolitik hinein verhindert, dass nachhaltig genug gelebt werden kann.

Überregulierungen hingegen betreffen vorrangig Bereiche, in denen Politik und Staat weniger den Wirtschaftsstandort gefährdet sehen, sondern vielmehr eine Ordnungs- und Sicherheitsmacht aufbauen, die ein gewisses Eigenleben der Bürokratie entstehen lässt. Viele Überregulierungen weisen heute schon darauf hin, dass die institutionelle

Autorität mit zahlreichen Einschränkungen, Begrenzungen und Verengungen arbeitet, die dazu führen, dass viele Menschen an der Regierung und ihrer Effektivität insgesamt zweifeln. Dies geschieht besonders dann, wenn Ordnungen zu kompliziert, zu weit entfernt von den Lebensbedürfnissen, zu aufwändig in der Durchführung werden – und von solchen Ordnungen gibt es immer mehr. Dies liegt daran, dass im nationalen Recht je eigene Traditionen und selektive Interessen bestimmter Ordnungsmächte wie Versicherungen, Berufsgenossenschaften, Arbeitsschutz, Brandschutz und dergleichen mehr auftreten, die teils sehr sinnvolle Schutz- und Ordnungsmaßnahmen erstellen, die aber teils auch übertriebene und unverhältnismäßige Hürden errichten, weil sie von konkreten Situationen entkoppelt sind und generelle Lösungen für alles und jeden anstreben. Auf der anderen Seite wird das nationale Recht stets mit dem europäischen Recht abgeglichen und verkompliziert, was zu zusätzlichen Hürden führt. Und der Einfluss der Lobbys verstärkt die zunehmende Bürokratie ebenso wie Koalitionsverhandlungen, in denen zur Durchsetzung partieller Interessen für bestimmte Wählergruppen immer kompliziertere Gesetze gefertigt werden, die einen immer größeren Verwaltungsapparat benötigen.

Das Steuer- und Rentenrecht eignet sich gut als Beispiel, um sichtbar zu machen, dass die Menschen die Gesetze, von denen sie stark abhängen, aus eigener Kraft nicht mehr durchschauen können. Nur wer sich teure Beratung leisten kann, wird hinlänglich Chancen haben, die von Lobbys erwirkten Lücken gegebenenfalls auch für sich zu nutzen. Aber die Transparenz von Regelungen und Entscheidungen, die eine Demokratie ausmachen sollte, ist grundlegend verletzt. Zudem wird durch die Art der Gesetzgebung die Meinung gefördert, dass es Verschwörer geben muss, die ein solches System wollen, weil der betroffene Mensch kaum in seiner subjektiven Lage Vernunftgründe anführen kann, welchen anderen Sinn jenseits einer Verschwörung die Regelungen erfüllen sollen.

Die zweite Grenze der Demokratie erzeugt eine starke Demokratieverdrossenheit bei vielen Menschen, weil sie sich in den Regulierungen nicht hinreichend repräsentiert sehen. Alle Regulierungen sind durch starke Interessengruppen bestimmt, wobei die Wählerinnen und Wähler nur selten im Vordergrund stehen. Nehmen wir die Nachhaltigkeit, dann stehen hier oft die eher unvoreingenommenen Wissenschaften und wenige Nachhaltigkeitsanhängerinnen und -anhänger einer Vielzahl von wirtschaftlich starken Gruppen und deren Lobbyisten gegenüber, die den Kampf hauptsächlich über die Medien und im konkreten Streitfall über lange Gerichtsverfahren austragen. Nachhaltiges Verhalten lässt sich, so zeigen viele empirische Studien, nur dann verstärken, wenn es als wirksam in der Praxis erfahren wird (vgl. Band 1, Kapitel III.3). Die Gegner der Nachhaltigkeit sind bisher erfolgreich, genau dies schon im Vorfeld zu verhindern.

»Wenn der Staat entscheidende Fragen überwiegend nach starken Interessengruppen regelt und nicht für die Allgemeinheit fair reguliert, dann erscheint die Demokratie selbst als überflüssig«

(3) *Die dritte Grenze der Demokratie*:
Der Einfluss der Massenmedien bedingt eine weitere Grenze der Demokratie. In Ländern wie den USA, wo die meisten Massenmedien privatisiert sind und Propaganda-Sender wie Fox-News einen starken Einfluss haben, wo Präsident Trump selbst Ausdruck einer Sorglosigkeit gegenüber Nachhaltigkeitsfragen war, scheint der Kampf um eine halbwegs objektive Berichterstattung bereits verloren. In Deutschland ist man auf das öffentlich-rechtliche System nicht ganz zu Unrecht stolz, weil es mehr Objektivität zu garantieren scheint, aber auch hier ist den Menschen oft nicht bewusst, dass alle Informationen gefiltert und Nachrichten ohnehin stets ein Konstrukt durch Beeinflussungen sind. In der Manipulation von Informationen und Wissen erscheint eine dritte Grenze der Demokratie. Folgende Wirkmechanismen sind dabei – auch für die Nachhaltigkeitsdiskussion – prägend: Eine direkte Berichterstattung vor Ort nimmt zugunsten eines Sendedesigns ab, das von Nachrichtenredaktionen mit eigenen Prioritäten konstruiert wird. Hierbei wirken politische Einflüsse einer sogenannten ausgewogenen Berichterstattung auf die Redaktionen ein und werden durch die Parteien in den Aufsichtsräten ebenso kontrolliert wie durch paritätische Verteilung von Parteizugehörigkeiten auf den verantwortlichen Stellen der Sender selbst. Bei privaten Sendern ist der Einfluss der Geldgeber dominant.

»Die Massenmedien sind nicht frei von Manipulationen, die insbesondere bei Privatisierungen und einseitiger politischer Kontrolle zunehmen«

Was überhaupt eine Nachricht in der Fülle der Angebote wert ist, das setzt eine vorauslaufende Agenda fest, die immer beeinflussbar bleibt. Das Zusammenspiel von Lobbyisten, PR-Agenturen, Nichtregierungsorganisationen, Pressekonferenzen der Regierungen und andere mehr wirken auf diese Agenda ein, ein wirklich unabhängiger Journalismus oder eine freie Nachrichtengewinnung vor Ort erscheinen in all der Aufbereitung zwar im Einzelfall nicht unmöglich, aber durchgehend schwierig und selten umfassend durchsetzbar. In vielen Ländern ist es schon ganz unmöglich geworden.

Massenbefragungen suggerieren eine Art Wahrheit von Meinungen, obwohl bereits durch die Fragestellung und die Art der Auslassungen und Vorgehensweisen oft eher erwartete Meinungsbilder dokumentiert statt kritisch analysiert werden. Zudem versuchen Staaten, Parteien, einflussreiche Menschen immer wieder manipulierend im Sinne ihrer Interessen zu wirken. Die notwendige Ausgewogenheit der Nachrichten, die im pluralistischen Selbstverständnis auch die Stimme eines Despoten zur Artikulation bringt, verhilft selbst in der vermeintlichen Aufklärung zur Meinungsbildung.

Zu dieser Konstruktionsarbeit gehört, dass sowohl die Sprachregelungen über ein Thema oder Problem im Vorfeld geklärt werden als auch kritische Interviews immer nach einem scheinbar gleichen Schema des Hinterfragens ablaufen, was beide Seiten wie in einem Rollenspiel agieren lässt. Dabei unterliegt es der Mode und oft auch unbewussten Motiven, ob und inwieweit eher hart oder eher weich nachgefragt wird. Auffällig etwa ist, dass Interviews mit Angela Merkel deutlich weicher als mit anderen Politikern ablaufen. Je nach dem Mainstream wird beispielsweise die Migration eher menschlich und humanitär dargestellt oder als Bedrohung der nationalen Identität konstruiert. Dabei werden Daten auf beiden Seiten geschönt: Die einen sehen nur den humanitären Einzelfall und fordern sofortige humanitäre Hilfe, aber lassen dabei die unzähligen Millionen anderer Hilfsbedürftiger aus, die anderen sehen nur das allgemeine Problem einer Überforderung des Systems und wehren bereits den Einzelfall ab. Je absoluter beide Seiten argumentieren, desto unglaubwürdiger werden sie: Die »Gutmenschen« müssen sich fragen lassen, bei welcher Anzahl von Geflüchteten ihre Güte enden wird, die »Schlechtmenschen« müssen bekennen, welche konkrete Hilfe sie denn überhaupt leisten wollen. Eine Enttabuisierung der Vorannahmen in den Medien wäre notwendig, um Glaubwürdigkeit zurückzugewinnen. Aber die etablierte Kontrolle der Medien, oft bereits die Selbstbeschränkung in den Köpfen der Berichtenden, verhindert genau diese Möglichkeit.

Die Information wird zudem als eine Ware konstruiert, sie wird von Werbeblöcken unterbrochen, verwandelt sich oft selbst in Werbung für oder gegen etwas. Dabei wird der Informationsgehalt oft stark vereinfacht und die Sensation gegenüber der Kontinuität betont. Akerlof & Shiller (2015) beschreiben, wie sehr im Sinne dominanter Wirtschaftsinteressen hierbei manipuliert und die Informationen verfälscht werden. Bereits Chomsky (1989) hat sehr gut dargelegt, wie eine Gedankenkontrolle in demokratischen Gesellschaften organisiert wird; Chomsky & Herman (1994) weisen nach, wie ein Massenkonsens im Zusammenspiel von Wirtschaftsinteressen sehr einflussreicher Kreise, Politik und Massenmedien entsteht. Dies führt tendenziell dazu, den Medien eine unabhängige kritische Funktion in der Demokratie zu entziehen. Selbst in den Medienerklärungen der UNESCO oder der EU wird thematisiert, dass Medien nicht zu Waren werden dürfen, die durch einen Medienmarkt gesteuert werden, weil dieser keinen hinreichenden Medienpluralismus sichern kann. Dazu sollten entweder Medieninhaber stärker gesellschaftlich verpflichtet werden, eine demokratische Verantwortung wahrzunehmen, oder ein freier öffentlich-rechtlicher Bereich wäre zu stärken, der gleiche Zugangschancen für alle gesellschaftlichen Gruppen und auch unbequeme Themen eröffnen müsste. Dies gilt insbesondere auch für Online-Portale und Internetaktivitäten. Das sind alles schöne Wunschvorstellungen, die mit dem realen Medienmarkt wenig zu tun haben.

»Die Medien erzeugen einen scheinbar ›objektiven‹ Massenkonsens, um Meinungen einflussreicher Kreise durchzusetzen«

Nachhaltigkeit ist in den Massenmedien bisher zwar schon stark präsent, aber nur bei außergewöhnlichen Ereignissen wird das Thema auch

Teil eines Meutenjournalismus, in dem die Sensationsgier auf ein imaginär erwartbares Verhalten von Regierungen, Eliten oder auch Massenbedürfnisse zurückgespiegelt wird. Da muss die Krise dann schon unmittelbar zu vielen Toten oder großen Risiken führen, um solche Momente unmittelbaren Schreckens auszulösen, die die eigenen Quoten nach oben treiben.

Auch der Journalismus bewegt sich durch seine Finanzierung und Abhängigkeiten immer in einem Feld fehlender Freiheiten und hat das Problem einer professionellen Distanz vor äußeren Einflüssen (vgl. Welker et al. 2010). Wenn auch in Deutschland nicht systematisch von einer »Lügenpresse« gesprochen werden kann, was auch wiederum ein besonderes Merkmal von einseitiger Einflusspropaganda ist, so kann dennoch kaum bestritten werden, dass es immer wieder auch im öffentlich-rechtlichen Bereich starke Einflussnahmen gibt. Allein die immer heikle Pluralität der Aufsichtsgremien mit jeweils unterschiedlichen politischen Zusammensetzungen als auch das Vertrauen auf den Berufsethos der in den Medien arbeitenden Menschen sind Gegenkräfte, auf die viele kritische Medientheorien ihre Hoffnung setzen.

Nach Mausfeld (2015) wirken die Eliten und der Neoliberalismus insbesondere in den Massenmedien zusammen, um die Demokratie in ihrer Substanz durch Beeinflussung zu unterhöhlen. Erinnert werden kann an die Lippmann-Dewey-Kontroverse aus den 1920ern, in der das Problem bereits erörtert wurde. Walt Lippmann (1920) befürwortete, dass eine intellektuelle Elite in einem allgemeinen Interesse im Sinne des Gemeinwohls und der Staatsräson wirken sollte. John Dewey trat dieser Vorstellung mit seinem Ansatz der partizipatorischen Demokratie scharf entgegen, indem er darauf verwies, dass weder Meinungsfreiheit noch ein Erfassen von Informationen und ihre Verarbeitung in einer Demokratie klassen- oder schichtspezifisch sanktioniert werden dürfen (Dewey MW 13: 291). Dewey sah aber auch, dass insbesondere durch Propaganda immer wieder versucht wird, die Massen zu beeinflussen. Dies ist genau die Gefahr, die eine Elitenorientierung bewusst herbeiführt. Demokratie kann dagegen nur funktionieren, wenn der Staat durch umfassende Erziehung und Bildung im Allgemeininteresse dafür sorgt, dass alle Menschen kritisch genug die Medien interpretieren können.

> »Nach dem Propagandamodell von Chomsky wird die Berichterstattung in den Medien meist ungesteuert und unbewusst so gefiltert, dass ein von Eliten erwünschtes Ergebnis eintritt«

Für Mausfeld hat sich der Ansatz, den Lippmann noch deutlich kulturkritisch im Sinne von gebildeten Eliten meinte, im Neoliberalismus mit den Interessen einer Machtelite verbunden, die hauptsächlich an einer Gewinnmaximierung orientiert ist und als Finanzelite ihre Macht und Vorrangstellung auszubauen sucht. Dabei wird die eigene Macht möglichst unsichtbar gemacht. Mit Noam Chomsky und seinem Propagandamodell (Herman & Chomsky 2006) erklärt auch Mausfeld, dass in der kapitalistischen Gesellschaft eine objektive Berichterstattung immer schon beeinflusst ist. Dies liegt daran, dass Informationen vonseiten der Massenmedien immer gefiltert werden. Die sogenannte öffentliche Meinung wird tendenziell beeinflusst, gesteuert oder manipuliert, um bestimmte Interessen hervor- und andere zurücktreten zu lassen. Der erzielte Konsens in einer geglätteten Berichterstattung, besonders in Fragen der Ökonomie, der Verteilungsgerechtigkeit, in der Außenpolitik, im Umgang mit Migration, der Nachhaltigkeit und anderen wichtigen Fragen, kommt im Endeffekt dann besonders einer kleinen Elite zugute, die zugleich mit den Interessen der Besitzerinnen der Massenmedien einhergeht.

Dieses Interpretationsmodell ist in den Sozialwissenschaften vielfach verwendet worden und ein valide bestätigtes empirisches Modell zur Beschreibung der Funktionsweisen von Massenmedien. Es wird in Bezug auf soziale und digitale Medien insbesondere von Zuboff (2019) ergänzt.

Interessant an den Ausführungen Mausfelds ist, dass es im Sinne dieser Eliten sogar möglich und erwünscht ist, dass die Medien sich über die Gier von Bankern, über die falschen Versprechen von Politikern oder die unsaubere Arbeit von Journalistinnen in ihren Beiträgen ärgern, solange durch die Symptome der Oberfläche die Hintergründe und Strukturen des Systems nicht kritisch berührt werden. Gleiches könnte von der Nachhaltigkeitsdebatte gesagt werden, weil auch in dieser eher die Symptome herausgestellt, die momentanen Herausforderungen in ausgewählten Details genannt werden, aber immer deutlich bis in die UN im Blick bleibt, dass die Gewinnmaximierung und der Wohlstand nicht gefährdet werden sollen, wenn Gegenmaßnahmen ergriffen werden.

(4) *Die vierte Grenze der Demokratie*:
Gleichwohl landet man schnell in neuen Verschwörungstheorien, wenn die politischen Eliten, die zweifellos tendenziell für ihre Interessen wirken, als alleinige Hauptakteure einer Krise der Informationsgesellschaft für schuldig erklärt werden. Das muss nicht immer und überall in Hinterzimmern verhandelt werden. In den Vorstellungs- und Denkweisen des heutigen Kapitalismus ist ein Informationsnebel und sind Einseitigkeiten deshalb so leicht zu artikulieren und zu verbreiten, weil auch die betroffene Mehrheit der Menschen immer schon Teil des Systems ist. Als Teilnehmende am Wohlstand und Überfluss, auch wenn dieser nur einen Bruchteil der reichen Eliten umfasst, sind sie als Beobachtende und Akteure im System immer schon aus ihren ureigensten Interessen des Selbsterhalts motiviert, selbst aktiv an den Wunsch- und Zerrbildern mitzuwirken. Ihre Zugehörigkeiten und Verpflichtungen definieren sich aus einem Wohlstand heraus, den niemand so leicht aufgeben will. Sie spiegeln sich in den Blasen der sozialen Medien. Vor allem dies erscheint für mir als vierte Grenze der Demokratie, als eine, die an ihre Wurzel greift.

Niedrige Motive, Sensationslust, verdeckte autoritäre Projektionen und Abwehrhaltungen sind kein Zufallsprodukt der Gegenwart, sondern Ergebnisse einer eher oberflächlichen, konsumorientierten Lebensweise mit schnellen Wechseln der Wünsche, mit Moden, mit der Sehnsucht nach Besonderheiten selbst in kleinen Angelegenheiten. Dies ist eben die Wirkungsweise eines autoritären Kapitalismus und einer institutionalisierten Autorität, um es abstrakt auszudrücken, in denen die materiellen und ideellen Interessen der Mehrheit einen wesentlichen Teil dessen ausmachen, was die Eliten abgestuft nach Standard bis Luxus auch wollen. Dann wird auch hingenommen, dass die Eliten mehr abbekommen. Wo früher im Klassenkampf der Feind noch im Kapitalisten ausgemacht werden konnte, da haben sich heute Kapitalformen längst auch in die Breite der Bevölkerung hinein entwickelt, sodass es immer schwerer wird, die sehr hohen Unterschiede, die zwischen Arm und Reich gleichwohl bestehen und vertieft werden, noch hinreichend realistisch wahrzunehmen oder kritisch erfassen zu können oder zu wollen.

»Sensationslust und Hinwendung zum Autoritären sind kein Zufallsprodukt der Gegenwart, sondern Ergebnisse einer oberflächlichen, konsumorientierten Lebensweise«

Für Mausfeld ist der Neoliberalismus die Rahmenerzählung, die als vermeintlich rational auftretende Ideologie eine scheinbar alternativlose Wirklichkeitsdeutung eingenommen hat. Wer nachdenkt, der kann Freund und Feind noch unterscheiden, aber in Anbetracht der Wünsche und Erwartungen sehr vieler Menschen in der heutigen Gesellschaft verwischen sich die Gegensätze zugleich immer wieder. Zwar gibt es durchaus Techniken der Propaganda, die diese Rahmenerzählung illustrieren, aber in der Werbung, der Erzeugung von Bedürfnissen, wirkt der Kapitalismus eben deshalb allumfassend, weil es kaum eine Gegenwelt jenseits von Geld und Konsum mehr gibt. Diese Gegenwelt bildet heute keinen Raum, in dem der Mensch den Aufstand erprobt, sondern sie zeigt sich eher bei Vagabunden und Obdachlosen, die vorführen, was jedem droht, der nicht mehr teilhaben kann oder will.

Und die tägliche Informationsüberflutung, die das Nachdenken innerhalb der Strömungen der Medienthemen mitreißt, strömt in den Wiederholungen und selbst kritischen Betrachtungen von Wirklichkeiten ohnehin immer vorwiegend in eine Richtung, die keine Zeit für ein Hinterfragen lässt: in die Richtung des vermeintlich immer Besseren.

(5) *Die fünfte Grenze der Demokratie*:
Im konkreten Fall der Nachhaltigkeit bestimmen die Medien sehr stark mit, welche Themen als aktuell, wichtig oder dringlich gelten. Nachhaltigkeit als Themenbereich ist dabei eher in konkreten Einzelaspekten, aber weniger als Gesamtentwicklung scharf zu fassen. Nachhaltigkeit mit klaren Narrationen zu belegen, mit einer aktuellen Storyline

zu versehen, das ist immer erst in Momenten oder Situationen einer klaren Nachhaltigkeitskrise zu leisten, etwa bei Umweltverstößen, einzelnen Klimaereignissen wie Buschfeuern oder Überflutungen. Dagegen müssen Wahrscheinlichkeitsaussagen, die darüber informieren, dass dies tatsächlich der Klimawandel und nicht bloß Zufall oder der normale Lauf der Natur sei, immer stark aufbereitet, visualisiert und dramatisiert werden, um mit anderen Nachrichten konkurrieren zu können. Eine fünfte Grenze der Demokratie wird für mich hier sichtbar: Die möglichst plurale Aufbereitung der Informationen und der Nachhaltigkeitsereignisse führt dazu, dass ein Entscheidungs- und Handlungsdruck minimiert werden. Es wird informiert, aber die notwendige Ableitung von Konsequenzen wird hin in die institutionelle Autorität der repräsentativen Demokratie verschoben. Dies führt dazu, dass die teilhabende Verantwortung der Rezipienten abnimmt und eine Erwartung entsteht, dass immer andere die Probleme lösen sollen oder werden. Nachhaltigkeitsereignisse sind hier nur ein Beispielfall, auch andere Ereignisse werden durch die Art der Darstellung entdramatisiert und zur beliebigen Auswahl der Meinungen gestellt. Aber gerade im Feld der Nachhaltigkeit ist dies äußerst problematisch, denn die Vermeidung von Treibhausgasen findet beispielhaft nicht nur über Regulationen der Emissionswerte durch Regierungen statt, sondern im Verhalten aller Menschen.

»Bereits die mediale Aufbereitung der Nachhaltigkeit führt dazu, den Entscheidungs- und Handlungsdruck in ein Erzählformat zu verschieben«

Ein weiteres Problem ist hierbei der hohe Allgemeinheits- und Unverbindlichkeitsgrad von Informationen. Bereits die medial weit verbreiteten globalen Ziele der UN werden zwar gern als politisch korrekt in Sonntagsreden zitiert, aber sie sind so allgemein und auch innerlich so widersprüchlich, dass sich darauf weniger eine gute Story im Sinne einer handlungsstiftenden Erzählung aufbauen lässt. Ihr Hauptwiderspruch liegt schon darin, dass es allen Menschen besser gehen und Armut abgebaut werden soll und die Menschen gleichzeitig weniger CO_2 in die Luft pusten, weniger Fleisch verzehren und Autos und Reisen stärker meiden sollen. Alle diese Ziele sind zielführend, aber wie wirken sie zusammen? Informationen und Nachrichten erreichen einen Grad an Beliebigkeit, weil sie vielen gefallen sollen. Sie werden so aufbereitet, dass sich niemand für oder gegen etwas entscheiden muss, weil alles reines Kopfkino bleiben kann.

Nehmen wir an, diese fünf Grenzen ließen sich durch mehr Vernunft und Bildung in den Medien oder staatliche Grenzsetzungen gegen Fehlinformationen bewältigen. Dann bleibt neben der Gefahr, dass daraus zu große Freiheitsbeschränkungen entstehen können, immer noch die Frage, ob und wie eine Aufklärung durch Wissenschaftlichkeit und nachhaltige Überzeugungsarbeit wirklich das Verhalten verändern könnten. Es ist schon länger ein größerer Mythos insbesondere in der Umweltbewegung, dass Aufklärung vorrangig zu Verhaltensänderungen großer Menschengruppen führen könnte, wie ich im ersten Band zu den »Barrieren der Verhaltensänderung« bereits ausgeführt habe. Die empirische Forschung ist ernüchternd: Sowohl die aufklärende Berichterstattung orientiert sich stärker an bestehenden und dominanten, damit an wenig nachhaltigen Vorstellungen der Rezipienten, die sie erreichen wollen, und umgekehrt nehmen die Zuschauer oder Leserinnen eher ein konkret aufrüttelndes und aktuelles Ereignis wahr, das ihr eigenes Leben bedroht, als Erkenntnisse, die erst langsam, später oder für ihre Nachkommen wirken. Diese Grenze oder Barriere wird weiter unten noch einmal in Kapitel IV.1.2 aufgenommen und erweitert.

III.2.2 Internationale Grenzen der Nachhaltigkeit

Im 20. Jahrhundert konnte nach dem Zweiten Weltkrieg ein Funktionalismus entstehen, der eine neuartige Toleranz der Nationen gegeneinander unabhängig von ihrem demokratischen Entwicklungsgrad zuließ. Man konnte sich einigen, uneinig zu sein, und gleichzeitig Versöhnungen und Verständigungen in den Vereinten Nationen und bei den Menschenrechten erreichen, die eine Mehrheit der Staaten akzeptierte. Seither sind die Menschenrechte zwar von allen erwähnt, aber die tatsächliche Umsetzung in den politischen Praktiken ist immer heikel. Die großen Allgemeinplätze in den politischen Meta-Erzählungen der Gegenwart scheinen für alle Menschen stets das Beste zu wollen, aber in den jeweiligen Nationen sieht die konkrete Bestimmung und Umsetzung dann sehr unterschiedlich aus. Um vor diesem Hintergrund allen Nationen eine gemeinsame Plattform zu geben, hat sich ein Funktionalismus entwickelt, der einerseits Verständigung miteinander ermöglicht, aber anderseits Uneinigkeit zulässt.

»Die Weltpolitik ist durch den funktionalen Grundsatz bestimmt, dass man sich einigen kann, uneinig zu sein«

Der Funktionalismus der zugelassenen Uneinigkeit

Die Institutionalisierung der Gewaltenteilung in exekutive, legislative und judikative Mächte wurde fester Bestandteil der demokratischen Nationen, wobei insbesondere ein relativ unabhängiges Rechtssystem zur Verhaltenssicherheit beiträgt, die jeweils erreichten Machtbalancen festigen hilft und die Herrschaftsverhältnisse durch demokratieorientierte Versachlichung stabilisiert. An die Stelle der persönlichen Unterwerfung rückt die versachlichte Unterordnung, was zu einer Erhöhung der Selbstzwänge als Einsicht in sachlich-rationale Fremdzwänge – unabhängig von der Autorität bestimmter Personen – führt.

Zwischen den etablierten Industriegesellschaften und ihren ehemaligen Kolonien beziehungsweise dem Rest der Welt gibt es insbesondere seit Mitte des 20. Jahrhunderts einschneidende Veränderungen, da Abhängigkeiten abgeschüttelt und internationale Vereinbarungen getroffen wurden, ohne dass jedoch die sogenannten Weltmächte dabei verschwunden wären oder Ungerechtigkeiten in den Verteilungen hinreichend beseitigt würden.

»Die nachhaltigen Handlungsoptionen zwischen den Ländern werden durch die nationale Agenda entscheidend geprägt«

In diesem Zivilisationsprozess durch internationale Verständigung wird eine Verrechtlichung erkennbar, die durch demokratische Praktiken, Routinen und Institutionen – besonders durch rechtliche Einbindungen – zur Versachlichung von Macht führen. Sofern demokratische Grundsätze der freien Wahl und Gewaltenteilung gegeben sind, werden freie Meinungsäußerungen und Pressefreiheit in vielen Ländern ermöglicht. Gleichwohl bleiben Machtverhältnisse durch eine ungleiche Verteilung des Reichtums und damit unterschiedliche Einflussmöglichkeiten erhalten oder werden sogar noch verschärft.

All diese Entwicklungen scheinen zu breiteren und aktiveren Handlungsmöglichkeiten der Menschen in den einzelnen Nationen zu führen, aber zugleich werden die Handlungsoptionen durch das Machtgefälle und die wirtschaftlichen Potenzen auch beschränkt. Dabei unterscheiden sich nationale Kulturen als Heimat, in der Herkunft, als Bezugspunkt für ihre Zugehörigkeiten, in den Zuschreibungen von Nationalismus und Patriotismus, in der Abgrenzung zum Rest der Welt, insgesamt als eigene Kultur gegenüber anderen. Die nationalen Selbstbilder fokussieren dabei besonders in den konservativen Ländern auf das gemeinsame Allgemeine, weniger auf die Diversität des Unterschiedlichen. Aber so wie das Klima nicht an einzelnen Ländergrenzen haltmacht, so wirken sich soziale, politische, kulturelle, religiöse und vor allem durch eine Ökonomie in der Globalisierung angetriebene Durchmischungen des vermeintlich Nationalen mit dem Globalen auch auf alle Länder aus. Wie kann in dieser Gemengelage jeweils in den Nationen und übergreifend zwischen ihnen ein gemeinsames Verständnis über die Lage der Welt und die Grenzen der Erde entstehen? Die bisherige menschliche Geschichte mit ihren Machtkämpfen und Kriegen, bildet einen Ballast, der die jeweiligen Ausgangspositionen und Haltungen der Menschen bestimmen: Die nationalen Meta-Erzählungen beeinflussen, wie Menschen die Welt sehen, wer vermeintlich die Schuld an ihrer Lage trägt, wer der Feind ist und bekämpft werden muss. Ethnien, Nationen, Kulturen, Religionen und vielerlei historisch überkommene Dogmen stehen in Konflikten, sie sind emotional aufgeladen, rational mit »Wahrheiten« überhöht, sodass mit Abstand betrachtet überhaupt gefragt werden kann, wie die Menschheit an dieser Front jemals zur Ruhe kommen soll.

Immanuel Kant hat in seiner Schrift *Zum ewigen Frieden* bereits 1795 Vorschläge für die Lösung von Konflikten und Kriegen unterbreitet, die eine weitere Eskalation verhindern sollten. Für ihn beginnt es damit, dass kein Frieden geschlossen werden sollte, der einen geheimen Vorbehalt für einen zukünftigen Krieg enthält. Oft sind Friedensschlüsse aber aus einer überlegenen Macht heraus erzwungen, was sie zu gefährlichen Vereinbarungen werden lässt. Der Versailler Vertrag wurde hierfür ein erschreckendes Beispiel, um getrieben vom Nationalsozialismus den Zweiten Weltkrieg den Massen plausibel zu machen. Zudem sollte kein Staat einfach gekauft, ererbt, getauscht oder verschenkt werden können. Der dritte Grundsatz Kants, dass stehende Heere mit der Zeit ganz verschwinden sollten, ist in Zeiten der Aufrüstung und bei den immer noch anwachsenden Massenvernichtungswaffen in weite Ferne gerückt. Kant wollte allein ein Militär zur Selbstverteidigung zulassen, aber wann beginnt und wann endet diese? Ebenso spricht sich Kant gegen Kriegs- und Militärkredite aus, wobei er kommerzielle Gründe für einen Krieg grundsätzlich als unvernünftig einschätzt. Kriegserfolge oder Niederlagen als Spekulationsgeschäft, Interessen an Rohstoffen und geopolitischen Strategieorten, sind jedoch kapitalistisch normale Strategien, die mit massenhafter Produktion von Waffen einhergehen. Insbesondere der Export von Waffen in Krisengebiete zeigt, dass selbst demokratische Länder die Demokratiegebote sofort vergessen, wenn es um ihre Gewinne geht. Und wenn sich, wie Kant sagt, kein Staat in die Verfassung und Regierung eines anderen einmischen solle, so zeigt die Gegenwart die Unmöglichkeit dieses Vernunftansatzes. Was ist, wenn ein anderer Staat zu einer globalen Bedrohung wird? Was ist, wenn globale Geschäftsinteressen auf dem Spiel stehen? Schließlich, und hier erscheint die große Vernunftutopie der Aufklärung bei Kant, sollte kein Staat solche Feindseligkeiten und Brutalität ausüben, dass das Vertrauen in die Menschheit und künftige Beziehungen erschüttert würde. Seit Kant seine Vernunftprinzipien aufgestellt hat, haben die Erschütterungen des Vertrauens kontinuierlich stattgefunden, und ein Ende ist nicht in Sicht. Heute muss außerdem noch die Nachhaltigkeit in die Überlegungen einbezogen werden: Neue Erschütterungen der Vernunftprinzipien sind da, weitere nahen.

»Schon Kant fragte: Kann es einen ewigen Frieden zwischen Nationen geben?«

Viele Menschen glauben auch heute noch an die Kraft der Aufklärung, aber eine nähere Beschäftigung mit ihren Inhalten und Forderungen zeigt recht schnell, dass eine vernünftige Erörterung immer an die Grenzen einer interesseorientierten Politik stoßen wird. Aufklärer wie Kant konnten sich hier noch gut gegen die Politik der Feudalgesellschaft stellen, aber im aufgeklärten Kapitalismus werden die aufgeklärten Ideen in neue Formen der Vernunft verwandelt. Die Vernunft zwischen lokal und global verliert ihren Absolutheitsanspruch, sie wird zu einem Geschäft, einem Deal, von dem möglichst viele profitieren sollen, wenngleich einige wenige das meiste abbekommen.

Die Kehrseite dieses Funktionalismus, der eine Einigung vorgibt, auch wenn in Wirklichkeit Uneinigkeit herrscht, zeigt sich dann, wenn angestrebte demokratische Grundsätze in Auflösung geraten und aufgrund der funktionalen Einigungen nicht mehr kontrolliert werden können. Die EU ist ein typisches Beispiel dafür. Wegen der Pflicht zur Einstimmigkeit können Nationen dann, wenn sie die demokratischen Voraussetzungen ihres Eintritts oder Verbleibs in der EU verletzen, bereits schon dadurch jeglicher Strafe oder finanziellen Konsequenzen entgehen, wenn sie nur eine Stimme auf ihrer Seite wissen, die ihren Sonderweg unterstützt. Auf diesem Weg ist es dann möglich, sich trotz der Menschenrechte zu weigern, Asylanten aufzunehmen, auch wenn sie bereits massenhaft in die Grenzländer der EU eingewandert sind. Auch die nationale Rechtsstaatlichkeit kann aufgegeben werden, auch wenn man sich dazu vertraglich verpflichtet hatte. Zwar wird so das Wertekonzept der EU untergraben, aber der Funktionalität der Verträge wird entsprochen. Die ganze Verlogenheit eines funktionalen Konzepts wird erkennbar, wenn eine Mehrheit alle EU-Länder zur Aufnahme von Geflüchteten verpflichten will, gerade dies aber durch den Funktionalismus der Einstimmigkeit verhindert wird. Alle Versprechungen in der Öffentlichkeit, alle Bekenntnisse des guten Willens bleiben eine leere Floskel, die nicht durchsetzbar ist, weil die EU den Konstruktionsfehler der Einstimmigkeit trägt und keine Mehrheitsbeschlüsse in entscheidenden Fragen zulässt. Die UN ist nach gleichen funktionalen Kriterien errichtet worden. Verlogen wird dies dann, wenn in der deutschen Politik behauptet wird, man müsse alle Staaten der EU an der Verteilung der Geflüchteten beteiligen, obwohl man genau weiß, dass dies nicht geschehen wird.

Die ungelöste Krise mit den Geflüchteten in der EU ist ein eindringliches Beispiel für den gleichen Mechanismus, der sich in der ungelösten Nachhaltigkeitskrise der UN wiederholt. Jenseits der Veto-Rechte kann man sich nur auf Empfehlungen einigen, deren Unverbindlichkeit in den Nationen dazu führt, dass alle Sonderwege gegen das Klima und die Nachhaltigkeit möglich bleiben. Dies setzt die nationale Nachhaltigkeit zwar unter Druck, nun endlich mehr im Kampf liefern zu müssen, wenn überhaupt die Einsicht besteht, aber es führt international dazu, dass einige Länder sich Mehrgewinne versprechen können, je später sie die Kosten der Nachhaltigkeit bezahlen wollen. So führt der Funktionalismus in Strategien der Vermeidung von Nachhaltigkeitskosten in gegenseitiger Konkurrenz sogar zu erhofften Extragewinnen.

»Eine weltweite Verbindlichkeit in der Nachhaltigkeit bleibt unwahrscheinlich, eine nationale möglich«

Lässt sich angesichts der Verfassung der UN und ihrer Unterorganisationen, bestehender Handelsabkommen und internationaler Vereinbarungen überhaupt erwarten, dass es zu einer weltweiten Einigung im Kampf um mehr Nachhaltigkeit kommen kann?

Die Frage kann klar verneint werden. Es ist schon schwer genug, dies in den einzelnen Nationen zu erreichen. Aber international scheint es angesichts der nationalistischen

Politik großer Nationen wie China, Russland, der USA und anderer als fast unmöglich, zum jetzigen Zeitpunkt mehr als unverbindliche Vorschläge zu erwarten. Nur durch eine weltweite Verbindlichkeit, wie sie auch die Beschlüsse der Weltklimakonferenz nicht hinreichend erreichen können, erst wenn dabei eine Weltexekutive mit klaren Regeln und Sanktionen einsetzen würde, könnte die Menschheit hoffen, sich auf einen richtigen Weg zu machen. Die einzelnen Nationen setzen hier Grenzen. Wenn in Brasilien Bolsonaro den Krieg gegen den Amazonas erklärt, dann gibt es keine Weltexekutive, die ihn bremsen könnte. Bereits eine Nation kann der gesamten Welt unwiederbringlichen Schaden zufügen und lässt die Menschheit als bloße Beobachterin des Ereignisses zurück. Wie soll so aber auf Dauer einzelnen Weltbürgerinnen erklärt werden, dass es nur an ihnen liegt, für Nachhaltigkeit zu sorgen?

Die Bewältigung der Nachhaltigkeit stellt die Menschheit vor die Aufgabe, die UN völlig neu aufstellen zu müssen, sie machtvoll mit einer Gewaltenteilung und einer Exekutive auszustatten, um sowohl weltweit nachhaltige Vereinbarungen treffen als auch deren Einhaltung in der Folge kontrollieren zu können. Die UN als Ort der Kommunikation und wechselseitigen Erklärungen mit unverbindlichen Programmen wird nicht zu einer wirklichen Veränderung führen, so wichtig der erste Schritt ihrer Gründung auch gewesen sein mag. Es ist Zeit, den zweiten Schritt zu gehen. Wer aber setzt hierzu positive Beispiele? Ideen hierzu werden aus den einzelnen Nationen und gemeinsamen Bündnissen entstehen müssen.

»Nachhaltigkeit braucht eine stärkere UN mit mehr Rechten«

Nehmen wir einmal an, die Menschheit würde sich auf Beschlüsse für alle einigen können. Dann zeigen bereits bestehende Beschlüsse, dass dabei auch die Umsetzung kontrolliert werden muss. Wenn der Funktionalismus auf Einigung ausgelegt ist, dann dürfte es bei Abweichungen einmal getroffener Entscheidungen kein Entkommen geben. Aber die Praxis der UN zeigt bereits heute, dass sich internationale Verträge und Beschlüsse unterwandern lassen, indem sie national nicht umgesetzt werden. Das ist nicht nur bei Schurkenstaaten so, sondern gelingt auch Deutschland, wenn hier etwa die Kinderrechte oder die UN-Behindertenrechtskonvention mit Inklusion nicht nach den vereinbarten und ratifizierten Gesetzen umgesetzt werden. Es steht zu befürchten, dass bei zukünftigen Maßnahmen für die Nachhaltigkeit ebenfalls nationale Sonderwege die »Vernunft« der Mehrheiten der Nationen stets unterlaufen werden. Deshalb wird eine Umsetzung nur gelingen, wenn das internationale Recht das nationale brechen kann. Zugleich müsste eine Weltexekutive dann auch noch die Macht haben, die Umsetzung zu kontrollieren. Aber wer würde einem solchen neuen Vertrag zustimmen?

III.2.3 Die Grenzen der heute vorherrschenden bürokratischen Lösungen

Die institutionalisierte Autorität, die weiter oben in ihren Grundzügen beschrieben wurde, findet umfassend in der Bürokratie ihren Ausdruck und ihre Verselbstständigung. Bürokratien begrenzen die menschlichen Handlungen, sie setzen einen Rahmen für Abläufe, Organisation und Möglichkeiten, denn mit der Zunahme der Freiheit und Individualisierung wird gleichzeitig eine koordinierende und regulierende Verwaltung des Lebens notwendig. Seither ist vor diesem Hintergrund ein Spannungsverhältnis zu beobachten, das zunehmend angewachsen ist:

Zunächst geht es um eine Sicherung der Ordnung in allen Lebensbereichen durch symbolische Kodifizierungen, Verrechtlichungen und regulierte Organisation, eine Differenzierung der Disziplinierungen der Körper, der Lebenswege und der Lebensweisen, auch des Lernens durch Erweiterung und Verlängerung der Kontrollen von Aus-, Fort- und Weiterbildungen in ausgeklügelten Noten- und Aufrückungssystemen, dabei insgesamt die Herausbildung von Routinen und Institutionen, die als Struktur und System ein gesellschaftliches Ganzes mit vielen Teilen formen. Wer geboren wird, der wird registriert, verwaltet, mit Dokumenten versehen, zur Einschulung verpflichtet, zur Ausbildung selektiert, beurteilt und in vielen Lebensbereichen diszipliniert, insgesamt einer Bürokratie ausgeliefert, die über das gesamte Leben waltet. Der entgrenzte Mensch in seinem Freiheits- und Verwirklichungsstreben hat sich mit Bürokratien eigene Grenzen gesetzt, um möglichen Unsicherheiten, individuellen Übertreibungen und einer zu großen Anarchie mit einem Wirtschafts- und Ordnungssystem mit verlässlichen Verträgen, mit Routinen und Institutionen zu entgehen. Als Absicherung setzen Bürokratien in der Vergangenheit gewachsene, mit politischen und anderen Kompromissen konstruierte Grenzen, die, wenn sie auf die Situation oder das Problem nicht mehr passen, auch zu Grenzen effektiver Lösungen werden können.

III.2.3.1 Der Kreislauf von Verpflichtung, Regulierung, Kontrolle

Der Funktionalismus und die Bevorzugung eines abstrakten Gleichheitsgrundsatzes sind seit dem 20. Jahrhundert immer bestimmender geworden. Besonders seit den 1950ern hat sich ein erweitertes Zeitalter des Funktionalismus entwickelt, wobei bestimmte Funktionen wie etwa Kosten und Nutzen, Einsatz und Wirkung, Information und Mitteilung, Ereignis und Wahrscheinlichkeit in Wenn-Dann-Beziehungen gesetzt werden, die sowohl eine Beschreibung als auch Kontrolle von Routinen, Organisationen und Institutionen zulassen. Ähnlich dominiert in dieser Zeit in den Verhaltenswissenschaften der Behaviorismus, der ein sehr schlichtes kausales Erklärungsmodell von Verhalten konstruiert. Ein leitender Gedanke bei solchen Vorstellungen ist auch hier immer das Wachstum. Es ist interessant, dass dies genau eine Zeit ist, in der sich der Kapitalismus immer breiter und globaler entwickelt hat und durch ein Zusammenwirken von Märkten und staatlichen Regulierungen stabilisiert wird. Es ist wenig verwunderlich, dass die vielen Argumentationslinien in diesem Band zur Ökonomie und Politik in der Bürokratie zusammenlaufen. In kritischer Reflexion der sozialen Verhältnisse und auch funktionalistischer Ansätze hält Jürgen Habermas (1971) die Anpassungsfähigkeit der Funktionen eines Systems für ausschlaggebend, indem Menschen in ihrer Umwelt die Probleme bezogen auf die Herausforderungen zu meistern und vernünftig zu lösen haben. Dies kann für ihn nur in zweierlei Hinsicht geschehen: Einerseits in einer verantwortlichen und herrschaftsfreien menschlichen Kommunikation der Menschen untereinander, andererseits im Wechselspiel zwischen Mensch und Natur. Habermas hat mit dieser Einschätzung einen vernünftigen Idealtypus als hohe Norm gesetzt, aber die Zeit seit den 1970ern hat seine idealtypischen Einsichten als unwahrscheinlich gezeigt: Machtverhältnisse werden durch die Interessen der kapitalistischen Praktiken deutlich stärker als durch philosophisch vernünftige Diskurse bestimmt, die Natur wird weiter rigiden Nützlichkeitserwägungen unterworfen, auch wenn sie selbst dadurch in vielen Formen zerstört wird.

Richard Rorty (1991) hat hieraus die Konsequenz gezogen, dass die kritische Wissenschaft heute eher einen therapeutischen als einen aufklärenden Diskurs führt, weil ihre Idealtypen in der Praxis immer wieder versagen. Es wird heute selten widersprochen, wenn Wissenschaftlerinnen sagen, dass sie Analysen betreiben, die dann – in welcher Art auch immer – von der Politik in Regierungshandeln zu übersetzen sind. Aber auf diesem Wege kann schnell der Kern der Forschungsergebnisse verloren gehen oder verwässert werden.

»Die gegenwärtige kritische Wissenschaft bestimmt nicht mit einer allumfassenden Aufklärung die gesellschaftlichen Institutionen, sondern führt eher einen therapeutischen Diskurs, der die Mängel verständlich macht«

Innerhalb der Entwicklung der Demokratien ist spätestens seit dem 20. Jahrhundert aber auch deutlich geworden, wie wichtig eine institutionalisierte Autorität in ihrer Bedeutung für die Umsetzung der Gewaltenteilung geworden ist, die einem immer möglichen Machtmissbrauch solcher Politik vorbeugen soll. In der repräsentativen Demokratie mögen die persönlichen Führungskräfte mit den gewählten Parteien wechseln, aber die Ministerien und Bürokratien in ihrer rationalen Verpflichtung, dem Staat und dem allgemeinen Wohl der Gesellschaft zu dienen, bleiben als untergeordnete Struktur und funktional agierendes Personal erhalten. Auch die Gerichte haben ihre eigene Bürokratisierung erfahren. Selbst die Legislative ist umschwärmt von bürokratischen Dienstleistungen und Lobbys, deren Einflussnahmen immer mehr zugenommen und selbst bürokratische Formen angenommen haben.

Habermas (2011) sieht diese Entwicklung kritisch als eine Entkopplung von System und Lebenswelt. Wo früher die Lebenswelt das kommunikative Handeln der Menschen noch stark bestimmte, da besetzt mit der gesteigerten institutionalisierten Autorität das System immer stärker die Lebenswelt. Die wachsende Rationalisierung und die immer größeren bürokratischen Apparate und Instrumente sind ein Ausdruck dieser Entwicklung. Dabei werden schematische Verfahren praktiziert, und eine Verrechtlichung der sozialen Beziehungen ist typisch für die dabei dominante Zweckrationalität. Vor diesem Hintergrund werden schwere Verwaltungsapparate erzeugt, deren Funktionen alle Prozeduren einer raschen Veränderung unmöglich machen. Dies ist eine ihrer zentralen Funktionen: Die Sicherheit von einmal erreichten Prozeduren möglichst lange zu erhalten, und dies geschieht selbst dann noch, wenn sich die äußeren Umstände gravierend verändert haben.

»Der Widerspruch der Gegenwart liegt auch darin, dass die Freiheiten in der Lebenswelt von einer enormen Bürokratisierung und versachlichten Kontrolle begleitet werden«

Für die institutionalisierte Autorität ist die Nachhaltigkeitskrise vor diesem Hintergrund ein schier unbewältigbares Problem, da sie gedanklich, zeitlich, in ihrer Komplexität und den auszuhandelnden vernünftigen Schritten dann völlig überfordert ist, wenn schnell gehandelt werden muss.

Was heißt dies für die Nachhaltigkeit und menschliche Denk- und Verhaltensweisen der Gegenwart? Zunächst scheint es mir wichtig zu begreifen, wie sehr sich die Menschheit in den »geordneten« Verhältnissen der Demokratien und in den rechtlichen Regulierungen des Lebens auf das verlässt, was als Ordnung und Bürokratie gegeben ist. Wann immer es Dinge zu verteilen gibt, Krisen zu bewältigen, Katastrophen abzuwenden, jenseits der notwendigen politischen Aktion besteht immer schon ein Netz bürokratischer Organisation, das für alle Fälle des Lebens über lange Zeit eingerichtet wurde.

Solche Ordnungen und Bürokratien werden kaum als Konstrukte bestimmter Zeitalter und in ihnen aufgehobener selektiver Interessen wahrgenommen, sondern meist als Sicherungen bestimmter gesellschaftlicher Verhältnisse gesehen: Regulierungen eines erreichten Standes, Sicherung von Privateigentum und Besitzverhältnissen, Verteilungen des gesellschaftlichen Reichtums nach politischen und ökonomischen Kräfteverhältnissen, Vermeidung von unklaren Ereignissen, die nicht bürokratisch geregelt sind.

Bei den Wahlen in demokratischen Ländern kann man Parteien und deren Programme wählen, aber die Bürokratie wird immer Teil des Ergebnisses sein; sie steht nicht mehr zur Wahl. Sie scheint zwar noch beeinflussbar, aber die Zweifel an dieser Annahme wachsen bei vielen Menschen dann an, wenn fast das gesamte Leben bürokratisch geregelt ist. In den letzten Jahrzehnten haben alle Parteien die Entbürokratisierung in ihren Programmen betont, aber nach jeder Wahl hat die Bürokratie zugenommen. Warum ist das so? Ich will dies ausführlich diskutieren, weil von der Beantwortung dieser Frage auch abhängt, inwieweit Nachhaltigkeit durch Bürokratie positiv oder negativ beeinflusst wird.

»Bei demokratischen Wahlen kann man Parteien und deren Programme wählen, aber die Bürokratie wird immer Teil des Ergebnisses sein«

Die Bürokratie als rationale Form der Herrschaft

Die Moderne hat Nationen, Staaten und Bürokratien errichtet, die in ihrer Zeit jeweils als unumstößlich erscheinen. Jeder Mensch in jeder Nation hat von Geburt an kodifizierte Zugehörigkeiten als Staatsbürgerin oder als Teilnehmer mit geduldetem Sonderstatus, was bestimmte Rechte und Pflichten einschließt oder verweigert. Der Lebenslauf mit allen notwendigen Urkunden in unterschiedlichen Lebensbereichen ist verwaltet und amtlich erfasst. Seit Max Weber (1922) wird in der Soziologie von einer »rationalen« Form der »legalen Herrschaft« gesprochen, die sowohl für Verwaltungen als auch für Unternehmen gilt. In *Wirtschaft und Gesellschaft* entwickelt er eine Bürokratietheorie, die nicht nur eine Organisationsform in den Funktionen von Verwaltung, sondern insgesamt einen Rationalisierungsprozess der Moderne beschreibt. Ganz gleich, ob sich Menschen für mehr soziale Gerechtigkeit oder Nachhaltigkeit einsetzen, es wird nicht ohne solche rationalen Organisationsformen geschehen. Menschen haben sich in Politik und Gesellschaft, im Rechtssystem, der Verwaltung und in allen organisatorischen Belangen nicht nur daran gewöhnt, dass Behörden und Bürokratien notwendig sind, sie erwarten auch, dass diese zu Lösungen beitragen, die das Individuum von sich aus nicht allein erreichen kann. Da es in allen Fragen der Nachhaltigkeit von ausschlaggebender Bedeutung ist, wie solche Bürokratie funktioniert, ob sie in der Nachhaltigkeit notwendig ist, diese fördern und positiv beeinflussen kann oder ob sie am Ende die Nachhaltigkeit erschwert oder verhindert, will ich mich hier ausführlich mit dem Phänomen beschäftigen. Es handelt sich in den Nachhaltigkeitsdiskussionen meist um einen vergessenen Zusammenhang.

Der Idealtypus solcher Bürokratie ist eine Behörde mit einem beruflichen Verwaltungsstab, der weder durch traditionelle (an Geburt oder andere Vorteile gebundene) noch durch bloß charismatische (an besondere Persönlichkeiten gebundene) Herrschaft geprägt sein soll. Die Legitimation der bürokratischen Herrschaft wird von Weber positiv konstruiert, sie liegt in einer legitimen Herrschaft, die alle gleichbehandelt. Damit sollen idealtypisch Bevorzugungen oder Benachteiligungen Einzelner in Form von willkürlichen Entscheidungen ausgeschlossen werden. Die Behörde ist Gesetzen unterworfen und die Umsetzung solcher Gesetze und mit ihnen verbundener Regeln und Prozeduren sollen durch einen hierarchisierten Apparat in Arbeitsteilung erfolgen. Die Vorgesetzten und Sachbearbeiterinnen sollen sich durch Kompetenz in der Ausführung der Gesetze auszeichnen, damit sich alle an die gleichen und rational konstruierten Gesetze der gesellschaftlichen Ordnung – die Spielregeln des funktionalen Systems in der gesellschaftlichen Kooperation und Kommunikation – halten.

Kennzeichen der Bürokratie

Nach Michel Crozier (1964) suchen selbst Menschen, die eigentlich von ihren inneren Einstellungen her relativ offen für unterschiedliche Normen sind und die eine gewisse Unvorhersehbarkeit von Handlungen zugestehen, sich von der Unsicherheit ihrer Aktionen dadurch zu entlasten, dass sie in allen Variationen Kontrolle zu erreichen versuchen, indem sie vor allem monotone, wiederkehrende und vorhersehbare Tätigkeiten verlangen. Dabei ist nach seiner Ansicht und nach Studien in Frankreich eine Bürokratie insbesondere durch folgende von mir erweiterte Aspekte gekennzeichnet. All diese Merkmale treffen auch für aktuelle deutsche Behörden einschließlich der Schulen zu:

(1) Es kommt zu einer Entwicklung abstrakter und unpersönlicher Regeln, die rational scheinen und für alle gleich gelten. Da diese Regeln für alle möglichen Ereignisse gelten sollen, erzeugen sie ein relativ geschlossenes eigenes System, eine Art Behördenkultur. Es ergeben sich Effekte, die besonders typisch in staatlichen Behörden vorkommen: Wenn einmal nach einem bestandenen Examen als Eingangsvoraussetzung ein Amt und eine Funktion in der Bürokratie angenommen wird, dann wird man nach Dauer der Angehörigkeit befördert, um Konflikte in der Belegschaft zu vermeiden. Die Leistung wird mit dem Einritt ins Amt bestätigt, warum sollte sie im Amt nachlassen oder verglichen werden? Behörden tendieren so dazu, eine große Gruppe jeweils gleich eingruppierter Menschen vorzuhalten. Sie werden nach Tarif- bzw. Einkommensgruppen geschichtet und die Besoldungsgruppe ist Leistungseinstufung und Status zugleich. Beförderungen sind strikt geregelt. Die Hierarchie wird so verringert und die

> »Behörden erzwingen eine Gleichbehandlung durch Regeln, die situative Ausnahmen verweigern und schwer an neue Situationen anpassbar sind«

Führung von oben nach unten geschwächt. Sollte jemand mit individuellen Leistungen in einer Gruppe der Gleichen stark hervortreten, so bleibt nur ein begrenzter Raum der Beförderung gegenüber den wartenden Personen in der Beförderungsschlange. Die Ganzheit der funktionalen Bürokratie steht als gemeinsames Unternehmen im Vordergrund. Wenn Leistungsunterschiede eingeführt werden und die Rolle der Vorgesetzten gestärkt wird, dann bedarf es auch hierfür wiederum klarer neuer Regeln, was erneut in eine weitere Gleichmachung führt. Im Fazit ist eine Bürokratie eher durch die Regeln als durch autonome Aktionen von Führungskräften bestimmt. Dies macht Veränderungen innerhalb des Systems schwierig bis unmöglich.

»Behörden hierarchisieren Entscheidungen und entwickeln Zuständigkeiten, die schnell ein Eigenleben führen«

(2) Die Zentralisierung der Entscheidungen führt dazu, dass diejenigen, die Entscheidungen in der oberen Hierarchie oder mit Zuständigkeit von außen treffen, von denjenigen getrennt sind, die diese ausführen. Dies führt zu einer Entkopplung der Entscheidungsebene vom Praxiswissen der Durchführung. Lösungen bei Konflikten werden dann auch eher für die internen Konflikte der Personen gesucht und weniger in Vorgaben für die Praxis selbst vermutet. Das System sichert seine Funktionalität dabei durch eine Erhöhung der Rigidität der Regeln.

(3) In der Bürokratie entwickeln sich unterschiedliche Schichten nach Weisungsbefugnissen, Zuständigkeiten, Bezahlungen und Kontrollmöglichkeiten, was den Gruppendruck innerhalb dieser und gegeneinander bei gleichzeitiger Abschottung nach außen erhöht. Auffällig ist insbesondere, dass eine fehlende Diskretion in der Führung und zu wenig Freiraum für Verhandlungen mit Untergebenen eine hierarchische Schichtung verstärkt, in der übergreifende Sichtweisen – was ist der Sinn der Aufgabe, was der Zweck des Vorgehens, wer ist der Kunde? – oft verloren gehen. Es wird zum obersten Gebot, für rigide Gleichheit in der eigenen Schicht und bei allen Aufstiegsmöglichkeiten schon rein formal zu sorgen. Die Kontrolle der Einhaltung der jeweiligen Schichtregeln wird durch die Gruppe dabei aus Eigeninteressen jeweils selbst sehr rigide übernommen, wobei dies zu einer Verselbstständigung der Regeln führt, die sich gegen einzelne Individuen und die Organisation richten können. Es geht nicht mehr darum, was gut für ein Individuum und effektiv für eine Organisation ist, sondern allein um die Einhaltung der Regeln.

»Die Bürokratie übt Macht gezielt nach außen aus, ist aber auch in sich durch Machthierarchien geprägt, die vor Veränderungen schützen«

(4) So entstehen zwangsläufig parallele Machtbeziehungen in der Bürokratie. Die Bürokratie übt die Macht von oben nach unten aus, aber auf jeder Machtebene kommt es auch zu Verselbstständigungen. Macht wird insbesondere bei allen Ereignissen, die Unsicherheiten erzeugen, in Unterformen und Varianten übersetzt. Aber je nach Gruppe in jeder Schicht kann sich solche Macht verselbstständigen und dann eigene Unterregeln entwickeln, die den übergreifenden Regeln widersprechen können. Ein typisches Beispiel ist die autonom agierende Lehrkraft in ihrem Klassenraum, die zwar der Regel unterliegt, den Lehrplan umzusetzen, aber sich die Freiheit nimmt, dies nur punktuell zu tun. Die Schulleitung wird sich gut überlegen, hier einen Konflikt zu initiieren, weil die Weisungsbefugnis eigentlich bei der Schulaufsicht liegt, dementsprechend also keine wirklichen Strafen erteilt werden können und dieser Konflikt ohnehin sehr viele Lehrkräfte betrifft. Einfacher ist es dann, den Konflikt ruhen zu lassen und die Autonomie als zulässig zu sehen. Es gibt hier etwa im Schulsystem sehr viele Unterregeln, die sich in der Praxis ergeben haben und die der Aufgabe des Gesamtsystems widerstreiten, die jedoch nicht verfolgt werden, weil und insofern keine massiven Klagen von außen auftreten. Dieser Entscheidungsspielraum zeichnet alle Bürokratien immer aus. Aber gleichzeitig ist das Gesamtsystem schwerfällig und schützt sich durch die Vielzahl der Regeln und Hierarchien vor Veränderungen von außen.

(5) Mit Anthony Downs (1967) lässt sich aus Untersuchungen in den USA noch ergänzen, dass die Ausprägung der Rationalität der Führungskräfte in der Bürokratie sehr bedeutsam ist. Je rationaler Führungskräfte ihre Tätigkeiten organisieren und für alle Mitarbeitenden strikt auslegen, desto stärker tendiert die Bürokratie nach und nach zu einer Zunahme von konservativen Einstellungen. Aber neben der Rationalität ist auch das Selbstinteresse der handelnden Personen zu beachten. Je stärker es bedient werden kann, desto deutlicher prägen sich Hierarchien aus. Sie stehen dann im Dienst der Unterschiede zwischen den Personen, die dies aus Eigennutz für wichtig halten, unabhängig davon, wie günstig es für die Organisation ist. Dies kann dazu führen, dass immer mehr Hierarchieebenen in der Bürokratie eingezogen werden, auch wenn dies die eigentliche Arbeit erschwert und behindert. Und schließlich beeinflussen die sozialen Funktionen der Organisation in ganz entscheidender Weise die internen Strukturen der Bürokratie. Hier scheint es im Lebenszyklus der Bürokratien zu einer Tendenz der nach und nach verschwindenden Kontrolle und der abnehmenden Koordination zu kommen. Bürokratien verselbstständigen insgesamt über die Zeit ihre eigenen Regeln. Zwar wird in ihnen dem Ziel Max Webers nachgekommen, dass statt des Charismas einzelner Führungskräfte stärker rationale Ziele die Organisa-

»Je strikter eine Bürokratie in der Führung arbeitet, desto stärker tendiert sie mit der Zeit dazu, konservativ zu operieren«

tion bestimmen, aber durch die Dominanz sozialer Gruppen und ihrer Schichtungen in der Organisation verzweigen sich die Funktionsebenen und Funktionen aus den existierenden Büros. Auch wenn es zwischenzeitlich immer wieder durch Aktionen zu ungewöhnlichen Karrieren, zur Förderung von Talenten, zum Überspringen der klassischen Leitern zwischen den Schichten kommen mag, über kurz oder lang sinken die Talente, werden kreative Potenziale geschluckt, wird die Organisation konservativ, rigide formal und kann selbst in einer Demokratie im Kleinen »totalitäre« Formen annehmen. Meist kann sie überhaupt nur noch von außen reguliert und reformiert werden, wenn sie in ihren Aufgaben mehr und mehr ihre Leistungen verengt und unproduktiv wird.

Vor diesem Hintergrund gelten – wiederum idealtypisch – folgende Merkmale der Bürokratie, wie sie in unterschiedlichen Ausprägungen vorkommt:

- ***Die Trennung von Amt und Person***: Persönliche Vorlieben und Interessen sollen nicht die Aufgaben des Amtes beeinflussen. In Deutschland wurde hierbei ein Beamtenstatus eingeführt, der bis in die 1960er Jahre auch eine Kontrolle der privaten Lebensführung in der Einhaltung dominanter gesellschaftlicher Normen und Werte miteinschloss (und im Grunde gesetzlich bis heute ermöglichen könnte).
- ***Die Regelgebundenheit***: Das Amt führt auf der Basis allgemeiner oder höherer Gesetze eine Reihe von Regeln ein, die sowohl Inhalte als auch Prozeduren des Handelns festlegen. Seit dem 19. Jahrhundert sind solche Regelwerke mit steigender Gesetzgebung enorm angewachsen, insbesondere das Steuer- und Rentenrecht sind beispielsweise in Deutschland nur noch mit hohem Aufwand von Fachleuten durchschaubar. Die Regelwerke gelten für alle zwar gleich, aber sie bilden dabei Gruppen von Menschen mit Subregeln, etwa Steuerklassen, Versichertenarten usw., die zu besonderen Auslegungen führen, wie etwa unterschiedlichen Abgaben, unterschiedlich hohen Renten usw. Auch in der Nachhaltigkeit, bei den Energieumlagen, im Natur-, Landschafts- und Artenschutz gibt es eine Vielzahl von Regelungen, die für Laien schwer zugänglich sind.

»Spezifische Merkmale einer Bürokratie«

- ***Die Neutralität des Verwaltungshandelns***: Es muss nach außen hin eine unpersönliche Maske im Handeln aufgesetzt werden, auch wenn in Einzelfällen persönliche Belange von Menschen betroffen sind. Neutralität wird als Distanzierung von Emotionen aufgefasst.

- ***Das Hierarchieprinzip***: Die Gesetze und Regeln gelten auf allen Hierarchieebenen des Amtes gleich, werden aber von oben nach unten kontrolliert. Es werden Schichten von Hierarchien in die Behörden oder Unternehmen eingezogen, die für bestimmte Teilarbeiten zuständig und verantwortlich sind. Unterschiede in der Entlohnung und Weisungs- und Kontrollbefugnis sichern Statusgruppen in diesen Schichten ab.
- ***Überprüfbarkeit***: Es gelten Schriftlichkeit und Aktenarbeit in der Verwaltung – erst analog, heute vermehrt digital –, um alle Vorgänge überprüfbar und rechtssicher zu halten. Selbst in Erziehung und Bildung werden Akten über die Lernenden geführt und Abschlüsse aller Art durch Urkunden kodifiziert und beglaubigt. Es gelten Aufbewahrungsfristen, und Gerichte können die Rechtmäßigkeit jederzeit überprüfen.

Die Behörde arbeitet nach diesen Grundlagen de jure, aber erst de facto zeigt sich das, was ihr wichtig ist, und das, wofür Personal und Kontrollen fehlen. So mag es zwar Rechte, Regeln und Regulierungen geben, aber das bedeutet nicht zugleich, dass alles, was verfügt wurde, auch durch- und umgesetzt wird. In vielen Bereichen, auch im Umwelt- und Naturschutz, zeigt sich oft eine Diskrepanz von Rechts- und Verfügungslage und Umsetzung. Sehr oft fehlt das Personal, um das Recht oder Regelungen durchzusetzen.

Damit die bürokratischen Regeln funktionieren, sollen in der Verwaltung insgesamt die Arbeitsteilung, auch gespiegelt in unterschiedlichen Einkommensgruppen in der Hierarchie, und Professionalität, gebunden an unterschiedliche fachliche Eingangsvoraussetzungen und Entlohnungen in den Schichten der Hierarchie, sichern, dass alle Handlungen effektiv nach den Vorgaben erfolgen, als auch jeweils im Streitfall vor einem äußeren Gericht als rechtssicher überprüft werden können.

Auch wenn diese Form rationaler Herrschaft sich in der demokratischen Entwicklung umfassend durchgesetzt hat, so ist sie selbst kein alleiniges Merkmal einer Demokratisierung, denn es hängt immer von den konkreten Gesetzen ab, inwieweit demokratische Ansprüche überhaupt erreicht werden können. Gerade Diktaturen aller Art schätzen Bürokratien als Grundlage ihrer Macht. Insoweit ist die neutrale Position des Verwaltungshandelns immer erst im Kontext der gesellschaftlichen Herrschaft insgesamt einzuschätzen und auf ihren demokratischen Gehalt hin zu beurteilen.

»Bürokratien sind in Demokratien notwendig, aber nicht unbedingt demokratisch«

Vor- und Nachteile der Bürokratie für die Nachhaltigkeit

Die Möglichkeit, eine nachhaltige Zukunft zu gestalten, hängt von den Verpflichtungen ab, die die Politik ausgehend von den wissenschaftlich erforschten Wahrscheinlichkeiten gesetzlich geltend macht. Bisher hat es die Menschheit nicht geschafft, allein aus Bildung und Einsicht ohne Gesetzgebungen durchgehend verantwortlich zu handeln. Alle Verpflichtungen lassen sich nur als wahrscheinlich erfolgreiche Strategien entwickeln, wobei der nationale Erfolg besonders von gerechten und nachhaltigen Gesetzen, Kontrollen und Strafen abhängt. Zugleich sind aber zeitgleich globale, internationale Anstrengungen, Verpflichtungen, Regulationen und Kontrollen notwendig, weil die negativen Effekte einer fehlenden Nachhaltigkeit ebenso wenig an Grenzen aufgehalten werden wie Viruspandemien oder der Klimawandel.

Vor diesem Hintergrund lassen sich Vor- und Nachteile der Bürokratie in Fragen der Nachhaltigkeit aus meiner Sicht vereinfachend gegenüberstellen:

Vorteile der Bürokratie in Fragen der Nachhaltigkeit	Nachteile der Bürokratie in Fragen der Nachhaltigkeit
Gleichheit als formale Gleichbehandlung in legitimierten Prozeduren, die rechtlich verbindlich ist	Nachhaltigkeit lässt sich im Verhalten nur schwer bis in konkrete Lebensverhältnisse nachverfolgen
Schutz vor willkürlicher Behandlung durch die Bindung an allgemeine Gesetze und Konsequenzen bei Nichteinhaltung	Die bisherige Gesetzgebung zur Nachhaltigkeit ist voller Ausnahmeregelungen für die Wirtschaft und benachteiligt die Allgemeinheit
Entlastung der Begründung des bürokratischen Handelns und der Verantwortung durch formale Regeln	Unflexibles bürokratisches Handeln, das keine Rücksicht auf aktuelle problematische Situationen oder unerwartete Ereignisse nimmt
Neutralität der Verwaltung, die im Regelfall alle gleichbehandelt, eine objektive Verwaltung	Neutralität bleibt eine Illusion, weil es politische Einflussnahmen auf alle Regulationen gibt
Bürokratische Vorschriften erzeugen Sicherheit im Umgang mit Abläufen und Leistungen (etwa bei Klimakosten, CO_2-Steuern, Förderung regenerativer Energien)	Die Regulationen werden mit langwierigen und komplizierten Prozeduren und vielen Kompromissen erkauft, die wenig transparent und flexibel sind

Vorteile der Bürokratie in Fragen der Nachhaltigkeit	Nachteile der Bürokratie in Fragen der Nachhaltigkeit
Schematismus der Regelabläufe setzt die Gleichheit gegenüber den Einzelfällen durch, dies entlastet die Bürokratie und macht das bürokratische Vorgehen nach außen klar	Der Schematismus übersieht immer die ungleichen Voraussetzungen der Personen oder von Kontexten, die reguliert werden, Gleichheit kann einzelne Nutznießer bevorteilen
Hierarchische Strukturen sorgen für eine Arbeitsteilung nach Zuständigkeiten und erscheinen als effizient	Bürokratische Vorgänge erzeugen nach außen Geheimwissen, unlogisch erscheinende und zu lange Vorgänge
Bürokratische Abläufe sind stabil und verlässlich, sie sind allgemein festgelegt, Entscheidungen folgen der Regel, sie werden in Vorgängen gesammelt und schematisch abgearbeitet	Die Bürokratie erzeugt ihre eigenen Regeln nach Dauer, Klarheit, Überprüfbarkeit der Abläufe, bürokratische Entscheidungen sind oft umständlich, zeitintensiv, langsam, nur schwer veränderbar
Bürokratien nutzen umfassend Formulare und Datenerhebungen, um Informationen für alle Vorgänge aktenkundig zu erheben und intern statistisch auszuwerten, sie laufen den Ereignissen zwar stets hinterher, aber können dies erfassen	Bürokratien erheben oft unnötige Daten, verschwenden Zeit mit internen Erhebungen ohne Konsequenzen, erschaffen unverständliche und umständliche Formulare, führen zu Zeitverlusten im Handeln, täuschen Effektivität vor

Für Max Weber sind solche Verfahren, die vorwiegend aus funktionalen Beschreibungen bestehen, unzureichend, weil sie zu wenig Raum für kreative, spontane, schnelle und pragmatische Lösungen lassen. Sie sollten aus seiner Sicht nur als einführende und vorläufige Möglichkeiten eingesetzt werden. Sie müssen dabei jedoch die sozialen Aktionen, die begriffen werden sollen, auf die beobachteten Phänomene hinreichend zurückbeziehen. Dazu bedarf es einer interpretativen Methode, die sich selbst in ihrer Methodologie offenlegen muss.

Aber wie soll das die Bürokratie leisten, wenn sie so sehr auf die Routine fixiert ist und weniger die Nachdenklichkeit fokussiert, um sich nicht in allen Praktiken hinterfragen zu müssen?

»Bürokratien beschränken immer das spontane, individuelle, beziehungsorientierte Handeln«

Für Weber war der materielle Fortschritt der Menschheit in der Moderne zwar einerseits an die entfesselte Kreativität und Individualität der Menschen gebunden, aber paradoxerweise holte die Moderne ihre charismatischen Führer der Veränderung durch die Bürokratisierung wieder ein, indem sie das Kreative und Individuelle beschränkte. Erziehungsinstitutionen sind eine besonders anschauliche Form der Bürokratisierung, weil sie für Menschen schon in jungen Jahren die Weichen für die Begrenzung von Kreativität und Diversität durch eine Verschulung im Gleichschritt stellen. Schulen sind als Behörde eher für die Bedürfnisse der Lehrenden als für die Bedürfnisse der Lernenden konstruiert.

Meines Erachtens gibt es drei Gründe, weshalb eine Politik der Nachhaltigkeit immer auch mit dem bürokratischen System umgehen muss, um Wirksamkeit im Kreislauf von Verpflichtungen, Regulierungen, Kontrollen und Zwängen gesellschaftlich erreichen zu können; sie sollen hier kurz kritisch in den Blick genommen werden:

Erstens ist die gesamte (insbesondere deutsche) Verwaltungsstruktur durch und durch bürokratisiert. Die gesetzlichen Regelungen nach Umfang und Aufwand sind seit dem 19. Jahrhundert wie in kaum einem anderen Land der Welt angewachsen. Der Regelungsbedarf hat selbst die letzten Nischen der Gesellschaft erreicht. Die vielfach besprochene und gesellschaftlich geforderte Entbürokratisierung (»Steuererklärung auf einem Bierdeckel«) führt in der Regel zu noch mehr Bürokratisierung, weil unterschiedliche Interessen von unterschiedlichen Bevölkerungsgruppen – gespiegelt in den Kompromissen der gewählten Parteien bei Koalitionsverhandlungen – stets zu weiteren Sonderregelungen führen, die das Recht und seine Umsetzung verkomplizieren. Die auf unterschiedliche Wählergruppen setzenden Parteien haben sich in der gegenseitigen Konkurrenz längst der Bedienung möglichst vieler Ansprüche hingegeben, was in der Lohnabrechnung, der Steuer, der Rente und bei der Gesundheit, in der Nachhaltigkeit und bei vielen weiteren Themen viele Gesetze und große Bürokratien hat anwachsen lassen, die selbst Fachleute nicht immer gänzlich durchschauen. Die politischen Gesetzgebungsverfahren nehmen die Bedeutung des Rechts für das ausführende Handeln der Akteure (Gerichte, Polizei, Verwaltungen, Ordnungsämter, Schulen usw.) dabei kaum in den Blick und prüfen weder die tatsächliche Durchführung der Handhabbarkeit des Rechts noch die sprachliche Verständlichkeit der Gesetze. So kommt es zu der immer öfter erscheinenden Paradoxie, dass es zwar Rechte gibt, die aber mangels der zu beachtenden Kontexte kaum konsequent für alle durchführbar sind (als Beispiele Steuerprüfung bei allen und nicht nur gelegentlich bei einigen, rechtlich zugesicherte Kindergartenplätze, die gar nicht vorhanden sind, UN-Rechte, die verabschiedet wurden, aber nicht eingehalten werden wie in der Inklusion, Schadstoffgrenzwerte, die immer neu ausgelegt und verwässert werden). Die Liste der Abweichungen wird in der Gegenwart immer größer, sodass der vermeintliche Sinn der Bürokratie einer effektiven Verwaltung für eine Gleichbehandlung der Menschen sich in großen Teilen selbst ad absurdum führt. Jede Regel kennt mittlerweile ihre unzäh-

> »Eine Politik der Nachhaltigkeit bedarf eines bürokratischen Systems, wenn sie verpflichtend sein und Nachhaltigkeit kontrolliert werden soll«

ligen Ausnahmen. Die Bürokratie, einmal in Gang gesetzt, kann nicht einfach gestoppt werden. Bereits eine grundlegende Reform des bürokratischen Systems käme einer Revolution gleich. Zu viele Menschen haben gewachsene und bürokratisch abgesegnete Besitzstände, die sie wie ewige Wahrheiten verteidigen. Und die Bürokraten selbst sind eine Masse von Sachverwaltern, die einen versprochenen Sinn verkörpern, der kaum zur Diskussion steht.

Vor diesem Hintergrund gibt es auch eine Verwaltung der Nachhaltigkeit, die, soweit vorhanden, das Personal im Land beschäftigt und das Umweltministerium und zahlreiche Unterbehörden als Dienstherrn anruft, eine Regelungshierarchie mit unendlichen förderalen, lokalen und bundesweiten Zuständigkeiten. Es existiert ein gewachsener Wildwuchs, der eine Schar von externen Beratern auf die Bühne bei Konflikten ruft, die am grundsätzlichen Übel der Überregulation in dem einen Fall arbeiten, der fehlenden Regulation in einem anderen streiten, die alle aber mehr mit Hindernissen als mit Lösungen beschäftigt sind.

In der Summe aber ist zu bedenken, dass sich diese existierende Bürokratie auch nicht einfach auflösen lässt, weil sie einen Stand gesellschaftlicher Einsichten und Kompromisse enthält. Dieser Stand kann erweitert und verändert werden, aber in der Gewaltenteilung gibt er auch eine Sicherheit vor Willkür. Die Bürokratie wird deshalb in ihren Extremen zwar immer wieder beklagt, aber eine wirkliche Alternative ist in einer Welt komplexer rechtlicher Regelungen auch nicht zu erkennen.

Zweitens ist für Deutschland leider festzustellen, dass die Bürokratie nicht so neutral aufgestellt ist, wie sie dem Idealtypus nach sein sollte. Für die Nachhaltigkeit wie für andere Problemlagen gilt, dass die Bürokratie zwar Regeln und Verfahren für alle Menschen gleich setzen soll, aber mangels Personals dies dann nur stichprobenhaft oder gar nicht kontrolliert. Zudem wird in der Bürokratie der Zweifel am eigenen Tun bereits dadurch eingeschränkt, dass die Auswahl des Leitungspersonals der Bürokratien meist durch Parteienproporz geregelt ist. Wer in der Bürokratie Karriere machen will, der muss bis auf wenige Ausnahmefälle einer etablierten Partei beigetreten sein, um im Bewerbungsverfahren, das politische Gremien vor Ort regulieren, eine bessere Chance zu haben. Bereits diese Hürde sichert in der Regel, dass ein solches System kaum von denen hinterfragt wird, die es erfolgreich in ihren Karrieren nutzen. Das ursprüngliche Gebot der Neutralität mag in einem solchen System zwar noch behauptet werden, aber es ist unwahrscheinlich in politisch relevanten Fragen. Stellen wir uns vor, es dürften in der Nachhaltigkeitsbürokratie nur Klimaaktivistinnen eingestellt werden. Der Aufschrei wäre unendlich groß. Bis dahin muss auf den langen Marsch der Grünen durch die Institutionen gewartet werden.

»Die konservative Tendenz von Bürokratien und ihre oft nicht hinreichende Ausstattung mit Personal wird sich als Hindernis erweisen, wenn es um eine Umsetzung von Nachhaltigkeit geht«

Drittens schützt die aufgerichtete Bürokratie jede bestehende Vorgehensweise gegen eine Veränderung, indem behauptet werden kann: »Das haben wir schon immer so gemacht!« »Hier werden vor dem Gesetz alle gleichbehandelt!« »Das müssen alle anderen auch so machen!« »Das sind nun einmal die Gesetze!« Auch diese Liste ließe sich erweitern. Sie soll hier nur ausdrücken, dass die gruppenbezogenen Normen (für alle gleich) den großen illusionären Raum der Bürokratie bilden, mit dem man sich gegen alle konkreten und berechtigten Einwände schützen kann. Das Dogma der Bürokratie in einer Demokratie bildet dabei vor allem die Gleichbehandlung. Sie ist formal gesehen zwar begründet und richtig, denn vor der Bürokratie und damit auch den Gesetzen sollen alle gleichbehandelt werden. Aber was geschieht, wenn sie von vornherein ungleich in die Gesellschaft, in die Umwelt und ihre Krisen eintreten? Dann führt die Gleichbehandlung ja sofort in eine Verstärkung der Ungleichbehandlung. »Was, du wohnst an einer Hauptverkehrsstraße, dann darfst du dich nicht wundern, dass du mehr als andere Abgase einatmest und dein Leben verkürzt.« Statt: »Der Gesetzgeber muss dafür sorgen, dass auch solche Wohnorte gesund bleiben« lautet die statistische Wahrscheinlichkeit: »Je ärmer die Menschen sind, desto stärker werden sie die Folgen der Nachhaltigkeitskrise spüren, weil sie zu wenig Mittel haben, um negative Szenarien zu vermeiden.« Wäre die Bürokratie auf Benachteiligungen durch Ungleichheit orientiert, dann müsste sie stets abwägen, wer durch Gleichbehandlung benachteiligt wird und wie dies verhindert werden könnte. Es ist ein zynischer Trost, wenn behauptet werden kann, dass am Ende etwa bei der Luftverschmutzung über kurz oder lang alle dafür büßen müssen, dass nicht hinreichend nachhaltig reguliert und verwaltet wurde.

Die Bürokratie ist politisch abhängig

Bürokratien entfalten in unterschiedlichen Formen ein hohes Eigenleben und eine Eigendynamik. Aber in den konkreten Entscheidungen spiegeln sie immer auch die politische Abhängigkeit. Ein Vergleich des Idealtypus nach Weber mit der bürokratischen Realität hilft hier weiter. Nach Weber dürften Verwaltungen keinerlei politische Erwägungen in ihrer Arbeit unter dem Neutralitätsgebot haben. Dennoch gibt es beispielsweise in deutschen Behörden auf allen Leitungsebenen bis hin zu den Schulen bis heute Wahlbeamte oder durch politische Gremien berufene Personen auf Dauerstellen, die durch die jeweils regierenden politischen Parteiinteressen und die persönlichen Parteizugehörigkeiten mit geprägt sind. Nach dem Parteienproporz ausgewählte Bewerberinnen und Bewerber sichern ab, dass eine Bindung an die Absichten und Umsetzungsvorstellungen der jeweils nach Mehrheiten bestimmten politischen Interessen auch in die scheinbar zur Neutralität verpflichteten Ämter eindringen, um sie in einer relativen Abhängigkeit von der Politik zu halten.

»Die Neutralität von Bürokratien ist eine Illusion geblieben«

Dies widerspricht zwar dem Idealtypus nach Weber, hat sich jedoch sowohl als politische Kontrolle vor Ort als auch für geplante Karrieren als nützlich erwiesen. Schwierig daran ist die Ungleichzeitigkeit: Nehmen wir an, alle Bürokratien werden auf einen Schlag verpflichtet, Nachhaltigkeit zu ihrer Priorität zu erklären. Dann müssten sie dies mit einem Personal gestalten, das im unkündbaren Beamten- oder Angestelltenstatus unter gänzlich anderen Voraussetzungen eingestellt wurde. Bis dieses Personal die neue Agenda innerlich auch überzeugend vertreten kann, werden gegebenenfalls Jahrzehnte vergehen. Dadurch zeigen sich in der Geschichte der Bürokratie immer wieder Verwerfungen, die durch Machtmissbrauch oder Einflussnahmen gekennzeichnet sind, um die Neutralität zugunsten bestimmter Auslegungen und politisch dominanter Herrschaftsgruppen oder Ideen aus der Vergangenheit zu hintergehen. Um dem zu begegnen, scheint wiederum nur eine Bürokratie zu helfen, um mit einer Antimissbrauchsbehörde oder Innenrevision den Schein der Neutralität zu wahren.

Gleichbehandlung schützt Besitzstände

Bürokratien machen einen funktionalen Kern der Verwaltung und Kontrolle aller politisch beschlossenen Handlungsabläufe bis heute aus. Zugleich repräsentieren sie aber immer auch die Einflussnahme der jeweils herrschenden Regierungen, die konkrete Zielvorgaben machen und inhaltliche Vorstellungen reglementieren. Diese Beeinflussung bleibt oft unsichtbar, weil die Stärke der Bürokratie nach außen als eine Gleichbehandlung behauptet wird, die durch den Gleichheitsansatz bereits als demokratisch legitimiert gilt. Der Idealtypus all dieser Handlungen ist Gleichheit oder Gleichbehandlung aller Teilnehmenden, was hier die legitime Herrschaft auf rationaler Grundlage durchgehend rechtfertigt. Dies gilt interessanterweise in doppelter Hinsicht:

Alle Menschen sollen in der rationalisierten Herrschaft gleichbehandelt werden, wie es sich insbesondere in den für alle gleich geltenden Gesetzen und Regeln ausdrückt. Auch die funktionale Forschung, die dies beobachtet und beschreibt und deren Konstrukte im Laufe der Zeit wie selbstverständlich auch in den allgemeinen Sprachgebrauch übernommen werden, betrachtet Vorgänge des Heranwachsens und Umgehens in der Gesellschaft unter dem Fokus einer Verallgemeinerung des Gleichen. Wenn Erziehung und Bildung in der Familie und der Schule beginnen, dann werden zunächst immer die gleichen Erwartungen und Praktiken an alle Heranwachsenden gestellt. Gleichheit für alle, das bedeutet hier, zentrale und eindeutige Regeln zu setzen, die leicht überprüft werden können. Die Unterschiede der Menschen werden hierbei unwichtig, sie sollen nicht wahrgenommen, sondern ignoriert werden, denn individualisierte Herangehensweisen sind in der Regel aufwändiger und damit teurer als ein

»Der Idealtypus der Gleichheit verstärkt oft gesellschaftliche Ungleichheiten«

Modell für alle. *One size fits all* dient in diesem Sinne als Grundmodell. Die immerselben Praktiken werden so gern als »immer geltende« Funktionen dargestellt, die analog zu den Selbstverständlichkeiten von Natur und Evolution als »natürlich« gegeben für das menschliche Zusammenleben erscheinen sollen.

Dabei wirken drei Gesetzmäßigkeiten, die ich als Auswirkung des Gleichheitsgrundsatzes kritisch hervorheben will:

Erstens bedingt die Gleichheit, dass alle Menschen auf einer formalen Ebene unabhängig von ihren unterschiedlichen Voraussetzungen gleichgesetzt werden. Dies erzwingt dann abhängig von den vorausgehenden Bedürfnissen, Unterschieden, Ungleichheiten und gegebenen Bevorzugungen oder Benachteiligungen unfaire Behandlungen. Wenn insbesondere vor dem Gesetz alle gleich sind, so heißt dies nicht zugleich, dass sie hieraus die gleichen Vorteile ziehen oder Nachteile vermeiden können. Zahlen etwa alle den gleichen Steuersatz, so ist dies für diejenigen, die ein höheres Einkommen haben, günstiger als für diejenigen mit geringerem Einkommen. Da die formale Gleichheit in der Moderne immer schon mit Unterschieden nach Herkunft, Besitz und unterschiedlichen Ressourcen verbunden ist, garantiert sie niemals die vorausgesetzte Gleichheit, sondern nur formale Gleichbehandlung. Dennoch ist dieser Ansatz der Gleichmachung in der Gleichheit grundlegend für die Moderne und bildet immer wieder Ansätze zur Regulierung des Lebens aus, die als scheinbar gerecht erscheinen.

Zweitens ergibt sich zur Abmilderung der Effekte einer zu ungerechten Gleichbehandlung aus bloß formaler Gleichheitsanwendung eine nach und nach anwachsende Regulierung des Gleichheitsgrundsatzes mit Ausnahmeregelungen. Die dadurch erzeugte Ungleichbehandlung bedarf der jeweiligen Begründung, aber diese Begründungen können recht willkürlich und politisch nach Belieben gesetzt werden, um besondere Gruppen zu bevorteilen oder für andere einen Ausgleich mit weiteren Vor- oder Nachteilen zu erzielen. So werden beispielsweise unterschiedliche Steuerklassen eingerichtet, Befreiungen von Abgaben nach Einkommen gestaffelt, Förderungen oder Ausgleichsleistungen bestimmter Berufsgruppen und Dienstleistungen eingeführt, Nachhaltigkeitskosten wie die EEG-Umlage eher auf die Konsumenten und nicht die Produzenten verlagert. Bevorteilt werden in Deutschland etwa Gruppen mit Aktiengewinnen, die nicht wie andere Einkünfte voll besteuert werden. Die Relativierung der absolut scheinenden Gleichheit, die nie Gleichheit war, sondern eine Gleichbehandlung zum Vorteil der Besitzstände, ist allerdings immer politisch stark umstritten, da sie bei Abgaben meist den politisch einflussreichen Kreisen zum Erhalt der Besitzstände unerwünscht erscheinen, bei der Gewinnung von Vorteilen jedoch als wirtschaftlich notwendig. Je stärker in den Nationen einzelne

»Finanzstarke und politisch einflussreiche Gruppen haben sich in den Gesetzen des bürokratischen Systems eigene Vorteile gesichert«

Bevölkerungsgruppen Vorteile gewinnen konnten, desto stärker wuchsen Regulationen und Bürokratisierung an. Die Sonderregelungen mit Begünstigungen und Ausgleichen werden zu einem regelmäßigen Streitfall der politischen Parteien, die jeweils selektive Interessen ihrer Klientel bedienen. Es bedarf immer einer Abstraktion von den selektiven Interessen in Richtung einer Beurteilung der Wirkungen von formalen Gleichbehandlungen oder Bevorzugungen, um zu erkennen, welche Vor- und Nachteile sich für einzelne Menschen ergeben. Die Umstellung auf ein Denken in sozialen Gruppen der Betroffenheit wäre hierbei beim Ausgleich von Benachteiligungen ein erster Fortschritt im Prozess der Demokratisierung. Dieser Vorgang der formalen Differenzierung wäre dann aber auch andererseits sowohl auf nationaler als auch übergreifend, etwa auf EU-Ebene, maßgeblich für eine weitere Steigerung der Bürokratie verantwortlich, die solche funktionalen Differenzierungen auf Antrag verarbeiten und verwalten müsste. Es scheint ausweglos: Mehr soziale Gerechtigkeit erzwingt offenbar immer mehr Bürokratie.

Drittens ergibt sich daraus aber nicht notwendig eine nach und nach gerechtere Gesellschaft, wenn im Stückwerk der Bevorzugung und des Ausgleichs kein grundsätzliches Programm nachhaltiger sozialer Gerechtigkeit nach höheren Prinzipien geschaffen werden kann. Gleichbehandlung verbessert nicht die Gleichheit der Menschen, sondern verschärft die Unterschiede, dies zeigen insbesondere die sich entwickelnden Besitzverhältnisse im Kapitalismus, die ohne Regulierung die Kluft zwischen Arm und Reich immer stärker anwachsen lassen. Aber auch auf der individuellen Ebene sind die je einzigartigen und besonderen Voraussetzungen aller Menschen stets eine Bedingung dafür, dass formale Gleichbehandlung mit Bevorzugungen und Benachteiligungen verbunden sind, die im Einzelfall als willkürlich erscheinen. Mehr soziale Gerechtigkeit kann nur dann gelingen, wenn Ungleichheit zum Ausgangspunkt eines Ausgleichs von Benachteiligungen, zu einer Stärkung der Teilhabe der Benachteiligten genommen wird, was zugleich die Frage der Gerechtigkeit der Gesellschaft in grundsätzlicher Weise berührt. Genau hier schließt sich der Kreis der Argumentation, denn die Benachteiligten haben immer schon und eben auch in der Demokratie den geringsten politischen Einfluss.

> »Erst wenn die bestehende Ungleichheit in den Fokus gerückt wird, können Menschen hoffen, dass Regelungen zum Ausgleich gefunden werden«

III.2.3.2 Recht de jure und Verpflichtung de facto: Anwälte für und gegen die Nachhaltigkeit

In der empirischen Untersuchung der Wirksamkeit funktionaler Systeme besteht immer die Gefahr, dass angenommen wird, die Existenz bestimmter Phänomene reiche schon aus, um ihre Geltung und Wirksamkeit zu beweisen. Auch wenn in der empirischen Forschung gefordert wird, dass bei empirischen Untersuchungen auch bei funktionalen Betrachtungen möglichst breit und alternativ geschaut werden sollte, so führen die Analysen, die angeben müssen, welche Kriterien das System, seine Grenzen, Zustände, Wege der Durchführung und mögliche Tendenzen der Veränderung genau definieren (etwa bei Hempel 1977, Stegmüller 1983, 687–706), dazu, dass sich in der Praxis die Ergebnisse schon durch die Rahmenbedingungen auf ein bestimmte Maß der Vorstellungen und erreichbaren Ergebnisse reduzieren. Die Auftraggeber funktionaler Forschung haben ohnehin in der Regel kaum ein Interesse an einer Grundlagenstudie zu möglichen grundsätzlichen Veränderungen, sondern wollen entweder die Funktionalität eines bestehenden Systems bestätigt bekommen oder mit kostengünstigen Veränderungen eine Verbesserung der Wirksamkeit erreichen. Dagegen erheben die Kritiker funktionaler Systeme oft eigene Ideale oder Wertvorstellungen, die wenig anschlussfähig an gängige Praktiken, Routinen und Institutionen sind.

Als einfaches Beispiel: Wenn die Wirksamkeit der Selektion in unterschiedliche Schulformen beurteilt werden soll, dann kann empirisch behauptet und belegt werden, dass sie sehr wirksam sogar für die Leistungssteigerung in der Breite ist, weil die Zahl der Lernenden, die das Gymnasium in den letzten Jahrzehnten besucht haben, ständig gewachsen ist. Wenn jedoch andere Länder mit deutlich höheren Abiturraten zum Vergleich herangezogen werden, dann bestätigen die Ergebnisse, dass Deutschland besonders schlecht abschneidet und als rückständig erscheint. Es ist kaum verwunderlich, dass die deutsche Kulturministerkonferenz eine solche vergleichende Untersuchung nie in Auftrag geben würde.

Nachhaltigkeit ist noch nicht priorisiert

In der Nachhaltigkeitskrise wird in den Bürokratien gehandelt: In den Umweltministerien werden Referate gebildet, Zuständigkeiten in den Regierungen geklärt, Betroffenheit in Organisationen und Vereinen artikuliert und die Wissenschaften sammeln unermüdlich Daten, die in Ministerien und Unterbehörden dann berichtet werden. Die Bürokratie kann im Spiegel der Ereignisse behaupten, dass man sich kümmert. Dabei gilt jedoch ein pluralistischer Grundsatz, der auch den politischen Parteien und ihren Unterschieden geschuldet ist: Je mehr in einer pluralen Gesellschaft die Vielfalt der Ansichten bedient werden soll, je mehr dies dann bürokratisch aufbereitet wird, desto unfähiger werden das bürokratische und politische System, noch klare Beschlüsse zu fassen. Bevor politische Entscheidungen fallen, werden die Inhalte, Fragen, Konflikte und Szenarien aber immer erst einmal vom regierenden Handeln in die Bürokratie verschoben, die ein Tableau der Ressourcen und Lösungen aufbereiten soll, damit die Politik dann ihre Kompromisse finden kann. Dadurch sollen bestehende Verhältnisse erst einmal erhalten bleiben, aufgeregte Gemüter sollen sich beruhigen, weil das Problem scheinbar erkannt, weil es besprochen wird, weil zumindest theoretische Lösungen konstruiert und Ideen entwickelt werden. Die in diese Aktivitäten eingeweihten Personen erleben zunächst engagierte Beteiligung und Diskussion; schließlich aber Frustration im zähen Prozess der Verlangsamung durch immer weitere Differenzierung, durch Bedenkenträger, durch das Eingreifen von Lobbys.

Wenn Nachhaltigkeit in der gesellschaftlichen Praxis ankommen soll, dann muss sie zuerst politisch von Mehrheiten priorisiert, in Gesetze und Regulationen transformiert und dann schließlich auch bürokratisch abgearbeitet werden. Bisher sind politisch nur sehr kleine Entschlüsse mit zu geringer Reichweite gefasst worden.

Konsum wird kontrolliert, Nachhaltigkeit wird vergessen

Mit dem Überwachungskapitalismus, wie er von Zuboff (2019) beschrieben wird, gibt es in der Globalisierung aber auch einen wirksamen Funktionalismus und eine erweiterte globale Bürokratisierung, die den Bedingungen der Konsumgesellschaft angepasst sind. Diese Bürokratie funktioniert viel besser als in der Nachhaltigkeit, sie hat die Konsumenten vor Augen, sie will ausspionieren und manipulieren, um die Gewinne im Verkauf der Waren und in der Konkurrenz zu erhöhen.

Als Konsumenten sind die Menschen heute mehrheitlich ignorant gegenüber ihrer Umwelt und den Langzeiteffekten ihrer Handlungen. Sie ignorieren meist ebenso, wie sie überwacht, ausspioniert, manipuliert werden, um zum Kauf bestimmter Dinge bewegt zu werden. Als Konsument macht es für sie kaum einen Unterschied, ob sie einen regionalen Produzenten mit dem Fahrrad aufsuchen oder sich per Amazon die Ware gleich nach Hause liefern lassen. Für die Nachhaltigkeit aber wirken alle Einzelhandlungen in der Summe in der Größe ihres negativen Fußabdrucks zusammen.

Die Kurzsichtigkeit der Konsumenten hat viele soziale Theorien über menschliche Egozentrik, die Selbstsüchtigkeit der eigenen Vorteile, die Vergesslichkeit über einen Generationenvertrag und andere mehr hervorgebracht. Ein grundlegender massenhafter Bewusstseinswandel scheint hieraus jedoch nicht zu resultieren. Bisher sind es noch zu kleine Gruppen, die sich dafür einsetzen, den Menschen ihre Kurzsichtigkeit vor Augen zu führen und tatsächlich das Verhalten zu ändern.

> »Was Menschen an Freiheitseinbußen bei ihrem Konsum im Digitalen hinnehmen, würden sie für die Kontrolle der Nachhaltigkeit kaum akzeptieren«

Die Digitalisierung hilft den Menschen, diese Kurzsichtigkeit umfassender auszuleben: durch die Beschleunigung des Konsums und der Werbung, die durch Algorithmen und systemische Designs ermöglicht wird und eine künstliche Intelligenz, die alles und alle kontrollieren kann, damit die Geschäfte immer besser laufen.

Nehmen wir an, auf diesem Wege könnte die Nachhaltigkeit ebenso kontrolliert und beschleunigt werden, dann wäre der gesellschaftliche Aufschrei sehr groß: Abschaffung der Demokratie, Verletzung der Persönlichkeitsrechte, Manipulation des freien Willens, Umgehung des Datenschutzes, das Ende der Freiheit, der Untergang der Märkte, würde es wohl alsgleich heißen. Umgekehrt lässt sich fragen, warum dieser Aufschrei gegenwärtig bei den Handlungen der Internetgiganten und Profiteure so klein ausfällt. Ihr Angriffsziel sind auch alle Menschen, ihre Strategie dient keinem globalen Ziel des Überlebens, sondern allein der Gewinnmaximierung, die Menschheit lässt sich von ihnen gefangen nehmen, weil sie scheinbar nur die angenehmen Seiten des Lebens berühren, indem sie den Konsum erleichtern und steigern. In den Gewinnzielen und dem Profit, der aus der Beeinflussung der Konsumenten gewonnen werden kann, liegt eine gemeinsame Agenda, die in den Unternehmen eine Einheit und Einigung über das Vorgehen leicht herstellen lässt. Die institutionelle Autorität kann sich allumfassend entfalten, weil und solange die Gelder fließen.

Ganz anders sieht es mit der Nachhaltigkeitsagenda aus. Das Ziel mag zwar auch hier ein gemeinsames sein, aber die geldwerten Vorteile treiben nur wenige an. Eher schrecken die geldbezogenen Kosten viele ab. Und die Akteure sind keine *global players*, sondern durch das Fehlen einer globalen institutionellen Autorität in der Nachhaltigkeit gibt es nur wenige Institutionen und Kräfte, die zu gering aufeinander abgestimmt sind, die bei allen Fragen in langen Abstimmungsprozeduren stehen, die stets nach einem Konsens oder Kompromiss in der Kooperation und Kommunikation ihrer Diskurse suchen müssen. Und alle suchen dann auch noch nach Spitzfindigkeiten in der Nachhaltigkeitsagenda, um zu zeigen, dass sie besonders schlau agieren, besser als andere sind, den einzig richtigen Weg in der Konkurrenz politischer Richtungen gefunden haben. Das macht jede Nachhaltigkeitsagenda langsam, zielungleich oder zielungenau, ineffektiv und relativ machtlos. Die *main players* sind hier Nationalstaaten, internationale Organisationen (viele auf UN-Ebene), Nichtregierungsorganisationen und zahlreiche Akteure, die mit unterschiedlichen Programmen und Konzepten agieren. Wer den Geldströmen der Subventionierung solcher Interessengruppen folgt, der kann deutlich sehen, dass die nachhaltigen Interessen eine zu geringe Aufmerksamkeit erhalten.

»Solange keine klare Nachhaltigkeitsagenda mit eindeutigen Verhaltenszielen für alle propagiert wird, wird die Nachhaltigkeit auf morgen vertagt«

Eine Kontrolle der Nachhaltigkeit in der Gegenwart macht eine Politik der Wahrheit notwendig, die schon im Ansatz widersprüchlich und herausfordernd ist, weil die bestehenden und gewohnten Lebensweisen, der Kapitalismus, die Wünsche und Sehnsüchte vieler Menschen nicht einfach umgedreht werden können. Hier mögen Wunschwelten und ökologische Utopien zwar helfen, unsere Fantasie anzuregen, aber die Unwahrscheinlichkeit einer Umsetzung zeigt zugleich auch die Herausforderung, vor der die Menschheit steht. Benötigt die Menschheit eine konkrete, lebensbedrohliche Krise, um im Verhalten unmittelbar Änderungen herbeizuführen, diese von der Politik umsetzen zu lassen, einverstanden mit Verzicht und Beschränkungen zu sein? Solange in den Nationen oder in breiten Bewegungen vieler Menschen nicht eine klare Nachhaltigkeitsagenda mit eindeutigen Verhaltenszielen propagiert wird, wird die Nachhaltigkeit auf morgen vertagt.

Gedankenexperiment: Kann es Nachhaltigkeit ohne Bürokratie geben?

Nehmen wir an, die Menschheit könnte sich national wie international auf eine gemeinsame Nachhaltigkeitsagenda einigen, die tatsächlich umgesetzt wird. Dann wird in der Gewaltenteilung, die diese Umsetzung notwendig macht, nicht allein auf die individuellen Handlungen in Freiheit und Unterschiedlichkeit vertraut werden können, sondern auch eine Bürokratie des Nachhaltigen einsetzen müssen, um die Einhaltung von Regeln zu fördern und zu kontrollieren. Je weniger Bürokratie, umso günstiger wäre es für ein freies, bewusstes und engagiertes Handeln; aber ohne Bürokratie mit Kontrollen und Sanktionen wären zu viele Menschen versucht, wiederum nur eigene Vorteile in der Konkurrenz mit anderen zu erzielen.

Eine solche Bürokratie müsste allerdings auf gänzlich neuer Basis erfunden werden. Sie bräuchte mindestens vier Regeln:

Erstens dürfte sie in ihren Grundlagen nicht von abwartender Politik und Wirtschaftsinteressen bestimmt sein, sondern müsste nach dem Stand wissenschaftlicher Nachhaltigkeitsforschung eine Priorität der Nachhaltigkeit gegen alle anderen menschlichen Wünsche und nicht-nachhaltige Entscheidungen durchsetzen. Wenn die Treibhausgase zu reduzieren sind, dann kann die Maßgabe der Reduktion nicht wie bisher dem Wachstum oder menschlichen materiellen Bedürfnissen dienen, sondern muss nachweislich wirksam dieser Reduktion dienen. Dies gelänge nur durch eine unabhängige Institution, deren Machtfülle durchaus kritisch in demokratischen Strukturen sein wird, weil sie bisherige Freiheiten beschneiden muss. Sie misst nüchterne Daten und nicht menschliche Freiheiten.

> »4 Regeln für eine Bürokratie, die positiv auf die Nachhaltigkeit wirkt«

Zweitens wären nachhaltige Wissenschaften notwendig, die weder auf Wirtschaftsstandorte noch nationale Interessen fixiert sind, sondern sich den Fakten fehlender

Nachhaltigkeit möglichst objektiv stellen und diese vor Augen führen. Dies macht Wissenschaftlerinnen erforderlich, die allein den wissenschaftlichen Verfahren und einer neutralen und objektiven nachhaltigen Ethik verpflichtet sind, wie sie dem Idealbild von Wissenschaft entsprechen, das im Kapitalismus fast nie umfassend praktiziert wurde.

Drittens muss die intendierte ökologische Intervention weltweit betrieben, in einer gemeinsamen Anstrengung, mit gemeinsamen Durchführungen, Wirksamkeitsstudien, unabhängigen Strukturen freier Forschung umgesetzt werden, was eine internationale Institutionalisierung unumgänglich macht. In dieser globalen Institution sollten alle Mitarbeiterinnen den Zielen der Nachhaltigkeit, die zuvor konkret in einer gemeinsamen Agenda zu vereinbaren sind, verpflichtet sein, ihre jeweiligen Länder vertreten, aber zugleich unabhängig von diesen Ländern der Nachhaltigkeit allein verpflichtet bleiben, um diese nicht durch selektive Interessen zu verwässern.

Viertens sollte diese Institution sofort aufgelöst werden, wenn wissenschaftlich nachweisbar ist, dass die vereinbarten Ziele erreicht und die nachhaltigen Vorgehensweisen nicht mehr umkehrbar sind. Dies wird ohnehin erst dann der Fall sein, wenn eine nachhaltige Vernunft sich umfassend in der Welt durchgesetzt hat. Dann kann es Nachhaltigkeit ohne Bürokratie geben.

IV

Wege aus den Nachhaltigkeits-fallen

Im ersten Band habe ich eine klare Antwort auf die Möglichkeit einer heute notwendigen Nachhaltigkeit gegeben: Erziehung und Bildung bieten die Chance, Haltungen, Einstellungen, das Verhalten und die Erkenntnisse von Menschen nachhaltig zu verändern. Dazu aber müssten sie aus der Verankerung in der Moderne gerissen, den Risiken der flüssigen Moderne ausgesetzt und zugleich mit einem neuen Plan entwickelt werden, der nicht im Wesentlichen nach hinten schaut, sondern aus der kritischen Betrachtung der Gegenwart sich hin für eine Zukunft entwirft. Schaue ich auf die Ergebnisse dieses Bandes, dann ist eine solche Lösung deshalb schwer erreichbar, weil die ältere Generation, die das Geschehen bestimmt, immer schon erzogen und wenig bereit ist, innerhalb des erreichten Überflusses eine Kehrtwende in die Nachhaltigkeit zu machen. Deshalb dürften etliche der zuvor gemachten Vorschläge vielen als utopisch erscheinen. Andere halten alles soundso für Unsinn oder eine Verschwörung. Für sie bedarf es der tatsächlich eintretenden Katastrophen, um sie zu einer Umkehr zu bewegen.

Nachfolgend will ich im ersten Teil diskutieren, wie es um die Chancen einer nachhaltigen Verhaltensänderung aus Sicht der Forschung steht.

Im zweiten Teil stelle ich zusammenfassende gesellschaftliche Regeln zur Nachhaltigkeit auf, für die jede Leserin und jeder Mitdenkende eintreten kann. Wer sich dafür entscheidet, müsste dies in politische Aktionen übersetzen, um der Nachhaltigkeit Sinn und Leben zu geben.

IV.1 Kann das auf Überfluss zielende menschliche Verhalten wirklich nachhaltiger werden?

Die menschliche biologische Evolution hat den Menschen als Teil der Natur nicht auf eine enge ökologische Nische begrenzt, sondern ihn befähigt, eine kulturelle Zivilisation zu gestalten, die eine immer vollkommenere Entgrenzung aus seinen bescheidenen Anfängen ermöglichte. Diese Zivilisation, die sich in der menschlichen Geschichte und dem Wandel der Kulturen bis heute als historische Erfolgsgeschichte erwiesen hat, ist im Anthropozän mit der eigenen Herkunft in einen Widerspruch geraten. Kann und will der Mensch diesen Widerspruch auflösen? Er wird es müssen, wenn er überleben will. Ich gehe das Thema in drei Schritten an:

Erstens erörtere ich, inwieweit die menschliche Evolution menschliche Stärken entwickelt hat, die sich in der Nachhaltigkeit leider als Schwächen erweisen.

Zweitens ziehe ich Konsequenzen aus Ereignissen wie der Corona-Pandemie oder aus der Bedeutung von erlebten Katastrophen, die zeigen, wann Menschen ihr Verhalten in Krisen tatsächlich schnell ändern können.

Drittens frage ich, ob der stets angestrebte Überfluss auch eine Chance auf Nachhaltigkeit eröffnen könnte, weil die Welt eigentlich reich genug ist, um alternative Wege zu gehen.

IV.1.1 Die Evolution hat den Menschen stark gemacht, sich die Welt zu unterwerfen

Naturalistisch gedacht könnte man denken, dass die menschliche Evolution den Menschen wie von selbst in seine gegenwärtige Lage gebracht hat. Die Stärken, die den Menschen gegenüber anderen Lebewesen auf der Erde dominant haben werden lassen, zeigen sich als seine Schwäche, aber die Gesetzmäßigkeiten, die in der Nachhaltigkeit wirken, folgen anderen Maßstäben als allein menschlichen Konstruktionen und Fortschrittsideen, sie zeigen die Geltung und Gültigkeit von Gesetzen der Natur an, die Menschen zwar versuchen können, zu begreifen, die sie damit aber nicht zugleich kontrollieren und nach ihren Wünschen in jeder Hinsicht zu beeinflussen vermögen. Es macht im Anthropozän keinen Sinn, die durch fehlende Nachhaltigkeit ausgelöste Krise aus der Perspektive vor allem menschlicher Wünsche zu beurteilen und vorrangig auf Denk- und Erklärungsmodelle zu setzen, die aus der Erfolgsgeschichte des Wachstums entnommen sind. Aber es macht umgekehrt auch keinen Sinn, nicht erkennen zu wollen, dass die ganze Krise aus der Kulturgeschichte des Menschen, aus seiner Herauslösung aus den Zwängen und Rhythmen der Natur erwachsen ist, also weder mit naturalistischen Mitteln noch mit überwiegend evolutiven Argumentationen zu begreifen ist.

»Die biologische Evolution macht eine kulturelle Geschichte möglich«

Ein kurzer Überblick der menschlichen Evolution

Wie sicher können wir Menschen uns in der Stammesgeschichte als Menschen erkennen? Diese Frage scheint unsinnig zu sein, weil ein jeder Mensch, wenn wir von Hautfarben, unterschiedlichen Sprachen und anderen spezifischen Merkmalen abstrahieren, uns bereits am aufrechten Gang und anhand einer gewissen Morphologie schnell als Menschen erkennen. Aber dieser Mensch, der sich seiner Definition heute sehr sicher zu sein scheint, hat bereits bei der Bestimmung dessen,

»Was den Menschen zum Menschen macht, kann nur in Annäherung erfasst werden«

wann das Menschsein anfängt und wo seine Grenzen sind, Schwierigkeiten. »Unsere Spezies Homo sapiens war nie Gegenstand einer formalen morphologischen Definition, die uns in irgendeiner praktischen Weise helfen würde, unsere Artgenossen in den Fossilien zu erkennen.« (Schwartz & Tattersall 2010, 94 ff.) In der Rekonstruktion der menschlichen Stammesgeschichte müssen wir uns helfen, mit Annäherungen und Wahrscheinlichkeiten der Zugehörigkeit zu arbeiten. Hier geht es uns wie in der Interpretation des Klimawandels, wir müssen lernen, uns von den einfachen Wahrheiten zu verabschieden. Und dies beginnt bereits bei der eigentlich leicht erscheinenden Aufgabe, zu bestimmen, was einen Menschen in seiner Natur ausmacht.

Immerhin gibt es sicher bestimmbare Merkmale, die einen Menschen zum Menschen machen:

Älteste Funde deuten heute darauf hin, dass der Mensch bereits seit 315 000 Jahren existiert, aber erst sehr viel später erste Hochkulturen entwickelt hat. Das Leben und die Entwicklung des Menschen in der Evolution der Arten ist sehr kurz, dafür in der gegebenen Zeit sehr dynamisch. Im Spiel von Mutation und Selektion besitzt der Mensch etliche Vorteile, die seinen Siegeszug beeinflusst haben. Typisch für den Menschen ist der aufrechte Gang, was ihm hilft, nicht nur zweibeinig zu stehen, zu gehen und zu laufen, sondern zugleich unabhängig davon, die Arme zu benutzen und sein Blickfeld zu erweitern. Das Erlernen des Gehens gehört zu den fundamentalen Aufgaben in der Kindheit. Insbesondere die menschliche Hand ermöglicht es, Werkzeuge zu nutzen, zu erstellen, zu verfeinern, um den Überlebenskampf zu unterstützen. Gleichzeitig führt das fehlende Fell dazu, dass der Mensch eine eigene Kleidung herstellen muss und eine sichere Behausung zum besseren Überleben erst in der Natur nutzt und dann aus eigener Kraft erbaut. Das menschliche Gehirn ist größer als dasjenige anderer Primaten. Es ist von hoher Plastizität und kann sich im Laufe der menschlichen Geschichte als äußerst effektiv erweisen, um Sprachen zu entwickeln, aus Erfahrungen zu lernen, Erinnerungen zu bilden und abzurufen, sich aus einem Reiz-Reaktionshandeln abzulösen, Wahrnehmungen von Interpretationen zu trennen, Voraussagen ebenso zu treffen wie rückblickende Schlussfolgerungen.

> »Menschen sind von Natur aus vorteilhaft für das Überleben ausgestattet«

Die menschliche Sexualität ermöglicht einen nicht instinktgebundenen Paarungsrhythmus, wobei der verdeckte Eisprung der Frauen den sexuellen Vorgang von der Vermehrung entkoppelt. Dies ist eine Befreiung von den Instinkten im Vergleich zu vielen Tieren, die den Menschen dazu zwingt, größere Anstrengungen für die Paarung zu unternehmen und umfassendere Beziehungen als andere Säugetiere in der Werbung um Geschlechtspartner zu vollziehen.

Seit etwa 35 000 Jahren wird eine höhere Sprachentwicklung angenommen, die zur Beschleunigung der menschlichen Wirkungen auf die Umwelt beigetragen hat. Kommunikation und Kooperation ermöglichen ein gezieltes gemeinschaftliches Handeln in sozialen Gruppen, die in der Jagd und bei der Produktion von Lebensmitteln Vorteile bringen. Seit der Neolithischen Revolution hat der Mensch begonnen, die Umwelt, die er in der Natur vorfand, umzugestalten. Sesshaftigkeit und erste Landwirtschaft zählen zu den Folgen dieser Umgestaltung. Seitdem beginnt eine zunächst langsame Expansion der Menschen auf der Erde, die seit der industriellen Revolution zu einer schnell wachsenden Weltbevölkerung führte, die in der heutigen Zeit als Überbevölkerung auch als planetare Grenze gesehen wird. Das Anthropozän stellt heute alle Lebewesen des Planeten vor die Herausforderung, dass jeglicher Lebensraum in Luft, auf dem Land und im Wasser vom Menschen mit seinen Eingriffen beeinflusst und begrenzt wird. Nachhaltigkeit ist allerdings kein Zustand, der aus der Evolution des Menschen als zwingend entspringt, denn von Natur her ist der Mensch evolutiv so ausgelegt, dass er alle seine Überlebenschancen zunächst auch gegen alle anderen und alles andere durchsetzen will. Diese Durchsetzungsfähigkeit gehört zwar zu den natürlichen Eigenschaften des Menschen, aber ihre Art und Entfaltung, ihre Besonderheiten und historischen Ausprägungen sind kulturell bedingt und aus der kulturellen Geschichte des Menschen erwachsen

All diese Bestimmungen sind bekannt und zeigen als Ausschnitt aus dem Wissen unserer Herkunft zugleich an, dass die Erfolgsgeschichte des Menschen zwar auf biologischen Voraussetzungen beruht, aber allein aus diesen nicht erklärt werden kann. Deshalb ist es ebenso schwierig, den Menschen wissenschaftlich von Natur aus als gut (etwa Pfaff 2015) oder böse zu bezeichnen. Seit Tausenden Jahren hat eine Kulturgeschichte eingesetzt, die vor allem in den letzten Jahrhunderten explosionsartig dazu geführt hat, dass der Mensch als erfolgreiche Spezies, die sich hin zu einer Überbevölkerung vermehrt, in die Aufteilung, Besetzung und Verteilung der Welt eingegriffen hat. Dabei hat er seit der Industrialisierung und mit dem wissenschaftlich-technologischen Fortschritt nicht nur das äußere Erscheinungsbild der Welt verändert, sondern auch in die natürlichen Kreisläufe von Luft, Wind, Wasser, Erde eingegriffen. Schon früh in seiner Eroberungsgeschichte ist das Bild entstanden, dass es der Mensch den Heuschrecken gleichtue, die ohne Rücksicht auf die Folgen alles kahlfressen, um das eigene Überleben zu sichern. Der Unterschied ist nur, dass es der Mensch nicht instinktbezogen tut, weil er nicht anders kann, sondern bewusst, weil er es so will.

»Das Bild des Menschen als Heuschrecke, die ohne Rücksicht auf die Folgen alles kahlfrisst, gibt es schon lange: Der große Unterschied ist, dass der Mensch nicht instinkthaft, sondern bewusst handelt«

In Anbetracht dieses starken Willens hat der Mensch prinzipiell die Chance, sich ändern zu können und nachhaltiger zu leben. Aber es wäre naiv, nicht zu erkennen, dass ihre biologische Ausgangslage der Menschheit auch dazu verholfen hat, historisch eine Kultur, Industrien, Institutionen, einen Kapitalismus und alle die Konstrukte der menschengemachten Welt zu entwickeln, die heute das bestimmen, was Menschen wünschen, was ihnen Wohlstand und Sicherheit gibt, was immer intensiver über die Zeitalter ihnen einen Erfolg im Überleben gebracht hat und die gesamte Erde beeinflusst. Wenn die Heuschrecke durch fehlende Nahrung an die Grenze des Überlebens geführt wird, so ist der Mensch entgrenzt, er folgt einem Begehren nach einem Mehr, das im wachsenden materiellen Überfluss grenzenlos scheint.

»Der Erfolg der Industrialisierung und des Kapitalismus hat zu dem Irrglauben geführt, dass den Menschen nichts begrenzen kann, dass er zu allem fähig ist«

Die Natur oder die Umwelt ist für Menschen immer schon Ort der Auseinandersetzung, heute vor allem der Forschung, der Wissenschaften und Technologien geworden, um sie zu bezwingen und an die menschlichen Bedürfnisse anzupassen. Manche meinen heute, dass in der Nachhaltigkeit die Natur zurückschlägt, aber genauer betrachtet, schlagen die menschlichen Verursachungen zurück. Die naturwissenschaftlich beschreibbaren Ereignisse haben ihre eigenen Mechanismen, die unabhängig von Ökonomie, Politik, gesellschaftlichen Verhältnissen *als Ereignisse* ablaufen, aber in der Entstehung dieser Ereignisse von Menschen beeinflusst sind. Je mehr Treibhausgase, umso mehr Klimaerwärmung.

Es fällt der Menschheit heute sehr schwer, einen Wechsel der Perspektive zwischen Natur und Kultur, zwischen Naturgesetzen und eigenmächtigem menschlichen Handeln vorzunehmen. Der Erfolg der Industrialisierung und des Kapitalismus hat viele dazu verleitet, den Menschen, der seine Lebensspanne immer weiter ausgedehnt hat und der über alles auf der Welt zu verfügen scheint, nicht mehr als begrenzt anzusehen. Dass es nun ausgerechnet die eigenen Konstrukte und Produkte seiner Handlungen sind, die ihn begrenzen, weil er jenseits oder zusätzlich zu den immer schon vorhandenen Schwankungen in der Natur und Umwelt, den Gefahren aus dem Weltall, dem Erdinneren oder mutierender Krankheiten nun selbst zur größten Gefahr seines Überlebens geworden ist, das wollen viele nicht einsehen.

Die menschliche Haltung eines möglichst unbegrenzten Wachstums war in den früheren Lebensweisen des Menschen günstig, weil Menschen so alles ausprobieren konnten, was ihnen und nur ihnen höchsten Nutzen brachte. Heute sind wir zum ersten Mal mit den menschengemachten Folgen im globalen Maßstab konfrontiert. Wir sind ungeplant und dennoch verantwortlich zu den größten Feinden der Erde geworden.

IV.1.2 Können Katastrophen das menschliche Verhalten in Richtung Nachhaltigkeit verändern?

Wenn Menschen bisher nicht aus Einsicht in die Probleme der Nachhaltigkeit ihr bisheriges Verhalten in großer Mehrheit radikal umsteuern, können sie dann wenigstens aus den Katastrophen der Nachhaltigkeit, die schon ansatzweise vorhanden sind und stetig zunehmen werden, lernen? Die Frage könnte auch lauten, ob Katastrophen notwendig sind, damit Menschen sich verändern, wie das Beispiel der Corona-Pandemie zeigt, oder auch, ob die Bereitschaft zur Änderung des Verhaltens stets nur von zu kurzer Dauer sein wird, um grundlegend und hinreichend wirken zu können.

»Die Krise der heute fehlenden Nachhaltigkeit ist eine Bewährungsprobe der menschlichen Lernfähigkeit«

Der Mensch ist evolutionär darauf angewiesen, mit seiner Umwelt zu interagieren und sich ständig neu an Veränderungen anzupassen. Dazu gehören nicht nur die natürlichen und von außen kommenden Veränderungen, sondern auch solche, die der Mensch selbst verursacht hat. Diese historischen, ökonomischen, sozialen, politischen, kulturellen oder anderen Bedingungen sind über die Zeitalter ebenso angewachsen wie die Umweltschädigungen, die im Anthropozän sichtbar sind. Die Krise einer fehlenden Nachhaltigkeit ist eine Bewährungsprobe menschlichen Lernens und der Möglichkeiten von Verhaltensänderungen, die zur Bewältigung erforderlich werden. Die nachhaltigen Herausforderungen, die gegenwärtig immer sichtbarer werden und eine gefährliche Entwicklung nehmen, sind menschengemacht, ebenso muss es eine menschliche Lösung dieser Situation geben. Gleichwohl haben viele Menschen bis heute das Ausmaß der Herausforderungen noch nicht umfassend genug erkannt (vgl. beispielsweise Capstick et al. 2014, Reser et al. 2015).

In mehreren Schritten will ich die Frage der Wirkung von Risiken und Katastrophen auf das menschliche Verhalten in fünf Unterkapiteln untersuchen:

Erstens will ich wesentliche Forschungslinien darstellen und erläutern, was die Nachhaltigkeitskrise derzeit noch so besonders macht, dass Menschen zwar wissen und überwiegend anerkennen, was sie tun müssten, es aber dennoch nicht machen. Offensichtlich ist die Krise aktuell noch nicht dramatisch genug, und aus den bestehenden Risiken und eingetretenen Katastrophen werden noch zu geringe Schlüsse gezogen.

Zweitens zeigt der Sonderfall die Bewältigung der Corona-Pandemie, die selbst eine Krise aus den Bedingungen des globalen Wandels der Gegenwart ist, wann und inwieweit der Mensch bei sehr konkreten und plötzlich eintretenden Ereignissen in der Lage ist, sein Verhalten an die Erfordernisse einer lebensbedrohlichen Krise anzupassen. Welche Bedingungen müssen erfüllt sein, damit der Mensch sein Verhalten in aktuellen dramatischen Situationen so ändert, dass ein möglichst hohes Überleben gewährleistet ist?

Drittens gibt es Studien zum menschlichen Risikoverhalten. Welche Bedingungen müssen generell erfüllt sein, damit Menschen ihr Verhalten rational aus einer Analyse von Risiken abändern? Und welche Risiken gelten dann als stärker oder schwächer?

Viertens geht es darum, inwieweit sich nachhaltiges Verhalten von außen, durch Programme und Maßnahmen positiv im Sinne der Nachhaltigkeit beeinflussen und steuern lässt.

Fünftens diskutiere ich abschließend, wie erfolgreich sich Nachhaltigkeit von außen vorschreiben lässt.

IV.1.2.1 Forschungslinien über Verhaltensänderungen bei Katastrophen

Die Forschung über die Anpassung des menschlichen Verhaltens an die Bedingungen des Klimawandels – als einem wesentlichen Feld der Nachhaltigkeitskrise – gehen von drei größeren Forschungslinien aus (Grothmann & Patt 2005, 200ff.):

Erstens gibt es schon seit längerer Zeit Untersuchungen darüber, inwieweit Naturkatastrophen wie Erdbeben, Überflutungen und Brände auf betroffene Menschen und ihr Verhalten wirken. Insbesondere im Zusammenwirken mit einer massenmedialen Aufbereitung solcher Ereignisse zeigt die Forschung den vielleicht überraschenden Befund, dass Menschen unter der Unsicherheit des Auftretens solcher Ereignisse systematisch die Auftretenswahrscheinlichkeit und ihre persönliche Betroffenheit selbst bei klar vorhandenen und für sie auch sichtbaren Risikofaktoren unterschätzen. Solche Erkenntnisse lassen sich auf die Probleme der Nachhaltigkeit übertragen, denn auch hier sind die Risken zwar theoretisch bekannt, aber die Unsicherheit über den Zeitpunkt des Eintretens verhindert eine unmittelbare Reaktion im Verhalten.

> »Menschen unterschätzen Naturkatastrophen, sofern sie nicht unmittelbar betroffen sind«

Zweitens haben Forschungen gezeigt, wie ein Mangel an Nahrung und eine Unsicherheit in der Nahrungsversorgung für größere Menschengruppen unter bestimmten Bedingungen der Dürre oder Überflutungen und verstärkt durch soziale Strukturen eintreten und was dies für das Verhalten bedeutet. Diese Untersuchungslinie steht bereits in einem klaren Zusammenhang zum Klimawandel. Die Länder im globalen Süden sind hier deutlich stärker betroffen als die reicheren Länder des Nordens, die besser auf Auswirkungen des Klimawandels wie Dürre oder Überflutungen reagieren können. So können zum Beispiel Missernten und lokale Einbußen in den reichen Ländern leichter durch Importe kompensiert werden als in armen Ländern, sodass die Wirkungen auf das Verhalten sehr unterschiedlich ausfallen. In reichen Ländern entsteht aus solchen Ereignissen meist nur eine geringe Verhaltensänderung. In den armen Ländern verstärken die Ereignisse den ohnehin schon täglichen Überlebenskampf. Es ist zu

> »Die regionalen Erfahrungen bestimmen das Verhalten stärker als eine Gesamtbedrohung«

beobachten, dass die Verhaltensspielräume im Überlebenskampf hier auch deutlich geringer ausfallen.

Drittens gibt es in der wachsenden Wahrnehmung des Klimawandels zwar die Einsicht, dass es größerer politischer Maßnahmen bedarf, um das Verhalten der Menschen in Richtung auf mehr Klimaschutz zu verändern, aber die Forschung ist hauptsächlich darauf fokussiert, wie durch solche Maßnahmen die Umweltschäden in Teilbereichen so verringert werden können, dass der Klimawandel verlangsamt werden kann. Wegen der Unsicherheit von Wahrscheinlichkeitsmodellen, die keine exakten Prognosen über die genau zu erwartenden Wirkungen machen können, gibt es eine Unzahl von Studien und Gegenstudien, die das Feld oft in kleinen Segmenten zu beschreiben versuchen. Dabei gibt es eine Anpassung des Verhaltens an den Klimawandel, die Menschen mit mehr materiellen Möglichkeiten leichter bewerkstelligen als arme Menschen. Es gibt ein Fehlen vor allem systemischer Betrachtungsweisen, wie sie Ison & Straw (2020) in Bezug auf den Klimawandel einführen wollen. Die Abschwächung des Klimawandels durch Verhaltensänderungen ist bei systemischen Betrachtungen eine wichtige Frage, weil hier von der kurzfristigen Reaktion in Richtung langfristiger Handlungskonsequenzen umgedacht werden muss. Bei der Anpassung wirkt vor allem der Druck der ausgelösten Veränderungen auf die Verhaltensweisen, der Mensch passt sich nur an die von ihm ausgelösten Effekte an. Bei der Abschwächung des Klimawandels wirken allein umfassende und pro-aktive Verhaltensänderungen, die jedoch in der Regel nie direkt und in kurzen Zeiträumen sichtbar werden. Zudem kann die Abschwächung nur global erreicht werden, weil lokale Maßnahmen meist nicht breit genug wirken können. Gleichwohl konzentriert sich die Mehrzahl der Forschungen auf lokale Bedingungen und zeitlich begrenzte Ereignisse, um überhaupt konkret zu zeigen, welche Maßnahmen welche Wirkungen hervorrufen können. Bereits auf lokaler Ebene zeigen sich viele Hindernisse und Widerstände, die in den Studien der reichen und der armen Länder sehr konträre Verläufe nehmen. Wo die reicheren Länder Hindernisse und Widerstände insbesondere bei Verzichtleistungen eines bisher gewohnten Lebensstandards und Lebensstils erfahren, da zeigt sich in den ärmeren Ländern das Streben, überhaupt erst einen solchen Standard und Lebensstil zu erreichen, bevor an die Möglichkeit politischer Maßnahmen, etwa zum Klimaschutz, gedacht wird.

»Die Nachhaltigkeitskrise ist so umfassend, dass sie in kleinere Dimensionen aufgeteilt werden muss, um überhaupt erfasst werden zu können«

Diese Forschungslinien selbst sind gegenwärtig in starker Bewegung, denn die Faktoren, die Nachhaltigkeit beeinflussen, befinden sich im schnellen Wandel, die Bereiche der Nachhaltigkeit sind sehr groß (der Klimawandel ist nur ein Bereich der Risiken), und die Forschungsansätze und Perspektiven sind weder einheitlich noch umfassend aufeinander abgestimmt. Nachhaltigkeit ist ein inter- und transdisziplinäres Forschungsfeld, aber die Wissenschaften sind bisher eher nach Fachrichtungen aufgeteilt, die nur selten als große Forschungsverbünde organisiert und finanziert werden. Zugleich ist die Forschung in ihrer zunehmenden Vielfalt nur die eine Seite, eine andere wird durch die Politiken der Nachhaltigkeit gebildet, die sich sehr unterschiedlich auf wissenschaftliche Erkenntnisse rückbeziehen oder diese sogar einfach ignorieren.

IV.1.2.2 Können wir aus der Corona-Pandemie etwas für die Bewältigung der Nachhaltigkeit lernen?

In Wuhan ereignete sich der Corona-Virus-Ausbruch als etwas, das zwar recht schnell wissenschaftlich nachweisbar war und von Anfang an viele Todesfälle zur Folge hatte, das aber gesellschaftlich nicht wahr sein durfte. Der Arzt Li Wenliang warnte bereits im Dezember 2019 in einem Chat mit Kollegen vor einer möglichen Pandemie, da waren schon Wochen der Ausbreitung vergangen, und doch wurde das Ereignis politisch ignoriert und öffentlich verschwiegen. Er wurde daraufhin von der Polizei verwarnt und zum Schweigen verpflichtet, wie es in China bei Ereignissen, die nicht sein sollen, üblich ist. Am 7. Februar 2020 starb der Arzt mit 33 Jahren selbst an der Krankheit und wurde zum Symbol für ein gesellschaftliches Systemversagen, das die ganze Welt betreffen sollte. Die Schweigetaktik im autoritären System Chinas hatte grundsätzlich verhindert, die Pandemie in der Anfangsphase so einzudämmen, dass sie sich nicht international ausbreitet. Nachdem dieser Punkt verpasst worden war, gelang es China durch rigide Maßnahmen der Kontaktsperre und Absperrung großer Gebiete dann jedoch, die Pandemie im eigenen Land so zu bremsen, dass die Ausbreitung in China selbst minimiert werden konnte. Da war die internationale Ausbreitung schon im vollen Gang, und sie offenbarte, dass die reichen Länder keineswegs vor ihr geschützt waren. So hatten die USA die meisten Todesfälle und sehr hohe Infektionszahlen, insbesondere weil nur unzureichende Maßnahmen ergriffen wurden. Abstand, Kontaktbegrenzung, Masken und Hygiene wurden zu den Zauberwörtern einer Pandemiebekämpfung, deren Ende ebenso der Wahrscheinlichkeitsbeurteilung unterliegt wie andere Katastrophen auch, die nicht auf einmal, begrenzt, abgeschlossen erfolgen.

> »Die Pandemie zeigt, wie verwundbar unsere Welt ist«

Die Corona-Pandemie zeigt exemplarisch, wie Länder auf Katastrophen reagieren können und wie effektiv ihr Handeln ist. In vielen Staaten, so insbesondere auch in Deutschland, gab es massive Einschnitte in das öffentliche und private Leben durch Versammlungsverbote, Schließung gefährdeter Bereiche, Maskenpflicht, Abstandsregelungen bis hin zu zeitweisen Ausgangssperren. Alle diese Maßnahmen wie auch Versuche, die Verbreitung durch Apps zu beobachten und geeignete Impfstoffe oder Medikamente zu fin-

> »Das Virus ist überall gleich, die Politik reagiert unterschiedlich«

den, beziehen sich auf die Bekämpfung einer Ausbreitung. Erst nach und nach lernte man das Virus näher kennen und zu bestimmen. Unabhängig von dieser Kenntnis gelten bei einer Pandemie klare Regeln: möglichst schnelle Identifizierung und dann Isolation von Infizierten; soweit es möglich ist, eine klare Identifikation der Infektionsketten, dabei eine Identifikation aller Kontaktpersonen und Durchführung einer Quarantäne. Hierbei setzt die Kontrolle in den demokratischen Ländern zugleich auf eine Einsicht der Betroffenen, da bei einem massenhaften Ausbruch nicht alle Infizierten hinreichend überwacht werden können. Diktaturen ergreifen eher rigide Maßnahmen der Überwachung. In vielen Ländern zeigte sich aber auch, dass die Selbstkontrolle der Menschen zu einem gewissen Grad über eine gewisse Zeit tatsächlich ausreichen kann, die eigene Gesundheit und die anderer zu schützen. Bei einer konkreten Bedrohung durch eine Krankheit und den Tod sind zumindest viele Menschen bereit, ihr Verhalten an die Gegebenheiten anzupassen. Je länger allerdings der Zustand dann andauert, desto stärker werden Bestrebungen, die Beschränkungen aufzuweichen und den Tod von Risikogruppen oder Einzelnen in Kauf zu nehmen.

Das Hauptmittel gegen eine Pandemie ist die soziale Distanzierung, um Kontaktketten zu verhindern. Dieses Mittel ist aber zweischneidig, weil es nicht nur den Virus stoppt, sondern auch große Teile der Wirtschaft lahmlegt und zu starken Einbußen auf allen Ebenen des ökonomischen, sozialen und kulturellen Lebens führt. Insbesondere eine neoliberale Ökonomie ist hier im Zweifel, ob sie eher das menschliche oder das wirtschaftliche Leben schützen sollte. Hierzu zeigen die Länder der Welt unterschiedliche Ansätze, und es wird eine eigene Analyse wert sein, die Corona-Pandemie im Nachhinein auf diese Frage hin zu beurteilen.

In der Politik der Katastrophenbewältigung zeigen sich bisher sehr klar drei Gesetzmäßigkeiten im Vergleich der Länder:

Verschiedene Ansätze zur Bewältigung der Katastrophe

Erstens sind diejenigen im Vorteil, die schnell und klar handeln, in denen die Politik sich auf die wissenschaftliche Expertise stützt und in Abwägung der Risiken für die Gesundheit der Bevölkerung darauf setzt, dass Risikogruppen geschützt und der einzelne Wert jedes menschlichen Lebens geachtet wird. Es sind dies Regierungen, die wirtschaftliche Nachteile in Kauf nehmen, aber zur Ankurbelung der Wirtschaft dann auch enorme Summen mobilisieren, um die Ökonomie nicht zu sehr zu zerstören. Dies führt zu einer Haltung, die Krise in den Griff bekommen zu wollen. Die Sterberaten in diesen Ländern sind im Vergleich die niedrigsten.

Zweitens sind die Sterberaten auch dort niedriger, wo schon vor der Krise ein hohes Niveau an Sozial- und Gesundheitsfürsorge vorhanden war, wo die Spaltung nach Arm und Reich nicht große Gruppen von wesentlichen Grundbedürfnissen ausschloss, wo ein höheres Bildungsniveau und vor allem auch eine noch breite Akzeptanz der Wissenschaften vorherrschte. Dabei spielen auch die Medien in ihrer Wahrnehmung und Beurteilung des Krisenmanagements eine große Rolle.
Drittens sind Länder mit populistischer Führung wie die USA mit Trump oder Brasilien mit Bolsonaro in einem deutlichen Nachteil. Auch wenn sie später als etwa Italien, das wenig auf die Pandemie vorbereitet war, getroffen wurden und eigentlich genug Zeit gehabt hätten, eindämmende Strategien vorzuhalten, so führt der selbstherrliche Anspruch ihrer Politik und die Ignoranz gegenüber der Wissenschaft dazu, dass eine hohe Sterberate in Kauf genommen wird. Zugleich wird hier deutlich, dass die wirtschaftliche Leistung durchgehend vor die Gefahr für das menschliche Leben gestellt wird. Es sind dies Länder, die auch in der Nachhaltigkeit mehr als andere versagen.

Diese drei klar beobachtbaren Wirkungen zeigen heute an, was auch bei den zu erwartenden Katastrophenfällen aus der Nachhaltigkeitskrise erwartet werden kann. Im Krisenfall ist eine Politik der Wahrheit und nicht eine Politik der Wunschvorstellungen gefragt, wenn es um Überlebensfragen geht. Die schnelle Ausbreitung der Pandemie zeigt bereits, wie empfindlich das globale System des Reisens und der Kontakte für die Verbreitung von Krankheiten ist. Dies ist eine der Wirkungen der Globalisierung, wie sie aber auch für die weiteren Phänomene der Veränderungen in Zukunft gelten werden.

Die Corona-Pandemie weist aber auch darauf hin, wie wichtig es für die Nachhaltigkeitskrise und ihre möglichen Folgen ist, sich mit der Frage zu beschäftigen, ob und inwieweit Katastrophenereignisse auf das menschliche Verhalten und Chancen für Verhaltensänderungen wirken. Durch dieses Wissen könnte es dann möglich werden, auf das Verhalten während oder vor einer neuen Katastrophe einzuwirken, um diese abzuwenden oder Szenarien zu schaffen, die ein Überleben für möglichst viele bereithalten. Ich will mich jetzt den Forschungen zu diesen Fragen zuwenden, um zu zeigen, inwieweit bedrohliche oder katastrophale Ereignisse auf die Veränderung des menschlichen Verhaltens wirken.

IV.1.2.3 Lassen sich Menschen durch Risikoanalysen beeinflussen?

Risikoanalysen, wie sie ökonomisch nach dem Rational-Choice-Modell durchgeführt werden, zeigen, dass Menschen ihre Entscheidungen überraschenderweise oft nicht nach den Erwartungen von Nützlichkeitsüberlegungen treffen. Individuen sind nur begrenzt rational gebunden, wie Simon (1955, 1957) herausstellt. Eine breite verhaltensökonomische und psychologische Forschung bestätigt seither, dass Menschen, wenn sie nicht hinreichend informiert sind und auch nicht die eher seltene Fähigkeit besitzen, die Konsequenzen ihrer Entscheidungen hinreichend absehen zu können, eher kurzsichtig, gefühlsmäßig und nach bisher bewährten Verhaltensmustern handeln. Wenn etwa die Wahrscheinlichkeiten nicht sicher berechnet und dargelegt werden können, aber Ergebnisse oder Wirkungen eingeschätzt werden müssen, dann fallen Menschen leicht auf das zurück, was sie schon kennen (*availability heuristic* nach Tversky & Kahneman 1973). Wenn Risiken hohe emotionale Betroffenheit einschließen – wie es bei der Klimakrise oft der Fall ist –, dann neigen Menschen dazu, Wahrscheinlichkeiten zu ignorieren (*probability neglect* nach Sunstein 2002). Bei eher seltenen Katastrophen oder angenommenen großen Schäden gibt es ohnehin die Tendenz, ihre Wahrscheinlichkeit für das eigene Leben herunterzuspielen. Nach Tversky & Kahneman (1974) zeigen Experimente, dass Menschen sich gern auf sofort verfügbare oder auch erwünschte Informationen beziehen, statt intensiv zu recherchieren und neues Wissen zu erwerben. Dies entspricht auch der Tendenz im Verhalten, immer dann das schon Vorhandene gegenüber möglichen Veränderungen zu bevorzugen, wenn es aktuell mehr Vorteile und Bequemlichkeiten als die Veränderung bringt.

»Die Menschen bevorzugen kurzfristige, gefühlsbezogene und vertraute Verhaltensmuster«

In der Ökonomie ist besonders zu beobachten, dass jene Handlungsweisen, die bisher Gewinne einbrachten, deutlich besser bewertet werden als jene, deren Ergebnisse in einer unklaren Zukunft liegen (zu den klassischen Risikotheorien vgl. etwa Posner 2004, Slovic 1987, Sunstein 2005, 2007). Deshalb wird meist nach dem Standardmodell verfahren, in dem der zu erwartende Nutzen aus bisherigen Konsumentenhaltungen gegenüber der unsicheren Konsumentenhaltung einer möglichen Zukunft bevorzugt wird, um eine wachstumsorientierte Strategie beibehalten zu können. Mit den Risiken der Nachhaltigkeit ist es so wie mit Risiken eines veränderten Konsumentenverhaltens, und man geht davon aus, dass die Ökonomie genauso ablehnend dem Abbau des Konsums gegenüberstehen wird, wie der einzelne Konsument eine Einschränkung seines Konsums ablehnen wird (Rheinberger & Treich 2017, 611).

»Gewinne werden oft überschätzt, Risiken hingegen unterschätzt«

Menschen sind in der Einschätzung von Risiken in ihrem Handeln so stark beeinflussbar, dass sich mittlerweile eine ganze Beratungsindustrie entwickelt hat, die ihrerseits die Risiken besser einschätzen und rationalisieren soll. Diese Expertokratie des »Rational Choice« bildet nicht nur einen Rahmen für die Ökonomie-, sondern auch die Politikberatung.

Im Hinblick auf die Unsicherheiten in der wachsenden Nachhaltigkeitskrise sind die hoch entwickelten Beratungskonzepte des »Rational Choice«, die viele Studiengänge wie Forschungen durchdringen, allerdings nur von begrenztem Wert. Es gibt dabei ein Betrachtungs- und Ereignisfenster, das vor allem Kosten und Nutzen von Aktionen gegen die Krise zu ermitteln versucht, aber von Strafen gegen die Verursacher eher absieht. Dann heißt es: »Durch die Analyse einer Reihe von Szenarien und Schätzungen können wir einen Aufwand zur Risikominderung ermitteln, bei dem der Nutzen die Kosten deutlich übersteigt, und einen Aufwand, bei dem die Kosten den Nutzen deutlich übersteigen. Dann können wir die Politik darauf ausrichten, in diesem Fenster zu bleiben. Für den Klimawandel kann ein ähnlicher Ansatz gewählt werden, wenn man ein gewisses Vertrauen in die Bewertung der Kosten verschiedener Politiken, aber eine große Unsicherheit über den potenziellen Nutzen hat. In diesem Fall könnte man untersuchen, wie groß der potenzielle Nutzen sein müsste, um in einem Portfolio für die Auswahl einer Gruppe von Optionen gegenüber einer anderen zu plädieren.« (Kousky et al. 2009, 11)

»In Bezug auf die Nachhaltigkeit geht es immer mehr um Risikomanagement anstatt um Risikovermeidung – auch hier gilt: ›no glory in prevention‹«

Vor diesem Hintergrund erscheinen in der Risikoforschung Maßnahmenpakete, die ich bereits mehrfach aus Sicht der Nachhaltigkeitsforschung hervorgehoben habe. Vor allem die Reduzierung der Treibhausgasemissionen steht bei vielen Analysten im Vordergrund. Dabei gibt es erhebliche Spannungsverhältnisse, die ich bereits mehrfach angesprochen habe und hier nochmals kurz unter der Perspektive der Risiken erinnern und zusammenfassen will:

Die Eindämmung der Treibhausgasemissionen steht im Konflikt mit der herkömmlich fossil ausgerichteten Industrie (vgl. Angus 2016, Mitchell 2013). In Kosten-Nutzen-Rechnungen kommt die fossile Energie immer deutlich günstiger weg als andere Energieformen, weil und insofern die Schädigungen des Planeten entweder als Kosten ignoriert oder mit aktuellen Werten angesetzt werden, statt die Schäden in der Zukunft prognostisch hinreichend zu kalkulieren. Immerhin wurden überhaupt Klimaziele festgelegt, aber seither wurden diese immer wieder verfehlt. Zurzeit steht das 2-Grad-Ziel im Fokus. Aber was es faktisch bedeuten wird, das bleibt eher unklar. Bereits jetzt ist erkennbar, dass Unwetterschäden zunehmen, vor allem aber die Ausgangsbasis von Überflutungen, großen Bränden und Dürren sich negativ entwickelt hat. Insbesondere Kaskadeneffekte treten hervor, wenn etwa eine Dürre in bestimmten Regionen den Hunger verstärkt, Migrationsströme auslöst, andere Länder in Mitleidenschaft zieht usw. Die Zunahme von Kipp-Punkten ist wahrscheinlich. Der Kapitalismus wird aber immer auf dem Status quo beharren, sofern die Gewinne stimmen, und er wird durch seine geldstarken und einflussreichen Lobbygruppen der Politik und den Menschen drohen, dass Wohlstand und Arbeitsplätze gefährdet sind, wenn auch nur leichte Veränderungen in den Kosten entstehen. Das Angebot, das sich am leichtesten realisieren lässt und durch bestehende Strukturen die höchsten Gewinne abwirft, wird immer bevorzugt werden. Exemplarisch kann dies an der Unfähigkeit der Automobilindustrie studiert werden, vom Verbrennungsmotor auf bessere Antriebsarten umzusteigen oder das Auto überhaupt zugunsten eines optimierten Nah- und Fernverkehrs aufzugeben. Das Elektroauto ist von vornherein mit einer schlechten Öko-Bilanz aufgeladen, und der Wasserstoffantrieb wird vorrangig deshalb nicht verfolgt, weil er die Anschaffungskosten des Autos erhöht und damit weniger für Massenproduktion und hohe Gewinne geeignet ist. Solange die Gewinnmaximierung das Handeln bestimmt, solange werden ökologisch sinnvolle Vorgehensweisen gehemmt.

»Solange unser Handeln von Gewinnmaximierung bestimmt wird, werden ökologisch sinnvolle Vorgehensweisen gehemmt bleiben«

Zugleich wird in der Risikowahrnehmung die Versicherung von zukünftigen Schäden unter dem Oberbegriff der Naturkatastrophe entzogen. Versichern lassen sich im kapitalistischen Wirtschaftsmodell nur Ereignisse, die drei wesentliche Voraussetzungen erfüllen: Sie müssen unabhängige und identische Verluste darstellen, realisierbare Prämien ermöglichen und eine Bestimmbarkeit der Verluste gestatten (Kousky et al. 2009, 11). Die Risiken der Treibhausgasemissionen lassen sich nicht versichern, sie können nur durch politische Regulation minimiert werden.

Die gegenwärtige Anpassung an den Klimawandel geschieht überwiegend auf nationaler Ebene. Wäre die Menschheit global vernünftig, dann würde sie die Verursacher von Schäden über alle nationalen Grenzen hinweg ausmachen und proportional zur Schädigung zur Verantwortung ziehen. Dies ist dem kapitalistischen System durchaus vertraut, aber es wird in der Nachhaltigkeit außer Kraft gesetzt. Erstens sind die Vereinbarungen etwa der Klimaziele nicht verbindlich für alle. Zweitens gibt es keine Strafen, sondern nur die Hoffnung auf einen guten Willen. Drittens können die Menschen niemanden verklagen, der gegen die globalen Grenzen verstößt, sondern nur moralische und politische Mahnungen aussprechen und in den einzelnen Nationen entsprechende Parteien wählen, die sich stärker für die Ökologie einsetzen. Gleichzeitig wird den Menschen jedoch überall versprochen, dass die Welt und die UN und fast alle Nationen sich um die Nachhaltigkeit sorgen. Aber es gibt bisher keine internationalen exekutiven Eingriffe, die verhindern, dass Brasilien den Regenwald zerstört oder Industrieländer die Atmosphäre über alle Maßen schädigen. Die Masse der bisherigen Maßnahmen ist bis heute national ausgelegt, dabei eher regional oder spezifisch für Einzelfragen erarbeitet, sodass bereits in den Anpassungsleistungen an den schon stattfindenden Klimawandel ein Stückwerk und Kompetenzgerangel entstehen. In Deutschland entscheidet das Verkehrsministerium, dass ein Tempolimit nicht notwendig sei, obwohl das Umweltministerium die Notwendigkeit begründet. Leider bestimmen politische Interessen im Hinblick auf Wahlen die heutigen Klimamaßnahmen mehr als vernünftige Einsichten.

Am schwierigsten sind die antizipierten Gefahren zu kalkulieren, weil die Verluste zwar immens sein können, sich aber heute noch nicht genau berechnen lassen. Hier steht das kapitalistische Wirtschaftssystem mit seiner immer eher kurz- und mittelfristig ausgelegten Strategie der Gewinnmaximierung einer nachhaltigen Wirtschaftsweise am klarsten im Weg. Es ist bisher noch nicht einmal gelungen, hinreichende Anreiz- oder Belohnungssysteme so einzurichten, dass nachhaltige Effekte wahrscheinlicher werden. Die Impulse zur Ankurbelung der Wirtschaft in Krisenzeiten geben dafür ein gutes Beispiel: Immer wieder werden Verbrennungsmotoren und besonders schädliche Diesel oder fragwürdige Hybrid-Modelle gefördert, um der Wirtschaft auf die Beine zu helfen, obwohl damit nachhaltig der Ökologie und den Treibhausgasen vorsätzlich geschadet wird.

IV.1.2.4 Lässt sich das Verhalten in Richtung Nachhaltigkeit steuern?

Vor diesem Hintergrund ist es aus meiner Sicht besonders wichtig, sich mit den Möglichkeiten und Chancen der Verhaltensänderungen zu beschäftigen, wie ich es bereits im ersten Band in Bezug auf die Barrieren der Verhaltensänderung getan habe. Die Chancen, die Menschen als Gemeinschaft zu erreichen, werden bereits durch die Spaltung der Menschheit in diejenigen, die den Klimawandel anerkennen, und diejenigen, die ihn leugnen, erschwert oder gar verunmöglicht.

Wie also können solche Einstellungen geändert werden und wie können sich Änderungen in den Einstellungen und Überzeugungen dann auch auf ein verändertes Verhalten auswirken?

Vier Mythen im Naturverstehen

Nach Adams (1995) gibt es im Hinblick auf das menschliche Naturverstehen immer wieder vier Mythen, die das Spannungsverhältnis von Werten und Nachhaltigkeit beeinflussen. Diese Mythen erscheinen in Befragungen über die Natur und ihre Wirkung mit einer gewissen Häufigkeit:

Erstens gibt es eine Gruppe von Menschen, die die Natur für launisch halten. Sie glauben, dass die Natur unvorhersehbar ist, dass sie alles nach eigenen Regeln bestimmt und verändert und somit kaum beeinflussbar ist.

Zweitens gibt es jene, die die Natur stets als gut sehen, weil sie selbst dann, wenn alles aus dem Gleichgewicht geraten ist, immer neue Wege der Anpassung und Fortentwicklung finden wird. Selbst im schlimmsten Fall, wenn eine fehlende Nachhaltigkeit das Leben auf der Erde zerstört, wird die dann einsetzende Evolution ein neues, wenngleich vielleicht anderes Leben ermöglichen.

Drittens gibt es Menschen, die denken, dass die Natur sehr fragil, empfindlich und flüchtig ist, sodass bereits kleine Verstörungen und Veränderungen drastische Konsequenzen nach sich ziehen könnten.

Viertens glauben manche, dass die Natur zunächst sehr tolerant im Überlebenskampf ist, aber ab einem gewissen Punkt und beim Erreichen gewisser Grenzen in ihren bestehenden Formen kollabieren wird.

Vor dem Hintergrund dieser vier Perspektiven und der Risiken im Umgang mit der Natur, die gewisse Momentaufnahmen aus gegenwärtigen Diskussionen und Mythen über die Natur darstellen, sind Menschen, die von einer fragilen und empfindlichen Natur ausgehen, am meisten nachhaltig orientiert, wohingegen jene, die die Natur als gut und stets selbstreinigend begreifen, sich am geringsten für Nachhaltigkeit interessieren. Wer die Natur für unberechenbar hält, der schätzt die menschlichen Einflüsse als geringer ein als die Gruppe, die anerkennt, dass es immerhin Grenzen der Natur geben kann.

»Viele Menschen glauben mehr der eigenen begrenzten Erfahrung als der Wissenschaft«

Dabei wird das Interesse an der Nachhaltigkeit auch durch die Nähe der kritischen Umweltereignisse bestimmt. Viele Menschen weltweit glauben, dass die Umweltkrise bei ihnen vor Ort schwächer ist als in der übrigen Welt (Gifford et al. 2009). Wenn Menschen die Risiken durch Katastrophen einschätzen, dann glauben die meisten ihren eigenen begrenzten Erfahrungen immer mehr als denen von anderen oder wissenschaftlichen Erkenntnissen (vgl. etwa Kamiya & Yanase 2019).

Die Forschung ist auf das individuelle Verhalten fokussiert

Es gibt zum nachhaltigen Verhalten eine Vielfalt an Theorien und Modellen. Die Mehrzahl der Forschungen ist auf das individuelle Verhalten fokussiert, weil Verhaltensänderungen immer individuell vollzogen werden müssen und hier auch leichter als für soziale Gruppen zu erforschen sind. Gezielte Untersuchungen und Vorschläge gibt es etwa auf der individuellen Verhaltensebene zum Energiesparen in Haushalten, zur Nutzung des Autos, zu einem besseren Reiseverhalten, zum Recyclen, zu einer anderen Art der Textilherstellung und besseren Wiederverwertungskonzepten, zur Vermeidung von Fleischverzehr und vielen anderen mehr. Allerdings schließt die individuelle Ebene indirekt immer auch die produzierende Ebene mit ein. Die Produktions- und Konsumkreisläufe weisen vielfache Schwächen sowohl in der für die Umwelt schädlichen Herstellung als auch einer schwachen Wiederverwendung auf. Aber es gibt deutlich zu wenige Forschungen, die sich mit einer Regulierung solcher Kreisläufe befassen. Der Konsum ist in den globalen Produktions- und Zirkulationsketten grundlegend auf schnellen Verkauf und nur in geringem Ausmaß auf Nachhaltigkeit ausgelegt. Im Neoliberalismus greift der Staat nicht ein, um Versäumnisse oder Schädigungen der Unternehmen an Natur und Umwelt konsequent zu erfassen. Auch wenn es zahlreiche Vorschläge für eine bessere Regulierung in einzelnen Sektoren gibt, so scheitern sie bisher in der Praxis an einem kurzfristigen und stark auf Freiwilligkeit setzenden Bewusstseins, das die notwendigen Regulationen falscher Anreize in der Produktion und im Konsum in zu geringem Ausmaß reflektiert. Wenn beispielsweise schon lange bekannt ist, dass insbesondere die Textilproduktion eine ökologisch schädliche und für die Treibhausgase sogar noch schlimmere Bilanz als der Verkehr und Flugzeuge hat, dann muss gefragt werden, wieso die Staaten hier nicht regulierend durch eine Umstellung der Produktion oder Beschränkung der Importe darauf einwirken. Das würde alle Textilien verteuern, kann aber auch ihre Haltbarkeit verlängern. Entscheidend im Verhalten der Menschen aber ist es, dass sie solch teure, haltbare und dann weniger wechselnden Moden folgende Produkte auch kaufen wollen und können. Die Langsamkeit, mit der hier gegenwärtig ein Bewusstseinswandel Richtung *zero waste* erfolgt, erhöht die Schädigungen durch eine Verbreiterung des Konsums so stark, dass die Grenzen des Wachstums immer sichtbarer werden.

»Es gibt viel Forschung zum *individuellen* Verhalten in Nachhaltigkeitsfragen, die *Produzenten* nicht-nachhaltiger Produkte werden hingegen fast gar nicht erforscht«

Auf der Seite der psychologischen Faktoren, die das Verhalten beeinflussen, haben die Theorien des geplanten Verhaltens nach Ajzen (1991) und Ajzen & Fishbein (1980) als kognitive Strategien in Maßnahmen zur nachhaltigen Verhaltensänderung Verbreitung gefunden. Nennenswert sind auch das Werte-Überzeugungsmodell (*value-belief-norm model*) nach Stern (2000), die Normen-Aktivierungs-Theorie (*norm activation theory*) nach Schwartz (1977) oder die Fokus-Theorie des normativen Verhaltens (*focus theory of normative conduct*) nach Cialdini, Reno, & Kallgren (1990). Diese frühen Theorien mussten stark erweitert werden, weil sie insbesondere emotionale und soziale Faktoren unterschätzen. Die Verhaltensforschung hat heute einen Stand erreicht, der deutlich besser als früher erkennen lässt, dass der Mensch keineswegs nur rational und nach kognitiven Entscheidungen handelt, sondern immer auch emotional angesprochen sein will und hieran sein Handeln orientiert (vgl. erweiternd auch den ersten Band, III.3).

Nach Gifford & Nilsson (2014) sind vor allem persönliche und soziale Faktoren für Verhaltensänderungen entscheidend. Ich fasse diese Analyse nachfolgend mit eigenen Ergänzungen versehen zusammen:

Persönliche Faktoren

Persönliche Faktoren verweisen auf die unterschiedlichen Voraussetzungen und Ausgangspunkte von Menschen, sie beachten die Unterschiedlichkeit von Menschen und die Spannung von Gemeinsamkeit und Gegensätzlichkeit im Verhalten.

Wunsch oder Wirklichkeit bei Befragungen: Bei allen Studien zum ökologischen Verhalten ist immer zu berücksichtigen, dass sie meistens einer Selbsteinschätzung der Befragten folgen, sodass ein erwünschtes Verhalten – aus dem Bild des sozialen Mainstreams oder eigenen Vorstellungen – berichtet wird, obwohl das tatsächliche Verhalten erheblich davon abweicht. Insoweit ist bei allen Befragungen auch zur Nachhaltigkeit immer anzunehmen, dass es bei den Ergebnissen eine Verzerrung zwischen Wunsch und Wirklichkeit gibt.

»Empirische Befragungen zur Nachhaltigkeit fragen eher Wünsche, weniger Wirklichkeiten ab«

Kognitive Verzerrungen (*cognitive bias*) bezeichnen meist unbewusste, fehlerhafte Neigungen in der Wahrnehmung, beim Erinnern, beim Vorstellen, Denken und Urteilen. In der Nachhaltigkeit ist die Verzerrung zwischen Beobachtung und Teilnahme typisch. Als Beobachter sind Menschen eher in der Lage, kritisch auf ihr Verhalten zu schauen und mehr umweltbewusstes Verhalten von sich und vor allem anderen einzufordern. Als Teilnehmende an bestimmten Vorverständigungen, Abläufen oder in routinierten Handlungsweisen hingegen vergessen sie schnell die eben noch gemachten Beobachtungen an sich und anderen. Sie fallen leicht aus Gewohnheiten oder Nachlässigkeit in Muster des Handelns zurück, die negative nachhaltige Wirkungen erzeugen. Typisch ist hierbei auch die Verzerrung zwischen eigenen Aktionen und den blinden Flecken, die durch die Handlungen entstehen. Der Unterschied zwischen kurzfristig befriedigender Handlung (Autofahren, Fleischverzehr usw.) und den langfristigen ökologischen Folgen gehört hierzu. Verzerrungen durch egozentrische, rollen- und gruppenbezogene Verhaltensnormen, insbesondere durch unterstellte positive Effekte für die Allgemeinheit, obwohl nur partielle Interessen profitieren, sind so selbstverständlich in einer ambivalent aufgestellten Gesellschaft geworden, dass Menschen nur im seltenen Fall überhaupt bemerken, wo die Verzerrung liegt und wem sie nützt. Hierzu gehört auch die Einsicht aus der Verhaltensforschung, dass Menschen den Erfolg ihres Verhaltens oft mehr den eigenen persönlichen Faktoren als situativen Bedingungen zuschreiben, dass sie ihr eigenes Verhalten stärker gegenüber dem von an-

»Befragungen zur Nachhaltigkeit zeigen vielfach verzerrte Wahrnehmungen, blinde Flecken & Fehleinschätzungen von Auswirkungen«

deren in den Vordergrund stellen, dass sie sich bei Erfolgen als verantwortlich, bei Misserfolgen aber andere als verantwortlich sehen. Hier sind die vielen Verhaltenshindernisse zu berücksichtigen, die im ersten Band zusammengefasst worden sind.

Was zeichnet nachhaltige Persönlichkeiten aus? Durkheim (1915, 441) unterscheidet die »persönliche Zeit«, die als subjektiv empfundene Dauer und Fluss der Zeit in meinen Wahrnehmungen und Tätigkeiten gilt, von einer »sozialen Zeit«, zu der auch ein Einsatz für Nachhaltigkeit gehört. Es ist bereits zu Beginn des 20. Jahrhunderts strittig, wie das Verhältnis dieser beiden Zeiten im Zielkonflikt steht, wobei klar ist, dass das benötigte Geld für die persönliche Zeit immer erst »sozial« erwirtschaftet werden muss. Durkheim stellt die soziale Zeit über die persönliche, weil über sie gesellschaftliche Normen und Werte in das persönliche Bewusstsein eindringen. In welchem dieser Zeitfenster lässt sich die Nachhaltigkeit situieren? Die soziale Zeit ist stark durch die Vorgaben der Arbeit, die Voraussetzungen und Wirkungen der Produktion geprägt. Je weniger hier Nachhaltigkeit aus Kostengründen gelebt wird, desto weniger wird sie im Bewusstsein der Arbeitenden als relevant gelten. Wie wahrscheinlich ist es, dass die persönliche Zeit ein Gegenmodell setzen könnte? Dazu ist es notwendig, dass Nachhaltigkeit in Erzählungen und Erinnerungen gelebt wird. Halbwachs (1980) betont, dass es Narrationen, Landschaften, Rituale und Riten, Texte und Feiern und vieles mehr gibt, um die persönliche Zeit mit einer historischen und gesellschaftlichen Deutung aufzuladen. Erinnerungskulturen unterscheiden zwischen einem individuellen und einem kollektiven Gedächtnis (vgl. weiterführend Assmann 2006, 2013). Dies gilt auch für die Nachhaltigkeit, die heute noch gegen die Übermacht anderer Erzählungen der Menschheit antreten muss. Solche Erzählungen können leicht in Verschwörungstheorien gegen sie genutzt werden, weil es immer leichter ist, etwas durch persönliche und greifbare Herleitungen und strikt kausale Vereinfachungen zu erfassen, als sich mühsam mit komplexen Wechselwirkungen und unbequemen Einsichten zu befassen. Ein Blick in die Gedächtnisspeicher der Gegenwart macht deutlich, dass die Sorge der Menschen um sich immer dominanter gegenüber einer Sorge um eine spätere Zukunft für nachfolgende Generationen geworden ist, wie ich ausführlich im ersten Band hergeleitet habe. Die Nachhaltigkeit bildet dabei eine Leerstelle menschlicher Erinnerungskultur, weil sie so neuartig ist. Die Moderne hat viele Erzählungen über die Gewalt ihrer Fortschritte entwickelt, aber für die Zukunft scheint eher die Ahnung heute vorzuherrschen, dass es zu keinem guten Ende kommen könnte. In diesem Sinne können die unzähligen Dystopien, die in den letzten Jahrzehnten veröffentlicht wurden, vielleicht ein Beleg dafür sein, dass es so etwas wie ein schlechtes Gewissen gegenüber den Menschen in der Zukunft gibt.

»Der heutige Mensch ist mehr mit einer aktuellen Sorge um sich, weniger mit einer um die Zukunft beschäftigt«

Zu den persönlichen Faktoren gehören auch die Wohnorte und der Aufenthalt in der Natur. Bekannt ist das Phänomen, dass Heranwachsende, die sich viel in der Natur aufhalten, auch eher wahrscheinlich ein umweltbewusstes Verhalten zeigen. Hier wirken immer soziale Vorbilder maßgeblich auf die Personen ein. Hines et al. (1986–87) haben aufgezeigt, dass einer der wesentlichsten Faktoren für ein umweltschützendes Verhalten ist, dass Heranwachsende überhaupt etwas über die Umwelt gelernt haben, über Umweltschutz wissen und so einen Zugang zu Fragen der Nachhaltigkeit entwickeln (ebd., 142). In empirischen Studien aber sind solche persönlichen Faktoren nie eindeutig, da die situativen Kontexte immer die Ergebnisse relativieren. So sind beispielsweise Umweltaktivisten oft Persönlichkeiten, die ein klares Bild von der Umwelt entwickelt haben und naturwissenschaftlichen Erkenntnissen vertrauen. Andererseits neigen aber auch ängstliche Menschen, die den Klimawandel und seine Folgen für ihr eigenes Leben fürchten, weniger aus Einsicht in die Sachverhalte, sondern eher aus dieser Sorge heraus dazu, sich aktiv für die Umwelt einzusetzen. Es gibt daher keinen eindeutigen Prototypen eines umweltbewussten Menschen. Die Einstellungen, Motive und die Durchsetzungsfähigkeit im Kampf für Nachhaltigkeit variieren von Person zu Person und sind zugleich auch noch stark von den jeweiligen Herausforderungen der Umwelt abhängig. Solche Unterschiede führen dann auch dazu, dass es in der Nachhaltigkeitsbewegung erheblichen Streit über das Ausmaß der Krise, die richtigen Wege der Bewältigung und die politischen Konsequenzen gibt.

Auch wenn jüngere Menschen in der Regel mehr Bewusstsein für nachhaltige Fragen als ältere Generationen zeigen, so sind solche Befragungen bereits innerhalb der Alterskohorten recht widersprüchlich. Hier wirken soziale Gruppeneffekte, die vor allem das allgemeine Bewusstsein für den Klimawandel betreffen, den jüngere Menschen zwar am seltensten leugnen, was aber im Umkehrschluss nicht heißt, dass die Jüngeren besonders nachhaltig leben. Es zeigt sich zwar, dass in allen Altersgruppen einer Gesellschaft die Nachhaltigkeit heute bereits von größeren Gruppen als ernstes Problem angesehen wird, aber die eigentliche Trennung der Interessen und tatsächlichen Handlungen findet dann statt, wenn es um die Radikalität der Verhaltensänderungen geht. Hines et al. haben aufgezeigt, dass nachhaltige Verhaltensänderungen zwar viele wollen, aber dann, wenn diese radikal in das eigene Leben eingreifen, sinkt sofort die Bereitschaft der Umsetzung. Das betrifft auch Unterschiede zwischen Männern und Frauen: Auch wenn sich Frauen im Verhältnis zu Männern leichter von Vorteilen nachhaltigen Verhaltens überzeugen lassen, so wurde dies in der Regel nur für die kleineren persönlichen Maßnahmen im Haushalt, beim Verkehr und in der Ernährung mit Daten untermauert, aber nicht für die generelle Umstellung im Konsumverhalten auf allen Ebenen.

»Nachhaltigkeit befürworten zwar viele, aber konkrete Verhaltensänderungen erscheinen als schwierig«

Menschen greifen sich gern Teilbereiche ihres Lebens heraus, um ihren Beitrag zum Erhalt einer lebenswerten Umwelt zu markieren, aber sie lassen andere Bereiche, die vielleicht im Umfang viel schädlicher wirken, gern aus. Die Forschung berichtet auch über das Geschlechterstereotyp, dass Frauen sich mehr Sorgen um die Nachhaltigkeit machen, aber Männer mehr Wissen über die Nachhaltigkeit besitzen (ebd., 146f.). Die besseren Werte zur Nachhaltigkeit bei Frauen hängen zudem stark mit ihrer Orientierung auf Gesundheitsfragen zusammen, die insbesondere im Zusammenhang mit Kindern entstehen und sich somit auch eher auf die Umwelt richten. Insgesamt zeigt die Forschung, dass Nachhaltigkeit in Erziehung und Bildung bisher vernachlässigt werden.

»Männer und Frauen reagieren unterschiedlich auf die Herausforderungen der Nachhaltigkeit«

Bei den persönlichen Faktoren besteht insgesamt die Problematik, dass in vielen Untersuchungen versucht wird, Kohorten für oder gegen die Nachhaltigkeit, mit stärkeren oder schwächeren nachhaltigen Haltungen zu bilden. Bei vielen Studien frage ich mich, ob dabei der Aufwand dem Nutzen entspricht, wenn etwa festgestellt wird, dass Fahrradfahrer nachhaltiger denken als Motoradfahrer, dass Wanderer offener für Naturfragen sind als Reisende auf Kreuzfahrtschiffen, dass Vielleserinnen stärker ökologisch denken als Fernsehzuschauer usw. Die Forschung gleicht hier vielfach einem Journalismus, der auf klare Effekte abzielt, um die Veranschaulichung vor eine komplexe Analyse zu stellen. Aber die Sichtung vieler Forschungsergebnisse, die ich vorgenommen habe, zeigt sehr deutlich, dass sich Persönlichkeiten heute kaum auf einzelne Zuschreibungen festlegen lassen, weil das Zeitalter selbst ambivalent geworden ist. Sie agieren zudem oft widersprüchlich und noch öfter zwiespältig, was es schwierig macht, mit idealen Typisierungen zu arbeiten, und noch schwieriger erscheinen lässt, einen Index der Wahrscheinlichkeit für nachhaltiges Vorgehen aussagekräftig genug zu konstruieren. Wir müssen nur unser eigenes Verhalten strikt beobachten, um dies selbst zu erfahren.

Selbstwirksamkeit als Schlüssel zum Erfolg: Ein wichtiger Aspekt, der für die persönlichen Faktoren immer wieder hervorgehoben wird, ist das Bewusstsein der Kontrolle (*locus of control*), das entweder dem eigenen Handeln oder einer äußeren Quelle zugeschrieben wird. Wird das eigene Handeln fokussiert, dann suchen Menschen eigenständig eine Kontrolle durch Informationen und Überprüfungen ihrer Handlungsergebnisse. Dies stärkt ein nachhaltiges Verhalten zumindest insoweit, dass die Menschen überhaupt Wissen über die Nachhaltigkeit erwerben und dieses zur Anwendung bringen wollen. Solches Wissen bildet eine Grundvoraussetzung für die Nachhaltigkeit, da es vor Verschwörungstheorien und daraus re-

»Als wichtigster Faktor im erfolgreichen menschlichen Lernen gilt gegenwärtig die Selbstwirksamkeit«

sultierenden Leugnungen schützen kann. Werden hingegen äußere Kontrollinstanzen bevorzugt, dann kann dies leichter zu unreflektierten Übernahmen bis hin zur Übernahme von falschen Aussagen führen. Problematisch ist an einem solchen Verhalten, dass hierbei die Kontrolle an andere abgegeben wird, was autoritäre Unterwürfigkeit zur Folge haben kann und so gern von Populisten genutzt wird. Auch innerhalb der Klimaaktivisten gibt es einen Anteil an Menschen, die einem bloßen Gruppenzwang folgen und sich durch äußere Kontrollen lenken lassen.

Je höher der Individualisierungsgrad in einer Gesellschaft durchgesetzt ist, desto stärker tritt die Selbstwirksamkeit (*self-efficacy*) als Faktor des Verhaltens auf. Nach Bandura (1977) haben Menschen im Hinblick auf ihre Handlungen eine Selbstwirksamkeitserwartung. Sie bezeichnet die Erwartung einer Person, aus eigenem Vermögen, aus eigener Kraft und durch eigene Kompetenzen eine gewünschte oder erwartete Handlung so auszuführen, dass sie auch im Spiegel der sozialen Gruppe, der man angehört, erfolgreich ist. Menschen, die daran glauben, durch ihre Selbstwirksamkeit Ziele zu erfüllen und Handlungen erfolgreich gestalten zu können, weisen in der Praxis deutlich höhere Erfolge auf als jene, die daran zweifeln. Für das nachhaltige Verhalten ist dies ein wesentlicher Faktor, der in zahlreichen Studien bestätigt werden konnte (Gifford & Nilsson 2014, 144). Je mehr die Nachhaltigkeitsagenda in entfernt tagende Gremien oder in repräsentativ arbeitende Kommissionen oder Parteien abgeschoben wird, desto ungünstiger fällt die Selbstwirksamkeitserwartung in der Bevölkerung aus, wenn sie nicht durch eine umfassende Praxis der Nachhaltigkeit begleitet ist. Derzeit wird aber Nachhaltigkeit eher als Programm und nicht als umfassendes Tun einer gemeinsamen Gesamtoffensive praktiziert, was viele Menschen deshalb skeptisch macht, weil sie für sich keine selbstwirksame Nachhaltigkeit im alltäglichen Verhalten und gemeinschaftlichen Handlungen erleben.

»Selbstwirksamkeitserfahrungen in nachhaltigen Handlungen gelingen dann, wenn ich die Wirksamkeit meines Handelns gut beobachten kann«

Materielle Einstellungen definieren die Einstellung zur Nachhaltigkeit: Ländliche und städtische Regionen zeigen deutliche Unterschiede in der Einstellung zur Nachhaltigkeit: Zwar sind ländliche Regionen der Natur näher, aber ein ökologisches Bewusstsein ist stärker im urbanen Umfeld vertreten. Die Forschung aus verschiedenen Ländern hat beispielsweise gezeigt (vgl. Gifford & Nilsson 2014), dass in chinesischen großen Städten das Umweltbewusstsein und Umweltengagement höher als in anderen Regionen sind. Auch in Deutschland gibt es hierzu eine Tendenz. Andere Studien zeigen, dass insbesondere Bauern oft eher menschen- als naturbezogen besorgt sind, weil sie einen Betrieb führen und versorgen müssen, der die Natur als Ort des

Existenzkampfes sehen muss. Die eigenen existenziellen Sorgen sind meist dominant gegenüber eher äußeren oder wissenschaftlich vertretenen Einsichten des Umweltschutzes.

Ein anderer Zugang sind auch Normen und Werte einer Person, die sich in politischen Ansichten und Weltanschauungen niederschlagen. Diese erweisen sich als stark prägend für oder gegen ein nachhaltiges Verhalten. Es ist ohnehin wenig überraschend, wenn die Verhaltensforschung darauf verweist, dass alle Tendenzen für oder gegen nachhaltiges Verhalten im Kontext der Einstellungen, Haltungen und Überzeugungen von Personen liegen, die sie auch gegenüber anderen Fragen des Lebens und einer ihnen richtig erscheinenden Lebensweise äußern. Für nachhaltiges Verhalten sprechen eher Haltungen, die geringer auf materielle Werte und Konsum orientiert sind, die moralische Prinzipien sozialer Kooperation und Gerechtigkeit für besonders wichtig halten, die bewusst Veränderungen in der Umwelt und Natur wahrnehmen und für das eigene Leben reflektieren. Menschen mit materialistischer Einstellung orientieren sich, wenn überhaupt, in der Nachhaltigkeit eher an lokalen Ereignissen und achten hier auf die Umwelt zum Erhalt ihres Lebensstandards, während post-materialistisch orientierte Menschen auch die globalen Fragen und Probleme im Blick behalten, dies aber nicht immer in konkrete Handlungen übersetzen können. Für alle Gruppen gilt, dass die Wahrnehmung, inwieweit eigene Handlungen tatsächlich wirksam für die Nachhaltigkeit sind, selbst zunächst stark engagierte Menschen schnell entmutigen, wenn sie ihre Handlungen als wenig wirksam erleben.

»Nachhaltiges Verhalten ist bei Menschen wahrscheinlicher, die weniger an materiellen Werten orientiert sind«

Konservative Haltungen machen ignoranter gegenüber der Umwelt: In vielen Studien zeigt sich, dass die politische Haltung einen wesentlichen Einfluss auf das nachhaltige Verhalten hat. Eine konservative Haltung erzeugt eine deutlich geringere Beachtung und Sorge für die Umwelt, solange nicht der eigene Besitz betroffen ist. In den USA fühlen sich insbesondere konservative weiße Männer weniger von Nachhaltigkeitsfragen betroffen (McCright & Dunlap 2012).

Hilfreich für eine nachhaltige Verhaltenseinstellung scheinen auch die moralischen Ansprüche einer Person zu sein, denn wenn die Nachhaltigkeit zu einer moralischen Frage des Lebens und Überlebens wird, sind Menschen eher bereit, ihr Verhalten daran auszurichten. Aber grundsätzlich, so betonen Gifford & Nilsson (2014, 144f.), sind die Abhängigkeiten zwischen Werten und Umweltbewusstsein nicht einfach zu erfassen, da die Menschen sehr unterschiedliche und oft auch widersprüchliche Wertekonzepte vertreten. So sind auch Schwankungen in

»Eine konservative politische Haltung beeinflusst das nachhaltige Verhalten eher negativ«

den Einstellungen zur Nachhaltigkeit zu verstehen, da sich heute Wertekonzepte deutlich schneller als früher ändern können.

Soziale Faktoren

Die sozialen Faktoren stehen immer in einem engen Zusammenhang mit den persönlichen. Menschen sind trotz aller Individualisierungstendenzen in der Gegenwart sehr stark durch den sozialen Kontext, in dem sie aufwachsen, leben und arbeiten, geprägt. Zwar haben sich die früheren Bindungen nach Klassenzugehörigkeit, Religion und Ethnien und auch die Zuschreibungen nach Schul-, Berufs- und Hochschulabschlüssen sowie durch Berufe immer mehr gelockert und sind durchlässiger geworden, aber sie formen dennoch Zugehörigkeiten und bestimmte Milieus, die Lebensvorstellungen und Einstellungen, Haltungen und Überzeugungen formen. In Bezug auf die Nachhaltigkeit ist hier entscheidend, in welchem Umfeld von nachhaltiger Sorge, von Umweltengagement und Kritik an bestehenden Verhältnissen sich die Menschen befinden, um Wahrscheinlichkeiten eines nachhaltigen Verhaltens zu ermitteln.

> »Das soziale Umfeld und sozialer Druck üben einen maßgeblichen Einfluss auf nachhaltiges Verhalten aus«

Die Rolle der Regierungen und der Eigentumsverhältnisse: Nachhaltige Verhaltensweisen sind nach Gifford & Nilsson (2014) wahrscheinlicher, wenn die lokalen Regierungen sie nicht nur stützen, sondern auch vorbildhaft fordern und vertreten. Genau hier besteht jedoch gegenwärtig der größte Mangel, da das Bekenntnis zu einer nachhaltigeren Lebensweise bisher weltweit zu wenig dominant in den generell vertretenen und gelebten Werten und politischen Umsetzungen ist.

Persönlich fühlen sich Menschen zu bestimmten Plätzen hingezogen. In der Nachhaltigkeit zeigt sich tatsächlich, dass diese Orte bevorzugt geschützt werden (ebd., 146). Allerdings spielen hierbei die Eigentums- und Besitzverhältnisse eine große Rolle. Die ganze Widersprüchlichkeit nachhaltigen Verhaltens mag hieran erkennbar werden: Auf der einen Seite soll die lokale Umwelt geschützt und bewahrt werden, was besonders für konservative politische Ansätze und Haltungen gilt, aber andererseits haben die Konservativen am wenigsten für globale Einschnitte und Begrenzungen übrig, die ihren Lebensstandard negativ begrenzen.

> »Wenn Staaten und Regierungen die Nachhaltigkeit nicht entschieden vorgeben, sinkt die Wahrscheinlichkeit eines nachhaltigen Verhaltens deutlich ab«

Vor diesem Hintergrund wollen sich viele Menschen eine Sorge um die Umwelt leisten, aber dies ist nicht mit einem tatsächlichen nachhaltigen Verhalten gleichzusetzen. Die Sorge kann als ein Konstrukt der

Auseinandersetzung gepflegt werden. Man liest Bücher und Artikel, schaut Medien über die Nachhaltigkeit, ist betroffen, wachsam, in gewisser Weise sogar engagiert, aber die Übersetzung in das eigene Verhalten bleibt begrenzt, punktuell, situativ und geht nicht an notwendige Verzichtsleistungen. Dies ist bequem, weil auch die Politik ein Spiegelbild dieses Verhaltens ist und es zirkulär bestärkt. Es mag Einschnitte geben, aber die liegen fast immer irgendwo in der Zukunft oder bei anderen.

Die sozialen Widersprüche kehren in der Nachhaltigkeit wieder: Je reicher das Land, je höher das Bruttosozialprodukt, je höher die Bildungsstände, desto wahrscheinlicher mögen Zugänge zu nachhaltigen Ideen sein. Allerdings sind diese Zugänge dann oft auch mit ökonomischen Wachstumsvorstellungen verbunden. Hier wird gern einerseits argumentiert, dass der höhere Wohlstand und das ökonomische Wachstum es erleichtern, auch Ressourcen und Technologien für die Nachhaltigkeit zu schaffen. Andererseits wird auch behauptet, dass ab einem gewissen Wohlstand die Bedürfnisse nach immer mehr materiellem Reichtum stagnieren und sich die Menschen verstärkt einer gesunden, sicheren und überlebensfähigen Umwelt zuwenden (ebd., 149). Alle Widersprüche der Welt kehren dabei in die Nachhaltigkeit zurück: Die reicheren Länder sehen bei sich weniger Umweltprobleme als die armen Länder, die viele Umweltkrisen in oft lebensbedrohlichen Szenarien erfahren. Die reicheren Länder können die Kosten der Nachhaltigkeit leichter als die ärmeren tragen. Die ärmeren müssen die Treibhausgase, den Müll, das schlechte Wasser usw. als Erbschaften der reicheren Länder stärker als Gefahren des eigenen Lebens ertragen, weil sie weder die Verursachung aufhalten noch die Ressourcen aufbringen können, damit hinreichend umzugehen. Es ist wenig überraschend, dass alle sozialen Gruppen aller Länder dann bereit sind, zumindest die Treibhausgase zu senken, solange der eigene prekäre oder reiche Lebensstandard nicht weiter gefährdet wird.

> »Der Widerspruch zwischen Theorie und Praxis ist in der Nachhaltigkeit besonders stark nachzuweisen«

Allgemein haben Menschen sowohl der entwickelten wie der weniger entwickelten Länder ein Bewusstsein für Umweltfragen, wie etwa Divale, Khaltourina & Korotayev (2002) für 186 Länder zeigen. Aber es wird auch deutlich, dass die ärmeren Länder deutlich weniger Spielraum in der Bewältigung lokaler Krisen haben und stets unter der Bedrohung stehen, von den reicheren Ländern weiter durch Ressourcenabbau und billige Arbeit ausgebeutet und mit Müll und Konsumgütern überschwemmt zu werden, die die lokale Wirtschaft kaum zur Entfaltung kommen lassen. Wirklichen Wohlstand kann ein Entwicklungsland nur dann erzielen, wenn es, wie das Beispiel China lehrt, für die reicheren Länder Waren billig produziert, um dadurch selbst zu einem reichen Land zu werden. »Chinesische Jugendliche zählen die Umweltverschmutzung und Überbevölkerung zu ihren größten Sorgen, die sogar die Sorge vor dem Tod eines Elternteils, die Angst vor einem Atomkrieg oder den Wunsch, einen guten Job zu erhalten, übertreffen.« Aber wie wirkt sich die Sorge auf die Einstellungen und Handlungen aus? »Die Sorge um die Umwelt ist im Allgemeinen für viele Menschen auf der ganzen Welt wichtig. Die Frage mag eher sein, wie sich die Struktur der Einstellungen von Gesellschaft zu Gesellschaft unterscheidet, als ob es Unterschiede im Grad der Besorgnis gibt.« (Gifford & Nilsson 2014, 150) Immerhin lässt sich vor diesem Hintergrund erklären, warum es einigen ärmeren Ländern partiell gelingt, nachhaltigere Lösungen für die Welt vor allem durch ein nachhaltigeres regionales Wirtschaften zu erzeugen, was als Vorbild des Handelns auch für die reichen Länder gelten mag.

Verhaltensprogramme zur Nachhaltigkeit haben geringe Wirkungen: In einer Meta-Analyse zu Interventionen, die das Verhalten im Haushalt Richtung Nachhaltigkeit ändern wollen, zeigen Nisa et al. (2019, 4ff.), dass die meisten Verhaltensprogramme zur Änderung hin zu einem nachhaltigen Verhalten wenig bis gar keine Wirkung haben. Allenfalls die Wiederverwendung von Gütern, das Recyclen, hat vergleichbar bessere Werte, aber es ist auch ein Feld, das den Menschen im Verzicht am wenigsten abverlangt. Am wirksamsten sind Interventionen, die auf einen sozialen Vergleich setzen und die ein Anstupsen (*nudge*) in eine bestimmte Richtung durch Vorgaben im Verhaltensbereich machen, obwohl diese höhere Wirksamkeit auf einem niedrigen Niveau stattfindet. Insgesamt lassen diese Studien erkennen, dass Verhaltensinterventionen sehr geringe positive Effekte auf Verhaltensänderungen haben, und dies gilt bereits in der Interventionsphase; Langzeitwirkungen sind noch schlechter.

Es fehlt an gemeinsamen Regeln nachhaltigen Verhaltens für alle

Wenn ich die größeren Meta-Analysen zum Verhältnis von Nachhaltigkeit und Verhaltensänderungen zugrunde lege, wie sie klassisch Hines, Hungerford & Tomera (1986–87) und 20 Jahre später Bamberg & Moser (2007) vorgelegt haben, und diese mit neueren Ergebnissen nach Gifford & Nillson (2014) vergleiche, dann wird sichtbar, dass sowohl bei den persönlichen wie auch den sozialen Faktoren eine Fülle an Einflussgrößen vorhanden sind, die es äußerst schwierig machen, ein klares Bild zu zeichnen und vorauszusagen, welche Maßnahmen oder Beeinflussungen besonders oder weniger erfolgreich sein können. Die Schwierigkeit entsteht schon dadurch, dass es bisher keinen gesellschaftlichen Konsens über eine notwendige nachhaltige Erziehung und Bildung mit klaren und nachverfolgbaren Regeln für alle gibt, sodass die Vielfalt der unterschiedlichen menschlichen In-

»Die Forschung über die Wirkung von nachhaltigen Programmen spiegelt, wie gering bisher der Konsens über gemeinsame Regeln ist«

teressen und Verhaltensweisen sich auch im Verhalten gegenüber der Nachhaltigkeit spiegelt. Einige Forscherinnen kommen sogar zu dem Schluss, dass Menschen sich für die Umwelt engagieren, obwohl sie weder hinreichend Wissen, Kindheits- oder Ortserfahrungen, bestimmte Wertvorstellungen über die Natur oder sogar nachhaltig beeinflusste Haltungen erworben haben. Sie können dazu beispielsweise aus Gesundheitsgründen veranlasst worden sein, weil sie durch Energiemaßnahmen Geld sparen wollen oder weil sie durch ihre prekäre Lage nicht so viel konsumieren (ebd., 150 f.). Die große Schwäche der meisten Forschungen aber liegt darin, dass sie nur das wiedergeben, was die Menschen von sich behaupten, ohne dass dies im tatsächlichen Verhalten kontrollierbar wäre. Kormos & Gifford (2014) zeigen, dass nachhaltiges Verhalten zwar als etwas eingeschätzt wird, das im eigenen Leben angestrebt und auch erreicht wird, die Übereinstimmung mit der tatsächlichen Praxis aber nur bei ca. 20 Prozent Übereinstimmung liegt.

»Eine Überprüfung von Selbsteinschätzung und tatsächlicher nachhaltiger Praxis zeigte nur 20 % Übereinstimmung«

Gifford & Nillson (2014, 151) ziehen folgende Schlussfolgerung: »Vielleicht ist die Korrelation zwischen dem gemeldeten Verhalten und dem tatsächlichen Verhalten stärker, vielleicht aber auch nicht. Nach all dem werden wir … vorschlagen, dass in groben Zügen eine Person mit einem bestimmten persönlichen und sozialen Profil eher dazu neigt, sich um die Umwelt zu kümmern und in ihrem Namen zu handeln. Lassen Sie uns daher festhalten, dass solche Personen wahrscheinlich als Kind Zeit in der Natur verbracht haben, die Umwelt, ihre Probleme und möglichen Lösungen genau kennen, eine offene, angenehme und gewissenhafte Persönlichkeit haben, die künftigen Folgen ihres Handelns bedenken und sich in der Lage fühlen, ihr Verhalten zu kontrollieren, biosphärische, postmaterielle, liberale Werte und Verantwortung für Umweltprobleme haben, zur oberen Hälfte der wirtschaftlichen Klassen gehören, persönliche und beschreibende Normen über pro-ökologisches Handeln entwickeln … und Zeit in einer nicht konsumorientierten Natur verbringen.« (Ebd.) Hinzu mag in bestimmten Ländern auch noch kommen, dass die Religion ein bewahrendes Bild der bestehenden Natur unterstützen kann.

»Die Menschen überschätzen Vorhersagen kleinerer Ereignisse, unterschätzen aber die größeren wie den Klimawandel«

Nach der Darstellung des Forschungsstandes wird deutlich, dass die Ergebnisse erst dann genauer werden können, wenn konkrete Risiken untersucht und mit klar vereinbarten gemeinsamen Regeln zur Nachhaltigkeit verglichen werden. Dazu reichen Befragungen nicht aus, es muss teilnehmende Beobachtungen geben. Die Forschung hat sich als eingeschränkt erwiesen. Bisher sind wesentlich zur Einschätzung der Reaktionen auf die globalen Herausforderungen Forschungen entstanden, die das Verhältnis von Risikowahrnehmung und dadurch ausgelöste menschliche Verhaltensänderungen betreffen. Hier ist es sehr auffällig, dass Menschen in der Anpassung ihres Verhaltens an äußere Umstände stark dazu neigen, hohe Wahrscheinlichkeiten von großen vorhergesagten Ereignissen zu unterschätzen und dagegen Vorhersagen mit geringeren Auswirkungen zu überschätzen (Kahneman & Tversky 1979). Es hat sich auch als schwierig erwiesen, empirische Studien dazu, wie Entscheidungen getroffen werden und wie die Entscheidungsfindung verbessert werden könnte, in das öffentliche oder individuelle Bewusstsein zu rücken, weshalb die Strategien dahin wechselten, sich bei Veränderungen zum Klimaverhalten mehr auf technische, finanzielle oder institutionelle Beschränkungen als besonders wichtige Faktoren im praktischen Verhalten zu fokussieren. Die Hindernisse sind aber gerade im individuellen Verhalten besonders groß und widersprüchlich.

Diese Lage zeigt, dass die Menschheit im Spiegel solcher Forschung noch nicht den Stand erreicht hat, von dem aus wir tatsächlich beurteilen könnten, was geschehen würde, wenn wir hinreichend Regeln zu einem nachhaltigen Leben aufgestellt hätten. Würden sich Mehrheiten daran halten? Wie müssten solche Regeln und Kontrollen aufgestellt sein, um durchsetzbar und erfolgreich zu sein? Die wichtigsten Fragen zur tatsächlichen Umsetzung von Nachhaltigkeit sind noch unbeantwortet, weil die bisherige Forschung nur ein Vorwort dazu bilden kann, weil die Menschheit die Aufgabe und Herausforderung im Grunde noch gar nicht hinreichend angenommen hat, weil wir nur mit dem Gedanken spielen, wie einzelne oder kleinere Gruppen agieren könnten oder es beispielhaft tun, es aber nicht für die Masse verbindlich praktizieren.

IV.1.2.5 Kann den Menschen nachhaltiges Verhalten vorgeschrieben werden?

In einer Meta-Analyse von 106 Studien aus 23 Ländern haben van Valkengoed & Steg (2019) Schlüsselfaktoren herausgearbeitet, die für ein angepasstes nachhaltiges Verhalten infrage kommen. Es könnte erwartet werden, dass Menschen vor allem auf Vorschriften und anerzogene Normen reagieren. Solche präskriptiven Normen sind vorschreibender Art, etwa nur bei Grün über die Ampel zu gehen, ein bestimmtes angepasstes Verhalten an kulturelle Normen zu zeigen. Dagegen wirken deskriptive Normen sehr viel subtiler, indem sie das eigene Verhalten stark durch die soziale Norm der vorherrschenden Gruppe regulieren. Wenn viele Menschen beispielsweise klatschen, dann klatsche ich auch. Aber es gibt eine Reihe weiterer Faktoren, die hier auf das Verhalten wirken können, wie die Meta-Analyse zeigt: »Deskriptive Normen, negative Emotionen, wahrgenommene Selbstwirksamkeit und Ergebniswirksamkeit adaptiver Handlungen waren am stärksten mit angepasstem Verhalten assoziiert. Im Gegensatz dazu standen Wissen und Erfahrung … relativ schwach mit der Anpassung in Verbindung.« Dieses Problem habe ich bereits mehrfach angesprochen, es kann gar nicht genug betont werden: Verhaltensänderungen sind

»Verhaltensänderungen sind nicht vor allem über das Kognitive zu erreichen, sondern vielmehr auf Emotionen angewiesen«

nicht allein kognitiv zu erreichen, selbst eigene Erfahrungen reichen oft nicht aus, sofern nicht Emotionen mit hinzukommen oder als Antrieb wirken. Ein weiteres Ergebnis ist wichtig: »Die Forschung hat sich unverhältnismäßig stark auf die Untersuchung von Erfahrung und Risikowahrnehmung konzentriert, dabei auf Überschwemmungen und Hurrikans sowie auf die Bereitschaft, sich angepasst zu verhalten, während andere Motivationsfaktoren wie Gefahren und angepasstes Verhalten in seinen Grundlagen zu wenig untersucht wurden.« (Ebd., 1) Dies entspricht dem Forschungsstand, wie ich ihn im Hinblick auf die Hindernisse der Verhaltensänderung auch bereits im ersten Band beschrieben habe.

Für die Politik ist selbst bei diesen Einschränkungen die Frage immer wieder wichtig, inwieweit Menschen ihr Verhalten im Angesicht von Katastrophen oder Ereignissen ändern, die ihnen als lebensbedrohlich oder zumindest für ihr Leben als gefährlich und riskant erscheinen. Wie kann die Politik hierauf aufklärend einwirken und das Verhalten beeinflussen? In den Meta-Analysen, auf die ich mich beziehe, gibt es hierzu drei Wirkungsbereiche, die von einer geringen bis zu einer starken Beeinflussung des Verhaltens reichen:

(1) *Schwacher Einfluss auf Verhaltensänderungen*: Schwach motivierende Faktoren zur Verhaltensänderung sind bei akuten Krisen oder Katastrophen alle von der Regierung ergriffenen Maßnahmen zur Bewältigung des möglichen Ereignisses. Dazu gehören etwa Regelungen wie das Festlegen von Fluchtwegen, die Einrichtung von Warnsystemen (vor Bränden, Hurrikans, steigendem Wasser usw.), Ablaufpläne für Gesundheit und Unfälle. Das Vertrauen in solche vorbeugenden Maßnahmen ist zwar immer je nach Kultur der Risikovorsorge in verschiedenen Nationen vorhanden, aber es motiviert nicht in erkennbarer Weise, das Verhalten umfassend daran anzupassen. Die Vorsorge wird als selbstverständlich genommen, ein etwaiges riskantes Verhalten aber wird dadurch nicht verändert, ggf. sogar gesteigert. Aus dem Katastrophenschutz ist bekannt, dass solche Faktoren ohnehin nur dann wirken können, wenn sie vorher regelmäßig – etwa bei Fluchtwegen und Verhalten im Katastrophenfall – trainiert werden. Die Corona-Pandemie hat gezeigt, dass Maßnahmen wie Abstandsgebote und Maskenpflicht nur dann durchgehend funktionieren, wenn sie kontrolliert und durch Strafen sanktioniert werden. Zwar können auch größere Gruppen aus Einsicht ihr Verhalten ändern, aber zu viele Menschen weichen hiervon ab, wenn der kontrollierende Druck nachlässt. Entscheidend ist auch, inwieweit die Maßnahmen ein bestimmtes Verhalten erleichtern – Entscheidungen durch Routinen abnehmen – oder erst in der Situation durch Nachdenken erforderlich machen. Dabei ist erkennbar, dass Erfahrungen insbesondere mit sogenannten Naturkatastrophen, wo Menschen zu Schaden gekommen sind, zeigen, wie schwer Menschen zu Verhaltensänderungen bereit sind. Die Annahme, dass Menschen aus erlittenem Schaden lernen, konnte in der Forschung nicht bestätigt werden. Im konkreten Fall wirken eine Fülle von Faktoren auf das Verhalten ein. Das können pragmatische Gründe sein. Wenn etwa jemand sein Haus an einem Fluss gebaut hat und dieses überschwemmt wurde, kann er es trotz Schaden nicht einfach versetzen, weil es auf seinem Eigentum an Grund und Boden steht. Aber ohnehin lässt sich kaum ein Unterschied im Verhalten von Menschen bei Katastrophen mit oder ohne vorheriger Schadenserfahrung feststellen. Dies hat offenbar mit den stärker wirkenden Motivationsfaktoren zu tun. Etwas stärker, aber immer noch schwach, wirken bestimmte Orte, mit denen Menschen Emotionen verbinden. Investitionen in ein Haus oder eine Wohnung, einen Garten oder eine bestimmte Umwelt oder eine Kommune können die Motivation erhöhen, aktiv zu werden und das Verhalten anzupassen. Deutlich schwächer aber ist das Wissen einzuschätzen, weil es kaum unmittelbar zu Verhaltensänderungen führt. Die Menschen mögen zwar den Klimawandel theoretisch begriffen haben, aber dies reicht allein nicht aus, ihr Verhalten dann tatsächlich zu verändern, wenn nicht verstärkende Faktoren hinzutreten. Das emotionale Befinden und die eigenen Weltbilder des Wohlbefindens und der Zufriedenheit stärken das Wissen, wenn beide in die gleiche Richtung gehen, aber bei Abweichungen wird das Wissen als schwächerer Partner umgedeutet.

(2) *Mittlerer Einfluss auf Verhaltensänderungen*: In der Forschung ist es umstritten, inwieweit die Wahrnehmung von Risiken das Verhalten stark oder kaum beeinflusst (etwa Wachinger et al. 2013). In der Meta-Analyse von van Valkengoed & Steg (2019) zeigt sich eine große Streubreite, wobei die Risikowahrnehmung stärker auf die Verhaltensänderung wirkt, wenn es um ein beabsichtigtes Verhalten geht, weniger dann, wenn ein vorausgehendes Verhalten betroffen ist. Menschen fokussieren eher darauf, durch eine Verhaltensänderung unmittelbar auf wahrgenommene Risiken einzuwirken, weniger stark darauf, vorbeugend aus älteren Erfahrungen heraus zu handeln, sofern diese nicht in Routinen des Handelns übergegangen sind. Hier spielt es etwa eine große Rolle, inwieweit Menschen vom Klimawandel überzeugt sind und seine Gefahren anerkennen, die Anpassung des eigenen Verhaltens korreliert also stark mit der Überzeugung. Aber die Stärke der Anpassung des Verhaltens an die Erfordernisse variiert dann wiederum stark mit der Art der Verhaltensanpassung und wie grundlegend diese das bisher gewohnte Leben betrifft. Hier fallen kleine Veränderungen des Verhaltens wie Mülltrennung leichter als Müllvermeidung, gelegentliche Nutzung des Nahverkehrs leichter als die Aufgabe des eigenen Autos, Nutzung von vermeintlichem Öko-Strom leichter als die Aufgabe von Fernreisen usw. Die selbst wahrgenommene Verantwortlichkeit ist eine wichtige Voraussetzung, um überhaupt das Verhalten zu ändern. Hierbei ist fast immer entscheidend, inwieweit soziale Referenzgruppen ein Verhalten befürworten oder ablehnen. Je stärker die soziale Bezugsgruppe sich für nachhaltiges Verhalten einsetzt und je umfassender sie dies tut, desto stärker können die Wirkungen auf das Verhalten sein. Aber zugleich ist festzustellen, dass dies bisher eher kleinere soziale Gruppen von Aktivisten in der Nachhaltigkeit sind, die auf eine unentschlossenere Masse von Menschen treffen.

(3) *Starker Einfluss auf Verhaltensänderungen*: Die Wahrnehmung der eigenen Selbstwirksamkeit in der Verhaltensänderung ist der stärkste Wirkfaktor. Je höher die eigene Wirksamkeit eingeschätzt wird, desto ausgeprägter ist die Verhaltensänderung. Wenn jemand glaubt, dass etwa der Verzicht auf Fleischverzehr, auf die Nutzung des Autos, der Fernreisen und das Verbrennen fossiler Energien dem Klima hilft, dann wird die Wahrnehmung der Umsetzung in das eigene Verhalten genau dieses Verhalten verstärken und stützen. Dies steht mit der Einsicht der wissenschaftlichen Forschung in Übereinstimmung, die Selbstwirksamkeit für ein Schlüsselkonzept in der Verhaltensbestimmung und beim menschlichen Lernen hält. Auch die Wirksamkeit der Ergebnisse von Maßnahmen, die ergriffen werden und eine Wirkung zeigen, gehören zu starken Einflussfaktoren auf das Verhalten. Bereits die Überzeugung, dass ein Verhalten Auswirkungen haben wird, wirkt verstärkend auf das Verhalten. Je stärker dann beobachtet werden kann, dass dadurch tatsächlich Veränderungen eintreten, desto größer sind die Effekte. Auch negative Emotionen, die gern vermieden werden, sind ein wichtiger Faktor, um Verhaltensänderungen zu bewirken. Das Verhalten wird verändert, um die negativen Gefühle zu vermeiden, die durch ein »Weiter so« entstehen würden. Dabei greifen deskriptive Normen auf eine soziale Konsensbildung zurück. Nehmen wir ein Beispiel: »Wir alle halten uns an ein nachhaltiges Verhalten, weil wir unsere Kinder schützen wollen.« Oder eine soziale Gruppe verhält sich täglich nach einer Norm, die allein durch die Handlung als deskriptive Norm auch für andere wirkt, indem beispielsweise das Fahrrad dem Auto vorgezogen wird.

Je weniger Nachhaltigkeit, desto weniger nachhaltiges Verhalten

Aus der Forschung wird sichtbar, dass es ein weiter Weg ist, um zu wirksamen Verhaltensänderungen zu gelangen. Die Forschung in all diesen Feldern ist bisher stark auf die wohlhabenden Länder und deren Verhaltensvielfalt konzentriert. Für den globalen Süden sind die Forschungen sehr begrenzt, und die Ergebnisse sind noch längst nicht auf dem Stand, der nötig wäre, um auch nur annähernd einschätzen zu können, was Menschen unter schwierigen Bedingungen bewegen könnte, ihr Verhalten zu ändern. Angesichts der Tatsache, dass gegenwärtig der Regenwald im großen Stil vernichtet wird und die Überlebenschancen in vielen armen Ländern niedrig sind, ist dies der Spiegel einer Misere, in der die Krise um Nachhaltigkeit sich sowohl in der ökologischen wie auch in der sozialen Lage gleichzeitig meldet. An den Orten, an denen besonders sorglos und schädigend mit der Nachhaltigkeit umgegangen wird, kann am wenigsten erwartet werden, dass sich ein massenhaftes nachhaltiges Verhalten durchsetzt.

Menschen in der Gegenwart sind von den Märkten her gewohnt, alles miteinander zu vergleichen, sie nehmen ihr eigenes Verhalten dabei nicht aus. Es reicht schon, wenn wenige Menschen vorleben, dass sie mit einer nicht nachhaltigen Lebensweise mehr konsumieren, mehr besitzen, in größerem Wohlstand leben und agieren können, um bei vielen einen Zweifel an der Nachhaltigkeit auszulösen. Bisher hat die Menschheit nur einen Plan für mehr Nachhaltigkeit aufgestellt, die Herausforderung aber besteht darin, eine gemeinsame, weltweite, verbindliche und kontrollierte, mit Strafen sanktionierte Umsetzungsordnung zu schaffen, damit der Plan funktionieren kann. Erziehung und Bildung müsste dies allen Menschen verständlich machen und sie zu der eigenen Einsicht bringen, dies dann auch mehrheitlich zu wollen.

»Sobald klar wird, dass weniger Nachhaltigkeit mehr Konsum und Wohlstand bedeutet, beginnen die Zweifel an ihrer Notwendigkeit«

Eines hat die Forschung sehr klar zeigen können: Verhaltensänderungen erfolgen dann leichter, wenn Menschen eine Rückmeldung darüber erhalten, wie ihr Verhalten tatsächlich wirkt. Solomon et al. (2017) weisen beispielsweise nach, dass nachhaltiges Verhalten deutlich davon abhängt, dass Menschen die Wirksamkeit ihres Verhaltens nicht nur abstrakt annehmen, sondern anschaulich für sich erleben. Zwar nehmen immer mehr Menschen gedanklich an, dass der Klimawandel ihr Leben in naher Zukunft bestimmen könnte, aber dies bedeutet nicht gleichzeitig, dass sie dies als ein dringliches moralisches Problem oder unmittelbar bedrohliches Ereignis sehen. Die Übersetzung einer Sorge oder einer Beobachtung in ein konkretes Verhalten fällt schwer. Der Umstand, dass das eigene Verhalten wenig auf eine Veränderung der Nachhaltigkeitskrise einwirken und Veränderungen bewirken kann, erzeugt eine Hilflosigkeit, die dann wiederum ein Nicht-Handeln bestärkt. In diesem Kreislauf von Zuschreibungen und Wirkungen werden eigene nachhaltige Handlungen aufgeschoben, weil die Wirkmächtigkeit des eigenen Handelns nicht genauer eingeschätzt werden kann. Als massenhafter Effekt führt dies angesichts der anwachsenden Krise zu einer eher fatalistischen Haltung. Politisch korrespondiert dies mit der heute noch dominanten Ansicht, dass die Nachhaltigkeitskrise noch weit davon entfernt ist, einer Katastrophe zu gleichen, die unmittelbare Handlungen erforderlich macht. Der Urwald wird abgeholzt, die Treibhausgase wachsen an, aber es scheint immer noch hinreichend Zeit für Aktionen, für eine Umkehr, für Reparaturen zu sein. Die Nachhaltigkeitskrise ist für viele eine bloß wahrscheinliche, sie ist selten unmittelbar, konkret lebensbedrohlich, sie wächst erst an. Genau darin liegt die eigentliche Gefahr. Diese Krise benötigt eine Politik der Weitsicht, eine Sensibilität für Grenzen und Gefahren des Wachstums, wie sie die Menschheit bisher noch nicht in ihrer Geschichte erlebt hat.

IV.1.3 Warum ist der Überfluss Hindernis und Chance zugleich?

Warum rebelliert die Mehrheit der Menschen nicht gegen die schon lang anhaltende Nachhaltigkeitssprechblase auf, die suggeriert, dass das Problem begriffen wurde und hinreichend darauf reagiert wird? Warum regen sich die Medien nicht täglich darüber auf, dass zu wenig getan, zu viel riskiert wird?

Ein Problem liegt darin, dass alle einflussreichen Kräfte einer Wirtschaft der Gewinnmaximierung aus Eigeninteresse keinen Sinn in der Nachhaltigkeit sehen, solange sie ihre Gewinne schmälert. Diese Kräfte haben einen immensen Einfluss auf die Politik, die in eine Politik der Wahrheit verwandelt werden müsste, um die Wahrscheinlichkeiten der natur- und sozialwissenschaftlichen Analysen zur Nachhaltigkeit anzuerkennen und hieraus konsequente Schlüsse für ein nachhaltige Handeln zu ziehen. Solche Schlussfolgerungen sind mehr als unangenehm, weil sie an die Grundfesten der kapitalistischen Gewinnmaximierung rühren und gänzlich andere Anreize als die bisherigen im Wirtschaften und Leben setzen müssen.

»Nachhaltigkeit & Wirtschaftsweise bilden einen fundamentalen Widerspruch, weshalb mehr diskutiert als gehandelt wird«

Ein Problem liegt aber auch darin, dass alle Menschen, die auch nur irgendeinen Wohlstand erworben haben, an der Krise maßgeblich beteiligt sind: Durch Autos, Reisen, eine Tourismusindustrie, den Müll ihres Konsums, den sie sich immer mehr direkt nach Hause liefern lassen, durch Essgewohnheiten und üppige und ausschweifende Lebensverhältnisse und die Vielfalt an Belastungen für den Planeten.

Regulierungsmacht ist bisher Diskussionsmacht geblieben

Und die Politik? Auch wenn die Menschen immer wieder den Eindruck haben mögen, dass die politische Macht die ökonomische dominieren kann, so zeigt die ökologische Tragödie des 21. Jahrhunderts bis heute an, dass es in der Praxis genau umgekehrt läuft. Ökonomisch sind Mächte am Werk, deren Inhaber einerseits sehr deutlich ausgemacht werden können, die aber andererseits als bedeutende Wirtschaftskräfte der Nationen auf neoliberalen Märkten letztlich machen können, was sie wollen. Produzenten und Konsumenten sind sich vielleicht sogar einig über die Wirkung der Treibhausgase, aber insbesondere die Produzenten halten ihre Konsumenten bei den eigenen Produkten für dumm, wenn es um die Schädigungen durch nicht-nachhaltige Produkte und Strategien und die Sicherung eigener Gewinne geht. Hoffnungen lassen sich allenfalls dort schöpfen, wo auch mit Nachhaltigkeit Gewinne gemacht werden können.

Über die bisherigen Einschränkungen im Umweltbereich, an deren Abwehr die Gewinnmaximierer durch ihre Lobbys beteiligt sind, müssen sie zudem nicht erschrocken sein, solange die Mehrkosten auf die Konsumenten abgewälzt werden können. Anders wäre dies nur bei einer radikalen Wende in der Klima- und Ressourcenpolitik. Aber auch die Bedürfnisse aller Konsumenten sind von den Konsumwünschen des Überflusses bestimmt, sodass Produktion und Konsumtion nur durch strikte Regulierung nachhaltig umgestaltet werden könnten. Die Regulierungsmacht ist bisher eine überwiegende Diskussionsmacht geblieben. Ihre Doktrin lautet: später. Und alle Vereinbarungen, die getroffen werden, sind zunächst entweder unverbindlich und schwer kontrollierbar oder in Klimagesetzen zu wenig weitreichend oder zu lange nach hinten geschoben. Vor allem die Strafen bei Fehlverhalten sind eine Farce: Erreichen wir die Klimaziele nicht, dann werden neue gebildet. Erzeugt dieser Umgang dann Unmut bei zu vielen, werden die Kriterien der Schädlichkeit neu gesetzt, die Richtwerte verändert, die zulässigen Schadstoffanteile erhöht. Die Kontrolle eines solchen Systems ist schwierig, weil die Konsumenten als Wählende ihrer Regierungen immer mit im Boot auf Schlingerkurs sitzen.

Eine weltweite nachhaltige Verbindlichkeit ist unwahrscheinlich

Die ökologische Krise kann schon nicht mehr einfach gestoppt werden, die wahrscheinlichen Katastrophen mit irreversiblen Folgen haben bereits begonnen, und sie lassen der menschlichen Vernunft nur noch ein recht kurzes Zeitfenster zum Handeln, um den Trend abzumildern, zu bremsen, um gegenzusteuern.

Die Konflikte um Nachhaltigkeit, um das Ausmachen von Verursachern, die ideologischen Aufladungen und die weltweite Langsamkeit in der Umstellung auf Nachhaltigkeit spiegeln Verwerfungen der Ungleichzeitigkeit und des globalen Kapitalismus, in dem stark profitierende Gesellschaften mit striktem Gewinnstreben und erfolgreichen materiellen Lebensformen auf Gesellschaften treffen, die nicht nur ökonomische Verlierer, sondern auch die ersten Leidtragenden der bereits stattfindenden Nachhaltigkeitsfolgen sind. Es findet zudem eine Enteignung und Kapitalisierung der Märkte benachteiligter Länder, Regionen und Menschen statt, was Rachegefühle provoziert, religiöse Heilslehren inspiriert und Sün-

> »Die reichen Länder waren die größten Nutznießer der fehlenden Nachhaltigkeit, aber sie geben keine Entschädigungen«

denböcke schafft. Vor diesem Hintergrund sind globale Einigungen im nachhaltigen Handeln fast unmöglich geworden. Zu viele Konflikte und ungelöste soziale Problemlagen stehen schon vor der Nachhaltigkeit, wären vorher zu lösen, bevor sich die Menschheit insgesamt auf einen nachhaltigen Weg machen könnte.

Die Globalisierung stellt die reichen Länder vor eine hohe Belastungsprobe und die ärmeren Länder vor eine Probe, der sie im Grunde nicht gewachsen sind, weshalb sie oft Auswege in traditionellen Modellen despotischer Regime suchen, wodurch dann oftmals große Fluchtbewegungen ausgelöst werden. Je massenhafter diese Flucht in die reicheren Länder auftritt, desto mehr wird deren Akzeptanz gegenüber Zuwanderung auf die Probe gestellt, denn auch in diesen Ländern gibt es soziale Gefälle: Vor allem die unteren Schichten sehen sich durch Zuwanderung bedroht, und selbst Fremden gegenüber offene Gesellschaften befürworten dann ab einem Punkt Maßnahmen der Abschottung und Zurückweisung. Säkularisierte Gesellschaften haben zudem Probleme, mit religiösem Dogmatismus aus anderen Kulturkreisen umzugehen, da dies wie ein Rückfall in eine überwundene Geschichte erscheint. Die fehlende Nachhaltigkeit löst erst einmal Katastrophen in der Umwelt aus, aber diese werden von sozialen Verwerfungen begleitet, deren Ausmaß sich die Menschen noch nicht hinreichend vorstellen können und wollen.

Der Kampf um Nachhaltigkeit findet heute vor dem Hintergrund einer widersprüchlichen Welt statt. Unterdrückung und Verringerung demokratischer Rechte sind selbst in den traditionellen Industrieländern möglich, sie stellen in despotischen und undemokratischen Regimen wie in China, Russland oder der Türkei Regierungen, die sich als aufgeklärt und demokratisch ausgeben. Dabei erscheint eine totalitäre Macht in einer schwindenden Freiheit, seine Meinung zu sagen, gehört zu werden, freie Wahlen zu haben, auch das Gegenteil in der Politik zu vertreten, recht einfach einzuschätzen, wie die Macht ausgeführt wird und wo ihre tatsächlichen demokratischen Spielräume sind. Solche Regime verhandeln die Nachhaltigkeit nicht offen, sie setzen diktatorisch fest, was für die Nation und die ganze Welt gut genug sein soll. Die reichen Länder entschädigen die Gesellschaft hingegen mit dem Überfluss einer Konsumgesellschaft, der zwar ungerecht verteilt ist, aber alle am Wohlstand irgendwie teilnehmen lässt. Vor diesem Hintergrund erscheint eine weltweite friedliche Vereinbarung über die Nachhaltigkeit zwischen den Nationen als äußerst unwahrscheinlich.

»Die fehlende Nachhaltigkeit löst Katastrophen in der Umwelt aus, die zwangsläufig von sozialen Verwerfungen begleitet werden, deren Ausmaß sich die Menschen noch nicht hinreichend vorstellen können und wollen«

Nachhaltigkeit wird individualisiert

Angesichts der weltpolitischen Ausgangslage scheint es heute einfacher, die fehlende Nachhaltigkeit zu individualisieren, einzelne Menschen und ihre Aktivitäten verantwortlich zu machen. Die Nationen bewegen sich weltpolitisch in so vielen Kompromisslinien, dass sie vielfach handlungsunfähig in der gemeinsamen Regulation der Nachhaltigkeit erscheinen.

Die Individuen finden es durchaus einleuchtend, dass eine jede und jeder aufgefordert sind, einen eigenen Beitrag für den Planeten zu leisten. Die meisten Diskussionen kreisen gegenwärtig genau hierum. Um sich selbst in diesem Kampf zu situieren, mag es helfen, sich zu fragen, ob man eher ein Freund oder Feind der Nachhaltigkeit ist. Dies beginnt dann ehrlicherweise mit der Frage der eigenen sozialen und nachhaltigen Lage.

> »Die Individualisierung der Nachhaltigkeit hilft der Politik, sich in der Verantwortung stärkerer Regulationen zurückzunehmen«

Im Hinblick auf diese Lage gibt es aus der Sicht der politischen Ansprachen und Versprechungen vor jeder Wahl eher Wunschvorstellungen als klare Analysen. Auch hier wirkt eine Individualisierungsstrategie. Jede und jeder sollen hoffen, selbst reicher als andere zu werden. Dieses Narrativ, so unwahrscheinlich es im alltäglichen Leben für die Massen auch ist, wird durch Wiederholung und Darstellung in der Politik und den Medien immer wieder als Modell gesellschaftlicher Zufriedenheit befeuert, und die vielen kleinen und betonten Unterschiede zwischen den Menschen führen dazu, dass so etwas wie eine Klassenlage oder eine vergleichbare Situation von den Menschen kaum noch fokussiert werden können. Und je komplizierter die Welt wird, je weniger Menschen die komplexen und systemischen Wirkungsweisen verstehen, nachvollziehen und vorhersagen können, je weniger Bedingungen oder Verursacher einer Krise konkret ausgemacht werden können, desto stärker wächst bei vielen Menschen die Sehnsucht nach einfachen Erklärungen.

In der Vereinfachung wird die Nachhaltigkeit gern als Aufgabe einer imaginären Mitte bestimmt, wie ich weiter oben herausgearbeitet habe. Je imaginärer diese Mitte bleiben kann, desto weniger sind Menschen konkret verantwortlich. Alle Menschen sind gleich dazu aufgerufen, nachhaltiger zu handeln und zu leben. Dies verschleiert bereits in dieser Gleichheit, wer nach der Verursachung die größeren und wer die geringeren Schäden erzeugt, wer hauptsächlich die Kosten trägt und wer einen Nutzen für sich erzielt. Die größte Gefahr für die unteren sozialen Lagen besteht darin, dass die Nachhaltigkeit nach den Gesetzen des Marktes weiterhin geregelt wird, weil sie dann in den Kosten überwiegend auf die Massen abgewälzt wird und die Folgen privatisiert werden. Viele Tendenzen laufen gegenwärtig genau in diese Richtung. Und wenn eine große Gruppe von Freunden der Nachhaltigkeit es nicht schafft, für eine gerechtere und nachhaltigere Gesellschaft eine Mehrheit der Menschen zu mobilisieren, dann wird die Nachhaltigkeit am Kosten-Nutzen-Denken schon deshalb scheitern, weil die Kosten ungerecht verteilt sind und Mehrheiten nicht unfair behandelt werden wollen. Um im einfachen Schema zu bleiben, die Feinde der Nachhaltigkeit sind einfach reicher, mächtiger, politisch durchsetzungsstärker.

Nachhaltigkeit besteht vor diesem Hintergrund aus sehr vielen einzelnen Handlungen und Maßnahmen. Nicht jede einzelne Aktion wird hinreichend Erfolg bringen, um zu einem Freund der Nachhaltigkeit zu werden, aber zu viele ausgelassene einzelne Beiträge werden in der Summe zu einem Scheitern führen. Entscheidend ist, dass mehr Menschen den Mut finden, eine Priorität auf wissenschaftliche Erkenntnisse in die Fakten der Nachhaltigkeit zu setzen und hierbei das Wunschdenken aufzugeben. Dann würden sie auch erkennen, dass Nachhaltigkeit nicht nur ein individuelles Problem, sondern eine gesamtgesellschaftliche Aufgabe ist.

Der gesellschaftliche Charakter der Nachhaltigkeit ist wesentlich

In der Bewältigung der Nachhaltigkeitskrise wird gern der wissenschaftliche Fortschritt herangezogen, um Lösungen zu postulieren. Aber wissenschaftlich nüchterne Analysen verweisen darauf, so habe ich oben schon ausgeführt, dass die nachhaltigen Problemlagen derzeit größer als die Dynamik der Forschung und deren erwartbare Ergebnisse sind. Anreize für weitere Forschung sind notwendig, gesellschaftliche Förderprogramme unausweichlich, doch die erwarteten schnellen Wunder werden ausbleiben, weil auch Forschung eine Zeit der Entwicklung benötigt. Und selbst wenn es Lösungen gäbe, die dann aber teuer sind und die Mobilität im Ersatz der Verbrennermotoren im Preis beispielsweise um ein Mehrfaches erhöhen, dann wird eine wirtschaftliche Umsetzung mit Aussicht auf neue Profite zur Einführung solcher Produkte unwahrscheinlich, sofern die Konsumenten dafür nicht mehr Lohn und Einkommen beziehen. Aus einer Freundschaft für die Nachhaltigkeit kann leicht ein Wechsel in eine Feindschaft, zumindest in einen Zweifel entstehen. Die Freundesgruppe der imaginären Mitte scheint zahlreich zu sein, aber es gibt sehr viele Mitläufer, solange noch keine harten Entscheidungen gefällt werden. Bisher sind die politischen Lösungen zögerlich. Ohne ein Moratorium der Nachhaltigkeit, das Verzicht und Umorientierung bei gleichzeitiger Förderung aller nachhaltigen Innovationen in einer großen Anstrengung erreicht, wird Nachhaltigkeit mit allen Folgen für die Menschheit und den Planeten verfehlt werden. Nüchterne Skeptiker wie Stephen Hawking meinen ohnehin, dass wir die Erde in den nächsten 100 Jahren werden verlassen müssen, wenn wir denn können. Immer mehr Menschen haben Zweifel, ob wir es schaffen.

Gesellschaftlich gibt es eine zwar wachsende Freundesgruppe der Nachhaltigkeit, aber sie ist voller Selbstzweifel. Die nachhaltig Denkenden wissen, dass je mehr wir über die Notwendigkeit, etwa den Klimawandel zu begrenzen, nachdenken und verhandeln, desto mehr die Treibhausgase über die von uns bereits gesetzten Grenzwerte immer weiter anwachsen, weil sie durch Freundschaftstreffen, Reden und Proklamationen nicht verschwinden. Richtig schlaflos werden nur wenige. Viele politisch einflussreiche Akteure denken auch, dass die wirtschaftliche Entwicklung und das Wachstum stets inkompatibel mit Nachhaltigkeit sein werden, sie sind innerlich ehrlich, aber spielen auf Zeit. Die Besorgten nehmen wahr, dass viel über Nachhaltigkeit geredet wird, aber faktisch sehr wenig oder zumindest viel zu wenig geschieht. Zu Feinden der Nachhaltigkeit werden aber alle, die erst einmal abwarten.

»Stephen Hawking meint, dass wir die Erde in den nächsten 100 Jahren verlassen müssen«

Nachhaltigkeit ist heute, praktisch gesehen, eher ein Ideal einer noch zu kleinen Freundesgruppe, das annäherungsweise angestrebt wird, aber keine Tatsache, auf die wir uns sicher berufen könnten, nur weil viel darüber gesprochen und geschrieben wird. Ein wirklicher Ausgleich mit der Natur, eine unschädliche Balance zwischen Mensch und Ökosystem, das ist heute eine schöne Imagination, die jedoch, nüchtern betrachtet, im Grunde der gesamten bisherigen materiellen Erfolgsgeschichte der Menschheit zuwiderläuft. Selbst bei den Grünen sind diejenigen in der Minderheit, die sofort die Nachhaltigkeit und nicht das Wachstum priorisieren wollen. Es gibt so viele andere Fragen, so viele unterschiedliche Wählerinnen. Priorisierung, ja gut, aber wer kann genau sagen, ab welcher Minute sie notwendig ist, an welchem Tag die Stunde schlägt?

Heute scheint es vor diesem Hintergrund eher als wahrscheinlich, dass Menschen mittels einer Ökovernunft von Halbwahrheiten zumindest so weit kommen könnten, ein für sie noch halbwegs überlebbares Ungleichgewicht zu konstruieren. In diesem könnten dann zumindest die reicheren Menschen der reicheren Länder ihre Überlebenschancen bei möglichst maximaler Befriedigung ihrer Bedürfnisse für möglichst lange Zeit erhalten. Schwieriger wird das Überleben hingegen für die Ärmeren in den ungünstigen Klimazonen. Wahrscheinlich werden alle, die es für wenige Jahrzehnte mit vielen Abstrichen schaffen, später sagen, dass die schönsten Zeiten in der Vergangenheit gelegen hätten.

Klimaleugner und Nachhaltigkeitsverweigerer

Es ist erstaunlich, welch große Gruppe die Leugner und Ignoranten der Nachhaltigkeitskrise bilden, die durch Abwehr und Wunschdenken von vornherein die Notwendigkeit einer Verhaltensänderung ausschließen. Je nach politischer Kultur in den verschiedenen Nationen betrifft diese Verweigerung sogar sehr große Gruppen und umfasst so einen beträchtlichen Teil der Menschheit weltweit. Die Szene der Klimaleugnerinnen wird insbesondere mit Artikeln und Verschwörungstheorien der konservativen Think Tanks, etwa aus dem Umfeld der Republikaner in den USA, überschwemmt, aber auch konservative Parteien, Populisten, Richtungen aus den fossilen Nutzungen von der Kohle- und Öllobby bis hin zur Automobilindustrie und der Energiewirtschaft stützen weltweit einen Kurs, der das bestehende und erfolgreiche Gewinnkonzept gegen die Gefahren von zusätzlichen Kosten oder Verzichtsleistungen schützen will. Nach Steentjes et al. (2016) sahen etwa die Deutschen im Jahr 2016 für die nächsten 20 Jahre die Nachhaltigkeit mit nur 3 Prozent Zustimmung als größtes Problem in ihrem weiteren Leben an. Geflüchtete, Migration und Armut nahmen die ersten Plätze ein (ebd., 15). Immerhin glauben fast 84 Prozent der Deutschen, dass es den Klimawandel gibt, aber immer noch glauben es 16 Prozent nicht; Franzosen und Norweger sind hierbei deutlich aufgeklärter. Besonders bedenklich ist, dass bei näherer Nachfrage nur 34 Prozent der Deutschen denken, dass der gegenwärtige Klimawandel in erster Linie menschengemacht ist.

Was geschieht, wenn Katastrophen einsetzen?

Rudel (2019) zeigt anhand einiger Krisen des 20. Jahrhunderts, die die Fischerei und Agrarindustrie betrafen, drei mögliche Reaktionen auf Katastrophen (ebd., 170 ff.). Diese Reaktionen könnten auch bei den Wirkungen fehlender Nachhaltigkeit auftreten:

3 Reaktionen auf Katastrophen

(1) Wenn eine Katastrophe erkennbar wird, dann entsteht ein stärkerer Fokus auf das Naturereignis selbst, etwa Dürre, Feuer, Überschwemmung, Hochwasser usw. Das löst ein alarmiertes Verhalten aus. Ein Vorläufer solchen Alarms zeigt sich in eher abstrakter Weise heute beim Klimawandel, aber es gibt deutlich mehr Bekenntnisse darüber, diesen Alarm ernst nehmen zu wollen, als Taten, die weitere Schockereignisse vermeiden könnten. Dennoch ist der Alarm immer ein erster Schritt im Verhalten, sich der Nachhaltigkeitsfragen anzunehmen.

(2) Der Alarm kann sowohl übergreifend die Eliten als auch die Gesellschaft mobilisieren, um gewisse Maßnahmen im engeren Feld des Alarms zu ergreifen. Dies geschieht bisher eher in begrenzten Maßnahmen und mehr auf dem Papier als in der Realität. Die ökonomischen Eliten halten innerhalb der Verteilung der Gewinne

der kapitalistischen Gesellschaft stärker an ihren Vorstellungen von Gewinnmaximierung fest, als es die Masse der Menschen tut, Letztere mehr an ihren Konsumgewohnheiten. Politische Gegenmaßnahmen sind bisher kleineren Parteien oder Aktivisten vorbehalten. Wenn Hoffnung auf eine größere Nachhaltigkeit in der Zukunft entstehen soll, dann müssen sich mehr Menschen in solchen Gruppen engagieren und diese verbreitern.
(3) Eine Untergruppe von Aktivisten kann in Alarmsituationen neue Regularien zur Bewältigung der Schockereignisse erarbeiten und teilweise dann durchsetzen, wenn die herrschende Politik sich darauf einlässt. Dies kann, wenn das Überleben von Menschen unmittelbar auf dem Spiel steht – wie etwa in der Corona-Pandemie – das politische Handeln von Regierungen über kurze Zeit bestimmen, wobei dies aber sofort große wirtschaftliche Verwerfungen auslöst, die ebenfalls reguliert werden müssen. Für die Nachhaltigkeit ist es entscheidend, zunächst nationale politische Vorreiter zu gewinnen, die sich mit anderen Nationen verbünden und global nach Mehrheiten streben, die nicht nur in UN-Resolutionen und freiwilligen Bekenntnissen ihren Niederschlag finden, sondern auch exekutiv von der Weltgemeinschaft tatsächlich verfolgt werden. Dies ist die noch viel größere Hürde im Kampf um Nachhaltigkeit als die nationale Frage, die auch schon schwer genug zu lösen ist.

Nehmen wir diese drei Szenarien, so stecken wir heute noch überwiegend in der ersten Stufe des Alarmismus fest. Aber die Nachhaltigkeitskrise ist sehr viel umfassender und weitreichender als Alarmereignisse, sie ist größer als die Corona-Pandemie. Immerhin zeigen die Strategien zur Bewältigung der Pandemie trotzdem mögliche Szenarien auf, die in Schocksituationen, wie sie bei fehlender Nachhaltigkeit ausgelöst werden, eintreten können, über die es sich nachzudenken lohnt:

Erstens gilt, je reicher das Land ist, desto mehr Möglichkeiten der Reaktion sind vorhanden. Hier macht die Corona-Pandemie deutlich, wie unterschiedlich Länder reagieren. Es ist sichtbar geworden, wie ungünstig populistische Strömungen in Demokratien besonders in solchen Situationen sind. Allerdings ist vorauszusehen, dass dann, wenn die Krise länger andauert, immer gefragt werden wird, wer für die Versäumnisse im Vorfeld verantwortlich war. Die Gefahr, dass schnelle Umstürze, populistische Bewegungen und Notlösungen mit nur kurz- und weniger langfristigen Folgen gewählt werden, ist groß, wenn massenhafte Verelendung auftritt.

Zweitens können durch ökologische Krisen mit größeren Katastrophen autoritäre Regime entstehen, indem Zivilrechte für eine Zeit außer Kraft gesetzt werden, das Militär und die Polizei zum Einsatz kommen, bestehende Märkte beschränkt werden usw. Die

Akzeptanz in der Bevölkerung, so zeigt auch hier die Corona-Pandemie, steht in einem engen Verhältnis zur unmittelbar gespürten und erfahrenen Bedrohung in der extremen Situation, die Menschen subjektiv für sich anerkennen. Wenn die Krise in Katastrophen stark wirkt und länger anhält, dann würde die Wahrscheinlichkeit eines Anwachsens stark autoritärer Regime (etwa einer Ökodiktatur) zum Erhalt der Lebenssysteme wahrscheinlicher werden. Denn es ist völlig offen und abhängig von der durch die Katastrophen ausgelösten politischen Entwicklung, ob sich hierbei eine demokratische Struktur erhalten kann. Länder wie China zeigen heute schon, dass eine despotische Struktur sicherlich Gebote und Verbote von Nachhaltigkeit strenger und effektiver umsetzen kann als demokratische Länder, aber dies bedeutet dann auch von vornherein die Aufgabe demokratischer Partizipation und freiheitlicher Rechte.

Drittens wären auch durch Schockereignisse angetriebene Veränderungen in der Produktions- und Lebensweise möglich. Ökologisch optimistisch sind hier Perspektiven, die annehmen, dass durch Katastrophen die lokale Produktion im kleinen Maßstab gestärkt wird. Hier könnten sich selbst versorgende Gemeinschaften entstehen, die in direkter Partizipation ihr Schicksal in die eigene Hand nehmen. Gleichwohl würden diese Gemeinschaften durch eine Abgrenzung nach außen existieren, sie würden die Abhängigkeit von anderen Ländern abwehren und sich stark lokalisieren oder nationalisieren. *Degrowth* ist als Ansatz jedoch immer durch die bestehenden Besitz- und Eigentumsverhältnisse gefährdet, weil die Verteilungskämpfe nun extremer ins Nationale zurückverlagert werden. Bei vielen Anhängern dieses möglichen Weges dominiert die Vorstellung, dass durch die kleinteilige und lokale Produktion und Verteilung der große Abstand zwischen Arm und Reich verschwindet und die Chance auf mehr Demokratie besteht. Wahrscheinlicher sind jedoch soziale Verwerfungen, die zu großen Ungleichheiten und Mängeln in der Versorgung mit Lebensmitteln und Konsumgütern führen werden. Weil und insofern *degrowth* in bestehenden Besitz- und Eigentumsverhältnissen stattfindet, bleiben grundsätzliche Verwerfungen in der Verteilung bestehen. Insoweit wird ein verschärfter Überlebenskampf in den nationalen Grenzen wahrscheinlich. In diesem Überlebenskampf würden ebenso wahrscheinlich viele hässliche Seiten des Menschen hervortreten.

Viertens ist es dann aber auch wahrscheinlich, dass alle Wege in einen Kampf um eine Vorherrschaft des eigenen nationalen Überlebens umschlagen können, was zu Konflikten und Kriegen führen wird. Wenn es an die Substanz des Überlebens geht, lassen sich Menschen schnell mobilisieren, um die Reste an Vorteilen der eigenen Gruppe oder Nation zu betonen. Die menschliche Imagination zeigt heute schon deutlich mehr dystopische Zukunftsversionen (vgl. den ersten Band, III.2.1) als Bilder einer heilen, gerechten und sozial gleichen Welt, die stets nur mythisch versprochen werden konnte.

Diese möglichen vier Wege der Reaktion korrespondieren immer mit den individuellen Einstellungen, Haltungen und Überzeugungen, die Menschen unterschiedlich in der Gesellschaft entwickeln. Als demokratisches Ideal wäre es zur Bewahrung der persönlichen Würde im Umgang mit den Krisen der Nachhaltigkeit erstrebenswert, den Weg nachhaltigen Handelns in kleinen Schritten voranzubringen: Es müsste darum gehen, in starker Selbstkontrolle und mit hoher Selbstwirksamkeit schon vor den Schockereignissen zu handeln, um wenigstens im Akt der eigenen möglichst nachhaltigen Handlung und der Imagination der Wirkung das zu bewahren, was Nachhaltigkeit in Verbindung mit Menschenrechten, Menschenwürde und Würde vor dem eigenen Denken und Tun ausmachen. Nachhaltigkeit bedeutet, diesen Anspruch auf die Menschen, die mit uns leben und die nach uns kommen, auszuweiten.

Die vier möglichen Szenarien können sehr schnell eintreten, wenn die Nachhaltigkeitskrise so große Schockereignisse auslöst, dass das bisherige Leben grundsätzlich nicht mehr möglich ist. Dies deutet sich in vielen Ereignissen schon an. Dabei ist es allerdings wahrscheinlich, dass dies nicht gleichzeitig auf allen Erdteilen und in allen Nationen geschieht, sondern vor allem zunächst die klimatisch besonders gefährdeten Territorien trifft. Der Wandel in größere Nachhaltigkeit, die vollständige Umstellung der Lebensweise mit Verzicht auf bisherige Gewohnheiten, den die Menschheit heute üben müsste, um die Krise noch halbwegs kontrollieren zu können, findet in der weltpolitischen Lage der Gegenwart drei Hindernisse:

3 Hindernisse für einen Neuanfang

Erstens dominieren eher nationale Strategien, die sich zwar auf die UN und Empfehlungen etwa des Weltklimarats beziehen, die jedoch insbesondere bei der Reduktion der Treibhausgase nicht durch bindende internationale Vereinbarungen über alle Länder hinweg erreicht werden. Dies führt in der Summe aller Strategien zu eher unkoordinierten, lockeren und oft unverbindlichen Anstrengungen, denen eine globale Durchschlagskraft fehlt. Viele Nationen oder Verbünde wie die EU, Lobbygruppen, NGOs oder Unternehmen und Individuen streiten in einer Gemengelage um die nachhaltigen Werte, Prioritäten, Setzungen und Beschränkungen auf diesem Weg, was im Widerstreit der Auslegungen und Interpretationen selbst bei ähnlichen Intentionen bereits eine Schwächung im Sinne einer gemeinsamen Strategie bedeutet.
Zweitens kann man durch das Scheitern der bisher gesetzten Klimaziele bereits davon ausgehen, dass Notmaßnahmen zunächst für jene Länder ergriffen werden müssen, die als Erste Not erleiden werden. Aber die bisherige Politik der Bekämp-

fung von Folgen von Katastrophen findet immer erst *post fact* statt, sodass das Ereignis eingetreten sein muss, bevor eine Hilfe organisiert wird. Die reichen Länder der Gegenwart, die ihrerseits die größten Verschmutzer sind, zeigen sich als äußerst vergesslich und ignorant gegenüber den Wirkungen, die sie erzeugen.
Drittens ist der Widerspruch zwischen einer Lebensweise des Wachstums, des Wohlstands für immer mehr Menschen, von möglichst hoher Beschäftigung und Produktivität bei gleichzeitiger Nachhaltigkeit eines solchen Wirtschaftens für Natur und Umwelt im Grunde nicht einfach ausräumbar. So mögen einzelne Länder, wie etwa China, zwar erkennen, wie wichtig mehr Nachhaltigkeit in ihrem Territorium ist, um dort langfristig für ein Überleben zu sorgen, aber gleichzeitig gibt es den Druck der der ungeheuer vielen Menschen, die noch am wachsenden Wohlstand teilhaben wollen, weshalb das politische System daran gemessen wird, inwiefern es alle diesem Wunsch näherbringt.

Vor dem Hintergrund dieser drei Widersprüche zu den Klimazielen und bezogen auf andere Nachhaltigkeitsforderungen wundert es nicht, dass bisher stets ökonomische Überlegungen die Einschränkungen der Klimaziele übertrumpfen und insbesondere die benachteiligten Länder in Asien, Afrika und im globalen Süden, die noch einen hohen wirtschaftlichen Nachholbedarf haben, Begrenzungen und Verzicht nur schwer zugemutet werden können. Der Überfluss ist das große Hindernis, weil alle Menschen ein Anrecht sehen, an ihm teilzunehmen. Es ist der langen Geschichte der sozialen Ungerechtigkeit eingeschrieben, dass eine ungleiche Verteilung schon der Grundmittel zum Überleben ungerecht ist, und die Erweiterung hin in einen Überfluss ist durch die scheinbare Grenzenlosigkeit der reichen Länder und die entgrenzten Bedürfnisse der Menschen definiert. Aber die Nachhaltigkeitskrise ist noch größer als die menschliche Ungerechtigkeit, die über lange Zeit angewachsen ist. Die Tendenz ist eindeutig: Jeglicher Verzicht, den Nachhaltigkeit erfordert, macht die Ungerechtigkeit, die bisher schon in der Welt entstanden ist, nur noch größer und für die ohnehin Benachteiligten dramatischer. Die Chance auf Nachhaltigkeit besteht darin, durch das Tor eines materiellen Verzichts des Überflüssigen zu gehen, aber die gesamte Menschheit an einem angemessenen und nachhaltigen Lebensstandard teilhaben zu lassen.

»Jede Einforderung von Verzicht im Sinne der Nachhaltigkeit vergrößert die weltweite Ungerechtigkeit zusätzlich«

Die soziale Ungerechtigkeit ist schon lange der Widerspruch, der alle Gesellschaften beschäftigt, denn der Kapitalismus folgt sehr einfachen Gesetzen: Waren und Dienstleistungen werden gegen Geld getauscht, Gewinne werden maximiert, um Vorteile zu gewinnen, die dann ungleich verteilt werden, ökonomisches Wachstum wird mit Erfolg und Wohlstand gleichgesetzt und Vollbeschäftigung als Ideal der Konsumteilhabe favorisiert. Dagegen sind die Werte der Nachhaltigkeit ganz anderer Art: Sie betonen den Erhalt und Schutz der Natur und Umwelt, der Vielfalt der Arten, der Gesundheit der Menschen, des langfristigen Überlebens, selbst wenn dies weniger Wachstum, geringeren Wohlstand, Konsumverzicht und ein Umdenken in der Lebensweise bedeuten würde.

Es ist völlig klar, dass eine solche Umstellung die bereits vorhandene soziale Gerechtigkeitsfrage neu definieren muss, was zu der Frage führt, wie die Menschen dieses Ziel verfolgen wollen und wie die Menschen unter solch veränderten Bedingungen ihr soziales Leben führen werden. Wie dieser Weg zunächst gegangen wird, das lässt noch scheinbar große Spielräume. Wenn die Menschheit den Weg Richtung *degrowth* gehen würde, dann wären Instrumente wie ein Grundeinkommen unausweichlich, sofern nicht gänzlich neue Arbeitsmärkte ohne Umweltschädigungen entstehen würden. Hornborg (2019) denkt, dass dies nur gelingen kann, wenn wir den Zusammenhang von Geld, Gewinnen und Tauschformen grundsätzlich neu denken würden, aber bisher sind alle Ansätze des *degrowth* eher harmlose und vorsichtige Modifikationen des bestehenden Kapitalismus, die kaum weitreichend und radikal die wirtschaftlichen Regeln und Institutionen insgesamt infrage stellen, sondern sich nur eine Nische im System suchen, um hinreichend Akzeptanz zu finden. Das Grundeinkommen wird dabei als notwendiges Instrument konstruiert, und eine faire Kreditpolitik in der Förderung der Nachhaltigkeit erscheint als notwendig (etwa Gerber 2015). Aber die Frage erscheint als ungelöst, wie es Menschen gelingen kann, sich eine Lebensweise vorzustellen und sich für diese umfassend einzusetzen, in der die Wirtschaft nicht ständig wächst, Gewinne abwirft, Ungleichheiten steigert und gleichzeitig die planetaren Grenzen durch mehr Treibhausgase, Ressourcenvernichtung, Besiedelung und andere Entwicklungen bedroht. Im Grunde geht es um eine radikale Umkehr menschlicher Verhaltensweisen, auf die die Menschheit durch ihre bisherige Geschichte und durch ihren schnellen Erfolg gar nicht vorbereitet ist. Wie dies konkret und in hinreichender Breite und Geschwindigkeit geschehen soll, ohne zugleich demokratische und moralische Werte aufzugeben, ohne Gerechtigkeit und Freiheiten zu verlieren, das ist völlig offen. Die Grundzüge dessen, was dazu nötig wäre, sind hingegen klar: Ökonomie und Politik werden grundlegend neue Lösungen benötigen, die sich aus den Mustern einer übertriebenen Gewinnmaximierung, zu geringer Beteiligung aller Menschen an überlebenswichtigen Fragen, einer nicht hinreichend umfassenden Erziehung und Bildung aller und der zunehmenden Lücke zwischen Arm und Reich verabschieden muss. Die Pluralität und Gegensätzlichkeit menschlicher Ideen und Vorstellungen wird sich dabei zumindest im Gebiet der Nachhaltigkeit auf gemeinsame Ziele und Werte, Handlungen und Kontrollen fokussieren müssen. Die eigene Grenze der Freiheiten endet nicht mehr nur an den Freiheiten der anderen, sondern auch an den Grenzen der Erde. Es ist möglich, dass dies zu viele Revolutionen auf einmal sind.

»Die Grenzen unserer Freiheit sind die Grenzen unserer Erde«

IV.2 Gesellschaftliche Regeln zur Nachhaltigkeit

Ich will diesen Band mit 5 Thesen für die gesellschaftliche Nachhaltigkeit schließen. Diese werden durch weitere 5 Thesen für eigenverantwortliche Nachhaltigkeit in Band 1 ergänzt.

1. Eine Politik der Aufklärung über Nachhaltigkeit!
Es ist eine vordringliche Aufgabe der Politik und Regierungen, der Medien und der Öffentlichkeit, allen Menschen eine umfassende Aufklärung über Nachhaltigkeit auf wissenschaftlicher Grundlage zu ermöglichen. Lernen für Nachhaltigkeit muss in allen Erziehungsinstitutionen und in den Medien eine Priorität gewinnen. Dadurch kann ein gemeinsames Weltbild der Nachhaltigkeit für die Menschheit insgesamt entstehen, das alle Menschen in ihren jeweiligen Handlungen beachten. Dies schließt eine umfassende Aufklärung über die globalen Grenzen der Erde, über die Gefahren aller Aspekte fehlender Nachhaltigkeit ein. Zugleich sind die Chancen nachhaltigen Verhaltens umfassend zu fördern. Es müssen vielfältige Programme der nachhaltigen Bildung für alle Personengruppen, für eine Veränderung des nachhaltigen Verhaltens, es muss eine Werbung für Nachhaltigkeit entstehen, die zugleich Erfolge in der Nachhaltigkeit mit Anerkennungen und Aufstiegschancen gesellschaftlich honoriert!

2. Eine Regulierung der Nachhaltigkeit durch Vorschriften und Kontrollen!
Notwendig sind insbesondere verschärfte Umweltvorschriften, Verbrauchs- und Abgasnormen, Baunormen, Energiesparverordnungen, Vorschriften zum Schutz der Gesundheit, Regulationen in der Warenproduktion, beim Vertrieb, in der Entsorgung und in der Qualitätskontrolle aller Konsumgüter, weil eine Politik höherer Preise und Steuern dies auch, aber nicht allein regeln kann. Bei den besonders schädigenden Wirkungen in der Nachhaltigkeit geht es darum, intensiv und kontinuierlich zu prüfen, dass Regeln der Nachhaltigkeit nach dem Stand der wissenschaftlichen Wirkungsforschung von Schädi-

gungen eingehalten werden. Zu solcher Regulierung gehört die Einrichtung unabhängiger wissenschaftlicher Institutionen, die einen Regelkanon von unbedingt zu vermeidenden negativen nachhaltigen Wirkungen aufstellen und Normen darüber festlegen, was mit Verboten oder mit Grenzwerten versehen werden muss. Zugleich muss es effektive Kontrollen und sehr hohe Strafen bei Verletzung von Verboten und Grenzwerten geben. Auch die Politik muss sich diesen erarbeiteten Regeln unterwerfen!

3. Errichtung einer Infrastruktur, die umfassend die Nachhaltigkeit stärkt!
Der Individualverkehr kann durch mehr und preiswerten öffentlichen Nahverkehr gebremst werden, eine emissionsbasierte Verkehrssteuerung mit Fahrverboten, eine Sperrung der Innenstädte für Autos, eine Stärkung energieeffektiver Technologien oder die Errichtung von Passivhäusern helfen, die Nachhaltigkeit zu stärken. Im Zeitalter der Digitalisierung können unnötige Wege verringert, Bürokratien abgebaut werden. Reisen müssen stärker an die Formen nachhaltiger Mobilität geknüpft werden. Eine durchgehend regenerative Energiegewinnung ist in der Infrastruktur notwendig, um den auch im Nachhaltigkeitszeitalter vorhandenen Energiehunger zu sättigen. Die nachhaltige Infrastruktur soll grundsätzlich alle nicht-nachhaltigen Handlungen durch die Vorgabe von besseren Möglichkeiten ausschließen. Die Errichtung einer solchen Infrastruktur kommt einem gewaltigen Investitions- und Konjunkturprogramm gleich, das den Verzicht in anderen Bereichen kompensieren kann.

4. Bepreisung aller nicht-nachhaltigen Konsumgüter und Dienstleistungen!
Je weniger nachhaltig ein Konsumgut oder eine Dienstleistung ist, desto höher muss der Preis sein. Preise setzen Anreizsysteme, wobei derzeit Angebot und Nachfrage nicht ausreichen, um die Nachhaltigkeit positiv zu beeinflussen. Es muss in die Preispolitik eingegriffen werden, indem durch die Zertifizierung von ökologischen Produkten, Kennzeichnungssystemen zur Umweltqualität, Umweltsiegel und Nachhaltigkeitsbilanzen die Preise für die Märkte reguliert und mit Auf- oder Abschlägen versehen werden. Eine wissenschaftliche nachhaltige Forschung muss den Grad der Umweltschädigungen der Konsumgüter erfassen, um die Bepreisung jenseits gewinnmaximierender Strategien regulieren zu helfen. Der bisherige Emissionshandel ist dabei ein unzureichendes Instrument, weil er die Lasten in der Welt nicht gerecht verteilt. Hingegen müssen alle Konsumenten über den Preis erfahren können, wie nachhaltig oder weniger nachhaltig die gekauften Dinge sind. Ein Ausgleich zwischen Arm und Reich im Steuersystem muss zugleich die Benachteiligungen für ärmere Menschen mildern.

5. Entwicklung eines Steuersystems, das die Nachhaltigkeit als Gewinn ermöglicht!

Steuern können Anreize für regenerative Energien oder gegen einen hohen CO_2-Ausstoß setzen. Aber das reicht nicht aus. In der Nachhaltigkeit muss ein Steuersystem entstehen, dass die Kosten nicht überwiegend den ärmeren oder durchschnittlichen Einkommensschichten auflastet, weil diese dann den Wandel verweigern würden. Um die Nachhaltigkeit zu finanzieren, ist eine Steuerprogression erforderlich, die den Reichen noch einen hinreichenden Anreiz für Gewinne durch Investitionen lässt, aber die derzeitige Kluft von Arm und Reich grundsätzlich verringert. Ein Steuersystem, das durch zu geringe und unfaire Besteuerung ständig nur die Gewinnmaximierung fördert, muss durch ein gerechteres System ersetzt werden, das die Nachhaltigkeit besonders belohnt und Reinvestitionen in Nachhaltigkeit als Gewinnstrategie fördert. Dies kann allerdings nur gelingen, wenn die Menschheit sich weltweit auf ein solches System einigt!

Anmerkungen

1 Kersten Reich: *Der entgrenzte Mensch und die Grenzen der Erde (I): Wie Erziehung und Verhalten die Nachhaltigkeit erschweren*. Frankfurt am Main: Westend Verlag 2021.

2 Aus Gründen der besseren Lesbarkeit wird nicht durchgehend die weibliche Form verwendet, sondern abgewechselt.

3 Mit eurozentrisch sind die vom alten Europa ausgehenden Denk- und Verhaltensweisen gemeint, die sich auch in Amerika, Kanada, Australien, Neuseeland und anderen durch sie geprägten Kulturen durchgesetzt haben und dominant geblieben sind. Eurozentrisch markiert den Gegensatz »the west and the rest«, wie es Stuart Hall (1992, 275 ff.) ausdrückt.

4 In der nachfolgenden Analyse konzentriere ich mich dabei auf die deutsche, die eurozentrische und auch die amerikanische Situation, aber ein Vergleich mit anderen Regionen könnte in anderen Studien vergleichend zeigen, inwieweit es Gemeinsamkeiten und Unterschiede gibt. Die Tendenz geht dahin, dass die Gemeinsamkeiten durch das globale kapitalistische Wirtschaftsmodell zunehmen.

5 Der Begriff der Moderne wird in Band 1 näher eingeführt und erläutert.

6 Alle Übersetzungen aus dem Englischen habe ich im gesamten Buch selbst vorgenommen.

7 Zu unterschiedlichen klassischen Zeittheorien in diesem Zusammenhang vgl. auch Gell (1992).

8 Ein Instrument hierfür ist der Welthungerindex. Vgl. https://www.globalhungerindex.org/de/.

9 Vgl. dazu die faktischen Exklusionsquoten in deutschen Schulen, die in den einzelnen Bundesländern Jahr für Jahr belegen, wie gegen die UN-BRK völkerrechtswidrig gehandelt wird. Die Quoten können leicht im Internet recherchiert werden.

10 Wenngleich dieser Umstand die große Differenz zwischen demokratischem Selbstbild und antidemokratischer Vorstellungs- und Denkweise zeigt, der die Nachkriegsgeneration ausgesetzt war. Bis weit in die 1970er Jahre wurde ich in Schule und Universität mit Denkweisen konfrontiert, die den autoritären Charakter propagierten oder verharmlosten. Insbesondere die in der Pädagogik vorherrschende Geisteswissenschaftliche Pädagogik in der Nachkriegszeit, die in der Lehramtsausbildung neue Lehrkräfte für die Demokratie nach dem Muster alter autoritärer Weltbilder ausbilden sollte, gehörte zu den Kräften, die eine kritische Aufarbeitung verhinderte (vgl. Keim 1990, Ortmeyer 2008 a, b, c). Siehe auch https://forschungsstelle.wordpress.com/forschungsstelle/.

11 Deutscher Bundestag, 18. Wahlperiode. Drucksache 18/9112.

12 https://strom-report.de/eeg-umlage/#eeg-umlage-2017.

13 Für ihre Studie griffen die Forscher auf zwei 1966 und 1979 gestartete nationale Datenerhebungen zurück, dabei verfolgten sie den Berufsweg von Männern bis zu deren 40. Lebensjahr. Die erste Gruppe startete in den späten 1960er Jahren, eine Zeit recht großen Wirtschaftswachstums in den USA. Die zweite Gruppe kam in den frühen 1980er Jahren in den Beruf, als Deregulierung und Globalisierung zunahmen. Frauenarbeit war noch zu gering, um sie hinlänglich statistisch in dieser Studie zu erfassen. Die Tendenz dieser Ergebnisse hält bis heute an und wird immer wieder empirisch bestätigt.

Literaturverzeichnis (Band I & II)

Adam, B. (1988): Social Versus Natural Time, a Traditional Distinction Re–Examined. In: The Rhythms of Society, M. Young, T. Schuller (Hg.). London: Routledge.

Adams, J. (1995): Risk. London, U.K.: Routledge, Taylor, & Francis.

Adams, M. (2017): Environment. Critical Social Psychology in the Anthropocene. In: Gough, B. (Hg.): The Palgrave handbook of critical social psychology. London: Palgrave-Macmillan, 621–641.

Adler, A. & Furtmüller, C.) (Hg.) (1973): Heilen und Bilden. Frankfurt a. M.: Fischer.

Adorno, T. W., Frenkel-Brunswik, E., Levinson, D. J. & Sanford, R. N. (1950): The Authoritarian Personality. New York: Harper and Row.

Adorno, T. W. (2019): Aspekte des neuen Rechtsradikalismus. Berlin: Suhrkamp.

Aicher, O. (2015^2): analog und digital. Berlin: Ernst & Sohn.

Ajzen, I. (1991): The Theory of Planned Behavior. In: Organizational Behavior and Human Decision Processes, 50, 179–211.

Ajzen, I., & Fishbein, M. (1980): Understanding Attitudes and Predicting Social Behavior. Englewood Cliffs, NJ: Prentice-Hall.

Akerlof, G. A. & Shiller, R– J. (2015): Phishing for Phools. The Economics of Manipulation and Deception. Princeton: Princeton University Press.

Allen, F. & Gale, D. (2009): Understanding Financial Crises. Oxford: Oxford University Press.

Allevato, E. (2018): The Spirit of Sustainability. The Fourth Dimension of the Bottom Line. In: Dhiman, S. & Marques, J. (Hg.): Handbook of Engaged Sustainability. Springer International Publishing.

Altemeyer, B. (1996): The Authoritarian Specter. Cambrige: Harvard University Press.

Altemeyer, B. (2006): The Authoritarians. Abgerufen am 02.01.2021. Online unter: https://theauthoritarians.org/options–for–getting–the–book/.

Altvater, E. (2007^7): Das Ende des Kapitalismus, wie wir ihn kennen. Eine radikale Kapitalismuskritik. Münster: Westfälisches Dampfboot.

Altvater, E. (2016): The Capitalocene, or, Geoengineering Against Capitalism's Planetary Boundaries. In: Moore, J. W. (Hg.): Anthropocene or Capitalocene? Nature, history, and the crisis of capitalism. Oakland, CA: PM Press, 138–152.

Alvaredo, F., Chancel, L., Piketty, T., Saez, E., Zucman, G. (2017): World Inequality Report 2018. Paris: World Inequality Lab.

Anderson, B. (1991): Imagined Communities. Reflections on the Origin and Spread of Nationalism. London: Verso.

Anderson, B. (1998): The Spectre of Comparisons. Nationalism, Southeast Asia and the World. London: Verso.
Angus, I. (2016): Facing the Anthropocene. Fossil Capitalism and the Crisis of the Earth System. New York: Monthly Review Press.
Antonides, G. (Hg.) (2017): Sustainable Consumer Behavior. Basel u. a.: MDPI.
Arbesman, S. (2013): The Half-Life of Facts. New York: Current/Penguin.
Ariès, P. (1977[4]): Geschichte der Kindheit. München: Hanser.
Assmann, A. (2006[3]): Erinnerungsräume. Formen und Wandlungen des kulturellen Gedächtnisses. München: Beck.
Assmann, J. (2013[7]): Das kulturelle Gedächtnis. Schrift, Erinnerung und politische Identität in frühen Hochkulturen. München: Beck.
Aktkinson, A. B. (2015): Inequality. What Can Be Done. Cambridge, MS: Harvard University Press.
Aveni, A. (1989): Empires of Time. Calendars, Clocks and Cultures. New York: Basic Books.
Bamberg, S. & Moser, G. (2007): Twenty years after Hines, Hungerford, and Tomera. A New Meta-Analysis of Psycho-Social Determinants of Pro-Environmental Behavior. In: Journal of Environmental Psychology, 27, 14–25.
Bandura, A. (1977): Social learning theory. Englewood Cliffs, NJ: Prentice Hall.
Bandura, A. (1989): Human Agency in Social Cognitive Theory. In: American Psychologist, 44, 1175–1184.
Banerjee, S. B. (2003): Who Sustains Whose Development? Sustainable Development and the Reinvention of Nature. In: Organization Studies, 24(1), 143–180.
Bateson, G. (1958[2]): Naven. Stanford: Stanford University Press.
Bateson, G. (1972): Steps to an Ecology of Mind. Frogmore, UK: Paladin.
Baudrillard, J. (1989): Das perfekte Verbrechen. München: Matthes und Seitz.
Bauer, U. et al. (Hg.) (2014): Expansive Bildungspolitik – Expansive Bildung? Wiesbaden: Springer VS.
Bauman, Z. (1989): Modernity and the Holocaust. Ithaca, N. Y.: Cornell University Press (dt. Übers.: Dialektik der Ordnung. Die Moderne und der Holocaust, Hamburg: Europäische Verlagsanstalt, 1992).
Bauman, Z. (1993): Modernity and Ambivalence. Cambridge and Oxford: Polity Press (dt. Übers.: Moderne und Ambivalenz. Das Ende der Eindeutigkeit, Hamburg: Junius, 1992).
Bauman, Z. (1995): Life in Fragments. Essays in Postmodern Morality. Cambridge, MA: Basil Blackwell.

Bauman, Z. (1997): Postmodernity and its Discontents. New York: New York University Press (dt. Übers.: Das Unbehagen in der Postmoderne, Hamburg: Hamburger Edition 1999).
Bauman, Z. (2000a): Liquid Modernity. Cambridge: Polity Press (dt. Übers.: Flüchtige Moderne, Frankfurt a. M.: Suhrkamp).
Bauman, Z. (2000b): Time and Space Reunited. In: Time & Society, London, Thousand Oaks, CA, New Dehli (Sage), Vol. 9(2/3), 171–185.
Bauman, Z. (2003): Liquid Love: On the Fragilty of Human Bonds. Cambridge (Polity Press).
Bauman, Z. (2004): Wasted Lives. Modernity and its Outcasts. Cambridge: Polity Press.
Bauman, Z. (2005): Liquid Life. Cambridge: Polity Press.
Bauman, Z. (2006): Liquid Fear. Cambridge: Polity Press.
Bauman, Z. (2007a): Liquid Times. Living in an Age of Uncertainty. Cambridge: Polity Press.
Bauman, Z. (2007b): Consuming Life. Cambridge: Polity Press.
Bauman, Z. (2008): Does Ethics Have a Chance in a World of Consumers? Cambridge: Harvard University Press.
Bauman, Z. (2016): Die Angst vor den anderen. Frankfurt a. M.: Suhrkamp.
Bauman, Z. (2017): Retrotopia. Berlin: Suhrkamp.
Baumgartner, H. M. (1992): Natur aus der Perspektive spekulativer und kritischer Philosophie. In: Natur als Gegenstand der Wissenschaften, hrsg. von Honnefelder, L. Freiburg/München: Alber.
Bazerman, M. H. (2006): Climate Change as a Predictable Surprise. In: Climatic Change 77, 179–193.
Beatty, A. (2012): Climate Change Education. Washington, DC: The National Academies Press.
Beck, U. (1986): Risikogesellschaft. Frankfurt a. M.: Suhrkamp.
Beck, U. (2002): The Cosmopolitan Society and its Enemies. In: Theory, Culture & Society. London, Thousand Oaks and New Delhi: Sage. Vol. 19(1–2), 17–44.
Becker, E. & Jahn, T. (2006): Soziale Ökologie. Grundzüge einer Wissenschaft von den gesellschaftlichen Naturverhältnissen. Frankfurt/New York: Campus.
Becker, R. & Lauterbach, W. (Hg.) (2010[4]): Bildung als Privileg. Erklärungen und Befunde zu den Ursachen der Bildungsungleichheit. Wiesbaden: VS Verlag für Sozialwissenschaften.
Bello, W. (2013): Capitalism's Last Stand? Deglobalization in the Age of Austerity. London, New York: Zed Books.
Benjamin, W. (1983): Das Passagen-Werk 1–2. Frankfurt a. M.: Suhrkamp.

Berger, P. L. & Luckmann, T. (1966): The Social Construction of Reality: A Treatise in the Sociology of Knowledge. Garden City, NY: Anchor Books.
Bergman, W. (1992): The Problem of Time in Sociology. An Overview of the Literature on the State of Theory and Research on the »Sociology of Time«, 1900–82. In: Time & Society 1(1), 81–134.
Bernal, J. D. (1970): Wissenschaft. Science in History. (4 Bde.) Reinbek: Rowohlt.
Bhargava, A. (2019): Climate Change, Demographic Pressures and Global Sustainability. In: Economics and Human Biology 33 (2019), 149–154.
Biozahl 2006 (2006): 2-Millionen-Grenze erreicht. In: Natur und Museum. 136, Heft 5/6, 2006, S. 131–134.
Blühdorn, I. (2013): Simulative Demokratie. Neue Politik nach der postdemokratischen Wende. Berlin: Suhrkamp.
Blühdorn, I. (2014): Post-Ecologist Governmentality. Post-Democracy, Post-Politics and the Politics of Unsustainability. In: Swyngedouw, E. & Wilson, J. (Hg.) (2014): The Post–Political and its Discontents. Edinburgh: Edinburgh University Press.
Blühdorn, I. (2015): Post-Ecologist Politics. London und New York: Routledge.
Blumenberg, H. (2001): Lebenszeit und Weltzeit. Frankfurt a. M.: Suhrkamp.
Bilandzic, H. & Sukalla, F. (2019): The Role of Fictional Film Exposure and Narrative Engagement for Personal Norms, Guilt and Intentions to Protect the Climate. In: Environmental Communication, 13:8, 1069–1086.
Böhnke, A. & Schröter, J. (2004): Analog/Digital. Opposition oder Kontinuum. Bielefeld: transkript.
Bonneuil, C. & Fressoz, J.-B. (2015): The Shock of the Anthropocene. The Earth, History and us. London: Verso.
Borucke, M. et al. (2013): Accounting for Demand and Supply of the Biosphere's Regenerative Capacity. The National Footprint Accounts Underlying Methodology and Framework. In: Ecological Indicators 24 (2013), 518–533.
Botero, C. A. et al. (2014): The Ecology of Religious Beliefs. In: PNAS, November 25, 2014, vol. 111, no. 47, 16784–16789.
Bourdieu, P. (1977): Outline of a Theory of Practice. Cambridge: Cambridge University Press.
Bourdieu, P. (1986) The Forms of Capital. In: J. Richardson (Hg.) Handbook of Theory and Research for the Sociology of Education (New York, Greenwood), 241–258.
Bourdieu, P. (1987): Die feinen Unterschiede. Frankfurt a. M.: Suhrkamp.
Bourdieu, P. (1990): The Logic of Practice. Stanford: Stanford University Press.
Bourdieu, P. & Passeron, J. C. (1988): Die Illusion der Chancengleichheit. Untersuchungen zur Soziologie des Bildungswesens am Beispiel Frankreichs. Stuttgart: Klett–Cotta.

Bowerman, T. (2014): How much is too much? A Public Opinion Research Perspective. In: Sustainability: Science, Practice and Policy, 10:1, 14–28.
Bowers, C. A. (2005): The False Promises of Constructivist Theories of Learning. New York: Peter Lang.
Brand, K.-W. (2015): Sustainable Development. In: Wright, J. D. (Hg.): International Encyclopedia of the Social & Behavioral Sciences, 2nd edition, Vol. 23, Oxford, 812–816.
Brand, K.-W. (2017): Die sozial–ökologische Transformation der Welt. Ein Handbuch. Frankfurt/New York: Campus.
Brand, K.-W. (2018): Welche Nachhaltigkeit? Soziologie und Nachhaltigkeit. In: SuN, Sonderheft II. https://doi.org/10.17879/sun–2017–2285
Brand, U. (2014): Sozial-ökologische Transformation als gesellschaftspolitisches Projekt. In: Kurswechsel 2/2014, 7–18.
Brand, U. & Wissen, M. (2011): Die Regulation der ökologischen Krise. Theorie und Empirie der Transformation gesellschaftlicher Naturverhältnisse. In: ÖZS 36 (2011) 2, 12–34.
Brand, U. & Wissen, M. (2017): Imperiale Lebensweise. Zur Ausbeutung von Mensch und Natur im globalen Kapitalismus. München: Oekom.
Braudel, F. (1985/86): Sozialgeschichte des 15.–18. Jahrhunderts. (3 Bde.) München: Kindler.
Braudel, F. (1992): The Perspective of the World. Civilization and capitalism, 15th–18th centuries. Vol. 3. Berkeley: University of California Press.
Briggs, J. & Peat, F. D. (1990): Die Entdeckung des Chaos. München, Wien: Hanser.
Brocchi, D. (2019): Nachhaltigkeit und soziale Ungleichheit. Wiesbaden: Springer VS.
Bronfenbrenner, U. (1981): Die Ökologie der menschlichen Entwicklung. Natürliche und geplante Experimente. Stuttgart: Klett–Cotta.
Brundtland-Report (1987): Development and International Economic Co–Operation. Zuletzt abgerufen 11.12.2020. Online unter: https://en.wikisource.org/wiki/Brundtland_Report.
Bryant, R. L. (Hg.) (2015): The International Handbook of Political Ecology. Cheltenham, UK: Edward Elgar.
Bude, H. & Willisch, A. (Hg.) (2006): Das Problem der Exklusion. Hamburg: Hamburger Edition.
Bundesregierung (2020): Agenda 2030. Ziele für eine nachhaltige Entwicklung weltweit. Zuletzt abgerufen am 11.12.2020. Online unter: https://www.bundesregierung.de/breg–de/themen/nachhaltigkeitspolitik/agenda–2030–die–17–ziele.
Bunker, S. (1985): Underdeveloping the Amazon: Extraction, unequal exchange, and the failure of the modern state. Chicago: University of Chicago Press.

Burke, M. et al. (2018): Higher Temperatures Increase Suicide Rates in the United States and Mexico. In: Nature Climate Change,(8), 723–729.
Burtscher-Schaden, H. (2017): Die Akte Glyphosat. Wien: Kremayr & Scheriau.
Butterwegge, C. (2018[3]): Armut. Köln: PapyRossa.
Candeias, M., Rilling, R., Röttger, B., Thimmel, S. (Hg.) (2011): Globale Ökonomie des Autos. Mobilität, Arbeit, Konversion. Hamburg: VSA
Capstick, S., Lorenzoni, I., Corner, A., & Whitmarsh, L. (2014): Prospects for Radical Emissions Reduction Through Behavior and Lifestyle Change. Carbon Management, 5, 429–445.
Capstick, S. et al. (2014): International Trends in Public Perceptions of Climate Change over the Past Quarter Century. WIRES Climate Change, 6, 35–61.
Caradonna, J. L. (2014): Sustainability. A History. Oxford/New York: Oxford University Press.
Carr, N. (2010): The Shallows: What the Internet Is Doing to Our Brains. New York: Norton.
Carson, R. (1962): Silent Spring. Boston: Houghton Mifflin.
Castells, M. (1996): The Rise of the Network Society. Oxford: Blackwell.
Chabay, I. (2020): Vision, Identity, and Collective Behavior Change on Pathways to Sustainable Futures. In: Evolutionary and Institutional Economics Review 17:151–165.
Chakravarty, S. et al. (2009): Sharing Global CO_2 Emission Reductions Among One Billion High Emitters. In: Proceedings of the National Academy of Sciences, USA, 106, 11884–11888.
Chang, C.-H. (2014): Climate Change Education: Knowing, Doing and Being. London and New York Routledge.
Chang, C.-H, & Kidman, G. & W. A. (Hg.) (2020): Issues in Teaching and Learning of Education for Sustainability. Theory into Practice. London and New York: Routledge.
Chivian, E. & Bernstein, A. (Hg.) (2008): Sustaining Life. How Human Health Depends on Biodiversity. New York: Oxford University Press.
Chomsky, N. (1989): Necessary Illusions. Thought Control in Democratic Societies. London: Pluto Press.
Chomsky, N. & Herman, E. S. (1994): Manufacturing Consent. The Political Economy of the Mass Media. London: Vintage.
Cialdini, R. B., Reno, R. R. & Kallgren, C. A. (1990): A Focus Theory of Normative Conduct: Recycling the Concept of Norms to Reduce Littering in Public Places. In: Journal of Personality and Social Psychology, 58, 1015–1026.
Cipolla, C. (1978): Clocks and Culture: 1300–1700. New York: W. W. Norton.

Clayton, S., Manning, C. M., & Hodge, C. (2014): Beyond Storms & Droughts. The Psychological Impacts of Climate Change. Washington, DC: American Psychological Association and ecoAmerica.
Clayton, S. et al. (2015a): Expanding the Role for Psychology in Addressing Environmental Challenges. American Psychologist. Advance online publication. doi:10.1037/a003948.
Clayton, S. et al. (2015b): Psychological Research and Global Climate Change. Nature Climate Change, 5, 640–646.
Clayton, S. & Manning, C. (Hg.) (2018): Psychology and Climate Change. London: Academic Press.
Climate G 20 (2017): Klimawandel – eine Faktenliste. Hamburg, 6. Juli 2017. Zuletzt abgerufen am 11.12.2020. Online unter: https://www.klimafakten.de/sites/default/files/downloads/klimafakten2017g20.pdf.
Coleman, J. (1968): The Concept of Equality of Educational Opportunity. Harvard Educational Review: April 1968, Vol. 38, No. 1, 7–22.
Coleman, J. (1986): Social Theory, Social Research, and a Theory of Action. In: The American Journal of Sociology, Vol. 91, No. 6. (May, 1986), 1309–1335.
Colson, F. (1926): The Week. An Essay on the Origin und Development of the Seven Day Cycle. Cambridge: Cambridge University Press.
Cook, J. W. (Hg.) (2019): Sustainability, Human Well-Being, and the Future of Education. Cham: Palgrave Macmillan/Springer Nature Switzerland.
Crouch, C. (2008): Postdemokratie. Frankfurt a. M.: Suhrkamp. (2004: Post-Democracy. Cambridge and Oxford: Polity.
Crouch, C. (2011): The Strange Non-death of Neo-liberalism. Cambridge and Oxford: Polity.
Crouch, C. (2016): The March Towards Post-Democracy, Ten Years On. In: The Political Quarterly, Vol. 87, No. 1, January-March 2016.
Crozier, M. (1964): The Bureaucratic Phenomenon. Chicago. University of Chicago Press.
Crutzen, P. (2002): Geology of Mankind. In: Nature 415, 23.
Crutzen, P. (2006): Albedo Enchancement by Stratospheric Sulfur Injections. A Contribution to resolve a Policy Dilemma? In: Climatic Change, Nr. 77, 211–219.
Cumbers, A., Routledge, P. & Nativel, C. (2008): The Entangled Geographies of Global Justice Networks. In: Progress in Human Geography, 32:2, 183–201.
Dahm, J. D. (2019): Benchmark Nachhaltigkeit. Sustainability Zeroline. Bielefeld: transkript.
D'Alisa, G., Demaria, F., Kallis, G. K. (Hg.) (2016): Degrowth. Handbuch für eine neue Ära. München: Oekom.

Dasilva, C. (2019): Imagining Decline or Sustainability: Hope, Fear, and Ideological Discourse in Hollywood Speculative Fiction. In: Elementa Science of the Anthropocene, Art. 7, 1–8.
Davies, J. (2016): The Birth of the Anthropocene. Oakland: University of California Press.
Decker, O., Kiess, J., Weißmann, M., Brähler, E. (2012): Die Mitte in der Krise. Rechtsextreme Einstellungen in Deutschland. Springe: zu Klampen.
Decker, O. & Brähler, E. (Hg.) (2018): Flucht ins Autoritäre. Gießen: Psychosozial.
Deleuze, G. (1996): Das Bewegungs-Bild: Kino 1. Frankfurt a. M.: Suhrkamp.
Descola, P. (2013): The Ecology of Others. Chicago: Prickly Paradigm Press.
Detten, R. von, Faber, F., Bemmann, M. (Hg.) (2013): Unberechenbare Umwelt. Zum Umgang mit Unsicherheit und Nicht-Wissen. Wiesbaden: Springer VS.
Devereux, G. (1967): Angst und Methode in den Verhaltenswissenschaften. München: Hanser.
Defra (2008): A Framework for Pro-Environmental Behaviours. London: Defra.
Dewey, John: Collected Works. Edited by Jo Ann Boydston. The Early Works (EW 1–5): 1882–1898. Carbondale & Edwardsville: Southern Illinois University Press/London & Amsterdam: Feffer & Simons. The Middle Works (MW 1–15): 1899–1924. Carbondale & Edwardsville: Southern Illinois University Press. The Later Works (LW 1–17): 1925–1953. Carbondale & Edwardsville: Southern Illinois University Press.
Dhiman, S. & Marques, J. (Hg.) (2018): Handbook of Engaged Sustainability. Springer International Publishing. Online unter: https://link.springer.com/referencework/10.1007%2F978-3-319-71312-0.
Dhiman, S. (2018 a): Selfishness, Greed, and Apathy. In: Dhiman, S. & Marques, J. (Hg.): Handbook of Engaged Sustainability. Springer International Publishing.
Dhiman, S. (2018 b): To Eat or Not to Eat Meat. In: Dhiman, S. & Marques, J. (Hg.): Handbook of Engaged Sustainability. Springer International Publishing.
Diamond, J. (2005): Collapse. How Societies Choose to Fail or Succeed. London: Penguin.
Di Giulio, A. (2004): Die Idee der Nachhaltigkeit im Verständnis der Vereinten Nationen. Anspruch, Bedeutung und Schwierigkeiten. Münster: Lit.
Divale, W., Khaltourina, D. & Korotayev, A. (2002): A corrected version of the Standard Cross–Cultural Sample Database. In: World Cultures, 13, 62–98.
Donoghue, F. (2008): The Last Professors. The Corporate University and the Fate of the Humanities. New York: Fordham.
Downs, A. (1967): Inside Bureaucracy. Boston: Little, Brown, & Co.

Drori, G. S., Yong Suk Jang, Meyer, J. W. (2006): Sources of Rationalized Governance: Cross–National Longitudinal Analyses,1985–2002. In: Administrative Science Quarterly, 51(2): 205–229.
Drori, G. S. & Meyer, J. W. (2006): Scientization: Making a World Safe For Organizing. In: M.-L. Djelic and K. Sahlin-Andersson (Hg.), Transnational governance: Institutional dynamics of regulation. Cambridge, UK: Cambridge University Press.
Drori, G. S., Meyer, J. W., Hwang, H. (Hg..) (2006): Globalization and Organization: World Society and Organizational Change. Oxford: Oxford University Press.
Dryzek, J. S., Norgaard, R. B., & Schlosberg, D. (Hg.) (2011): The Oxford Handbook of Climate Change and Society. New York: Oxford University Press.
Dubinskas, F. (Hg.) (1988): Making Time: Ethnographies of High-Technology Organizations. Philadelphia: Temple University Press.
Durkheim, E. (1953 [1898]): Individual and Collective Representations. In: Sociology and Philosophy. London: Cohen & West.
Durkheim, E. (1915 [1912]): The Elementary Forms of the Religious Life. London: Allen & Unwin.
Durkheim, E. (1956 [1922]): Education and Sociology. Glencoe: Free Press.
Durkheim, E. & Mauss, M. (1963 [1903]): Primitive Classification. London: Cohen & West.
Earth Overshoot Days Org (2019): Earth Overshoot Days 2019. Zuletzt abgerufen am 11.12.2020.Online unter: https://www.overshootday.org/newsroom/country–over shoot–days/2019_country_overshoot_days–1000/.
Ebi, K. L., Frumkin, H. & Hess, J. J. (2017): Protecting and Promoting Population Health in the Context of Climate and Other Global Environmental Changes. In: Anthropocene, 19,1–12.
Einstein, A. & Infeld, L. (1938): The Evolution of Physics. New York: Simon & Schuster.
Eisenstadt, S. N. (Hg.) (1987): Kulturen der Achsenzeit. 3 Teile. Frankfurt a. M.: Suhrkamp.
Ekardt, F. (2005): Das Prinzip Nachhaltigkeit. München: Beck.
Ekardt, F. (2016[4]): Theorie der Nachhaltigkeit. Zuletzt abgerufen 19.03.2020. Online: http://www.sustainability–justice–climate.eu/files/texts/TheoriederNachhaltig keit4.pdf.
Ellen Macarthur Foundation (2016): The New Plastics Economy. Zuletzt abgerufen am 11.12.2020. Online unter: https://www.ellenmacarthurfoundation.org/assets/ downloads/publications/NPEC–Hybrid_English_22–11–17_Digital.pdf.
Eliade, M. (1954): Cosmos und History. The Myth of the Eternal Return. New York: Harper & Row.
Elias, N. (1976): Über den Prozeß der Zivilisation. (2 Bde.) Frankfurt a. M.: Suhrkamp.

Elias, N., (1988): Über die Zeit. Frankfurt a. M.: Suhrkamp.
Elias, N. (1990): Engagement und Distanzierung. Frankfurt a. M.: Suhrkamp.
Elias, N. (1991[6]): Was ist Soziologie. München: Juventa.
Elias, N. (2007): Die höfische Gesellschaft. Untersuchungen zur Soziologie des Königtums und der höfischen Aristokratie. Frankfurt a. M.: Suhrkamp.
Elsässer, L., Hense, S., Schäfer, A. (2017): »Dem Deutschen Volke«? Die ungleiche Responsivität des Bundestags. In: Zeitschrift für Politikwissenschaft. 10.1007/s41358–017–0097–9.
Eribon, D. (2016): Rückkehr nach Reims. Berlin: Suhrkamp.
Escobar, A. (1995): Encountering development. The making and unmaking of the Third World 1945–1992. In: Social Text, 31/32, 20–56.
Fabian, J. (1983): Of Time and the Other. How Anthropology Makes its Object. New York: Columbia Univ. Press
Fatheuer, T., Fuhr, L., Unmüßig, B. (2015): Kritik der Grünen Ökonomie. München: Oekom.
Featherstone, D. (2008): Resistance, Space and Political Identities. The Making of Counter Global Networks. Oxford: Wiley-Blackwell.
Felber, C. (2014): Gemeinwohl-Ökonomie. Das Wirtschaftsmodell der Zukunft. Wien: Deuticke.
Ferguson, N. (2008): The ascent of money. A financial history of the world. New York: Penguin.
Fetscher, I. (1975): Rousseaus politische Philosophie. Frankfurt a. M.: Suhrkamp.
Feuerbach, L. (1848[2]): Das Wesen des Christentums. Leipzig: Otto Wiegand.
Fischer, A. (1914/1961): Deskriptive Pädagogik. In: Aloys Fischer: Ausgewählte pädagogische Schriften, hrsg. Th. Rutt. Paderborn: Schöningh.
Flassbeck, H. (2020): Der begrenzte Planet und die unbegrenzte Wirtschaft. Lassen sich Ökonomie und Ökologie versöhnen? Frankfurt a. M.: Westend.
Foer, J. S. (2010): Tiere essen. Köln: Kiepenheuer & Witsch.
Foer, J. S. (2019): Wir sind das Klima! Wie wir unseren Planeten schon beim Frühstück retten können. Köln: Kiepenheuer & Witsch.
Food and Agriculture Organization of the United Nations (2019): The State of Food Security. Rome. Zuletzt abgerufen am 11.12.2020. Online unter: http://www.fao.org/3/ca5162en/ca5162en.pdf.
Ford, M. (2016): The Rise of the Robots. Technology and the Thereat of Mass Unemployment. London: Oneworld.
Foster, J. B. (1999): Marx's Theory of Metabolic Rift: Classical Foundations for Environmental Sociology. American Journal of Sociology, 105(2), 366–405.

Foster, J.B., Clark, B., York, R. (2010): The Ecological Rift. Capitalism's War on the Earth. New York: Monthly Review Press.

Foucault,M. (1976): Mikrophysik der Macht. Berlin: Merve.

Foucault, M. (1978): Dispositive der Macht. Über Sexualität, Wissen und Wahrheit. Berlin: Merve.

Foucault, M. (1991): Die Ordnung des Diskurses. Frankfurt a.M.: Suhrkamp.

Foucault, M.u. a. (1993): Technologien des Selbst. Frankfurt a.M.: Fischer.

Foucault, M. (1994[8]): Überwachen und Strafen. Die Geburt des Gefängnisses. Frankfurt a.M.: Suhrkamp.

Foucault, M. (2004): Geschichte der Gouvernementalität. (2 Bde.) Frankfurt a.M.: Suhrkamp.

Franken, M.&Götze, M. (2017): Einfach Öko. München: Ökonome. Online: https://docplayer.org/197333695–Marcus–franken–monika–goetze.html.

Frantz, C.M.&Mayer, F.S. (2009): The Emergency of Climate Change: Why Are We Failing to Take Action? In: Analyses of Social Issues and Public Policy, Vol. 9, No. 1, 2009, 205–222.

Freelands, C. (2013): Die Superreichen. Aufstieg und Herrschaft einer neuen globalen Geldelite. Frankfurt a.M.: Westend.

Frey, B.S.&Stutzer, B. (2002): What Can Economists Learn from Happiness Research? In: Journal of Economic Literature. Vol. 40, No. 2, June 2002 Zuletzt abgerufen am 08.01.2021. Online unter: https://www.aeaweb.org/articles?id=10.1257/002205102320161320.

Frey, R.S., Gellert, P.K., Dahms, H.F. (Hg.) (2019): Ecologically Unequal Exchange: Environmental Injustice in Comparative and Historical Perspective. Houndmills, UK: Palgrave Macmillan.

Fromm, E. (1932): Über Methode und Aufgabe einer analytischen Sozialpsychologie. In: Zeitschrift für Sozialforschung. Herausgegeben vom Institut für Sozialforschung, Frankfurt a.M. Jahrgang l 1932 Doppelheft 1/2. Leipzig: Hirschfeld.

Fromm, E. (1941): Escape from Freedom. New York: Holt, Rinehart&Winston.

Gardner, G.T.&Stern, P.C. (2002[2]): Environmental problems and human behavior. Boston: Pearson Custom Publishing.

Gardner, H., Csikszentmihalyi, M., Damon, W. (2002): Good Work. New York : Basic Books.

Garrison, J., Neubert, S.&Reich, K. (2012): John Dewey's Philosophy of Education – An Introduction and Recontextualization for Our Times. New York: Palgrave Macmillan.

Garrison, J., Neubert, S.&Reich, K. (2016): Democracy and Education Reconsidered. 100 Years after Dewey. London/New York: Routledge.

Geels, F. W., McMeekin, A., Mylan, J. & Southerton, D. (2015): A Critical Appraisal of Sustainable Consumption and Production Research. The Reformist, Revolutionary and Reconfiguration Positions. In: Global Environmental Change, 34, 1-12.
Geertz, C. (2000): The World in Pieces. Culture and Politics at the End of the Century. In: Available light: anthropological reflections on philosophical topics. Princeton/N. J./ USA: Princeton University Press, 218–263.
Gell, A. (1992): The Anthropology of Time. London: Berg.
Georgescu-Roegen, N. (1971): The Entropy Law and the economic process. Cambridge, MA: Harvard University Press.
Gerber, J.-F. (2015): An overview of local credit systems and their implications for post–growth. In: Sustainability Science 10, 413–423.
Glaeser, B. (Hg.) (2006): Fachübergreifende Nachhaltigkeitsforschung. Stand und Visionen am Beispiel nationaler und internationaler Forschungsverbünde. München: Oekom.
Giddens, A. (1973): The Class Structure of the Advanced Societies. London: Hutchinson.
Giddens, A. (1976): 2 New Rules of Sociological Method. London: Hutchinson
Giddens, A. (1979): Central Problems in Social Theory. Action, Structure and Contradiction in Social Analysis. Berkeley: Calif. Univ. Press.
Giddens, A. (1981): Time and Space in Social Theory. In: Matthes, J. (Hg.): Deutsche Gesellschaft für Soziologie (DGS) (Hg.): Lebenswelt und soziale Probleme. Verhandlungen des 20. Deutschen Soziologentages zu Bremen 1980. Frankfurt a. M.: Campus.
Giddens, A. (1981): A Contemporary Critique of Historical Materialism. Berkeley: University of California Press.
Giddens, A. (1984): The Constitution of Society. Outline of the Theory of Structuration. Berkeley: University of California Press.
Giddens, A. (1987): Social Theory and Modern Sociology. Stanford: Stanford University Press.
Giddens, A. (1990): The Consequences of Modernity. Stanford: Stanford University Press.
Giddens, A. (2011): The Politics of Climate Change. Cambridge: Polity Press.
Gifford, R. (2011): The Dragons of Inaction. Psychological Barriers That Limit Climate Change Mitigation and Adaptation. In: American Psychologist. American Psychological Association, May–June 2011, Vol. 66, No. 4, 290–302.
Gifford, R. (2014): Environmental Psychology Matters. Annual Review of Psychology, 65(1), 541–579.
Gifford, R. et al. (2009): Temporal Pessimism and Spatial Optimism in Environmental Assessments. An 18–nation study. In: Journal of Environmental Psychology, 29, 1–12.

Gifford, R., Kormos, C. & McIntyre, A. (2011): Behavioral Dimensions of Climate Change: Drivers, Responses, Barriers, and Interventions. In: WIREs Climate Change 2011, Wiley & Sons, doi:10.1002/wcc.143.

Gifford, R. & Nilsson, A. (2014): Personal and Social Factors That Influence Pro–environmental Concern and Behaviour. In: International Journal of Psychology, 49, 141–157.

Gigerenzer, G. (2007): Gut feelings. The Intelligence of the Unconscious. New York: Viking Penguin.

Gigerenzer, G. (2008): Rationality for mortals. Oxford: Oxford University Press.

Gigerenzer, G. & Selten, R. (Hg.) (2001): Bounded Rationality. The Adaptive Toolbox. Cambridge: MIT Press.

Giroux, Henry A. (1992): Border Crossings. Cultural Workers and the Politics of Education. New York, London: Routledge.

Giroux, Henry A. (1993): Living Dangerously. Multiculturalism and the Politics of Difference. New York u. a.: Lang.

Giroux, Henry A. (1994): Disturbing Pleasures. Learning Popular Culture. New York, London: Routledge.

Giroux, Henry A., McLaren, Peter (Hg.) (1994): Between Borders. Pedagogy and the Politics of Cultural Studies. New York, London: Routledge.

Global Footprint Network (2013): Methodology for Calculating the Ecological Footprint of California. Zuletzt abgerufen am 11.12.2020. Online unter: https://www.footprintnetwork.org/content/images/article_uploads/EcologicalFootprintCalifornia_Method_2013.pdf.

Glimbovski, M. (2017): Ohne Wenn und Abfall. München: Kiepenheuer & Witsch.

Görg, C. & Brand, U. (Hg.) (2002): Mythen globalen Umweltmanagements. Rio + 10 und die Sackgassen »nachhaltiger Entwicklung«. Münster: Westfälisches Dampfboot.

Görgen, B. & Wendt, B. (2015): Nachhaltigkeit als Fortschritt denken. Grundrisse einer soziologisch fundierten Nachhaltigkeitsforschung. In: Sozioöogie und Nachhaltigkeit, 1. Jg., Ausgabe 01/2015, 1–21.

Goodman, N. (1968): Languages of Art. Indianapolis, New York, Kansas City: Bobbs-Merrill.

Gore, T. (2015): Extreme carbon inequality: Why the Paris climate deal must put the poorest, lowest emitting and most vulnerable people first. Oxfam International. Online unter: https://policy–practice.oxfam.org/resources/extreme–carbon–inequality–why–the–paris–climate–deal–must–put–the–poorest–lowes–582545/.

Gorz, A. (M. Bosquet) (1972): Nouvel Observateur, Paris, 397, 19 June. Proceedings from a public debate organized in Paris by the Club du Nouvel Observateur.

Gorz, A. (1994): Capitalism, Socialism, Ecology. London: Verso.

Gowdy, J. M. (2008): Behavioral Economics and Climate Change Policy. In: Journal of Economic Behavior & Organization 68 (2008) 632–644.
Graeber, D. (2011): Debt. The first 5 000 years. Brooklyn, NY: Melville House.
Green, J. M. (1999): Deep Democracy. New York: Rowman and Littlefield.
Griggs, D. et al. (2013): Sustainable Development Goals for People and Planet. In: Nature, Vol. 495, 305–307.
Grin, J., Rotman, J., Schot, J. (Hg.) (2010): Transitions to Sustainable Development. New Directions in the Study of Long Term Transformative Change. New York/London: Routledge.
Groß, M. (2014): Experimentelles Nichtwissen. Umweltinnovationen und die Grenzen sozial-ökologischer Resilienz. Bielefeld: Transcript.
Grothmann, T. & Patt, A. (2005): Adaptive Capacity and Human Cognition: The Process of Individual Adaptation to Climate Change. In: Global Environmental Change 15, 199–213.
Grunwald, A. & Kopfmüller, J. (2012[2]): Nachhaltigkeit. Eine Einführung. Frankfurt/New York: Campus.
Gupta, A. & Ferguson, J. (1992): Beyond »Culture«: Space, Identity, and the Politics of Difference. In: Cultural Anthropology, Vol. 7, No. 1, Space, Identity, and the Politics of Difference 6–23.
Haas, E. B. (1958): The Uniting of Europe; Political, Social, and Economic Forces, 1950–1957. Stanford: Stanford University Press.
Haas, E. B. (1964): Beyond the Nation-State. Functionalism and International Organization. Stanford: Stanford University Press.
Haber, W. (2007): Energy, Food, and Land. The Ecological Traps of Humankind. In: Environmental Science and Pollution Research 14, 6, 359–365.
Haber, W. (2010): Die unbequemen Wahrheiten der Ökologie. Eine Nachhaltigkeitsperspektive für das 21. Jahrhundert. München: oekom.
Habermas, J. (1971): Vorbereitende Bemerkungen zu einer Theorie der kommunikativen Kompetenz. In: Habermas, J. & Luhmann, N.: Theorie der Gesellschaft oder Sozialtechnologie. Frankfurt a. M.: Suhrkamp.
Habermas, J. (1992): Faktizität und Geltung. Frankfurt a. M.: Suhrkamp.
Habermas, J. (2004): Das Sprachspiel verantwortlicher Urheberschaft. Probleme der Willensfreiheit. In: Gehirn und Geist, 6/2004.
Habermas, J. (2011[8]): Theorie des kommunikativen Handelns. (2 Bde.) Frankfurt a. M.: Suhrkamp.
Häußermann, H. & Siebel, W. (2000[2]): Soziologie des Wohnens. Eine Einführung in Wandel und Ausdifferenzierung des Wohnens. Weinheim und München: Juventa.
Halbwachs, M. (1980 [1950]): The Collective Memory. New York: Harper & Row.

Hall, P. A. & Soskice, D. W. (Hg.) (2001): Varieties of Capitalism: The Institutional Foundations of Comparative Advantage. Oxford: Oxford University Press.
Hall, S. & Gieben, B. (1992): Formations of Modernity. Cambridge: Open University.
Hamilton, C. (2010): Requiem for a Species. Why We Resist the Truth About Climate Change. Crows Nest, NSW: Allen & Unwin.
Hamilton, C. (2017): Defiant Earth. The Fate of Humans in the Anthropocene. Cambridge: Polity.
Haraway, D. (2015): Anthropocene, Capitalocene, Plantationocene, Chthulucene. Making Kin. In: Environmental Humanities 6, 159–165.
Haraway, D. (2016) Staying With the Trouble. Making Kin in the Chthulucene. Durham, NC: Duke University Press.
Hart, P. (2005): Transitions in Thought and Practice. Links, Divergences and Contradictions in Post-Critical Inquiry. In: Environmental Education Research, 11(4), 391–400.
Hart, P. (2013): Preconceptions and Positionings. Can We See Ourselves Within Our Own Terrain? In: Stevenson, R. et al., 507–510.
Hartmann, D. & Janich, P. (Hg.) (1996): Methodischer Kulturalismus. Zwischen Naturalismus und Postmoderne. Frankfurt a. M.: Suhrkamp.
Hartmann, D. & Janich, P. (Hg.) (1998): Die Kulturalistische Wende. Zur Orientierung des philosophischen Selbstverständnisses. Frankfurt a. M.: Suhrkamp.
Hartmann, K. (2018): Die grüne Lüge. Weltrettung als profitables Geschäftsmodell. München: Blessing
Harvey, D. (1989): The Condition of Postmodernity. Oxford: Basil Blackwell.
Harvey, D. (1990): Between Space and Time: Reflections on the Geographical Imagination. In: Annals of the Association of American Geographers, Vol. 80, No. 3. (Sep., 1990), 418–434.
Hattie, J. (2009): Visible Learning. A Synthesis of Over 800 Meta–Analyses Relating to Achievement. London/New York: Routledge.
Hattie, J. (2012): Visible Learning for Teachers. Maximizing Impact on Learning. London/New York: Routledge.
Hauff, v. M. & Kleine, A. (2014[2]): Nachhaltige Entwicklung. München: Oldenbourg/de Gruyter.
Haug, Frigga (2011): Die Vier-in-Einem-Perspektive. Eine Politik von Frauen für eine neue Linke. Hamburg: Argument.
Hawking, S. (1988): Eine kurze Geschichte der Zeit. Die Suche nach der Urkraft des Universums. Reinbek bei Hamburg: Rowohlt.
Hayles, N. K. (2007): Hyper and Deep Attention. The Generational Divide in Cognitive Modes. In: Profession, 187–199.
Heidegger, M. (1967[11]): Sein und Zeit. Tübingen: Niemeyer.

Heimann, P. (1976): Didaktik als Unterrichtswissenschaft. Reich, K. & Thomas, H. (Hg.). Stuttgart: Klett.
Heisenberg, W. (1959): Physik und Philosophie. Stuttgart: Hirzel.
Helfrich, S. & Bollier, D. (2019): Frei, fair und lebendig. Die Macht der Commons. Bielefeld: transkript.
Hellbrück, J. & Fischer, M. (1999): Umweltpsychologie. Ein Lehrbuch. Göttingen: Hogrefe.
Hempel, C. G. (1977): Aspekte wissenschaftlicher Erklärung. Berlin/New York: de Gruyter.
Herman, E. S. & Chomsky, N. (2006): Manufacturing Consent. The Political Economy of the Mass Media. New York: Pantheon.
HESI (2020): Higher Education Sustainability Initiative (HESI). Zuletzt abgerufen 16.12.2020. Online unter: https://sustainabledevelopment.un.org/sdinaction/hesi.
Heydorn, H.-J. (1972): Zu einer Neufassung des Bildungsbegriffs. Frankfurt a. M.: Suhrkamp.
Hiatt, J. M. & Creasey, T. J. (2012²): Change Management. The People Side of Change. Loveland: Prosci Learning Center Publication.
Higgens, K. L. (2015): Economic Growth and Sustainability. Systems Thinking for a Complex World. San Diego, US : Elsevier Academic Press.
Hines, J., Hungerford, H. R. & Tomera, A. N. (1986–87): Analysis and Synthesis of Research on Responsible Environmental Behavior. A Meta-Analysis. In: Journal of Environmental Education, 18(2), 1–8.
Hobbes, T. (1965): Leviathan. München: Rowohlt.
Hobbes, T. (2017): De Cive/Vom Bürger. Lateinisch/Deutsch übersetzt von A. Hahmann, hrsg. von A. Hahmann und D. Hüning. Ditzinmgen: Reclam.
Homans, G. C. (1974): Social Behavior. Its Elementary Forms. New York: Harcourt.
Horkheimer, M. (Hg.) (1936): Studien über Autorität und Familie. Forschungsberichte aus dem Institut für Sozialforschung. Paris: Librairie Félix Alcan.
Hornborg, A. (2019): Nature, Society, and Justice in the Anthropocene. Cambridge and New York: Cambridge University Press.
Humboldt, v. W. (2002): Ideen zu einem Versuch, die Grenzen der Wirksamkeit des Staates zu bestimmen. (1792; erstmals publiziert 1851) Stuttgart: Reclam.
Huntington, S. (1996): The Clash of Civilizations and the Remaking of World Order. New York: Simon and Schuster.
Husserl, E. (1962²): Die Krisis der europäischen Wissenschaften und die transzendentale Phänomenologie. Eine Einleitung in die phänomenologische Philosophie. (Husserliana = Hua), Bd. VI, hg. v. W. Biemel, Den Haag.

Husserl, E. (1966): Zur Phänomenologie des inneren Zeitbewusstseins 1893–1917, (Hua), Bd. X, hg. v. R. Boehm, Den Haag.
Husserl, E. (1993): Die Krisis der europäischen Wissenschaften und die transzendentale Phänomenologie. Ergänzungsband. Texte aus dem Nachlaß 1934–1937. (Hua), Bd. XXIX, hg. v. R. N. Schmid, Dordrecht/Boston/London.
Husserl, E. (1995): Ideen zu einer reinen Phänomenologie und phänomenologischen Philosophie. (Hua), Bd. III/1, hg. v. K. Schuhmann, Dordrecht/Boston/London.
Husserl, E. (2001): Die ›Bernauer Manuskripte‹ über das Zeitbewusstsein (1917/18). (Hua) Bd. XXXIII, hg. v. R. Bernet/D. Lohmar, Dordrecht/Boston/London.
IPBES (2019): Global Assessment Report on Biodiversity and Ecosystem Services. Abgerufen am 11.12.2020. Online unter: https://www.ipbes.net/global–assessment.
Incropera, F. P. (2016): Climate Change: A Wicked Problem. Complexity and Uncertainty at the Intersection of Science, Economics, Politics, and Human Behavior. New York: Cambridge University Press.
Institute for Economics and Peace (2020): Global Peace Index 2020: Measuring Peace in a Complex World, Sydney, June 2020. Available from: http://visionofhumanity.org/reports.
Ison, R. & Straw, E. (2020): The Hidden Power of Systems Thinking. Governance in a Climate Emergency. London and New York: Routledge.
Jackson, T. (2009): Prosperity without growth: Economics for a finite planet. London: Earthscan.
Jaeger, W. (1934/1947): Paideia. Die Formung des griechischen Menschen. (3 Bde.) Berlin: de Gruyter.
Janich, P. (1980): Die Protophysik der Zeit. Konstruktive Begründung und Geschichte der Zeitmessung. Frankfurt a. M.: Suhrkamp.
Janich, P. (2006): Kultur und Methode. Frankfurt a. M.: Suhrkamp.
Johnson, B. (2013): Zero Waste Home. The Ultimate Guide to Simplifying Your Life by Reducing Your Waste. New York: Scribner.
Jonsson, F. A., Brewer, J., Fromer, N., Trentmann, F. (2019): Scarcity in the Modern World. History, Politics, Society and Sustainability 188–2075. London u. a.: Bloomsbury.
Jost, J. T. (2015): Resistance to Change. A Social Psychological Perspective. In: Social Research, Vol. 82 (3), 607–636.
Jucker, R. (2014): Do We Know What We Are Doing? Reflections on Learning, Knowledge, Economics, Community and Sustainability. Newcastle: Cambridge Scholars Publishing.
Kagan, J. (2009): The Three Cultures. Natural Sciences, Social Sciences, and the Humanities in the 21st Century. Cambridge: Cambridge University Press.

Kahneman, D. (2003): Maps of Bounded Rationality. Psychology for Behavioral Economics. In: American Economic Review 93 (5), 1449–75.
Kahneman, D. (2011): Thinking, Fast and Slow. New York: Farrar, Strauss & Giroux.
Kahneman, D. & Sugden, R. (2005): Experienced Utility as a Standard of Policy Evaluation. In: Environmental & Resource Economics, 2005, Vol. 32/1.
Kahneman, D. & Tversky, A. (1979): Prospect theory. An Analysis of Decision Under Risk. In: Econometrica 47, 263–291.
Kahneman, D. & Tversky, A. (1996): Conflict Resolution. A Cognitive Perspective. In: Arrow, K. J. et al. (Hg.): Barriers to conflict resolution. New York: W. W. Norton, 44–60.
Kalantzis, M. & Cope, B. (2008): New Learning. Elements of a Science of Education. Cambridge: Cambridge University Press.
Kallis, G. (2018): Degrowth. Newcastle upon Tyne. UK: Agenda Publishing.
Kamiya, S. & Yanase, N. (2019): Learning from extreme catastrophes. In: Journal of Risk and Uncertainty 59, 85–124.
Kangas, R. (2012): Contingency Theoretical Functionalism and the Problem of Functional Differentiation. **www.intechopen.com**. doi:10.5772/38225
Karathanassis, A. (2003): Naturzerstörung und kapitalistisches Wachstum. Ökosysteme im Kontext ökonomischer Entwicklungen. Hamburg: Verlag für das Studium der Arbeiterbewegung.
Karathanassis, A. (2015): Kapitalistische Naturverhältnisse. Ursachen von Naturzerstörungen. Begründungen einer Postwachstumsökonomie. Hamburg: VSA.
Kasser, T. (2002): The high price of materialism. Cambridge, MA: MIT Press.
Kasser, T. (2009): Values and ecological sustainability. In: Kellert, S. R. & Speth, J. G. (Hg.), The coming transformation. Values to sustain human and natural communities (180–204). New Haven: Yale School of Forestry and Environment.
Kasser, T. (2011): Cultural values and the well-being of future generations. A cross–national study. In: Journal of Cross-Cultural Psychology, 42(2), 206–215.
Kasser, T. & Ryan, R. M. (1993): A dark side of the American dream: Correlates of financial success as a central life aspiration. In: Journal of Personal and Social psychology, 65, 410–422.
Kasser, T., Ryan, R. M., Couchman, C. E., & Sheldon, K. M. (2003): Materialistic values: Their causes and consequences. In T. Kasser & A. D. Kanner (Hg.), Psychology and consumer culture. The struggle for a good life in a materialistic world (11–29). Washington, DC: American Psychological Association.
Keim, W. (Hg.) (1990): Pädagogik und Nationalsozialismus. Zwischenbilanz einer Auseinandersetzung innerhalb der bundesdeutschen Erziehungswissenschaft. Marburg: Forum Wissenschaft, Studienheft Nr. 9.

Keller, E. F. (2015): Assessing Risk in the Absence of Quantifiability. In: Biological Theory (2015) 10, 228–236.

Kelly, E. (Hg.) (2006): Gerechtigkeit als Fairness. Ein Neuentwurf. Frankfurt a. M.: Suhrkamp.

Kelly, M. P. & Barker, M. (2016): Why is changing health-related behaviour so difficult? In: Public Health 136, 109–116.

Kemfert, C. (2019): Klimapaket: Der homöopathische CO_2-Preis ist ein Witz. In: DIW-Wochenbericht, Deutsches Institut für Wirtschaftsforschung (DIW), Berlin, Vol. 86, Iss. 39, 732.

Kierkegaard, S. (1844/1890): Der Begriff der Angst. In: Zwei Schriften Sören Kierkegaards. Leipzig: Richter.

Kierkegaard, S. (1849): Die Krankheit zum Tode. Jena: Diederichs.

Kindleberger, C. P. & Aliber, R. Z. (2005[5]): Manias, Panics, and Crashes A History of Financial Crises. Hoboken: Wiley.

Klafki, W. (1976): Aspekte kritisch-konstruktiver Erziehungswissenschaft. Weinheim: Beltz.

Klafki, W. (1983): Neue Studien zur Bildungstheorie und Didaktik. Weinheim: Beltz.

Klafki, W. (1998): Zur Militärpädagogik Erich Wenigers. Ertrag und Problematik der Untersuchung Kurt Beutlers. In: Zeitschrift für Pädagogik 44 (1998) 1, S. 149–160.

Klee, E. (1983): »Euthanasie« im NS-Staat. Die »Vernichtung lebensunwerten Lebens«. Frankfurt: Fischer.

Klein, N. (2008): The Shock Doctrine. The Rise of Desaster Capitalism. New York: Metropolitan Books.

Klein, N. (2015): This Changes Everything. London: Penguin.

KMK, BMZ & Engagement Global (Hrsg.) (2015[2]): Orientierungsrahmen für den Lernbereich Globale Entwicklung im Rahmen einer Bildung für nachhaltige Entwicklung. Bonn: Cornelsen. Zuletzt abgerufen 16.12.2020. Online unter: https://www.kmk.org/fileadmin/veroeffentlichungen_beschluesse/2015/2015_06_00–Orientierungs rahmen–Globale–Entwicklung.pdf.

Kolbert, E. (2015): The Sixth Extinction. New York: Picador.

Konzeptwerk Neue Ökonomie/DFG-Kolleg Postwachstumsgesellschaften (Hg.) (2017): Degrowth in Bewegung(en). 32 Wege zur sozial–ökologischen Transformation. München: Oekom.

Kormos, C. & Gifford, R. (2014): The validity of self–report measures of proenvironmental behavior. A meta–analytic review. In: Journal of Environmental Psychology, Volume 40, December 2014, 359–371.

Koselleck, R. (2004): Futures Past. On the Semantics of Historical Time. New York: Columbia University Press.

Kousky, C., Rostapshova, O., Toman, M. & Zeckhauser, R. (2009): Responding to Threats of Climate Change Mega–Catastrophes. In: HKS Faculty Research Working Paper Series, RWP10–008, November 2009, John F. Kennedy School of Government, Harvard University.

Kranert, M. et al. (2012): Ermittlung der weggeworfenen Lebensmittelmengen und Vorschläge zur Verminderung der Wegwerfrate bei Lebensmitteln in Deutschland. Stuttgart: Institut für Siedlungswasserbau, Wassergüte– und Abfallwirtschaft (Projektbericht).

Krautwaschl, S. (2019): Plastikfreie Zone. Wie meine Familie es schafft, fast ohne Kunststoff zu leben. München: Heyne.

Kricke, M., Reich, K., Schanz, L., Schneider, J. (2018): Raum und Inklusion. Neue Konzepte im Schulbau. Weinheim u. a.: Beltz.

Kricke, M. & Neubert, S. (Hg.) (2020): New Studies in Deweyan Education. Democracy and Education Revisited. New Yoprk: Routledge.

Krogman, N. T. & Bergstrom, A. (2018): Sustainable Higher Education Teaching Approaches. In: Dhiman, S. & Marques, J. (Hg.): Handbook of Engaged Sustainability. Springer International Publishing.

Kühnl, R. (1990): Faschismustheorien. Ein Leitfaden. Distel: Heilbronn.

Kühnl, R. (1998[4]): Der Faschismus. Ursachen, Herrschaftsstruktur, Aktualität. Eine Einführung. Heilbronn: Distel.

Kuhn, T. S. (1976[2]): Die Struktur wissenschaftlicher Revolutionen. Frankfurt a. M.: Suhrkamp.

Laff, W. M. (Hg.) (2004): Governance for Sustainable Development. The Challenge of Adapting Form to Function. Cheltenham: Edward Elgar.

Latouche, S. (2009): Farewell to Growth. Cambridge: Polity Press.

Latour, B. (2017): Facing Gaia. Eight lectures on the new climatic regime. Cambridge: Polity.

Latour, B. (2018): Down to Earth. Politics in the New Climate Regime. Cambridge, UK: Polity.

Latour, B. (2018 a): Das terrestrische Manifest. Berlin: Suhrkamp.

Lefèbvre, H. (1991): The Production of Space. Cambridge and Oxford: Blackwell.

Leiserowitz, A. (2007): Public Perception, Opinion and Understanding of Climate Change. Current Patterns, Trends and Limitations. New York: United Nations Development Programme.

Lenton, T. M. & Ciscar, J.–C. (2013): Integrating tipping points into climate impact assessments. In: Climatic Change (2013) 117, 585–597.

Lessenich, S. (2017): Neben uns die Sintflut. Die Externalisierungsgesellschaft und ihr Preis. Berlin: Hanser.

Levermann, A. et al. (2020): Projecting Antarctica's contribution to future sea level rise from basal ice shelf melt using linear response functions of 16 ice sheet models (LARMIP–2). In: Earth System Dynamics, 2020 (11), 35–76.
Lever-Tracy, C. (Hg.). (2010): Routledge handbook on climate change and society. London: Routledge.
Leviston, C. & Uren, H.V. (2020): Overestimating One's »Green« Behavior: Better-Than-Average Bias May Function to Reduce Perceived Personal Threat from Climate Change. In: Journal of Social Issues, Vol. 76, No. 1, 2020, 70–85.
Lewis, M. (2014): Flash boys. Cracking the Money Code. London: Allen Lane.
Liebau, E. (1987): Gesellschaftliches Subjekt und Erziehung. Zur pädagogischen Bedeutung der Sozialisationstheorien von Bourdieu und Oevermann. Weinheim u. München: Juventa.
Liessmann, K.P. (2006): Theorie der Unbildung. Die Irrtümer der Wissensgesellschaft. Wien: Zsolnay.
Liessmann, K.P. (2014): Geisterstunde. Die Praxis der Unbildung. Eine Streitschrift. Wien: Zsolnay.
Liessmann, K.P. (2017): Bildung als Provokation. Wien: Zsolnay.
Lindroos, K. (1998): Now Time/Image Space. Temporalization of Politics in Walter Benjamin's Philosophy of History and Art. Jyväskylä: University Print House.
Linz, J.J. (2003²): Totalitäre und autoritäre Regime. Berlin: Berliner Debatte Wissenschaftsverlag.
Lippmann, W. (1920): Liberty and the News. New York: Harcourt, Brace and Howe.
Lischka, H.M. (2017): »Ich habe ja was gegen die Wegwerfkultur, aber …« Eine empirische Analyse der Einflussfaktoren auf die Diskrepanz zwischen Einstellung und Verhalten am Beispiel von Konsumgütern. In: Bala, C. & Schuldzinski, W. (Hg.): Pack ein, schmeiß´ weg? Wegwerfkultur und Wertschätzung von Konsumgütern. In: Beiträge zur Verbraucherforschung 6. Düsseldorf: Verbraucherzentrale NRW, 51–77.
Littig, B. (Hg.) (2004): Religion und Nachhaltigkeit. Berlin u. a.: Lit.
Liverani, A. (2009): Climate change and individual behavior: Considerations for policy. Policy Research Working Paper 5058. The World Bank Development Economics, Office of the Senior Vice President and Chief Economist, September 2009.
Locke, J. (1967): Einige Gedanken über die Erziehung. Übersetzt und besorgt von J.B. Deermann. Paderborn: Schöningh.
Locke, J. (1968): Über den menschlichen Verstand. Hamburg: Meiner.
Locke, J. (1980): Bürgerliche Gesellschaft und Staatsgewalt. Sozialphilosophische Schriften. Hrsg. von Klenner, H. Leipzig: Reclam.
Löw, M. (2008): The Constitution of Space. In: European Journal of Social Theory 11(1): 25–49.

Loo, H. van der & Reijen, W. van (1997): Modernisierung. München: DTV.
Lovejoy, T. E. & Hannah, L. (Hg.) (2019): Biodiversity and climate change. Transforming the Biosphere. New Haven and London: Yale University Press.
Luetz, J. M., Margus, R. & Prickett, B. (2020): Human Behavior Change for Sustainable Development. Perspectives Informed by Psychology and Neuroscience. In: Leal Filho, W. et al. (Hg.) (2020): Quality Education, Encyclopedia of the UN Sustainable Development Goals. Cham: Springer Nature.
Lummis, C. D. (1996): Radical Democracy. Ithaca, London: Cornell.
Malyan, R. S. & Duhan, P. (Hg.) (2019): Green Consumerism. Perspectives, Sustainability, and Behavior. Toronto and New Jersey: Apple Academic Press.
Malm, A. (2016): Fossil Capital. The Rise of Steam Power and the Roots of Global Warming. London: Verso.
Marcuse, H. (1965): Kultur und Gesellschaft. (2 Bde.) Frankfurt a. M.: Suhrkamp.
Marcuse, H. (1967): Der eindimensionale Mensch. Neuwied und Berlin: Luchterhand.
Marcuse, H. (1968): Repressive Toleranz. In: Wolff, R. P., Moore, B., Marcuse, H. (1968): Kritik der reinen Toleranz. Frankfurt a. M.: Suhrkamp.
Marcuse, H. (1984): Triebstruktur und Gesellschaft. Frankfurt a. M.: Suhrkamp.
Macpherson, C. B. (1973): Politische Theorie des Besitzindividualismus. Übers. v. Arno Wittekind, Frankfurt a. M.: Suhrkamp.
Mauch, C. (2019): Slow Hope. Rethinking Ecologies of Crisis and Fear. In: RCC Perspectives, No. 1 (2019), 1–43, published by Rachel Carson Center.
Mauss, M. (1968): Die Gabe. Die Form und Funktion des Austauschs in archaischen Gesellschaften. Frankfurt a. M.: Suhrkamp.
Mayer, S. et al. (2014): The Anticipation of Catastrophe Environmental Risk in North American Literature and Culture. Heidelberg: Winter.
McCright, A. M. & Dunlap, R. E. (2012): Bringing ideology in. The conservative white male effect on worry about environmental problems in the USA. In: Journal of Risk Research, 16, 211–226.
McLuhan, M. (1962): The Gutenberg Galaxy. The Making of Typographic Man. Toronto: University of Toronto Press.
Mead, G. H. (1973): Geist, Identität und Gesellschaft. Hrsg. von Ch. W. Morris. Frankfurt a. M.: Suhrkamp.
Mead, G. H. (1987): Gesammelte Aufsätze. (2 Bde.) Hrsg. von Joas, H. Frankfurt a. M.: Suhrkamp.
Meadows D. H. et al. (1972): The Limits to Growth. New York: Universe Books.
Meireis, T. & Rippl, G. (Hg.) (2019): Cultural Sustainability. Perspectives from the Humanities and Social Sciences. London and New York: Routledge.

Merton, R.K. (1936): The Unanticipated Consequences of Purposive Social Action. In: American Sociological Review, 1 (6), 894–904.
Meyer, J.W. & Schofer, E (2005): Universität in der globalen Gesellschaft. Die Expansion des 20. Jahrhunderts. In: Die Hochschule 2/2005. Wittenberg: Institut für Hochschulforschung der Universität Halle–Wittenberg.
Meyer, R.J. (2012): Failing to learn from experience about catastrophes. The case of hurricane preparedness. In: Journal of Risk and Uncertainty (2012) 45, 25–50.
Mignolo, W. (2011): The Darker Side of Western Modernity. Global Futures, Decolonial Options. Durham and London: Duke University Press.
Miller, D. (1987): Material Culture and Mass Consumption. Oxford: Blackwell.
Miller, D. (Hg.) (2005): Materiality. Durham, NC: Duke University Press.
Mischel, W. (2014): The Marshmallow Test: Mastering Self-Control. New York: Little Brown.
Mitchell, T. (2013^2): Carbon Democracy. Political Power in the Age of Oil. London: Verso.
Mitrany, D. (1943): A Working Peace System. London: Royal Institute of International Affairs.
Mollenhauer, K. (1983): Vergessene Zusammenhänge. Über Kultur und Erziehung. München: Juventa.
Monitoringbericht (2019): Monitoringbericht 2019 zur deutschen Anpassungsstrategie an den Klimawandel. www.umweltbundesamt.de/publikationen/monitoringbericht–2019.
Montag Stiftungen (2017): Schulen planen und bauen 2.0. Grundlagen, Prozesse, Projekte. Berlin/Seelze: jovis/Friedrich.
Moore, J.W. (Hg.): Anthropocene or Capitalocene? Nature, History, and the Crisis of Capitalism. Oakland, CA: PM Press.
Morozov, E. (2011): The Net Delusion. The Dark Side of Internet Freedom. New York: PublicAffairs.
Mouffe, C. (2000): The Democratic Paradox. London: Verso.
Mouffe, C. (2005): On the Political. London/New York: Routledge.
Munasinghe, M. (2019): Sustainability in the Twenty–First Century. Applying Sustainomics to Implement the Sustainable Development Goals. Cambridge, UK, and New York: Cambridge University Press.
Nachtwey, O. (2017): Die Abstiegsgesellschaft. Berlin: Suhrkamp.
Nahin, P.J. (2017): Time Machine Tales. The Science Fiction Adventures and Philosophical Puzzles of Time Travel. Cham: Springer.
Nassehi, A. (2006): Der soziologische Diskurs der Moderne. Frankfurt/M: Suhrkamp.

Nassehi, A. (2008a): Rethinking Functionalism. Zur Empiriefähigkeit systemtheoretischer Soziologie. In: Kalthof, H., Hirschauer, S. & Lindemann, G. (Hg.): Theoretische Empirie. Zur Relevanz qualitativer Forschung, Frankfurt/M: Suhrkamp.
Nassehi, A. (2008b): Wie weiter mit Luhmann. Hamburg: Hamburger Edition.
Neal, L./Williamson, J. (Hg.) (2014): The Cambridge History of Capitalism. (2 Bde.) Cambridge.
Neckel, S. et al. (2018): Die Gesellschaft der Nachhaltigkeit. Umrisse eines Forschungsprogramms. Bielefeld: transkript.
Nelson, A. & Timmerman, F. (Hg.) (2011): Life Without Money. Building Fair and Sustainable Economies. London: Pluto Press.
Neukom, R., Barboza, L. A., Erb, M. P. et al. (2019): Consistent Multidecadal Variability in Global Temperature Reconstructions and Simulations Over the Common Era. Nat. Geosci. 12, 643–649.
Nguyen, D. (1992): The Spatialization of Metric Time. The Conquest of Land and Labour in Europe and the United States. Time & Society 1 (1): 29–50.
Nielsen, K. S. et al. (2020): How Psychology Can Help Limit Climate Change. In: American Psychologist. Online First Publication, March 23, 2020.
Nietzsche, F. (1999): Jenseits von Gut und Böse. In: Colli, G. & Montinari, M. (Hg.): Kritische Studienausgabe. München: dtv.
Nietzsche, F. (2010): Also sprach Zarathustra. München: Beck.
Nisa, C. F., Bélanger, J. J., Schumpe, B. M. & Faller, D. G. (2019): Meta-Analysis of Randomised Controlled Trials Testing Behavioural Interventions to Promote Household Action on Climate Change. In: Nature Communication, 10, Art. 4545.
Norberg, J. (2016): Progress. Ten Reasons to Look Forward to the Future. London: Oneworld Publications.
Norgaard, K. M. (2011): Living in Denial. Climate Change, Emotions, and Everyday Life. Cambridge: MIT Press.
Norgaard, K. M. (2019): Making Sense of the Spectrum of Climate Denial. In: Critical Policy Studies. 2019, 13, 437–441.
Norris, R. D., et al. (2013): Marine Ecosystem Responses to Cenozoic Global Change. Science 341, 492–498.
Nussbaum, M. C. (1998): Gerechtigkeit oder Das Gute Leben. Frankfurt a. M.: Suhrkamp.
Nussbaum, M. C. (2000): Women and Human Development. The Capabilities Approach. Cambridge: Cambridge University Press.
Nussbaum, M. C. (2006): Frontiers of Justice. Disability, Nationality, Species Membership. Cambridge, Ms. & London: The Belknap Press.

OA-ICC – The Ocean Acidification International Coordination Center (2020): Ocean Acidification. Zuletzt abgerufen am 11.12.2020. Online unter: http://ocean–acidifi cation.net/.

Odum, H. T. (1971): Environment, Power, and Society. New York: Wiley-Interscience.

Odum, H. T. (1996): Environmental Accounting. Emergy and Environmental Decision Making. New York: John Wiley and Sons.

OECD (2010): The High Cost of Low Educational Performance. The long-run economic impact of improving PISA outcomes. Zuletzt abgerufen 30.12.2014. Online unter: http://www.pisa.oecd.org/dataoecd/11/28/44417824.pdf.

OECD (2012): Better Skills, Better Jobs, Better Lives. A Strategic Approach to Skills Policies. Paris. Zuletzt abgerufen 30.12.2014. Online unter: http://www.oecd.org/de/skills.

Oesterreich, D. (1974): Autoritarismus und Autonomie (Untersuchungen über berufliche Werdegänge, soziale Einstellungen, Sozialisationsbedingungen und Pesönlichkeitsmerkmale ehemaliger Industrielehrlinge). Berlin: Dissertation Freie Universität Berlin.

Oelkers, J. (2005[4]): Reformpädagogik. Eine kritische Dogmengeschichte (1. Auflage 1989), Weinheim/München: Juventa.

Open Science Collaboration (2015): Estimating the reproducibility of Psychological Science. In: Science, 349, 6251 (aac4716 doi:10.1126/science.aac4716).

Oreskes, N. & Conway, E. (2010): Merchants of Doubt: How a Handful of Scientists Obscured the Truth from Tobacco Smoke to Global Warming. New York: Bloomsbury Press.

Ortmeyer, B. (2008a): Erich Weniger und die NS-Zeit. Frankfurter Beiträge zur Erziehungswissenschaft Reihe Forschungsberichte. Frankfurt a. M.: Fachbereich Erziehungswissenschaften der Johann Wolfgang Goethe-Universität.

Ortmeyer, B. (2008b): Herman Nohl und die NS-Zeit. Frankfurter Beiträge zur Erziehungswissenschaft Reihe Forschungsberichte. Frankfurt a. M.: Fachbereich Erziehungswissenschaften der Johann Wolfgang Goethe-Universität.

Ortmeyer, B. (2008c): Eduard Spranger und die NS-Zeit. Frankfurter Beiträge zur Erziehungswissenschaft Reihe Forschungsberichte. Frankfurt a. M.: Fachbereich Erziehungswissenschaften der Johann Wolfgang Goethe-Universität.

Ouellette, J. A., & Wood, W. (1998): Habit and intention in everyday life: the multiple processes by which past behavior predicts future behavior. In: Psychological Bulletin, 124, 57–74.

Oxfam (2020): Confronting Carbon Inequality. Putting Climate Justice at the Heart of the COVID–19 Recovery. Zuletzt abgerufen am 11.12.2020. Online unter: https://

www.oxfam.de/system/files/documents/20200921–confronting–carbon–inequality.pdf.
Palfrey, J. & Gasser, U. (2008): Born Digital. Understanding. The First Generation of Digital Natives. New York: Basic.
Palmer, J. (1998): Environmental Education in the 21st Century: Theory, Practice, Progress and Promise. London, England: Routledge.
Parkhurst, H. (1922): Education On The Dalton Plan. New York: E. P. Dutton & Company.
Parsons, T. (1961): The School Class as a Social System. In: Halsey, J. F. A. H. & Anderson, C. A. (Hg.), Education, Economy and Society. New York: Free Press.
Payne, P. G. (2016): The Politics of Environmental Education. Critical Inquiry and Education for Sustainable Development. In: The Journal of Environmental Education, Vol. 47, NO. 2, 69–76.
Peet, R., Robbins, P., Watts, M. J. (Hg.) (2011): Global Political Ecology. London: Routledge.
Pelletier, L. G., Dion, S., Tuson, K. & Green–Demers, I. (1999): Why Do People Fail to Adopt Environmental Protective Behaviors? Toward a Taxonomy of Environmental Amotivation. In: Journal of Applied Social Psychology, 29, 12, 2481–2504.
Perreault, T., Bridge, G., McCarthy, J. (Hg.) (2015): The Routledge Handbook of Political Ecology. London: Routledge.
Pestalozzi, J. H. (1801): Wie Gertrud ihre Kinder lehrt. Bern und Zürich: Gessner.
Pestalozzi, J. H. (1844): Lienhart und Gertrud. Ein Buch für das Volk. Zürich: Meyer und Beller.
Pfaff, D. (2015): The Altruistic Brain. How We Are Naturally Good. Oxford: Oxford University Press.
Piketty, T. (2014): Capital in the Twenty-First Century. Cambridge and London: Harvard University Press.
Pinker, S. (2018): Enlightenment Now: The Case for Reason, Science, Humanism and Progress. London: Allen Lane.
Platon: Politeia. In: Sämtliche Werke 3. In der Übersetzung von F. Schleiermacher. Hamburg: Rowohlt (zitiert wird nach den Seiten und Abschnittszahlen am Rand der Pariser Ausgabe von 1578).
Plöger, S. (2020): Zieht euch warm an, es wird heiß! Frankfurt a. M.: Westend.
Polanyi, K. [1944] (1957): The Great Transformation. The Political and Economic Origins of our Time. Boston: Beacon.
Posner, R. A. (2004): Catastrophe. Risk and Response. New York: Oxford University Press.

Power, N., Beattie, G. & McGuire, L. (2017): Mapping our underlying cognitions and emotions about good environmental behavior. Why we fail to act despite the best of intentions. In: Semiotica, Bd. 2017, Heft 215.

Prakash, M. S. & Stuchul, D. (2004): McEducation Marginalized. Multiverse of Learning-Living in Grassroots Commons. In: Educational Studies. Special Issue: Ecojustice and Education, 36 (1), 58–73.

Preisendörfer, B. (2008): Das Bildungsprivileg. Warum Chancengleichheit unerwünscht ist. Frankfurt a. M.: Eichborn.

Prigogine, Ilya (1980): From Being To Becoming. New York: Freeman.

Prigogine, I. & Nicolis, G. (1977): Self-Organization in Non-Equilibrium Systems. New York, London: Wiley.

Prigogine, I. & Stengers, I. (1984): Order out of Chaos. Man's new dialogue with nature. New York: Bantam.

Prigogine, I. & Stengers, I. (1997): The End of Certainty. New York: The Free Press.

Projektionsbericht (2019): Projektionsbericht 2019 für Deutschland gemäß Verordnung (EU) Nr. 525/2013. Zuletzt abgerufen am 11.12.2020. Online unter: https://cdr.eionet.europa.eu/de/eu/mmr/art04–13–14_lcds_pams_projections/projections/envxnw7wq/Projektionsbericht–der–Bundesregierung–2019.pdf.

Pufé, I. (2017[3]): Nachhaltigkeit. Konstanz und München: uvk/utb.

Purvis, B., Mao, Y., Robinson, D. (2019): Three Pillars of Sustainability. In Search of Conceptual Origins. In: Sustainability Science (2019) 14: 681–695. Zuletzt abgerufen 20.12.2020. Online: https://link.springer.com/article/10.1007/s11625–018–0627–5.

Rancière, J. (1996): Demokratie und Postdemokratie. In: Badiou & Rancière: Politik der Wahrheit. Wien: Kant & Turia, 94–122.

Rawls, J. (1979): Eine Theorie der Gerechtigkeit. Frankfurt a. M.: Suhrkamp.

Rawls, J. (2003): Politischer Liberalismus. Frankfurt a. M.: Suhrkamp.

Redclift, M. (Hg.) (2005): Sustainability. Critical Concepts in the Social Sciences. 4 Vol. London: Routledge.

Redclift, M. (2009): The Environment and Carbon Dependence Landscapes of Sustainability and Materiality. In: Current Sociology, May 2009, Vol. 57(3), 369–388.

Rees, W. (2010): What's blocking sustainability: human nature, cognition and denial. Sustainability: Science, Practice & Policy 6 (2),13–25.

Reich, K. (1977): Theorien der Allgemeinen Didaktik. Stuttgart: Klett.

Reich, K. (1978): Erziehung und Erkenntnis. Stuttgart: Klett-Cotta.

Reich, K. (1998): Die Kindheit neu erfinden. In: Familiendynamik 1/1998. Siehe auch unter http://www.uni–koeln.de/hf/konstrukt/reich_works/aufsatze/.

Reich, K. (2005): Demokratie und Erziehung nach John Dewey aus praktisch-philosophischer und pädagogischer Sicht. In: Burckhart, H. & Sikora, J. (Hg.): Praktische Philosophie, Philosophische Praxis. Darmstadt: Wissenschaftliche Buchgesellschaft.
Reich, K. (2009[2]): Die Ordnung der Blicke. (2 Bde.) Köln: Universität zu Köln. Online unter: https://www.uni–koeln.de/hf/konstrukt/reich_works/buecher/ordnung/index.html.
Reich, K. (2010[6]): Systemisch-konstruktivistische Pädagogik. Weinheim u. a.: Beltz.
Reich, K. (2012[5] a): Konstruktivistische Didaktik. Weinheim u. a.: Beltz.
Reich, K. (Hg.) (2012 b): Inklusion und Bildungsgerechtigkeit. Standards und Regeln zur Umsetzung einer inklusiven Schule. Weinheim u. a.: Beltz.
Reich, K. (2013): Chancengerechtigkeit und Kapitalformen. Wiesbaden: Springer VS.
Reich, K. (2014): Inklusive Didaktik. Weinheim u. a.: Beltz.
Reich, K. (Hg.) (2017): Inklusive Didaktik in der Praxis. Beispiele erfolgreicher Schulen. Weinheim u. a.: Beltz.
Reich, K. (2018 a): Surplus Values. A Theory of Forms of Capital for the Twenty-First Century. Cologne: University of Cologne. Online: https://www.uni–koeln.de/hf/konstrukt/english/surplus_value/index.html. Deutsch: Chancengerechtigkeit und Kapitalformen. Wiesbaden: Springer VS, 2013.
Reich, K. (2018 b): The Helios School. Inclusive University School in the City of Cologne. In: International Research in Higher Education, Vol. 3, No. 1, 2018. Online unter: https://www.uni–koeln.de/hf/konstrukt/reich_works/aufsatze/reich_108.pdf.
Reich, K. (2019): From Pragmatism to Interactive Constructivism. In: Pfadenhauer, M. & Knoblauch, H. (Hg.) (2019): Social Constructivism as Paradigm? The Legacy of The Social Construction of Reality. London and New York: Routledge.
Reich, K. (2020): Forms of Capital and Questions of Social Juctice. In: Kricke & Neubert.
Reich, K. & Wei, Y. (1997): Beziehungen als Lebensform. Münster u. a.: Waxmann.
Reich, K., Sehnbruch, L., Wild, R. (2005): Medien und Konstruktivismus. Münster: Waxmann).
Reich, K., Asselhoven, D., Kargl, S. (Hg.) (2015): Eine inklusive Schule für alle. Das Modell der Inklusiven Universitätsschule Köln. Weinheim u. a.: Beltz.
Reich, W. (1933): Die Massenpsychologie des Faschismus. Berlin: Junius.
Renn, O. (2019): Gefühlte Wahrheiten. Orientierung in Zeiten Postfaktischer Verunsicherung. Leverkusen: Budrich.
Renn, O., Deutschle, J., Jäger, A., Weimer-Jehle, W. (2007): Leitbild Nachhaltigkeit. Eine normativ-funktionale Konzeption und ihre Umsetzung. Wiesbaden: VS Verlag.
Report Mainz (2019): Die Ökopunkte-Lüge. Wie mit der Natur Kasse gemacht wird. Abgerufen 11.12.2020. Online unter: https://www.swr.de/report/oekopunkte–als–mo

derner–ablasshandel–die–oekopunkte–luege–wie–mit–der–natur–kasse–gemacht–wird/–/id=233454/did=24392852/nid=233454/1eypnhd/index.html.

Reser, J. P., Bradley, G. L., & Ellul, M. E. (2015): Public Risk Perceptions, Understandings and Responses to Climate Change. In: J. Palutikof et al. (Hg.): Applied Studies in Climate Adaptation. Chichester, UK: Wiley-Blackwell, 43–50.

Resnik, D. (2007): The Price of Truth. How Money Affects the Norms of Science. Oxford: Oxford University Press.

Retter, H. (2018): Geisteswissenschaftliche Pädagogik. Ihre Entwicklung in den letzten Jahrzehnten und ihr Ausgangspunkt bei Dilthey. https://www.researchgate.net/publication/324529482.

Rheinberger, C. M. & Treich, N. (2017): Attitudes Toward Catastrophe. In: Environmental & Resource Economics, Vol. 67, Issue 3, No. 10, 609–636.

Rink, D. (Hg.) (2002): Lebensstile und Nachhaltigkeit. Konzepte, Befunde und Potentiale. Opladen: Leske + Budrich.

Robertson, M. (2017²): Sustainability Principles and Practice. London: Routledge.

Robock, A. (2008): 20 Reasons Why Geoengineering May Be a Bad Idea. In: Bulletin of the Atomic Scientists, Bd. 64, Nr. 2, Mai/Juni, 14–18.

Rockström, J. et al. (2009): A Safe Operating Space for Humanity. In: Nature 461: 472–475.

Roe, F. W. (1921): The Social Philosophy of Carlyle and Ruskin. New York: Harcourt, Brace, and Company.

Rogoff, B. (1990): Apprenticeship in Thinking. New York: Oxford University Press.

Rorty, R. (1991): Kontingenz, Ironie und Solidarität. Frankfurt a. M.: Suhrkamp.

Rosling, H., Rosling Rönnlund, A., Rosling, O. (2018): Factfulness. Ten Reasons We're Wrong About the World – And Why Things Are Better Than You Think. New York: Flatiron Books.

Rousseau, J. J. (1971): Emil oder Über die Erziehung. Paderborn: Schöningh.

Rousseau, J. J. (1978): Schriften. von Ritter, H. (Hg.) München: Ullstein.

Rousseau, J. J. (1981): Bekenntnisse. München: dtv.

Rousseau, J. J. (1983): Preisschriften und Erziehungsplan. Bad Heilbrunn: Klinkhardt.

Rousseau, J. J. (2008): Diskurs über die Ungleichheit (Ed. Meier). Stuttgart: UTB.

Rudel, T. K. (2019): Shocks, States, and Sustainability. The Origins of Radical Environmental Reforms. Oxford: Oxford University Press.

Sachs, W. (Hg.) (1992): The Development Dictionary. A Guide to Knowledge as Power. London: Zed Books.

Salomon, E./Preston, J. L. & Tannenbaum, M. B. (2017): Climate Change Helplessness and the (De)moralization of Individual Energy Behavior. In: Journal of Experimental Psychology: Applied 2017, Vol. 23, No. 1, 15–28.

Sandvik, H. (2008): Public Concern Over Global Warming Correlates Negatively with National Wealth. In: Climatic Change 90(3), 333–341.
Sassen, S. (1998): Globalization and its Discontents. New York: New Press
Sassen, S. (2001): The Global City. New York, London, Tokyo: Princeton University Press.
Sassen, S. (2007): A Sociology of Globalization. New York: W. W. Norton
Sassen, S. (2008): Territory, Authority, Rights. From Medieval to Global Assemblages. New York, London, Tokyo: Princeton University Press.
Sassen, S. (2014): Expulsions. Brutality and Complexity in the Global Economy. Cambridge, MA: Harvard University Press/Belknap Book.
Sayer, A. (2017): Warum wir uns die Reichen nicht leisten können. München: Beck.
Schierup, C. A. et al. (2019): Migration, Civil Society and Global Governance. London and New York: Routledge.
Schmitt, C. T. & Bamberg, E. (Hg.) (2018): Psychologie und Nachhaltigkeit. Wiesbaden: Springer Nature.
Schneider, S. H. (2010): Geoengineering: Could We or Should We Make It Work? In: Launder, B. E./Thompson, J. M. T. (Hg.): Geo-engineering climate change. Environmental necessity or Pandora's box? Cambridge: Cambridge University Press, 3–26.
Schütz, A. & Luckmann, T. (1975): Strukturen der Lebenswelt. Neuwied und Darmstadt: Luchterhand.
Schumacher, E. F. (1973): Small Is Beautiful. Economics as if People Mattered. New York: Harper and Row.
Schwartz, J. H. & Tattersall, I. (2010): Fossil Evidence for the Origin of Homo sapiens. In: American Journal of Physical Anthropology. Vol. 143, Supplement 51 (Yearbook of Physical Anthropology), 94–121.
Schwartz, S. H. (1977): Normative Influences on Altruism. In: Berkowitz, L. (Hg.): Advances in experimental social psychology. Vol. 10, New York, NY: Academic, 221–279.
Scott, W. (2014): Education for Sustainable Development (ESD): A Critical Review of Concept, Potential and Risk. Zuletzt abgerufen am 07.01.2021. Online unter: http://dx.doi.org/10.1007/978-3-319-09549-3.
Scranton, R. (2015): Learning to Die in the Anthropocene. San Francisco: City Lights Books.
Selby, D. (2007): As The Heating Happens: Education for Sustainable Development or Education for Sustainable Contraction? In: International Journal of Innovation and Sustainable Development, 2 (3/4), 249–267.
Semenza, C. et al. (2008): Public Perception of Climate Change. Voluntary Mitigation and Barriers to Behavior Change. In: American Journal of Preventive Medicine, 35(5), 479–487.

Sen, A. (1999): Development as Freedom. New York: Knopf.
Sen, A. (2007): Ökonomie für den Menschen. Wege zu Gerechtigkeit und Solidarität in der Marktwirtschaft. München: dtv.
Senge, P. M. (2006): Die Fünfte Disziplin. Kunst und Praxis der lernenden Organisation. Stuttgart: Klett–Cotta.
Shumaker, S. A., Ockene, J. K., Riekert, K. A. (Hg.) (2009[3]): The Handbook of Health Behavior Change. New York: Springer.
Siebert, H. (2001): Der Kobra-Effekt. Wie man Irrwege der Wirtschaftspolitik vermeidet. München: Deutsche Verlags-Anstalt.
Sipri Yearbook (2019): Armaments, Disarmament and International Security. Online: https://www.sipriyearbook.org.
Simon, H. A. (1955): A Behavioral Model of Rational Choice. In: The Quarterly Journal of Economics 69, 99–118.
Simon, H. A. (1957): Models of Man. New York: John Wiley & Sons.
Slavin, R. E. (1990): Achievement effects of ability grouping in secondary schools. A Best–Evidence Synthesis. In: Review of Educational Research, 60(3), 471–499.
Slavin, R. E. (1993): Ability grouping in middle grades: Achievement effects and alternatives. In: Elementary School Journal, 93(5), 535–552.
Slovic, P. (1987): Perception of Risk. In: Science 236, 280–284.
Small, M. (2019): China Social Credit System and Pro-Environmental Behaviour. Master thesis in Sustainable Development at Uppsala University, No. 2019/66.
Smith, A. (1976 [1776]): An Inquiry into the Nature and Causes of the Wealth of Nations. Oxford: Oxford University Press.
Sorokin, P. (1943): Sociocultural Space, Time, Causality. Durham: Duke University Press.
Sorokin, P. & Merton, R. (1937): Social Time. A Methodological and Functional Analysis. In: American Journal of Sociology, 47(5), 615–29.
Spangenberg, J. H. (Hg.) (2019): Scenarios and Indicators for Sustainable Development. Towards A Critical Assessment of Achievements and Challenges. Basel u. a.: MDPI.
Steffen, W. et al. (2015): The Trajectory of the Anthropocene: The Great Acceleration. In: The Anthropocene Review, 2 (1), 81–98.
Stegmüller, W. (1983): Probleme und Resultate der Wissenschaftstheorie und Analytischen Philosophie. Vol. I, Teil E. Heidelberg: Springer-Verlag.
Steentjes, K. et al. (2017): European Perceptions of Climate Change. Topline findings of a survey conducted in four European countries in 2016. Cardiff: Cardiff University.

Sterman, J. D., & Sweeney, L. B. (2007): Understanding Public Complacency About Climate Change. Adults' Mental Models of Climate Change Violate Conservation of Matter. In: Climatic Change 80 (3–4), 213–238.
Stern, N. (2006): The Economics of Climate Change. Cambridge: Cambridge University Press.
Stern, N. (2016): Why are we waiting? The Logic, Urgency, and Promise of Tackling Climate Change. Cambridge: The MIT Press.
Stern, P. C. (2000): Toward a coherent theory of environmentally significant behavior. In: Journal of Social Issues, 56, 407–424.
Stern, P. C. (2011): Contributions of Psychology to Limiting Climate Change. In: American Psychologist, Vol. 66, No. 4, 303–314.
Stevenson, R., Brody, M., Dillon, J. & Wals, R. and A. (Hg.) (2013): International Handbook of Research on Environmental Education. New York, NY: Routledge.
Stiglitz, J. (2006): Making Globalization Work. London: W. W. Norton & Company.
Stiglitz, J. (2010): Im freien Fall. Vom Versagen der Märkte zur Neuordnung der Weltwirtschaft. München: Siedler (Freefall: America, Free Markets, and the Sinking of the World Eco. London: W. W. Norton & Company).
Stiglitz, J. (2012): The Price of Inequality. How Today's Divided Society Endangers Our Future. London: W. W. Norton & Company.
Stiglitz, J. (2015): The Great Divide. New York: Norton.
Stockholm Resilience Centre (2009): Planetary Boundaries Research. Seit 2009 upgedated. Zuletzt abgerufen am 11.12.2020. Online unter: https://www.stockholmresilience.org/research/planetary–boundaries.html.
Strachan, G. (2012): WWF professional development framework of teacher competences for learning for sustainability. Woking: WWF-UK.
Strauss, L. (1977): Naturrecht und Geschichte. Frankfurt a. M.: Suhrkamp.
Streeck, W. (2016): How Will Capitalism End? London & New York: Verso.
Su, S. (2020): Zero Waste. Weniger Müll ist das neue Grün. Mittertreffling: Freya.
Sunstein, C. R. (2002): Probability Neglect. Emotions, Worst Cases, and Law. In: The Yale Law Journal 112 (1), 61–107.
Sunstein, C. R. (2005): Laws of Fear. Beyond the Precautionary Principle. Cambridge: Cambridge University Press.
Sunstein, C. R. (2007): Worst-Case Scenarios. Harvard: Harvard University Press.
Sunstein, C. R. (2009): Going to Extremes: How Like Minds Unite and Divide. Oxford: Oxford University Press.
Sunstein, C. R. (2011): The Real World of Cost-Benefit-Analysis. Thirty-Six Questions (and Almost as Many Answers). In: Columbia Law Review, Vol. 114 (1), 167–211.

Sunstein, C. R. (2017): Human Agency and Behavioral Economics. Cham: Palgrave Macmillan.

Swim, J. et al. (2011): Psychological Contributions to Understanding and Addressing Global Climate Change. Special issue. American Psychologist, 66 (4), 241–328.

Swyngedouw, E. & Wilson, J. (Hg.) (2014): The Post-Political and Its Discontents. Edinburgh: Edinburgh University Press.

Tauss, A. (Hg.) (2016): Sozial-ökologische Transformationen. Das Ende des Kapitalismus denken. Hamburg: VSA.

Thaler, R. H. (2015): Misbehaving: The Making of Behavioral Economics. New York: Norton.

Thaler, R. & Sunstein, C. R. (2009): Nudge. Improving Decisions About Health, Wealth, and Happiness. New York: Penguin.

Thomas, S. A. (2016): The Nature of Sustainability. Grand Rapids, Michigan: Chapbook Press.

Thompson, E. (1967): Time, Work and Discipline in Industrial Capitalism. In: Past and Present, No. 38

Tsing, A. L. (2015): The Mushroom at the End of the World: On the Possibility of Life in Capitalist Ruins. Princeton, NJ: Princeton University Press.

Turkle, S. (2011): Alone Together. Why We Expect More from Technology and Less from Each Other. New York: Basic Books.

Turkle, S. (2015): Reclaiming Conversation. The Power of Talk in a Digital Age. New York: Penguin.

Tversky, A. & Kahneman, D. (1973): Availability. A Heuristic for Judging Frequency and Probability. In: Cognitive Psychology 5, 207–232.

Tversky A. & Kahneman, D. (1974): Judgment under uncertainty. Heuristics and biases. In: Science 1974, 185, 1124–1131.

Twenge, J. M. (2006): Generation Me. New York: Free Press.

Twenge, J. M. (2017): iGen. Why Today's Super–Connected Kids Are Growing Up Less Rebellious, More Tolerant, Less Happy – and Completely Unprepared for Adulthood. New York: Atria.

Ulluwishewa, R. (2018): Education in Human Values. Planting the Seed of Sustainability in Young Minds. In: Dhiman, S. & Marques, J. (Hg.): Handbook of Engaged Sustainability. Springer International Publishing.

Umweltbundesamt (2020): Bodenversiegelung. Zuletzt abgerufen am 11.12.2020. Online unter: https://www.umweltbundesamt.de/daten/flaeche–boden–land–oekosysteme/boden/bodenversiegelung.

UN (United Nations) (2016): Ziele für nachhaltige Entwicklung. Bericht. New York.

UNEP (2011): Towards Green Economy. Pathways to Sustainable Development and Poverty. Eradication. United Nations Environmental Programme. Zuletzt abgerufen am 07.01.2021. Online unter: https://sustainabledevelopment.un.org/content/documents/126GER_synthesis_en.pdf.

UNITED NATIONS (1992): Agenda 2021. Zuletzt abgerufen 11.12.2020. Online unter: https://sustainabledevelopment.un.org/content/documents/Agenda21.pdf.

UNITED NATIONS (2016): Transforming Our World: The 2030 Agenda for Sustainable Development. Zuletzt abgerufen 11.12.2020. Online unter: https://www.un.org/ga/search/view_doc.asp?symbol=A/RES/70/%201&%20Lang=E=.

Valsiner, J. & Veer, R. van der (1993): The Encoding of Distance. The Concept of the Zone of Proximal Development and its Interpretation. In: Cocking, R. R. & Renninger, K. A. (1993): The Development and Meaning of Psychological Distance. Hillsdale, New Jersey; Lawrence Erlbaum.

van Valkengoed, A. M. & Steg, L. (2019): Meta-Analyses of Factors Motivating Climate Change Adaptation Behaviour. In: Nature climate change, 9(2), 158–163.

Varian, H. R. (2014): Beyond Big Data. In: Business Economics 49(1): 27–31.

Veer, R. van der & Valsiner, J. (1991): Understanding Vygotsky. A Quest for Synthesis. Oxford: Basil Blackwell.

Virilio, P. (1992): Rasender Stillstand. München, Wien: Hanser.

Virilio, P. (1993): Revolutionen der Geschwindigkeit. Berlin: Merve.

Virilio, P. (2008): Geschwindigkeit und Politik: Ein Essay zur Dromologie. Berlin: Merve.

Vogl, J. (2008): Kalkül und Leidenschaft. Poetik des ökonomischen Menschen. Zürich: Diaphanes.

Vogl, J. (2010): Das Gespenst des Kapitals. Zürich: Diaphanes.

Wachinger, G., Renn, O., Begg, C. & Kuhlicke, C. (2013): The Risk Perception Paradox – Implications For Governance and Communication of Natural Hazards. In: Risk Analysis 33, 1049–1065.

Wackernagel, M. et al. (1999): National Natural Capital Accounting with the Ecological Footprint Concept. In: Ecological Economics 29 (3), 375–90.

Wackernagel, M. & Beyers, B. (2016): Footprint. Die Welt neu vermessen. Hamburg: Europäische Verlagsanstalt.

Wagenschein, M. (1965): Ursprüngliches Verstehen und exaktes Denken. Stuttgart: Klett.

Wagenschein, M. (1989[8]): Verstehen lehren: genetisch, sokratisch, exemplarisch. Weinheim u. a.: Beltz.

Wallace-Wells, D. (2019): The Uninhabitable Earth. Life After Warming. New York: Tim Duggan Books.

Wallerstein, I. (2004): World-Systems Analysis. An Introduction. Durham, NC: Duke University Press.
Watzlawick, P. u. a. (1985[7]): Menschliche Kommunikation. Bern u. a.: Huber.
WBGU (Wissenschaftlicher Beirat Globale Umweltveränderungen) (2011): Welt im Wandel. Gesellschaftsvertrag für eine große Transformation. Berlin: WBGU.
Webb, J. (2012): Climate Change and Society. The Chimera of Behaviour Change Technologies. In: Sociology, Vol. 46, No. 1 (Sage, February 2012), 109–125.
Webb, T. L. & Sheeran, P. (2006): Does Changing Behavioral Intentions Engender Behavior Change? A Meta–Analysis of the Experimental Evidence. In: Psychological Bulletin 2006, Vol. 132, No. 2, 249–268.
Weber, M. (1922): Wirtschaft und Gesellschaft. Tübingen: Mohr.
Weber, M. (1934): Die protestantische Ethik und der Geist des Kapitalismus. Tübingen: Mohr.
Welker, M., Elter, A., Weichert, S. (Hg.) (2010): Pressefreiheit ohne Grenzen? Grenzen der Pressefreiheit. Köln: Herbert von Halem.
Welskopf, E. C. (1962): Probleme der Muße im alten Hellas. Berlin: Rütten & Loening.
Welzer, H. (2011): Mentale Infrastrukturen. Wie das Wachstum in die Welt und in die Seelen kam. Schriften zur Ökologie. Bd. 14. Berlin: Heinrich Böll Stiftung.
White, L. (1967): The Historical Roots of our Ecological Crisis. In: Science, 155, 1203–1207.
Whitrow, G. (1988): Time in History. Oxford: Oxford University Press.
Wilkinson, R. & Pickett, K. (2010): The Spirit Level. Why Equality is Better for Everyone. London: Penguin.
Wilson, L. A. & Stevenson, C. N. (2019): Building Sustainability Through Environmental Education. Hershey, PA: IGI Global.
Wössmann, L. (2004): How Equal Are Educational Opportunities? Family Background and Student Achievement in Europe and the US. CESIFO Working Paper No. 1162, Category 4: Labour Markets, March 2004 (**www.CESifo.de**).
Wössmann, L. (2007): Letzte Chance für gute Schulen: Die 12 großen Irrtümer und was wir wirklich ändern müssen. München: ZS Verlag Zabert Sandmann.
Wössmann, L. (2009): Was unzureichende Bildung kostet: Eine Berechnung der Folgekosten durch entgangenes Wirtschaftswachstum (mit M. Piopiunik). Gütersloh: Bertelsmann Stiftung.
Wolf, E. R. (1972): Ownership and Political Ecology. Anthropological Quarterly 45(3): 201–205.
Wolin, S. (2001): Tocqueville Between Two Worlds. The Making of a Political and Theoretical Life. Princeton, NY: Princeton University Press.

Wolin, S. (2017): Democracy Incorporated. Managed Democracy and the Specter of Inverted Totalitarianism. Princeton, NY: Princeton University Press.
Wood, W. & Quinn, J. M. (2005): Habits and the Structure of Motivation in Everyday Life. In: Forgas, J. P./Williams, K. D. & Hippel, W. (Hg.) (2005): Social motivation: Conscious and unconscious processes. New York: Cambridge University Press, 55–70.
Wood, W., Quinn, J. M. & Kashy, D. (2002): Habits in Everyday Life. The Thought and Feel of Action. In: Journal of Personality and Social Psychology, 83, 1281–1297.
World Development Report (2015): Mind, Society, and Behavior. Washington: World Bank Group.
World Wide Fund for Nature (WWF) (2016): Living Planet Report 2016. Gland, Switzerland: WWF.
Worster, D. (2016): Shrinking the Earth. The Rise and Decline of American Abundance. New York: Oxford University Press.
Zapf, H. (2016): Handbook of Ecocriticism and Cultural Ecology. Berlin: de Gruyter.
Zetubavel, E. (1989): The Seven Day Circle. The History and Meaning of the Week. Chicago: University of Chicago Press.
Zuboff, S. (2015): Big Other: Surveillance Capitalism and the Prospects of an Information Civilization. In: Journal of Information Technology (2015) 30, 75–89.
Zuboff, S. (2019): The Age of Surveillance Capitalism: The Fight for a Human Future at the New Frontier of Power. New York: PublicAffairs.
Zywert, K. (2017): Human Health and Social–Ecological Systems Change: Rethinking Health in the Anthropocene. In: The Anthropocene Review, 4(3), 216–238.